옥스퍼드 책의 역사

제임스 레이븐 외 지음
홍정인 옮김

옥스퍼드 책의 역사

THE OXFORD ILLUSTRATED HISTORY OF THE

BOOK

교유서가

차례

THE OXFORD ILLUSTRATED HISTORY OF THE
BOOK

연표

500~100년경	서사시 『라마야나』가 산스크리트어로 쓰이다.
450년경	현전하는 가장 오래된 중국의 죽간과 목간.
400년~서기 400년경	세계에서 가장 긴 서사시인 산스크리트어 시 『마하바라타』.
400년경	현존하는 최고의 브라흐미 문자가 적힌 인도와 신할리족의 도자기 조각.
340년경	현전하는 최고의 그리스 파피루스 두루마리.
300년경~서기 150년	히브리어와 아람어로 사해 문서가 제작되다.
300년경	이집트에 알렉산드리아 도서관이 건립되다.
268~232년	마우리아제국 아소카 황제 재위기에 불교의 진흥에 자극을 받아 남아시아 문자 체계가 발명되다.
200년경	남아시아에서 자작나무 껍질 책과 야자수 잎 책을 사용하다.
150년경	중국에서 부분적으로 대나무를 대체해온 비단의 사용이 확대되다.
140~87년경	한나라 수도 장안(오늘날 중국 시안)의 지금까지 알려진 가장 오래된 종잇조각.

서 기 _____

39년	로마의 리베르타스 신전에 최초의 공공 도서관이 조성되다.
57년	지금까지 발견된 가장 오래된 날짜의 로마령 영국 문서. 런던에서 발굴된 서판에 작성되었다.
78년	현전하는 최근의 설형문자 서판.
79년	베수비오산 분출로 600~800권의 두루마리가 소장된 헤르쿨라네움의 빌라가 화산재로 뒤덮이다. 이 두루마리들은 현재까지도 복원되고 있다.
90년경	현존하는 최고의 파피루스 복음서 두루마리(미라를 감는 데 사용되었다).
100년경	지금까지 발견된 최고의 라틴어 코덱스의 파편. 어느 무명작가가 쓴 역사서 『데 벨리스 마케도니키스De Bellis Macedonicis』의 일부분이다.
100~200년경	지금까지 알려진 최고의 자작나무 껍질 불교 경전 두루마리. 간다라 왕국에서 생산되었다.
105년	중국 한나라의 고위 관리 채륜이 현대식 종이를 발명한 해로 흔히 일컬어지지만 실제로는 이보다 빠른 시기에 발명했을 것으로 추정된다.
150년경	중동과 지중해에서 코덱스가 생산되어 두루마리를 점차 대체하다.
192년	갈레노스 편지에 따르면 로마의 대화재로 책이 대량 유실되다.
256년	현전하는 최고의 종이책인 불교 서적 『비유경』.
300년경	유럽에서 양피지 사용이 확대되다.
	중국에서 비단이 필기 매체로 점차 덜 사용되다.

350년경	현전하는 최고의 가장 완전한 그리스어 성서 『코덱스 시나이티쿠스』가 제작되다.
410년	서고트족이 로마를 약탈하다. 서로마제국의 멸망을 초래한 주요 사건이 되다.
610년	중국 제지술이 일본에 전해지다.
630년경	세비야의 이시도로스 주교가 『어원Etymologiae』(또는 『기원Origines』)을 편찬하다.
632년	무함마드가 사망하다. 쿠란을 전사하기 시작하다.
650~70년경	현재까지 가장 오래된 것으로 알려진 산스크리트어 목판 인쇄본. 짧은 주문呪文이 적혀 있으며 신장의 투르판 분지에서 발견되었다.
680~720년경	스프링마운트 보그 서판Springmount Bog Tablets의 대략적 연대. 『시편』이 새겨져 있으며 라틴어 문자로 된 아일랜드 문헌 중 현전하는 최고의 표본으로 간주된다. 아일랜드 북부 앤트림주에서 발견되었다.
700년경	라틴어 성서 『불가타』의 현전하는 최고의 필사본 『코덱스 아미아티누스』가 제작되다.
704~50년경	동아시아에 현존하는 최고의 목판 인쇄물인 한국의 『무구정광대다라니경』.
715~20년	노섬벌랜드 해안의 린디스판 수도원에서 채식 필사본 『린디스판 복음서』가 제작되다.
790년경	제지술이 중앙아시아에서 중동으로 전파되다.
800년경	비잔티움 코덱스의 서체가 대문자체에서 소문자체로 바뀌기 시작하다.
800년경	아일랜드 또는 영국의 컬럼비안 수도원에서 라틴어로 된 4대 복음서의 채식 필사본 『켈스의 서』가 제작되다. 유럽에서 제작된 현전하는 중세 초 필사본 중에서 가장 크게 찬사받는 책으로 손꼽힌다.
868년	중국 최고의 목판 인쇄본 『금강경』이 담긴 약 500센티미터 길이의 한문 두루마리.
900~1000년경	삼 등의 섬유로 만든 종이의 사용이 확대되다. 인도에서 자작나무 껍질, 나무판, 야자수 잎을 대체하고, 중동의 이슬람 지역에서 파피루스, 양피지, 밀랍을 바른 나무 서판을 대체하기 시작하다.
900~1000년경	현전하는 가장 오래된 북인도 탈리포트 야자수 필사본(불교 텍스트).
932년	후당의 고위 관리 풍도가 유교 경서 전집의 목판본 출간을 개시하다(총 130권으로 954에 완간).
1000~1년	바그다드에서 이븐 알 바우왑이 쿠란을 필사하다. 신식의 둥근 서체로 종이에 전사된 가장 오래된 쿠란 필사본 중 하나다.
1000년경	남아시아에서 문학 창작 언어가 산스크리트어에서 지역 언어로 바뀌기 시작하다.
1000년경	동인도와 네팔의 불교도들이 야자수 잎 필사본에 삽화를 싣기 시작하다.

1030~50년경	중국에서 필승이 점토 가동 활자를 이용하는 인쇄술을 발명하다.
1041~8년경	중국에서 점토 가동 활자를 이용한 인쇄술로 최초로 제작했다고 알려진 책.
1057년	파피루스에 작성되었다고 알려진 최후의 교황 칙서(파피루스는 이후에도 특정한 용도에 한해 유럽 지역, 특히 시칠리아에서 계속해서 사용되었다).
1060년	가장 오래된 것으로 알려진 야자수 잎 삽화 필사본인 자이나교 채식 필사본 『오가니류크티Oghaniryukti』.
1087년	지금까지 알려진 최후의 이집트 파피루스 아랍어 문서.
1088년	서양 세계의 가장 오래된 대학으로 간주되는 이탈리아의 볼로냐 스투디움이 설립되다.
1204년	콘스탄티노폴리스 대화재로 도서관들이 불에 타다.
1231년	황제 프리드리히 2세가 공식 문서를 종이로 작성하는 것을 금하고 내구성이 우수한 양피지의 사용을 명하는 칙령을 내다.
1234년	한국에서 금속 가동 활자로 인쇄한 세계 최초의 텍스트로 알려진 예법 지침서(『상정고금예문』—옮긴이)가 출간되다.
1240~60년경	보베의 뱅상이 서유럽에 알려진 과학과 자연사를 개괄한 『위대한 거울』을 편찬하다.
1264년	이탈리아 안코나의 파브리아노에서 종이를 생산하기 시작하다.
1270~1300년경	유럽, 아마도 이탈리아에서 안경이 발명되다.
1276년	가장 오래된 것으로 알려진 워터마크가 찍힌 종이가 투스카니에서 생산되다.
1297~8년	중국 안후이성의 지방관 왕정이 가동 목활자를 이용한 인쇄술을 완성하다.
1338년	지금까지 알려진 프랑스 최초의 제지소.
1377년	세계에서 가장 오래된 것으로 알려진 현존하는 금속활자 인쇄본(불교 수도승들의 일대기 모음집 『직지심체요절』—옮긴이). 한국의 금속 활자가 활용되었다.
1400년경	피렌체에서 카롤링거 소문자체에 기반한 도서체가 만들어지다. 인문주의 소문자체 또는 로만체라고 알려진 이 서체는 나중에 이탈리아 인쇄본에서 사용된다.
1400~1530년경	메소아메리카의 잉카제국에서 매듭 끈 키푸, 나무껍질 코덱스, 가죽 코덱스를 제작하다.
1400~1500년경	한국의 주자소에서 정교한 금속 활자를 제작하다.
1408년	명나라에서 영락제의 지시로 중국 전통의 주요 저작 발췌문을 집대성한 『영락대전』이 총 1만 1095권 분량의 필사본으로 완성되다.
1409년	런던에서 서적 출판업 조합(Guild of Stationers, 나중에 1557년에 Stationers' Company으로 개칭)이 창설되다.
1418년	유럽에서 가장 오래된 것으로 알려진 목판 인쇄본.

1424년	엄청난 인기를 누린 토마스 아 켐피스의 『그리스도를 본받아』의 가장 오래된 것으로 알려진 필사본이 제작되다.
1446년	세종대왕이 '훈민정음'을 반포해 한국의 표음문자 '한글'을 도입하다.
1452년경	구텐베르크가 마인츠에서 금속 가동 활자로 면벌부 인쇄를 시작하다.
1451년	가장 오래된 힌두교의 종이 삽화 필사본 『바산타빌라사』. 크리슈나와 여성 소치기들 사이의 희롱에 관한 시이다.
1454~5년	구텐베르크가 가동 활자로 42행 성서를 인쇄하다.
1465년	독일에서 지금까지 최초로 알려진 드라이포인트 기법의 인그레이빙 판화를 찍다.
1465년	독일인 콘라트 스바인하임과 아르놀트 판나르츠가 마인츠에서 이탈리아로 활판 인쇄술을 들여오다.
1469~70년경	아우크스부르크에서 귄터 차이너가 『그리스도를 본받아』를 최초로 인쇄하다.
1470년	파리 최초의 인쇄용 프레스.
1470년경	유럽에서 금박 장식으로 장정한 책을 제작하기 시작하다.
1473년	폴란드 크라쿠프 최초의 인쇄용 프레스.
1476~7년	잉글랜드 웨스트민스터에서 윌리엄 캑스턴William Caxton이 영국 최초의 인쇄본을 제작하다.
1477년	피렌체에서 최초로 오목인쇄 삽화본을 제작하다.
1486년	저자에게 특혜가 부여된 최초의 사례로서, 베네치아대학이 역사서 『베네치아의 수십 년Decades rerum Venetarum』의 저자 마르칸토니오 사벨리코Marcantonio Sabellico에게 인쇄업자를 선정할 권리를 주는 결정이 발표되다.
1492년	그라나다가 정복되고 스페인에 남아 있던 이슬람 장서들이 파괴되다.
1499년	스위스와 독일에서 에칭 기법 판화가 실린 최초의 책이 발간되다.
1498년	베네치아에서 악보 인쇄용 활자를 생산하다.
1500년	이탈리아에서는 80여 개, 독일에서는 64개의 마을과 도시에서 인쇄용 프레스가 가동되다.
1501년	베네치아에서 알두스 마누티우스가 필기체 스타일의 로만 활자체인 이탤릭체를 도입하다.
1501년	'인큐내불러', 즉 유럽에서 생산된 모든 오래된 인쇄본(대략 2만 7000권의 종과 판본이 전해진다)의 기준이 되는 최종 연도.
1504년	프랑스에서 저자에게 배타적 출판권이 부여된 최초의 사례가 나오다. 앙드레 들라빈André de La Vigne은 자신의 저작을 미셸 르누아르Michel Le Noir가 동의 없이 출판하는 것을 금지해달라고 파리 고등법원에 청원했다.
1522년	코이네 그리스어 신약성서를 독일어로 번역한 기념비적인 루터 성서가 출간

되다.

| 1522년 | 근대 초 중국에서 상업 출판의 활황기가 시작되면서 엄청난 인기를 누린 『삼국지』의 현존하는 최초의 인쇄본. |

1522년 근대 초 중국에서 상업 출판의 활황기가 시작되면서 엄청난 인기를 누린 『삼국지』의 현존하는 최초의 인쇄본.

1537년 프랑스 몽펠리에의 법령으로 납본이 법제화되다. 이때부터 출간된 모든 책은 왕실 서고에 사본을 한 부 제출하는 것이 의무화되었다.

1537~8년 베네치아에서 파가니노 파가니니와 알레산드로 파가니니 형제가 쿠란 텍스트를 개인 용도로 인쇄하다.

1539년 아메리카대륙 최초의 인쇄소가 멕시코시티에 차려지다. 토속어로 글을 쓰는 관행이 억압받다.

1542년 라이프치히대학 도서관이 개관하다.

1545년 취리히에서 라틴어, 그리스어, 히브리어로 쓰인 모든 책의 서지를 수록한 콘라트 게스너의 『도서 총람』이 출간되다.

1551년 텍스트 작성자를 '저자'로 칭하고 인쇄업자가 출판물에 저자명을 명시하도록 하는 최초의 프랑스 법 샤토브리앙 칙령이 반포되다.

1555년 무굴 황제 후마윤이 이란의 캘리그래퍼들과 책 화공들을 인도로 데려가다.

1556년 예수회 선교사들이 인도 고아의 상파울로대학에 인쇄용 프레스를 설치하다.

1557년 런던에 도서 및 인쇄물 관련 의무사항을 규제하는 서적 출판업 조합Stationers' Company이 설립되다.

1559년 현전하는 인도 최초의 인쇄본(성 보나벤투라의 라틴어 저작).

1559년 로마 교황청에서 '금서 목록'을 확정하다.

1562~77년 무굴 왕조의 악바르 황제의 가장 야심만만한 도서 편찬 사업 〈함자-나마〉 시리즈 간행이 총 14권으로 완결되다. 책마다 100점이 넘는 삽화가 실렸다.

1568년 모스크바 인쇄소가 설립되다.

1576년 한국에서 상업적인 출판 활동이 있었음을 보여주는 가장 이른 시기의 증거.

1577년 인도 고아에서 최초의 타밀어 활자를 주조하다.

1580~2년 미셸 드 몽테뉴의 『에세』가 출간되다.

1580년 인도 고아의 예수회 선교사들이 크리스토퍼 플랑탱의 『다언어 성서』 사본을 무굴 왕조의 악바르 황제에게 선물하다.

1590년 예수회 선교사 알레산드로 발리냐뇨가 일본에 가동 활자 인쇄용 프레스를 들여오다.

1590년 네덜란드에서 지금까지 알려진 최초의 도서 경매가 열리다.

1592년 일본이 한국을 침략하고 약탈한 인쇄본과 금속 활자를 일본 황제에게 바치다.

1598년 토머스 보들리가 옥스퍼드대학 도서관의 재설립을 준비하다. 이 도서관은 현재 보들리 도서관으로 불리며 1602년에 개관되었다.

1599~1620년경	일본 교토 인근에서 '사가본'이 출간되다.
1599년	네덜란드에서 현전하는 최초의 경매 카탈로그가 인쇄되다.
1604년	중국 명조 말에 정대약이 다섯 가지 색으로 인쇄한 『정씨묵원』을 출간하다.
1605년	서양 최초의 인쇄물 소식지 또는 신문으로 간주되는 〈특별하고 기억할 만한 모든 소식의 기록Relation: Aller Fürnemmen und Gedenckwürdigen Historien〉이 스트라스부르크에서 창간되다.
1615년	파리 소르본대학이 책에 사슬을 묶는 관행을 폐지하다.
1619년	스페인에서 에스코리알 황실 서고에 인쇄물의 납본을 제출하는 것을 법적으로 의무화하다.
1620년대	무라사키 시키부의 『겐지 이야기』의 최초 인쇄본(활판본). 일본 소설 및 일본 토속어 문자의 발달에서 중요한 작품으로 손꼽히며 1010년에 완성된 이래 필사본 형태로 꾸준히 유통되었다.
1627년	가브리엘 노데가 도서관의 설립과 운영에 관한 지침서를 집필하다.
1633년	호정언이 중국 다색 목판술의 가장 정교한 작품으로 간주되는 『십죽재서화보』를 출판하다.
1640년	북미 최초의 인쇄본 『베이 시편Bay Psalm Book』이 메사추세츠주 캠브리지에서 출간되다.
1640년	유럽에서 메조틴트 인그레이빙 기법이 발명되다.
1649~55년	메와르 왕국의 마하라나 자가트 싱을 위해 제작된 『라마야나』의 필사본. 500여 점의 대형 삽화가 수록되었다.
1662년	잉글랜드에서 합법적 저작권을 규정하는 '인쇄법'('허가법'으로도 알려져 있다)이 제정되다.
1662년	런던 왕립 학술원이 『철학 회보』를 창간하다.
1672년	에스코리알 수도원의 대형 도서관이 화재로 소실되다.
1676년	잉글랜드에서 지금까지 알려진 최초의 도서 경매가 열리다(라자루스 시먼 Lazarus Seaman의 장서).
1684~7년	피에르 벨이 『문예 공화국에서 온 소식』을 창간하다.
1690년	북미 최초의 제지소가 펜실베이니아주 저먼타운에 차려지다.
1695년	잉글랜드에서 인쇄법(허가법)의 효력이 소멸해 새로운 언론의 자유가 인정되다.
1700~1900년경	북미에서 라코타족이 마을 연감 '겨울의 기록'을 버펄로 가죽에 그리다.
1702년	영국 최초의 일간지 〈더 데일리 쿠런트The Daily Courant〉가 창간되다.
1710년	최초의 저작권법 '인쇄본 사본 소유권의 저자 또는 출판사로의 귀속을 통한 학문 진흥에 관한 법'이 잉글랜드에서 통과되다.
1712년	인도 코로만델해안 트랑크바의 덴마크 동인도회사 집단 거주지에 최초의 개

신교 선교사 인쇄소가 차려지다.

1714년	최초의 인도어 번역본 성서인 복음서 및 사도행전의 타밀어 판본.
1716년	인도 최초의 영어 서적 토머스 다이크의 『영어 가이드』가 인쇄되다.
1716년, 1721년	일본 막부가 저작권을 보호하기 위해 앞서 교토, 나중에는 에도에서 창설된 서적상 조합을 승인하다.
1723년	프랑스에서 출간 전 특혜를 부여하는 검열 및 평가 체계가 법제화되다.
1725년	스코틀랜드인 윌리엄 게드William Ged가 런던에서 연판 인쇄술을 발명하다.
1726년	한국에서 한문을 한글로 옮긴 첫 번역본이 간행되다.
1727년	이스탄불에서 이브라힘 뮈테페리카가 무슬림으로서 최초로 인쇄소를 차리다.
1734년	장 밥티스트 르 프랑스Jean-Baptiste le Prince가 애쿼틴트 공정을 개발하다.
1737년	네덜란드가 스리랑카 콜롬보에 출판사를 차리다.
1739년	나디르 샤가 무굴제국의 황실 도서관을 약탈해 무려 2만 4000여 권의 필사본을 이란으로 가져가다.
1747년경	잉글랜드 메이드스톤에서 제임스 와트만James Whatman이 우브 페이퍼를 최초로 생산하다.
1751~77년	일반적으로 『백과전서』로 알려진 『백과전서, 또는 학문, 기술, 공예의 체계적 사전』이 발간되다.
1752년	헤르쿨라네움 서고를 발견하다.
1757년	옥스퍼드 보들리 도서관이 책을 사슬로 묶는 관행을 폐지하다.
1758년	프랑스가 인도 퐁디셰리에 출판사를 설립하다.
1760년대	중국에서 베이징 류리창이 중요한 서적 시장으로 부상하다. 나중에 류리창은 19세기 말과 20세기 초 사이에 중국 최대의 서적 시장으로 성장한다.
1761년	퐁디셰리 포위전에서 약탈한 장비로 마드라스(오늘날 첸나이)에 첫 출판사가 설립되다.
1764년	볼테르가 『철학 사전』을 발표하다.
1773~82년	중국 황제의 명을 받아 전통적으로 가장 중요한 텍스트를 추린 선집 『사고전서』의 수서본을 편찬하다.
1774년	요한 볼프강 괴테가 대대적인 인기를 끈 소설 『젊은 베르테르의 슬픔』을 발표하다.
1774년	영국 하원이 저작권을 한시적 보호권으로 해석하다.
1777년	프랑스가 출판사가 누리는 특혜의 시한을 법으로 정하다.
1780년	인도 최초의 신문 〈히키스 벵골 관보〉가 발간되다.
1787년	무슬림들이 최초의 쿠란 인쇄본을 상트페테르부르크에서 제작하다.
1788년	오스트레일리아에서 최초의 인쇄용 프레스를 들이다.

1790년	미국 연방 저작권법이 제정되다. 저작권 유효 기간은 14년이며, 여기에 추가로 14년을 한 차례 연장할 수 있다고 정하다.
1791년	차오쉐친曹雪芹이 쓴 『석두기』의 첫 인쇄본이 출간되다. 중국 귀족 가문의 삶을 묘사한 이 소설은 토속어 문학 전통의 걸작으로 간주된다.
1793년	저자 사후 10년간 보호권을 인정하는 '천재의 권리 선언'이 프랑스 협약에서 통과되다.
1793년	존 버니언의 『천로역정』이 마드라스에서 최초의 비非서양어 번역본인 타밀어판이 출간되다.
1795년	케이프타운 최초의 출판사가 설립되다.
1796년	동인도회사에서 사용할 구자라트어 활자를 주조하다.
1796년	알로이스 제네펠더가 석판 인쇄술을 발명하다.
1798년	프랑스 코르베유에손에서 루이스-니콜라 로베르가 최초로 제지 기계 특허를 획득하다.
1798년	봄베이(뭄바이)에서 유럽의 직접적인 개입 없이 인도인들을 위한 인도인들에 의한 최초의 책인 파시교의 기도서가 출간되다.
1799년	총독 마르케스 웰즐리가 인도 최초의 출판 검열법을 도입하다.
1799년	고대 이집트 텍스트 해독에 중요한 로제타석이 나일강 삼각주에서 발견되다.
1800년	미국 의회 도서관이 설립되다.
1800년	침례교도 윌리엄 케리가 벵골에 세람포르 선교 출판사를 설립해 남아시아 언어로 복음서를 출판하는 일에서 선구적 역할을 하다.
1800년	제3대 스탠호프 백작 찰스 스탠호프가 최초의 주철 인쇄용 프레스를 제작하다.
1803년	헨리 푸어드리니어와 실리 푸어드리니어 형제가 제지 기계 특허를 획득하다.
1802~18년	프리드리히 쾨니히가 최초의 증기식 원압인쇄기를 개발하다.
1805년	탄자부르 마라타족 통치자 사라바지 2세가 남아시아 최초로 황실 출판사를 설립하다.
1810년	프랑스에서 '명령'에 따라 프랑스 출판업을 관장하는 인쇄 출판 총국이 발족하다. 총국은 국립도서관 보관소에 모든 신간의 사본을 한 부 제출하게 했다.
1810년	브라질 국립도서관이 설립되다.
1813년	미국에서 연판이 최초로 사용되다.
1814년	쾨니히의 증기식 인쇄기가 최초로 상업적으로 사용되다. 런던의 〈더 타임스〉를 인쇄했다.
1815~23년	중국에서 자른 금속으로 만든 한자로 최초의 의미 있는 근대 서양 서적인 로버트 모리슨의 『중국어 사전』을 생산하다.

1818년	세람포르에서 최초의 인도어 신문 〈사마차 다판〉이 벵골어로 인쇄되다.
1822년	윌리엄 처치가 식자기 특허를 획득하다. 일반적으로 최초의 식자기로 간주된다.
1822년	장 프랑수아 샹폴리옹Jean-François Champollion이 로제타석 신성문자를 해독한 내용을 발표하다. 표음 기호와 표의 기호를 결합한 (당시로서는 독특한) 고대 이집트의 문자 체계를 설명하다.
1823년경	아치볼드 레이턴Archibald Leighton이 개발한 장정용 천으로 제본한 책을 윌리엄 피커링William Pickering이 출판하다.
1824년	인도에서 석판 인쇄술로 제작한 최초의 책 『가사假死 상태에 관한 논문』이 힌두어와 우르두어로 발간되다.
1826년	라이프치히 출판업자 F.A. 브로크하우스가 쾨니히 인쇄기로 책을 만들다.
1829년	윌리엄 오스틴 버트William Austin Burt가 타자기의 전신 '타이포그래퍼 typographer'를 발명하다.
1832년	아치볼드 레이턴Archibald Leighton이 조립식 헝겊 책 표지에 압인하는 기술을 개발함으로써 제본 공정을 기계화할 수 있는 길을 열다.
1835년	뉴질랜드 최초의 출판사가 설립되다.
1836년	스페인 국립도서관이 마드리드에 설립되다. 캘커타(오늘날의 콜카타)에 인도 국립도서관이 설립되다.
1837년	프랑스에서 고드프루아 엥겔만Godefroy Engelmann이 채색 석판 인쇄술 chromolithography을 발명해 다색 인쇄가 가능해지다.
1838년	제본 및 제본 기계 제작 전문 미국 기업 아메리칸 셰리던American Shreridan사社가 엠보싱 기계를 발명하다.
1838년	모리츠 폰 자코비Moritz von Jacobi가 개발한 전기판 공정을 이용해 처음에는 삽화를 복제하고 이어서 활자까지 복제하다.
1838년	프랑스 문인 협회가 저자의 권리 보호를 취지로 설립되다.
1840년경	리처드 휴가 초기 윤전 인쇄기를 설계하다.
1841년	독일에서 타우흐니츠 페를라크Tauchnitz Verlag가 최초의 페이퍼백 도서를 출간하다.
1840년대 중반	목재 펄프로 만든 종이가 넝마로 만든 종이를 대체하기 시작하다. 쐐기문자 해독에서 급속한 진전을 이루다.
1846년	영국에 일렉트릭 텔레그래프 컴퍼니가 창설되다.
1848년	미국 최초의 대형 공공도서관인 보스턴 공공도서관이 개관하다.
1848년	W.H. 스미스가 영국 유스턴역에 최초로 철도 도서 가판대를 설치하다.
1848년	영국에서 '서적 우편' 제도 즉 서적 소포에 특별히 낮은 요율을 적용하는 제

도가 확립되다.

1850년	영국 공공도서관 법이 주요 소도시의 공공도서관 건립을 허용하다.
1853년	아셰트 출판사가 프랑스 철도 기업 콤파니 뒤 노르와 계약을 체결하고 철도 가판대를 설치하다.
1858년	대서양 횡단 전신 케이블 통신이 성공해 선박 우편으로 열흘이 걸리던 북미와 유럽 간 통신이 수 분으로 단축되고 재간행에 걸리는 시간이 혁신적으로 짧아지다.
1858년	윌리엄 갬블이 중국어 활자를 전기판 기법으로 제작하다.
1863년	윌리엄 불럭William Bullock이 양면 인쇄 윤전기를 발명하다.
1867년	파리 활판 인쇄 협회가 임금 인상과 노동 조건 개선을 위해 창설되다.
1867년	미국 밀워키에서 크리스토퍼 레이섬 숄스Christopher Latham Sholes가 동업자들과 타자기를 생산해 최초로 상업적 성공을 거두다.
1869년	일본 최초의 서양식 서점 겸 출판사 마루젠이 도쿄에 설립되다.
1869년	맥밀런 뉴욕 지사가 설립되다.
1872년	모토기 쇼조가 도쿄 쓰키지에 일본 최초의 가동 활자 주조소를 설립하다.
1873년	E. 레밍턴 앤 선스E. Remington and Sons가 뉴욕 일리언에서 타자기 생산을 개시하고 쿼티QWERTY 자판을 도입하다.
1874년	뉴욕에서 언더우드 타이프라이터 컴퍼니Underwood Typewriter Company가 타자기 리본과 먹지를 개발하다.
1875년	동아프리카 잔지바르에 최초의 아랍어 인쇄소가 설립되다.
1876년	슈에이샤 출판사가 일본 최초의 진정한 서양식 서적인 새뮤얼 스마일스의 『자조론』의 번역 개정판을 출간하다.
1878년	시프트키로 대문자와 소문자를 모두 쓸 수 있는 최초의 타자기 '레밍턴 No.2'가 출시되다.
1880년경	중국에서 서양 선교사들이 도입한 석판술과 기계화된 활판 인쇄술이 그동안 주요 활용되어 온 목판술을 대체하며 인쇄 혁명이 시작되다.
1883년	철강 업계의 거두인 앤드루 카네기가 설립한 재단이 스코틀랜드 던펌린에 최초의 카네기 도서관을 열다.
1883년	영국 저자 협회가 설립되다.
1886년	미국에서 오트마르 머건탈러가 자동 식자기 라이노타이프를 발명해 식자 기술을 혁신하다.
1886년	베른 협약에서 저작권 보호의 국가 간 호혜 원칙을 도입하다.
1887년	마드라스(오늘날 첸나이)에 힌두교 소책자 협회가 설립되다.
1889년	미국인 톨버트 랜스턴이 모노타이프 식자 시스템을 발명하다.

1891년	미국이 '체이스 법'을 승인하며 국제 저작권을 인정하다.
1893년	뉴욕의 언더우드 타이프라이터 컴퍼니가 프론트 스트라이크 방식의 타자기를 출시하다. 글자가 찍히는 모습을 타자수가 곧바로 볼 수 있게 되면서 타자기 매출이 급증하다.
1897년	장차 1930년을 즈음해 동아시아의 최대 규모의 종합 출판사로 성장할 상무인서관이 설립되다.
1898년	중국 최초의 공립 대학교인 베이징대학교가 경사대학당京師大學堂이라는 이름으로 설립되다.
1909년	일본 최대의 출판사로 성장할 고단샤가 설립되다.
1910년	인도의 영국 정부가 선동적인 저작물의 생산과 배포를 금지하는 가혹한 언론법을 통과시키다.
1912년	중화민국에 두번째 최대 규모의 출판사 중화서국이 설립되다.
1920년대	이라크 남부에서 가장 오래된 쐐기문자 서판이 발견되다. 중국에서 거북 등 딱지 갑골 책이 발견되다.
1922년	구소련에 국가 검열 기관 글라블리트Glavlit가 설립되다. 이는 전면적 검열 제도의 공식적인 재도입을 의미했다.
1935년	IBM이 최초로 상업적 성공을 거둔 전자 타자기를 출시하다.
1931년	스탠리 모리슨Stanley Morrison이 〈더 타임스〉의 타임스 뉴로만 서체를 개발하다.
1935년	앨런 레인이 펭귄 페이퍼백 시리즈를 출시하다.
1937년	중국에서 신화통신사가 설립되다.
1939년	체스터 F. 칼슨Chester F. Carlson이 제로그래피를 발명하다.
1951년	지멘스Siemens가 최초의 잉크젯 프린터를 발명하다.
1952년	선문자 B를 해독하다.
1955년	세계 저작권 협약에서 국제 저작권 체계가 도입되다.
1957년	헬베티카체를 개발하다.
1958년	책의 역사에서 초석이 된 텍스트인 뤼시앵 페브르와 앙리 장 마르탱의 『책의 탄생』이 출간되다.
1959년	제록스가 최초의 복사기를 판매하다.
1964년	마셜 매클루언의 『미디어의 이해: 인간의 확장』이 출간되면서 "미디어가 메시지다"라는 표현이 소개되다.
1967년	오하이오주립대학교에서 '오하이오 대학 도서관 컨소시엄'(OCLC)이 출범하다. 지금은 '온라인 컴퓨터 도서관 센터'로 개칭되었다.
1968년	OLCL이 최대 공공 액세스 도서 카탈로그 서비스 월드캣(WorldCat, 현재 온

라인)을 내놓다.

1969년	MARC(기계 가독 목록) 메타데이터가 최초로 사용되다.
1969년	캘리포니아 남부에서 ARPANET(인터넷의 전신)이 설계되다.
1970년	ISBN(국제 표준 도서 번호)이 도입되다.
1970년	세계 지적 재산권 기구가 창설되다.
1971년	"전자책 창출과 유통의 장려"를 취지로 디지털 아카이브 '구텐베르크 프로젝트'가 자원활동가 주도로 창설되다.
1972년	프로그래밍이 가능하고 비디오 화면이 딸린 최초의 워드 프로세서가 출시되다.
1972년	앨런 케이의 새로운 전자 독서 기기 다이나북이 제록스 파크에서 제작되다.
1976년	IBM이 최초의 상업용 레이저 프린터를 판매하다.
1977년	최초의 상업용 개인 컴퓨터를 판매하다.
1978년	〈뉴욕타임스〉가 핫 타이프hot type 방식을 사진 식자 방식으로 바꾸다.(다음을 참조: https://www.nytimes.com/video/insider/100000004687429/farewell-etaoin-shrdlu.html)
1981년	최초의 대량 생산 방식 휴대용 노트북컴퓨터가 출시되어 상업적 성공을 거두다.
1989년	팀 버너스 리Timothy Berners-Lee가 월드 와이드 웹World Wide Web을 발명하다.
1991년	월드 와이드 웹이 대중적으로 사용되기 시작하다.
1993년	어도비Adobe가 피디에프PDF, portable document file를 내놓다.
1994년	제프 베이조스Jeff Bezos가 아마존닷컴을 설립하다.
1995년경	맞춤형 인쇄POD 기술이 개발되다.
1998년	구글이 미국 캘리포니아주 멘로파크에서 설립되다.
1998년	캐나다와 미국에 소재한 몇몇 대학이 오픈 액세스 및 오픈 소스 저널 출판 시스템을 장려하기 위한 공공 지식 프로젝트Public Knowledge Project를 출범하다.
2001년	위키백과Wikipedia가 설립되다.
2001년	미국 비영리단체 크리에이티브 커먼즈Creative Commons가 설립되다.
2003년	최초의 상업용 3D 인쇄기를 판매하다.
2003년	'요시Yoshi'가 최초의 휴대폰 소설 『딥 러브Deep Love』를 발표하다.
2004년	구글이 '구글 도서 검색'(현 '구글 도서')과 '구글 프린트' 서비스를 내놓다.
2004년	최초의 전자책 단말기가 개발되다.
2005년	네덜란드 대학교 16개교에서 디지털 학술 보고DAREnet, Digital Academic Repositories 서비스를 열어 연구 논문 4만 7000편을 인터넷으로 누구나 접할 수 있도록 공개하다.
2006년	'메이커 운동'이 도서관 메이커스페이스를 개발해 종래의 자료에 덧붙여 컴

퓨터, 오디오, 비디오, 3D 프린팅 시설도 제공하다.

2007년   도서, 주석, 비평 데이터베이스의 무료 검색이 가능하고 도서관 카탈로그와 독서 목록을 생성해주는 '소셜 카탈로그' 웹사이트 굿리즈Goodreads 서비스가 출시되다.

2007년   아마존이 킨들을 인수하다.

2008년   미국 캘리포니아주의 스매시워즈 주식회사Smashwords Inc.가 저자와 출판사가 텍스트 파일을 다양한 기기에서 읽을 수 있도록 여러 가지 전자책 포맷으로 변환할 수 있는 전자책 유통 플랫폼을 출시하다.

2010년   애플이 아이패드를 출시하다.

2011년   북미 지역 대학교들이 모여 오픈 액세스 정책 기관 연합체COAPI, Coalition of Open Access Policy Institutions를 꾸리다.

2015년   유엔이 "각국의 국내법과 국제 협의에 따라 대중의 정보 접근을 보장하고 기본적인 자유를 보호하는 것을 취지로 삼는" '2030 어젠다2030 Agenda'에 합의하다.

2016년   구글 주식회사 및 구글 도서 검색 서비스와의 저작권 분쟁에서 미국 대법원이 오서스 길드 주식회사Authors Guild Inc.의 상고를 기각하다.

2016년   북스타그램Bookstagram이 출시되다.

2017년   트위터Twitter 트윗의 글자 수 제한을 140자에서 280자로 늘리다.

2018년   애플북스 이북Apple Books eBook 전자책이 아이북스iBooks로 개칭되다.

2019년   정보 시스템 합동 위원회Jisc, Joint Information Systems Committee에서 온라인 퍼블릭 액세스 카탈로그 컨소시엄COPAC, Consortium of Online Public Access Catalogues을 라이브러리 허브 디스커버Library Hub Discover로 대체하다.

1장

서문

제임스 레이븐
James Raven

우리는 대개 책이라는 말의 뜻을 안다고 생각한다. 책에는 낱말, 표지, 책등이 있다. 삽화가 실리기도 한다. 참고 도서라면 목차와 색인이 있을 것이다. 우리는 책이라고 하면 직감적으로 인쇄본을 떠올린다. 그리고 책이 세계 어디에서나 발견되고 읽힌다는 것을 안다. 하지만 잠시 각자의 집에 있는 책이나 어느 유서 깊은 저택의 서가에 빼곡히 꽂힌 책을 생각해보면, 우리는 많은 책이 읽히지 않는다는 사실 역시 깨닫는다. 읽히거나, 다시 읽히거나, 어쩌면 한 번도 펼쳐지지 않는 책은 우리 삶에 친숙한 양식이자 우리를 위로하는(또는 나무라는) 양식이 된다. 우리는 이따금 어느 특정한 책을 특정한 시기에 특정한 환경에서 읽음으로써 삶을 뒤바꾸는 경험, 새로운 것에 눈뜨는 경험, 전율하고 위로받는 경험을 한다. 하지만 누군가가 책이 무엇이냐고 물으면 우리는 언제나 그것의 물질적 이미지부터 떠올린다. 책—지식, 가르침, 오락의 매개체—은 그것이 책임을 쉽게 알아볼 수 있게 하는, 각 문화에 특유한 물리적 형식 안에 내용을 담고 있다.

지난 수년간 디지털 매체의 발달은 책이 무엇인가에 대한 우리의 전통적 이해에 도전을 제기해왔다. 휴대용 컴퓨터, 스마트폰, 스크롤로 조작하는 텍스트의 출현은 책의 구성, 효과, 목적에 관해 우리가 기존에 갖고 있던 가정에 도전을 제기한다. 우리는 텍스트 메시지를 보낸다(영어 단어 '텍스트text'는 뜻이 확장되어 명사뿐만 아니라 '텍스트 메시지를 보내다'라는 뜻의 동사로도 쓰인다). 우리는 전자책을 이용하고 맞춤 환경을 설정한다. 우리는 각자의 저작물을 창출하고 표면적으로 그것들을 직접 통제한다. 대중 및 학계 비평가는 아날로그 매체와 디지털 매체의 차이와 종이와 픽셀의 차이를 탐색한다. 전자책은 새로운 읽기 및 지식 경험을 생성하고 있으며, 이 경험은 물질적 형식들에 관한 우리의 이해, 그리고 지식의 정의, 설계, 네트워킹에 관한 새로운 질문을 불러일으킨다.

아울러 무엇이 책을 책이게 하는가에 관한 우리의 가정 역시 항상 도전받아왔다. 혹시 당신이 이 글을 제본된 종이책으로 읽고 있다면 당신은 '책은 코덱스codex다'라는 견해에 관계하고 있는 셈이다. '나무의 몸통' 또는 '나무 블록'을 뜻하는 라틴어 단어 '카우덱스caudex'에서 유래한 '코덱스'는 대개 종이, 양피지, 파피루스나 이와 비슷한 물질로 된 시트 여러 장으로 만든 책으로 정의된다. 코덱스라고 하면 수서본을 먼저 떠올리는 사람이 많겠지만, 서양 세계에서는 코덱스를 인쇄본과 연결 짓는 것도 보편적이 되었다. 하지만 전 세계적으로, 그리고 여러 다른 사회에서, 과거에서나 지금이나 책은 다양한 형식으로 존재하고 존재해왔다. 다만 근대에 와서 세계적인 수준에서 상호 교류와 이해가 가능해지기 전까지는 책의 형식과 기능의 비교는 아예 없었거나 있더라도 극소수의 경험에 국한되었다.

이 책은 책에 관한 우리의 이해를 방해하는 두 가지 장벽, 즉 시대적 장벽과 지리적 장벽 둘 다를 넘어선다. 이어질 장들은 고대의 설형문자가 찍힌 점토판부터 현대의 디지털 기호와 이미지를 품은 전자 태블릿까지 전 세계 곳곳을 누빈다. 어떤 책도 책의 역사를 총망라한다고 주장할 수 없겠지만, 각자의 연구 분야를 선도하는 학자

1. 크메르 스텔레stele. 서기 7세기. 캄보디아 앙코르와트. 스텔레는 텍스트와 장식이 있는 커다란 비碑다. 돌이나 나무로 만들었고 흔히 원주형이며, 죽음이나 행사를 기리거나 공고를 게시하거나 영토의 경계와 토지의 소유자를 알리기 위해 세웠다. 단어나 그림 기호를 새기거나 칠했다. 고대 유럽, 근동, 이집트, 인도차이나, 중국, 아메리카대륙에 다양한 형식의 스텔레가 세워져 있다.

2. 빈돌란다 서판. 낱장으로 된 작고 얇은 나무 서판으로 연대는 서기 1, 2세기로 추정된다. 영국에서 가장 오래된 현존하는 수기 문서로, 로마령 영국의 북쪽 변경에 관한 결정적인 증언이 담겨 있다. 1973년 전까지는 글씨를 새긴 자국에 잉크가 채워진 나무 서판은 발견된 사례가 없었다. 두 장으로 구성된 이 연속 서판(tablet 291)에는 '클라우디아 세베라'라는 여성이 생일을 맞아 '술피키아 레피디나'를 초대하는 내용이 담겨 있다. 탄소 기반 잉크를 사용했으며, 우아한 서체로 쓰여 있고 합자는 거의 사용되지 않았다. 지금까지 알려진 글 중 여성이 라틴어로 쓴 가장 오래된 글이다.

인 이 책의 열여섯 명의 공저자는 과거와 현재의 다양한 사회에서 책이 무엇을 의미했고 또 무엇을 의미하는지에 관한 비교적 이해를 제공하는 신선한 관점들을 소개한다. 각 글에 수반되는 수많은 도판과 해설은 본문과 관련된 서술을 제공하고 서적사의 개별 사례들을 제시한다. 서문 앞의 간략한 연대표에서는 전 세계의 책 제작과 독서의 역사에 나타나는 의외의 유사점과 차이점을 생생하게 확인할 수 있다. 우리는 과거의 글쓰기와 출판 관행에 관해 여전히 상당히 지역화된 생각에 매여 있다. 이 연대표는 전 세계 서적사의 주요 사건만을 모아놓았을 뿐인데도 우리가 잠시 멈춰 생각하게 만든다.

실제로 이 책이 보여주는 것은 세계의 다양한 지역에서 세월에 따라 책이 잇따라 개편·혁신된 양상이다. 각각의 장은 장기간에 걸쳐 나타난 불변적 요소와 잔여적 형식, 중요한 변화의 순간, 대조적인 기능과 재료의 공존을 설명한다. 차이와 동시성은 그 자체로 또다른 질문을 불러일으킨다. 어떤 책의 특수한 종류와 용도는 기존의 형식을 보완·개선하기 위해 발달한 것일까? 발달이 세계의 여러 지역에서 거의 동시에 나타났지만 뚜렷한 연결고리는 없다면, 이것은 인구 증가와 경제 성장, 제국의 확장이나 축소, 정치적·지적 성숙(또는 쇠퇴), 그리고 여기에 수반한 교육적 필요의 재평가 같은 유사한 기초 조건에 대한 반응일까?

이 책은 우리에게 낯선 영역들 역시 강조하며, 그중 많은 영역이 더 깊이 있는 조사가 필요하다. 여기 실린 글은 최근의 여러 학문적 성과를 포괄하지만, 아프리카, 중앙아시아, 환태평양 등을 비롯한 다양한 지역의 책의 창출과 평가에 관해 우리가 발견하고 이해해야 할 것은 아직 많다. 중국과 러시아에서 책의 역사에 관한 과거의 학문적 성과는 우리 시대에 아직 완전히 복원·공유되지 못하고 있다.

정의

책의 역사는 다채롭고 적어도 5000년을 거슬러올라간다. 디지털 시대의 새로운 책 형식들을 보면 이해하기 쉬울 텐데, 책의 역사는 단지 종이 코덱스나 인쇄본의 역사에 그치지 않는다. 책의 역사는 세계 여러 다른 지역의 여러 다른 민족이 여러 다른 이유에서 여러 다른 방식으로 여러 아주 다른 결과를 빚으며 지식과 정보를 저장하고 순환시키고 검색하기 위해 노력한 역사다. 기원전 33세기는 일부 학자들이 책의 정의를 충족시킨다고 주장하는 가장 오래된 대상물의 추정 연대다.

책, 팸플릿, 잡지는 물리적 형식을 통해 지식을 전파한다. 메시지는 매체로 전달된다. 책은 다른 물질적 사물들과 일부의 특징을 공유한다. 재질감, 디자인, 장식은 책이 읽히기 전에 이미 어떤 의미를 전달한다. 하지만 책은 또한 텍스트를 담고 있으며 읽기는 지적이고 이념적인 의의를 전달한다. 표지와 글 그리고 인쇄물로 생기는 연결은 거리상 가까운 사람들끼리의 상호작용에는 분명 미치지 못한다. 하지만 책은 원작자와 수용자에게 여러 가지 방식으로 유대감을 제공한다. 필사본, 인쇄본, 정기간행물은 이러한 교류의 범위를 확장했고 이 교류는 식민지주의, 이주, 망명, 상업, 정치적 독립, 민족주의 등에 따라 변천을 거듭해왔다.

책이 무엇인지 이제 더는 알 수 없을 것 같은 시대에는 '텍스트'가 무엇인지 그리고 텍스트가 물리적·물질적 구현물과 어떤 방식으로 관계를 맺는지에 관한 고찰이 도움이 될 수 있다. 텍스트 생산·전파·수용의 모든 물질적 형식과 그것이 모든 사회와 모든 시대에 끼친 영향을 다룬 역사 연구 역시 길잡이가 되어줄 것이다. 도전은 비교에 있다. 쐐기문자 점토판부터 디지털 태블릿까지의 비교, 여러 책 형식의 계승과 동시성의 비교, 두루마리와 코덱스의 비교, 잉카의 키푸, 중국과 동아시아의 죽간, 목판 인쇄woodblock printing와 목판술xylography, 불교의 탕카 두루마리, 자바와 발리와 신할리족의 잎사귀 책, 다코타의 버팔로 가죽의 비교 등을 아우른다. 지도책, 음악책, 스크랩북, 플립북빠르게 넘기면 만화영화 효과가 나도록 페이지마다 조금씩 다른 그림을 담은 책―옮긴이, 만화책(과 망가manga) 등은 코덱스라는 일반적인 영역 안에도 다양한 장르와 형식이 있음을 시사한다. 전화번호부와 파일로팩스Filofax, 낱장을 쉽게 끼웠다 뺄 수 있는 수첩. 한국에서 흔히 '시스템 다이어리'라고 부른다―옮긴이는 새롭고 기발한 책 형식이 한두 세대 만에 구식이 되어 낯선 물건이 될 수도 있음을 보여준다. 무엇보다 우리는 매우 다른 텍스트의 작성, 취급, 만남, 읽기 경험을 가능하게 하는 다양한 디지털 책 형식의 세계에 살고 있다. 또한 점토판의 압인부터 다양한 필사 관행을 지나 전자·전신·디지털 데이터의 인코딩까지 다양한 기술의 비교도 필요하다. 어떤 경우든 책의 이용과 읽기는 아주 다양한 동기에서 비롯된다. 물론 책과 책의 다양한 유형물들의 명칭을 정의할 때 도전은 개념적인 측면과 방법론적인 측면 둘 다에 있다.

기본 전제는 이렇다. 점토나 가죽이나 천연 섬유로 만들었든 디지털 스크린이나 중앙처리장치CPU나 임의접근기억장치RAM나 그래픽카드로 구현했든 책은 내구성과 휴대성 또는 이동성과 복제 가능성과 판독 가능성(legibility, 즉 가독성 및 소통 가

飲亦自制其限後世以酒爲漿不醉反耻豈知
舟所以戒其覆六尊有罍所以戒其淫陶侃劇
曰祀茲酒言天之命民作酒惟祀而巳六彝有
氣消皆化爲水昔先王誥庶邦庶士無彝酒又
詞養生論酒所以醉人者麴糵氣之故爾麴糵
忘哥爰然能作疢所謂腐腸爛胃漬髓蒸筋而劉
得名蓋抑始於此耶酒味甘辛大熱有毒雖可
酒之作尚矣儀狄作酒醪杜康秫酒豈以善釀

酒經上　　大隱翁譔

3. 주궁朱肱의 『북산주경北山酒經』. '주경(술의 고전)'이라는 제목이 붙은 여러 권의 책 중 가장 큰 판형이며, 송조(서기 960~1276) 치하 서기 11세기 말이나 12세기 초에 출판되었다. 현재 중국 베이징 소재 중국 국가 도서관의 고적 진품 도록古籍珍品圖錄에 수록되어 있다. 약초를 이용한 수백 가지의 제조법과 술에 관한 초기 텍스트들을 소개하는 이 문헌은 상당히 많은 부분이 유실되었다.

4. 중국의 아코디언 형식의 죽간을 펼친 모습. 손자孫子, 기원전 544경~496가 쓴 『손자병법孫子兵法』의 18세기 사본.

능성)을 띠며 정보와 지식을 기록·전파하는 수단을 제공한다. 하지만 책의 기능과 목적을 이런 식으로 고려하면 '출판물publication'의 성격이나 부재는 과연 명확한 것일까? 그리고 인쇄물의 형식과 문자 및 삽화와 결합된 인쇄물은 갈수록 더 복잡해지는데 '책'에 대한 우리의 정의는 과연 얼마나 포괄적일까? 신문, 정기간행물, 관보는 오랫동안 서적사 연구의 필수적인 부분으로 확립되었다. 그런데 포스터나 티켓, 상업·법률 계약서처럼 간단한 도급 일감 인쇄물도 여기에 포함시켜야 하지 않을까? 거의 모든 서적사 연구자의 대답은 '그렇다'다. 다만 그 작업물의 주된 관심이 의사소통, 그러니까 의미의 창출과 전파에 있고, 그 의미가 휴대와 복제가 가능하며, 기호로 되어 있고, 판독 가능한 형식에서 기원한다면 말이다. 텍스트의 비판적 평가는 또다른 쟁점이다. 텍스트 장르의 분류마저도 책의 역사를 복잡하게 만들며 책의 역사와 문학 연구literary studies의 거리를 떨어뜨려놓는다(그렇다고 지금까지 둘 사이에 돌이킬 수 없는 단절이 생긴 적은 없다).

이러한 정의상의 차이들은 결코 한눈에 파악되지 않는다. 그리고 바로 여기, 전 세계와 수 세기를 아우르는 책의 역사의 매력이 있다. 급진적으로 생각해본다면 누군가는 사람도 책일 수 있는지 질문할지 모른다. 고대나 현대의 이야기꾼, 교사, 설교자는 이야기나 지식을 기억한 다음 그것이 필요할 때 말로 풀거나 노래로 부른다. 이러한 사람은 이동성이 있으니 어떤 의미에서는 휴대성도 있다. 이들은 비교적 내구성이 좋고, 의사소통이 가능하며, (정확한 복제는 아닐지라도) 다른 사람이 모사copy할 수 있다. 하지만 대다수는 사람이 책이라는 개념을 외면할 것이다. 책은 시각적으로 읽을 수 있는 부호화된 기호를 담은 매개체여야 한다고 믿기 때문이다. 그런데 이 질문을 곰곰 곱씹어보면 우리는 어쩔 수 없이 기존의 정의들을 정밀하게 다듬게 되고 결국에는 많은 개념이 문화적으로나 시간적으로 조건화된 것임을 깨닫게 된다. 또다른 예로, 다운로드해서 또는 온라인상에서 화면으로 읽는 디지털 자료를 책으로 생각해보자. 텍스트의 이동성은 확실하다. 독자는 스크롤 동작으로 화면을 움직이거나 다른 방식으로 텍스트에 접근하며―스마트폰, 태블릿, 노트북인 경우―일부 화면은 분명 휴대가 가능하다. 하지만 도서관이나 심지어 어느 가정집의 책상같이 특정한 장소에 고정된 컴퓨터라면 어떨까? 읽기가 발생하는 이 물질적 형식의 '휴대성'은 (읽기가 발생하는 방식과 상관없이) 사슬에 묶인 중세 도서관 책에 더 비슷할 것이다. 더욱이 디지털 텍스트의 이동성은 수동적인 차원을 벗어난다. 독자가 원한다면 자동화된 수단에 의한 이동과 수정이 가능하다. 게다가 무한한 복제도 가능하다. '온라인' 책은 독자가 인터넷에 접속해 있을 때만 읽을 수 있다. 다른 사이트로 이동할 수 있는 링크가 포함된 하이퍼텍스트 책 역시 텍스트의 외형과 읽기의 전통적인 방식으로부터 해방되었다.

이러한 질문들이 초래하는 또다른 결과가 있다. '텍스트'에 대한 우리의 정의, 그리고 텍스트가 그것의 물질적 형식 및 전달과 맺는 관계에 대한 우리의 정의가 불안정해진다는 것이다. 무엇이 더 중요할까? 표의문자 체계를 담아내는 물질일까? 아니면 우리는 그보다 휴대성에, 또는 보존과 재독의 잠재력에 더 많은 관심을 기울여야 할까? 디자인의 혁신은 어떤 결과들을 낳을까? 제라르 주네트Gérard Genette, 1930년 태생는 필립 르죈Philippe Lejeune, 1938년 태생을 따라 파라텍스트paratext를 '인쇄된 텍스트의 주변부에 있지만 사실상 텍스트의 읽기 전체를 장악하는 것'이라고 설명했다. 그리고 한 발 더 나아가 파라텍스트를 (상당 부분 서양의 현대 책 관점에서) '페리텍스트peritext'―제목, 제사題詞, 서언, 저자 서문, 머리말, 주석, 삽화 등 책 안에 자리한 모든 것―와 '에피텍스트epitext'―서신, 일기, 면담 등 책 바깥에 자리한 것―로 나누기도 했다.

그러므로 무엇이 텍스트를 텍스트이게 하는가에 대한 재평가는 무엇이 물질적으로 책을 책이게 하는가에 대한 재평가 못지않게 책의 역사에 기여하는 한 가지 방법임이 분명하다. 텍스트가 전달하는 의미는 책의 물질적 형식에서 큰 영향을 받으며, D. F. 매켄지D.F. McKenzie, 1931~99가 '텍스트들의 사회학'을 탐구하며 주장한 것처럼, 사실상 형식은 의미에 영향을 준다. 인쇄본을 읽는 독자는 다른 독자가 본질적으

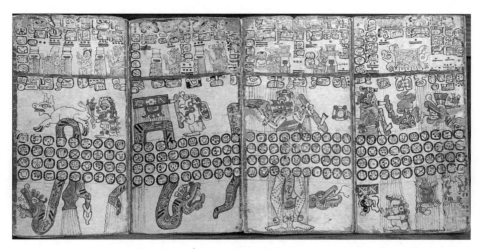

5. 근대 이전 아메리카대륙의 여러 시대와 사회에서 달력 텍스트가 발견된다. 『마드리드 코덱스Madrid Codex』(『트로-코르테시아누스 코덱스Tro-Correstianus Codex』 또는 『트로아노 코덱스Troano Codex』로도 알려져 있다)는 메소아메리카(서기 900경~1521)의 후기 고전 시대 마야족 책 중 현전하는 세 권 중 하나다. 스페인 마드리드의 아메리카 박물관Museo de América에 소장되어 있다. 콜럼버스의 아메리카대륙 도착 이전의 문명과 책은 철두철미하게 파괴된 탓에 코르테스의 멕시코 정복 이전에 생산된 온전한 형태의 필사본 중 현재까지 전해지는 책은 스무 권 정도에 지나지 않는다.

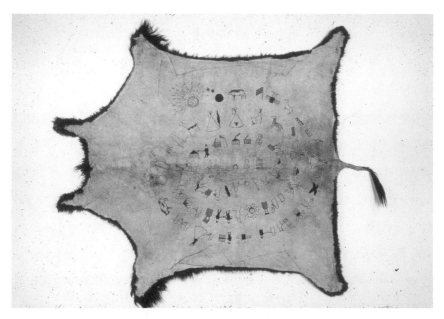

6. 북부 민족들의 달력은 다양한 소재로 제작되었다. 버펄로 가죽에 그린 라코타족Lakota 달력 '와니예투 우와피 waniyetu wowapi', 즉 '겨울의 기록winter count'은 그중 하나로, 현재 미국 사우스다코타주 체임벌린의 아크타 라코타 박물관 & 문화 센터Akta Lakota Museum & Cultural Center에 소장되어 있다. 각 그림은 1년('와니예투', 즉 첫눈이 온 날부터 그 다음 첫눈이 온 날까지)에 걸친 사건들의 역사를 나타낸다. '우와피'는 책, 편지, 그림같이 평평한 표면에 읽거나 셀 수 있게 표시된 모든 것을 의미한다.

로 '동일한 책'을 읽고 있으리라는 것을 알지만 이것은 필사본의 독자가 간주한 동일성—혹시 그런 게 있었더라도—과는 매우 다른 동일성이다. 우리는 우리 시대의 가치를 새로 매기는 과정에서, 책 형식과 그 안에 담겨 전달되는 기호들 사이의 관계가 어떻게 변화하는지, 그리고 이 관계들이 어떻게 시대마다 다르게 기술되는지를 통찰하게 된다. 예를 들어 '텍스트'의 대중적 지칭에는 현재 '텍스트' 메시지 발신이라는 새로운 의미가 부여되었다. 아울러 워드 프로세서와 텍스트 메시지가 전 세계적으로 사용되면서 '폰트(font 또는 fount)'라는 단어가 활기를 되찾고 의미가 재구성되었다. 타이포그래피 입문자에게 '폰트'는 불과 30년 전만 해도 설명이 필요한 용어였지만 이제는 아주 일상적으로 사용된다. 하지만 바로 그 이유로 서적사가들은 이 단어를 설명할 때 더욱 세심한 주의를 기울여야 한다.

책의 물질적 형식의 변화는 흔히 급진적으로 일어나며 이 과정에서 새로운 의미가 파생된다. 새로운 판본板本, edition이 재조판되고 재인쇄되고 재포장된다. 새로운 언어로 번역되고 새로운 중요한 장치나 이미지가 추가되기도 한다. 때로는 부단히 옮겨 다니기도 한다. 이 모든 것은 국제적으로 새로운 공동체들 사이에서 텍스트를 다시 만드는 행위에 기여한다. 그리고 심지어 전 세계적으로 이것은 수 세기에 걸쳐 아주 다른 문화적 맥락에서 이루어진다. 각각의 수준에서 제작자, 출판업자, 편집자의 개입은 텍스트의 유형들, 동일한 또는 유사한 저자들의 저작물들, 책과 독자의 다른 공동체들 사이에서 여러 특정 시기의 관계들을 창출한다. 하지만 시간과 공간을 넘어서서 펼쳐지는 어느 단일 저작물의 광범위한 문화사를 그려내는 일도 가능하다. 로제 샤르티에르Roger Chartier, 1945년 태생가 '책의 전기傳記'로 구상한 것이 바로 이것이었다. 제임스 세코드James Secord는 이 비유를 두고 책은 책의 활용과 독립적인 그 자체의 '삶'은 갖고 있지 않다고 논평했다. '전기'든 아니든, 존 버니언John Bunyan의 『천로역정Pilgrim's Progress』을 다룬 이저벨 호르메이어Isabel Hofmeyr, 1953년 태생의 비평서 같은 연구 업적은 여러 언어로 번역되었고 특히 아프리카를 비롯한 전 세계로 전해지면서

7. 『가리마 복음서Garima Gospels』. 염소 가죽에 초기 에티오피아 언어인 게즈어로 쓰여 있는 이 복음서는 삽화가 수록된 가장 오래된 기독교 서적 중 하나다. 494년에 콘스탄티노폴리스에서 에티오피아를 찾아온 어느 수도사의 이름을 딴 『가리마 복음서』는 이후 줄곧 에티오피아 북부 아드와Adwa 인근 가리마 수도원에서 소장하고 있다. 이 책은 지금까지 표지 등의 장정이 원서 페이지에 부착되어 있는 가장 오래된 책이다. 탄소 연대 측정법을 통해 서기 330년과 650년 사이에 제작되었을 것으로 추정되고 있다.

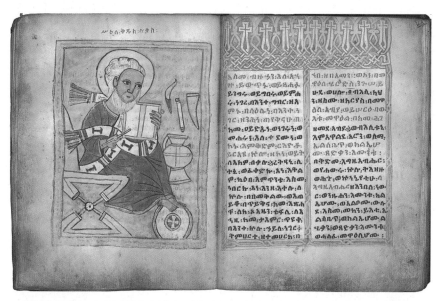

8. 성서에 수록된 복음서 저자의 전면 미니아튀르 삽화. 에티오피아 게즈어를 암하라 문자로 독피지에 썼으며, 1519년 경에서 1520년 사이에 제작되었을 것으로 추정된다. 에티오피아 황제 레브나 덴겔Lebnä Dengel의 기증물로, 에티오피 아 북부 랄리벨라의 성 기요르기스 암굴 성당에서 정교하게 제작된 이후 현재까지 잘 보존되어 있다.

특정 저작물의 시공간적 역사를 발전시켰다. 미시사micro-history는 특정 텍스트와 그 것의 수용에 대한 연구에 매우 구체적인 방식으로 깊이를 더해 과거에 대한 우리의 이해에 기여했고, 책의 역사는 이러한 기여를 더욱 강화했다. 아울러 이러한 역사는 특정 텍스트의 출판과 유통의 역사를 최대한 야심차게 다루고 저자들의 사상이 미 친 장기적이고 광범한 영향의 전 세계적 역사를 제시해 우리의 지평을 확장했다.

과거 형식의 잔여적 영향은 또한 '디지털 태생'의 책 디자인의 특징을 결정한다. 이러한 스큐어모피즘skeuomorphism, 실물 도구의 효과를 디지털 도구에서 재현하는 디자인―옮긴이의 예로 온라인 책과 전자 자원e-resource 대다수가 페이지 기반 코덱스의 파라텍스트 형 식을 닮았고 전통적인 포맷 표준을 채택한다는 것을 들 수 있다. 통상적으로 전자 페이지들은 순차적으로 읽을 수 있도록 제시되며 모든 코덱스 사용자에게 친숙한

'플리핑flipping, 책장 넘기기' 동작으로 여러 장을 한꺼번에 건너뛸 수도 있다(검색 엔진의 결과도 여전히 순차적으로 제시된다). 많은 전자 저널이 목차와 더불어 권卷과 호號의 구조를 유지하고 있다. 다만 발행이 지속적으로 이루어지며 전자책에서처럼 '색인'이 '용어 검색'으로 대체되었다는 점이 다르다. 색인과 비교해 용어 검색은 더욱 개별적이긴 하지만 일반적인 길잡이의 기능은 떨어진다. 이렇듯 디지털 시대에 책과 인쇄물의 새로운 위치 설정은 지식이란 무엇인지, 지식은 어떻게 창출되고 전파되는지, 그리고 지식은 어떤 모습으로 제시되는지에 대한 새로운 질문들을 제기한다.

여러 다른 나침반들

세계의 여러 다른 지역 간의 비교 연구는 유럽과 '서양'의 책 생산·유통의 역사, 그리고 독자와 의뢰인이 텍스트를 수용한 수단을 재평가할 특별한 기회를 제공한다. 근대 초 아시아의 인쇄 관행과 중국·한국·일본의 정교하고 교정 가능한 목판술의 비교 연구는 많은 시사점을 준다. 그중 상인과 지식인 간의 상호작용, 도시에서의 생산과 시골에서의 유통 간의 상호작용에 관한 연구는 특히 주목할 만하다. 국민 국가 nation state가 유럽과 서양의 서지학 연구에 대략적인 틀을 제공해온 것은 문학적·언어적 관심의 측면에서, 또한 단순히 실제적 측면에서 충분히 이해할 만하지만 역사가들에게 이것은 어려운 문제로 남아 있다. 다양한 토속어vernacular language의 발달과 근대 국가의 형성을 앞당긴 운동과 시위가 인쇄술과 아무리 긴밀히 연관되어 있더라도, 분명 국가라는 지리적 단위는 인쇄물의 역사에서 다양한 방식으로 오해를 불러일으킨다. 정치적 단위─언어적 단위와 항상 일치하는 것은 아니다─가 (약칭 제목 short-title 카탈로그로 출판된) 국가 차원의 연표식 서지bibliography의 제작을 가능하게 한 것은 틀림없는 사실이지만, 이 단위 안에서 유통된 책은 과거에서나 지금이나 여전히 국제적인 상품이다.

책의 역사에서 벌어지는 활동은 이제 전 세계적이다. 서지학 및 서적사 연구와 오랫동안 연관 지어져온 지역들은 물론이고, 중국, 인도, 남아시아, 중앙아시아, 아프리카, 남아메리카 지역의 서적사를 주제로 새롭고 혁신적인 저술과 연구 사업이 이루어지고 있다. 특히 재평가 작업이 큰 관심을 받고 있다. 필사본 생산과 목판술을 비롯한 여러 인쇄 기법의 상호작용에 대한 재평가, 16세기 말부터 주로 스페인, 포르투갈, 그다음에는 프랑스, 네덜란드, 잉글랜드, 이어 멕시코, 페루, 브라질을 비롯한 아메리카대륙의 여타 지역을 거쳐 아프리카의 여러 지역, 끝으로 인도, 중국, 일본, 필리핀, 동남 및 동아시아의 다양한 공동체로 퍼져나간 유럽의 가동 금속활자 인쇄술의 첫 번째 세계화 물결에 대한 재평가가 여기에 속한다.

그런데 이처럼 광범위한 지리학적 비교 연구는 사실 오래전에 시작되었다. 1980년대 근대 서적사의 선구자들은 대부분 인쇄 시대의 유럽과 북미를 연구했다. 로버트 단턴Robert Darnton, 1939년 태생은 그의 영향력 있는 1982년 에세이 「책의 역사란 무엇인가?What is the History of Books?」에 "그것은 심지어 인쇄물을 통한 의사소통의 사회 문화사로 불릴 수도 있을 것"이라고 썼다. 1990년대 초에는 영국과 프랑스를 비롯한 여러 유럽 국가와 미국, 오스트레일리아에서 서적사 강의, 서적사 연구센터, 여러 권짜리 서적사 출판 사업이 증가했다. 10년쯤 지나 중세 연구가들과 고문서학자들은 예전의 연구를 활용하되 흔히 아주 다른 접근방식을 취했다. 출판과 더 광범위한 서적사를 주제로 국가적 차원의 협력 사업들을 기획해 시행했다. 이후 다양한 분과의 학자들이 '책의 역사'라는 주제 아래 과거에 책이 지닌 의미와 기능에 관해 굵직한 질문들을 제기해왔다. 그들은 특히 과거의 방법과 결론을 확장·수정하는 학제간 연구를 고무하며 새로운 관점을 추구해왔다.

광범위한 지역에서 분석적 서지학, 비판 이론, 읽기의 역사, 도서관의 역사, 서지학사가 생겨났고, 모두 다양한 유형의 질문에 답변을 제공했다. 각기 다른 추동과 인식

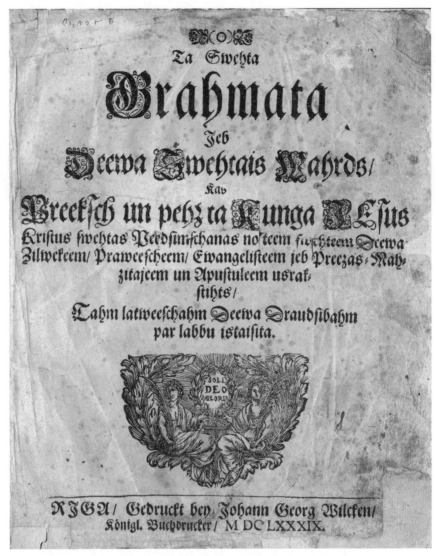

9. 일부 번역본과 음역본에는 활자를 새로 디자인하고 주조해야 했다. 일부에는 기존의 흑자체black letter나 로만체 폰트가 그대로 사용되었다. 키릴 활자로 된 성서(슬라브 지역 구교) 중 최초의 완전한 인쇄본은 1580년 1월에 폴란드-리투아니아 연방(오늘날 우크라이나)의 오스트로에서 출판되었다. 라트비아어로 된 최초의 성서 『타 스베타 그라마타Ta Svētā Grāmata』는 1694년 라트비아 리가에서 인쇄되었다(사진에는 발행연도가 1689년으로 찍혀 있다).

론적 관심이 이 학문들의 동기로 작용했지만, 이러한 충돌 속에 이 학문들은 더욱 깊어지고 비판적 예리함을 더했다. 여러모로 서적사의 부흥에서 가장 창조적인 면은 대화와 공동 연구의 장으로 실로 다양한 분과의 참여자들을 불러모았다는 데 있다. 이러한 참여자는 문화사가와 사회사가, 문학자와 문학비평가, 텍스트 편집의 이론과 실제 연구자, 서지학자, 사본학자, 고문서학자, 금석학자, 문헌학자, 희귀 서적 및 특별 수집품 전문 사서, 서적 보존가, 언어학자, 번역가, 과학사가, 철학사가, 예술사가, 인류학자, 고고학자, 매체 연구자, 커뮤니케이션 연구자, 그래픽 커뮤니케이션 연구자 등을 아우른다. 각기 연구 방법은 다를지라도 이 다양한 책 해석가들은 텍스트를 물질적 형식에 작용하는 협동적인 인간 행위성agency의 산물로 본다. 물질적 텍스트와 그 기호가 표현하는 정보는 언어와 더불어 우리가 의미의 역사를 쓰기 위해 이용할 수 있는 가장 강력한 도구들이다.

이러한 의제들은 또한 서적사를 확고하게 역사의 소관으로 위치시켜 계층, 민족성, 젠더, 정서情緖의 역사에 크게 기여하고, 사상, 혁명, 국가적·지역적 정치와 신념과 믿음, 외교 등등의 역사를 수정할 것을 제안한다. 물질적인 책 그리고 그 내부에 관한 연구와 다양한 텍스트 외부 자료에 관한 연구를 통해 우리는 검열, 저작권, 출판의 경제학과 지리학, 유통망, 도서관 활용의 새로운 역사를 알게 된다. 아울러, 서적사는 읽기와 수용의 역사에 제공되는 사료 분석의 유형을 크게 확장했다. 책의 생산, 유통, 영향력의 역사는 사상의 역사, 종교적 신앙과 관습의 역사, 지식의 사회사, 사교社交의 역사, 사적인 개인행동의 역사와 교차하고 그것들의 발전을 앞당긴다.

이러한 새로운 국면과 연구 관계에도 불구하고, 인쇄는 여전히 출판 도서의 역사에서 지배적인 위상을 차지하고 있다. 그러나 인쇄물—단어와 이미지—은 결코 메시지 전달에 사용된 유일한 그래픽 커뮤니케이션 수단이 아니다. 텍스트는 때로는 눌리고, 때로는 각인되며, 기입되고, 쓰이고, 그려지고, 등사되고, 목판이나 활판으로 찍히고, 새겨지고, 연판이나 석판으로 찍히고, 사진이나 디지털로 복제된다. 가령—그리고 이것은 대부분의 20세기 말의 서적사에서 강조한 내용과 상반된다—인도, 파키스탄, 네팔, 방글라데시, 스리랑카, 말레이시아, 인도네시아, 필리핀 등(그리고 남아시아와 동남아시아의 다른 지역들)을 아우르는 지역의 수 세기에 걸친 책 생산을 연구하는 역사가들은 대다수가 필사본 텍스트의 전파를 연구한다. 16세기 중반까지는 필사본이 유일한 문자 텍스트였고, 가톨릭 선교사들이 개별 주조된 활자를 쓰는 인쇄기를 인도 서부에 최초로 들여온 지 세 세기가 지나 19세기 초가 되었을 때도 필사본은 여전히 남아시아에서 가장 선호하는 텍스트였다. 동시대의 라틴어와 그리스어

성서, 사도행전. 원주민 나우아틀어. 멕시코. 1525~1550년경.
아메리카대륙에서 가장 오래된 성서 필사본.

10. 식민지 시대에 사람들이 책과 만나는 계기는 흔히 기독교 선교사들의 활동과 텍스트를 통해 만들어졌다. 아메리카대륙의 현존하는 최고最古의 성서 필사본 자료는 『나우아틀어 성서』와 아즈테카 노역 조공Nahuatl Bible with an Aztec Labour Tribute'(1525~50년경)이다. 16세기 이후 중앙아메리카 필사본 중 겨우 200부만이 현존하는데 이 필사본은 그 중 한 부다. 영국 런던과 노르웨이 오슬로의 소옌 콜렉션Schøyen Collection이 소장하고 있다. 17세기와 18세기에 사서들은 문서를 종류(텍스트, 기록보관 문서)와 유형(인쇄본, 수서본, 인쇄물, 그림)에 따라 구분하기 시작했다. 최근 들어 학자들이 '인쇄 문화'의 탄생을 강조하면서 이 시기를 돌아보는 접근방식이 복잡해졌다. 근대 초 문화를 이해하려면 인쇄본은 반드시 필사본과 함께 고려되어야 한다.

텍스트보다 훨씬 더 방대한 양의 산스크리트어 텍스트가 현재까지 전해진다.

1980년대와 1990년대에 단턴, 매켄지, 샤르티에 같은 저명한 문화사학자와 서지학자가 서적사 관점에서 선구적인 연구서들을 남겼지만, 더 폭넓게 보면 문학자들도 서지학의 발전에 심대한 영향을 주었다. 20세기 말에는 문학 비평으로부터 여러 목표와 기법이 갈라져 나왔다. 유럽과 아메리카 양 대륙의 다양한 문학 분과에서 새로운 이론적 접근방식이 발달했고, 지나치게 추상적인 이론을 피하는 학자들은 그들의 역사적 관심을 새로 떠오르는 '책의 역사'에 접목했다. 더욱 최근에는 폭넓은 범위의 문학 연구와 텍스트 비평이 저자권authorship, 출판, 수용의 역사적 연구에도 이바지하고 있다. 전통적인 정전正典 텍스트 연구가 확대되었을 뿐만 아니라 정전성正典性, canonicity 자체가 더욱 큰 관심을 끌었다. 문학 정전, 그중에서도 특히 긍정적 뉘앙스와 부정적 뉘앙스를 동시에 띠는 용어인 '서양 정전'은 일반적으로 지금까지의 문화 형성에 큰 영향을 주었다고 여겨지는 책, 미술, 음악의 총체다. 책의 역사는 여성학 연구, 젠더 연구, 퀴어 연구, 민족 연구와 더불어 '대중'문학, '소수자'문학, 특정 '장르' 문학의 발견 및 분석을 돕는다. 책의 역사는 비非정전non-canonical, 다시 말해 비평가 마거릿 코언Magaret Cohen의 짓궂지만 역사적으로 함축적인 표현인 '읽히지 않은 대작the great unread'을 되살린다.

더 최근으로 오면 서적사의 비교 연구는 비非유럽의 관점, 북미 외 지역의 관점, 탈식민주의 시대의 관점으로 확장된다. 지금까지 책의 역사에서 당연시되어온 명제들은 이제 비교 연구의 관점에서 가장 유용한 탐구 대상이다. 이를테면 모든 시대와 지역의 서적사에서 책 생산의 경제학에 대한 이해가 요구된다. 다시 말하면, 서적사는 이제 책 생산 자금의 조달 방법, 개인이나 공동체가 노동과 구입에 드는 비용을 충당한 이유와 방법, 각기 다른 수준의 수요를 설명해주는 요인을 밝혀야 한다. 새로운 역사들이 전 세계적인 비교 사례들을 제공하는 방식은 여전히 태동기에 있다. 그런데 이것은 오랜 시간 축적된 전문적이고 지역적이며 전국적인 서지학·기록학적 연구

11. 『나우아틀어 성서』가 나오고 300여 년 뒤에 런던 선교 협회는 중국의 세속 텍스트들을 아시아의 언어로 찍어냈다. 이러한 책은 타이포그래피적으로 복잡한 레이아웃이 특징이다. 사진에 보이는 1835년에 출판된 오거스터스 드모르간 Augustus de Morgan의 『대수 원론Elements of Algebra』의 페이지가 그러한 예다. 오스트레일리아 캔버라의 오스트레일리아 국립도서관 특별 소장관Speciall Collections.

가 안정적으로 뒷받침되지 않는다면 불가능하다. 대양과 대륙을 횡단하는 책 생산·유통·수용에 관한 질문, 그리고 지역화된 지식 창출과 광범위한 지식 유통에 관한 질문이 최선두에 위치할 것이다.

'서적shuji(중국과 한국에서 사용하는 한문으로 書籍)'이라는 용어는 유럽과 미국 역사의 '책book'의 번역어로 사용되어왔고한글판에서는 '책', '도서', '서적' 그리고 '책의 역사'와 '서적사'라는 용어를 같은 의미로 사용했다—옮긴이, 이 용어는 상당히 포괄적이어서 문자가 쓰여 있거나 또는 인쇄된 미제본 종이 다발까지 포함한다. 더 구체적으로 '판본版本'이라는 용어는 적어도 서기 1000년, 그리고 송대부터 사용되었다. 본질적으로 다르지 않은 인쇄 텍스트의 이본異本들을 구분하기 위해 사용하는 용어다. 어원학적으로 '판본'은 소중히 받들어지는 서지학적 학문 형식을 연상시킨다. 특히 희귀 서적에 담긴 난해한 지식을 접하고 축적하려면 소수 특권층과의 연줄이 필요했다는 점—그리고 되팔 때의 값어치—이 그 이유가 될 것이다. 동아시아에서는 물질적인 것과 이념적인 것의 균형에서 차이에 대한 감각이 매우 분명하게 나타나고, 종교적·존재론적 쟁점에 대체로 동요하지 않는 근대의 지성계에서도 신성하고 정신적인 가치에 강조점을 부여하는 양상이 매우 뚜렷하다. 결과적으로 동아시아에서 책과 책에 대한 이해를 기술하는 언어가 강조하는 책에 대한 인식은 서양의 서적사와 부분적으로만 일치한다.

책의 세계사 연구로 기대할 수 있는 다른 중요한 이점은 국가적, 제국적, 또는 다른 정치적 지형으로부터 자유로울 수 있다는 것이다. 새로운 역사 연구는 과거의 실용주의적 연구 단위를 버리고 명백히 '국경 없는 책들livres sans frontières'의 언어적이고 심미적이며 광대하고 탈식민주의적인 관점을 추구한다. 가끔 이 책들은—이보다는 덜 명백하지만—'독자 없는 책들livres sans lecteurs'이기도 하다. 이 경우 인간의 책 경험의 역사는 읽지 않은 책에 대한 의식과 심지어 활용에도 관련된다.

책의 역사에서 일어난 '전 세계적 전회'는 유럽이 근대 초와 계몽시대에 경험한 여러 가지 도전—지식 구조의 변화, 사상의 유포와 영향, 도서관의 지적·사회적 역사, 여러 유럽 문화의 전 세계적 확산—에서 자극을 받은 지식사를 발전시킨다. 지식의 축적이 유실로 상계되는 방식은 서적사 연구에서 고찰한 발전과 제약의 균형과 유사하다. 전 세계의 다양한 지역에서 갈수록 늘어나는 사례사case history 연구의 초점은 대체되고 포섭되고 오염된 구술 문화에, 또는 (다양한 형식의 인쇄물에 대한 훨씬 더 포용력 있는 분석과 함께) 과거의 문자 언어에 맞춰지고 있다. 또한 서적사가들은 강요되거나 새로 발명한 언어와 전통이 그 나름대로 긍정적으로 기여하는 창의적인 혼성문화composite culture들을 연구한다.

결국, 책의 역사의 새로운 의제들은 현대의 세계화된 디지털 세계, 하지만 지적으로나 이념적으로 파편화되어 있고 서로를 이해하지 못하는 이 세계에 말을 건다. 특히 서양과 비서양 비교는 차이와 중첩에 대한 우리의 이해, 즉 상업 출판, 비상업 출판, 기관 출판, 민간 출판 사이의 차이와 중첩, 활판 인쇄, 목판 인쇄, 인그레이빙 인쇄를 비롯한 여러 인쇄 기법을 활용한 책과 책이 아닌 인쇄물의 역할 사이의 차이와 중첩, 각기 다른 생산·유통·독서 행위의 상대적인 효율성의 차이와 중첩에 대한 우리의 이해를 점검한다. 예를 들어 아시아 목판 인쇄 연구는 승자로서의 자의식이 충만한 유럽 인쇄기의 역사를 그리 간단하지 않은 것으로 만들어버린다. 아시아 목판 인쇄 연구의 결론들은 활자의 주조, 식자, 교정, 그리고 큰 수고를 요하는 활자 재배치로 이어지는 일련의 작업 과정이 꼭 가장 경제적이고 효율적인 인쇄 방법이 아닐 수 있다고 시사하기 때문이다.

종합하자면, 세계의 여러 다른 지역의 책의 역사는 뉴스 취재와 국제 저널리즘의 역사부터 특정 작품이나 기술 및 지식 전파의 세계 역사에 이르기까지 매우 폭넓은 범위를 아우르는 새로운 학문 연구에 이바지한다. 서적사 연구는 전복과 혁명과 개혁과 정복의 다양한 역사가 포함된 실천과 행동과 재현의 폭넓은 서사를 알리고 수정하고 문제시하며 미묘한 차이를 드러낸다. 책의 생산·유통·수용 연구는 최근의 의례, 언어, 유머, 정서 등의 역사에 관한 조사에서 특히 주목받고 있다. 책, 그리고 특히 인쇄본과 토속어 문자 텍스트가 지닌 변혁적 힘에 대한 이해는 전통의 창의성, 공동체의 상상력, 식민지 시대의 충돌, 탈식민주의, 종속 집단 연구에 관한 논의에 크게 이바지하고 있다.

12. 최초로 출판된 책과 언어는 생김새가 몹시 낯설었지만 수많은 출간물이 놀라울 정도로 많이 읽혔다—적어도 책의 수용 양상을 설명하는 외부인들의 시선에는 그랬다. 조지프 제너 머레트Joseph Jenner Merrett가 1841~3년경에 그린 이 수채화는 책 읽는 마오리족 여성에 대한 최초의 기록이다. 엘리자 홉슨Eliza Hobson 화집. 뉴질랜드 웰링턴, 알렉산더 턴불 도서관Alexander Turnbull Library.

논쟁과 도전

현대 책 역사의 발전에서 다양한 접근방식을 융합한 대표적인 사례는 이 시도에 초석을 놓은 뤼시앵 페브르Lucien Febvre, 1878~1956와 앙리 장 마르탱Henri-Jean Martin, 1924~2007의 저작 『책의 탄생L'Apparition du livre』과 뒤이어 나온 단턴, 매킨지, 샤르티에의 논문이다. 방법은 서로 달랐지만 이 학자들은 모두 프랑스와 유럽대륙의 계량서지학bibliometrics을 강조하는 초창기 이론적 접근방식과 영미권에서 전통이 깊은 장서 기반의 서지학적이고 경험적인 접근방식을 접목할 방법을 모색했다. 후자의 경우, 영국이 주도한 열거식 연표 중심의 국가 서지학은 꼼꼼한 분석적 서지학과 경제적·물질적 조건을 강조했다. 모든 기여자가 텍스트 생산·유통·수용의 역사적 환경에 관한 이해를 도모했다. 연구 사례들은 수도원 필경사의 작업물을 면밀하게 읽는 것부터 서적상stationer, 인쇄업자, 잡지 및 신문의 편집자와 소유주 등 이 분야의 직업 세계를 이해하는 것까지 아우른다. 출판의 경제학, 문학 시장의 작동 방식에 관한 연구는 후원 및 검열, 상업적 출판물과 개인 출판물 사이의 구분, 독자와 읽기 경험의 다수성에 대한 연구와 나란히 진행된다. 책의 생산·전파·수용에 관여하는 다양한 행위자의 이러한 구분은 어느 정도 회로 모델과 순환 모델에 내재해 있고, 책의 역사에 관한 기초적인 기술記述은 흔히 도식적이다. 모델링modelling은, 흔히 행위자 기반 모델링이라고도 불리는데, 책의 역사를 하나의 학문 분야로서 개념화하는 초창기 작업에 다양한 영향을 주었다. 하지만 이러한 모델들은 규범적이라기보다는 불확정적이고 언제든 수정될 수 있다. 단턴이 선구적으로 인정했듯, 모델은 새로운 사고를 위해 봉사할 뿐이다. 다만 모델은 사고를 조직화하고, 기록과 증거에 입각한 해석을 직접적으로 보조하며, 더욱 대담하고 도발적인 개념화를 장려한다.

최근 들어 더욱 분명해졌듯이, 중국의 서적사에 특별한 개념적 질문이 제기되고 있다. 중국에서는 '서양' 서적사에 대한 관심이 증대되었고, 이와 더불어 자국의 서

13. 전 세계에서 새로 발견된 동식물을 설명하는 책과 더불어 스크랩북이나 표본이 수록된 출판물들은 특이하고 이국적인 수집품이 되었다. 사진은 1787년 영국 런던에서 출판된 『세 번의 남반구 여행에서 쿡 선장이 수집한 다양한 헝겊 표본 카탈로그: 남해의 다양한 섬에서 동일한 천을 제작할 수 있는 방법A catalogue of the different specimens of cloth collected in the three voyages of Captain Cook, to the Southern Hemisphere: with a particular account of the manner of the manufacturing of the same in various Islands of the South Seas』이다. "알렉산더 쇼Alexander Shaw를 위해 편찬·인쇄되었다"고 기록되어 있다. 뉴질랜드 오타고, 센트럴 시티 도서관Central City Library의 조지 그레이 경 특별 소장관Sir George Grey Special Collections.

적사와의 새로운 비교 연구, 그리고 서양과 매우 달랐던 중국 책 생산의 역사와 그것의 사회적 영향에 대한 새로운 비교 연구가 함께 늘어나고 있다. 프랑스의 중국학 연구자 폴 펠리오Paul Pelliot, 1878~1945, 미국인 토머스 프랜시스 카터Thomas Francis Carter, 1882~1925와 장슈민張秀民, 1909~2006 등 과거의 일부 중국 서적사가들이 유럽 인쇄술에 관한 연구 성과를 다양하게 활용한 것과 달리, 페브르와 마르탱은 중국 서적사의 시험적 이해를 제안했다. 하지만 새로운 방법과 연구는 학문 수양이라는 중국의 심오한 전통으로부터 도움을 받는다. 또한 우리는 19세기 말과 20세기 초 동아시아의 발전 양상이 서양의 책 연구 성과를 흥미로운 방식으로 뒷받침한다고 주장할 수 있을 것 같다. 영국, 북미, 유럽에서의 발전 중 동아시아에 알려진 것은 아주 일부에 지나지 않을 가능성이 높지만, 비슷한 민족적 자긍심과 관점이 토속어, 문헌학, 문학과 관련된 유서 깊은 출판물의 보존과 목록화 작업을 장려했음은 상당히 분명한 사실이다.

19세기 말부터 영국과 북미에서 발달한 서지학은 책이 텍스트에 의해 전달된 메시지라는 관점을 넘어섰다. 새로운 서지학자들은 모든 텍스트는 협력적 창작물로 이해할 수 있고, 여기서 '매체'는 나중에야 물질적 형식으로 특징지어지는 사회적 개입의 산물이라고 설명했다. 이것은 모든 텍스트의 생산이 중요하다는 사실을 무시하고 일단 영어 고전 판본이라는 한정된 문헌으로만 제한해서 보더라도 마찬가지였다. 아울러, 예더후이葉德輝, 1864~1927 같은 19세기 말 중국 학자들은 책과 책 생산의 역사에 관한 기록들을 수집했다. 중국에서 도서 출판물을 목록화하는 관행은 대략 2000년을 거슬러올라가 왕조 시기에 가장 활발했고 12세기부터는 본질적으로 다르지 않은 주로 인쇄 텍스트가 담긴 여러 이본을 구분하는 작업이 이루어졌다. 다만 이 관행은 영미권의 전형적인 방식인 기술적descriptive 서지학과는 매우 달랐다. 동아시아의 선구자들은 영미권의 서지학 창시자들과 다른 전통 안에서 작업했어도 그들 중 다수와 동시대를 살았다. 영미권의 초창기 서지학자들은 젊을 때부터 서지를 작성하고 열거식 서지학의 형식을 발전시켰다. 에드워드 아버Edward Arber, 1836~1924, 찰스 에번스Charles Evans, 1850~1935, 헨리 로버트 플로머Henry Robert Plomer, 1856~1928, 앨프레드 W. 폴러드Alfred W. Pollard, 1859~1944, 에드워드 고던 더프Edward Gordan Duff, 1863~1924, 로널드 브룬리스 매케로Ronald Brunlees McKerrow, 1872~1940, 월터 윌슨 그레그Walter Wilson Greg, 1875~1959가 여기 속한다. 더 젊은 세대의 근대 중국 서지학자로는 중국의 고전 문헌을 연구한 일본인 학자 겸 도서관학 교사 나가사와 기쿠야長澤規矩也, 1902~80가 있다. 기쿠야는 중국의 희귀 서적과 일본에서 인쇄된 중국 고전 판본에 대한 권위자다.

필연적으로, 책의 역사는 우리의 급변하는 미디어 세계에 접속한다. 디지털 인문학의 변혁적인 연구 잠재력과 결합한 새로운 기술들은 책이 현재에는 무엇이고 과거에는 무엇이었는지에 관한 우리의 가정에 여러 가지 방식으로 도전을 제기한다. 매켄지는 1992년 〈서지학 협회Bibliographical Society〉 기념사를 마치며 "'책the book'의 역사는 셀 수 있는 책들books의 역사 그 이상이 될 것"이라고 예측했다. 책의 역사는 이제 디지털화와 책의 미래에 관한 담론에 등장하고, 지식의 비교 사회사에 기여하며, 지성사 쓰기의 얼개를 잡을 수 있도록 돕는다.

이 책의 마지막 장에서 탐색되고 있듯이, 디지털 시대의 책은 정보와 지식의 부호화와 새로운 상호작용을 가능하게 하며 메타픽션과 서사 기법을 확장한다. 읽기의 방식에서 일어나는 변화도 똑같이 변혁적이다. 디지털 책은 기호와 글자의 디자인과 인지, 페이지의 구성과 이해, '페이지'가 무엇이고 어디에서 끝나는지에 대한 이해, '파라텍스트'의 복잡성, 읽기 관행과 동기의 다양성에 대한 우리의 생각을 수정하고 시험에 부친다. 디지털 독서 집단 기록 사이트 굿리즈Goodreads나 아마존Amazon 주문 내역, 접근성이 높고 추적 관찰이 가능한 학교나 대학의 독서 목록 같은 정보나 독자 서평에서 우리는—방대함과 단명성으로 아마도 우리를 압도할—새로운 다른 증거를 발견하는 지금, 우리가 독서와 독자의 반응을 측정할 방법이 있을까?

물론 과거에나 지금이나 많은 물리적인 책이 전혀 읽히지 않으며 애초부터 잘못 생겨난 판본의 사본은 거의 모두 파쇄된다. 그렇다면 읽히지 않은 책이나 파괴된 책의 디지털 등가물은 무엇일까? 유실, 삭제, 잉여는 이제 다른 도전적인 의미를 띤다.

이와 관련된 또다른 질문도 있다. 메이커스페이스makerspace, 컴퓨팅이나 기술에 관심 있는 사람들이 아이디어, 장비, 지식을 공유하면서 프로젝트에 참여하는 곳—옮긴이와 해커스페이스hackerspace, 메이커스페이스의 다른 모델—옮긴이와 '공유 지식 경제'의 시대에 공공·기관 도서관의 미래는 어떻게 될까? 디지털화된 텍스트와 구글 북스Google Books의 세계에서 우리는 '책'을 통한 기록보관이나 지식 검색의 문제, 저작권 정의의 문제로부터 도전을 받고, '오픈 액세스Open Access' 문제, 라이선스 계약의 문제, 불공평한 정보 공급이 미치는 영

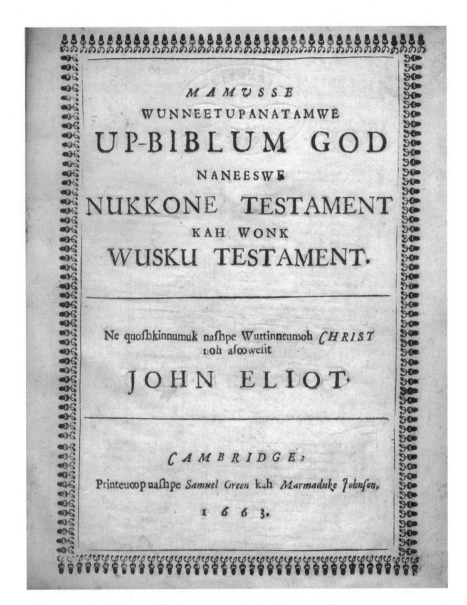

14. 기독교 성서와 종교 텍스트를 아메리카대륙의 토속어로 번역하려는 시도가 여러 차례 있었다. 가장 유명한 초기 사례는 1663년 『마무스 운네에투파나타무에 웁-비블룸 고드Mamusse Wunneetupanatamwe Up-Biblum God』('완전하고 신성한 하느님의 성서')다. 영어 성서의 알곤킨어 번역본을 1663년 미국 보스턴에서 존 엘리엇John Eliot이 발간했다.

NE YAKAWEA
YONDEREANAYENDAGHKWA
OGHSERAGWEGOUH,

NEONI YAKAWEA
NE ORIGHWADOGEAGHTY
YONDATNEKOSSERAGHS

NEONI
TEKARIGHWAGEHHADONT,

OYA ONI
ADEREANAYENT,

NE TEAS NIKARIWAKE
RADITSIHUHSTATSYGOWA
RONADERIGHWISSOH
GORAGHGOWA A-ONEA RODANHAOUH.

ON I,
WATKANISSA-AGHTOH
ODDYAKE ADEREANAYENT,

NEONI TSINIYOGHT-HARE NE
KAGHYADOGHSERADOGEAGHTY,

Newahòeny Akoyendarake neoni Abhondatterihhonny.

A-onea wadiròroghkwe, neoni Tekaweanadennyoh Kanyen-
kehàga Tsikaweanondaghko, ne neane Raditsihuhstatsy ne
Radirighwawakoughkgòwa ronadanhà-ouh, Kanyenke waon-
dye tsi-radinakeronnyo Ongwe-oewe.

KEAGAYE ASE YONDEREANAYENDAGHKWA.

ONI TAHOGHSONDEROH
St. MARK RAORIGHWADOGEAGHTY,

Tekaweanadennyoh Kanyenkehàga Rakowànea
T'HAYENDANEGEA,
Roewayats.

LONDON:
KARISTODARHO C. BUCKTON, GREAT PULTNEY STREET,
GOLDEN SQUARE. 1787.

15. 18세기 말, 영어 이름 조지프 브랜트Joseph Brant로도 알려진 타이엔다네게아Thayendanegea는 『공도문Book of Common Prayer』, 전례서, 마가복음 등을 모호크어로 옮겨 1787년 런던에서 『네 야카위 온데리아나옌다프 콰 오프세라귀구흐 네오니 야카위 네 오리프와도기아프티 온다트네코세라프스 네오니 테카리프와게하돈트 Ne yakawea yondereanayendaghkwa oghseragwegouh, neoni yakawea ne orighwadogeaghty yondatnekosseraghs neoni tekarighwagehhadont』를 출간했다.

향 등의 문제와 맞닥뜨린다. 저자, 출판사, 독자는 새로운 형식의 글로벌 해적 행위 piracy, 검열이 작동하는 새로운 형식, 신기술 변화의 새로운 형식, 그리고 상업적·정치적·종교적·민족적 이해가 신기술을 변화시키는 새로운 형식과 맞닥뜨린다. 출판사들은 출간 도서 목록을 디지털화하고 유례없이 많은 책을 '재고 있음in print' 상태로 유지하고 있다. 디지털은 현대 출판업과 국제적 거대기업의 상업적 구조와 사업 모델에 혁명을 일으켰다.

이 책에 참여한 글들이 보여주듯, '무엇이 지금 책을 책이게 하는가'라는 질문은 우리가 책과 책의 역사에 관해 생각하는 방식에 일대 변혁을 가져왔다. 많은 논평가가 이제는 현대의 '책'을 물질적 형식이 아닌 의사소통의 수단으로서의 기능과 연관 짓는다. '아이콘', '폰트', '스크롤링(두루마리를 말다)', '버추얼' 같은 단어와 개념의 부활과 응용은 책이란 무엇인가를 재개념화할 수 있게 도와줄 열쇠다. 하이퍼링크 텍스트, 디지털 에디션이나 전자책, 영화로 각색된 작품, 오디오북, 팟캐스트 등은 우리가 텍스트를 입수하고, 전파하고, 유통하고, 독해하고, 조사하고, 검색하고, 저장하는 방식을 바꾸어놓았다. 저자권 확인과 권리문제는 더욱 복잡해졌고, 언어 간 자동 번역은 번역 불가능성 논쟁을 부각시킨다. 아울러 이 실로 변화의 시기에는, 전통적인 방식으로나 주문형 인쇄 방식으로나 월드와이드웹으로 유례없이 많은 책이 출판되고 있다. 고대 중국 고전이나 메소아메리카멕시코와 중앙아메리카 북서부에 걸쳐진 아메리카 대륙의 공통 문화권—옮긴이 코덱스의 복제판을 스마트폰으로 읽을 수 있고, 블로그 글에 삽입하거나, 이메일에 첨부할 수도 있다. 데이비드 미첼David Mitchell과 필립 풀먼Philip Pullman은 트위터Twitter에 단편소설을 발표했다. 트윗 당 140자를 넘기지 않고서 말이다. 더욱이 자가 출판은 모든 사람에게 출판의 가능성을, 통제를 받지 않고 텍스트를 전파할 가능성을, 미지의 독자층과 만날 가능성을 열어준다.

정의를 내리는 일의 어려움은 역사 연구를 복잡하게 만들지만, 책의 역사에서 물질적·방법론적 범위의 불확실성은 연구에 특별한 예민함을 부여한다. 그리고 이러한 예민함은 연구에 크나큰 이점으로 작용한다. 책의 역사에서 어떤 측면들은 인간의 작용과 행동에 대한 분석을 주변화하는 것처럼 보인다. 역사학자들은 이러한 측면들이 지니는 역사적 의미에 관해 계속해서 논쟁할 것이다. 마찬가지로, 책의 역사에서 어떤 측면들은 물질적 형식의 역사적 특수성이 텍스트 의미에 미친 영향을 보여주는 데 실패한 것으로 보인다. 문학자들은 이러한 측면들이 지니는 문학적 의미에 관해 계속해서 질문할 것이다.

읽기의 역사는 중요한 교량 역할을 한다. 읽기의 역사는 까다로운 문제가 많지만 흔히 텍스트의 영향 분석에서 가장 의미 있는, 때로는 유일하게 의미 있는 역사적 주장을 제공한다. 책의 역사는 문화적 교류의 전형적인 예이며, 여기서 읽기는 근본적인 요소임은 자명하다. 읽기는 그 자체의 역사, 그리고 수많은 인식론적, 방법론적, 해석적, 기록학적 도전을 불러일으키는 역사를 제시한다. 읽기라는 행위는 대체로 기록이 남지 않는다. 무언가를 읽으며 그 행위에 대해 적는 독자는 좀처럼 없을 것이기 때문이다. 물론 누군가는 여백에 메모나 낙서를 남기고, 누군가는 기억을 되살려 읽은 내용을 남에게 들려주거나 독서록에 적기도 하지만, 읽기의 증거나 텍스트가 개별 수용자에게 미치는 정확한 영향에 대한 증거는 본질적으로 제한적이다. 읽기와 문해력literacy의 유형의 역사는 동기, 경험, 숙련도, 적성, 장소, 결과를 고려해야 하지만, 텍스트 수용에서 읽기의 역사는 또한 책과 맺는 관계의 역사로부터 갈라져나올 수 있다. 책과 맺는 관계의 역사에서 책이라는 물질적 대상은 수집, 전시될 수도 있으며, 상징적·투기적·심미적·정신적·정서적·성적·병리적인 이유로 사용될 수도 있다. 어떤 특정한 환경에서, 또 매우 다른 장소에서, 책의 소유는 반드시 전통적 읽기를 수반하지 않을 수 있다.

오로지 한 가지 유형의 책의 역사만 있을 수는 없으며 그래서도 안 된다. 여러 가지 유형의 책의 역사가 있다고 주장하며 우리는 어떤 식으로든 엄격하게 정의된 '책의 역사'나 '절대적인 책의 역사the history of the book'라는 개념을 폐기한다. 지금까지

학제 간 협업은 여러 가지 혜택을 주었지만, 이것이 협업은 반드시 책 생산·수용의 역사에 대한 단일한 생각을 낳는다는 것을 의미하지 않는다. 표의문자, 그림문자, 알파벳 등을 비롯해 말소리를 기록하는 문자 체계, 그래픽 기호, 글씨, 인쇄술 같은 기술은 생각이 물질적으로 생산·소비되는 방식을 규정했다. 비슷한 방식으로, 디지털 시대에 인터넷은 우리에게 소셜 네트워킹과 텍스트 형성·수용의 새로운 방식에 대한 새로운 기회뿐만 아니라 새로운 경계 또한 부여한다. 출판된 텍스트가 전달하는 문자와 사상은 물질적 텍스트의 생산·유통·읽기가 빚어낸 의미심장한 결과다. 현대에 책의 역사는 주로 인쇄물의 영향과 특징에 관한 논의, 그리고 정기간행물과 신문 같은 현대의 특정 형식에 대한 논의에 치중되었다. 하지만 그 모든 낯설고 전 세계적으로 이질적이며 도전적인 형식을 지니는 초기의 책들, 그리고 문맹 사회와 각기 다른 문해율을 보이는 사회와 세계 도처의 책들도 마찬가지로 중요하며, 필사본과 쓰이고 새겨지고 각인된 책 형식들의 지속적이고 변화무쌍한 의미 또한 마찬가지로 중요하다.

2장

고대 세계

|

엘리너 롭슨
Eleanor Robson

책 이전에도 책이 있었다. 그러니까 여러 장의 종이를 묶은 것이 전 세계적으로 글의 장기적인 보관과 전파를 위한 기본적인 휴대 매체가 되기 전에 이미 여러 물건과 모양이 문자를 품었다. 하지만 우리는 용어의 정의에 세심한 주의를 기울여야 한다. 지나치게 좁은 정의는 아직 책 자체의 발명을 기대할 도리가 없는 어느 과거 시점의 '책의 원형'이라는 잘못된 이미지를 상정할 위험이 있다. 반면에 책을 지나치게 넓게 정의하면, 활자의 역사, 문해력의 역사, 사회의 역사, 심지어 사람들에게 '읽히고' 의미와 위로를 전달한 물건과 풍경의 역사 등 주변부의 이야기들로 지나치게 멀리 끌려갈 위험이 있기 때문이다.

고대의 글쓰기

글쓰기의 발명—또는 장기간에 걸친 발달—은 세계사에서 최소한 네 차례 이루어졌다. 서로 독립적인 출발점 중 고대 이집트, 메소포타미아, 중국에서 발생한 세 출발점은 각기 현대인과 공유하는 전 세계적 책 문화로 흘러들었다. 더 널리 퍼져 있던 나머지 다른 출발점들은 스페인의 정복 이전 메소아메리카에서 발생했지만, 지금으로부터 약 500년 전에 이곳의 사회가 초기 근대 책 문화에 접촉하자마자 곧바로 와해되었다. 우리는 처음의 세 전통을 통해 오늘날 책 문화가 어떻게 현재의 모습에 다다랐는지 알 수 있는 한편, 나머지 전통들을 통해 오늘날 책 문화가 어떤 다른 모습을 취할 수 있었을지에 대한 실마리를 얻을 수 있다.

첫 세 종류의 글쓰기 체계는 이라크 남부 유프라테스강 평야 지대 수메르의 설형문자, 이집트 나일강을 따라 나타난 신성문자hieroglyphic, 중국 황허강 하류에서 발원한 한자다. 세 체계 모두 갈수록 크고 복잡해지는 사회에서 정보를 전달하고 보여주고 조직화할 수 있도록 진화했으며, 작고 단순한 공동체들이 앞서 수천 년 동안 의존해온 기억력의 한계치와 대면 및 구어의 신뢰도를 높였다. 점토에 새겨진 쐐기 모양의 설형문자는 가장 분명한 문서화 사례다. 거래하고 보관하고 빌린 재화, 노역, 빚, 재산 등을 점토로 된 작은 물표物標에 기록한 신석기시대 회계 시스템에서 시작된 설형문자는 수 세기, 또는 수천 년에 걸쳐 발달했다. 기원전 제4천년기 말에 회계원들은 이 물표를 평평한 점토판에 눌러 찍고 이 모양이 무엇을 표상하는지 알려주는 도식적인 표의문자를 그 옆에 새김으로써 더욱 영구적인 기록을 남겼다. 이러한 물건은 대부분 기원전 3200년경 고대 도시 우루크에서 제작되어 지금까지 수천 점이 전해지고 있다. 이 점토판들은 세계 최초의 책이라고 주장할 법하다. 최초의 회계원들book-keepers은 회계 장부 정리만 하지 않았다. 학교 훈련과정을 표준화해 수련생들이 수백 개의 낱말 기호를 익히고 십여 가지에 달하는 측량법의 숫자 기호를 써서 계산하는 법을 터득하도록 도왔으며, 아마도 인류 역사상 최초의 문헌을 작성했다. 고대의 책에 무엇이 기록되었는지에 관해서는 나중에 다시 살피기로 하자.

고대 이집트와 중국 문자의 초기 형태는 이 정도로 잘 문서화되어 있지 않다. 이것은 어쩌면 고고학적 유물 발견 과정에서의 단순한 우연 때문일 수도 있고, 아니면 이쪽이 가능성이 좀더 높은데, 어쩌면 초기 글쓰기 실험을 한 매체가 오늘날까지 전해지지 않기 때문일 수도 있다. 가장 오래된 것으로 알려진 신성문자 명문은 뼈와 상아에 새겨지거나 토기에 칠해져 있고, 수메르의 우루크와 대략 같은 시대의 도시이면서 이집트에서 가장 오래된 도시로 손꼽히는 아비도스의 무덤에서 출토되었다. 이 명문은 숫자와 이름만으로 이루어져 있는데 아마도 부장품의 수효와 출처를 적은 것으로 짐작된다. 지금까지 총 126개의 기호 및 변이형이 파악되었다. 몇 세대가 지나면 장례용품에 왕의 이름이 같이 새겨졌다. 조금 더 후대의 무덤에서는 빈 파피루스 두루마리가 발견되었는데, 이는 제4천년기 말에 이르러 읽고 쓰는 문화가 초기 이집트 글의 단편斷片들에서 드러나는 것보다 더 널리 퍼져 있었음을 시사한다. 중국도 비슷하다. 가장 오래됐다고 알려진 한문—기원전 1200년경 도시 안양에서 나왔다—을 보면 당시 중국의 읽고 쓰는 문화가 이미 성숙기에 접어들었음을 알 수 있다. 지금까지 발견된 한자의 초기 형태는 기원전 제2천년기 초반의 것으로 추정되는 토기에 새겨진 개별 기호들이 전부다. 안양에서 글쓰기는 점괘, 왕실 의례, 행정 사안을 기록하는 데 사용되었고, 조개껍데기와 뼈부터 금속과 돌에 이르기까지 내구성이 우수한 다양한 재료가 쓰였다. 안양에서 발견된 글의 문자 레퍼토리를 구성하는 한자는 2000자가 넘었다. 이 한자들은 그림문자에 매우 가까운 형태를 띠며 각 문자가 온전히 하나의 단어를 표상한다. 이러한 문자 중 죽간竹簡을 의미하는 기호인 '책冊'이 있다. 이는 논란의 여지없이, 오늘날까지 전해지지는 않지만 잠깐 쓰고 버리는 단명 자료ephemera를 위한 다른 필기 매체가 고대 이집트뿐만 아니라 고대 중국에도 있었음을 나타낸다.

이집트, 메소포타미아, 중국의 고대 문자 체계는 모두 방대하고 복잡했다. 어쩌면 이 문자들을 쓰기에 통달한 이들이 자신들의 지위와 권력을 지키기 위해 고의로 그렇게 유지한 것인지도 모른다. 기원전 1800년경 시나이사막의 채석장 노동자들이 이집트 신성문자를 극도로 단순화해 만든 고대 알파벳은 훨씬 더 간단하고 명료했다. 고대 알파벳은 사용하고 적응하기가 어렵지 않았기 때문에 지중해 동쪽의 발원지로부터 여러 다른 언어권과 문화권으로 간헐적으로 전파되었다. 중동에서 고대 알파벳은 상류층이 사용하는 설형문자와 상형문자의 지위를 아주 천천히 빼앗았다. 서력 기원이 시작되고 나서 몇 세기 안에 고대 알파벳은 이 두 문자를 완전히 소멸시켰고 마침내 유럽, 아프리카, 중앙아시아와 동아시아로도 퍼져나갔다. 하지만 사람들은 새로운 유형의 문자를 꼭 새로운 매체에 쓰지는 않았다. 사람들은 알파벳 텍스트를 예전과 다르지 않은 재료와 물건 위에 썼다.

고대 중국의 저자들은 특히 여러 매체를 실험했다. 죽간이나 목간木簡을 블라인드처럼 엮어 만든 간책簡册은 중국의 기원전 5세기 고고학 기록에 많이 등장하며, 이미 기원전 7세기에 비단―안양에서는 이때 벌써 누에를 쳤다―에도 글을 쓴 것으로 보인다. 무려 기원전 3세기부터 사용된 삼대마, hemp 섬유로 만든 종이는 서기 3세기에는 무거운 대나무나 값비싼 비단을 확실하게 대체했다. 서기 제1천년기에 이르러서는 일본, 한국, 베트남에서 중국 한자의 변이형을 목판 인쇄술과 함께 받아들였다. 삼 섬유를 활용한 제지술은 서쪽으로도 전파되었다. 서기 9, 10세기 무렵에는 종이가 인도 그리고 더 멀리 이슬람교를 믿는 중동에서도 토속 매체인 자작나무 껍질, 나무판, 야자수 잎을 서서히 대체해나갔다. 여기서도 삼 종이는 기존에 사용되었던 파피루스나 양피지, 밀랍을 바른 나무판보다 값싼 대안을 제시했다.

이렇듯 9세기에 바그다드와 그 근방에서 이루어진 알파벳 문자와 종이의 만남은 전 세계의 책 문화에서 매우 중요한 진전이었다. 하지만 유라시아의 경계를 넘어 저 멀리 초기 아메리카까지 시야를 넓힌 고고학자들과 역사가들은 또다른 다양하고 풍부한 상징체계들을 발견했다. 이 상징체계들은 유라시아 관점에서 볼 때 편안하게 정착된 글쓰기의 정의에 도전을 제기한다. 기원전 제1천년기 올메카와 자포테카나 서기 1세기 파나마 지협에서 발원한 상징체계들은 여전히 거의 해독되지 않은 채 남아 있다. 2000여 년간 지속된 마야 문명은 메소아메리카의 문자 문명 중 우리가 가장 잘 이해하는 문명이다. 아스테카 문명과 미스테카 문명의 그림문자도 분명 책에 기록되었지만 이 그림문자들은 구어와 연결이 느슨해 글로 보기 어렵다는 것이 학자들의 중론이다. 지금으로부터 1000년도 더 전에 안데스산맥 잉카 문명에서 사용된 끈에 매듭을 짓는 기록 방식 키푸는 더더욱 흥미롭다. 글쓰기가 언어를 기록하는 기술인 것 못지않게 정보를 기록하고 전달하는 기술이라면, 또한 그것을 가능하게 하는 수단으로서 휴대가 가능하고 내구성이 좋으며 복제가 가능한 것을 책이라고 부를 수 있다면, 우리는 키푸를 단지 물질성을 근거로 책의 역사에서 배제해서는 안 될 것이다.

책은 무슨 일을 할까?

키푸의 예를 통해 우리는 '책'을, 체계적인 기호들을 대조적인 색으로 나타낸 판판한 표면들을 보호하며 독자가 연속적으로 볼 수 있도록 함께 묶은 물건이라고 제한적으로 정의하는 것은 유용하지 않음을 알 수 있다. 그보다는 기능에 관해 생각해보자. 책은 무슨 일을 할까? 과거 사회에서 책과 비슷한 기능을 수행한 물건을 찾아볼 수 있을까?

책은 대체로 휴대할 수 있게 만든다. 어떤 책은 무거워서 갖고 다니기 불편하고 어떤 책은 평생 도서관 책장의 사슬에 묶여 있지만, 책은 대체로 휴대가 가능하다. 책은 내구성이 좋다. 수년을 견딜 수 있게 만들며 필요에 따라 장거리 여행도 가능하게 만든다. 따라서 벽에 새긴 공표문이든 조잡한 낙서든, 전시용 명문銘文은 책이 아니다. 도편陶片이나 편지, 영수증 같은 일회성 단명 자료도 책이 아니다. 그렇지만 이러한 것들도 하나로 모아서 붙이고 장정이나 표지로 감싸면 책이 될 수 있다. 책의 일차적 기능은 정식화된 표기법(느슨하게 정의하면 문자)을 통해 정보나 생각, 언어를 전달하는 것이다. 따라서 문자가 새겨져 있고 휴대가 가능해도 일차적 기능이 다른 데 있는 그릇, 조각상, 이름표 등은 책에서 제외해야 한다. 책의 내용은 시간이 지남에 따라 축적될 수도 있고, (일부러 파손하거나 훼손한 경우가 아니라면) 복제가 가능해야 한다. 다시 말해, 더러는 그 내용이 다음 세대에게 해독 불가능하거나 지적으로 모호할 수도 있지만, 글씨가 뚜렷하고 복제가 가능해야 한다.

이러한 기능상의 제한 조건 안에서 보면, 책은 세계사의 상당 기간에 걸쳐 나타났고 그 매체는 점토부터 동물 가죽과 식물 섬유에 이르기까지 매우 다양했다. 일부는 근대 책의 초기 형태를 띠지만 다수는 그렇지 않았다. 근대의 책이 어떻게 생겨났는가라는 목적론적 서사로부터 눈을 돌리면, 과거 사회에서 복잡한 생각의 연쇄를 흔히 물질적 형식으로 저장·공유·보호하기 위해 사용한 다양하고 종종 우아하기까지 한 수단들이 우리의 시야에 들어온다.

동물, 식물, 광물: 고대 책의 물질성

고대에 책은 무엇으로 만들어졌으며, 책으로 할 수 있는 일에 물질성은 어떤 가능성 또는 제약을 부여했을까? 어떤 사회에서는 기존의 제작 기술—이를테면 금속 세공술이나 돌 세공술, 비단 제작술—을 활용했고, 어떤 사회에서는 완전히 새로운 매체를 만들기도 했는데 파피루스 시트와 종이가 명백히 그러한 예다. 하지만 어떤 책 형식은 관련 기술들과 더불어 발달했다. 이를테면 설형문자 서판은 신석기시대 중동에서 관료 행정과 통제를 위해 개발한 수많은 점토 기반 도구 중 하나에 지나지 않았다. 책 제작은 당연히 그 지역에서 구할 수 있는 자원의 종류와 사회적·문화적 제약에 크게 좌우되므로 지역 간 차이점이 뚜렷하다. 하지만 더러는 신기한 공통점도 발견된다. 이를테면 동남아시아에서는 책을 쓸 때 동물 가죽을 절대 사용하지 않았지만, 중동, 유럽, 아메리카에서 동물 가죽은 고급 필사본을 만드는 주된 재료였다. 돌이나 금속은 세계 어느 지역에서도 일차적으로 선호하는 책 매체는 아니었고 그 이유는 실용적 차원에서 명백하다. 반면에 식물성 섬유를 사용한 종이는 서로 전혀 연관성이 없는 지역에서 최소 세 차례 발명되었다. 다음에 이어질 책의 물질성에 관한 이야기는 고대 중국에서 시작해 아시아를 가로질러 서유럽으로 간 뒤 정복 이전 아메리카에서 끝맺는다.

동아시아와 그 너머

동물: 딱지, 뼈, 비단

기원전 제2천년기의 상당 기간, 중국의 정치와 문화의 중심지는 상나라 왕들이 다스리는 황허강 유역이었다. 기원전 14세기에 반경盤庚 왕은 오늘날의 안양 근처 은으로 수도를 옮겼고, 기원전 1046년 상나라가 주나라에 의해 멸망할 때까지 은은 줄곧 상나라의 수도였다. 1920년대 말부터 수차례에 걸친 고고학 발굴 작업에서 점술 결과를 문자로 새긴 거북 등딱지, 즉 갑골이 대량으로 발견되었다. 상당수가 파편 형태이지만 총 개수는 수십만 점에 이르렀다. 문자가 새겨진 갑골은 겉모습으로는 현존하는 동아시아 최고最古의 책이라는 이름에 어울리지 않고 실제로도 그렇게 일컬어지는 일은 거의 없다. 하지만 책의 생김새는 무릇 어때야 한다는 근대적 선입견을 지우면, 갑골은 기능적으로 우리의 기대에 상당히 잘 부합한다.

1. 갑골은 중국의 현존하는 가장 오래된 책이라고 할 수 있다. 상나라 후기(기원전 1300~1150년경)의 점술가는 황제와 나라의 가까운 운명을 예측하기 위해 열흘마다 뜨겁게 달군 쇠막대를 황소의 견갑골 뒷면에 꽂아 구멍을 뚫었다. 갑골점의 결과는 뼈의 앞면에, 구멍을 뚫다 금이 간 부분 옆에 적어 길조와 흉조의 기록을 쌓아나갔다. 대영 도서관 소장.

상나라 왕들은 여러 가지 이유에서 점을 쳤다. 조상의 혼령에 제물을 바칠 날짜와 방법을 정하기 위해 점을 치고, 사냥 원정 날짜와 장소를 정하고 열흘마다 나라의 안녕을 묻기 위해서도 점을 쳤다. 이것은 새로운 관습은 아니었다. 화골점火骨占, pyro-osteomancy —동물의 뼈를 불로 지져 치는 점—전통의 기원은 중국에서 글쓰기가 출현하기 훨씬 전인 기원전 제4천년기 중반으로 거슬러올라간다. 상나라에서 갑골점을 치는 이상적인 방식은 이러했다. 점술가는 복갑腹甲, 즉 판판한 거북 배딱지를 가져다 깨끗하고 판판하게 속을 긁어낸다. 그런 다음 안쪽 표면에 1센티미터 길이의 타원꼴로 잇따라 자국을 내고 각 자국 옆에 동그랗게 구멍을 냈다. 점을 칠 때는 배딱지에 점술가나 전속 필경사가 날짜와 자신의 이름을 새긴 다음 혼령들에게 묻는 질문을 새겼다. 그다음에는 왕의 입회하에 붉게 달군 쇠막대를 개중 긴 구멍에 찔러넣고 딱지에 금이 가기를 기다렸다. 조상의 혼령들이 확실한 답을 주지 않으면 같은 딱지에, 또는 필요하다면 새 딱지에 이 과정을 반복하면서 점괘에 번호를 매기고 질문을 조금씩 재구성했다. 마침내 답을 얻으면 딱지에 그 결과를 '길' 또는 '흉'이라고 새겼고, 때에 따라 왕의 논평을 덧붙이기도 했다. 예언이 정말로 실현되었는지 여부에 대한 언급은 오늘날까지 거의 전해지지 않는다. 이러한 내용은 대개 먹을 써서 붓으로 기록했기 때문에 글씨가 빛이 바래 사라졌을 가능성이 높다. 왕과 점술가들은 이렇게 예언과 그 결과를 모아 평소에 참조할 수 있는 자료집을 축적했고, 이 자료집은 좋은 통치와 혼령의 세계에 알맞은 행동을 하기 위한 도구가 되었다. 점을 치는 데 사용된 딱지가 수백 개 또는 심지어 수천 개까지 쌓이면 의식에 따라 구덩이에 묻었다. 20세기 고고학자들은 바로 이것을 발견한 것이다.

거북은 본래 황허강 유역보다 남쪽에 위치한 양쯔강 유역에 살았다. 딱지에 새겨진 문자와 고대 이야기에 따르면 상나라 왕의 환심을 사려고 개인이나 이웃 나라가 상나라 조정에 공물로 바쳤음을 알 수 있다. 거북의 배딱지를 구하지 못하면 등딱지(휘어 있어서 작업에 이상적이지 않았다)나 예전의 관습대로 황소를 비롯한 몸집이 큰 포유류의 견갑골을 썼다. 수습 점술 필경사는 버려진 딱지와 특히 뼈를 구해 빈자리에 글쓰기를 연습했다. 대개의 젊은 수습 필경사는 달력에서 여섯 번 단위로 열흘씩 순환되는 육십갑자를 반복해 베껴 쓰는 것을 기본 연습으로 삼았고, 그다음에는 나라의 안녕을 주 단위로 확인하는 의례적인 질문을 연습했으며, 그다음에는 더 복잡한 모범 텍스트를 연습했다.

분명히 갑골 책은 중국 최초의 필기 매체가 아니다. 중국 사람들은 적어도 기원전 제3천년기 중반부터 토기나 석재에 한자 낱글자들을 새겼고, 상나라 때 공물로 바쳐진 청동 그릇에서도 단순한 조합의 명문을 볼 수 있다. 갑골은 단단한 물질이기 때문에 현재까지 전해지는 필기 매체 중에 가장 오래된 것이 되었을 가능성이 높지만,

중국 최고最古의 책이라는 지위를 부여할 수 있는지는 확실하지 않다. 갑골에 새겨진 글은 상당히 복잡하고 정교하며 여기에는 무려 5000여 자에 달하는 다양한 문자가 사용되었다는 것은 이미 상나라 초에 글쓰기가 새로운 것이 아니었음을 시사한다(고대 날짜가 남아 있지 않은 경우에도 줄 바꿈 방식 등 문자의 스타일이나 점술 절개 자국을 기준 삼아 거북딱지를 연대별로 분류할 수 있다). 상나라 시대의 기호 중에는 '책'을 뜻하는 한자 '冊'이 있었고, 이것은 끈으로 엮은 죽간의 도식적 표상이었다. 하지만 점술가 겸 필경사 수습생들이 남긴 글을 보면 사실 이들은 사전에 글을 읽고 쓰는 능력을 갖고 있지 않았음을 알 수 있다. 그들이 글씨의 형태와 크기를 잡고 글자의 여러 요소를 질서 있게 배치하는 과정에서 저지른 실수를 보면 이것은 그저 그들이 기존에 갖고 있는 능력을 새 매체에 적응시키지 못해서 나온 문제가 아니었다. 게다가 이들의 글쓰기 연습의 주제는 점술 실무와 직접적으로 연관된 것들에 한정되어 있었다. 예를 들어 편지의 초고나 모범 법률 문서, 칙령 따위는 찾아볼 수 없다. 따라서 설사 기원전 제2천년기 말의 중국에 간책을 쓰는 문화가 이미 있었다고 해도 그 문화는 아마도 점술 직종과 무관하게 작동했을 것이고, 간책을 만들어 글자를 새기는 기술을 보유한 전문가의 양성도 별개로 이루어졌을 것이다.

기원전 1046년 상 왕조는 몰락했고 새로운 정복자 주나라는 이후 두 세기 동안 엘리트층의 갑골점 전통을 이어갔다. 하지만 정치 문화가 발달하면서 거북딱지를 이용한 점술은 차츰 선호도가 감소한 반면, 대나무와 비단에 글을 쓸 기회는 점점 더 많아졌다.

중국 점술처럼 비단 천을 제작하는 양잠 문화도 신석기시대에 뿌리를 두고 있다. 현전하는 가장 오래된 비단은 중국 중북부 허난성에서 나온 들누에 비단 천조각으로 그 연대는 기원전 제4천년기 중반까지 거슬러올라가지만, 누에나 고치 그림이 상아와 토기에 등장하는 것은 적어도 그보다 1000년이 앞선다. 이후 상나라 시대의 점술 명문에 등장하는 '비단'을 나타내는 한자는 꼬아놓은 실타래 모양이었다. 비단은

2. 온전한 형태이면서 날짜가 기록된 최고最古의 인쇄본은 불교 서적 『금강반야바라밀경』의 이 중국어 판본이다. 길이가 5미터가 넘는 종이 두루마리로 되어 있다. 텍스트가 거꾸로 조각된 기다란 목판 일곱 개에 먹을 바르고 종이에 찍었다. 가장자리에 적힌 짧막한 글에 따르면 868년 5월 11일 "왕제가 양친을 대신해 온 세상에 전하고자 경건히 제작"했다. 이 책은 어떤 경로로 중국 서부 둔황으로 이동했고, 11세기에 입구가 조심스럽게 봉해진 동굴 안에 있다가 1900년에 다시 발견된 4만 권 중 한 권이다. 대영 도서관 소장.

상나라 시대에 중요한 사치품이었다. 지배계층 복식의 재료였을 뿐만 아니라 점술 의식이나 장례식에 상납한 그릇 등 의례 용품을 포장할 때도 사용되었다. 이 무렵 중국 북부에서는 뽕나무 재배가 가능한 지역이면 어디에서나 누에를 쳤다. 명나방 유충은 번데기가 될 때까지 3~4주간 뽕잎을 먹는다. 번데기가 되면 2~3일간 침샘에서 명주 고치를 잣는다. 이 과정이 끝나면 고치를 뜨거운 물에 넣어 번데기를 죽이고 명주 섬유를 느슨하게 만든 뒤 풀어 실패에 감는데 보통 5센티미터짜리 고치에서 명주실 1.5킬로미터가 나온다. 이 실을 염색하여 천으로 짰다.

비단은 기원전 7세기부터 필기 재료로도 사용되었다. 이 시기에 글이 쓰인 비단은 오늘날까지 전해지지 않지만, 어느 고대 문헌을 보면 대략 기원전 685~645년의 두 고위 관리가 토지 양도 거래를 "대나무와 비단에 기록했다"는 언급이 있다. 이러한 초기 문헌은 비단은 일차적으로 법률 문서, 종교 기록 등 영구적으로 보관해야 하는 중요한 글을 기록할 때 사용되었음을 시사한다. 편지나 문학작품 같은 일상적인 글을 쓸 때도 비단이 사용되기 시작한 것은 그로부터 한참 뒤인 기원전 2세기 한나라 시대에 이르러서였다.

비단 책의 포맷과 내용에 관한 증거는 두 가지 형식을 띤다. 하나는 비단 책 자체에서 얻을 수 있는 고고학적 증거이고, 하나는 수천 년에 걸쳐 수없이 필사된 끝에 근대의 판본에 남아 있는 고대 문헌에서의 묘사다. 가장 흥미로운 고고학 유물은 한나라 시대에 북부에 있었던 자율 행정 도시 장사 부근의 무덤에서 1973년에 발굴되었다. 이 무덤에는 기원전 2세기, 또는 그전에 만들어진 것으로 추정되는 비단 두루마리 책 10여 권이 묻혀 있었다. 이중에는 대략 기원전 475~220년 시기를 다룬 역사서 『전국책戰國策』, 같은 시기의 유명한 점술 설명서인 '변화의 책' 『역경易經』의 필사본, 현인 노자가 기원전 4세기경에 쓴 도가서 『도덕경道德經』의 필사본이 있었다. 세 필사본 모두 필사 전통에 따라 지금까지 우리에게 전해지는 각각의 고대 작품의 표준 텍스트와 비교해보면 수천 자 이상 더 길다. 고대의 문학 전통이 우리가 앞서 짐작했던 것보다 훨씬 풍부하고 다양했음을 시사하는 대목이다.

덧붙여 장사의 무덤에는 비단으로 만든 지도 세 장이 든 상자가 있었다. 그중 가장 큰 지도는 넓이가 1제곱미터에 달하고, 자연 풍경, 정착지, 도로, 궁전이나 군사 시설 같은 개별 건물이 그려져 있었다. 비단은 여러 면에서 책을 만들기에 이상적인 소재다. 가볍고 오래가며 휴대하기 좋고 튼튼하며 탄력이 있고 물에 잘 젖지 않는다. 천을 필요에 따라 거의 모든 모양으로 직조·재단할 수 있었고, 보관할 때는 막대에 돌돌 말아 옻칠한 원통 용기에 쏙 집어넣거나 차곡차곡 접어 궤에 담았다. 서기 2세기에는 대략 높이 60센티미터에 폭 1.2미터짜리 두루마리 천으로 공식 문서를 작성했는데, 고고학 발굴로 확인된 비단 문서의 형태는 이보다 훨씬 다양하다. 글을 쓸 때는 검댕을 주재료로 만든 먹물과 진사辰砂 가루를 개어 만든 붉은색 물감에 부드러운 붓을 적셨다. 진사는 자연적으로 발생하는 황화 광물로 중국 중남부 구이저우성 화산 지대에서 특히 많이 난다. 비단은 무게, 밀도, 결이 고운 정도, 백색도로 품질을 측정해 값을 매겼다. 하지만 비단은 품질과 상관없이 항상 비교적 비쌌고 글자를 지우기도 어려웠다. 따라서 비단은 좋은 필사본을 제작하기 위한 용도로 남겨두고 일반적으로 초고는 죽간이나 목간에 썼다. 서기 3세기에 이르러 비단은 책 매체로서 비단이 지니는 장점은 그대로 갖고 있으면서도 비단보다 비용은 덜 드는 종이로 거의 완전히 대체되었다.

식물: 대나무, 나무, 삼

　현전하는 가장 오래된 죽간은 전국시대 초기인 기원전 5세기에 제작되었지만, 죽간의 실제 사용 시기는 분명히 그보다 훨씬 앞섰을 것이다. 앞서 보았듯 상나라 시대 점술가들이 직접 죽간을 만들었는지는 알 수 없지만, 그들은 기원전 제2천년기 말에 이미 '죽간'을 의미하는 한자를 사용하고 있었다. 주 왕조를 다룬 기원전 제1천년기 초의 역사 텍스트에는 군사 명령, 공식 문서, 제물 기록 등 대나무에 적힌 다양한 글이 언급된다. 서기 제1천년기 초, 대나무가 자라지 않는 중국의 북단에서는 버드나무, 미루나무, 소나무, 위성류처럼 색이 밝고 가벼우며 먹을 잘 흡수하는 목재가 대나무의 흔한 대용품으로 쓰였다. 지난 세기에 고고학자들은 중국 전역의 무덤 수백여 군데에서 죽간과 목간 수천 권을 발굴했다. 주로 서기 4세기 이전 1000여 년간 이러한 간책을 쓰고 소유한 관리나 학자의 무덤이었다.

　고대 중국에서 대나무는 이루 말할 수 없이 중요했다. 생장이 빠르고 기르기 쉬운 대나무는 튼튼하고 오래가고 단단하면서도 가볍고 매끈하고 잘 휘어서 쓸모가 많다. 고대 중국에서 대나무는 굉장히 다양한 물건의 재료로 쓰였다. 대나무로 다리를 놓고, 활과 화살을 만들고, 무엇보다 책을 만들었다. 하지만 대나무로 책을 만든다는 것은 단순히 줄기를 적당한 크기로 도막 내기만 하면 되는 일은 아니었다. 먼저, 단단한 초록색 겉껍질을 벗기면 나오는 속 줄기를 길이 23~24센티미터가량 폭은 글자 한 줄이 들어갈 정도로 가늘고 길게 쪼갰다. 그다음에는 대나무 조각을 불에 말렸는데 이렇게 하면 썩거나 벌레가 꼬이지 않고 글 쓰는 표면이 단단해졌다. 붓과 먹을 이용해 각각의 조각에 글을 쓰고, 전체 글이 완성되면 끈으로 조각을 엮었다. 위, 가운데, 아래를 비단 끈이나 삼끈이나 가죽끈으로 묶어 연속된 면을 만들었는데, 매듭을 단단하게 묶되 일반적으로 대나무 조각에 직접 구멍을 내지 않는 방법을 택했다. 이렇게 만들어진 책은 두루마리처럼 돌돌 말아 대나무 조각을 엮은 끈의 끝부분으로 묶거나, 아니면 아코디언 방식으로 접은 다음 나무 표지에 동여맸다. 어느 방식으로 하든 매듭에 점토를 발라 책을 밀봉할 수 있었다.

몇몇 고고학 발굴물을 통해 죽간에 담긴 매우 다양한 글들을 일부나마 음미해볼 수 있으며 죽간이 오늘날까지 남아 있는 이유도 짐작해볼 수 있다. 기원전 316년 행정관 사오퉈는 징먼성 바오산에서 사망한 뒤 생전에 담당한 법률 사건들과 함께 매장되었다. 말년에 상나라 방식으로 친 화골점과 『역경』 방식의 점괘들이 적힌 대나무 조각도 부장되었다. 그로부터 대략 한 세기 뒤인 기원전 217년에는 다른 지역에서 행정관을 지낸 '씨'라는 남성이 후베이성의 수이후더에 묻혔다. 씨는 자신의 직업을 알리는 책 여러 권과 함께 매장되었다. 그중에는 법률 서적 몇 권, 책력冊曆 2권, 이 무덤에서 발견되지 않았다면 알려지지 않았을 책 『관료의 길』, 그리고 씨에게 녹을 준 진나라의 역사책도 있었는데 이 책에 그의 이름이 몇 차례 언급되었다.

하지만 값비싼 비단과 거추장스러운 대나무는 몇 세기 지나지 않아 등장한 새로운 기술로 대체되었다. 전 세계에서 이 기술은 마침내 다른 모든 책의 매체를 구식으로 만들게 된다. 현대식 종이가 발명된 시기는 전통적으로 서기 105년으로 일컬어진다. 이때 한나라 고위 관리 채륜이 말벌이 집을 짓는 모습에 영감을 얻어 개발한 제지법을 화제和帝에게 바쳤다고 전해진다. 서기 5세기의 공식적인 역사에는 채륜이 뽕나무 속껍질과 버려진 삼베의 섬유(의복, 밧줄, 그물 제작에 쓰이는 삼은 신석기시대부터 재배되었다)를 한데 모아 찧은 과정이 기록되어 있다. 하지만 고고학적으로 확인된 최초의 종잇조각은 한나라의 수도 장안(오늘날 시안)의 바차오에 위치한 무덤에서 나왔다. 이 무덤이 봉해진 시기는 화제의 재위기(기원전 140~87)였다. 이 바차오 종이는 삼과 모시풀(ramie, 저마. 동아시아에 서식하는 쐐기풀과 식물)을 찧은 다음 발에 펴서 말린 것이다. 후대에는 발이 아니라 물을 빼는 체에 펴서 말렸다. 하지만 고고학적으로 확인된 초기 종이가 다 그렇듯 아무런 내용도 없는 것으로 보아 글쓰기용이 아니라 무언가를 포장하는 용도로 사용된 것으로 짐작된다.

채륜이 말년을 맞을 즈음 종이는 비단이나 대나무의 값싸고 편리한 대용품이 되었다. 서기 100년경 '허신許慎'이 엮은 한자 사전은 종이zhi, 紙를 '넝마의 섬유질로 된 거적xu'이라고 정의하며, 당시 문학작품에서도 종이가 자주 언급된다. 이 무렵 종이는 큰 통에 펄프를 담고 표준 크기의 모시 망을 담갔다 꺼내어 물기가 완전히 증발할 때까지 기다려 만들었다. 보통은 24제곱센티미터 넓이의 얇은 종이 낱장들을 풀로 이어붙이고 비단 천처럼 둘둘 말아 리본으로 묶었다. 이후 수 세기에 걸쳐 제지 장인들은 글이 잘 써지고 잘 찢기지 않는 종이를 만들기 위해 등나무, 황마jute, 아마flax, 짚 등의 새로운 섬유, 염료, 녹말 등으로 다양한 실험을 했다. 적어도 등나무 공급이 한계에 도달한 8세기까지 대나무는 사용되지 않았고, 중국에서 면이나 비단을 종이의 원재료로 사용했을 가능성은 매우 낮다. 잉크는 대나무나 비단에 쓸 때처럼 소나무를 태워서 나온 검댕으로 만든 검은 먹이나 붉은 진사 또는 버밀리언vermilion, 진사에 황과 수은을 첨가해 제조가를 낮춘 붉은색 안료―옮긴이으로 만들었다.

현전하는 가장 오래된 종이 책은 서기 256년에 제작된 불교 서적 『비유경譬喩經』

3. 이 굽지 않은 점토판은 크기가 대략 7×4cm로 기원전 3000년경 수메르의 도시에서 보리와 보리로 만든 생산물 604단위를 각기 다른 관료와 부서에 총 여덟 묶음으로 나누어 배포했다고 기록한 문서다. 둥근 눌린 자국은 수량을 나타내는데 회계 물표로 표시한 것으로 짐작되며, 바로 옆에 이름이 새겨져 있다. 총계는 뒷면에서 볼 수 있다. 고대 이라크의 이 초기 설형문자 체계는 매우 구조화된 정보를 기록했음에 의심의 여지가 없지만 언어적 요소들도 표상했는지에 관해서는 여전히 논란이 많다. 영국 옥스퍼드, 애슈몰린 박물관Ashmolean Museum 소장.

의 필사본이다. 서기 280년에 어느 무덤에서 죽간 더미가 발견되자 진나라 황실의 사서가 세 부를 종이에 필사해 각기 따로 보관한 것이었다. 제지술은 이 시기를 즈음해 아시아 전역으로 전파되기 시작했는데, 처음에 종이는 기존의 책 매체들과 공존했다. 예를 들어 남아시아에서는 서력 기원 전 마지막 몇 세기 동안 불교가 서쪽으로 전파되면서 자작나무 껍질과 야자수 잎으로 만든 책이 처음으로 제작되었지만, 열과 습기, 벌레와 설치류 때문에 책이 자주 망가졌기 때문에 주기적으로 다시 필사해야 했다. 재필사된 원본은 의식에 따라 땅에 묻히거나 (힌두어 경전의 경우) 성스러운 갠지스강에 던져졌다. 파키스탄 북부에서는 서기 6세기부터 종이가 전통적인 필기 매체를 서서히 대체하다가 13세기 무굴제국의 건설과 함께 종래의 매체들을 완전히 내몰았다.

중동과 지중해

광물: 진흙

기원전 제4천년기 말, 중동에서는 도시 생활이 느리지만 극적으로 증가했다. 농업 기술이 향상되고 이라크 남부의 늪지가 점점 사람이 살기 좋은 환경으로 바뀌자, 사람들이 모여들어 인구 밀도가 높은 정착지들이 형성되었다. 이들 정착지에서는 일반 노동과 함께 전문 생산·관리 기술이 발전했다. 또한 작은 점토 계수기로 잉여생산물과 재화의 거래를 기록하는 수천 년 된 체계는 더욱 진화했다. 기원전 3200년경 이라크 남부 도시 우루크와 이란 서남부 도시 수사는 두 문자 체계의 발상지였다. 구조적인 연관성은 있지만 시각적으로는 확연히 다른 이 두 체계는 회계 장부를 기록하고 장래 회계원들을 훈련시키는 데 활용되었다. 우루크 회계원들은 대규모 중앙 권력기관을 위해 일했고, 곡식, 가축, 노동력과 이를 통해 생산된 이차 생산물을 관리했다. 간단한 영수증과 지출 기록은 수개월 또는 심지어 수년에 걸쳐 상품의 경로를 추적하는 장기적인 회계 기록과 결합되었다. 따라서 이들 회계원이 사용한 문자 체계는 당연히 회계의 대상과 긴밀히 연결되어 있었고, 재화, 수량, 제한된 수의 동사 등을 기록할 수 있었다. 이 문자 체계는 본질적으로 언어와 독립적이었고 소리의 표상이 아니라 정보의 기록에 초점이 맞춰져 있었다. 아울러, 표준화된 주제 목록을 활용해 1000개의 문자를 익히는 학습 체계가 있었는데 이러한 주제로는 동물, 새, 금속과 금속물, 식물, 공식 직함, 목재와 목재로 만든 물건 등이 있었다. 덧붙여 수습 서기들은 실제로 사용되는 20여 개의 물품에 대한 각기 다른 기수基數와 측정 체계를 써서 기록하고 계산하는 방법을 연습했다.

그로부터 2000년에 걸쳐 우리는 점토에 글을 쓰는 기술이 일반적으로나 지리적으로 널리 전파되었다가 점차 쇠퇴하는 양상을 추적할 수 있다. 기원전 제3천년기 중반 무렵 설형문자는 수메르어, 그리고 계통이 다른 아카드어의 소리를 표상할 수 있었고, 유프라테스강 유역과 인근 지방에서 널리 사용되었다. 설형문자는 사원이나 궁전 같은 대규모 기관의 자산 관리가 핵심 기능이었지만 왕실의 명문銘文, 법률계약서, 찬가, 기도문 등을 쓸 때도 사용되었다. 그로부터 몇백 년 뒤에는 부유한 가문들이 설형문자를 이용해 편지를 쓰고 매출금, 대출금, 지참금, 유산 등을 기록했다. 더러는 이들 가문에서 자식에게 설형문자의 기초를 훈련시키기도 했지만, 글쓰기는 여전히 전문 직업의 영역에 속했다. 예를 들어 바빌로니아 북부 도시 시파르에서 최고 애도 사제chief lamentation priest 이나나–만숨Inana-mansum은 수문–리시Šumum-liṣi 같은 서기를 단기 고용해 가문의 기록물에 포함할 사적인 가족 문서를 쓰고 아들 우르-우투Ur-Utu에게 설형문자로 읽고 쓰고 셈하는 법을 가르치게 했다. 기원전 1630년경 이 집에 불이 났을 때 이제 성인이 된 우르-우투는 가장 중요한 서판들—특히 집에 대한 자신의 소유권을 증명하는 서판들—을 들고나오다 떨어뜨리고 말았다. 그로부터 3600년이 흐른 뒤에 고고학자들은 떨어진 서판을 따라 그가 움직인 경로를 추적할

4. 서기 60년으로부터 그리 멀지 않은 과거에 로마의 어느 부유한 여성 상인 율리아 펠릭스는 폼페이에 자리한 자신의 화려한 빌라의 서재 벽을 풍경과 정물을 그린 우아한 벽화로 장식했다. 율리아 펠릭스는 이 프레스코화에 파피루스 두루마리와 잉크병과 펜, 그리고 두 종류의 서판을 함께 그려 자신의 물질적 부와 풍부한 학식을 드러내고 있다. 헤르쿨라네움의 인근 '파피루스 빌라'에서는 파피루스 두루마리 1000여 권으로 이루어진 철학 저작 장서를 자랑했다.

수 있었다.

　사제, 치료사, 점술가, 필사법 교사가 설형문자로 제례 지침, 약품 조제법, 예언집, 법규, 수학 연습문제 등을 썼지만, 이것들을 모아 자료집을 구축하는 일은 기원전 제2천년기에는 거의 일어나지 않았다. 기원전 1740년대 니푸르의 '하우스 F House F' 같은 학교에서 나온 반복 필사 연습의 흔적으로부터 짐작할 수 있듯이, 당시에 점토판에 이러한 내용을 쓰는 목적은 주로 그 내용을 기억하기 위해서였다. 지식의 순환은 일차적으로 상기, 암송, 공연을 통해 이루어졌다.

　설형문자 문화의 정점은 아마도 기원전 제2천년기의 제 삼분기에 해당할 것이다.

이 시기에 설형문자는 저 멀리 키프로스, 아나톨리아 중부, 이란 서남부, 동지중해 연안, 심지어 이집트까지 이르는 광범위한 지역에서 각 지역의 언어와 문자와 병행해서 엘리트층의 장거리 의사소통을 위한 공용어로 사용되었다. 이러한 설형문자 점토판의 내용은 대개 편지와 법률 조약이지만, 개중에는 메소포타미아의 문학작품과 학문적 저작, 그리고 수메르어와 아카드어를 우가리트어, 히타이트어, 후르리어, 이집트어로 번역한 다언어 사전도 있었다. 가장 유명한 점토판은 이집트 파라오 아크나톤 Akhenaten의 수도 아크타톤Akhetaten 유적지에서 발견된 '아마르나 편지' 350통이다. 파라오가 아시리아, 바빌로니아, 시리아 북부 미탄니왕국을 포함한 여러 나라, 그리고 동지중해 연안에 자리한 수많은 속국의 정상과 주고받은 생생한 외교 서신이다. 점토에 글을 쓰는 기술은 기원전 1600년경 지금도 여전히 해독되지 않은 '크레타 신성문자'와 '선문자 A'를 쓸 때도 이용되었다. 기원전 1400년경 크레타인은 점토판에 그리스어의 초기 형태인 미케네어로 행정 문서를 작성했던 이때 오늘날 '선문자 B'라고 불리는 약 200개의 기호로 이루어진 단어 기반의 음절 문자가 사용되었다. 이러한 점토판으로 크노소스의 미케네 궁전에서 출토된 4000점 이상의 점토판, 필로스 인근에서 나온 1000점 이상, 테베와 미케네 같은 그리스 본토에서 나온 500점 가량이 있다.

기원전 제2천년기 말부터는 알파벳 문자를 다른 매체에 쓰는 관행이 동지중해 연안에서 시작해 바깥쪽으로 점차 확산되더니 마침내 진흙은 중동에서만 사용하는 필기 매체로 쇠퇴했다. 기원전 614~609년에 아시리아제국이 멸망하면서 설형문자 문화도 아시리아제국이 지배하던 광활한 영토에서 대부분 자취를 감추었다. 당시 아시리아제국의 수도 니네베의 궁전 잔해에 묻혀 있던 1만~2만 개의 설형문자 점토판에는 지상의 점술과 천상의 점술을 비롯한 다수의 학술적 저작이 담겨 있었다. 오늘날 이 유적은 주인으로 명기된 왕의 이름을 따서 흔히 '아슈르바니팔의 도서관 Ashurbanipal's library'으로 불리지만, 사람들이 이 책을 열람하거나 대출할 수 있는 것은 아니었다. 이 '도서관'은 전리품이자 제국의 성공에 특히 핵심적이라고 여겨지던 특정한 유형의 지식을 독점하려는 시도에 더 가까웠다.

하지만 바빌로니아에서는 점토판이 오랫동안 사용되었다. 주요 사용자층은 전통적인 사원과 관계가 긴밀한 엘리트 도시 공동체들이었는데, 설형문자를 읽고 쓰는 능력은 그들이 가진 문화유산의 핵심 요소였다. 바빌로니아의 전문가 집단 안에서는 사제와 학자가 문학, 치유, 점성, 제례 등에 관한 작업물을 공유했다. 이때도 여전히 암송에 대한 의존도가 높았지만, 그 내용을 점토판에 적어 집에 보관해두고 서로에게 빌려주거나 사본을 도시의 수호신들에게 봉헌하기도 했다. 페르시아제국은 다리우스대왕이 재위한 기원전 500년 즈음 짧게 수십 년간 시험삼아 점토를 행정업무의 매체로 채택한 적이 있다. 수도였던 이란 남부의 페르세폴리스에서 점토판 2만 점 이상의 보관소 두 군데가 발견되었는데, 이 점토판들은 대부분 그 지역의 언어인 엘람어로 쓰여 있었고, 800점 정도가 페르시아제국의 언어인 아람어로 쓰여 있었다. 하지만 다리우스의 아들 크세르크세스는 황위를 물려받는 험난한 과정에서 기원전 485년 바빌로니아의 두 주요 저항세력들을 초토화했고 이 와중에 이 지역의 주요 문서 보관소 몇 군데가 (아마도 연루된 가문들과 함께) 파괴되었다. 이후 페르시아제국은 수준 높은 바빌로니아 문화를 흉내내는 데 흥미를 잃었고, 제국 차원에서 설형문자 문서를 생산하려는 노력도 곧 중단되었다. 그렇지만 기원전 마지막 몇 세기 동안 우루크와 바빌론 도시 내 사원의 사제들과 학자들은 여전히 점토를 써서 복잡한 천문학 관찰과 계산을 하고, 찬가와 의례를 기록했으며, 가문의 법률 문서를 작성했다. 가장 나중의 것으로 추정되는 설형문자 점토판은 제작 연대가 서기 78년으로 천문학적 예측이 담겨 있다.

용기나 창고를 점토 불라^{bulla. 둥근 진흙 용기—옮긴이}로 봉인하고 소형 점토 회계 물표를 활용하던 행정 문화에서 점토는 자연스럽게 책의 매체로 등장했다. 진흙은 티그리스강과 유프라테스강과 이 두 강에서 갈라져나온 수계의 모든 유역과 평야에서 쉽게 조달해 준비할 수 있었다. 설형문자 문화의 심장부에 해당하는 지역—이라크, 시리아 북부, 이란 서남부—에서는 점토판에 고급 식기류를 만드는 진흙을 썼다. 불에 굽지 않는 것이 일반적이었는데 불을 때는 것은 비용이 많이 드는데다 신뢰할 수 없고 위험했기 때문이었다. 햇볕에 말린 점토판은 일반적인 조건에서 내구성이 굉장히 뛰어났다. 이는 긴 세월을 거쳐 지금까지도 이러한 점토판이 수십만 점이 전해지는 것으로 증명된다. 쓸모를 다한 점토판은 물에 담그면 쉽게 재활용할 수 있었고, 서기들이 모이는 장소나 보관소에는 항상 방수 소재의 재활용 통과 진흙 준비 공간이 구비되어 있었다. 점토판은 1제곱센티미터부터 30×20센티미터 이상까지 거의 모든 규격으로 제작(또는 다시 제작)될 수 있었다. 글씨를 쓸 때는 일반적으로 갈대 펜이나 골필骨筆을 사용했고, 귀금속으로 만든 첨필尖筆, stylus은 그 자체로 지위를 상징했다. 그러나 점토판은 부피가 크고 밀도가 높았고, 깨지기 쉬웠다. 특히 큰 점토판은 장거리 여행에서 소지하기에 적당하지 않았다. 아울러 크기의 제약은 점토판에 담을 수 있는 텍스트의 양도 제약했다. 더군다나 표면이 마르면서 글씨를 새기기 점점 더 어려워졌으므로 장기간에 걸쳐 자료 집합을 축적할 수 있는 최적의 매체도 아니었다. 그러니 최소한 기원전 제3천년기 말부터 고대 중동 전역에서 설형문자 점토판과 함께 다른 매체가 병용된 것은 그리 놀라운 일이 아니다.

식물: 파피루스

메소포타미아의 설형문자 발달에 비견될 만한 사례는 당연히 이집트의 파피루스 두루마리다. 파피루스 갈대는 지중해 나일강 삼각주의 늪과 수단 남부 백나일의 습지에서 자생한다. 줄기가 단단하면서도 가볍고 잘 휘며 최대 높이 5미터 두께 40밀리미터까지 자라기 때문에 배, 밧줄, 깔개, 바구니 같은 물건을 만들기에 이상적인 소재다. 기원전 3000년경부터 필기 매체로도 사용되기 시작했다. 다만 짧은 신성문자 텍스트들—예를 들어 부장품에 붙은 이름표—은 파피루스 사용보다 몇백 년쯤 앞서는 것으로 짐작된다.

표준 제조법은 이렇다. 파피루스 줄기를 대략 20~25센티미터 길이로 조각낸 다음 딱딱한 초록색 겉껍질을 벗긴다. 많이 두꺼운 줄기는 수직으로 얇게 썰거나, 껍질을 벗기듯 중심부를 향해 이어서 나선형으로 살살 깎아나갔다. 그다음에는 평평한 표면 위에 파피루스의 속껍질 두 장을 셀룰로스 섬유가 서로 직각을 이루도록 얹은 다음 함께 찧었다. 식물에서 나온 끈적한 수액은 천연 접착제로 작용할 뿐만 아니라 속껍질을 합치기 전에 미리 적셔주는 효과를 발휘했다. 수직 방향으로 놓인 섬유는 나중에 낱장의 뒷면이 되었고 수평 방향으로 놓인 섬유는 앞면이 되었는데, 이 앞면을 속돌이나 조개껍데기로 여러 번 문질러 매끄러운 필기 표면을 만들었다. 낱장의 크기는 속껍질 조각의 높이로 결정되었지만, 여러 장을 이어붙여 훨씬 더 긴 두루마리를 만들 수도 있었다. 현재까지 전해지는 파피루스 두루마리—언제나 왼쪽 가장자리가 중앙에 오도록 감는다—의 길이는 대개 약 1.5미터에서 6미터 사이이지만 무려 30미터짜리 두루마리도 있었다고 전해진다. 파피루스의 셀룰로스 구조는 비교적 건조한 조건에서는 놀라우리만치 부식에 강하지만 습한 환경에서는 쉽게 썩는다. 파라오 시대에 흑색 잉크는 탄소(숯), 아라비아고무(아카시아나무 수액), 물로 만들었고, 제목이나 강조가 필요한 부분에 사용된 붉은색 잉크를 만들 때는 탄소 대신 산화철 가루(붉은색 오커 또는 적철석)를 썼다. 글을 쓸 때는 갈대의 줄기를 섬유의 결대로 수직 방향으로 수차례 갈라 만든 붓에 잉크를 묻혀 썼다.

현존하는 가장 오래된 파피루스는 오늘날 카이로 인근 도시 멤피스의 사카라 공동묘지에 자리한 어느 정교한 무덤에서 발견된 빈 두루마리로, 발견될 당시 원기둥꼴 나무통에 보관되어 있었다. 이 무덤의 다른 부장품에 부착된 이름표를 보면 이 두루마리의 주인은 기원전 2950년경 '최초 왕조의 덴Den 왕'의 '봉인 담당관'—그 지역에서 가장 높은 관리—을 지낸 헤메카Hemeka라는 남성이었다. 하지만 내용이 적힌 현존하는 최고最古의 파피루스는 그로부터 몇 세기가 지나 제작되었다. 메소포타미아의 설형문자처럼 이집트 신성문자—애초에 높은 지위를 드러내는 물건이나 기념물에 이름, 숫자, 대상을 과시적으로 보여주기 위해 고안되었다—도 점진적인 변화를 거쳐 나중에는 구어의 모든 문장을 나타낼 수 있게 되었다. 이처럼 원숙한 형식의 글은 주로 전시 효과를 노려 무덤과 사원의 벽이나 노천의 바위에 쓰였다. 하지만 초기 파피루스는 순전히 행정적인 용도로만 사용되었다. 한 가지 예를 들자면 기원전 2600년경 시나이사막의 구리와 터키석 광산에 대한 접근성을 높이기 위해 홍해에 와디 엘자르프 항만 지대가 건설되었다. 2013년에 이 와디 엘자르프 항만 지대에서 제작 연대가 기원전 2550년경 파라오 쿠푸의 재위 28년으로 거슬러올라가는 파피루스 조각 수백 점이 발굴되었다. 이 파피루스 조각들은 폐기 문서들이었다. 보관실로 접근하지 못하도록 막기 위해 가져다둔 두 개의 거대한 바위 사이를 채우는 데 사용된 것이다. 어떤 조각은 표로 정리된 회계 문서였는데 여기에는 이 지역으로 배달된 식품이 일 단위와 월 단위로 자세히 적혀 있었다. 어떤 조각은 메레르라는 사람이 쓴 작업 일지였다. 메레르는 당시 건설중이던 기자의 유명한 '쿠푸의 대 피라미드'에 들어갈 석회석의 조달을 담당하는 200여 명으로 구성된 단체의 감독관이었다.

　파피루스 두루마리는 수백 년 넘게 순전히 행정 제도를 운영하기 위한 도구로만 사용되었다. 기원전 제2천년기의 초기에 해당하는 중왕국시대에 와서야 수학 문제나 약품 조제법 같은 학문적인 작업물이나 문학작품도 파피루스에 자주 보존되었다. 하지만 이러한 글은 그보다 몇 세기 앞서 이미 구술 형식으로 유포되고 있었을 가능성이 높다. '사자의 서' 같은 장례 관련 텍스트는 주로 무덤이나 관에 쓰다가 기원전 16세기가 되어서야 파피루스에 옮겨 적었다.

　기원전 제1천년기 무렵, 어쩌면 그전에도, 파피루스는 중동 전역으로 수출되었지만 이집트 바깥에서는 언제나 고가의 상품이었다. 이를테면 기원전 8세기 말 아시리아의 황태자 센나케리브(추후 기원전 704년 즉위)는 군사원정을 성공적으로 마치고 돌아온 다음 궁정 신하들에게 전리품과 알현 선물을 나누어주었다. 대부분 수 킬로그램의 은과 근사한 의복 몇 벌이었는데, 궁정 서기는 여기에 파피루스 두루마리 두 권을 추가로 하사받았다. 하지만 설형문자 기록에 파피루스가 거의 언급되지 않는 것으로 보아, 중동에서는 점토의 대용물로 중동에서 생산된 나무판과 가죽 두루마리(둘 다 나중에 논의할 것이다)를 선호했음이 확실하다.

하지만 동지중해 연안은 이집트의 문화적 영향(과 정치적 통제)에 항상 훨씬 더 개방적이었다. 시나이사막에서 채석공들이 벽에 남긴 신성문자에서 유래한 알파벳은 대략 기원전 1800년부터 북쪽으로 빠르게 전파되었다. 환경적 조건을 고려하면 어쩌면 당연한 일이지만 철기시대 레반트그리스와 이집트 사이에 있는 동지중해 연안 지역을 통틀어 이르는 말. 좁게는 시리아, 레바논 두 나라를 이른다 — 옮긴이의 알파벳 문자를 보여주는 증거는 대부분 비교적 파손에 강한 돌이나 금속에 새겨진 명문이다. 요르단강 서안지구의 와디 무랍바트 같은 건조한 동굴 현장에서 이따금 발굴된 유물을 보면 적어도 기원전 7세기 초부터 편지나 법률 문서가 고대 히브리어 같은 지역 언어로 쓰였음을 알 수 있다. 그렇지만 거대한 페르시아제국의 아케메네스 왕조 — 앞서 언급했듯이 기원전 500년경 설형문자 점토판을 잠시 실험적으로 사용했다 — 는 중동 전역에서 파피루스를 황제의 의사소통과 관료 행정의 매체로 사용했다. 파피루스는 자연스럽게 이집트에서 공식적인 목적으로나 사적인 목적으로 선호되는 매체로 남았고, 신성문자와 민중문자(후기에 나타난 흘림체 문자)뿐만 아니라 국제적으로 통용된 아람어도 두루 파피루스에 쓰였다. 그런데 1962년에 노예 매매 내역이 기록된 파피루스 열여덟 장이 오늘날 서안지구에 위치한 와디 달리예의 동굴에서 발견되었다. 사마리아 시민들이 기원전 331년 알렉산드로스대왕의 정복에 앞서 숨겼지만 이후 회수하지 못한 문서였다. 이 파피루스 문서들은 이 도시의 부유한 개인들이 최소 기원전 5세기 중반부터 히브리어와 아람어로 법률 기록을 남기고 보관했음을 알려준다.

가장 오래된 것으로 알려진 그리스어 파피루스 문서들의 연대도 기원전 4세기다. 그리스 북부 지역 테살로니키 바로 북쪽에 위치한 무덤에서 발견된 데베르니Deverni

파피루스가 유명한 예다. 장례 의식에서 두루마리 일부가 불태워지기는 했지만 스물여섯 개 정도의 열에 적힌 텍스트가 지금까지 전해진다. 대략 기원전 340년에서 320년 사이에 만들어진 필사본으로 아마 한 세기 전에 집필된 독특한 철학 텍스트를 베껴쓴 것으로 보인다. 이집트 사카라에서 발견된 파피루스 조각에 적힌 또다른 그리스어 텍스트, 티모테오스의 시 「페르시아인들The Persians」의 단편斷片도 거의 동시대의 것으로 파악된다.

파피루스에 글을 쓰는 전통은 이집트와 지중해 전역에서 서기 제1천년기까지 계속되었다. 고전기의 책 문화를 보여주는 증거의 출처는 대개 역사적·문학적 사료이지만, 몇 가지 극적으로 예외적인 사례가 있다. 서기 79년 이탈리아 폼페이 부근 베수비오산이 분출하면서 인근의 헤르쿨라네움의 바닷가 휴양지를 뒤덮었는데, 그로부터 120년 전 율리우스 카이사르의 장인을 위해 지어졌다는 화려한 빌라 역시 베수비오산의 화산재에 묻혔다. 아름다운 나폴리만이 바라다보이는 우아한 정원이 딸린 이 4층짜리 빌라에는 수많은 우수한 고전기 조각품과 대부분 철학 저작이었던 파피루스 두루마리 600~1000권이 소장되어 있었다. 이 장서는 대피를 위해 준비해둔 것인지 포장된 상태였다. 화산이 폭발하면서 빌라 전체는 최고 25미터 높이의 화산재로 뒤덮였고 파피루스 뭉치는 까맣게 타서 금방이라도 바스러질 듯한 상태가 되었다. 1752년 이 장서가 처음 발견된 이후 1800점 이상의 두루마리 파편을 펼쳐 그 안에 담긴 내용을 해독하려는 시도가 수차례 이어졌다. 그러다 아주 최근에 와서야 비침습적 디지털 기법을 활용한 시도가 비로소 성공을 거두었다. 대부분의 텍스트는 빌라가 무너지기 대략 한 세기 전 인물인 그리스 시인이자 에피쿠로스주의 철학자 필로데모스Philodemus의 글이었다. 그밖에도 다른 에피쿠로스주의자와 스토아주의자의 저작, 수사학과 웅변술에 관한 라틴어 저작, 그리스 수학, 물리학, 기하학에 관한 저작이 약간 있었다. 일부 두루마리는 총길이가 원래 20미터가 넘었을 것으로 파악된다.

5. 고대 그리스 책의 필사 원본이 현재까지 남아 있는 경우는 아주 드물다. 이 파피루스 파편은 대략 9×15cm 크기로 에우클레이데스(영어식 명칭은 유클리드)의 저작 『원론』의 가장 오래된 발췌문으로 알려져 있다. 가장 오래되었다고는 하지만 서기 200년경 로마령 이집트 도시 옥시링코스에서 필사된 것으로 에우클레이데스가 살았던 시기로부터 약 500년 뒤에 쓰인 것이다. 학교 수업 내용을 적은 것으로 보이며 『원론』에서 비교적 쉬운 내용인 직각삼각형에서 두 변의 관계를 논하는 피타고라스의 정리(『원론』 II부 5권)가 적혀 있다. 미국 필라델피아, 펜 뮤지엄Penn Museum 소장.

6. 고대 이집트에서는 파피루스의 저렴한 대용물로 석회석 조각을 자주 사용했다. 기원전 13세기 테베에서 만들어진 이 오스트라콘은 수습 필경사가 잉크로 쓴 것으로 추정된다. 내용은 700여 년 전에 지어진 고전기 시 「시누헤 이야기The Tale of Sinuhe」의 마지막 부분이다. 각 스탠자일정한 운율적 구성을 갖는 시의 기초 단위로, 4행 이상의 각운이 있는 시구를 이른다—옮긴이의 끝은 붉은색 점으로 표시되어 있다. 대영박물관 소장.

서기 1세기부터 새 파피루스 두루마리를 아코디언식으로 접어 작은 공책으로 만들어 쓰는 사람들이 나타났다. 이렇게 하면 기존의 포맷보다 페이지를 훨씬 더 쉽게 찾을 수 있었다. 일부는 표지와 가장자리에 풀을 먹여 견고함을 더했고 이동중에 사용할 수도 있었다. 이것은 말하자면 나중에 소개할 나무 서판의 경량 버전이라고 할 수 있다. 이른바 나그함마디Nag Hammadi 장서는 이 유물이 발견된 이집트 북부 도시의 이름을 따서 이렇게 불리는데, 가죽으로 제본된 10~17×24~30cm 크기의 파피루스 코덱스 열세 권으로 이루어져 있다. 나그함마디 장서는 뚜껑을 봉해 사막에 묻은 항아리에 들어 있었다. 서기 4세기와 5세기의 초기 기독교 신학 저작 쉰두 편으로 구성되었으며, 고대 이집트어에서 파생한 콥트어로 쓰여 있다. 인근 수도원에서 필사된 것으로 짐작된다.

파피루스는 서기 5세기 들어 사용량—과 생산 품질—이 하락하기 시작했지만, 서기 639년 이슬람 세력의 이집트 침략 이후에도 300여 년 동안 꾸준히 제작되며 점차 아랍어를 위한 매체로 더 많이 이용되었다. 그러나 9세기 말에 시리아에서 저렴한 종이가 수입되자 파피루스는 사용량이 급락하다 더이상 사용되지 않았는데, 이 현상은 이집트에서도 종이를 만들기 시작하면서 더욱 가속화되었다. 서기 10세기가 지나면 이집트산 파피루스는 거의 생산되지 않았다. 파피루스에 쓴 가장 나중 교황 칙서는 1057년 로마에서 공표되었다고 알려져 있으며, 지금까지 알려진 아랍어로 쓴 최후의 이집트산 파피루스 문서는 그로부터 30년 뒤에 작성된 것으로 추정된다.

동물, 식물, 광물: 점토판과 두루마리의 대용물

고대 중동과 지중해 세계에서 사용된 다른 모든 필기 매체는 점토판이나 파피루스 두루마리의 대용물로 볼 수 있다. 가장 값싸며 쓰고 버리기 좋은 매체는 서판과 깨진 도자기 조각, 즉 도편陶片이었다. 도편은 고고학자들에게 그리스어 오스트라콘ostrakon, 복수형 오스트라카ostraka으로 알려져 있다. 고대 아테네에서 범법자를 도시에서 추방('추방하다'라는 뜻의 영어 단어 ostracize는 그리스어 '오스트라카'에서 파생되었다)하기 위해 투표할 때 깨진 도자기 조각을 쓴 데서 유래한 용어다. 특별히 격식을 갖춰야 하는 설형문자 텍스트—이를테면 경계선 확정 조약서, 기증을 알리는 글, 주춧돌 명문 등—는 도편 대신 석판이나 값비싼 금속판에 새기기도 했다. 하지만 이러한 것들은 대개 옥외에 영구적으로 고정되었고 휴대성이 고려되지 않았으므로 책이라고 하기 어렵다. 이 척도의 맞은편 끝에는 은으로 된 작은 두루마리 부적 두 개가 있다. 예루살렘 근처 카테프 히놈의 무덤에서 발견된 이 부적에는 고대 히브리어로 된 성서 텍스트가 두 개의 짧은 문단으로 적혀 있는데 글의 스타일로 보아 제작 연대는 기원전 600년경으로 추정된다. 이보다 덜 경건한 사례를 들자면 서기 5세기에는 저주와 주문을 적는 매체로 납으로 된 낱장을 돌돌 만 두루마리가 인기를 끌었다. 이러한 유물은 로마령 영국에서 이라크 남부까지 고대 세계 전역에서 발견되며 그리스어, 라틴어, 아람어, 만다이어이라크 남부에 현존하는 그노시스주의 그리스도교의 경전에 사용된 아랍어계 언어—옮긴이로 쓰여 있다.

사회적인 측면과 휴대성 측면에서 본 척도의 다른 쪽 끝에는 오스트라콘, 즉 도편이 있었다. 하지만 사람들은 고대 그리스에 글을 읽고 쓰는 문화가 나타나기 훨씬 전부터, 버려진 토기에 표면을 긁거나 잉크를 묻혀 글을 써왔다. 대부분의 고대의 맥락에서 짧고 금방 없어질 단명 텍스트를 쓴 오스트라콘은 대개 책으로 인정되지 않지만, 고대 이집트에서 특히 적어도 신왕국시대부터는 작은 도자기 조각과 석회석 조각이 일회용 공책, 연습장, 조제법 모음집, 회계 장부 등으로 사용되었다.

이집트의 수많은 고고학 유적지에서 오스트라콘이 발견되었지만, 그중에서도 아마 가장 흥미로운 사례는 데이르 엘메디나^{Deir el-Medina}의 발굴일 것이다. 고대에는 '진실의 장소'를 뜻하는 세트 마아트^{Set Maat}라는 이름으로 불린 이 마을에는 장인들이 모여 살았다. '왕들의 골짜기'에 18대부터 20대까지의 파라오의 무덤을 짓고 관리하던 장인들이었다. 이 마을에 사람들이 거주하기 시작한 것은 앞에 언급한 아마르나 점토판보다 시기적으로 한 세기 이상 앞선 기원전 1550년경이며 이곳은 이로부터 대략 400년 뒤에 폐허가 되었다. 무덤을 지은 장인들과 그 가족들은 대체로 교육 수준이 높았지만 특별히 부유하지는 않았기 때문에, 잠시 쓰는 글은 주로 오스트라콘을 사용하고 격식을 갖춘 매체에 써야 하는 텍스트나 장거리 이동이 필요하거나 대대로 물려주어야 하는 텍스트는 비싼 파피루스에 썼다.

여러 점토판에 언급된 내용에 따르면 적어도 기원전 21세기부터 메소포타미아에서 표면에 밀랍을 바른 나무판이 사용되었다. 하지만 시각적 묘사가 담긴 고고학 표본 중 현재까지 전해지는 가장 오래된 표본은 기원전 8세기에 이라크 북부 아시리아의 황제들이 거주하던 도시에서 출토되었다. 그중 가장 큰 밀랍판은 길이가 25센티미터에 이르고, 밀랍을 바른 필기 면이 손상되지 않도록 낱장이 접은 다음 묶여 최대 열네 장까지 경첩에 달려 있었다. 점토판과 달리 밀랍판은 만들고 나서 시간이 한참 지나도 계속 글을 썼다 지울 수 있었기 때문에, 점토판이라면 표면이 말라버렸을 한참 후, 오랜 기간에 걸쳐 내용이 누적되는 거래 내역이나 일지를 쓰기에 이상적이었다. 군사원정으로 멀리 파견을 나갔을 때처럼 점토를 구하기 어려운 곳에서 글을 쓸 때도 사용되었다. 글씨를 쉽게 지울 수 있다는 것은 달리 말하면 점토판에 비해 내용을 쉽게 조작할 수 있다는 뜻이 되기 때문에 오래 보관해야 하는 기록을 남길 때는 선호되지 않았다. 그렇지만 밀랍판은 편지에서 문학작품까지 다양한 종류의 글쓰기 매체로 인기가 좋았다.

비슷하게 나무 서판도 적어도 기원전 제3천년기 중반부터 이집트에서 잉크로 신성문자를 쓸 때 사용되었다. 간단한 글이나 회계 장부를 적기에 좋았고, 물로 씻어 다시 사용할 수 있었으며, 파피루스 두루마리보다 튼튼했다. 고대 그리스·로마 시대에 이르러서야 메소포타미아에서처럼 밀랍을 바르고 묶어서 사용했고, 저 멀리 서쪽으로 하드리아누스 방벽에 이르는 지역까지 글을 읽고 쓰는 구舊세계 전역에서 이 형식으로 사용했다(대략 서기 85~130년). 잉크로 썼든 밀랍을 긁어서 썼든 현전하는

7. 아시리아 군대의 필경사들은 두 명씩 짝을 지어 작업했다. 한 명은 가죽 두루마리에 잉크로 아람어를 알파벳으로 쓰고, 한 명은 밀랍을 바른 나무판에 첨필로 아시리아 설형문자를 새겼다. 이 두 남자는 기원전 690년경 센나케리브 왕이 바빌로니아의 저항세력을 격퇴하고 차지한 전리품을 기록하고 있다. 그들은 얕은 돋을새김 석재 조각에 영구히 새겨져 이라크 북부 니네베의 아시리아 궁전 접견실에 전시되었다. 대영박물관 소장.

고고학 표본에는 원래의 글자가 거의 남아 있지 않지만, 나무 서판에 첨필로 쓴 경우에는 눌린 흔적이 남은 경우가 자주 있고 글씨를 읽을 수도 있다. 영국 런던에서 발굴된 400점 이상의 나무 서판에는 서기 57년에 작성된 차용증도 있는데 이것은 로마령 영국에서 발굴된 문서 중 가장 오래된 문서다. 이집트에서처럼 고대 영국에서도 편지, 법률 문서, 학교 글쓰기 연습, 금융 회계 기록 등에 나무 서판을 사용했다. 유럽의 일부 지역에서는 서기 19세기까지도 이와 비슷한 용도로 나무 서판을 계속 사용했다.

동물: 가죽과 양피지

잠깐 동안 쓰는 단명자료를 위한 점토판과 파피루스의 대용물이 오스트라콘과 서판이었다면, 오래가는 글을 쓰기 위한 대용물은 동물 가죽으로 만든 두루마리였다. 기원전 제3천년기 중반부터 프톨레마이오스시대 이후까지도 이집트 텍스트에 이러한 두루마리나 두루마리 제작자에 대한 언급이 등장하지만, 지금까지 전해지는 실제 물건은 거의 없다. 한편으로는 이러한 두루마리는 한 번 사용한 뒤에도 여러 번 재사용이 가능했기 때문에 회계 기록이나 학교 숙제 같은 일회성 글에도 사용할 수 있었고, 내구성이 좋아 격식이 필요한 보관용 기록 문서나 장식용 서적을 만들기에도 적합한 매체였다. 8세기 말 아시리아의 한 관리는 동물 가죽에 아람어로 서신을 써서 사르곤 왕에게 올리고 싶다고 청했지만 거절당했다. 아마도 아시리아 상서원에서 이러한 용도로는 설형문자만 써야 한다고 헛된 고집을 부린 듯하다. 아케메네스 제국에서는 가죽을 (점토판, 파피루스와 병행해) 사용한 것은 확실한 사실이다. 기록에 따르면 기원전 5세기 말 이집트의 지방관 아르샤마Arshama는 이란 서남부에 자리한 황제의 도시 수사에 공무상 출장을 나갔다가 자신의 토지 관리자와 가죽에 쓴 서신을 교환했다. 한 세기 지나 기원전 4세기 박트리아에서는 다른 페르시아인 지방관 아흐크바마즈다Ahkvamazda가 홀름시 시장에게 비슷한 서신과 문서를 가죽에 써서 보냈다. 헬레니즘시대 바빌로니아에서는 비슷한 법률 텍스트를 동물 가죽과 진흙에 썼다는 언급을 자주 볼 수 있으며, 학문적이거나 문학적인 텍스트를 가죽과 진흙 그리고 나무 서판에 기록했다는 언급도 자주 보인다.

이집트에서나 메소포타미아에서 이러한 두루마리는 무두질한 가죽으로 만들었을 것이다. 무두질은 가죽을 1년 이상 약품에 담가두어야 하는, 길고 복잡하고 냄새나는 공정이다. 반면에 무두질하지 않은 양피지—털을 뽑고 팽팽하게 잡아 늘인 다음 표면이 매끈해질 때까지 윤을 낸 가죽—를 준비하는 데는 대략 4주밖에 걸리지 않는다. 이 방법은 오래전부터 오늘날 터키의 페르가몬에서 발명되었다고 알려져 있

8. 마야시대 화병. 크기는 대략 높이 10센티미터에 지름 29센티미터이며, 고전기 후기 양식(서기 600~900년경)으로 장식되어 있다. (오른쪽의) 세 남자가 접힌 코덱스 주변에 둘러앉아 있다. 예언가 머릿수건을 쓴 왼쪽의 남자는 첨필을 들고 몸짓을 취하며 페이지에 적힌 숫자를 읽고 있다. 아마도 날짜를 읽고 있는 것으로 짐작된다. 오른쪽 남자들 중 한 명은 몸을 숙이고 열중해 듣고 있고 다른 남자는 팔짱을 낀 채 심드렁한 얼굴로 앉아 있다. 개인 소장품.

다(양피지를 의미하는 영어 단어 '파치먼트parchment'는 이 지명에서 파생되었다). 플리니우스의 『박물지』에 따르면 이집트의 프톨레마이오스 5세는 알렉산드리아 도서관의 명성을 위협하는 페르가몬의 명망 높은 도서관을 시기한 나머지 기원전 190년에 페르가몬으로 파피루스를 수출하는 것을 금지했지만 이것은 오히려 페르가몬에서 파피루스 대용물이 발달하도록 부추긴 셈이 되었다고 하는데, 이 이야기의 진위는 불분명하다. 현존하는 가장 오래된 양피지 필사본을 확정하기가 현재 불가능한데, 그 이유는 많은 고대 역사가가 '양피지'라는 말과 '가죽'이라는 말을 혼용한데다 신뢰할 만한 비교 연구가 아직 이루어지지 않았기 때문이다.

실제로, '사해 문서Dead Sea Scrolls'를 화학적으로 분석해보면 기원전 마지막 몇 세기에는 무두질한 가죽과 양피지의 구분이 앞의 설명처럼 그리 분명하지 않았던 것 같다. 사해 문서는 유명한 두루마리 유적으로, 오늘날 서안지구의 사해에서 불과 몇 킬로미터밖에 떨어지지 않은 여러 개의 동굴에서 커다란 항아리 안에 담긴 채 발견되었다. 수량이 거의 1000권에 달하며 내용은 대부분 유대교 텍스트다. 대개 히브리어 경전의 구절이나 그와 관련된 저작이고, 그리스어와 아람어 번역본도 있다. 개인 기록과 편지 뭉치도 일부 섞여 있다. 가죽 소재든 파피루스 소재든 두루마리의 연대는 대부분 기원전 3세기에서 서기 1세기 사이다. 이 문서들을 거기에 한 번에 가져다둔 것인지―이를테면 서기 68년 로마가 침략하기 전에 쿰란시의 어느 서고의 책을 한꺼번에 가져와 숨긴 것인지―여부에 관해서는 의견이 여전히 분분하다. 어쩌면 더는 사용하지는 않지만 그렇다고 폐기할 수는 없는 성스러운 텍스트를 수세대에 걸쳐 모아두는 유대교 회당 서고였을지도 모른다. 이 두루마리 중에는 파피루스도 있지만 85퍼센트 이상이 염소, 송아지, 아이벡스유럽 야생 염소―옮긴이, 가젤의 가죽이었다. 털을 뽑을 때는 석회석을 쓰지 않고―중세에는 석회석을 쓰는 것이 표준이었다―똥이나 식물성 물질 같은 화학적 흔적이 남지 않는 유기 물질로 문질렀다. 그전에 생가죽을 사해에서 길어온 물에 담가두었고, 잉크도 그 지역에서 생산된 것을 사용했다.

생가죽을 양피지 방식으로 처리하면 무두질한 가죽이나 파피루스보다 탄력이 좋은 필기 표면을 얻을 수 있었다. 가죽의 양쪽 면이 잉크 흡수력이 더 좋았고 물에 씻어서 재사용하기도 쉬웠다. 하지만 양피지는 두루마리 포맷에 이상적인 소재가 아니었다. 가죽을 자르고 꿰매서 이어야 했기 때문이다. 책 제작자들은 서기 1세기 또는 2세기부터 양피지 시트를 접어 여덟 페이지짜리 콰이어quire를 여러 개 만든 뒤 이것들을 서로 꿰매어 코덱스를 완성했다. 거의 같은 시기에 실험적으로 파피루스 공책도 만들었다. 양피지 코덱스는 빠르게 인기를 끌었고, 서기 4세기 무렵에는 지중해 세계 전역에서 가장 일반적인 책의 형식이 되었다. 특히 기독교 공동체에서 인기가 높았는데 아마도 전통적으로 두루마리 포맷을 취한 유대교의 토라와 기독교 성서를 차별화하기 좋았기 때문일 것이다. 예를 들어 『코덱스 시나이티쿠스Codex Sinaiticus』(시나이 사본)는 현존하는 가장 오래되고 가장 온전한 그리스어 성서로 손꼽힌다. 『코덱스 시나이티쿠스』는 19세기에 시나이사막의 성 카타리나 수도원에서 다시 발견되었는데, 이 책이 처음 쓰인 시기는 서기 4세기 중반이다. 필경사 서너 명이 한 조를 이루어 분량을 나누고 대략 38×35cm 크기의 양피지 시트에 썼는데, 그중 400장 이상이 오늘날까지 전해진다. 구약성서 앞부분 몇 권과 역대기 1장이 수록된 필사본 앞부분은 현재 유실되었다.

아메리카

우리가 이 장에서 살펴본 고대 사회들은 모두 각자의 역사에서 어느 시점에 이르면 종이 코덱스나 양피지 코덱스를 가장 선호하는 책의 형식으로 채택하는 확실하고 자연스러운 결정을 내렸다. 그리고 흔히 기존의 매체도 수 세기에 걸쳐 같이 사용되었다. 하지만 아메리카대륙 사람들은 그러한 호사를 누리지 못했다. 그들의 책은 16세기부터 19세기에 걸쳐 일어난 유럽의 식민지화 과정에서 강제적으로 제거되고 폄훼되고 파괴되었다. 하지만 지난 수십 년간, 이렇게 유실된 아메리카의 문자 문화를 되살리고 재기록하고 재평가해 세계 책의 역사에서 제자리를 찾아주려는 공동의 노력이 있었다.

동물과 식물: 안데스의 매듭 문자

남아메리카의 서해안을 따라 이어지는 안데스산맥에는 적어도 1만 5000년 전부터 사람들이 거주했다. 이곳에 정착한 공동체들은 유라시아의 다른 공동체들과 상당히 비슷한 변화를 겪었다. 수렵채집민으로 구성된 작은 집단들은 서기 15세기 중반에 이르러 강대한 잉카제국의 지배를 받는 대규모 농경 사회로 발달했다. 잉카제국의 절정기에는 케추아어로 '타우안틴수유Tahuantinsuyu', 즉 '네 개의 영역'이 오늘날 에콰도르의 북단에서 시작해 서해안을 따라 페루, 볼리비아, 아르헨티나, 칠레를 지나 길이 4000킬로미터 이상 폭 40킬로미터의 띠 모양으로 길게 펼쳐져 있었다. 여느 전근대 제국처럼 잉카제국도 복잡하고 세련된 사회를 통치했다. 왕족과 귀족이 정점

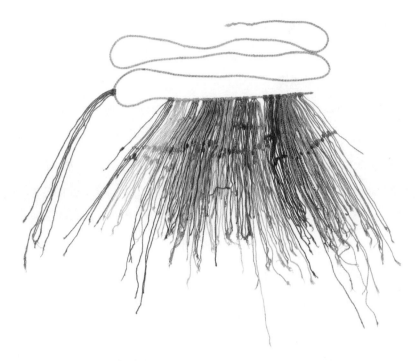

9. 잉카시대에 사용된 끈 매듭 기록 **키푸**. 1932년 미국 워싱턴 D.C. 스미스소니언 자연사박물관에 개인이 기증했다. 기증 당시 주 끈을 이용해 다발로 묶인 상태였다. 약 400~500년 전에 오늘날 리마 인근 안데스산맥 사람의 묘에서 발견된 모습 그대로였다. 이 키푸는 면으로 만들어졌다. 주 끈의 길이는 2.5미터에 달하며, 108개의 펜던트 끈이 달려 있다. 이 펜던트 끈들은 세 가지 주요 부분으로 나뉘고, 각 부분은 다시 다섯 개나 열 개 단위로 그룹을 이룬다. 펜던트 끈에도 곁가지 끈이 달린 경우가 많다. 각 끈의 위치, 색깔, 매듭은 오늘날의 우리는 알지 못하는 형식적 의미를 분명히 지니고 있는 듯하다.

에 자리하는 위계질서가 있었고, 확고한 통치 이념을 표방했으며, 인구조사, 조세, 천문학에 바탕을 둔 공식 책력을 지배에 활용했다.

　잉카제국은 인적 자산과 물적 자산을 아주 면밀히 운용했다. 관료들은 케추아어로 '키푸khipu'라고 불린 복잡한 끈 매듭 기록 체계를 만들었다. 오늘날까지 약 600개의 표본이 전해지는데 대략 서기 1400~1530년에 제작된 것으로 추정된다. 일부는 고고학 탐사 과정에서 무덤 등지에서 발견되었지만, 다수는 골동품 거래를 통해 별다른 문서 없이 획득한 것이다. 1532년 스페인의 아메리카 정복 뒤에도 키푸를 사용하는 장면의 묘사나 설명을 찾아볼 수 있다. 하지만 키푸를 조립하고 조작하는 원리가 현재 잘 알려져 있음에도 그 누구도 현존하는 키푸를 과거 잉카시대의 회계원처럼 완전히 읽어내지는 못한다.

키푸 끈은 면이나 라마 털로 만든다. 소재 선택은 특별한 의미를 담고 있었을 수도 있고 아니면 단순히 개인적 선호나 이용 편의성에 따른 것이었을 수도 있다. 색깔은 분명히 중요했지만—많은 키푸에서 붉은색 섬유, 파란색 섬유, 염색하지 않은 섬유의 사용에 분명한 규칙성이 드러난다—각 색깔의 의미는 더이상 알지 못한다. 각 키푸는 주± 끈에 여러 가닥의 펜던트 끈을 묶어 빨랫감처럼 늘어뜨린다. 펜던트 끈에 다시 곁가닥을 덧붙일 수도 있다. 구조에도 의미가 있었다. 예를 들어 가축 무리를 일단 소유자별로 분류한 다음 이것을 다시 성별과 성숙도에 따라 분류했다. 십진수는 매듭을 규칙적인 간격으로 묶어서 기록했다. 지금까지 남아 있는 키푸의 80퍼센트 정도는 주로 정량적 기록이고 이러한 수치 자료는 해석이 완료되었다. 서사적인 기록으로 짐작되는 나머지는 아직 의미를 해석하지 못하고 있다.

물론 매듭은 다시 풀 수 있었다. 끈을 떼어내거나, 자리를 옮기거나, 해체할 수도 있었다. 키푸를 작게 말아서 보관해두었다가 다시 펼쳐 조작하기도 했고, 장식 띠처럼 겨드랑이 밑에서 반대쪽 어깨로 걸치기도 했다. 키푸는 잉카제국의 대표 생산물인 농작물이나 가축으로부터 구하기 쉬운 재료로 간단한 방추紡錘, 드롭 스핀들를 이용해 만들었다. 키푸는 휴대할 수 있고, 재구성이 가능하며, 다용도로 활용할 수 있었다. 최대 서른 개 정도의 상호연관된 키푸로 구성된 기록보관소(아카이브)가 발견되기도 했다. 어떤 키푸들은 한자리에 모여 있었고, 어떤 키푸들은 구조와 내용에서 유사점과 대응점이 파악되었다. 키푸는 일반적으로 사본이 있었고, 작은 키푸에서 시작한 정보는 더 큰 키푸의 정보에 결합되었다. 지금까지 발견된 가장 큰 키푸 중 하나는 펜던트 끈이 총 762가닥이며, 역법에 따라 조직화된 것으로 보인다. 이중 730가닥은 대략 서른 가닥씩 스물네 개 모음으로 나뉜다. 연구자들이 파악한 다른 두 개의 키푸는 각각 이 키푸의 4개월 구간 하나에 상응한다.

잉카제국의 키푸 체계는 서기 7세기 또는 8세기까지 거슬러올라가는 선조 체계가 있었을 가능성이 있다. 이 시기에 의례에 사용되는 막대를 색깔이 있는 실타래로 감 쌌는데 아마도 이것이 매듭 없는 키푸의 원형이 되었을지 모른다. 아메리카 정복 뒤에 나온 여러 글에 키푸 형식으로 된 편지를 전하는 전령이 등장하며, 스페인어를 사용하는 법정에서 키푸는 수십 년간 증거로 인정받았다. 회계원들은 키푸를 눈으로 보기도 했지만 손으로 쓸어내리며 읽기도 했다는 증언이 있고, 설명이 다소 불분명하지만, 검은색과 흰색 조약돌과 회계용 판자를 보조 계산 장치로 사용했다는 설명도 있다. 물론 식민지 통치에 접어들면서 키푸는 빠르게 종이 문서로 대체되었고 16세기 중반 즈음에는 공식적으로 사용되지 않았다. 하지만 볼리비아 안데스산맥의 일부 케추아족 마을과 아이마라족 마을의 양치기들은 20세기에도 키푸로 가축의 수를 셌고, 일부 마을에서는 키푸가 더이상 읽는 대상으로 간주되지 않지만 마을 연장자의 추대 의식에서 여전히 중요한 예복으로 남아 있다.

식물과 동물: 메소아메리카의 가죽과 나무껍질 코덱스

남아메리카와 북아메리카 대륙을 잇는 파나마 지협에서 수천 년에 걸쳐 인간 사회가 번성해왔다. 오늘날 멕시코, 과테말라, 벨리즈가 자리한 이곳의 사람들은 적어도 3000년째 문자를 사용해왔다. '카스카할 각석Cascajal Block'은 1999년 이 유물이 발견된 멕시코 베라크루즈의 채석장에서 이름을 따왔다. 고고학적으로 볼 때 올메카 문화의 이른바 산로렌조 단계인 기원전 900년경의 유물이다. 대략 35×21×13cm 크기의 사문석에 식물, 얼굴 등 여러 대상을 다양한 스타일로 표현한 스물여덟 가지 문자 예순두 개로 구성된 텍스트가 쓰여 있는데 그 의미는 아직도 해독되지 않았다. 누군가는 카스카할 각석을 책이라고 부르고 싶을지도 모르겠지만, 무려 12킬로그램에 달하는 무게를 고려하면 이 유물은 휴대성을 고려해 만들었다고 보기 어렵다. 하지만 이 독특하고 의미심장한 가공물은 다른 형식의 읽고 쓰는 문화가 메소아메리카에서 우리가 짐작했던 것보다 몇백 년 앞서 시작되었을 가능성을 제시한다.

메소아메리카 언어와 신성문자—사포테카, 미스테카, 아스테카, 마야—는 대부분 석조 건물이나 기념비, 물건의 이름표에 쓰여 있지만, 이들 문화에 적어도 서기 제1천년기부터 필경사와 책이 있었다는 여러 뚜렷한 징표가 있다. 이를테면 고전기 마야시대(서기 250~900년경)에 흙으로 빚은 그릇에서 필경사들('아 치브ah tz ib', 직역하면 '작가나 화가')을 볼 수 있다. 그림에는 소라고둥 껍데기 잉크병도 등장하고 필경사들의 두건에는 깃펜이 꽂혀 있다. 신일 수도 있고 인간이나 동물일 수도 있는 이 필경사들은 접힌 코덱스 앞에 무릎을 꿇고 있거나 앉아 있다. 또한 과테말라의 아과테카Aguateca에서는 필경사의 작업장이 발굴되었다. 안료를 가는 도구들이 버려져 있었고 어느 껍데기 잉크병에는 소유자의 이름이 쓰여 있었다. 이 유물들은 마야의 필경사들이 엘리트층, 심지어 왕족에 속했다는 사실을 보여준다.

하지만 현전하는 메소아메리카 책은 채 스무 권이 되지 않는다. 연대는 전부 서기 14세기에서 16세기 사이로 추정된다. 미스테카 문명의 현존하는 필사본은 대여섯 권으로 이중 하나는 이른바 『코덱스 코스피Codex Cospi』다. 아마도 대략 서기 1350년과 1520년 사이에 멕시코 중부에서 쓰였을 것으로 추정된다. 이 코덱스는 사슴 가죽 다섯 장을 꿰매 3.64미터 길이의 띠를 만들고 이것을 18×18센티미터 크기 20페이지가 나오게끔 아코디언처럼 접어서 만들었다. 『마드리드 코덱스』라고 불리는 다른 필사본—오늘날에 알려진 마야의 책 겨우 네 권 중 한 권—은 15세기 말에 아마도 유카탄반도에서 제작되었을 것으로 추정된다. 이 책은 길이 6.8미터 높이 23센티미터 크기의 무화과나무 껍질 한 장을 역시 아코디언처럼 접어서 폭 12센티미터 짜리 페이지를 만들었다. 현재 낱장 기준 총 쉰여섯 장이 전해진다. 이러한 코덱스들은 필기 표면에 백묵을 한 겹 얇게 입히고 거기에 흑색(소나무 숯), 적색(적철광), 청색(인디고와 백토 혼합물)으로 신성문자를 썼다. 『코덱스 코스피』의 내용은 다른 현존 미스테카 필사본들처럼 수 세기를 거슬러올라가는 긴 혈통의 계보이며, 『마드리드 코덱스』에는 여러 출처로부터 수집된 역법, 천문학, 점술 자료가 담겨 있다. 이 책의 제작에 무려 8~9명의 필경사가 동원되었다.

16세기 유럽인 침략자들은 처음에 메소아메리카의 코덱스를 호기심을 갖고 바라보았지만, 기독교 개종 운동이 전개되면서 그들에게 코덱스는 점차 우상숭배로 보였다. 스페인의 정복 이후 수십 년간 방대한 양의 코덱스가 파괴되었다. 지역 공동체들은 저항했다. 마야 사제들은 1566년까지도 점술 코덱스의 세정 의식을 변함없이 치렀으며 이 책들에 기초해 흉조를 예측했다. 얼마 남지 않은 스페인 정복 이전의 메소아메리카 책은 현재 전량이 유럽에 소장되어 있다. 이 책들은 19세기에 재조명되기 전까지 대체로 별다른 관심을 받지 못했다.

동물: 북아메리카 평원의 '겨울의 기록' 가죽

적어도 서기 17세기부터, 어쩌면 그보다도 수백 년 앞서, 북아메리카 평원의 라코타Lakota족은 오늘날 '겨울의 기록winter count'이라고 알려진 마을 연감을 제작했다. 라코타족은 원래 슈피리어호 미주리 연안에서 농사를 지었지만 17세기 중반부터 사냥감 버펄로를 찾아서 그리고 수족Sioux族과 유럽 이주민과의 갈등을 피해 미시시피강을 향해 서쪽으로 이동했다. 150~300명으로 구성된 확대 가족 '티요스파예tiyospaye'는 남성 가족 구성원 한 명에게 마을의 역사를 외워 공식 행사에서 암송하는 임무를 맡겼다. 해마다 겨울이 오면 이 역사 보존자는 티요스파예의 원로들과 상의해 지난해의 주요 사건을 요약하는 이미지를 정하고 이것을 의례 목록에 추가했다. 이 목록은 '겨울의 기록'을 뜻하는 '와니예투 우와피waniyetu wowapi'라 불렸다.

여러 라코타족 집단들은 1833~4년의 겨울을 그해 장관을 이루었던 유성우를 따라서 이름 붙였다('별들이 떨어진 해', '별 비가 내린 해'). 이 유성우 사건은 나중에 여러 마을에서 작성한 겨울의 기록들 간, 그리고 유럽-아메리카 달력들과의 연관성을 파악할 기준점이 되었다. 하지만 그 이듬해는 평범한 해였는데 역사 보존자들이 훨씬 다양한 결정을 내렸다는 점에서 그렇다. 예를 들어 '기다란 군인'은 1834~5년 겨울을 '깃털 모자들의 첫 해'라고 명명하고 말 두 필 위로 깃털 다섯 개가 있는 상징물을 그렸다. 한편 '아메리카의 말'은 그해 겨울을 '샤이엔족과의 전쟁'이라고 명명하고 두 남자가 화살을 쏘며 대결하는 장면을 그렸다. 둘 중 한 남자—샤이엔족—는 팔뚝에서 피가 흐르고 있다.

역사 기록은 주로 보존자의 머릿속에 저장되었지만, 요청에 따라 사본을 작성하는 것이 가능했고 구술 설명이 병행되기도 했다. 전통적으로 겨울의 기록 그림은 사슴 가죽이나 소가죽, 버펄로 가죽에 그렸다. 가장 오래된 사건을 중심에 놓고 시계 반대 방향으로 나선형으로 덧붙였기 때문에 가장 최근의 사건이 맨 끝에 자리했다. 19세기에는 일부 보존자들이 유럽-아메리카 수집가들을 위해 모슬린 천이나 종이, 또는 공책에 사본을 그려주기도 했다. 수집가들은 보존자가 구술로 전해준 역사를 같이 써두었다. 19세기 말에 미국 정부군이 라코타족을 습격하고 원주민 보호 구역에 몰아넣은 뒤 이 전통은 모습을 감추었지만, 50개에서 100개 정도가 여전히 몇몇 국립박물관과 지역박물관에 소장되어 있다. 각 유물에는 그 마을의 마지막 보존자나 정보원의 이름이 붙여졌다.

학자들은 키푸나 겨울의 기록을 책으로 인정하기까지 오랜 시간 망설였다. 하지만 기능적으로 봤을 때 키푸와 겨울의 기록이 개인과 지역의 기억, 언어, 의식과 맺는 관계는 우리에게 익숙한 다른 형식들과 비교해 별반 다르지 않다. 고대든 현대든 많은 문화권에서 텍스트는 페이지뿐만 아니라 머릿속에도 존재한다. 외운 경전이나 시가 그렇다. 아울러 어떤 텍스트들은 구술 언어의 소리와 연관성이 느슨하다. 초기 설형 문자나 현대의 수학 기호가 그 예다. 무릇 종이 위에 단어가 쓰여 있어야 책이라는 기대를 내려놓는다면 우리는 훨씬 더 넓고 풍부한 문화적 경험과 표현을 책의 역사 안으로 들일 수 있다.

맺는말

지금 시점에서 돌아보면 마치 책의 역사는 인쇄된 종이 코덱스의 승리처럼 보일지도 모른다. 하지만 다른 관점에서 보면 책의 역사란 글로 쓴 지식과 정보를 저장하고 전달하고 찾아볼 필요에 대한 창의적이고 실질적인 해결책들이 담긴 여러 다양한 카탈로그로 볼 수 있다. 책이 만들어지고 사용된 곳에서는 언제나 재료의 선택을 제한하는 어떤 기본적인 요구가 있었던 것 같다. 간단히 말하면, 포맷의 선택은 대개 낱장을 말 것인가 접을 것인가 사이에서 이루어졌고, 매듭을 지은 끈이나 점토판 정도가 상당히 오래가는 효과적인 예외로 존재했다. 그러나 두루마리와 코덱스는 점토와 달리 여러 방식으로 확장성이 있었다. 또한 텍스트와 글 쓰는 표면 사이에 색상 대비를 주어 문자의 식별도를 높였다. 이는 점토판이나 키푸로는 할 수 없는 일이었다. 식물성 섬유질—특히 파피루스, 삼, 나무껍질—이든, 동물성 털이나 가죽이든, 광물성 점토나 테라코타든, 재료의 선택은 언제나 이미 잘 확립된 제조 기술에 근거를 두고 이루어졌다. 잉크의 경우, 검댕 기반의 흑색 잉크는 놀라우리만치 전 세계적으로 보편적인 출발점이었다. 쉽게 사용할 수 있고, 색이 진하며, 필요하면 지울 수도 있기 때문이었다. 광물 기반의 안료는 색이나 내구성 측면에서 언제나 차선에 머물렀다. 따라서 책이 정확히 어떤 재료로 만들어지느냐는 비용, 휴대성, 튼튼함, 내구성, 재사용성, 명망, 신성함 등 여러 다른 실용적·사회적 요인의 균형에 달려 있다. 이 모든 선택에는 온건한 경제적·문화적 기반이 있으며 종이 코덱스는 그중 가능한 한 가지 결과에 지나지 않는다.

전 세계의 고대 문화와 전근대 문화가 책과 책 사용자에게 사회적 가치를 부여했다는 것도 놀라운 일이다. 이 장에서 다룬 모든 글을 읽고 쓰는 사회는 전문 필경사 계층을 지원했다. 분명 그들은 경제적으로 생산적인 집단이 아니었다. 식량을 구하거나 은신처를 짓지 않았고, 물품을 거래하거나, 질병이나 적이나 포식자로부터 생명을 보호하지도 않았다. 하지만 모든 공동체가 책이나 책을 다루는 이들에게서 가치를 발견했다. 이들은 재산과 채무를 관리했고, 지식과 문화를 보존했고, 신이나 영혼과 소통했고, 일상을 넘어선 상상의 세계를 창조했다. 책은 언제 어디에서나 시공간을 넘어 공동체의 기억을 전달하는 데 이바지한다. 책은 5000년 넘게 다양한 물리적 형식을 통해 상당히 효과적으로 그렇게 해왔다.

3장

비잔티움

바버라 크로스티니
Barbara Crostini

흔히 비잔티움이라고 하면 빛나는 황금색을 배경으로 성인의 형상이 등장하는 정교한 종교 예술품을 떠올린다. 이 관점에서 보면 필사본은 콘스탄티노폴리스, 그리스, 라벤나 지역 비잔티움 교회의 유명한 모자이크화 다음으로 비잔티움 문화를 가장 잘 대표하는 창작품이다. 동로마 책의 진화사를 살펴보는 일은 중세 비잔티움시대의 호화로운 예술품들의 이면에 자리한 정신성mentality의 추적이라고 할 수 있다. 중세 비잔티움시대는 이 예술품들의 특징적인 양상에서 그리스도교 신앙을 언어와 심상으로 구현했다.

이 장에서 다루는 시기는 당시 새로운 종교였던 그리스도교가 등장하고 나서 몇 세기 동안이다. 이 장은 로마 문화에서 책 문화가 발흥한 서기 1세기 말과 2세기부터 책 문화가 확고히 안착한 콘스탄티누스대제 시대와 그 이후를 더듬는다. 콘스탄티누스대제는 서기 324년 동로마제국의 수도 비잔티움을 건립하고 자신의 이름을 붙여 이 도시를 콘스탄티노폴리스라고 불렀다. 과거 로마제국과의 연속성을 늘 의식

1. 고대 세계의 흔한 책 형식인 파피루스 두루마리에 새로 쓴 그리스도교 복음서의 가장 이른 전파 사례를 보여주는 파피루스 유적. 오늘날까지 전해지는 초기 성서의 복음서에서도 텍스트 분할 관행이 발견됨을 이 견본을 통해 확인할 수 있다. 신약성서 파피루스, 바티칸 도서관(Bodmer 14-15, P75).

했던 비잔티움의 역사는 1453년 동로마제국의 멸망과 더불어 막을 내렸다. 그해 콘스탄티노폴리스는 튀르크족의 침략을 받고 마침내 함락되었다.

비잔티움의 역사는 상당 기간 이슬람과 그 세속 국가와의 투쟁으로 점철되었다. 마찰 지역은 대체로 비잔티움의 광활한 영토의 주변부, 그러니까 동쪽으로는 이집트, 팔레스타인, 시리아, 서쪽으로는 이탈리아 남부에 국한되었다. 가까운 거리와 잦은 교역으로 특별한 매력을 발산했던 아랍의 문화와 종교는 비잔티움의 통치자들에게 때로는 본보기가 되고 때로는 좌절을 안겨주었다. 예를 들어 비非형상적 장식으로 신에 대한 숭배를 표현하는 아랍의 관습은 8세기와 9세기에 성상 파괴주의 정책을 옹호한 비잔티움제국 황제들의 마음을 끌었다. 당시 이 정책으로 교회를 비롯한 모든 공공장소에서 그리스도 성상이 치워지고 파괴되었다. 그리스도 신앙의 이론과 실천이 성상 파괴주의에 의해 규정되는 형국이었다. 하지만 이 위기가 지나가자 북쪽으로는 슬라브족 국가들과 러시아까지, 남쪽으로는 콥트계 이집트와 에티오피아까지 이르는 광범위한 지역에서 비잔티움 특유의 형상적 표현이 사람들을 그리스도교 개종으로 이끌었다. 비잔티움이 권위를 발휘했던 시대적 패러다임은 기념비적인 예술 창작품들 못지않게 책 생산의 수준에서 서체 및 장식 스타일의 모방을 통해서도 드러난다.

라틴 문명의 서로마제국은 이슬람 세력의 침략에 맞서 비잔티움 문명의 동로마제국과 협력할 수도 있었겠지만, 둘은 언어와 신학적 입장이 달랐고 지중해에서 영토 확장과 경제적 측면에서 경쟁 관계에 있었기 때문에 공동 대응을 취하기 쉽지 않았다. 하지만 로마의 교황들은 성상 파괴주의 논쟁이 활발하던 시기에 성상 숭배를 옹호하는 당파를 강력하게 지지하면서 수도원장 스투디오스의 성 테오도로St Theodore of Stoudios, 826년 사망를 비롯한 비잔티움의 주요 인사들과 꾸준한 관계를 유지했다. 그리스어 수서본과 라틴어 수서본에서 동일한 시기에 대문자체에서 소문자체로의 이행이 나타난 것은 특기할 만한 사실이며, 이러한 현상이 등장한 각각의 원인과 파급효과는 여전히 더 많은 연구가 필요하다. 책은 다양한 문화에서 그리스도교의 정체성을 표현하는 수단이었다. 그리하여 비잔티움과 그 영향권에 속한 각기 다른 지역에서 생산된 책은 페이지 레이아웃, 텍스트 배열, 장식 스타일, 서체 등의 특징적 양상이 뚜렷하게 반복해 나타났다. 예를 들어 복음서의 사본들은 그리스, 아르메니아, 조지아, 시리아, 슬라브족 국가 중 어디에서 만들어졌든 한 면 전체가 복음서 저자들의 초상으로 장식되어 있다. 이러한 책 생산의 주요 요소들은 하나의 공동 문화권을 창출했고 이는 오늘날 그리스 정교회의 분포 지역과 대체로 일치한다. 다른 점이 있다면 세부사항과 스타일의 수준에서 나타나는 지리적·언어적 차이다.

책 형태의 변화

파피루스 두루마리는 고대부터 오랜 세월에 걸쳐 확고히 자리잡은 책 포맷이었는데도 어째서 중세로 가는 몇 세기 동안 그 지위가 흔들렸는가는 학계의 오래된 질문이다. 파피루스 두루마리 대신 코덱스가 지배적인 포맷이 되었고 심지어 현대의 페이퍼백(문고본)으로 이어졌다. 파피루스는 이집트인의 수준 높은 필사 문화에서 최초로 사용되었고, 원재료는 나일강 유역에서 자생하는 갈대에서 얻었다. 파피루스 코덱스로의 이행과 이후 가죽 코덱스로의 이행(2장 참조)은 저작물의 가독성과 내구성에서 나타나는 진화를 설명했다.

오늘날, 글이 실린 페이지의 생김새와 텍스트 전달 매체의 물질적 양상의 변천사는 우리에게 특별한 관심을 불러일으킨다. 현재 우리는 글이 독자에게 제시되는 방식에서 비슷한 혁명을 경험하고 있기 때문이다. 그렇다면 지금처럼, 우리는 기술 혁신을 문화적 변화의 산물 또는 촉진자로 간주해야 하느냐는 질문을 제기해볼 수 있다. 이 변화에서 가장 의미심장한 측면은 무엇일까? 비용 대비 효과, 오랜 수명, 텍스트 접근의 용이함 같은 실질적이고 기능적인 개선? 아니면 특수한 형식의 상징적 가치? 그것도 아니면 그저 변화의 불가피성? 아울러 이러한 질문도 가능하다. 처음에는 대안으로 제시된 '책'의 변화들이 언제, 어디서, 어떻게, 그리고 누구에 의해 문자 문화의 전파를 위한 지배적인 또는 배타적인 포맷이 된 걸까? 학자들은 이러한 과정은 점진적인 성격을 띤다는 점을 강조하면서 두루마리에서 코덱스로의 이행 현상 이면에 공존하는 여러 원인을 파악하기 위해 각고의 노력을 기울여왔다. 과거에 일어난 변화들 그리고 그것들의 해석적 역사를 아는 것은 우리 자신이 겪고 있는 실질적인 혁명과 그에 따르는 불안감을 이해할 실마리를 던져주기 때문이다.

무엇보다 큰 불안은 장기적인 지속성에 있다. 무언가를 글로 남기는 이유는 엄밀히 말해 그것을 지속시키기 위해서다. 하지만 글쓰기에 내재한 이 야심이 반드시 실현되리라는 보장은 없으므로 문자 문화라는 개념의 심장부에는 보존, 복원력, 미래의 이용 가능성에 대한 질문이 자리하게 된다. 하지만 기술의 발전이 지속력이 보장되는 기록물의 형식을 제공하더라도 간혹 한 번 쓰고 버린 단명자료가 우연히 살아남아 마치 계획에 없었던 타임캡슐처럼 후대에 전해지기도 한다. 문화의 전파를 결심하고 후대에 전할 유산을 엄선하려는 노력에 혼선을 일으키면서 말이다. 이집트와 시리아의 쓰레기장 '게니자Genizah'에서 발굴된 파피루스나 양피지 폐기물들만 봐도 그렇다. 저작물 폐기장으로 지정되었던 곳이 오히려 효과적인 책 저장고가 된 것이다. 시리아 다마스쿠스의 사원 안뜰의 굽바Qubba라는 외딴 건물에서 발견된 책들도 마찬가지다. 이 사료들은 과거 문명의 문화적 구성요소나 다양한 언어, 문자, 종교 공동체의 긴밀한 공존에 관해 우리가 미처 예상하지 못한 정보를 제공해주었다. 이렇듯 원래는 한 번 쓰고 버릴 의도로 작성되었거나 재활용된 문서 중에 우연히 살아남은 것이 가장 귀중한 사료로 손꼽히기도 한다.

다른 문제도 있다. 헤르쿨라네움에서 운좋게 화를 면한 파피루스 소재의 철학 저작 모음집을 보자. 2장에서 언급되었듯 이 서적들은 서기 79년 베수비오산이 분화한

2. 나그함마디 필사본은 파피루스 낱장의 접지들을 모아 하나의 소책자로 만들었다. 각 필사본은 날개 모양 덮개가 달린 부드러운 가죽 겉싸개로 보호했는데 이것은 초기 장정 형식이다. 사막 기후에서 보존된 이 필사본에는 그노시스주의와 외전外典 텍스트가 담겨 있다. 이집트의 수도원 공동체에서 나온 것으로 추정된다. 미국 캘리포니아, 클레어몬트 대학교.

뒤 수 세기 동안 고폐되어 있었다. 이 파피루스 두루마리들은 화산재에 그은 그대로 기적적으로 보존되었고 20세기 학자들의 끈질기고 정밀한 연구 끝에 문자의 내용이 해석되고 새로운 텍스트들이 빛을 봤다. 그렇지만 손상을 입고 약해진 두루마리를 펼쳐 사진을 찍을 안전한 기법이 개발되기 전에는 편지에 숨겨진 비밀을 캐내려는 간절함이 오히려 더욱 심한 새로운 손상을 초래하는 안타까운 상황이 벌어지곤 했다. 후대에 지혜를 전하려는 사명이 불가항력에 의해 제지되었던 헤르쿨라네움의 서고는 근 2000년 만에 돌연 자신의 역할을 되찾았다. 이는 고대에 가장 찬란한 서고였던 알렉산드리아 도서관이 완전히 자취를 감춘 것과는 크게 대조된다. 서고가 파괴된 과정에 관한 엇갈린 진술이 난무하는 와중에 알렉산드리아 도서관은 그 안에 저장된 학술적인 파피루스 두루마리 수천 권과 함께 역사 기록에서 누락되었다. 이 학문의 보고가 갑작스러운 재해로 유실되었는지 아니면 차츰 가까워지는 바다에 가라

앉지 않도록 책을 일부러 조금씩 빼낸 것인지에 관해서는 그저 간접적인 이야기가 전해질 뿐이다. 그럼에도 알렉산드리아 도서관은 우리에게 지울 수 없는 문화적 영향을 남긴 듯하다. 상실의 트라우마는 오히려 이 도서관을 상실한 원인과 그 안에 담긴 내용을 헤아리려는 불요불굴의 시도로 대체되었기 때문이다. 알렉산드리아 도서관의 신화는 그것의 실재보다 훨씬 더 강력하게 오래 지속되고 있다. 고대의 기록물 생산도 결국에는 안정성과 지속성에 대한 현대인의 심리적 추구와 비슷한 어떤 것이 떠받쳤음이 분명하다.

파피루스가 양피지로 서서히 대체된 이유로 사람들은 흔히 양피지의 복원력이 상대적으로 더 뛰어나다는 점을 든다. 하지만 경제성과 파피루스의 공급량 감소도 이 점진적인 변이 과정에 함께 고려해야 한다. 고대인들은 기후를 비롯해 책의 보존에 영향을 미치는 여러 환경조건에 관한 지식을 갖추고 있었다. 고대의 저명한 의사 갈레노스는 '슬픔을 피하는 방법에 관하여'라는 제목의 서신에서 책과 관련한 위험요소들을 논한다. 이 텍스트는 현재 그리스에 소장된 현존하는 유일한 15세기 필사본에서 재발견되었다. 갈레노스는 늪지가 많은 로마에서는 파피루스의 사용이 적절하지 않다면서 로마의 습한 기후 조건 때문에 "파피루스는 부패로 엉겨붙어 잘 펴지지 않으니 도통 쓰잘머리가 없다"고 불평한다. 서기 192년 로마시를 할퀸 화재로 책이 유실되어 책 주인들이 병을 앓은 일에 대한 갈레노스의 유명한 설명은 더욱 인상적이다.

(···) 문법학자 필리데스는 자기 책이 불에 소실되자 낙담하여 괴로움 속에 시름시름 앓더니 결국 세상을 등졌다. 〔그의 책은〕 오랜 시간에 걸쳐 하나씩 하나씩 문상객처럼 검은 옷을 걸친 채 여위고 창백한 모습으로 집을 나갔다. 사크라 가도를 따라 늘어선 창고들만큼은 분명 화재에도 안전하리라고 신뢰해서였다. (···) 창고를 신뢰한 이유는 건물에 목재가 쓰이지 않았고—문은 예외였다—개인 주택과 인접해 있지도 않아서

였다. 게다가 그곳은 카이사르의 네 행정장관의 지구별 기록보관소이기도 해서 수비대가 경비를 서고 있었다. (갈레노스, 『무감각에 관하여De indolentia』, 7)

이어지는 설명에 따르면 광범위한 예방조치에도 불구하고 화재로 인한 피해는 로마 주변부의 어느 한 개인이나 지역에 그치지 않고 도시의 심장부를 강타했다. 팔라티누스언덕의 모든 장서가 파괴되었다. 이들 장서의 희귀 서적은 "다른 어디에도 없는" 책으로 "텍스트의 정확성을 위해 애써 구한" 것이었다. 이 책들은 "고대의 수많은 문법학자, […] 수사학자, 의사, 철학자가 남긴 저작들의 사본"이었다. 갈레노스는 현명하게도 예방 차원에서 자신의 저작 일부도 필사본을 두 권씩 만들어둔 터였다('백업' 자료를 만든 것이다). 하지만 화재 당시 집필하던 책 중에 말끔히 정리된 것은 단한 부씩밖에 없었고 이것들은 전부 불에 타서 되살릴 수 없는 상태가 되었다. 책은 화재로 유실될 위험성이 있고 파피루스는 습한 환경에 취약하다는 사실은 나중에 코덱스 형식과 결합되는 양피지를 활용하는 관습이 로마에서 동쪽으로 흘러 들어갔다는 가설에 부합한다. 동물의 가죽은 이 두 가지 위험 요소, 즉 불과 물에 대한 저항력이 더 뛰어나므로 가죽으로 책을 제작할 때 요구되는 수고와 비용을 충분히 감수할 만하다고 여겨졌다.

갈레노스의 증언은 2세기 말에 나온 것이고, 사람들이 흔히 매력을 느끼는 두 사료는 1세기의 것이다. 하나는 그리스도교의 사료이고 다른 하나는 이교도의 사료인데, 둘 다 책 생산에서 나타난 관행의 변화를 보여준다. 이중 신약성서에 실린 사도바울이 디모데에게 보낸 두번째 편지에 등장하는 구절이 아마도 가장 오래되었을 것이다. 그런데 이 편지가 작성된 날짜나(편지를 쓴 사람이 누구인지에 대한 의심이 제기되었다) 편지에서 사용된 낱말의 정확한 의미에 관해 아직까지도 해석자들의 의견이 일치하지 않는다. 바울은 디모데에게 "내가 트로아스의 카르포스에게 맡긴 덮개(그리스어 '펠로니pheloni')를 가져올 것이며 책('타 비블리아ta biblia')과 무엇보다 양피지('말리스타 타스 멤브라나스malista tas membranas')도 전부 가져오라"고 부탁한다(디모데 후서 4:13). 여기서 바울이 지시한 각각의 대상이 정확히 무엇인지에 관한 논의가 무성하다. '펠로니'는 망토일까, 책의 겉표지일까? 혹시 '비블리아'는 파피루스 소재이고 '멤브라나스'는 다른 소재라서 별도의 하위 범주로 구분해 언급했을까? 아니면 '양피지'에 다른 중요한 내용이 담겨 있어서 특별히 따로 언급한 걸까? 또다른 가능성은 '멤브라나스'를 필사 재료로 해석하는 것이다. 아직 아무런 텍스트도 쓰여 있지 않은 빈 공책일 수도 있다는 뜻이다. 그런데 바울은 왜 이 물건들을 두고 온 걸까? 단지 짐을 쌀 때 빠뜨린 것일까, 아니면 부피나 안전 문제 때문에 지니고 다니기 어려웠던 걸까? 어째서 이것들이 갑자기 필요해졌을까? 무슨 다급한 일이 있기에 이렇게 편지를 써서 부탁하는 것일까?

어쩌면 바울(또는 바울의 이름으로 이 편지를 쓴 다른 누군가)은 새로운 장소에서 시간 여유가 생겼고 새 글을 집필할 마음이 생겼지만 마땅한 필기도구가 없었을지 모른다. 그래서 참고할 텍스트(비블리아)와 양피지 공책(멤브라나스)을 갖다달라고 요청했다고 상상해볼 수 있다. 실제로 '타 비블리아'라는 말은 한 권짜리 『70인역 성경 Septuagint』70명 또는 72명의 유대인 학자가 번역했다는 구약성서의 그리스어 번역본—옮긴이을 특정해 가리키는 말일 수도 있다. 어쩌면 바울이 직접 주석을 단 사본으로 집필에 꼭 필요한 자료였을 수도 있다. 또는 '멤브라나스'가 설교 메모가 담긴 휴대용 소책자라는 가설을 세운다면 사도인 그는 복음을 전파하는 일에 이 소책자가 필요했을 것이다. 복음 활동에는 (여행용 망토보다는) 의례용 망토가 더 적절했으리라. 이처럼 이 문제의 구절은 비록 용어의 쓰임새는 불확실하지만 사도 바울이 쓴 서간문의 확산과 양피지 소책자의 특수한 포맷 사이에 어떤 연관성이 있으리라는 가설에 점차 무게를 실어주었다. 바울의 서간문은 휴대가 가능하면서도 튼튼하며 얇고 유연한 동물 가죽으로 만든 접지와 동일시되었다. 이 가죽 접지는 이후 완전한 형태의 코덱스로 진화했다. 로마에서 외부로 코덱스 포맷을 전파한 핵심 매체를 마가복음으로 보는 해석도 있다.

3. 이 6세기 시리아어 필사본은 초기 채식 복음서 필사본 중 하나다. 형상적 삽화들이 복음서 이야기에 등장하는 사건들을 강조하고, 병렬로 배치된 기술technical 목록에 생기를 부여하고 있다. '에우세비오 캐논 표Eusebian Canon table'로 알려진 이 목록은 코덱스의 권두에 필사된 용어 색인 도구다. 독특하고 장식적인 건축적 장치 옆에 자리한 특이한 이미지들은 연상법을 이용해 암기를 보조하는 기능을 수행했던 것으로 짐작된다. 『라불라 복음서』. 이탈리아 피렌체, 라우렌치아나 도서관, Plut. 1.56, fol. 3ʳ.

그리스도교도에서 기원한 증거를 봤으니 이번에는 이교도에서 기원한 두번째 핵심 사료를 보자. 두번째 사료의 출처는 1세기의 로마 시인 마르티알리스다. 마르티알리스는 고전기 텍스트를 수록한 코덱스들이 칭송을 받은 이유는 휴대성 못지않게 경제성 때문이었음을 우리에게 상기시킨다. 그렇지만 현존하는 코덱스들은 내용 면에서 이교도적인 것보다 그리스도교적인 것이 압도적으로 많다. 성서에 코덱스 포맷이 채택된 것은 이 혁신적인 책 포맷의 전파에 초기 그리스도교 공동체들이 개입되어 있었음을 분명하게 보여준다. 이렇듯 고대 후기의 두 가지 혁명, 즉 이교에서 그리스도교로의 변화와 두루마리에서 코덱스로의 이행은 서로 긴밀히 연관되어 있음을 짐작할 수 있다.

당대 사람들이 파피루스 두루마리보다 양피지 코덱스를 선호한 실질적인 또는 역사적인 이유가 무엇이었든, 4세기 무렵에는 코덱스 역시 상징적인 역할을 떠안게 되었다. 코덱스라는 유형물이 그 자체로 특정 문화와 종교의 소속임을 증명하는 표지가 된 것이다. 사실 당시 그리스도교도들이 파피루스든 양피지든 상관없이 두루마리에 글을 쓰는 고대 관행을 기피한 행동은 당시 지배적이었던 이교도 문화에 맞서는 새로운 공동체를 규정하도록 돕는 또다른 표지로 작용했다고 해석할 수 있다. 그리스도교도들은 텍스트를 보존하고 전파하는 기존의 방식을 거부함으로써 새로운 공동체의 정체성을 구축했다. 기성의 권위를 해체하는 그리스도교의 이러한 힘은 하층민 출신의 열혈 신도들보다는 이교도 문화의 수사와 철학에 날카롭고 지적인 비판을 가했던 귀족 출신 개종자들과 더 관련이 있었다. 성서의 언어는 이교도 문헌에 비해 문장론적으로 간결하고 문체론적으로 직접적이었다. 성서는 누구나 지혜와 구원을 얻을 수 있다고 강조했다. 대체로 문화에 평등주의적인 태도를 보인 그리스도교도들에게는 접지로 된 조촐한 소책자가 어울렸다. 양피지 시트 여러 장을 한꺼번에 포개어 묶은 접지는 밀랍판이나 나무 서판보다 우수했고 이것은 결국 코덱스의 원형이 되었다. 앞에서 본 것처럼 사도 바울과 그의 주변 인물들이 이러한 소책자를 선택한 것은 실질적 필요성을 반영한 것이기도 하지만 기성 문화와 대비를 이루는 그리스도교도로서의 정체성을 뚜렷하게 드러내기 위한 것이기도 했다. 이교도적 문화와 거리를 유지하려면 고대 고전기의 글쓰기 관행에 대한 거부와 선별적 동화 둘 다 필요했다. 이와 동시에 그리스도교는 교부들의 글을 통해 자체적인 수사학적 전통을 발달시켰다.

이처럼 흡수·수정된 관행들은 유대교와 상호작용하며 더욱 복잡성을 띠었다. 유대교 공동체는 경전의 기준을 마련하고 면밀한 검증을 요구했다. 특히 구약성서가 그리스도교 경전의 핵심적인 부분으로 채택된 뒤에는 더더욱 그러했다. 쿰란시에서 발견된 히브리어 성서 해설이 담긴 소책자들의 예에서 볼 수 있듯이 유대교는 양피지를 선호했다. 이는 이러한 소재와 포맷의 선택에 문화적 연속성이 있음을 시사한다. 반면에 유대교 율법이 두루마리로 제작된 것과 그리스도교 성서 코덱스가 갖는 물리적 형태는 뚜렷한 대비를 띠었을 수 있다. 4세기에 『코덱스 시나이티쿠스』가 필사된 것은 중요한 시대적 업적이었다. 구약성서와 신약성서가 모두 포함된 『코덱스 시나이티쿠스』는 이미 원숙기에 접어든 그리스도교 정체성의 자의식적 표현으로써 영속성과 기품과 권위를 드러내 보였다.

그리스도교 코덱스

이 특별한 코덱스들에 관한 증거가 콘스탄티누스대제 치하에 그리스도교가 공식 종교로 채택된 313년 이후에 나온 것은 단순한 우연일 리 없다. 그렇다고 해서 『코덱스 시나이티쿠스』를 비롯해 『알렉산드리아 코덱스』나 『바티칸 코덱스』 같은 다른 현존하는 초기 성서 코덱스가 콘스탄티노폴리스의 모든 교회를 성서로 채우겠다고 선포한 콘스탄티누스의 결단과 직접적인 관련이 있다는 뜻은 아니다. 물론 이 가

4. 『사크라 파랄렐라』의 9세기 필사본. 여백에 이례적으로 많은 1600점 이상의 삽화가 그려져 있다. 4분의 3 정도
는 저자들의 초상이다. 이 책의 편찬자 다마스쿠스의 요한의 초상도 그중 하나다. 프랑스 파리, 프랑스 국립도서관,
Parisinus graecus 923, fol. 16ʳ.

설은 무척이나 매력적으로 보이겠지만 말이다. 이들 초기 필사본에서는 신의 말씀에 대한 필사본 제작자와 독자의 존경심과 더불어 텍스트 연구에 대한 열의가 묻어난다. 대형 코덱스는 휴대성이 특히 좋지 않았고 만듦새로 보아 의례용 서적도 아니었다. 달력 기능이 없었기 때문이다. 부피가 큰데다 양피지를 여러 장 접어 포갠 탓에 아주 무거웠다. 이러한 책에 적용된 '성서 대문자' 서체는 심미적으로 아름답고 글씨가 또렷했다. 하지만 이 시기에는 띄어쓰기와 텍스트 전환과 관련한 관습은 아직 완전히 발달하지 않았다. 우리가 처음으로 디지털 책을 만들 때 책의 페이지를 화면에 재현하는 것에서 시작했던 것처럼 코덱스에서도 파피루스 두루마리의 레이아웃과 비슷하게 나란히 세워진 여러 개의 좁은 세로 열로 텍스트를 분할했다. 코덱스 포맷의 **미장파주**mise-en-page, 페이지상 텍스트의 물리적 배치를 의미하는 프랑스어—옮긴이가 가져올 혁신적 가능성은 아직은 온전히 실현되지 않았다. 형상적 장식이 전무한 이들 초기 성서 사본은 고대 유물 특유의 신비감이 시각적인 위엄을 더한다. 마르티알리스나 사도 바울의 얄따란 접지 모음과 달리 이 육중한 책들은 더는 새로운 사상의 발 빠른 전파자가 아니었다. 신성한 공간의 한가운데 전시된 이 시대를 대표하는 책들은 신의 임재臨在를 상징했다. 이 책들은 그 안에 담긴 텍스트가 지닌 정통적이고 규범적인 위상을 물리적으로 구현했다.

하지만 이러한 발전에도 불구하고 중세시대에는 두루마리 역시 다양한 소재로 생산되고 있었다. 이 시기에는 다양한 책 생산 기법을 동시에 이용할 수 있었다. 의뢰인의 구체적인 요구사항에 따라 포맷을 선택하는 것이 아직 가능한 시기였다. 한 가지 두드러지는 사례는 성서의 여호수아 이야기를 담은 10세기의 『여호수아 두루마리Joshua Roll』(바티칸도서관 소장, Pal. gr. 431)로 『70인역 성경』 텍스트를 토대로 작성된 자세한 설명문이 딸린 삽화가 함께 수록되어 있다. 이 책은 10미터 길이의 양피지 두루마리로 제작되었다. 책의 변천사 관점에서 볼 때 시기적으로 이토록 이례적인 포맷이 채택된 이유는 무엇일까? 역사가들은 당시 콘스탄티누스 7세 포르피로옌

니토스황제(서기 913~59년 재위)의 궁정에서 과거에 대한 노스텔지어를 불러일으키는 사업들이 추진되고 있었고, 이 책이 풍기는 고서의 분위기는 그러한 사업 방향과 조응한다고 설명한다. 콘스탄티누스 7세는 백과사전적인 장서 안에 과거를 담아냄으로써 로마의 이상을 받드는 왕조라는 정체성을 형성하고자 했다. 이러한 모방적인 정신에서 『여호수아 두루마리』는 고대 두루마리의 중세 복제본fascimile으로 여겨진다. 근본적인 의미에서, 정확한 모방을 통해 사본을 제작하는 행위야말로 필사본 전파가 의도하는 일이다. 전사傳寫—텍스트를 원본model에서 사본apograph으로 옮기고 내용; 서체, 페이지 레이아웃을 동시에 재현하는 것—는 모든 책의 제작에서 본질적 요소다. 그런데 이러한 태도는 오늘날 복제본의 개념과는 전적으로 다르다. 오늘날의 복제본은 위작을 만든다는 명확한 목표를 갖고 오류까지 강박적으로 정확히 재현한 것이다. 이와 달리 중세시대에는 각각의 사본을 개별적인 창작품으로 여겼다. 그리스도교 사회에서 코덱스가 책 형식으로 이미 확립된 시기에 『여호수아 두루마리』가 이례적인 포맷으로 제작되었다는 사실은 이 책의 디자인 자체가 특별한 기능을 수행했음을 시사한다. 유대인들이 의례적으로 양피지 두루마리에 모세 5경을 필사한 사실을 고려한다면, 『여호수아 두루마리』의 제작자들은 이미 잘 알려진 이 구약 이야기를 통해 많은 사람에게 다가가고 소통을 증진하려는 목적으로 이 포맷을 채택했을지 모른다. 어쩌면 그들은 이 책자의 물리적인 제작을 위해 양피지 두루마리를 전문적으로 취급하는 유대인 작업장을 찾았을지도 모를 일이다. 마치 르네상스시대에 숙련된 그리스도교 화가들이 히브리어 성서 제작에 채식사彩飾師로 참여한 사례처럼 말이다.

페이지 디자인: 텍스트가 이미지와 만나다

코덱스 포맷이 채택된 다음 책의 형태와 크기는 소소한 변화만을 겪은 것과는 달리 겉표지에서는 수많은 실험과 변화가 이어졌다. 그리스어 코덱스의 크기는 결코 라틴어 '아틀라스' 성서의 거대한 크기에 이르지 못했다. 그리스어 코덱스는 대체로 쿼토quarto, 전지를 두 번 절반으로 접은 것—옮긴이 포맷으로 자리잡았는데 이는 재료로 사용된 동물 가죽의 평균적인 크기 때문이었을 것으로 짐작된다. 양피지 시트를 원하는 크기로 마름질해 중앙선을 따라 접으면 바이폴리움bifolium이 되었다. 각각의 바이폴리움을 차곡차곡 쌓아서 나온 비슷한 크기의 직사각형 양피지 한 세트를 한꺼번에 바느질해 접지를 만들었다. 그리스어 필사본은 보통 바이폴리움 네 개로 구성되었는데 이것이 쿼터니온quaternion, 즉 8개의 낱장으로 이루어진 콰이어quire다. 각 콰이어의 첫 번째 장의 앞면(렉토recto)에 그리스어 알파벳 문자로 숫자를 써서(어떤 책은 마지막 장의 뒷면베르소verso에도 썼다) 순서를 표시했으며, 이 접지들을 그에 맞춰 장합하면 한 권의 코덱스가 완성되었다. 중세 내내 이러한 유형의 콰이어 접장이 사용되었다. 그리스어 필사본에 이음말catchword, 다음 페이지의 맨 앞에 등장하는 단어. 장합 작업이 수월하도록 수서본이나 인쇄본 페이지의 하단에 써두었다이 도입된 것은 르네상스시대 이후였다. 개별 접지에는 특정한 격자 패턴과 체계에 따라 줄을 그었다. 끝이 뾰족하고 단단한 물건으로 양피지 시트를 눌러 홈 자국을 남긴 다음 이 눌린 자국을 감지해 패턴과 체계를 재구성했다. 이 과정을 한 시트에 여러 번 반복했거나 여러 장을 포개어 한 번에 누른 경우에는 자국의 깊이가 다르기도 했다. 이러한 홈 자국의 깊이와 각도를 잘 살피면 줄긋기를 앞면에서 했는지 뒷면에서 했는지를 판단할 수 있다. 그래서 프랑스 학자들은 줄긋기의 유형과 체계를 기술記述하는 방식을 규약화하고 이를 집대성하려고 시도했다. 이렇듯 표준화된 기술을 통한 분류화를 시도한 이유는 각 코덱스의 기원을 탐색하고 코덱스 간 의미 있는 관계를 찾아내기 위해서였다. 하지만 결과는 실망스러웠다. 줄긋기 관행이 제각각이어서 체계화가 불가능했기 때문이다. 코덱스의 기원을 재구성하고 특정 필사 작업장에서 제작된 책의 이력을 추적하기 위해 사용되는 사본학적 매개변수들은 대체로 불만족스러운 것으로 드러났다. 광범위하게 퍼져 있는 각기 다른 지역에서 비슷한 기법들이 사용되었기 때문이다. 그럼에도 이렇게 축적된 자료는 현대의 카탈로그 작업의 표준으로 남아 있다. 또한 장기적으로 한층 더 의미 있는 통계적 결과물을 산출할지도 모를 일이다.

그리스어 서체의 기술과 분류 작업에서는 좀더 진전이 있었다. 파피루스학 연구자들은 도서체book hand와 문서체documentary hand의 이분적 구분을 통해 진척을 보여왔으며, 이는 최근 성장하고 있는 분야인 그리스어 고문서학에 도움을 주고 있다. 문헌학 연구에서 비교적 신생 분야인 그리스어 고문서학은 텍스트의 물리적 매개체가 속한 연대와 맥락을 밝히고 그 전파 과정에 얽힌 역사적인 세부 사실을 추적할 필요에서 생겨났다. 또한 필사본에는 흔히 축약형이 사용되어 읽기 어려운데, 그리스어 고문서학은 고대의 이러한 수서본 문헌을 정확하게 읽기 위해 필요한 기술을 키워준다. 비잔티움 문화의 글쓰기 스타일이나 특정 범주의 책 서체가 사용된 장소는 매우 다양하기 때문에 학자들은 서체 변화의 일관된 패턴을 추적하기 위한 정교한 시도들을 해왔다. 글쓰기 스타일 간의 상호영향과 교차수정 양상을 파악함으로써 콜로폰colophon이나 제작 시기와 장소에 관한 별다른 표시가 없는 필사본의 제작 연대와 장소를 확인하는 작업에서도 더 나은 결과를 얻을 수 있다.

4세기에서 9세기 초까지 다양한 스타일의 대문자 서체들이 페이지를 장악했다. 앞서 초기 사본 성서나 완전한 구성을 갖춘 성서의 특징적인 서체로 언급된 성서 대문자체는 성직자다운 규칙성의 본보기이다. 일반적으로 대문자 서체 중 가장 세련된 업적으로 여겨진다. 알렉산드리아 대문자체나 명문銘文 대문자체 같은 대문자체는 여백의 쪽표제로 쓰인 전례용 규정이나 제목을 쓰는 서체로 채택되어 더 긴 수명을 누렸다. 특기할 만한 스타일로 글씨가 길쭉하거나 기울어 있는 맞보식ogival 대문자체가 있다. 펜으로 '뮤M'나 '오메가Ω' 같은 문자를 쓸 때 번갈아 나타나는 두꺼운 선과 얇은 선이 명암의 대비 효과를 일으켜 페이지에 역동적인 느낌을 부여했다. 이 서체는 키릴 알파벳에 채택된 문자 형태와 자주 비교된다. 이 키릴 알파벳 문자 형태는 맞보식 대문자체로부터 영향을 받은 것으로 보인다. 맞보식 대문자체로 작성된 고문서 중에 특기할 만한 사례는 다마스쿠스의 요한이 썼으며 현재 파리에 소장된 유명한 필사본 『사크라 파랄렐라Sacra Parallela』(Parisinus graecus 923)다. 이 필사본의 텍스트는 두 개의 세로 열에 쓰여 있다. 각 구획은 황금색 바탕의 부제목과 부가적인 여백의 저자 초상화와 여러 장면이 묘사된 삽화에 의해 구조화되어 있고, 이 구획들은 색인을 통해 연결된다. 이 필사본의 제작 장소에 관해서는 논란이 분분하다. 첫 페이지의 외곽선 장식에 사용된 주황색은 팔레스타인산産 필사본에서 전형적으로 발견되는 잉크의 색이다. 내용 면에서 『사크라 파랄렐라』 필사본은 사화집florilegium이라는 전형적인 중세 장르에 속한다. 사화집은 앞선 시기의 작품에서 일부를 발췌하거나 엮은이의 새로운 구상에 맞추어 부분적으로 다시 쓴 작품을 모은 선집을 말한다.

'카테나이catenae'로 알려진 성서 해설 역시 여러 저명한 교부들의 글의 편집물 형식으로 구조화되었다. 이러한 발췌문들을 병렬배치한 것은 해석에서 엄격한 정합성을 추구한 것이라기보다 다양한 읽기의 가능성을 제시하고 이전 세대의 독서 기록으로 축적된 지혜를 전달하기 위해서였다. 페이지에 주석과 설명을 배치하는 방식은 다양했다. 일부 필사본은 주석과 본문을 번갈아 배치하고 잉크의 색이나 서체를 달리했다. 일부 필사본은 이 카테나이를 여백에 위치시키고, 각 카테나이를 상징을 이용한 참조기호signes de renvoi로 해당 표제어lemma에 연결했는데, 이 참조기호는 실질적으로 오늘날의 각주 참조 부호footnote reference와 같은 기능을 했다. 또다른 필사본은 주석이 관련 구절 옆에 세심하게 배치되었고, 이 주석들은 주 텍스트의 행들을 에워싸는 정교한 테두리를 이루었다. 때로는 행간의 짧은 설명이 여백에 위치한 자세한 해설과 결합되기도 했다. 이러한 배치는 코덱스 페이지의 빈 여백을 새롭게

5. 초기 슬라브 필사본은 매우 희귀하다. 이 초창기 복음서 성구집의 **미장파주**와 장식, 키릴문자 양식은 비잔티움과 러시아의 문화적 유대가 이 경전의 양식에 고스란히 반영되어 있음을 잘 보여준다. 오스트로미르 복음서Ostromir Gospels, 1056~7, 러시아 상트페테르부르크, 러시아 국립도서관Russian Federation F.n. I.5), fols. 210v~211v.

활용했다. 따라서 글 쓰는 공간의 경계를 정하기 위해 여백에 줄을 긋기도 했다. 아울러 문단을 양쪽 정렬 방식으로 배열하면서 주석을 위한 특별한 공간이 확보되었다. 일부 주석은 문자들이 장식적인 모양을 이루도록 배열하기도 했다. 이러한 예로 여러 권으로 구성된 10세기 『니케타스 성서Niketas Bible』의 기둥과 새를 들 수 있다. 『니케타스 성서』는 지금까지 세 권이 전해지고 있다(Florence, Laurent. gr. Plut. 5.9, Copenhagen, Royal Library, GKS 6, Turin, National Library, B. I. 2). 이러한 여백 장식 marginalia decorata은 고전기 시 「카르미나 피구라타carmina figurata」에서 영감을 얻은 것이다. 「카르미나 피구라타」는 행을 형상적으로 배치함으로써 시의 내용을 시각화했다.

비슷하게, 여백에 이미지 형식의 해설을 넣기도 했다. 『사크라 파랄렐라』에서는 페이지의 여백이 서사적인 이미지나 저자의 초상 같은 시각적 해설을 위한 공간으로 자주 활용되었다. 이 사화집을 시리아어와 그리스어 이중언어 지역에서 성상 옹호론자로 유명했던 다마스쿠스의 요한의 작품으로 보는 이유는 이 책의 이러한 페이지 연출 방식과 깊은 관련이 있다. 이 책은 제작 장소는 알려지지 않았지만, 이 책의 미장파주는 대형 대문자체 성서 사본에서 여백에 시각적 해설이 첨가된 필사본으로의 이행을 시사한다. 이 책은 6세기의 채식彩飾 사본, 특히 『시리아 라불라 복음서 Syriac Rabbula Gospel』의 전통에 속한다. 9세기 「클루도프Chludov」 시편에서 11세기 「테오도르Theodore 시편」과 「바르베리니Barberini 시편」까지 이 책에 포함된 여러 시편의 여백에서 정교한 장식적 형태들을 볼 수 있다. 이 장식들은 삽화의 해설문, 성서 이야기, 교부들의 논평 등의 필사본 텍스트나 당대의 사건들과 충분히 연관성이 있게끔 세심하게 계획되었다. 9세기에 이러한 시각적 구성들은 성상 파괴주의 흐름에 공공연히 맞서는 것이었다. 이러한 책에는 성상 파괴주의 정책을 비판하는 이미지가 실렸을 뿐만 아니라 암암리에 이미지의 수가 늘어났으며 텍스트에 관한 미묘한 시각적 해설도 곁들여졌다. 더욱이 이들 사본은 성서나 교부 텍스트의 여백과 의례용 서적에 성인과 성녀의 초상을 실음으로써 성인 신앙을 인정했다. 11세기에 이미지는 당대의 논쟁적 주제들을 부각시키는 역할을 했다. 이는 섬세한 채식이 돋보이는 한 시편Vaticanus graecus 752에 대한 최근의 연구에서도 잘 드러난다. 이 책에는 교부의 즉석 해설과 더불어 200점 이상의 삽화가 수록되어 있다. 이 이미지들은 성찬식과 로마 교황직의 정의에 관한 당대의 토론과 논쟁에 참여하고 있는 것으로 보인다. 이 의미심장하면서도 여전히 많은 수수께끼를 품고 있는 작품을 통해 우리는 코덱스 한 권을 만들 때 얼마나 많은 영성과 지성과 금전이 투입되었는지를 짐작해볼 수 있다. 이 책에는 성서 텍스트와 교부의 해설이 두 개의 세로 열에 나란히 배치되어 있으며, 이 책이 아니었으면 우리에게 알려지지 않았을 수많은 이콘화icon가 교부의 해설과 함께 제시된다. 이렇듯 우리는 비잔티움시대의 신학과 정치학에 진입할 수 있는 특별한

6. 중세 비잔티움시대 콘스탄티노폴리스의 명작으로 손꼽히는 이 호화로운 책은 바실리오스 2세 황제(976~1025년 재위)를 위해 채식 시편과 함께 제작되었다. 성인들의 초상과 순교 장면이 그들의 생애에 대한 짧은 요약과 함께 실려 있다. 종교 텍스트에 많이 사용된 페를슈리프트체로 쓰여 있다. 페이지에서 글과 삽화가 놓이는 공간이 동등하게 분할된 것이 특징이다. 바실리오스 2세의 성인월록聖人月錄. 바티칸 도서관. Vaticanus. graecus. 1613. p. 196.

위치를 이러한 각각의 채식 사본에 관한 연구를 통해 확보할 수 있다. 이들 채식 사본의 제작 과정을 이해하는 것은 이 책들이 제작된 세계를 바라볼 수 있는 것이고, 이렇게 얻은 시선은 때로는 특정한 의제를 염두에 두고 집필된 사료보다 간혹 더욱 직접적이다. 하지만 이들 텍스트와 그림을 해독하기 위해서는 그에 맞는 열쇠가 필요하다.

필사본의 이미지들은 오래전부터 책의 심미적 감상이나 시장 가치를 높이는 것 이상의 다양한 기능을 수행했다. 전면 채식에는 흔히 독자의 묵상을 보조하려는 의도가 담겨 있었다. 『라불라 복음서Rabbula Gospel』(Florence, Laurent. gr. Plut. I, 56)에서는 성모 마리아가 화려한 장식의 캐노피 아래 아기 예수를 안고 서 있다. 캐노피에는 금색 안료가 적은 양이지만 효과적으로 사용되었다. 『시나이 성구집Sinai Lectionary』(Sinait. gr. 402)의 인상적인 전면 삽화에는 그리스도가 황금색을 배경으로 진지한 표정을 띤 채 파란색 망토를 두르고 서 있다. 이콘화와 마찬가지로 이러한 채식 페이지들은 독자들이 영적인 세계를 엿보고 개인적인 기도를 위한 영감을 얻게 해주었다. 이처럼 성스러운 텍스트와 결합된 성화들은 벽화와 달리 독자가 눈에 가까이 대고 볼 수 있었다. 특별히 개인 기도서로 디자인된 크기가 작은 시편에는 성가와 기도 문구가 수록되었다. 마치 주해처럼 설명적 기능이 있는 삽화의 뚜렷한 예는 이탈리아 남부 칼라브리아의 로사노 대성당의 보물로 지정된 6세기 『코덱스 푸르푸레우스 로사넨시스Codex Purpureus Rossanensis』에서 찾을 수 있다. 이 코덱스에 실린 삽화들의 구조는 표준적인 유형학적 주해의 예를 잘 보여줄 뿐만 아니라 구체적인 시각적 세부사항을 통해 텍스트의 의미를 확장한다. 각 저자, 즉 예언자가 들고 있는 두루마리에 써 있는 구약의 구절들은 신약의 해당 장면 옆에 나란히 배치되어 있다. 『사크라 파랄렐라』에서와 마찬가지로 초상화들은 시각적으로 저자임을 표시하고, 이를 통해 독자들은 저자에 대한 관심을 환기하고 특별히 자신과의 연관성을 생각해보게 된다. 각각의 텍스트를 상이한 배경의 개별 프레임에 구체적으로 배치하는 것은 공간

기억의 작동방식에 관한 당대의 지식을 활용한 것이었다. 이러한 연상 기억 기법을 훈련받은 독자는 책의 내용을 더 쉽게 상기할 수 있었다.

소문자체 코덱스

9세기 코덱스부터 소문자체가 대문자체를 대체하게 되었다. 텍스트와 해설을 더욱 정교하게 결합하고, 더욱 많은 내용을 더 얇은 책에 담고, 생산비를 낮추기 위해서였다. 대문자체의 흔적이 의례용 서적에 오래 남았기 때문에 이 고결한 서체는 이제 그 제한된 기능에서 이름을 따와 '의례용 대문자'체로 불린다. 의례용 대문자체의 장식적 특성들은 정적이고 변함없는 표현이라는 특징, 그리고 호화롭고 독특한 매력을 신성한 예배 언어에 부여했다. 반면에 글쓰기가 일상적인 활동이 되고 읽을거리에 대한 수요가 증가하면서 동서양 모두에서 사실상 동시에 다른(하지만 전례가 없지는 않은) 글쓰기 기법으로의 이행이 일어났다. 소문자는 크기가 작은데다 합자合字를 이용하면 필경사들이 페이지에서 펜을 떼지 않고 이어 쓸 수 있어서 전반적으로 쓰기 속도가 빨라졌다. 동물의 깃털로 만든 펜은 전보다 유연했다. 낭창낭창한 펜을 쥔 손이 바탕에 그어진 줄을 따라 부드럽게 미끄러져 나가면 글자들이 깔끔하게 줄지어 나타났다. 최초의 소문자체는 콘스탄티노폴리스에 위치한 스투디오스의 성 요한 수도원에서 사용되었는데 글자가 사각형에 가깝고 줄 아래로 늘어뜨려져 있다. 이 수도원에서 작성된 문서를 보면 필사 작업이 엄격한 규율에 따라 수행되었음이 짐작된다. 필사 도중 실수를 저지른 필경사나 도서관에 책을 늦게 반납한 수도사에게 내리는 벌칙이 정리된 목록도 발견되는데, 이는 같은 공동체 내에 자급적 산업과 시장이 있었음을 시사한다. 한 수도원에서 필사된 책이 한꺼번에 발견되는 드물지만 확실한 사례 중에 콘스탄티노폴리스 스투디오스의 성 요한 수도원 사례는 유독 두드러진다.

다만 이 사례에서도 이 수도원에서 생산된 서적의 실제 범위는 현전하는 가장 오래된 필사본들을 제외하고는 여전히 논란이 많다. 더욱이 다른 시설에서 나온 증거도 매우 부족하지만, 분명히 책은 수도원 생활에서 기초 교육과 문해력부터 단체 낭독회나 예배에 이르기까지 항상 핵심적인 역할을 수행했다. 그리고 이는 필사 작업이 주로 도시, 그러니까 수도에 소재한 작업장이 아니라 수도원의 필경사들에 의해 지역 수준에서 이루어졌음을 시사한다. 콘스탄티노폴리스에서 생산된 수도원 책 중에서 가령 수도사 바울이 1045년에 설립한 에베르예티스 수도원의 책들을 살펴보자. 여기서는 소속 수도사들의 서명이 담긴 책을 다수 생산했는데 이 책들은 사본학적 측면에서 동질적인 특성을 보인다.

아울러 9세기와 10세기 고위 성직자들은 고대 텍스트를 읽고 연구하는 지식층을 이루었다. 가장 잘 알려진 인물로 콘스탄티노폴리스의 총대주교 포티오스Photius, 893년경 사망를 들 수 있다. 포티오스는 길고 부침이 많았던 성직 생활 동안 다수의 신학 논문을 저술했을 뿐만 아니라 『비블리오테카Bibliotheca』 또는 『미리오비블로스Myriobiblos』라고 알려진 유명한 선집을 냈다. 고대의 책 한 권을 각각 한 장章으로 간추려 총 280장으로 구성된 책을 낸 것이었다. 처음에는 가까운 지인들을 위해 시작한 작업이었지만, 포티오스는 이 저작을 통해 그가 아니었다면 유실되었을 수많은 고대 작품의 기억을 보존할 수 있었다. 이 책의 현전하는 유일한 필사본은 베네치아에 소장되어 있다(Marc. gr. 540). 이 필사본에 대한 층서학적 연구조사에 따르면 포티오스의 글은 처음에는 소책자로 엮였다가 나중에 여기에 다른 원본 두 권이 더해져 이 사본이 나왔다. 여러 명의 필경사―예닐곱 가지 필적이 발견된다―의 작업이 세부적인 수준까지 복원되었고, 여기에 이 필사본을 이루는 접지들에 대한 사본학적 분석결과까지 더해졌다. 그리하여 『비블리오테카』는 두 개의 주요 부분을 결합한 것이며, 처음부터 이 코덱스에 이러한 형식으로 제작되었음이 드러났다. 포티오스는 그의 스승이었던 케사리아의 주교 아레타스Arethas, 932년경 사망의 뒤를 이어 광범위한 주제에 흥미를 가졌으며 그중에서도 특히 고전기 저자들에게 관심이 많았다. 포티오스는 수많은 필사본을 수집했고 직접 주석을 달았다. 일부 서적에는 서명을 남겨 자신의 장서임을 표시했는데 때때로 여기에 해당 서적을 구입한 장소와 비용을 함께 적기도 했다. 일부 서적은 아레타스와도 연관이 있었다. 책의 여백에 적힌 주석이 아레타스의 필적으로 파악된 것이다. 아울러 아레타스는 필경사들에게 텍스트 필사를 의뢰하는 도서 기획자 또는 '입안자' 역할을 했으며 그를 위해 필사된 책들을 정리하는 작업을 감독했다. 아레타스의 필사본은 대체로 소문자체로 쓰였고 각이 졌으며 거침없이 써 내려간 인상을 준다. 일부 필사본은 빼어난 유려함을 뿜어낸다. 작은 화살처럼 끝이 뾰족한 세로선과 사선이 유난히 휜 양피지 바깥으로 방금이라도 튀어나올 것 같다. 다른 부분에서는 앙증맞은 하트 모양의 잎사귀들이 이니셜과 행의 가장자리를 우아하게 장식하고 있다. 세심하게 완성된 이들 코덱스는 고전기 유산의 향유와 보존에 몰두한 식자들의 우정어린 분위기를 떠올리게 한다.

넓은 여백, 얇은 양피지, 띄엄띄엄 세심하게 써 내려간 글씨는 불레테체bouletée로 쓰인 10세기 호화 코덱스의 특징이다. 이 특별한 서체는 펜을 뗀 지점에 점(또는 공boules)이 찍혀 있다. 아울러 장식, 제목과 이니셜, 심지어 텍스트에도 금색 잉크를 입혀 사치스러운 분위기를 풍긴다. 11세기 초의 호화 필사본으로 바티칸도서관에 소장된 『나지안주스의 그레고리오스 설교집Homilies of Gregory of Nazianzus』(Urb. gr. 15)이 그 근사한 예다. 이 책은 거의 모든 텍스트가 금색 잉크로 쓰여 있다. 경제성을 완전히 무시한 이 불레테체 필사본들은 빈 페이지에 텍스트만 몇 줄 있다. 언뜻 보기에 어떠한 기능적 고려도 없기 때문에 그저 과시하기 위한 책으로 보이기도 한다. 반면 소문자체 필사본에서는 행간을 줄여 텍스트를 빽빽하게 채워 넣는 독자 친화적인 접근 방식에 대한 요구가 높아졌다. 이러한 요구에 호응해 공간 분할 장식, 이니셜의 확대 및 채식 등 텍스트 전환을 보여주는 표지들이 발달했다. 이처럼 텍스트 흐름을 세분하고 경계를 표시하는 미장파주 차원의 분할 장치들은 설교집이나 성인의 일대기 모음집 같은 짧은 글의 선집에서 특히 유용하게 사용되었다. 교회와 수도원에서는 이러한 텍스트를 공개적으로 낭독하곤 했는데 이들 장소는 흔히 조명 상태가 좋지 않았으므로 글씨가 특히 더 또렷해야 했다. 이로 인해 중세 코덱스는 분할 장치의 스타일이 하나의 특징으로 자리잡았다. 이러한 분할 장치는 직사각형 밴드 또는 한쪽에 열린 '문(그리스어로 '필레pyle')'이 달린 삼면으로 된 액자틀이 있었다. 흔히 에나멜 느낌의 안료로 칠한 팔메트무늬와 아칸서스 잎무늬로 장식되었다. 이니셜의 스타일은 영리하게 엮은 형태들을 자유롭게 결합해 문자의 외곽선을 창의적으로 연출함으로써 기능과 개성 둘 다에 이바지했다. 이니셜은 일종의 기초 형태학morphology이라 할 법했다. 동물 형태(특히 개, 새, 뱀)나 식물 형태(돌돌 말린 아칸서스 잎, 다양한 꽃이나 잎), 사람 형태(성인, 어릿광대) 등등이 있었다. 이러한 독특한 특징들은 필사본의 제작 장소를 파악하는 데도 도움을 준다. 하지만 물고기나 기도하는 손, 특이하게는 그리핀까지 특정 모티프를 특정 지역(이를테면 이탈리아 남부나 팔레스타인)과 자동으로 연관시키는 지나치게 단순화하는 이론들은 초기의 기대에 비해 그리 신뢰할 만하지 않았다. 장식적 모티프와 스타일은 여러 지역에서 광범위하게 채택되었으며 서로 쉽게 영향을 미치는 요소이다. 따라서 필사본의 제작 장소를 파악할 때는 단순히 한 가지 특징적 요인에 의지하기보다는 사본학, 고문서학, 미술사 등에 기초를 둔 평가에서 얻은 다수의 요인을 종합해야 한다.

11세기에는 둥글고 규칙적이며 뚜렷한 모양의 중간 크기 소문자체가 비잔티움 문화의 지배적인 서체 스타일로 자리잡았다. 학자들은 이 소문자체를 페를슈리프트체Perlschrifs라고 부른다. 글씨가 늘어서 있는 줄이 크기가 고른 진주들을 꿰어놓은 끈과 비슷하다고 해서 붙여진 이름이다. 서기 1000년이 가까워질 무렵 바실리오스 2세 황제(967~1025년 재위)를 위해 필사본들이 제작되었는데 그중 대표적인 것은 시편Venice, Marc. gr. Z 17과 이른바 『메놀로기온Menologion』(Vat. gr. 1613)이었다. 둘 다 페를슈리프트체의 표현이 절정에 이른 모습을 보여준다. 페를슈리프트체가 광범위한 지

7. 비잔티움시대에 고전기 문학 작품이 기초 교육 자료로 계속 활용되었음을 이 중요한 필사본을 통해 알 수 있다. 이 책에는 고대 후기부터 전해지는 호메로스 작품 해설의 개요가 담겨 있다. 중세시대에 이 필사본이 사용되는 동안 12세기의 그림을 포함해 많은 주석이 층층이 덧붙여졌다. Marciana Iliad, Venice Marcianus graecus Z. 454 (Venetus A), fol. 24r.

역에서 채택된 것은 아마도 두 서적의 영향 때문이었을 것이다. 페를슈리프트체는 11세기 내내 통일된 형태로 사용되었기 때문에 개개인의 필적을 파악하기 매우 어렵다. 필경사들은 이 서체를 익히기 위해 정식 훈련을 받았다. 11세기 후반에 들어서야 곡선이 가미된 개성 있는 변이형들이 하나둘 나타나기 시작했다. 잉크가 빨리 흐르는 펜을 사용하게 되면서 한층 기발한 글자 모양이나 합자, 삽입이 시도되었고 필경사들이 독특한 개성을 드러낼 여지가 생겼다. 아울러 소문자 옆에 대문자를 함께 쓰는 현상이 지속적으로 나타났다. 이렇듯 대문자와 소문자가 혼합된 스타일은 누가 쓰느냐에 따라 다르게 나타났다. 마찬가지로 개별 글자들은 글씨체에 따라 다른 특징을 띨 수 있었다. 이러한 '학자 글씨체'는 지식층이나 황제의 상서원 전문가들의 서체였을 것이다. 학식이 높은 필경사들은 캘리그라피에서 일반적인 규범으로 부과된 규칙적인 패턴에서 벗어나 서체를 각자의 개성에 따라 변형해 썼다. 12세기 초를 즈음해 페를슈리프트체는 전보다 자유로운 크고 춤추는 듯한 서체로 바뀌었지만 또렷함은 그대로였다. 동시에, 이 서체에 수반되는 장식용 띠는 이제 초록색, 파란색, 황금색 팔메트꽃으로 장식되지 않고, 바깥 선을 빨간색 잉크로 칠한 기하학 모티프(때때로 컴퍼스가 사용되었다)나 식물 모티프가 더 자주 사용되었다. 이 모티프들을 종이 오리기 기법으로 표현해 아래에 깔린 빈 양피지가 비쳐 보이며 장식 패턴이 만들어지도록 연출하기도 했다. 두 종류의 모티프가 동시에 사용되었지만, 이중 비잔티움 필사본을 대표하는 장식은 팔메트꽃으로 이루어진 줄이다. 흔히 기하학적 틀로 감싼 다음 모자이크장식이나 에나멜 작품을 연상시키는 밝은색으로 강조해서 장식을 마무리했다. 이후 14세기 팔라이올로고스왕조의 르네상스 시기에 과거를 모방함으로써 제국의 과거 영광을 되살리려고 했을 때 필사본의 장식 표현에 이 특징적인 꽃줄 장식이 다시 등장했다.

이러한 변화들은 모두 수도 콘스탄티노폴리스 지역 내에서 일어났다. 지방에서는 다른 양상이 나타났다. 흔히 변방에서는 수도에 매력을 느끼며 세련된 문화를 모방하기 마련이지만, 지방의 서적 생산은 개별적인 방식으로 발전했다. 지금까지 수행된 훌륭한 연구에도 여전히 많은 의문이 남아 있는 지역은 이탈리아 남부다. 이곳에서는 중세시대에 그리스어를 사용하는 수도원 공동체들이 꾸준히 번창했다. 이 추세는 12세기에 노르만족의 정복으로 이 지역이 라틴어 문화권의 지배를 받을 때도 계속되었다. 칼라브리아, 풀리아주의 오트란토 지역, 시칠리아에서는 교육적인 목적에서 그리스어 필사본을 계속 제작했는데 여기에는 신학 저작물, 교부들의 저작물, 고전기 저자의 작품들이 뒤섞여 있었다. 메시나 인근 '링구아 파리Lingua Phari'의 성 사비오우르 수도원이나 로사노 인근 파티르 수도원 같은 유력 수도원들은 자체적으로 책을 제작할 때 모델로 삼을 만한 책을 콘스탄티노폴리스에서 직접 구해 왔다. 이탈리아 남부 수도원 문화에서 칭송받는 인물 중 로사노 태생의 성 닐루스St. Nilus가 있었다. 그는 동료 수도사들과 함께 필사본을 제작했다. 작고 각진 독특한 스타일의 서체와 섬세하게 중첩된 파스텔 색상의 장식 사이로 숨은 소박한 느낌의 인물과 동물 형상은 그가 제작한 필사본의 특징이다. 닐루스는 1004년 로마 인근에 그로타페라타 수도원을 설립했고, 이곳의 대형 도서관은 지금도 그리스어 필사본을 소장하고 있다. 풀리아에는 소규모 그리스도교 대학들, 그리고 학식 높은 수도원장 니콜라스-넥타리우스Nicholas-Nektarius, 1150년에 활동가 재직한 카슬레 소재 성 니콜라스 수도원 같은 대규모 수도원이 있었다. 수업이나 학술 독서 단체에 사용될 호메로스의 서사시의 주석서와 덜 유명한 수사학과 철학 편람의 주석서들이 풀리아에서 필사되었다. 이러한 고전기 문헌의 사본 중 일부는 오늘날 우리에게까지 전해지고 있다. 생동감 넘치는 '바로크식' 서체, 오트란토 지역의 상상의 동물이나 사자가 등장하는 문장紋章풍 장식이 이 서적들의 특징을 이룬다.

이 아름다운 13세기 서적의 사본들을 조사할 때는 이탈리아 남부의 작품과 바다 건너 그리스 에피루스의 작품을 구분해내기 쉽지 않다. 이 두 곳의 지역 문화는 교회와 수도원에서 그리스와 로마의 영향이 혼재되어 나타나는 것이 특징이며 동쪽

8. 6세기 비잔티움시대의 이 상아 조각판은 10세기에 『에치미아진 복음서Echmiadzin Gospels』의 책 표지로 재사용되었다. 아르메니아 예레반. Matenadaran, MS. 2374. 보기 드물게 정교한 아르메니아의 책들은 비잔티움시대의 유산을 흡수하고 발전시키고 재해석했다. 비잔티움시대 장인들은 상아 조각술로 유명했다. 책 표지로 사용된 이 돌을새김 조각품은 귀중한 소재와 신성한 주제를 결합함으로써 책이 신앙의 실재하는 표식임을 분명히 보여준다.

의 지역적 특성이 그리 뚜렷하지 않다. 그래서 에피루스에서 생산된 작품들은 테살리아에서 생산된 작품들과 합쳐지고, 테살리아의 작품들은 다시 아토스에서 생산된 필사본들의 특징을 반향한다(그리스 고문서학에서 아직 완전히 이해되지 않은 영역이다). 팔레스타인에서 생산된 초창기 필사본은 상부 띠무늬와 이니셜 장식에 연두색이나 주황색 같은 밝은색을 사용해 눈에 잘 띈다. 팔레스타인에서도 십자군 원정 시기 라틴어 점령은 책 생산에 시각적인 영향을 주었다. '비잔티움 양식'은 인기 있는 회화 언어가 되었다. 다만 『멜리장드 여왕의 시편Psalter of Queen Melisende』(London, BL, Egerton 1139)의 예에서 보듯 타지에서는 비잔티움 양식 특유의 자연스러운 느낌이 다소 유실되었다.

13세기 유럽의 책 생산에서 주된 변화는 종이의 도입과 맞물려 나타났다. 처음에는 동방의 봄비신bombycin 종이나 초기 이탈리아 종이였고, 나중에는 이탈리아와 스페인에서 주로 생산되어 지중해 전역으로 수출된 오늘날의 우리에게도 친숙한 워터마크watermark 종이였다. 이 변화에서 가장 중요한 고려사항은 경제성이었다. 책의 생존을 보장하는 것은 사실 재료의 내구성보다는 사본을 여러 권 제작·배포함으로써 텍스트가 단 한 번의 파괴적인 사건으로 영원히 유실될 위험을 줄이는 데 있었다. 그리스어권 동로마에는 서로마의 대학에서 볼 수 있었던 페키아 필사본의 대량 생산 체계 같은 것은 없었다(페키아pecia는 조각이라는 뜻의 라틴어다. 필사본을 분책해 대여하거나 필경사마다 소량을 맡아 집중적으로 베껴 써서 작업의 효율을 높였다―옮긴이). 하지만 안드레아스 다마리오스 Andreas Damarios와 그의 동료들 같은 일부 인문주의 필경사들은 유럽 전역의 학자들 사이에서 인기 있는 고전기와 비잔티움 텍스트에 대한 수요에 발맞춰 이들 텍스트를 집중적으로 생산해 큰돈을 벌었다. 이따금 큰 포맷으로 제작된 여러 콘스탄티노폴리스 코덱스에 사용된 초기 동방 종이는 쉽게 찢어졌기 때문에 이미 중세시대부터 수선사들의 손길이 필요했다. 그보다 더 튼튼한 서양 종이는 워터마크를 보고 제작 시기를 확인할 수 있으며 가끔은 생산지도 정확히 확인된다. 종이 펄프의 건조 단계에서 펄프에 철망을 눌러 남긴 도안을 의미하는 워터마크는 페이지의 뒷면에 특수한 냉광 시트를 비추면 상당히 또렷하게 나타난다. 이렇게 확인된 워터마크의 패턴을 워터마크 목록표에서 찾는다. 이 목록표는 결코 완전하지 않지만 대개는 비슷한 견본을 찾을 수 있으며 이를 토대로 해당 종이의 제작 시기를 대략적으로 추정할 수 있다. 다만 종이의 제작 시기는 해당 텍스트의 작성과 유통의 연대기를 어슴푸레하게 시사할 뿐이다. 하지만 르네상스 시대에는 책에 사용된 종이의 종류만 파악해도 그 책의 필경사가 누구인지 짐작할 수 있었다. 이러한 필경사들 대개 그리스, 그레타, 키프로스 등에서 망명해온 저명한 인문주의자들이었다. 주요 인물로 가자의 테오도르 Theodore, 데메트리오스 찰코콘딜레스Demetrios Chalkokondyles, 트라페주스의 예오르요스 George를 꼽을 수 있다. 그들의 관심사와 그들이 읽고 소유한 필사본에 대한 연구 결과를 교차 참조하면, 이들이 당대의 석학이자 교사로서 저술한 작품을 이해하는 데 조금이나마 도움을 얻을 수 있다.

마지막으로 특별한 종류의 책, 팰럼프세스트palimpsest를 통해 양피지 코덱스의 또 다른 장점을 확인할 수 있다. 양피지 코덱스는 재사용이 가능했다. 팰럼프세스트 기법은 파피루스를 포함해 비탄소 기반 잉크로 적은 모든 소재에 적용될 수 있지만, 큰 책으로 제작된 초기 코덱스에서 나온 필기 재료를 재활용할 때는 주로 양피지에 적용되었다. 가축이 귀하거나 너무 비쌀 때, 또는 양피지 제조업자가 아예 없거나 있더라도 솜씨가 그리 좋지 않은 곳에서, 이 공정을 통해 좋은 품질의 중고 양피지를 얻을 수 있었다. 예를 들어 이탈리아 남부에서는 새 양피지의 품질이 형편없을 때가 많아서—두껍고 누랬다—로마제국의 동쪽 속주들, 그중에서도 특히 팔레스타인과 시리아에서 제작된 예전 책을 재사용하는 일이 흔했다. 프로드로모스 페트라 Prodmoros Petra 수도원에서 작업한 예요르요스 바이오포로스George Baiophoros 같은 14세기 콘스탄티노폴리스의 필경사들도 양피지를 재사용했다. 이를테면『코덱스 고토부르겐시스 1Codex Gothoburgensis 1』에서는 아리아노스Arrianos의『역사』 같은 매우 희귀한 텍스트의 구절들이 밑에 깔린 글자 형태로 이탈리아 남부의 성인전 텍스트와 같이 있다. 이렇게 두 텍스트가 공존하는 상황은 재사용된 양피지의 일부가 콘스탄티노폴리스에서 이탈리아 남부로 갔다가 되돌아온 필사본에서 나온 것이라고 한다면 아마 설명될 수 있을 것이다.

가장 먼저 재사용된 책은 대문자체 책처럼 이제는 현실과 멀어져 점점 잘 읽히지 않는 오래된 내용과 서체의 책들이었다. 더욱 급하게 필요한 책들은 교회와 수도원 식당에서 낭독 시간에 사용할 교리문답 책과 성인전이나 의례용 서적 같은 실용적 서적이었다. 팰림프세스트를 생산하기 위해서는 먼저 표백 공정을 통해 기존의 잉크를 씻어냈다. 보통 원래의 제본에서 떼어낸 양피지 시트를 뒤집고 접어서 새 글(새로 만드는 책의 '상위 문자scriptio superior'라고 불렸다)을 원래 있던 글('하위 문자scriptio inferior')로부터 90도 방향으로 썼다. 오늘날 우리의 눈에는 이러한 행동이 상당히 경솔해 보일지도 모르겠지만 이것은 역설적으로 희귀한 고대 텍스트를 보존하는 결과를 낳았다. 성서 텍스트의 초기 사본들 외에도 최근에 화제를 불러일으킨 새로운 문헌들이 발견되었는데 메난드로스의 새로운 희곡(바티칸 도서관 소장)과 13세기에 다시 쓰인 필사본에서 발견된 아르키메데스의 논문(개인 소장)이 주목할 만하다. 후자의 경우 미국 볼티모어의 월터스 미술관Walters Art Gallery and Museum에서 이 필사본을 12년에 걸쳐 어마어마한 비용을 들여 마치 집중치료실 환자처럼 처치했다. 아르키메데스의 탁월한 수학 텍스트와 그래프를 확보하기 위해서이기도 했지만, 현대의 필사본 보존 기법에 따라 이 작품의 수명을 연장하기 위해서이기도 했다. 팰림프세스트가 현존하는 텍스트의 고대 버전들이나 유실된 텍스트의 유일무이한 증거를 보존한 것은 사실이더라도 저 밑에 희미하게 남아 있는 글을 해독하는 것은 학자들에게 여간 어려운 일이 아니었다. 새로운 사진 기법과 남은 잉크의 흔적에 대한 디지털 증강 기술이 우연히 보존된 이들 문헌에 대한 관심을 되살렸고 그 안에 담긴 정보에 더 잘 접근할 수 있게 해주었다. 시나이의 성 카타리나 수도원 도서관은 가장 진기한 발견이 이루어진 장소 중 하나로 손꼽힌다. 현대 기술을 갖춘 전문가로 구성된 팀은 이 수도원에서 텍스트들의 내용은 아직 미처 다 확인되지 않은 텍스트들을 놀랄 만큼 많이 발견했다. 이 텍스트들은 동방의 다양한 언어들과 라틴어로 쓰여 있었고 일부는 아주 초창기의 서체로 쓰여 있었다.

학습자로서 독자: 교습 전략들

역사가 마이클 매코믹Michael McCormick은 양피지로 만든 장정 코덱스의 최초 사용자들은 이동이 잦은 활동에 종사했다고 강조했다. 의사, 교사, 그리스도교 선교사들이 휴대성이 좋은 책 포맷을 활용하는 것이 자연스러운 일이었다는 것이다. 물론 이 가설의 진위는 이 책들이 실제로 휴대성이 높았는지에 달렸을 것인데 사실 양피지 코덱스는 대체로 부피가 크고 무거웠다. 그런데 의사, 교사, 선교사들은 모두 교육자였다. 그리고 교육자에게 코덱스의 활용은 아주 자연스러운 일이었다. 코덱스는 독서대에 올려두고 사람들에게 보여줄 수 있고, 같은 자리에 두고 크게 소리 내어 낭독할 수도 있고, 단체로 읽을 수도 있고(이를테면 성가대 책), 여백에 주석을 달거나 연속해서 빠르게 넘길 수도 있었으며, 심지어 표지를 덮은 상태로도 참조자료로 지칭할 수 있었다. 대개 가죽 재질인 책갈피를 연관된 텍스트 단락에 끼워두면 해설을 얻거나 참고 또는 참조하기 위해 책을 찾아볼 때 좌절하지 않고 도움을 얻기 쉬웠다. 코덱스는 지식을 뒷받침했다.

앞서 이미 언급한 성서 해설집 외에도 스키도그래피schedography 형식의 교과서들이 비잔티움 세계로부터 전해지고 있다. 이러한 연습 교재에는 지정 도서에 관한 해설이 들어 있었다. 학생들은 이 교재로 해당 텍스트의 문법과 논리 구조를 상세히 설명하는 연습, 텍스트의 문장을 다른 말로 바꾸어 푸는 연습, 내용을 해설하는 연습

9. 〈멜버른 복음서Melbourne Gospels〉에는 동정녀 마리아에게 이 복음서를 바치는 수도승 테오파네스Theophanes의 헌정 초상화가 실려 있지만, 학자들은 〈멜버른 복음서〉—색감이 풍부하고 생동감 넘치는 12세기 생산물—가 수도원에서 제작되었는지에 대해 논쟁중이다. 건축물 구조의 캐논 표를 떠받치는 기독교식 카리아티데스(cariatides, 여인상으로 된 돌기둥—옮긴이)에 색다른 미덕의 화신들이 장식에 쓰였다. 호주 멜버른, 빅토리아 국립미술관, 『테오파네스 복음서Gospel Book of Theophanes』(fols. 7v–8v.)

등을 할 수 있었다. 학교 교육은 수도원 시설이나 도서관의 필사 활동과 연계되어 이루어졌을 것이다. 수업에서는 시편이나 복음서 같은 표준 성서 자료뿐만 아니라 고전기 저자들의 글도 여전히 활용되었다. 가령 호메로스는 여전히 필사본 전통의 중심에 놓여 있었다. 구술로 전해진 호메로스에 관한 학문적 지식은 수 세기에 걸쳐 여백에 필사된 주석 형식으로 전달되었다. 12세기까지도 테살로니키 주교 에우스타티오스Eustatios는 호메로스 서사시에 관한 주석을 모아서 책으로 엮었다. 그 내용은 독자가 그리스 신화를 심도 있게 자세히 알고 있다는 것을 전제로 어원 추정에서 문법적 요소까지 넓은 범위를 다루었다.

교습의 중요성은 책에 그리스도교 문화의 심장부에서 습득된 지식의 저장소라는 지위를 부여했다. 이제 앞세대의 해석 작업을 빠짐없이 살펴야 했고 이것은 새로운 개념과 사상의 발전을 위한 토대가 되었다. 그 결과 어느 주제에서든 사화집이 주로 선호되는 저술 방식이 되었다. 과거의 학문적 작업을 정리해 보여줌으로써 그 분야에 대한 저자의 깊이 있는 이해를 드러낼 수 있었기 때문이다. 이제 도서관에서는 모임이나 교회 신도회 같은 곳에서 참조할 때 활용할 수 있는 내구성 좋은 책들이 필사본을 베끼고 읽고 보관하는 활동만큼이나 중요한 것으로 간주되었다. 콘스탄티노폴리스의 '총대주교 도서관Patriarchal Library' 같은 장소는 희귀한 고전기 코덱스, 대형 코덱스, 교부 코덱스, 수준 높은 성서 코덱스 등을 소장한 그야말로 보물 창고다. 11세기 철학자 미카엘 프셀로스Michael Psellos 같은 그리스도교 교사들은 학문적 관심 범위가 이루 말할 수 없이 넓었다. 프셀로스는 학생들에게 기본 문법과 수사학 훈련 외에도 자연 및 과학, 신학을 주제로 한 온갖 종류의 수업을 개발해 제공했다. 프셀로스의 수업에 대한 기록은 아마도 청중이 받아적은 듯한 필기나 짧은 논문의 형태로 선집 필사본이나 잡록집에 실려 오늘날까지 전해지고 있다. 관심사가 다양한 학자나 교사가 여러 개별 문헌에서 한 주제에 관한 글을 모아 소책자로 꾸리는 일도 많았다. 그러면 어느 한 주제에 관한 휴대성 좋은 소책자가 다른 독립된 책자들과 연합해 더 큰 사본학적 구조를 이루었다. 최근 많은 학자가 이러한 코덱스들의 구조를 풀어내는 작업에 많은 시간을 쏟아부었다. 그들은 이러한 텍스트 군집을 뒷받침하는 원리(명확하지 않을 때도 많다)를 파악하고 각 텍스트의 출처를 파악하기 위해 각고의 노력을 기울였고 이따금 놀라운 성과를 거두고 새로운 사실을 발견했다.

아울러 연구자들은 서양 필사본의 레이아웃과 삽화를 학습과 암기의 보조 장치로 보고 자세히 검토한 결과, 중세시대의 인지 이론을 밝혔고 이 이론을 비잔티움시대의 작품에 적용해 풍성한 성취를 거두었다. 예를 들면 수도원에서는 전례 관련 내용이나 수도원 부속 학교의 지침 등 암기가 필요한 자료를 건축학적 구도로 제시했는데, 그 바탕에는 시각화라는 특별한 기법이 있었다. 필사본의 첫 페이지에 자주 실린 정교한 형태의 '캐논 표Canon Table'는 비슷비슷한 복음서 구절들을 암기할 때 활용한 시각적 보조 장치의 가장 좋은 예다. 캐논 표에는 화려한 장식의 기둥들이 개방형 포르티코 같은 건물 구조를 이루고 있고, 기둥 사이의 아케이드 공간은 각기 다른 색과 패턴으로 장식되어 있다. 그렇게 해서 각각의 복음서들은 이 표에서 자기 자리를 할당받음으로써 각기 개별적이고 물질적인 독자성을 확보한다. 장식적 세부 사항과 색상에서의 차이는 수사학 논문에 설명된 암기 기법들과 잘 조응한다. 아울러 채식 이니셜과 장식 띠무늬가 교차하며 유사하게 구분과 강조 기능을 수행했다. 이 표를 보는 독자들은 특정 페이지의 물리적 레이아웃을 머릿속에 그리면서 텍스트를 익힐 수 있었고, 이렇게 익힌 지식 역시 주로 시각적·공간적 기억에 의존해 오래 유지할 수 있었다.

그리스도교 신앙의 표현과 가르침에서 이미지의 인식론적 가치를 잘 보여주는 또 다른 예로 『파리 복음서Paris Gospels』(Par. gr. 74)와 『바티칸 군주서Vatican Book of Kings』(Vat. gr. 333)에 실린 서사적인 그림들을 들 수 있다. 이 필사본들의 페이지에서 이미지들은 텍스트 단락을 가로질러 펼쳐져 있으며, 이미지와 텍스트 사이에 일대일 호응과 대화가 생겨난다. 고전기 문헌이 담긴 11세기 필사본에서도 이미지와 텍스트가 이러한 방식으로 제시되었다. 현재 베네치아에 소장된 오피아노스Oppianos의 저작 『키네게티카Cynegetica』의 아름다운 필사본(Marc. gr. Z. 479)이 그 예다. 삽화로 가득 채워진 『팔경八經, Octateuchs』(구약성서의 첫 여덟 경서) 필사본도 책에서 표현될 수 있는 비잔티움 회화의 뛰어난 기교를 확인시켜준다. 각 필사본은 모델들의 복잡한 네트워크에 의존하는 동시에 각각을 유일무이한 창작품으로 만드는 새로운 해석들을 제공한다. 역사적 서사를 엄숙하게 다루는 전통에 반기를 들었던 스킬리트제스Skylitzes의 저작 『연대기Chronicle』의 12세기 필사본은 현재 마드리드에 소장되어 있는데(Vitr. 26-2) 오늘날 우리가 보기에도 놀라우리만치 표현이 풍부한 삽화를 많이 싣고 있다.『연대기』의 필사본은 당대의 비잔티움왕조 계승을 둘러싼 미묘한 문제들로부터 물리적으로 안전한 거리인 시칠리아의 팔레르모에서 필사되었을 것으로 짐작된다. 이 책은 이 민감한 문제들와 관련한 디테일을 매력적인 미니아튀르miniature, 세밀화에 비극적이고 생생하게 담아낸다. 이 마드리드 필사본에서 이렇듯 삽화를 활용한 서사 전개 방식이 새로이 고안된 것은 시칠리아의 왕 로제르 2세Roger II의 궁정 정치에서 새롭게 조성된 환경에 발맞춘 것이었다. 이 책의 삽화에 나타난 도상학적 선택들은 주로 왕위를 찬탈한 자들의 정치적 정통성을 둘러싼 관심을 반영하고 있다. 당시 그리스도 정교회의 일반적인 관심사는 성상 파괴주의에 대한 승리감을 노골적으로 표방하는 데 있었지만, 이 마드리드 필사본에서 그러한 것들은 중요하게 취급되지 않았다.

호화 코덱스

책 생산의 후원은 일반적으로 귀족층이나 성직자 서열의 최상단, 특히 비잔티움제국의 황제들과 연관성이 있었다. 최상품 필사본들은 대부분 황궁이 소재한 수도 콘스탄티노폴리스에서 제작되었을 것으로 추정되지만, 막상 황제의 초상이나 콜로폰처럼 분명한 표시로 확인되는 경우는 매우 드물다. 하지만 파리 프랑스 국립도서관에 소장된 『요하네스 크리소스토모스의 설교집Homilies of (John Chrysostom)』의 채식 사본(Coislin 79)은 황제를 위해 제작되었다는 데 의심의 여지가 없다. 아마도 필사본의 앞쪽에 실린 전면全面 헌정 초상화가 실린 니케포로스 보타네이아테스Nikephoros Botaneiates 황제였을 것이다. 그림에서 요하네스 크리소스토모스는 선 채로 보타네이아테스황제에게 이 책을 바치고 있다. 최근의 연구에 따르면 일부 고품질 필사본은 지방에서 제작되었다. 예를 들어 팔레스타인에서는 많은 숙련된 장인들이 함께 옮겨 다니며 공동으로 작업했다. 특히 예루살렘 아토스산에서 그리스 문화와 조지아

10. 8세기 책의 대형 팔림프세스트 양피지 낱장. 예루살렘의 헤시키오스가 쓴 『시편 해석집Commentary on the Psalms』의 현존하는 가장 오래된 단편斷片으로 대문자체로 쓰여 있다. 이 양피지는 13세기에 시칠리아 메시나의 산 살바토레 수도원에서 필기 재료로 재사용되었다. 필경사 다니엘Daniel은 팔림프세스트 낱장에 쓰인 더 오래된 글 위에 의례용 텍스트를 썼다. 훼손되었거나 당대 사람들에게 더는 관심을 끌지 못하는 오래된 책의 양피지를 재활용하는 것은, 특히 이탈리아 남부를 비롯한 지방에서 꽤 흔한 일이었다. 이탈리아 산 살바토레, 메시나대학 도서관 소장(30, fol. 236r.)

문화가 공생관계에 있었다는 사실이 이 지역에서 제작된 책의 물리적 세부사항이나 문학적 교류 및 텍스트 번역 양상을 통해 증명되었다. 비슷하게, 비잔티움 문화에 바탕을 두었을 뿐만 아니라 이로부터 지속적으로 영감을 받은 아르메니아의 전통은 자체적으로도 다양한 장식 체계와 독특한 장식물들을 개발했으며 채식 사본을 문화의 보고이자 신앙의 표지로 높이 받들었다.

화려한 책 표지는 그 아래에 담긴 신성한 내용의 정수를 형상적인 방식으로 고귀하게 드러내 보였으므로 예배식에서 전시하며 행진하기에 적합했다. 이를 지켜보는 신도들은 코덱스 형식의 위상과 매력을 다시금 확인했다. 지금까지 대상이나 이콘으로서의 책은 중세 책 장식의 화려함 그리고 제작 관련 디테일의 철저함을 이해하기 위해 사용된 메타포였다. 금속 장식이 박힌 복음서는 성체 성사에 사용되는 신성한 그릇처럼 예배의 일환으로 제단 위에 놓였다. 지금까지 전해지는 귀한 표지들이 원래의 책에 아직 부착되어 있는 사례는 드물지만, 상아 장식판들을 보면 성스러운 장면을 표현하기 위해 애쓴 조각가의 기량이 충분히 드러난다. 이렇듯 정신적인 선언 manifesto이 부여된 책들의 물질적 가치는 곧 정신적 숭배로 전환되었다. 그리스도교 신앙의 강력한 상징인 책은 예배식에서 신에게 봉헌되었다.

이러한 특별 대우를 받는 텍스트는 주로 성서였다. 고대 후기의 일부 사본은 양피지를 보라색으로 물들이는 공정을 활용해 더더욱 호화롭게 만들기도 했다. 이렇게 해서 나온 어두운 바탕은 금이나 은 같은 특별한 잉크를 더욱 돋보이게 하는 효과가 있었다. 가장 희귀한 코덱스로 손꼽히는 『코덱스 아르겐테우스Codex Argenteus』도 이렇게 제작되었다. 이 책은 현재까지 전해지는 유일한 '고딕체 성서'(스웨덴 웁살라 소장)다. 『코덱스 푸르푸레우스 로사넨시스Codex Purpureus Rossanensis』 같은 그리스어 서적도 마찬가지다. 또한 유명한 『코덱스 시노펜시스Codex Sinopensis』(Paris. gr. 1286)와 『코덱스 카이사리엔시스Codex Caesariensis』(New York, Morgan Library & Museum MS M.874)에도 같은 기법이 적용되었는데 모두 제작 연대는 6세기로 추정된다. 바티칸 도서관이 소장하고 있는 10세기 초의 『코덱스 레기넨시스Codex Reginensis』(gr. 1)의 경우, 경구에 드러난 의도나 전면 헌정 초상화를 통해 후원자가 레오 사켈라리오스Leo Sakellarios 였음을 확인할 수 있으며, 그의 형제들과 한 수도원장의 이름도 알 수 있다. 이러한 세부 정보에도 불구하고, 연구자들은 후원자 레오 사켈라리오스나 이 수도원(테오토 코스Theotokos, '하느님의 어머니'라는 뜻으로 성모 마리아의 이칭ㅡ옮긴이가 헌정된 미니아튀르에서 압도적인 비중을 차지하는 것으로 미루어보아 그에게 바쳐진 수도원으로 보인다)을 다른 사료에서는 찾을 수 없어서 어려움을 겪었다. 결국, 성서 연구에 독특한 한 장면을 제시하는 이 탁월한 성서 사본의 생산지는 여전히 파악되지 않은 채로 남아 있다. 학자들은 그림의 품질이나 텍스트에 대한 문헌학적 연구 결과로 미루어보아 이 책이 지방에서 나온 작품이라고, 심지어 서로마와 연관되어 있을지도 모른다고 판단한다. 『니케타스 성서』는 그보다 더 중심지 쪽에서 제작되었을 것으로 보인다. 그런데 이 책에 지명된 후원자 역시 역사적으로 잘 알려지지 않은 인물이다. 이러한 책들은 서두의 정교한 채식, 세심하게 쓴 성서 텍스트, 기둥 같은 화려한 장식 형태로 제시된 주석을 결합해 후원자와 그의 측근들에게 성서의 중요성을 체계적으로 제시했다.

시편에서 전면 채식은 이례적인 일이었고 이는 '귀족적' 생산물과 '수도원' 생산물을 구분할 가능성을 시사했다. 후자는 여백에 배치된 삽화들의 크기가 작고 주로 성서 해설에 초점이 맞춰져 있는 것이 특징이었다. 그런데 이처럼 지나치게 명확한 구분의 근거가 과연 충분한가에 관해서는 현재 논란이 있지만, 웅장한 고전기 양식으로 제작된 『파리 시편Paris Psalter』(Paris. gr. 139)의 필사본은 한눈에도 부유한 후원자의 의뢰를 받아 생산된 것이 확실하다. 비잔티움 군주들은 노골적으로 다윗왕을 그들의 상징으로 삼았다. 채식사들은 다윗왕의 행적에서 구현된 미덕과 그 미덕이 주는 특유의 감동을 강조함으로써 시편 텍스트를 그리스도 강림을 예언하고 귀족층 독자를 도덕적으로 인도하는 수단으로 삼고자 했다. 몇 장의 전면 삽화들은 이 모든 개념을 강렬하게 종합한다. 한편, 이 필사본은 정교한 불레테체로 쓰인 상당히 많은 양의 성서 해설이 넓은 여백을 채우고 있다. 우아한 과시와 학식 사이에 아슬아슬하게 자리한 셈이다.

마지막으로, 우리는 비잔티움 영성의 고전인 요하네스 클리마코스John Climax, '클리마코스'는 '사다리'를 의미한다—옮긴이의 작품 『사다리Ladder』의 여러 삽화본을 살펴봐야 한다. 이 작품에서는 도상적 상징인 천국으로 가는 계단을 오르려는 영혼들을 두고 천사와 악마가 다투고 있다. 이 상징은 여러 매체와 맥락에서 수차례 반복되었는데 시나이에서 제작된 한 12세기 필사본(Sinait. gr. 418)에서도 그렇다. 이 필사본의 모든 페이지는 첫머리에 비네트vignette, 작은 삽화—옮긴이가 있다. 각 비네트에서는 수도사들이 일상적인 작업과 기도 활동에서 미덕을 행하려 애쓰는 모습이 묘사된다. 나지안

주스의 그레고리오스 설교집의 또다른 시나이 필사본(Sinai. gr. 339)을 보자. 이 책도 비슷한 방식으로 페이지 첫머리의 큰 직사각형 장식 공간과 형상적 이니셜의 서사적 잠재력을 십분 활용한다. 정교한 장면들은 그 아래 필사된 설교 내용이나 그 배경을 암시한다. 분명 이 책들은—그리고 여기 추가될 수 있는 수많은 다른 책들은—그 자체로 아름다운 창작품일 뿐만 아니라 비잔티움시대의 세계와 정신성에 관한 마르지 않는 정보의 원천이다.

버추얼 코덱스

역사의 우여곡절은 귀한 증거들을 마구 뒤섞고 유럽 전역과 그 너머에서 그리스어 필사본의 디아스포라를 초래했다. 하지만 분명한 점은 필사본 생산의 본거지가 광범위한 비잔티움 문화 영향권에 고루 퍼져 있었다는 것이다. 여기에는 팔레스타인, 시리아 등 동쪽 지방, 이탈리아 남부 같은 서쪽 영토, 테살리아, 아토스, 펠로폰네소스 등 그리스의 여러 지역이 포함되며, 저 멀리 러시아, 아르메니아, 조지아도 비잔티움 문화의 영향권에 있었다. 나중에 베네치아, 피사, 제노바, 그리고 특히 키프로스와 크레테의 섬들 같은 해상 세력도 모두 비잔티움 문화의 영향을 받았다. 이후 이 지역들은 서유럽이 르네상스 시기를 지나는 동안 그리스 문화의 보존과 부흥에 중대한 역할을 했다. 과거 고전기 그리스 작품과 그리스어 교부 문학을 비롯한 그리스도교의 필수적인 텍스트들은 유럽 문화를 계속해서 뒷받침했고 이것을 가능하게 한 실질적인 수단은 필사본과 필사본 매매였다. 이 텍스트들은 1453년 콘스탄티노폴리스가 튀르크인들에게 함락된 이후 초창기 대학과 그리스인 망명자들이 가르치는 학교에서 수업 자료로 활용되었다.

콘스탄티노폴리스에 소재한 도서관들은 상당량의 장서가 1204년의 화재로 소실되었다. 비잔티움제국 수도의 많은 보물이 이때 유실된 것으로 추정되지만, 비잔티움 제국의 유명한 성유물에 관심이 많았던 십자군 전사들 때문에 이 귀중한 보물과 필사본은 유럽 대성당의 보물 창고와 귀족들의 저택이나 소장품으로 조금씩 흘러 들어갔다. 아울러 아토스산 일대의 수도원들, 파트모스섬의 신학자 성 요한의 수도원, 시나이산의 성 카타리나 수도원 도서관 등 다른 대규모 보관소들은 안정적으로 보존되어서 1204년 화재로 인한 피해를 어느 정도 상쇄해주었다. 그렇지만 수도원들을 비롯한 그리스 문화의 중심지들은 이후 그 정도 규모는 아니어도 끊임없는 재난에 시달렸다. 가장 유명한 예로 1672년 마드리드 인근 에스코리알 수도원 화재 사건, 1920년 스미르나의 신학 도서관 화재 사건, 1944년 몬테카시노 전투 폭격 사건을 들 수 있다. 사실 현대의 도서관들도 전반적으로 수준이 향상되었다지만 당연히 완벽하게 안전한 환경을 제공할 수는 없다. 부식과 부실한 보존 조치로 자료는 유실되기 마련이며 전쟁 시기에 극심한 대량 손실이 발생한다는 사실은 따로 언급할 필요조차 없을 것이다. 그럼에도 카탈로그 기록은 점차 향상되어왔는데 서양의 여러 도서관에는 어렵사리 구출한 자료들이 모여든다. 외교적인 선물이나 적극적인 수집가들의 기부로부터도 덕을 본다. 가끔은 개인의 컬렉션이 통째로 공공 도서관이나 기관 도서관에 통합되기도 했다. 대영 도서관과 옥스퍼드의 보들리 도서관이 상속세의 일부로 제출된 잉글랜드의 홀컴 홀Holkham Hall의 그리스어 필사본을 입수한 사례가 그렇다. 어떤 때는 평범한 상황에서 획득한 책이 알고 보니 오래전에 유실되었다고 생각한 코덱스인 반가운 사례도 있었다. 에스코리알 화재에서 구출된 필사본들이 서적 시장에 유입되었을 때 스페인에서 직무를 수행하고 있었던 스웨덴의 외교관 요한 가브리엘 스파르벤펠드Johan Gabriel Sparwenfeld, 1655~1727의 장서가 그러한 예다. 그리스어 필사본을 소장하고 있는 중요한 대규모 단일 보관소로는 바티칸 도서관, 파리의 프랑스 국립도서관, 런던의 대영 도서관, 옥스퍼드의 보들리 도서관, 뮌헨의 바이에른 도서관, 베네치아의 마르차나 도서관, 아토스산의 수도원 부설 도서관들(여성은 입장이 제한된다), 모스크바의 국립박물관 등이 있다. 현대적 기술 표준에 따라 작성된 새로운 도서 카탈로그를 편찬하는 사업이 전부터 추진됐지만 진척도는 고르지 못하다. 그런데 더욱 세부적인 기록이 디지털화할 필사본을 선정하는 과정에서 산출되고 있다.

서서히 그리스어 필사본의 세계에도 디지털 혁명이 도래하고 있다. 그리스어 파피루스 자료의 디지털 연구와 비교할 때 자료의 양이 훨씬 방대하다는 데에 나름의 어려움이 있다. 그렇지만 수백 여의 자료 보관소들이 피렌체의 라우렌치아나 도서관의 선례를 쫓아 디지털화 작업에 동참하고 있다. 일례로 파리의 수많은 그리스어 필사본을 이제 '갈리카Gallica. 프랑스국립도서관 소장품을 디지털화해 공개하는 웹사이트—옮긴이'에서 처음부터 끝까지 열람할 수 있다. 바티칸 도서관도 소장품을 온라인에 전시하는 작업에서 큰 진전을 보였다. 이제 우리는 디지털화된 코덱스를 집에서도 언제든 전부 열람할 수 있다. 심지어 모든 자료가 고화질 컬러 이미지로 제공되고 있으니 더욱 상세한 고문서학과 미술사학의 비교 연구를 위한 신기원이 열리고 있는 셈이다.

파리에 거점을 둔 프랑스 국립과학연구센터의 그리스 필사본 데이터베이스 '피나케스Pinakes. https://pinakes.irht.cnrs.fr'는 그리스어 필사본을 위한 주요 참고 사이트다. 이 웹사이트에서는 필사본의 내용에 관한 핵심 메타데이터, 디지털화된 자료로 바로 접속할 수 있는 링크, 심도 있는 맥락화 작업에 필요한 정보 등을 구할 수 있다. 또한 피나케스 프로젝트가 추진하는 또다른 사업은 전 세계의 다양한 필사본 수집 및 보존 사이트 사이의 연결을 조율하는 일이다. 디지털 혁명으로 우리가 손에 넣은 도구들은, 아직 우리가 백 퍼센트 활용하지는 못하더라도, 진정 우리에게 큰 기대감을 불러일으킨다. 한 화면에 두 권의 필사본을 동시에 두고 비교하는 것은 사실상 전 세계에 흩어져 있는 두 권의 필사본을 한 책상에 올려두는 것과 다름없다. 이로써 우리는 지리적으로 떨어져 있는 두 책이 같은 장소에 기원을 두고 있거나, 예전에 같은 수도원에서 소장된 적이 있다거나, 같은 필경사가 제작했음을 암시하는 흔적을 품고 있는지 등등을 확인할 수 있다. 가상의 복원은 그 자체로 고대 필사본에 관한 모든 것을 알려주지는 않는다. 하지만 이것은 단연코 이 놀라운 책들을 집에서 직접 경험해볼 수 있는 가장 좋은 방법이다. 미래 세대의 학자들은 자료의 손상을 더는 한탄하지 않을 것이다. 대신 그들은 그리스어 필사본을 읽고 비잔티움 문화에 대한 지식을 쌓을 수 있을 것이고, 역사의 디아스포라로 떠도는 현존하는 그리스 필사본들을 한층 더 정연한 그림으로 재연결하는 특권을 향유할 것이다.

4장

중세 및 근대 초의 동아시아

신시아 브로코
Cynthia Brokaw

동아시아는 전 세계 책 문화에 놀라우리만치 다양한 기술을 공헌했다. 동아시아에서도 텍스트를 생산·복제하는 초기 방식은 필사, 즉 손으로 베끼기였다. 중국·한국·일본은 인쇄가 성행할 때도 필사본 발행을 적어도 근대 초까지 매우 가치 있는 전통으로 유지했다. 하지만 7세기와 13세기 사이에 그들 역시 목판 인쇄술과 점토·목재·금속으로 만든 가동 활자 등의 몇 가지 인쇄 기술을 발명했다.

중세시대 중국은 목판 인쇄술에 힘입어 출판이 활황기를 맞았고, 근대 초에 이르러 인쇄는 단연 책 생산의 주류 형식으로 자리잡았다. 중국은 전근대 동아시아에서 선도적인 문화 강국이었던 만큼 중국의 출판과 책 문화는 한국과 일본(그리고 어느 정도는 베트남)의 서적사에 중대한 영향을 주었다. 근대 시기까지 동아시아의 가장 지배적인 인쇄술로 남아 있었던 목판 인쇄술은 중국에서 처음 발명되었다. 일찍이 한국과 일본은 고전 중국어, 즉 한문을 국가 통치와 고급문화의 언어로 받아들였다. 중국의 '경서'는 유학자들이 궁극적으로 윤리적·정치적 지혜의 샘으로 받아들인 또다른 고대 텍스트의 총체였고 그들에게 중국의 문학작품은 글쓰기의 전범이었다. 따라서 동아시아는 이른 시기부터 텍스트 생산에서 상대적으로 통일된 언어를 향유한 셈이다. 한문은 동아시아의 공통어, 즉 링구아 프랑카lingua franca였다. 한문 텍스트는 중세 동아시아 책 문화의 핵심을 이루었다.

물론 나라별 차이는 있었다. 동아시아 출판의 주요 구성단위―정부, 종교 기관, 개인이나 가문, 상업 출판사―는 세 나라 공히 동일했지만, 이들 구성단위가 각 나라의 출판계에서 차지하는 상대적 중요도는 아주 달랐다. 이를테면 중국 정부와 한국 정부는 텍스트 생산의 후원 및 검열 활동을 통해 각국의 책 문화 형성에서 지대한 영향력을 행사했다. 반면 일본 정부는 인쇄물의 정치적 활용이나 영향에 관해 대체로 무관심했던 것으로 보인다.

그리고 시대가 바뀌었다. 근대 초 한국 그리고 특히 일본은 중국의 텍스트 전통과 매우 독립적인―그리고 종종 저항적인―자국의 문학 문화를 발전시켰다. 이후에도 한문 텍스트는 양국에서 계속 출판되었지만 7세기부터 9세기 초까지 새롭게 발달한 한국과 일본의 독특한 책 문화에서는 갈수록 부수적인 역할을 하는 데 그쳤다.

중세시대 동아시아의 기술 혁신과 공동의 책 문화

7세기 중국에서는 가장 먼저 종교 기관―불교 나중에는 도교―이 텍스트를 널리 전파할 잠재력이 목판 인쇄술에 있음을 알아보았다. 현존하는 최고最古의 인쇄 텍스트는 한국과 일본에서 발견되는데(아마도 중국에서 인쇄됐거나 중국에서 전해진 기법을 통해 생산됐을 가능성이 매우 높다) 8세기 문헌으로 추정되는 불교의 비밀스러운 주문 '다라니경陀羅尼經'이다. 장중한 인상을 풍기는 『금강경金剛經』의 두루마리 인쇄본은 권두 삽화와 한문 텍스트가 모두 섬세하고 정교해 이 판본이 나온 해인 868년에 이미 목판 인쇄술이 상당한 수준에 이르렀음을 시사하고 있다.

이 무렵 중국의 최소 두 개 도시에—서남부의 청두와 북부의 뤄양—출판을 가업으로 삼은 가문들이 있었다. 이들 가문은 상업적인 목적에서 연감, 사전과 압운집押韻集, 점성술·해몽·풍수에 관한 책, 약방문 모음집, 수도승 일대기, 그리고 무엇보다 경전이나 다라니경 같은 다양한 텍스트를 인쇄했다. 한 세기가 지나자 문학 선집, 유학 경서, 도교 계율집, 백과전서, 역사 비평서도 나왔다. 북부의 카이펑과 남부의 항저우 역시 인쇄 중심지로 떠올랐다.

역설적이지만 중국 정부가 인쇄술이 중앙집권화를 뒷받침할 일원화된 이념을 확산시킬 수단으로서 가치가 있음을 알아본 것은 정치적 분열기인 10세기에 이르렀을 때였다. 짧은 역사의 후당後唐에서 재상을 지낸 풍도馮道, 882~954는 932년에 황제에게 '유학 경서' 전집 편찬을 건의했다. 이 전집은 22년 뒤 총 130권으로 완성되었다. 이후 아홉 세기 반에 이르는 긴 세월 동안 중국의 우주론적 신념 그리고 정치적·윤리적 가치의 근본적 표현으로서 위상을 유지한 '경서'의 최초 인쇄본이었다. 결국 경서는 중국 과거 시험의 핵심 텍스트가 되었다. 공직—중국 사회에서 가장 선망받는 직업이었다—을 목표로 삼은 중국 남성은 누구나 경서를 통달하고 술술 외울 수 있어야 했다. 이 텍스트가 중국의 교육, 행정, 사회에 미친 영향은 실로 심대했다.

960년 송나라로 재통일된 중국은 인쇄의 첫번째 황금기를 맞았다. 글 읽는 이들은 텍스트를 구하기 훨씬 수월해진 것을 기뻐했다. 한 관료는 이렇게 썼다.

배움에 나를 바친 젊은 시절에 경서와 그 주석서의 필사본을 모두 소유한 서생은 100명 중 한둘에 지나지 않았다. 그토록 많은 문헌을 전부 필사할 재간이 없었기 때문이다. 오늘날에는 경서의 인쇄본이 넘쳐나고 관료든 평민이든 너 나 할 것 없이 모두 집에 두었다. 우리와 같은 시대에 태어난 서생들은 실로 큰 복을 누리고 있다.

(형병邢昺, 이도李燾의 『속자치통감장편續資治通鑑長編』 중에서. 2. 60.1333)

하지만 텍스트를 접하기 쉬워져 (하층민 독자에게까지 개방되는 바람에) 배움의 값어치와 서생들과 관료들의 암송 훈련이 질적으로 저하되었다고 불평하는 사람도 많았다. 처음에 정부는 민간 출판과 경서의 복제를 제한해 텍스트 양산을 통제하려고 했다. 국자감國子監은 과거 시험용 텍스트의 올바른 판본을 만드는 일을 맡았다. 지방 정부 역시 출판 활동을 활발히 벌여 역사책, 지명 색인집, 문집, 과학과 의학 실용 서적을 펴냈다. 푸젠성 재무국에서 1147년에 간행한 『태평성혜방太平聖惠方』('태평 치하에 황제의 성은으로 편찬된 방서')이 그러한 예다.

12세기에 관청의 제약이 완화되자 개인과 상업 출판이 활발해졌다. 지금까지 확인된 송조 시대(960~1279) 출판 도시는 총 51개이지만, 그중 주요 중심지라고 할 만한 곳은 저장성 항저우, 푸젠성 젠양, 쓰촨성 청두 등 소수에 지나지 않는다. 13세기와 14세기에는 유일한 북쪽 도시인 산시성 평양도 중심지로 꼽혔다. 항저우에서 가장 활발한 서점은 당조(618~907)와 송조 시대의 시집을 특히 많이 구비하고 있었던 천陳 씨 가문의 '노상 책방'(수평)이었다. 인尹 씨 가문의 서점은 소설과 일화집을 많이 팔았다. 12세기 초에 출판업자 주궁朱肱은 "책을 쓰고 술을 빚기" 위해 항저우에 터를 잡고 권수는 적지만 흥미로운 책들을 펴냈다. 약과 술에 관한 주궁의 관심은 현전하는 그의 두 저작—『유증활인서類證活人書』('생명을 구하는 책')와 『주경酒經』('술의 고전')—에 영감을 주었음이 틀림없다.

젠양시의 출판 역사는 11세기부터 17세기까지 아우른다. 송조 때 활발했던 개인이나 상업 출판사는 약 50개가 있었고, 몽골족의 원조(1279~1368) 시대에 이르러서는 60여 개가 있었다. 젠양시는 중세시대 최대의 출판 중심지였다. 이 시기의 출판사들은 주로 문중이나 가문을 기반으로 운영되었다. 위魏 씨 가문과 류劉 씨 가문은 송대 건본建本, '[푸]젠[福]建에서 나온 텍스트'를 일컬음을 신중하게 선정·편찬해 경서 주석집, 왕조사王朝史, 문집, 법서, 의서 등 최고 품질의 판본을 펴냈다. 젠양 시의 다른 출판사들은 과거 시험에서 부정행위에 사용되는 쪽지나 수험생용 논술문 모음집을 낸다는 오명에 시달렸다. 이들 출판사에서 낸 경서의 판본들은 오류투성이여서 이 책들로 공부하면 오히려 낙방이 보장된다는 농담이 유행했다. 생산지인 소읍의 이름을 따서 '마사본麻沙本'이라고 불리는 이 책들은 값싼 대나무 종이를 쓴데다 지면이 좁고 글이 빽빽하게 들어차 있고 인쇄 품질도 형편없어서 젠양시에서 출판된 수많은 우수한 책과 대조적이다.

개인 출판업자, 사찰, 승원에서는 계속해서 불교 텍스트를 생산했다. 항저우에서는 '관련 자'官人 賈, '자 씨 성을 가진 관료'가 법경 서점을 운영하면서 송조 때부터 전해져 내려오는 아름다운 채식본을 출판했다. 『불국선사문수지남도찬佛國禪師文殊指南圖贊』('불국 선사가 문수의 생애를 찬미하는 그림과 시')과 『묘법연화경妙法蓮花經』('연꽃 불경')이 그 예다. 원조 초, 푸젠성의 두 불교 사원─동창사와 개원사─은 불교 정전 '삼장三藏, 경장·율장·논장을 일컫는 말. 흔히 말하는 '대장경大藏經'은 이 삼장을 총망라한 것이다 ─옮긴이'을 간행했다. 1132년 저장성 후저우에서 찍은 3판은 총 5000장章으로 구성되어 있었다. 이 정도의 대규모 사업을 수행하려면 수많은 필경사와 목판 기술자를 능숙하게 다룰 관리 기술이 필요했다. 아울러 몇 개 기관의 협업이 있었을 것이다. 삼장 못지않게 방대한 도교 정전은 후저우 톈닝의 만수사가 황제의 후원을 받아 12세기 초에 처음으로 인쇄했다.

인쇄술이 확산되고 텍스트가 증가하자 황실이나 개인 모두 장서를 구성하기 수월해졌다. 필사본과 인쇄본을 모두 소장한 서고는 공식적으로 또는 비공식적으로 학문의 중심지가 되었고 텍스트 비평이라는 새로운 관행을 촉진했다. 텍스트 대조는 권위 있는 단일한 텍스트를 확립하기가 어렵다는 것을 깨닫게 해주었고 독자 겸 편집자들은 여러 이본 중 하나를 선택하거나 때로는 자신이 직접 하나의 이본을 만들어 권위를 세울 수 있었다. 송나라 학자들은 텍스트를─심지어 경서의 텍스트도─창의적으로 편집했는데, 예를 들어 주희朱熹, 1133~1200는 『대학大學』을 탁월하게 개정해 다시 펴냈다.

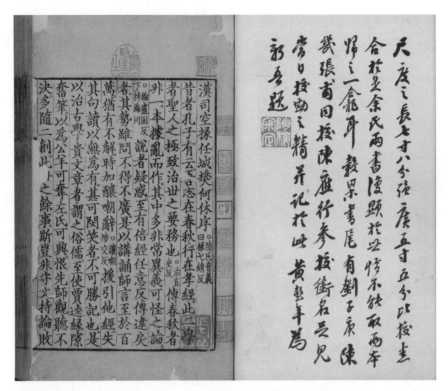

1. 중국 인쇄술의 황금기였던 송 왕조 시대(960~1279)의 텍스트. 1191년에 여인중余仁仲의 만권당萬卷堂 출판사에서 주석과 함께 펴낸 『춘추공양경전해고春秋公羊經傳解詁』. 중국 국가 도서관. 폴리오 절반 크기의 페이지 두 쪽이 맞붙어 있다. 오른쪽은 전문(서언, 내용 등)의 마지막 페이지, 왼쪽은 본문 텍스트의 첫번째 페이지이다.

심미적 차원에서 볼 때 송조는 중국 인쇄술의 황금기였다. 우수한 송조 텍스트는 높이 평가되는데 서적 자체가 희귀하기 때문이기도 하지만 서예의 우아함과 힘을 잘 재현하기 때문이기도 하다. 서예는 중국에서 가장 세련된 예술로 여겨진다.

필사본은 인쇄술이 발명된 지 한참이 지나서도 자주 사용되었다. 필사본이 서예 실력을 드러낼 좋은 기회를 제공했다는 것도 부분적인 이유가 될 것이다. 야심 있는 출판사들은 인쇄본에서 서예의 기교를 재현하려고 했다. 기량이 뛰어난 서예가들을 고용해 아름다운 필체로 텍스트를 필사하면 숙련된 장인들이 최대한 이 필체를 흉내내어 목판을 깎았다. 송조와 원조의 텍스트에 필경사와 활자 각수의 이름이 열거된 경우가 많은데 이 작업에 대한 그들의 자부심이 엿보인다. 물론 이 관행은 임금 계산의 편의를 위한 것이기도 했다.

송조 말기를 즈음해 중국(과 동아시아) 책의 기본적인 물질적·시각적 형식이 확립되었다. 초기 인쇄본은 필사본을 흉내내어 인쇄된 종이를 여러 장 이어붙이고 두루마리로 말거나 병풍처럼 접어 장정했다. 불교와 도교 텍스트는 흔히 이 방식으로 장정했지만, 세속 텍스트는 이때부터 코덱스 형식으로 장정했는데, 페이지를 펼치면 마치 나비의 날개처럼 보인다고 하여 호접장蝴蝶裝, butterfly binding이라고 불렀다. 한쪽 면만 인쇄한 낱장을 인쇄된 면이 안으로 들어가도록 반으로 접은 다음 아무것도 찍히지 않은 바깥쪽 면을 책등에 붙였다. 몇 세기 뒤에 소비자들은 훨씬 더 안전한 선장線裝, thread binding을 선호했다. 인쇄된 면이 바깥으로 오게 반으로 접은 다음 가장자리를 표지와 함께 실로 꿰매는 방식이다. 이렇게 하여 완성된 책冊, ce은 더 안전하게 보관하기 위해 흔히 판지板紙로 감싸거나 궤에 넣었다.

20세기 전에는 한문을 세로로 오른쪽에서 왼쪽 방향으로 쓰고 인쇄했다. 흔히 필사자와 독자 둘 다의 편의를 위해 세로줄 옆에 선을 그었다. 정합이 맞지 않아 한 페이지 안에서 두 글자 이상 겹쳐 찍히거나, 책 안에 여러 텍스트가 '쌓여' 인쇄되기도 했다. '서미書眉'('책의 눈썹')라고 부르는 페이지 상단 여백에 주석을 인쇄하기도 했다. 하지만 주석은 대개 텍스트 사이에 작게 두 줄로 인쇄했다. 송조에 인쇄용지는 주로 대나무로 만들었지만 뽕나무, 꾸지나무, 청단 껍질도 사용되었다.

출판사들은 각자의 간행물을 '브랜드화'하기 위한 수단으로서 독특한 포맷을 개발했다. 이를테면 하나의 세로줄에 들어가는 글자 수나 한 페이지에 들어가는 세로줄 수를 일정하게 맞추거나, 텍스트의 테두리를 둘러싼 여백의 크기를 통일했다. 단, 상단의 여백은 독자가 주석을 달고 싶을 경우를 대비해 흔히 넓게 두었다. '어미魚尾'('물고기 꼬리', 표제나 장의 숫자를 감싼 괄호로 판심版心, 즉 책장이 접힌 부분에 있었다),

'흑구黑口'('검은 입', 판심의 위나 아래 또는 둘 다에 자리한 검은색 세로 열), '이耳'('귀', 페이지 상단 왼쪽이나 오른쪽에 자리한 작은 네모. 안에 제목이나 장의 숫자를 쓰기도 했다)를 추가하기도 했다. 이러한 장식들은 시각적 흥미를 더했을 뿐만 아니라 필사자나 목판공, 인쇄공, 독자에게 편의를 제공했다.

11세기와 14세기 사이에 동아시아 전역에서 인쇄 기술이 발달했고 가동 활자를 둘러싼 여러 가지 실험이 있었다. 11세기에 필승畢昇, 990~1051년경이 점토로 만든 가동 활자로 인쇄하는 방법을 발명했다. 이 방법은 널리 받아들여지지 않았지만 가동 활자의 발상 자체는 탁월한 것으로 판명되었다. 초창기에 몇 차례의 실패가 있고 난 뒤에 마침내 13세기 말 지방관 왕정王楨, 1333년 사망이 지역사에 관한 약 6만 자짜리 인쇄본을 가동 목활자를 써서 찍어내는 데 성공했다. 하지만 활판 인쇄는 결코 지배적인 형식이 되지 않았다. 한자 수천 자를 표현하려면 어마어마한 수의 폰트가 필요하다는 사실을 고려하면 활판 인쇄는 결코 경제적이지 않았다. 목활자, 그리고 나중에 금속활자는 글자 수가 많지 않은 텍스트나 부유한 상인이나 정부로부터 자금을 받은 텍스트에 한해 사용되었다.

금속 활판술은 중국이 아닌 한국에서 처음 개발되었다. 일찍이 8세기에 한국은 중국으로부터 전파된 목판 인쇄술의 혜택을 누리고 있었다. 실로 동아시아에 현존하는 가장 오래된 인쇄본 『무구정광대다라니경無垢淨光大陁羅尼經』은 704년과 751년 사이에 제작되었을 것으로 추정되는데 한국에서 발견되었다. 한국도 중국처럼 목판 인쇄술을 활용해 삼장을 이루는 세 경전을 비롯한 불교 텍스트들을 간행했다. 11~13세기에 외세의 침입에 맞서 붓다의 도움을 받기 위함이었다. 이 사업의 결과물로 나온 8만여 판이 오늘날 해인사에 남아 있다.

13세기 초를 즈음해 한국에서는 왕궁의 장인들이 가동 금속활자를 시험하고 있었다. 기록으로 남아 있는 최초의 성공 사례는 1377년에 제작된 불교 승려들의 일대기와 역사를 간추려 엮은 책 『백운화상초록불조직지심체요절白雲和尙抄錄佛祖直指心體

2. 불교 삼장 팔만대장경 목판(총 8만 1258판). 고려조 1236년부터 1251년까지 판각되었으며 1398년부터 해인사 장경판전에 보관되어 있다.

要節』이다. 조선왕조(1392~1897) 초기의 왕들은 국가 통치에서 이 기술이 지닌 가치를 재빨리 알아보았다. 태종(1400~18년 재위)은 1403년에 칙령을 반포해 "무릇 나라를 잘 다스리려면 서책을 널리 읽혀야 한다. (…) 동활자를 주조해 서책을 되도록 많이 찍어 널리 읽히게 하는 것이 나의 바람"이라고 설명했다. 조선의 조정은 한반도에서 가장 유력한 출판 기관이었고 흔히 엽전을 주조하는 기술로 만든 금속활자를 사용했다. 한국의 엘리트 독서층은 규모가 작았을뿐더러 정부가 인쇄물을 엄격히 통제해 대체로 한 회 인쇄 부수가 적었으므로 가동 활자를 만드는 것이 더 효율적인 생산 방법이었다. 수요가 많은 인기 텍스트—이를테면 연감—는 여전히 목판으로 인쇄되고 있었다. 한편 필사본 문화도 융성했다. 그리고 중국에서와 마찬가지로 서예는 높은 예술적 가치를 인정받았다.

3. 조선 왕조 세종(재위 1418~50)의 치하인 1447년에 석가모니의 공덕을 찬양한 노래집 『월인천강지곡月印千江之曲』의 인쇄에 사용된 금속활자 모형. 한국문화박물관, 인천.

13세기 초부터 한국의 엘리트층과 통치자들은 정치적 권위를 드높이고 사회 신분 제도를 강화하기 위해 유학의 가르침을 이용했고 불교 경전뿐만 아니라 유학 서적도 수입하고 인쇄했다. 이렇듯 조선 왕조는 중국의 세속적 가치관을 받아들이는 한편 조선왕조에서 가장 유능한 왕으로 추앙받는 세종(1418~50년 재위)은 토속어의 표음 문자 체계 '한글'을 창제함으로써 독자들과 저자들을 한문의 지배로부터 해방시켜주 었다. 1446년 한글의 28개 부호가 '훈민정음訓民正音'으로 발표되었다. 엘리트층은 한 글은 신분이 미천한 자들을 위한 언어라며 사용을 거부했고, 이후 한글은 운율집이 나 자주 읽히는 법문집 또는 정부 간행물에 이따금 쓰이기도 했지만 수 세기가 지나 도록 인쇄물에는 잘 사용되지 않았다.

근대 초 이전 일본의 책 문화는 한국의 필사본과 목판본 책 문화와 매우 유사했고 주로 한문과 한자에 크게 의존했다. 엘리트 독자는 소수였다. 일본에 최초로 유입된 책은 5세기에 한국을 통해 들어온 불교와 유학의 필사본 두루마리였다. 7세기무렵에는 불교 경전의 필사가 조직적으로 이루어졌다. 대개 727년 수도 나라에 세워진 정부 산하의 경전 필사 기관을 통해서였다. 인쇄술은 독서용 텍스트보다는 주로 의례에 쓸 문구집의 제작에 사용되었다. 764년 신앙심이 깊은 쇼토쿠천황稱德天皇, 764~70년 재위은 불교 주문 100만 부를 인쇄해 수도 주변의 각 사찰에 수여되는 소형 탑 안에 넣으라고 지시했다. 일본에서 인쇄술은 수 세기에 걸쳐 불교 의식을 준비하기 위한 수단으로 사용되었고 경전의 필사는 중요한 신앙 활동으로 간주되었다. 경전은 대개 정교하게 제작되었다. 색지에 금문자나 은문자를 썼고 권두에 장식이 화려한 삽화를 실었다.

진지한 읽기를 요구하는 텍스트─즉, 정치나 윤리에 관한 저작, 정사正史, 한문으로 된 정부 문서 등─는 필사본 형식으로 전파되었다. 노래 일기歌日記와 궁정 시 선집을 일본의 문자(한자와 표음 문자를 결합했다)로 수서본으로 기록하기도 했다. 모노가타리物語, 산문 이야기, 통속적인 이야기, 유명 승려의 일대기, 사당이나 축일 설명문, 사찰의 역사 등은 채식 두루마리(에마키絵巻) 형태로 다시 제작되었다. 헤이안시대 위대한 설화 문학 작품인 무라사키 시키부紫式部, 973~1014년경의 『겐지 모노가타리源氏物語』('겐지 이야기')도 처음에는 채식 두루마리 형식으로 제작되었다.

목판 인쇄술을 독서용 텍스트의 간행에 사용한 최초의 사례를 보여주는 증거들은 11세기 초반으로 거슬러올라간다. 대부분 경전이나 불교 교리에 관한 주석집으로 사찰이나 승원의 출판물이었다. 처음에는 수도 나라 소재의 한 사찰─유력한 후지와라藤原 가의 통제를 받았던 고후쿠사─이 인쇄를 독점했다. 이후 한 세기 안에 인쇄술은 일본의 다른 지역으로도 확산되었다. 하지만 인쇄의 중심지는 여전히 불교 사찰과 승원이었다.

일본 엘리트층에게 중국의 유학과 문학작품이 중요했다는 사실을 고려한다면 이러한 서적들이 14세기 말에 이르러서야, 그것도 적은 수량만 인쇄되었다는 사실은 사뭇 놀랍다. 공자의 『논어』는 1364년에 처음 간행되었다. 그리고 그로부터 한 세기 이상이 지난 1481년에야 가고시마현 사쓰마정에서 유학 경서의 정통 해석집 『대학』이 출판되었다. 불교 경전 외에는 인쇄본에 대한 수요가 거의 없었으므로 일본에서는 출판 산업이 완전히 발달하지 않았다. 한국에서와 마찬가지로 출판 인쇄에서는 불교 기관이 (불교 텍스트뿐만 아니라 중국의 세속 텍스트의 출판에서도) 주요한 역할을 했다. 하지만 한국에서는 중앙 정부가 나서서 새로운 인쇄 기술을 개발하고 출판 사업을 후원한 반면 중세시대 일본의 국가들은 출판의 정치적인 활용에 대체로 무관심했다.

근대 초 동아시아의 출판 활황기

중국

11세기부터 13세기까지 중국은 인쇄본 문화가 만개했다가 14세기에 민란과 폭동이 잦아지자 텍스트 출판량이 급격히 감소했다. 하지만 명조시대(1368~1644) 말기인 16세기에 인구가 급속히 증가하고 상업이 성장하고 도시가 팽창하면서 출판과 장서 수집 활동이 다시 폭발적으로 늘어 출판의 '겨울'은 끝났다. 책에 대한 수요가 급격히 치솟았다. 장서는 다시 한번 지위의 상징이 되었다. 어느 은퇴 관료가 1561년에 닝보에 세운 톈이거天一閣는 근대 초의 서고 중에 가장 크고 유명하다. 교양인으로 보이고 싶은 부유한 상인들은 서둘러 개인 장서를 마련했다.

상업 출판사들은 수익을 올릴 기회를 재빨리 간파했다. 청왕조(1644~1911) 조정을 비롯한 황실 조정과 여러 개인과 가문이 여전히 활발한 출판 주체로 활동했지만,

이 시기 출판에서 가장 지배적인 장면은 '수익을 좇는 인쇄'였다. 상업 출판의 도래는 책의 달라진 생김새에도 반영되었다. 출판업자들은 13세기 말부터 서적의 새로운 '표지' 인쇄 관행을 적극적으로 받아들였다. 표지에 텍스트에 대한 일종의 광고로 삼아 제목, 편저자, 출판사를 명시하고 이따금 날짜와 내용 요약도 실었다. 일부 비양심적인 출판사는 제목 옆에 '신판', '수정판', '확장판', '채식판' 등의 허위 수식어를 붙이기도 했다. 아울러 경제성을 보완한 새로운 서예체가 인쇄에 도입되었다. '장체匠體', '장인의 서체'—'가짜 송체宋體'라고도 불렸다—는 네모지고 딱딱한 인상을 풍겼는데 송체와 비교해 기품과 개성이 부족했지만 쉽고 빠르게 새길 수 있어 생산비를 낮출 수 있었으므로 널리 채택되었다. 글자 크기가 균일해 가독성도 좋았기 때문에 가능한 한 더 많은 소비자의 마음을 끌고 싶은 출판사에게는 이것 역시 장점으로 꼽혔다.

출판업 활황의 초기 단계에 상업적 책 생산은 제국 전역에서 단 두 군데에 집중되었다. 하나는 문화적으로나 경제적으로 가장 발전한 양쯔강 하류 삼각주 지역(그리고 난징, 항저우, 쑤저우 등의 도시들)이었고, 다른 하나는 송대부터 출판 중심지로 자리매김해온 젠양이었다. 장서가 호응린胡應麟, 1551~1602은 "제국 전역의 상인들이 책 공급의 7할을 쑤저우와 난징에 의존하고 나머지 3할은 [젠양에] 의존한다. (…) 상인들이 입수하는 책 중에 그 외 지방에서 온 책은 극히 적어서 (…) [전체 종수의] 2푼에서 3푼 사이에 지나지 않는다"고 기록했다(호응린, 『경제회통經濟會通』). 양쯔강 하류 삼각주 지역에 위치한 도시들 역시 수도 베이징과 더불어 주요 책 시장으로 기능했다.

이 시기에는 매우 다양한 종류의 텍스트가 생산되었다. 상업 및 개인 출판사가 계속해서 초급 독본, 사전, 경서, 역사서, 문집, 도교와 불교 경전 등을 펴냈다. 하지만 토속어로 된 대중소설이나 창작집, 희곡, 이민족 설화, 여행안내서, 의학서, 음악, 서양의 과학 논문(과 예수회 선교사의 저작), 공예 장식 도안집, 일상생활에 필요한 정보를 담은 백과전서, 수험서, 실록, 시집 따위도 대량으로 찍었다. 서적 수요가 증가하자 출판사들은 특정 분야에 전문화했다. 예를 들어 당唐 씨 가문이 난징에서 운영한 부춘당富春堂은 희곡과 극본 선집 출판물로 유명했다. 아울러 한 텍스트가 다양한 판본으로 발간되기도 했다. 14세기에 처음 출간된 청동 그릇 도록인 『선화박고도宣和博古圖』는 1528년에 복제본이 나왔고, 1588년과 1603년 사이에 다섯 종의 이본이 발간되었다.

명대 말기의 책 문화는 개개인의 기호에 충실한 유희적이고 도발적이며 심미적으로 세련되고 불경한 분위기로 특징지을 수 있다. 누군가는 감상적이고 '장삿속이 빤한'데다 퇴폐적이고 이단적이었다고까지 표현할 수도 있을 것이다. 예를 들어 당대 대단한 인기를 끌었던 『나충록臝蟲錄』을 보자. 이민족에 관한 삽화가 풍부한 백과전서 『나충록』은 거의 모든 내용이 토속어로 쓰여 있지만 학자의 역사 서술 방식을 모방했다. 이 미상의 저자들의 글쓰기가 사실상 소설 창작에 가깝다는 것은 그들이 자유롭게 꾸며낸 다채로운 '사실들'에서 자연스럽게 드러난다. 청대의 진지한 서지학자들은 이 저작을 두고 "갖가지 역사적 단편을 출처가 불분명한 온갖 이야기와 얼기설기 엮은 (…) 결코 신뢰할 수 있는 정보의 출처가 아니"라고 깎아내렸다(기윤紀昀 편저, 『사고전서총목四庫全書總目』). 하지만 그들은 사실 중요한 점을 간과했다. 『나충록』은 애초부터 오락과 상상, 그리고 약간의 아이러니를 담은 글이었지 결코 이민족에 관한 정확한 정보를 제공하려는 취지로 진지한 노력을 기울인 저작이 아니었다.

명대 말기는 오락적이고 새롭고 다채로운 것에 끌렸고, 이 추세는 출판계의 괄목할 만한 두 가지 변화를 통해 최대치로 표현되었다. 바로 삽화 활용의 확대와 정교한 다색 인쇄법의 개발이었다. 이 시기에는 대부분의 주요 소설 및 희곡 저작물을 삽화본으로 구할 수 있었다. 젠양에 소재한 출판사들은 위에 그림이 있고 아래에 글이 있는 '상도하문上圖下文' 포맷의 저렴한 삽화본 민담집과 야담집으로 유명했다.

그 예로 출판가 여상두余象斗, 1550~1637년경는 대단한 인기를 끈 『삼국지전三國志傳』의 1592년경 판본에서 텍스트 위에 띠 모양의 삽화를 실었다. 책을 펼치면 양쪽 면에 각각 한 점씩 총 두 점의 그림이 나타났다. 여상두는 명대 말에 젠양에서 이름이 가장 잘 알려진 출판가였다. 자기 홍보의 대가였던 여상두는 좀처럼 그의 저작으로 보

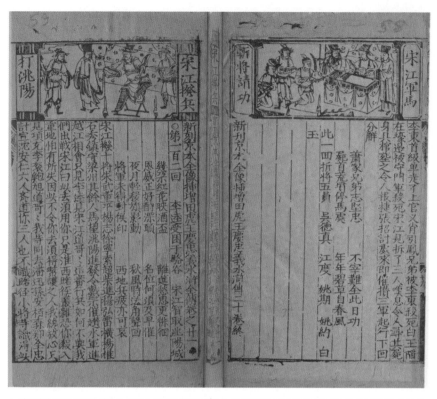

4. 명조시대(1368~1644) 삽화본 텍스트. 여씨상봉당余氏雙峰堂 출판사에서 1588년과 1594년 사이에 간행한 소설 『수호전』의 젠양 판본. 프랑스 파리, 프랑스 국립도서관(Chinois 4008).

이지 않는 많은 출판물을 자신의 저작물이라고 주장했다. 때로는 자신이 출판한 책에 본인의 초상화를 싣고 스스로 대단한 지식인인 양 굴기도 했다.

인기 저작물에 실린 삽화는 흔히 출판사가 이미 갖고 있던 그림 중에 고른 것으로 대개는 조야했다. 하지만 명대 말기의 일부 뛰어난 삽화는 실로 대단히 훌륭했다. 항저우의 용여당容與堂 출판사가 간행한 인기 소설 『수호전水滸傳』의 1615년경 판본은 총 100장章으로 이루어져 있는데 각 장마다 아름다운 전면 삽화가 두 점씩 실려 있었다. 당대 가장 훌륭한 화가로 손꼽혔던 진홍수陳洪綬, 1598~1652가 이따금 삽화로 실릴 목판화의 밑그림을 그렸다. 독자들에게 많은 사랑을 받은 희곡 『서상기西廂記』('서쪽 방에 관한 기록')의 1639년 항저우 판에 실린 매우 정교한 판화가 그 예다.

소설과 희곡에만 삽화가 실린 것은 아니다. 기술 논문이나 카탈로그, 춘화집, 회화·서예 교본에도 그림이 실렸다. 목판 인쇄는 문단에 삽화를 넣기 수월했다. 이시진李時珍, 1518~93의 영향력 있는 저작 『본초강목本草綱目』에는 그가 목록으로 정리한 식물·곤충·동물·광물의 삽화가 방대하게 실려 있다. 송응성宋應星, 1590경~1660경이 1637년에 쓰고 펴낸 『천공개물天工開物』에는 본문에서 설명한 산업 기술의 전면 삽화들이 실려 있었다. 이 시기에 화려한 삽화가 돋보였던 저작물로 바둑 교본 『좌은선생 정정첩경혁보坐隱先生精訂捷徑奕譜』를 들 수 있다. 이 책을 쓴 왕정눌汪廷訥, 1569경~1628은 후이저우 출신의 부유한 상인 가문의 자손이었다. 후이저우는 전문 각수와 뛰어난 출판사가 많기로 유명했다. 엘리트 문인계층에 소속되기를 소망했던 왕정눌은 이 책의 권두에―자기 소유의―크고 아름다운 정원에서 사내들이 바둑을 두는 장면을 담은 목판화를 잔뜩 실었다. 이 삽화들은 화가 왕경汪耕의 정교하고 탁월한 회화 감각과 후이저우에서 가장 유명한 각수 가문 출신의 황응조黃應組의 섬세한 기량이 돋보인다. 1609년에 왕정눌 소유의 출판사 환취당環翠堂에서 낸 이 책은 사실 바둑 교본이라기보다는 재력과 고급 기호(바둑은 상류 사회의 오락이었다)의 호화스러운 과시에 가까웠다. 이러한 종류의 책은 서점에서 판매되지 않고 양쯔강 하류 삼각주 지역에서 흔히 열린 화려한 친목 행사에서 일종의 문화 자본으로서 '거래'되었다.

후이저우의 출판가나 각수는 때때로 항저우나 난징에서도 작업하면서 이 시대의 또다른 중요한 성취인 다색 인쇄 기법을 발전시켰다. 이 새로운 기법은 17세기를 다색 인쇄본의 황금기로 이끌었다. 1604년 후이저우의 정대약程大約, 1541~1616경은 먹墨 장식 도안집을 펴내면서 기존의 '다색 압인multiple impression' 기법을 활용했다. 목판에 한 가지 색에 해당하는 부분만 잉크를 발라 한 차례 찍고 그다음 색을 발라 또 한 번 찍는 방식이었다. 정대약의 『정씨묵원程氏墨苑』은 무려 다섯 가지 색―일반적으로 두 가지 색을 사용했다―을 사용한 탁월한 작품이다. 이 책에는 예수회 선교사 마테오 리치Matteo Ricci, 1552~1610로부터 받은 서양 기독교 서적에 실린 흑백 이미지도 일부 수록되어 있었다.

수십 년 뒤 다른 후이저우 출생의 인물로 난징에서 활동한 호정언胡正言, 1584~1674년경은 더욱 정교한 '조립 목판' 기법을 완성했다. 인쇄공들은 이 기법을 활용해 색의 농도를 세밀하게 표현하고 당시 높은 평가를 받고 있었던 '무골boneless' 스타일(윤곽선이 없는 형태)의 화법을 모방할 수 있었다. 조립 목판 기법은 그림에서 각각의 색이 칠해진 부분을 개별 목판에 따로 조각한 다음 각 목판을 미리 계획한 순서에 따라 찍는 방식이었다. 호정언이 남긴 걸작은 『십죽재서화보十竹齋書畫譜』다. 1640년에 출판된 이 책의 삽화에는 화초와 돌과 새가 다섯 가지 색으로 아름답게 표현되어 있다.

텍스트에도 색이 사용되었다. 항저우에서 가까운 우청의 민閔 씨 가문과 능凌 씨 가문은 경서, 역사서, 철학 저작, 그리고 특히 문집과 희곡 등의 다색 인쇄본을 전문적으로 취급했다. 여러 개의 목판을 써서 인쇄한 이 텍스트들은 색을 사용해 본문과 주석을 구분하고 구두점을 강조했다. 17세기 초에 능 씨 가문이 펴낸 유명한 문예 비평서 『문심조룡文心雕龍』의 판본은 텍스트에만 무려 다섯 가지 색(흑·적·청·자·황)이 사용되었다. 민 씨 가문의 한 출판가는 이러한 색의 활용에는 실용적 관심보다는 심미적 관심이 더 중요하게 작용했음을 시사했다.

과거의 인쇄물은 주석이든 구두점이든 온통 흑색으로만 되어 있으니 심미적인 것에 끌리는 독자들은 〔이러한 텍스트를〕 지루하게 여겼다. 이제 우리는 개별 목판을 추가해 '경서'와 '주석'은 흑색으로 〔이차〕 주석은 주색朱色으로 인쇄한다. (…) 목판 조각에 품이 더 들지만 충분히 그럴 만한 가치가 있다. 책을 펼치면 마음과 머리가 모두 흐뭇하기 때문이다. (섭수성葉樹聲·여민휘余敏輝, 『명청강남사인각서사략明清江南私人刻書史略』 중 민제지閔齊伋, 〈번로繁露〉, 『춘추좌전春秋左傳』, 53~4)

5. 중국의 채색 목판화. 민제지(1580~1661 이후)가 간행한 희곡 『서상기』의 1640년 판본의 삽화. 독일 쾰른 박물관이 원본을 소장하고 있다.

다색 인쇄는 명조 말기에 민제지(1580~1661경)가 펴낸 『서상기』의 화려한 삽화본을 통해 심미적·정서적 표현에서 한층 더 높은 경지에 도달했다. 이 책에 실린 정교한 채색 삽화들은 대부분 극의 무대와 환상성을 강조하는 대상들―등잔, 나침반, 청동 그릇―이나 배경―꼭두각시 극장, 칸막이로 일부를 가린 거울―에 초점이 맞춰져 있다. 이 삽화들은 아름다움, 섬세함, 기술적 완성도로 독자에게 감탄을 자아낼 뿐만 아니라 텍스트를 해석한다. 이 책의 삽화들은 단지 책의 생산자와 예상 고객들의 우아한 심미안과 재력을 과시하는 사치스러운 장식품이 되는 것에 그치지 않고 쉽게 잊을 수 없는 독서 경험으로 이끄는 안내자가 된다.

1640년에 출판된 민제지의 이 걸작품은 분명 매우 한정된 수의 부유한 엘리트들에게 팔렸을 것이다. 그로부터 4년 뒤 만주족이 양쯔강 하류 삼각주 지역을 폐허로 만들고 명나라를 정복하면서 명대 말기의 '퇴폐적인' 문화는 갑작스럽게 막을 내렸다. 청조를 세운 새로운 만주족 통치자들은 피정복민들과 이들의 엘리트층에 의구심을 품었다. 그들은 자신들의 유교적 강건함을 열성적으로 내세웠고, 17세기 중국 책 문화의 장난스럽고 불경한 태도와 관능적인 취향을 마뜩잖게 여겼다. 청조 시대에 출판이 세운 업적이나 청조의 서적 문화의 성격은 앞선 세기의 그것들과 매우 달랐다. 심지어 상반된 양상을 띠었다고도 할 수 있을 것이다.

출판 지역과 중심지의 지도가 다시 그려졌다. 만주족의 정복 뒤 양쯔강 하류 삼각주 지역은 출판과 판매의 중심지로서의 위상을 어느 정도는 되찾았지만—쑤저우는 회복 속도가 빨랐지만 난징과 항저우는 다소 느렸다—청대의 상업 출판계는 명대보다 훨씬 지방으로 분산되었다. 베이징, 특히 당시 최대의 서적 시장 류리창은 청제국의 책 생산과 판매의 중심지가 되었다. 놀랍게도 상업의 발달은 동쪽 해안의 문화와 상업의 중심지에서 멀리 떨어진 지역, 그러니까 서남단의 청두와 충칭, 후난성 중부의 바오칭, 남부의 거대 항구도시 광저우에 인접한 포샨에서 이루어졌다. 장시성의 시장 도시 후완은 주요 출판업의 기반을 마련하고 양쯔강의 연안항들과 류리창에 여러 서점을 열었다. 푸젠성 서부의 쓰바오 분지 인근에 자리한 가난한 소농들의 시골 마을에서는 50여 가구가 집에 인쇄소를 차리고 남부의 군청 소재지, 시장 도시, 마을에 저렴한 초급 독본, 경서, 의서와 약서, 의례 설명서, 점술 편람, 소설책, 노래집 등을 공급했다.

청대의 이러한 출판 지역의 확대는 18, 19세기의 인구 폭발과 이주로 촉발된 것이었고, 이로 인해 제국 전역으로, 그중에서도 특히 남부와 서남부로 수요가 분산되었다. 특히 기초적인 문해력을 키워주는 학교들이 늘어나면서 더 큰 독자층을 만들었다. 목판 인쇄는 비교적 설비 이동이 간편하고 기술이 단순하므로 신규 출판업자는 쉽게 집안에 사업장을 마련할 수 있었다. 목판 인쇄는 유럽의 프레스 같은 정교한 기계가 필요하지 않았다. 그저 조각 도구, 단단한 목재, 종이, 먹만 있으면 충분했다. 19세기 무렵에는 청국의 거의 모든 성省에 상업 출판사가 있었다. 많은 출판업자가 여러 성을 잇는 광대한 영업망을 구축했다. 후완의 서점 산청당은 서남부의 청두와 충칭, 동북부의 랴오청, 포터우전, 류리창 등 제국 전역에 분점을 두었다.

중국의 '대중mass' 독자층은 20세기까지 형성되지 않았지만 18, 19세기에 소상인, 무역상, 점원, 여성, 심지어 소농까지 일반 독자층에 합류하면서 그 기반이 마련되었다. 내륙지역에도 인쇄소가 늘어나고 책의 판로가 확대되면서 시골 주민도 책 시장에 쉽게 접근할 수 있게 되었다. 공통의 책 문화가 발달했고, 그 기반은 거의 어디에서나 상업적으로 생산된 엄청난 양의 텍스트였다. 흔히 싸구려에 삽화가 조잡하고 편집도 형편없었다. 그렇긴 해도 이러한 텍스트─초급 독본, 유교의 주요 저작인 사서四書와 오경五經, 사전, 의례 설명서, 약방문 모음집, 의서, 점술 설명서, 연감, 대중소설, 각본, 시집, 노래집─에 담긴 지식은 베이징이나 양쯔강 하류 삼각주 지역으로부터 멀리 떨어져 있는 사람들을 중국 문화권에 통합시켜주었다.

물론 계층적·지역적 차이는 여전했다. 중국인 대부분은 학자들이 쓴 난해한 저작이나 세련된 문학작품, 비싸고 귀한 서적은 접할 수 없었다. 특정한 지역성을 띠는 작품, 다시 말해 특정 지역의 어휘를 사용하는 일부 작품은 독자로 하여금 공통성보다는 문화적 차이를 더욱 의식하게 했다. 그렇지만 당대의 한 상업 출판사가 표현했던 대로 청대의 상업 출판사들은 "문화 전파"에 중대한 역할을 함으로써 핵심 텍스트와 전승 설화에 대한 지식과 문해력을 크게 증대시켰다. 공통의 책 문화의 이러한 규모와 포괄성 그리고 높은 접근성은 근대화를 목전에 둔 중국에 강력한 통합적 동인으로 작용했다.

하지만 중국 책 문화의 내용에서 의미심장한 변화는 상업 출판사가 아닌 정부와 개인 출판업자로부터 유래했다. 특히 청 황실은 중요한 신규 출판 사업들을 주도했다. 분명히 명조의 황실도 초기에 대규모 출판을 후원했다. 명대의 첫번째 세기에 불교의 삼장과 도교 경전이 간행되었다. 15세기 초, 영락제永樂帝, 1402~24 재위는 모든 지식을 집대성한 백과전서『영락대전永樂大典』의 편찬을 착수했다. 3000여 명의 학자가 동원된 총 1만 1095권 분량의 이 저작물은 순전히 필사본 형식으로만 제작되었다.

명대 말의 통치자들은 영락제의 야심을 따라가지 못했다. 하지만 청대 초 황제들은 달랐다. 그들은 중국의 책 문화에 자신들의 족적을 남겨야 할 절실한 이유가 있었다. 청대 초 황제들은 많은 중국인에게 '야만인'의 언어처럼 보인 만주어, 몽골어, 티베트어, 위구르어 등 제국에서 사용되는 다양한 언어로 된 책을 후원하는 한편 중국의 문화에 대한 그들의 지식과 장악력을 과시해야 할 특별한 필요를 느꼈다.

강희제康熙帝, 1661~1722 재위는 세 건의 대규모 출판 사업을 후원했다. 중국 시의 황금기에 관한 황제의 풍부한 지식이 드러나는『전당시全唐詩』, 황제가 한문에 통달했음을 보여주는『강희자전康熙字典』, 그리고『영락대전』의 정신을 되살려 모든 지식을 집대성할 수 있는 황제의 권능을 내세운『고금도서집성古今圖書集成』의 우수한 판본을 펴냈다. 이중에서도 특히 총 5000권이 넘는『고금도서집성』은 기술적 측면에서 대단한 성과였다. 황실 직속 인쇄소에서 찍은 이 책은 제작에 동활자 25만여 개가 사용되었고, 표, 그림, 지도 등 풍성한 목판화가 6000점 넘게 실렸다.

강희제의 손자 건륭제乾隆帝, 1736~95 재위가 출판계에 한 기여는 그 규모가 더욱 웅장했다. 건륭제는 조부의 위업을 이어『십삼경주소十三經注疏』와『이십사사二十四史』전집 등 중국 문화의 걸작을 뛰어난 판본으로 간행했다. 건륭제가 남긴 가장 인상적인 업적은『사고전서四庫全書』의 편찬이다. 당시 제국에 현존하는 가장 중요한 텍스트들을 모아 우수한 판본으로 펴낸 전집이었다. 이 책이 말하는 사고四庫, 즉 '네 가지 보물'이란 중국의 네 가지 서지학 부문 그러니까 경서經, 역사史, 철학子, 순문학集을 지칭했다.『사고전서』의 편찬위원회는 제국 전역에서 텍스트를 수집해 전집에 수록할 3461종의 텍스트와 이와 별개로 6793종의 검토 텍스트를 선정했다. 텍스트의 편집과 전사에만 1773년부터 1782년까지 총 10년이 소요되었다. 이어 1782년부터

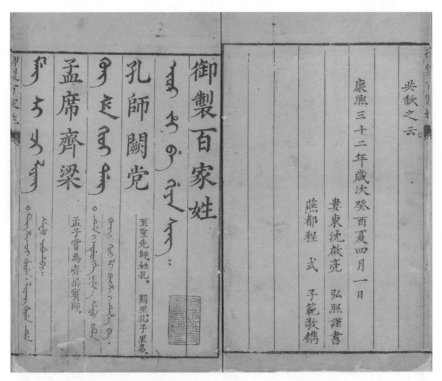

6. 청 왕조 시대의 다언어 텍스트. 당시 인기를 끌었던 한자 초급 독본『어제백가성御製百家姓』('백 가지 성씨')의 1693년 만주어 번역본. 중국어 한자와 만주어 두 가지 언어로 쓰여 있다. 폴리오 절반 크기의 페이지 두 쪽이 맞붙어 있다. 오른쪽은 마지막 전문의 마지막 페이지, 왼쪽은 본문 텍스트의 첫번째 페이지다. 하버드옌칭도서관Harvard-Yenching Library.

1787년까지 필경사들을 시켜 이 전집과 똑같은 사본 일곱 벌을 제작했는데 각각 총 3만 6000여 권에 달했다.『영락대전』처럼『사고전서』도 필사본으로 간행되었다. 편집자들과 교열자들은 이 전집의 주요 주석서를 펴냈고 이 주석서들은 오늘날까지도 귀중한 연구 수단이다.

사실『사고전서』편찬 사업은 18세기의 주된 학문적 동향을 배양하기도 하고 방해하기도 했다. 명조가 만주족에 몰락하자 큰 충격을 받은 청대 초 학자들은 명대 말의 가벼운 문학작품이나 공허한 철학적 사색을 멀리하고 경서를 더욱 정밀하고 깊게

7. 청왕조 궁정에서의 활자판 인쇄 장면. 황실 인쇄소에서 목활자판을 만드는 모습을 묘사한 삽화다. 『무영전취진판정식武英殿聚珍版程式』(1733)('무영전에서의 활판 제조법')에 수록되어 있다. 하버드옌칭도서관Harvard-Yenching Library.

연구하려고 했다. 그들은 오로지 경서에 통달하는 것만이 윤리적·정치적 질서를 (더해서 중국의 지배를) 회복할 방법이라고 여겼다. 경서의 지혜를 풀어내려면 세밀한 문헌학적 분석이 선행되어야 했다. 학자들은 이러한 지혜를 구하기 위해 텍스트 비평, 음운론, 역사 지리학, 고고학 등 다양한 주제의 연구에 각고의 노력을 기울였다.

이러한 '고증考證' 연구를 뒷받침할 광범위한 고대 문헌의 우수한 판본에 대한 수요는 개인 출판을 촉진했다. 주로 양쯔강 하류 삼각주 지역의 부유한 상인들이 단일 주제(이를테면 운율과 표음) 아래 모을 수 있는 희귀 텍스트의 복제본이나 총서叢書를 출간했다. 황비열黃丕烈, 1763~1825 같은 열정적인 애서가들은 인상적인 장서를 수집했고, 종종 자신의 장서에 대한 설명을 담은 카탈로그를 인쇄본으로 작성해 연구자들이 활용할 수 있도록 배포했다. 이렇게 청대의 국책 연구자들과 고증 연구자들은 서로 협력하면서 명대 말기의 가볍고 관능적인 문화와 사뭇 다른 진지하고 학문적인 서적 문화를 만들어냈다.

그런데 정부의 출판 활동이 낳은 또다른 중요한 결과가 있다. 아마도 중국 역사상 가장 지독했다고 할 법한 검열 정책이었다. 청조 황제들은 피정복민들의 충성심을 의심했고 반란의 조짐을 경계했다. 일례로 강희제는 명대의 어느 역사서에 만주족을 모욕하는 구절이 있다는 사실을 알게 된 즉시 그 책에 연루된 모든 사람, 즉 저자, 편집자, 인쇄공, 소유자, 그 책의 간행을 보고하지 않은 지방 관리들까지 모조리 처형했다. 그들 집안의 남자들도 전부 처형당했고 여자들은 만주족 가정의 노비가 되었다. 사실 건륭제의 『사고전서』 편찬 사업을 위한 책 수집 활동은 선동적으로 분류되는 책을 색출하는 아주 효과적인 수단이기도 했다. 이 책의 편찬 사업이 진행되는 동안 3000여 종의 저작물이 폐기된 것으로 추산되는데 이는 『사고전서』에 수록된 저작물의 수에 맞먹는다.

이따금 『금어도보金魚圖譜』(1848)의 다색 인쇄본처럼 아름다운 책도 여전히 간행되었지만 목판 인쇄의 품질은 대체로 1840년대부터 서서히 쇠퇴했다. 이 시기에는 서양 제국주의 열강과의 전쟁이나 자국 내 유혈 충돌이 연달아 발생했고, 이 모든 사태가 동쪽 해안지대에서 일어나면서 이 일대의 출판 산업과 도서 판매망이 파괴되었다. 서적 문화는 시대의 불안을 반영했다. 학자들과 관료들은 '국가 통치의 도治國之道'에 관한 책을 펴내 서양 열강들에 관한 정보를 제공하고 그들에게 장악되지 않을 책략을 제시했다. 역사가 겸 지리학자 위원魏源, 1794~1856이 1844년에 쓴 『해국도지海國圖志』가 그러한 예다. 1860년대에 청제국의 조정은 유교적 가치를 열렬히 설파한다면 국운을 회복할 수 있으리라는 희망으로, 지방마다 '관서국官書局'을 설치하고 경서를 비롯한 여러 교육 텍스트를 저렴하고 손쉽게 구할 수 있는 판본으로 간행해 학교, 학술원, 개별 학생이 사볼 수 있게 했다. 대체로 엄숙했던 청대 말의 서적 문화 사이로 혁신성과 창의성이 돋보이는 과학소설이나 상상 여행을 다룬 소설도 다수 간행되었다. 이를테면 『신석두기新石頭記』(1905)는 18세기의 유명한 소설 『석두기石頭記』(『홍루몽紅樓夢』으로도 잘 알려져 있다)의 영웅을 새로운 유토피아로서의 중국으로 옮겨놓았다.

19세기 후반에 이르러 중국은 인쇄술에서 혁명적인 변화를 겪었다. 서양 선교사들과 기업가들이 들여온 석판 인쇄술과 기계식 활판 인쇄술이 그때까지 주된 인쇄술이었던 목판 인쇄술을 점진적으로 대체한 것이다. 목판본 텍스트는 계속해서 생산되었고, 특히 족보 제작에 목활자의 인기가 높았다(필요한 글자의 수가 제한적이기 때문이었다). 하지만 20세기 초에는 새로운 기술—그리고 신문을 비롯한 새로운 장르의 인쇄물—이 시대를 장악했고 인쇄본은 이제 대중 독자의 손에 들려지게 되었다. 이러한 새로운 기술의 진입로였던 항구도시 상하이는 20세기 중국에서 출판의 중심지로서 기능하며 출판의 새 시대를 열고 중국의 책 문화의 재편과 독서 인구의 급속한 팽창을 이끌었다.

한국

동아시아 주요국 중에 한국은 근대 초 시기에 출판에서 발전이 가장 더뎠다. 조선의 조정은 인쇄술 개량에 지속적인 관심을 보였고 15세기에 주자소鑄字所는 점점 더 정교한 금속활자를 만들어냈다. 하지만 한국 정부는 출판을 엄격하게 통제하면서 실제 행정과 교육에 꼭 필요한 책만 제작되도록 했다. 경제 정책들도 상업 출판을 방해한 탓에 14, 15세기에 등장한 기술 혁신은 출판이나 문해력 또는 텍스트 수요의 대단한 팽창으로 이어지지 않았다.

그래도 한국은 모든 동아시아 나라 중에 책을 가장 중요시했으며 심지어 추앙하기까지 했다. 이렇듯 책을 공경하는 한국인들의 태도는 그들이 책 생산을 제한한 이유를 부분적으로나마 설명해준다. 한국에서 책은 가장 고귀한 가치와 불변하는 진리의 전달자로 떠받들어졌다. 책을 연구하는 것은 교양인이 추구할 수 있는 가장 신성한 행위였다. 16세기 초급 독본 『격몽요결擊蒙要訣』은 학생들에게 책 앞에서는 존경심을 담아 두 손을 모으고 무릎을 꿇으라고 주문했다. 한국은 새로운 책을 빨리 출간하는 것보다 오랜 세월을 통해 가치가 증명된 텍스트를 다시 찍어내는 것에 더 큰 의미를 두었다. 한국의 식자층은 근대 초 중국으로부터 쏟아져 들어오는 새로운 저작물들을 못마땅하게 여기곤 했다.

이렇듯 한국의 책에 대한 공경은 다른 정치적·경제적 힘들과 어우러져 중국과 일본에서 나타난 것과 같은 활발한 상업 출판의 발달을 지연시켰다. 조선의 조정은 19세기까지 텍스트 생산을 장악하고 있었다. 금속활자판이나 목활자판으로 텍스트를 찍은 다음 이것을 지방 관아로 보내 목판 인쇄로 복제·배포하게 했다. 그러면 개인 독자들은 인쇄본을 보고 필사본을 만들었다. 중국과 일본처럼 한국도 근대 초를 거치는 내내 활판본과 목판본과 필사본이 공존하는 책 문화를 향유했다.

책의 내용도 서서히 바뀌었다. 조선 조정은 과거 시험 대비용으로 제작된 중국의 유학 경서와 여타 저작물, 중국 시집, 유교적 가치를 장려하는 도덕책, 중국 왕조사,

백과전서, 의학·농업·전법戰法을 다루는 다양한 실용서의 판본을 펴냈다. 지방 관아에서는 관할권의 인구, 생산물, 역사, 문화 등에 관한 정보를 모은 지역 색인을 간행했다. 엘리트층 가문에서는 흔히 족보를 인쇄해 가계도를 기록하고 의례 지침을 올바르게 전수하며 가문을 빛낸 조상이 남긴 글을 다시 펴냈다. 승원과 종교 단체에서는 계속해서 법문을 제작했다. 조선시대 말기에는 개인 학자나 사원이 많았는데 역시 문집과 교재를 펴냈다.

하지만 무엇보다 의미심장한 것은 토속어로 된 책 문화의 조짐이 움텄다는 것이다. 예를 들어 충효의 모범 사례를 모은 『삼강행실도三綱行實圖』 간행의 역사를 들여다보자. 백성에게 유교적 가치를 설파하라는 세종의 명을 받들어 1434년에 처음 간행한 이 책의 초판은 한문으로 쓰여 있었고 모범 사례의 80퍼센트 이상이 중국 역사에서 온 것이었다. 식자층은 한문을 읽지 못하는 이들에게 책의 내용을 토속어로 바꾸어 읽어주고 이 책에 풍부하게 실린 삽화를 보여주며 이해를 돕곤 했다. 15세기 말 세종의 뒤를 이은 문종은 한문 텍스트 상단의 '서미' 여백에 한자와 토속어를 함께 적은 판본을 펴냈다. 그로부터 한 세기가 채 지나지 않아 '한글' 번역문이 곁들여진 판본이 나왔고 1726년에는 한글 번역본 초판이 간행되었다. 1514년과 1617년에 출간된 두 속편은 중국 이야기와 한국 이야기의 비율이 역전되어 한국의 충효 모범 사례가 압도적으로 더 많은 분량을 차지했다. 게다가 1617년 속편에서는 한글 번역문이 그동안 한문을 보조하던 지위에서 벗어나 페이지의 중심에 실렸다. 이렇듯 조선 조정의 간행물인 『삼강행실도』의 역사를 통해 우리는 한국 문학 전통의 발달과 토속어 텍스트의 독자층이 증가한 양상을 가늠할 수 있다.

한국 소설이 지나온 궤적도 매우 인상적이다. 16세기 들어 중국 토속어 소설이 한국에 수입되었다. 한국의 남성 엘리트층은 이들 작품을 무시했지만 중국 토속어 소설은 한국에서 상당한 인기를 끌었다. 기본적으로는 한문판으로 유통되었지만 (그리고 식자층은 이 판본으로 읽었겠지만) 한글로 번역된 필사본이 함께 유통되었고 일부 소설은 한국인의 기호와 사회 관행에 맞추어 개작되기도 했다. 예를 들어 18세기 초 한국에 소개된 중국의 모험소설 『호구전好逑傳』은 여자주인공의 영웅적인 면모보다는 순종과 정숙이 더욱 강조되도록 내용을 수정했다. 중국 소설의 토속어 번역본을 읽는 이들은 주로 엘리트 가정의 여성들로 개중에는 왕실의 여성들도 있었다. 이들은 이러한 텍스트의 확산에서 적극적인 역할을 했다. 이들 텍스트를 베껴쓰는 것은 흔히 여아 교육의 일부였고, 이렇게 직접 베껴쓴 필사본은 결혼 예물이 되기도 했다. 기혼 여성도 이러한 저작물을 필사하고 교환했다. 이렇듯 『호구전』 같은 작품의 유통—과 변형—은 엘리트층 여성의 문해력 증대뿐만 아니라 한글 책 문화가 집점 더 중국과는 독립적으로 발달했음을 시사한다. 실제로 17세기 초를 즈음해 독서층이 확대되어 한국의 저자들이 직접 새로운 소설을 쓰기에 이르렀다. 중국 소설을 따라한 것이기는 해도 자국의 토속어로 쓴 소설이었다.

독서 인구가 확대되면서 조선시대 마지막 한 세기 동안 상업 출판이 촉진되었다. 조선시대의 상업 출판을 보여주는 가장 오래된 사료로 1576년 저작물이 있긴 하지만, 서적 출판가 겸 판매상들이 초급 독본, 압운 사전, 한국어 해설이 곁들여진 경서, 서한 작성 교본, 의서와 약방서, 의례 지침서, 소설책 등을 출판한 것은 19세기에 이르러서였다. 대부분 한문으로 출간되었지만 제목으로 미루어 일반 대중을 독자로 삼았음을 짐작할 수 있는 책, 이를테면 수년간 기근이 이어질 때의 백성 구제법을 다룬 『신간구황촬요新刊救荒撮要』나 『규합총서閨閤叢書』는 이중 언어(한문과 한글) 또는 한글로만 간행되었다. 하지만 책방은 여전히 드물었다. 오로지 책—과 잘 만든 한국의 한문 인쇄물—만 파는 상점은 수도에만 있었다. 지방에서 책—값싼 한글 출판물—은 허름한 가게에서 다른 상품과 같이 판매되었다.

중국 청나라처럼 한국도 19세기에 정치적 쇠락을 겪었다. 조선은 제국 열강들로부터 갈수록 더 큰 압박을 받았다. 사실, 이때 상업 서적 시장이 발달할 수 있었던 것은 단순히 정부가 더는 출판을 감시할 수 없을 만큼 힘을 잃었기 때문이었다. 하지만 한편으로 19세기는 한국에서 근대 인쇄 혁명이 시작된 시기이기도 했다. 1880년 경에 도입된 기계화된 서양식 활판 기술 덕분에 한국에서도 독립 출판의 길이 열렸고 정치 개혁세력과 기독교 선교사들이 여기에 힘을 보탰다. 그러나 이러한 발전은 1910년 한일 병합으로 갑작스럽게 제약을 받게 되었다.

일본

근대 초 한국에서는 출판 규모의 성장세가 약했던 반면 일본의 출판 활황은 중국에서의 폭발적 성장에 견줄 만했는데 그 원인은 화폐 경제의 발달과 도시화된 사회에서 찾을 수 있다. 근대 초 일본의 책 문화는 중국의 영향에서 완전히 벗어나지는 않았지만 일본만의 차별점을 선명하게 드러냈다.

16세기 말 일본에서 인쇄술의 발전을 자극한 두 사건은 의외의 지점에서 발견된다. 1590년 예수회 선교사 알렉산드로 발리냐뇨Alexandro Valignano, 1539~1606는 처음으로 일본에 활판 인쇄기를 들여왔다. 이 인쇄기는 17세기 초 기독교 박해 때 파손되기 전까지 『헤이케 모노가타리平家物語』('헤이케 이야기')를 비롯한 100여 종의 일본어 책을 로마자 활자로 찍어냈다. 이후 1592년 한국을 침략했을 때 일본군은 인쇄본 몇 권과 금속활자 한 벌을 탈취해 일본 황제에게 진상했다. 이듬해 일본의 장인들은 이 금속활자를 이용해 『효경孝經』의 한문 활판본 인쇄에 성공했다.

이후 일본의 책 문화는 기술, 내용, 규모 면에서 탈바꿈했다. 예수회는 (비록 로마자로 표기된 일본어였지만) 일본어 작품을 인쇄함으로써 일본어 저작물이 널리 전파될 가치가 있다는 인식을 심어주었다. 일본 장인들은 황제의 후원을 받아 세속적인 작품들을 한자로 인쇄해 텍스트 생산을 승원과 사찰 바깥으로 끌어내고 인쇄물의 폭넓은 잠재력을 증명해 보였다. 훗날 쇼군이 될 도쿠가와 이에야스德川家康, 1543~1616와 일본 황제는 이 잠재력을 일찍이 알아보았고 중국의 세속 텍스트와 일본의 편년사를 인쇄할 대형 목활자 제작을 지시했다. 개인 출판가들도 신기술을 적극적으로 받

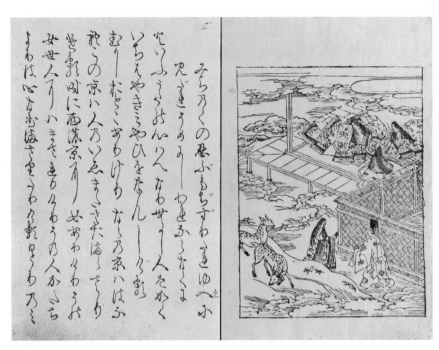

8. 일본 목각 활판본 텍스트. 사가 마을의 스미노쿠라 소안(1571~1614)이 1608년에 펴낸 『이세 모노가타리』에 수록된 페이지들이다. 뉴욕 공공 도서관. Spencer Collection, Sorimachi 268.

아들였다. 의사 오제 호안小瀨甫庵은 1596년과 1597년 사이에 중국의 의서 4종을 인쇄했다. 1603년 도쿠가와 막부의 수립 이후 반세기 동안 목판과 목활자판 둘 다를 활용한 출판 활동이 증가했다. 이때 처음으로 『겐지 모노가타리』의 판본 5종을 비롯한 일본 고전 문학의 인쇄본들이 제작되었다. 유교를 국가의 통치 이념으로 장려하고자 했던 도쿠가와 막부는 사서四書를 비롯한 유학 경서의 판본을 간행했다. 이러한 책에는 한문을 제대로 읽지 못하는 일본인들의 텍스트 독해를 돕기 위한 '군텐訓点'한문의 훈독을 위해 적은 부호—옮긴이이 있었다. 아울러 서한 작성 교본, 여행안내서, 새로운 소설 작품 등 많은 신간, 즉 '인쇄본 출간을 염두에 두고 저술한 책'이 등장했다.

난해한 중국어나 일본어 텍스트에 주석과 삽화가 곁들여지면서 많은 저작물이 폭넓은 독자들에게 다가갈 수 있게 되었다. 『겐지 모노가타리』를 비롯한 대부분의 신간이 활판 인쇄 텍스트에 목판화가 곁들여져 생동감을 더했다. 미적으로나 기술적으로 특히 눈길을 끄는 책은 교토 인근의 사가 마을에서 1599년과 1620년경 사이에 출간된 '사가본嵯峨本'이다. 사가본은 당대의 유명 서예가 혼아미 고에쓰本阿弥光悦와 상인 겸 서적 감식가 스미노쿠라 소안角倉素庵, 1571~1632의 합작품이었다. 사가본은 대부분 일본의 텍스트를 일본의 음절 문자인 가나로 다시 써서 활판 인쇄한 것이었다. 가나 문자의 흐르는 듯한 서체를 활자로 구현하는 것은 각수에게 대단한 도전이었다. 사가본은 합자를 대량으로 사용하는 것으로 이 문제를 해결해 혼아미 고에쓰 특유의 아름답고 유려한 서체를 실감나게 표현했다. 수도에 거주하는 엘리트층 독자를 위해 제작된 일부 사가본은 고품질 색지에 인쇄한 다음 규산염 운모로 장식했다. 최초의 채색판 일본어 세속 저작물인 〈이세 모노가타리伊勢物語〉(1608)가 가장 유명한 시리즈로 꼽힌다.

하지만 가나 문자를 활판으로 인쇄하는 데 따르는 어려움 등으로 인해 출판가들, 특히 상업 출판가들은 사실상 17세기 중반부터 이 기술을 사용하지 않았다. 일본어와 중국어를 찍어낼 수 있을 만큼 금속활자를 막대한 수량으로 생산하려면 어마어마한 자금이 투입되어야 하기 때문이었다. 목활자는 비용이 덜 드는 대신 쉽게 부서졌고 활판에 단단히 고정되지 않았다. 반면 목판을 활용하면 적은 수량을 자주 찍어낼 수 있어 아직은 느린 성장세를 보이던 17세기 중반의 출판 시장에는 더 효율적이었다. 또한 활판보다는 목판이 서예체와 주석을 새겨서 찍어내기 더 쉬웠다.

중국과 매우 유사하게 일본의 근대 초 출판 활황도 상업적 현상이었다. 도쿠가와 막부시대 초기 몇 세기 동안에는 사회가 상대적으로 안정되어 경제와 운송, 도시가 발달했다. 상업이 번창했고, 상인들은 비록 사상적으로는 사무라이 엘리트층보다 신분이 낮았지만 일본의 사회 관습과 문학적 기호에 영향을 주었다. 이러한 양상은 이 시기에 활동한 두 명의 위대한 작가 이하라 사이카쿠井原西鶴, 1642~93와 지카마쓰 몬

9. 일본의 한 서점. 에도에 있었던 이즈하라 이치베和泉屋市兵衛의 서점이다. 『도카이도 명소 화보東海道名所図会』(1797)에 수록된 삽화. 대영박물관, 판화·회화관.

자에몬近松門左衛門, 1653~1725의 작품에서도 잘 드러난다. 시골 마을에도 학교가 세워지고 문해력을 갖춘 인구가 증가하면서 대중 독자층이 두터워지고 책에 대한 수요가 늘었다. 교육 도서는 이 시기의 주요 간행물 중 하나가 되었다.

17, 18세기에 상업적 도서 거래의 중심지는 일본 중부에 자리한 제국의 수도 교토와 오사카였다. 18세기 말에는 무게중심이 북쪽으로 이동해 막부의 수도인 에도의 상업 출판가들이 시장을 장악했다.

하지만 중국의 청조시대처럼 나고야, 가나자와, 미토, 와카야마 등 지방 도시(대개 다이묘라고 불린 봉건 영주의 관할지)에도 출판사들이 있었다. 도쿠가와 막부시대 후기에 이르면 이 같은 지방 도시의 출판사는 총 50여 개에 달했다. 지방의 출판사들은 주로 그 지역의 관심사를 반영한 책을 펴냈다. 이러한 출판물들은 이따금 주요 도시의 출판사와의 인맥을 통해 널리 유통되기도 했다. 예를 들어 19세기 초 나고야의 출판사 에이라쿠야 도시로永楽屋東四郎는 『호쿠사이 망가北斎漫画』를 펴냈는데, 우키요에浮世絵, 에도시대에 유행한 풍속화—옮긴이의 대가 가쓰시카 호쿠사이葛飾北斎, 1760?~1849의 사생화 모음집인 이 책은 일본 전역에서 인기를 누렸다.

주요 도시에서 출판된 책들은 도쿠가와시대에 잘 정비된 공공 도로를 통해 일본 전역으로 유통되었다. 그중 일부는 오래전에 출판된 대표적인 서적—중국 경서, 중국 시집, 불교 경전 등—을 주석이나 해설, 그리고 교육 수준이 낮은 독자를 위한 발음 안내를 곁들여 다시 펴낸 책이었다. 또한 출판사들은 신간과 새로운 장르의 텍스트, 즉 시, 소설, 희곡, 초급 독본, 훈화집, 백과전서, 여행안내서, 지도, 의서, 농사 설명서와 수공예 교본, 꽃꽂이 교본, 공공 안내 책자 등을 앞다투어 펴냈다. 17세기 중반 무렵 출판물이 지나치게 많아지자 서적상들은 상품 목록을 만들어 고객들에게 제공하기 시작했다. 1692년에 출판사들이 공동으로 펴낸 『코에키 쇼세키 모쿠로쿠広益書籍目録』('공익 서적 목록')에 실린 책 제목은 7000개가 넘었다. 19세기 초반에 일부 출판사는 요리책이나 꽃꽂이 교본, 수학 논문, 대중 교육 서적 등 틈새시장에 특화된 출판물을 내놓았다.

도쿠가와시대의 책 문화는 대략 동시대였던 중국 청대의 책 문화보다 독자층이 훨씬 광범위했다. 글을 읽고 쓸 줄 아는 사람들은(아울러 구술 전달을 통해 문맹자들도) 이른바 '공공 정보의 서고'를 활용할 수 있었다. 어느 학자가 이름 붙인 이것은 장소이자 정치 체제로서의 일본에 관한 일반 지식과 상세하고 구체적인 정보를 모두 아우르는 공동의 저장고였다. 가령 1690년의 『진린 구모즈이人倫訓蒙図彙』는 500여 종의 직업을 아홉 개 범주로 나누어 소개했다. 정보의 '보고'로 광고되는 책들은 서한 작성법, 시 창작법, 요리, 주술, 다도 의례, 치료법 등 다양한 기술에 관해 표준적인 지식과 설명을 제공했다. 또한 『반민 초호키万民重宝記』(1962)에는 일본 황제들과 정치·군사·종교 분야 유력 인사의 명부, 연간 의례 행사표, 다도 의식에 사용되는 용구의 목록 따위가 정리되어 있었다. 실제로 활용하기에는 대체로 지나치게 개략적이었지만 『반민 초호키』는 "누구나 갖춰야 할 지식"을 개괄적으로 제공했다.

여행안내서가 다양하고 인기도 높았는데 이는 도쿠가와시대에 일본인들이―집안의 안락의자에 앉아서 하는 것이든 실제로 하는 것이든―여행을 아주 좋아했음을 짐작할 수 있는 대목이다. 이는 아무리 멀리 떨어진 다이묘라도 반드시 1년에 한 번은 수도를 방문해야 한다는 쇼군의 지시와 연관이 있었을 것으로 짐작된다. 『쇼코쿠 안나이 타비 스즈메諸国案内旅雀』(1687)에서는 한 여행자가 주요 도시와 관광지를 연결하는 도로망을 돌며 거리와 소요시간, 도로상태, 운송 수수료, 숙박 등에 관한 정보를 알려준다. 유학자 가이바라 에키켄貝原益軒이 쓴 『게이조 쇼란京城勝覽』(1706)은 교토와 그 주변 지역의 열일곱 가지 도보 경로를 소개한다. '보통 사람'을 위한 이 여행안내서는 쉬운 일본어로 쓰여 있고 한문에는 독자의 이해를 돕기 위한 일본어 발음이 함께 적혀 있다. 『교토 가이모노 히토리 안나이京都買物獨案内』(1831)('혼자 하는 교토 쇼핑 여행')나 에도시대 유흥가 매춘부의 명부인 『요시하라 히토 다바네吉原人たばね』(1680) 는 관광객들에게 한층 더 특화된 흥밋거리를 제공했다.

쇼군 막부에 관한 안내 책자도 대단한 인기를 끌었다. 흔히 '무관의 거울'부칸, 武鑑이라고 알려진 이러한 저작물은 본문이 자주 개정되고 매년 수만 부가 인쇄되었다. 처음에 이 '거울'의 초점은 쇼군 휘하의 지방 다이묘들에게 맞춰져 있었다. 이들 책을 통해 각 다이묘의 계급, 작위, 가문과 혈통, 거주지, 휘장, 관할지의 소출량 등의 상세한 정보를 접할 수 있었다. 1659년에는 편찬자들이 도쿠가와 막부의 관료들에 관한 정보도 수록하기 시작했는데, 사생활과 지위보다는 막부에서 맡은 역할에 대한 구체적인 정보에 중점을 두었다. 책에 수록된 무관들의 어마어마한 수와 이들의 상업 활동에 대한 정보로 미루어볼 때 이러한 책의 독자층에는 다이묘와 정부 관료뿐만 아니라 연줄 좋은 가망 고객을 찾는 상인들, 관직에 대한 야망을 품은 이들, 관광객들, 그리고 단순히 쇼군 막부의 권력 관계를 궁금해하는 이들도 포함되어 있었음을 짐작할 수 있다.

17세기 말에 이르러서는 주로 산문 소설이 일본 문학 작품의 생산을 주도했다. 하지만 희곡과 시(중국 시 포함)에 대한 수요도 여전했다. 도시 생활, 특히 상인의 일상을 다룬 현장감 넘치는 이야기가 큰 인기를 끌었다. 오사카 상인의 아들 이하라 사이카쿠井原西鶴는 벼락부자가 된 상인에 관한 풍자소설 『니혼 에이타이조日本永代藏』(1688)와 타락한 궁정 여인의 관능적인 연애 행각을 통해 당시의 성 풍속을 다룬 풍자소설 『고쇼쿠 이치다이 온나好色一代女』(1686)를 썼다. 재능이 사이카쿠에 미치지 못한 다른 많은 작가도 비슷한 작품을 쏟아냈다. 18세기 말, 에도시대의 진취적인 상업 출판사들은 이제 문학계의 중심을 차지하고 있었다. 그들은 관료 사회를 풍자하거나 요시하라 유흥가의 뒷이야기를 제공하는 새로운 장르의 소설을 개발했다. 예를 들어 에도시대 출판가 쓰타야 시게사부로蔦屋重三郎, 1750~97는 유흥가 관광안내서를 판매하는 것으로 출판업을 시작했지만, 나중에 요시하라 유흥가의 이야기를 담은 책을 도서 목록에 추가함으로써 사업을 확장했다. 요시하라 유흥가를 다룬 소설들은 흔히 일상적인 대화체로 이루어져 있었고 비엘리트층 독자들을 염두에 둔 저렴한 소책자 포맷으로 출간되었다.

도쿠가와시대 일본의 책 문화에서 눈에 띄는 또다른 독특한 책 형식은 에혼絵本, 인쇄본 화집이었다. 에혼은 읽는 책인 것만큼이나 보는 책이었다. 아주 다양한 주제를 다루었는데 그림이 주를 이루고 텍스트는 적었다. 텍스트는 주로 삽화 해설문 또는 시나 짧은 수필이 수려한 서예체로 쓰여 있었다. 처음에는 흑백으로 제작되었고 18세기에는 중국에서 들여온 다색 인쇄 기법이 자주 쓰였다.

그중 우키요에 화집이 가장 잘 알려져 있다. 가부키 배우나 매춘부들을 묘사한 판화인 우키요에는 에도시대 유흥가의 '부유浮游하는 세계'를 생동감 있게 전했다. 일부는 시선집이었고 드물게는 속담집이나 불교 이야기 모음집도 있었다. 중국처럼 일

10. 일본의 채색 목판 인쇄본 삽화. 아케라 간코朱楽漢江, 1736~98가 엮은 시화집 『간조가 준 선물潮干のつと』에 수록된 '조개껍질 대회'. 기타가와 우타마로喜多川 歌麿, 1754~1806가 삽화를 제작했고, 쓰타야 시게사부로蔦屋 重三郎, 1750~97가 개인적으로 출판했다. 뉴욕 공공 도서관. Spencer Collection, Japanese 1789.

본도 판화가들이 회화 교본과 감각적인 '춘화春画' 모음집을 제작했다. 특정 장소를 주제로 삼은 화집이 제작되기도 했는데, 교토와 에도를 연결하는 도카이도 도로의 정류장, 후지산의 풍경, 에도의 정경 등을 묘사한 화집이 가장 유명했다. 1794년에 발간된 시바 고칸司馬江漢의 『세이유 다비탄西遊旅譚』('서양 여행담')에는 나가사키 항에 입항한 네덜란드 선박의 삽화가 실려 있다. 일상의 평범한 장면들을 담은 화집도 있었다. 가정폭력, 질병, 구걸, 원치 않은 임신 등 다소 충격적인 장면들을 아름다운 화풍으로 묘사한 가와무라 기호河村埼鳳의 1809년 작 『가후쿠 닌히쓰禍福任筆』('화와 복을 붓으로 남기다') 같은 결코 범상하다고 할 수 없는 저작물도 있었다. 고이가와 하루마치恋川春町의 1775년 작품 『기무긴센세이 사카에하나유메金々先生 榮花夢』('김긴 선생의 화려한 생활에 대한 꿈')와 같은 판화집은 이야기로 구성되어 있었다. 각 그림에 서사적인 텍스트가 곁들여진 이러한 판화집은 근대 일본의 망가(만화책)의 전신이었다.

막부는 이 활기찬 책 문화의 틀을 새로 짜거나 기강을 잡으려고 시도하기도 했지만 대체로 실패했다. 도쿠가와 막부의 통치가 시작되고 몇 해 지나지 않아서 막부는 텍스트 출판에 거의 관심을 보이지 않았다. 하지만 특정 종류의 저작에 대해서는 검열을 시도했다. 1630년 쇼군은 기독교를 박해하고 선교사 저작물의 수입과 복제를 금지했다. 아울러 도쿠가와 이에야스와 그의 아들의 승리나 쇼군에 대한 비판, 막부의 스캔들을 다룬 작품의 출판도 금지했다. 1700년대 초반에는 시사 문제, 무허가 달력, 성애물과 유흥가 이야기, 사무라이의 처신에 관한 뒷소문 등을 실은 책도 출간을 금지했다. 본질적으로 유학, 불교, 신도조상과 자연을 섬기는 일본 종교—옮긴이, 의학, 시에 관한 저작을 제외한 모든 출판물의 간행을 법으로 금지한 셈이었다. 하지만 이러한 검열 정책은 일관성이 부족했고 전반적으로 실효성이 없었다. 만주족 건륭제의 '문자의 옥獄'중국 청대에 일어난 필화 사건을 통틀어 이르는 말—옮긴이에 비하면 한없이 느슨했다.

실효성 있는 제한조치는 오히려 서적 상인회에서 나왔다. 서적 상인회는 17세기 말에 교토에서 최초로 설립되었고 이후 오사카, 에도, 나고야에서도 생겼다. 처음에는 서적의 상거래를 규제하기 위해 설립되었지만 나중에는 한 출판사에서 출판한 텍스트의 내용이나 포맷을 상호 수용 가능한 보상 조치 없이 다른 출판사에서 복제할 수 없도록 함으로써 일종의 저작권 보호에도 힘썼다. 동시에 막부의 금지 조처에 순종하며 어느 정도는 스스로 검열을 실시했다. 그렇지만 검열은 여전히 일관되지 않았고 실행력이 약했다. 심지어 인쇄본을 시장에서 완전히 수거한 다음에도 금지된 텍스트가 필사본으로 유통되었다. 도쿠가와시대에 일본은 이렇듯 비교적 출판의 자유를 누렸고, 여기에 힘입어 생동감 있고 흔히 선정적이며 도시적인 대중 책 시장이 만개할 수 있었다.

하지만 도쿠가와시대 책 문화에 진지한 학문적·철학적 저작이 들어설 자리가 전혀 없었던 것은 아니다. 일본 지식인들은 중국의 사상 발전에 지속적인 관심을 기

울였다. 중국 경서, 중국 유학의 신간, 한문으로 된 불교 경전 등이 꾸준히 일본에 수입·출간되었다. 대학자 오규 소라이荻生徂徠, 1666~1728 같은 유학 사상가들은 자신만의 독자적인 철학 저작을 펴내기도 했다. 소라이가 쓴 『변도弁道』는 1717년에 초판이 나왔고 한 세기 후 중국에서도 간행되었다. 하지만 중국의 사상과 문헌을 연구하는 관행에 대한 지식층의 저항도 있었다. 18세기에 모토오리 노리나가本居宣長, 1730~1801를 필두로 한 일군의 학자들은 중국 문화에 대한 맹종에 대한 반발로 일본의 문학적 전통이 쌓은 업적을 찬미했다. 이들이 주도한 '국학國學, '코쿠가쿠" 운동 세력은 『고지키古事記』('고대사 기록')나 『겐지 모노가타리』 같은 일본 저작에 대한 해설집을 펴냈다. 그들은 이 저작들을 비롯한 일본만의 고유한 텍스트들은 유학의 저작들과 차별화되는 감정의 즉흥성과 '덧없음에 대한 애상物の哀れ'을 표현한다고 주장했다. 도쿠가와시대 말기에 국학은 점점 더 인기를 끌었고 나중에는 카탈로그에 서적을 정리하는 방식에도 영향을 주었다. 일본 텍스트는 예전에 잡서로 분류되어 중국 작품 다음에 소개되었지만 이제는 더 중요하게 다루어지기 시작했다.

이 모든 양상은 근대 초 일본이 사회의 넓은 계층을 아우르는 다양하고 활기찬 책 문화를 향유했음을 보여준다. 엘리트 학자들은 당시 중국의 유학 논쟁에 몰두하는 한편 그들만의 독특한 문학 문화를 발전시키려고 시도했으며, 시골 주민들은 실용적인 교육과 최신 기술 서적에 관심을 가졌고, 신흥 부유층인 상인과 도시민은 여행을 즐기고 소설과 그림책이 주는 재미에 빠졌으며, 넓은 대중 독자층은 도쿠가와 막부의 통치 조직과 기능에 호기심을 갖고 있었다.

18세기 말과 19세기에 중국과 한국처럼 일본도 서양으로부터 경제적·정치적·학문적 교류 압력을 받았고, 이는 일본 책 문화의 내용과 기술에서 점진적인 변화를 촉발했다. 일본은 처음에는 항구도시 나가사키의 섬에 거주하는 네덜란드(일본과의 통상을 허락받은 유일한 유럽국가였다) 상인들과 교류함으로써 이러한 압력을 피해갔다. 일본에서는 이미 17세기부터 종종 쇼군에게 선물로 헌납된 네덜란드 서적이 일본에 잘 알려져 있었고 대개는 과학 서적이었다. 18세기에는 이러한 네덜란드 책에 대한 관심이 증가해 이 저작들을 연구하는 '난학蘭學, '란가쿠'파가 생겨났다. 1771년 일본 의사 스기타 겐파쿠杉田玄白는 요한 아담 쿨무스Johann Adam Kulmus의 『해부학 표 Anatomischen Tabellen』의 인쇄본에 수록된 도해의 정확성에 감명을 받은 뒤 이 저작의 번역에 착수했다. 일본어로 간행된 최초의 난학 서적인 1774년의 『가이타이 신서解 体新書』('새로운 해부학 책')는 유럽의 의학과 과학에 대한 관심을 자극했다. 1853~4년 에 매튜 페리Matthews Perry 제독에 의해 일본이 문호를 '개방'했을 때 전부터 난학에 관심을 갖고 있었던 일본인들은 서양 학문에 이미 어느 정도 익숙한 상황이었다.

중국이나 한국과 달리 일본이 서구의 제국주의로부터 받은 피해는 비교적 가벼웠 다. 도쿠가와의 부패 정권은 일본이 문호를 개방한 지 15년이 지나지 않아 전복되었 다. 일본은 1868년 메이지유신을 거치면서 서양에 대항해 (부분적으로는 유럽과 미국 의 많은 제도와 기술을 수용하면서) 그들만의 제국주의 국가를 수립했다. 이 사건이 출 판계에 미친 즉각적인 영향은 프랑스 사례를 본떠서 도입한 한층 더 효율적인 검열 체계를 통해 나타났다. 이제 출판사들은 책을 출간하려면 서적 상인회가 아닌 정부 로부터 사전 허가를 받아야 했다. 이 규정은 강력히 시행되었고, 출간을 엄격히 제한 하는 새로운 법들이 연달아 제정되었다.

아울러 도쿠가와 막부와 달리 메이지 정부는 새 정부를 수립한 해에 관보를 발행 해 정부의 칙령을 공포하는 등 새로운 인쇄물 장르와 인쇄 기술의 도입에서 선도적 인 역할을 했다. 금속활자는 19세기 중반에 재도입되었지만 일본에서 지배적인 기술 로 자리잡은 것은 1880년대에 이르러서였다. 이때도 메이지 정부가 관보 인쇄를 위 한 납활자 주조를 담당할 관청을 설립하는 등 예전 정부들과 달리 중요한 역할을 했 다. 목판 인쇄술은 이 시기에도 불교 경전 등의 간행에 여전히 활용되고 있었지만 일 본은 이미 근대 책 문화의 시대에 성큼 들어서 있었다.

5장

중세 서유럽

데이비드 런들
David Rundle

1207년 프랑스 서남부 도시 카르카손에서 서쪽으로 32킬로미터 정도 떨어진 팡주 성城의 홀에 서로를 적대시하는 두 종파가 모였다. 한쪽은 자칭 '선한 기독교인' 카타르파派의 대표자들이었다. 카타르파는 그들의 적에게 이단 혹은 이단보다도 더 나쁜 존재로 여겨졌다. 다른 쪽 사람들은 가톨릭 교인들이었고 그중에는 카스티야 출신의 사제 도미니크 데 구스만Dominic de Guzman도 있었다. 이 두 종파가 한데 모인 이유는 그들의 논쟁을 판정단에게 가져가기 위해서였고, 판정단은 양측에 각자 신앙의 교리가 명료하게 정리된 책을 제출할 것을 요구했다. 가톨릭 쪽에서는 그들의 신앙을 가장 잘 표현한 책으로 도미니크의 최근 저작을 선정했다. 신성에 관한 상반되는 주장들을 평가해달라는 요청을 받은 판정단은 답을 찾기 위해 점술에 기댔다. 홀의 한가운데에 불을 피운 뒤 책을 불속으로 던지게 한 것이다. 만일 책이 불에 탄다면 그 안에 담긴 내용은 한갓 현세의 것에 불과하리라(는 것이 그들의 추론이었다). 카타르파의 책은 화염 속에 사라졌지만 도미니크의 책은 불 밖으로 튕겨 나갔다. 이를 본 판정단은 깜짝 놀라 책을 다시 던져넣으라고 지시했지만, 이번에도 책은 불에서 튕겨 나왔다. 똑같은 일이 세번째 벌어졌다. 전하는 바에 따르면 도미니크의 책이 어찌나 높이 튕겨오르고 또 어찌나 뜨거웠는지 책이 지붕보에 부딪히고 그슬음까지 생겼지만 책 자체는 아무런 손상도 없었다.

이후 수십 년 동안 책은 성격이 달라졌고 전보다 쉽게 접할 수 있는 대상이 되었다. 이러한 변화는 부분적으로 도미니크가 취한 행동들의 결과였다. 하지만 이 이야기는 이 장이 다루는 긴 시대와 넓은 지역에서 뚜렷하게 나타난 한 가지 역설을 함축적으로 보여준다. 책은 이성적인 토론을 위한 필수적인 도구였지만, 책의 힘은 이성을 초월해 있었다. 이 시대에는 책이 기적을 행할 수 있었다. 책은 페이지에 적힌 단어들을 담는 그릇, 그 이상의 것이었다.

물론 이 역사는 도미니크가 휘말린 신학 논쟁에서 승리한 자들의 관점에서 쓰였다. 가톨릭교 그리고 가톨릭의 언어―라틴어―는 1000년을 지배했다. 이 신앙에는 경쟁자들이 있었다. 로마제국이 멸망했을 때 사람들은 침략군에게 포위된 이 종교가 과연 존속할 수 있을지 몇 번이고 의심을 품었다. 이 침략군은 처음에는 이교도, 나중에는 이슬람교도였다. 라틴 로마 가톨릭교의 지도地圖는 단 한 번도 유럽 전역을 담은 적이 없었다. 유럽 최후의 이교도 왕국 리투아니아는 1386년에야 개종했다. 이슬람교는 13세기 중반에 이르러 이베리아반도에서 거의 모든 영토를 잃었지만, 스페인 그라나다만큼은 1492년까지 이슬람교의 견고한 근거지로 남아 있었다. 그해 예언자 무함마드의 종교는 그라나다를 잃었지만 이 손실은 15세기에 이르러 저 멀리 동쪽 북지중해에서 경계를 맞대고 살아온 오스만 튀르크인들의 성공으로 충분히 보상되었다. 그리스 정교를 따르던 비잔티움제국은 오스만제국의 침략으로 서로마제국의 동료 기독교인들이 지켜보는 가운데 멸망했다. 동로마제국과 서로마제국은 십자군 원정에서 힘을 모으지 못한 터였다. 적어도 명목상으로는 로마 가톨릭교의 땅이었던 곳에 유대교 공동체들이 드문드문 자리를 잡았다. 게다가 앞에서 봤듯이 기독교도

1. 성 도미니크의 기적적인 책을 기억하다. 스페인 카스티야에서 태어나고 이탈리아에서 수년간 작업한 화가 페드로 베루게테Pedro Berruguete, 1503년 사망가 패널에 그린 제단화. 베루게테는 말년에 이 교단 설립자의 생애를 기리며 아빌라의 도미니크 수도회를 위해 이 패널화를 제작했다. 그림은 가톨릭 신앙을 옹호하는 도미니크의 저술을 모은 필사본이 그가 적대하는 카타르파가 보는 앞에서 불길에서 튕겨 나와 이 책의 신성함을 증명하는 장면을 묘사한다. 베루게테는 르네상스시대에도 책의 기적적인 힘에 대한 믿음이 여전히 살아 있었음을 보여주고 있다. 페드로 베루게테, 〈성 도미니크와 알비파카타리파의 이칭—옮긴이〉, 1480년경. 스페인 마드리드의 프라도 국립미술관Museo Nacional del Prado.

들 사이에서도 내분이 있었다. 카타르파만 있었던 게 아니고 이후 15세기에는 보헤미아에서 후스파가 득세했다. 가톨릭교 너머의 문화들은 분명히 문자 언어를 숭상했다. 그럼에도 신의 창조에 대한 경이감—이븐 무클라^{Ibn Muqla}의 혁신적인 이슬람 캘리그라피에서 발견되는 어떤 것—을 표현할 잠재력에서 문자 형태로는 로마자에 대응하는 것은 없다. 아울러, 유대교의 게니자 전통에서 그랬던 것처럼 모든 종교 자료를 그 쓸모가 다한 다음에도 보존해야 한다는 기대도 없었다. 하지만 서로마를 지배한 전통에서는 문자 언어, 그리고 문자 언어로 가는 첫째 관문인 책에 대한 특별한 가치 부여가 그 근간을 이루었다.

문자 언어가 위력을 발휘할 수 있었던 것은 글을 쓰는 능력은 물론이고 문자 언어를 이해하는 데 필요한 능력 자체가 드물었기 때문이기도 하다. 중세 후기에는 갈수록 더 다양한 독자들을 대상으로, 갈수록 더 많은 양의 책이 생산되었다. 하지만 이때도 기독교 세계에서 문해력은 예전과 다름없이 소수의 전유물이었다. 이러한 상황은 당시 유대교에서는—적어도 이론상으로는—모든 성인 남성에게 성경 필사 능력을 갖추기를 기대했던 것과 대조된다. 영국에서는 이 상황이 계속되어 18세기 초까지도 대다수가 서명조차 할 줄 몰랐다. 이 시기로부터 불과 300년만 뒤로 가도 증거자료가 너무나 불완전하고 우연적이어서 여기서 신뢰할 만한 수치를 추론해내기란 참으로 어렵다. 일부 낙관적인 추정치에 따르면 영국 인구의 대략 3분의 1이 어느 정도 문해력을 갖추고 있었다. 이보다 엄격한 추정치는 완전한 문해력을 갖춘 인구의 비율을 대략 10분의 1에 가깝게 본다. 수치에서 이토록 큰 차이가 나는 것은 정의 자체의 복잡성 때문이기도 하다. 서명할 줄 안다는 것이 반드시 쓰거나 읽기 능력을 갖췄다는 증거가 될 수는 없다. 마찬가지로, 페이지에 십자＋보다 복잡한 부호로 표시를 남길 줄 모른다는 것이 글을 읽을 능력이 심지어 상당히 능숙하게 읽을 능력이 없다는 단정적 증거인 것도 아니다. 확실한 것은 사람들 사이에 상당한 편차가 있었다는 사실이며, 여기에 영향을 미친 요인은 매우 분명하다. 당신이 여자가 아닌 남자라면, 그리고 시골이 아닌 도시에 사는 소수에 속한다면 글을 쓸 수 있을 가능성이 더 높았다. 하지만 설사 당신이 남성에 도시 거주자라고 해도 여전히 당신은 문맹일 가능성이 높았다. 운좋게도 아마도 유럽에서 문해율이 가장 높았던 피렌체의 명문가에서, 그것도 우리가 다루는 시기가 거의 끝나갈 무렵에 태어난 것이 아니라면 말이다. 피렌체에서 문해율이 증가한 원인이자 결과는 이 도시와 이탈리아 북부의 다른 지역에서의 토속어 교육의 발달이었다. 다른 시기, 다른 지역에서는 일차적으로 성직자가 될 남아만 학교에 다녔고 학교 수업은 라틴어로 진행되었다. 영어에서는 여전히 학습과 종교가 결합되어 있다. 영어 단어 '클러리컬clerical'이 지니는 이중적인 의미('클러리컬 어시스턴트clerical assistant, 사무 보조원'와 '클러리컬 가먼츠clerical garments, 성직자의 복식' 비교)에서 그 흔적을 찾을 수 있다. 이것의 함의는 일정 수준의 읽기와 쓰기 능력을 모어로 획득한 사람들은 유럽 전역의 공용어였던 라틴어를 접하지 않았을 수도 있다는 것이다. 그러니까 글을 읽고 쓸 줄 아는 소수의 사람 중에서도 다시 극소수만이 지식인의 반열에 올랐다.

글을 읽는 사람은 극소수에 지나지 않았지만, 어디에나 글이 있었다. 혹시 당신이 문자를 해독할 줄 모른다고 해도 텍스트와 마주치지 않기란 매우 어려운 일이었다. 지역 공동묘지에 가면 나무판자에 쓰인 글이나 돌에 새겨진 글과 마주쳤고, 지역 교회 담장에도 글이 쓰여 있었다. 글은 돈주머니 안에도 주화의 명각銘刻—명각을 뜻하는 영어 단어 '레전드legend'가 유래한 라틴어 단어 '레겐다legenda'의 뜻은 문자 그대로 '읽혀야 하는 것'이다—으로 있었다. 행운은 들이고 액운은 쫓는 부적에 적힌 짧은 글을 늘 몸에 지니고 다니기도 했다. 문자 기록은 통제의 기술이기도 했다. 지주는 자기 땅에 사는 사람이 내야 할 지대가 적힌 문서를 간직했다. 그러니 글은 누군가에게는 증오의 대상, 기회가 주어진다면 반드시 파괴해야 할 억압의 상징이었다. 1323년에서 1328년까지 일어난 플랑드르 농민 반란, 1358년 프랑스 북부 '자크리의 난', 1381년 '영국 농민 반란'에서 그러한 일들이 일어났다.

2. 책을 안치하다. 이 모자이크 벽화는 5세기 전반에 황제의 여동생 갈라 플라키디아Galla Placidia의 명을 받아 제국의 수도 라벤나에 세워진 영묘의 화려한 장식 중 일부다. 오른쪽에는 성인이 펼쳐진 책을 들고 중앙에 놓인 석쇠 위에 올라설 고통의 순간을 앞두고 있다. 왼쪽에는 이 성인에게 힘을 줄 책들—복음서—이 안전한 보관소인 책궤, 즉 아르마리움 안에 있다. 필사본을 보관한 방법을 보여주는 현존하는 가장 오래된 중세 그림이다. 성 라우렌티우스와 책궤 모자이크화. 이탈리아 라벤나 소재 갈라 플라키디아의 영묘.

　문자는 다양한 물건 위에 썼다. 밀랍판은 텍스트를 썼다가 열을 가해 지울 수 있었고, 이렇게 매끄러워진 표면을 재사용할 수 있었다. 발트해부터 우크라이나에 이르는 동유럽 지역에서는 일반적으로 잠시 쓰는 텍스트에는 자작나무 껍질을 (흔히 밀랍 위에 첨필로) 썼다. 이와 달리, 바이킹의 땅에서는 10세기와 11세기 말의 비교적 짧은 시기 동안 돌에 룬 문자를 인그레이빙 기법으로 새기고 채색해 기념비로 세우는 것이 서로마에서 명문銘文을 새기던 관습 못지않게 크게 유행하기도 했다. 장기 보존이 필요한 기록은 양피지에 썼다. 영국의 법률적 관습 중 하나는 계약서를 작성할 때

한 장의 시트에 같은 내용을 두 차례 쓰고 이것을 절반으로 자른 다음 각 당사자가 한 부씩 보관하는 것이었다. 문서 위조를 막는 간단한 방법은 시트를 치아처럼 들쭉날쭉하게 자르는 것이었고, 바로 이 관행에서 '계약서'를 의미하는 영어 단어 '인덴추어indenture, '톱니꼴 자국'이라는 의미도 있다―옮긴이'가 나왔다. 개별 페이지에 쓴 기록들을 바느질로 이은 다음 돌돌 말아 보관하기도 했다. 하지만 문자 언어의 모든 전달 수단 중에서, 낱장의 다발들을 한데 묶은 다음 내지를 보호하기 위해 겉표지로 감싼 구조―한마디로, 책―는 기독교에서 특권적 지위를 누렸다. 여기에는 한 가지 순수하게 실용적인 이유가 있다. 낱장들을 넘기는 동작은 두루마리를 펼쳤다가 다시 돌돌 마는 동작보다 확실히 덜 거추장스럽다. 하지만 물론 실용성은 다른 더 중요한 고려 사항이 있다면 무시될 수 있다. 이를테면 유대교 공동체에서 전체 성서는 책 형태로 생산되었지만 유대교 회당의 토라(성서의 첫 부분에 해당하는 모세 5경)는 전통적인 디자인은 두루마리였고, 여기서는 두루마리로 된 토라를 다룰 때 요구되는 조심성은 신성한 텍스트에 존경심을 품게 만든다는 점에서 오히려 장점이 되었다. 이 시기에는 기독교 성서에는 다양한 포맷이 사용되지 않았으므로, 물리적인 책과 그 책의 내용은 동의어로 통했다. 즉 '성서Good Book'는 텍스트이자 물건이었다.

성서의 필사본을 만드는 장인들은 종종 자신들의 생산물을 그 안에 담긴 텍스트가 마땅히 불러일으켜야 할 경의에 걸맞게 만들어야 할 필요를 의식했다. 자칫하면 부적절한 원재료로 작업한다는 말이 나올지도 모를 일이었다. 10세기 『엑시터 책 Exeter Book』(엑시터의 초대 주교 레오프릭Leofric의 성당에 헌정된 데서 이름이 유래했다)에 실린 앵글로색슨족의 수수께끼를 보자. 죽음 너머로부터 한 목소리가 이렇게 말한다(리처드 해머Richard Hamer의 번역본).

어느 적이 내 생명을 박탈해,
이생에서의 힘을 앗아버리더니, 나를 적시고,

물에 담그고, 다시 밖으로 꺼내

햇볕에 두니, 나는 금세 몸의 털을

몽땅 잃었다. 이후 단단한 칼날이

나를 가르자 모든 불순물이 쏟아져 나왔다.

다음에는 손가락들이 나를 접었다. 새의 고운 옷이

유용한 물방울들을 머금고 나를 쓸며 지나갔다.

나의 갈색 영역을 지나, 물과 섞인 나무염료를 삼키더니,

다시 나를 밟고 지나며

어두운 자국들을 남겼다. 영웅은 내게 옷을 입혔다.

나를 지켜줄 판자들을 댄 다음 그 위로 살갗을 입히고

금으로 장식하여 (⋯)

여기서 말하는 적이란 짐승을 죽이고 생가죽을 가공하는 양피지 제조업자다. 이 수수께끼는 이 목소리의 주인공이 어느 짐승인지 말하지 않는다. 양피지 제작에는 양, 염소, 소가 두루 쓰였고, 그중 가장 품질이 좋다고 칭송받는 것은 '유터린 벨럼 uterine vellum'이었다. 자궁을 뜻하는 '유터린'이라는 표현으로 미루어볼 때 사산되거나 갓 태어난 송아지('벨럼'이라는 용어는—영어 단어 '빌veal, 송아지 고기'과 관련이 있다—송아지 가죽으로 만든 독피지를 의미하지만 중세 사료에서는 양피지와 독피지를 굳이 구분하지 않았다)의 가죽으로 만들었음을 짐작할 수 있다. 이 시의 양피지 제작 과정에 대한 묘사는 잔혹하지만 한편으로는 절제된 표현이기도 하다. 물에 씻은 생가죽은 모낭을 제거하기 위해 수일 동안 용액에 담가두었는데 보통 이 용액으로 석회수나 오줌이 사용되었다. 12세기 톨레도에서는 개똥을 썼다고도 전해진다. 다음에는 수수께끼에 묘사된 것처럼 양피지의 표면을 매끈해질 때까지 긁었다. 시는 이어지는 장면을 계속 보여준다. 시트들을 모아 접지, 또는 콰이어를 만들고 필경사가 새털('새의 고

운 옷')의 깃대에 잉크를 넣어 페이지에 줄을 그었다. 잉크는 보통 오배자—유충 때문에 나무껍질에 생기는 혹('나무염료'라는 표현은 여기서 나왔다)—로 만들었다. 이렇듯 책은 현세적인 요소들이 모여 태어났다. 책은 여기서 아름답게 꾸며진다. '영웅'은 제본공으로 나무('판자')와 가죽('살갗')을 사용하고 황금 장식판으로 작업을 마무리한다. 이 마지막 묘사는 이것이 특별한 책임을 알려준다. 이 수수께끼는 목소리의 정체에 관한 단서를 주면서 끝난다.

사람들에게 유용한 내가 누구인지 말해보라. 내 이름은
유명하고, 사람들에게 좋으며, 신성하다.

수수께끼의 '나'는 들판에 살던 어느 짐승의 사체에서 어떤 신성한 것, 즉 신의 말씀을 전하는 필사본으로 탈바꿈했다. 더 이른 시기인 8세기 로마의 어느 수수께끼에서는 이러한 탈바꿈—'창조주'의 손길로 생물체가 창조물이 되는 것—은 신격화라 부르기에 전혀 손색이 없다. "지난날 우리 내면의 목소리는 말하지 않아도 들렸다. 하지만 이제 우리는 우리 자신의 목소리를 갖지 않은 대신 말씀을 표현한다."

양피지가 신체에서 왔다는 사실은 책의 기본 좌표 중 하나를 설명한다는 의견도 있다. 책 한 권을 골라—당신이 지금 읽고 있는 이 책도 괜찮다—그 책의 형태를 보자. 딱히 특별해 보이는 것은 없다. 왜냐하면 우리는 '책'을 이런 식으로 개념화하도록 문화적으로 길들었기 때문이다. 책은 직사각형이고, 세로가 가로보다 길며, 폭은 높이의 4분의 3 정도다. 물론 이 기준에 맞지 않는 책이 곧장 떠오를 것이다. 그 책들은 그 이례적인 형태를 통해 우리에게 말을 건넨다. 하지만 어째서 서양에서 책은 전통적으로 이 특정한 직사각형 형태를 띠게 되었을까? 짐승의 가죽은 가로보다 세로로 길기 때문에 양피지를 가장 잘 쓰려면 책은 언제나 이와 비슷한 비율의 직사각형이 될 수밖에 없다는 주장이 주로 제기되어왔다. 그렇다고 해도 어째서 책이 '직립'

방향이 되었는지는 여전히 해명되지 않는다. 이 오래된 형식을 선호하는 데에는 분명 다른 요인들이 있다. 일단, 읽기 편하다. 행이 지나치게 길어지면 문장을 따라가기 어렵다. 또한 잡기 편하다. 분명 손으로 잡고 다루기 편한 허용치가 있다. 그리고 장정이 튼튼하다. 페이지의 폭이 넓어질수록 책등이 낱장을 붙드는 힘은 약해진다. 이러한 요인들은 양피지 필사본의 가로세로 비율이 왜 수 세기가 흐른 뒤에도 여전히 표준으로 남아 있는가를 설명하는 근거이다('페이지'가 가상의 개념이 되어 화면에 펼쳐질 때도 여전히 그러할 것인지에 대해서는 아직 답을 찾지 못했다). 하지만 우리가 손에 들고 읽는 책의 형태는 말하자면 필사본 문화의 유산이라는 데에는 이론의 여지가 없다. 그리고 필사본 문화에서 코덱스는 명백히 육체적인 것, 육화된 '말씀'이었다.

탈바꿈한 살갗의 유연한 표면에 쓰인 말씀은 그것이 품은 귀한 본질에 대해 그 자체로 말할 수 있었다. 앵글로색슨족의 수수께끼는 페이지에 발린 흑색 잉크를 이야기하지만, 호화 필사본의 글자에는 대부분 은이나 금, 때에 따라서는 둘 다를 썼다. 대개는 개별 단어('주님'의 이름)나 몇 개의 짧은 단락에 국한되었지만, 중세 초에는 텍스트 전체에 그렇게 하기도 했다. 종종 보라색으로 염색한 양피지를 사용하기도 했다. 이처럼 호화로운 장식은 4세기의 교부 겸 성서 번역가 히에로니무스에게 조롱을 받기도 했지만 테오도리크(이탈리아 왕, 493~526), 샤를마뉴(신성로마제국 황제, 800~814), 10세기와 11세기 초 오스만제국 황제들의 궁정에서는 황실의 장엄을 드러내는 수단으로 사랑받았다.

이후 수 세대에 걸쳐 이 유행은 자취를 감추었다. 하지만 르네상스시대 이탈리아에는 이를 기억하는 사람들이 있었다. 이를테면 포르투갈 왕 마누엘(1495~1521)은 피렌체 공방에 벨렘의 히에로니무스 수도원에 보낼 책을 제작해달라고 의뢰했는데, 리르의 니콜라스^{Nicholas}가 주해를 쓴 이 장엄하고 기품있는 여덟 권짜리 성서 필사본의 표제지에서도 비슷한 감색 바탕의 금문자 장식이 발견된다(1490년대에 생산된 이러한 코덱스들을 통해 우리는 인쇄술의 등장과 함께 필사본 기술이 사라진 것은 아님을 알 수 있다). 상대적으로 전보다 보라색이 덜 쓰이는 것이나 파란색이 많이 쓰이게 된 것 모두 개별적인 색들의 문화사가 있다는 증거다. 이러한 문화사 안에서 색채의 위상에 대한 인식은 그 색의 경제적 가치와 독자적이면서도 어떤 연관성이 있다. 파란색 계열은 중세 초에도 이미 사용되었지만, 13세기부터 청금석(라피스라줄리)에서 얻은 밝은 파란색에 특별한 위엄이 부여되었다. 청금석의 원산지로 알려진 여러 지역 중 하나가 지금의 아프가니스탄 동북부에 위치한 사르에상 광산이었던 것이 한 가지 이유였다. 이렇게 청금석은 페이지를 장식한 황금처럼 그 자체로 이 책이 생산되기까지 얼마나 막대한 금액이 투자되었는지를 안목이 있는 자들에게 보여주었다. 아울러 우리는 폴리오 위의 물감 얼룩들이 대륙들을 아우르는 무역 거래의 증인이 될 수 있다는 사실을 떠올리게 된다.

하지만 값비싼 재료를 공급하는 장거리 계약만이 호화로운 페이지를 만드는 유일한 방법은 아니었다. 섬나라 영국의 북아트 걸작품으로 손꼽히는 『린디스판 복음서Lindisfarne Gospels』와 『켈스의 서Book of Kells』는 단순한 흑색 잉크 문자로만 표현된 캘리그라피, 그리고 대체로 그 지역에서 나는 식물과 광물에서 추출한 안료를 쓴 정교한 채식만으로도 매우 아름답게 제작되었다(이들 책에 청금석이 사용되었다는 주장은 이제 신빙성이 없다). 일반적으로 필사본의 채색 페이지들은 우리의 21세기적 상상력을 가장 잘 포착한다. 이 책들이 희귀 서적 시장에서 흔히 비싼 가격이 매겨지는 주된 이유 중 하나일 것이다.

전면 미니아튀르, 장식선, 이니셜의 그림 장식이 탁월한 일부 중세 예술작품들을 구성하는 것은 사실이지만, 이러한 요소들이 책 전체를 장악하는 경우는 극히 드물었다. 이것들은 결코 책의 독자적인 '존재 이유raison d'être'는 아니었다. 특별히 미니아튀르의 전통을 자세하게 살펴보는 것이 균형적인 판단을 내리는 데 도움이 될 것 같다. 미니아튀르는 책의 후원자에게 그 책을 바치는 장면을 묘사한 그림이다. 미니아튀르는 중세 초기의 책에서도 일부 찾아볼 수 있지만—예를 들어 845년 대머리왕

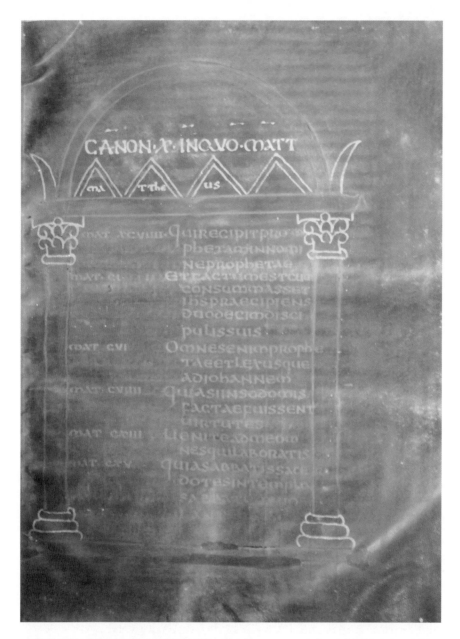

3. 말씀의 영광. 6세기에 이탈리아에서 제작된 '코덱스 브릭시아누스Codex Brixianus'로 알려진 이 복음서는 화려한 분위기를 물씬 풍긴다. 양피지는 황제에 어울린다고 여겨진 보라색으로 염색했다. 비잔티움 황제들은 비단을 대단히 비싼 티레산 자주색 안료(바다 고둥에서 추출)로 물들였다. 과학적 검사 결과 이 책도 티레산 자주색 안료 혼합물이 사용되었음이 밝혀졌다. 사용된 잉크는 은으로 만들었다(이 책은 은니서銀泥書, argyrography의 한 예다). 비용 면에서 금으로 쓴 책(금니서金泥書, chrysography)에 버금간다. 이탈리아 브레시아, 퀘리니아나 시립도서관Biblioteca Civica Queriniana.

샤를Charles, 서프랑키아 왕, 843~877에게 바쳐진 『비비앙 성서Vivian Bible』—중세 후기에 이르러 크게 늘어나고 표준적인 형식을 갖춘다. 대체로 책을 바치는 사람은 무릎을 꿇고 있다(거의 항상 남자이지만 예외적인 사례로 프랑스 여왕 바바리아의 이자보Isabeau 앞에서 무릎을 꿇은 여자 시인 크리스틴 드피상Christine de Pisan, 1364~1430경이 있다). 책을 받는 사람은 보통 의자에 앉아 있고 가끔은 수행단이 주변에 서 있다. 그림의 중심은 단연 책, 바치는 사람에게서 받는 사람으로 넘겨지는 바로 그 순간에 포착된 책이다. 흔히 후원자에게 바쳐지는 바로 그 코덱스가 그림에 포함되기도 했다. 이러한 미니아튀르는 일종의 완료된 미래를 제공하면서, 작품에 대한 저자의 포부를 채식사의 중개를 통해 표현했다. 눈길을 끄는 한 가지는 후원자가 그 책을 실제로 읽으리라고 생각한 사람이 거의 없었긴 하지만—1372년의 한 유명한 미니아튀르에서 왕실 심부름꾼 장 드보데타Jean de Vaudetar는 프랑스의 샤를 5세(1364~1380)가 의자에 앉은 채 『비블 이스토리알Bible historiale』을 읽을 수 있도록 한쪽 무릎을 꿇은 불편한 자세로 책을 자기 머리 높이까지 받치고 있다—관습적으로 이런 그림에서 책은 흔히 표지가 덮인 상태로 바쳐졌다는 점이다. 장인이 강조하는 것은 자신의 기량보다도 이 책에서 아마도 비용이 가장 많이 든 부분, 즉 장정이었다. 이러한 미니아튀르에서는 책의 장정에 사용된 부속품의 세부가 특별히 세심히 묘사되었다.

그러니까 꼭 책을 펼쳐야만 화려함을 느낄 수 있는 것은 아니었다. 견고한 장정의 기본 포맷은 나무판에 가죽을 씌우는 것이었지만, 장식이 추가될 수도 있었다. 책의 표면을 보호하고 싶은 소망에서 금속을 모서리에 덧붙이거나, 독서대에 얹어서 펼쳤을 때 가죽이 쓸리지 않도록 표지에 금속 돌기를 박기도 했다. 어떤 책들은 여기서 더 나아가, 책의 내용에 '보물 장정'이 걸맞다고 여겨 귀금속이나 보석 장식을 추가하기도 했는데 『베르톨트 미사전서Berthold Missal』가 그러한 예다. 이 책의 제목은 현 독일 콘슈탄체호수 인근 바인가르텐 수도원을 위해 1215년경 즈음 이 책을 의뢰한 수도원장의 이름을 따서 붙여졌다. 호화로운 채식 필사본 『베르톨트 미사전서』는

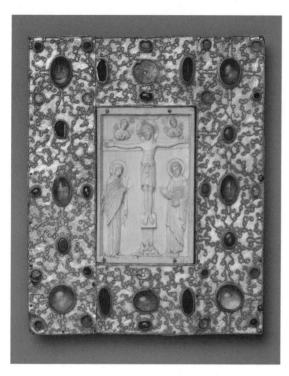

4. 성유물로서의 책. 대부분의 필사본은 중세시대 장정이 유실되었지만 현존하는 표지들을 통해 해당 필사본의 위상을 가늠할 수 있다. 이 표지는 이 책 안에 담긴 것이 어떻게 존경을 받았는지, 그리고 신앙심을 자극하는 다른 요인들과 어떻게 연관되었는지를 보여준다. 이 표지를 생산하기 위해 보석과 귀금속에 들인 비용에서 이 책이 얼마나 중요한 책이었는지가 드러난다. 중앙의 상아로 된 십자가상을 보석과 귀금속이 에워싸고 있다. 이 표지는 1085년경 스페인 산타크루즈 데 라 세로스의 수녀원에서 생산되었다. 미국 뉴욕, 메트로폴리탄박물관.

은, 은박, 금 세선세공filigree, 보석과 준보석과 에나멜 장식 101개, 아기 예수를 무릎에 앉힌 채 착석한 성모 마리아의 조각상 명판을 사방에서 둘러싼 4대 복음서 저자의 조각상 명판 네 개까지 표지 장식이 실로 화려하다. 다른 책에서는 중심 장식으로 돋을새김으로 상감세공한 상아 작품을 쓰기도 했는데, 이는 고대 로마인들의 작품과 비잔티움 문화에서 볼 수 있는 예술 형식이다. 12세기부터 14세기까지 유행한 또다른 형식은 표지 전체를 에나멜로 작업한 것으로, 프랑스 중서부 도시 리모주가 이 양식으로 특히 유명했다. 하지만 『베르톨트 미사전서』로 돌아가서 이야기하자면, 이 책의 표지가 더욱 특별한 이유는 표지 안에 성인들의 아주 작은 성유물도 안치되어 있다는 데 있다. 이 책이 그 자체로 성유물함의 지위를 갖는다는 사실은 책에 대한 더욱 큰 존경심을 불러일으켰다. 하지만 이미 짐작하고 있겠지만, 이러한 추가적인 자극이 반드시 필요하다고 여겨지지는 않았다. 책은 그 자체로 존경과 경이를 품어 마땅하도록 디자인되었다.

이러한 책에 막대한 비용을 쏟아부을 수 있었던 이유 중 하나는 웨스트색슨 출신으로 영국해협을 건너 지금의 독일 땅으로 파견되었던 선교사 보니페이스Boniface, 754년 사망가 영국으로 보낸 편지에서 찾아볼 수 있다. 보니페이스는 수녀원장 에아드부르흐Eadburh에게 보낸 편지에서 수녀원장이 보내준 책들에 대한 감사를 표하고 앞으로도 선행을 이어가달라고 당부한다. "설교 시간에 세인들의 눈에 성서의 영광과 위엄"을 보여줄 수 있도록 「성 베드로 서간」을 "황금으로" 써달라는 부탁이었다. "세인worldly"은 라틴어로 '카르날레스carnales, 육신의''이다. 그차제로 육체적인 사물이 황금빛을 발하는 것을 본다면 육신을 받았으되 아직 개종하지 않은 자들이 육신의 경이를 통해 정신의 경이를 깨달을 수 있으리라는 것이 보니페이스의 믿음이었다. 책은 단지 성스러움의 기록만이 아니었다. 책은 신성으로 가는 관문이었다.

이러한 요인들—양피지 준비에서 표지 디자인까지—은 필사본이 그 가치를 언명할 수 있도록 보장하는 내재적 요인들이었다. 여기에 덧붙여 필사본을 보관한 장소와 방식이라는 외재적 요인이 있다. 필사본을 일종의 책의 전당에 모셔둠으로써 경배심을 표현할 수 있었다. 이 책의 전당을 컴닥스cumdach라고 일컬었던 아일랜드에서 이 관행은 11세기에 절정에 이르렀다.

컴닥스는 나무나 금속 소재의 필사본 보관함으로 '보물 장정'처럼 은과 보석으로 치장되었다. 때로는 컴닥스를 전쟁터로 운반해가기도 했는데, 소중히 모신 '신성한 말씀'이 승리를 가져다주리라는 소망에서였다. 이렇듯 책을 상자에 담는 관행의 극단적인 형태는 필사본을 소유자와 함께 묻었다는 어느 중세 문헌의 기록에서 찾아볼 수 있다. 11세기 편년사가 샤반느의 아데마르Adhémar of Chabannes의 주장에 따르면 신성로마제국의 초대 황제 샤를마뉴는 814년 독일 아헨(프랑스식 명칭은 엑스라샤펠)

5. 성 콜럼바St Columba의 시편을 보관한 컴닥스. 11세기 아일랜드에서 제작되었다. 스코틀랜드로 파견된 아일랜드 선교사 콜럼바(597년 사망)와 오래전부터 연관 지어진 6세기 말 필사본을 이 안에 보관했다. 이 시편은 또한 게일어로 '카타이Cathach, '투사''라고도 알려져 있다. 이러한 이름이 붙은 이유는 그 책을 컴닥스에 안치해 액막이 부적으로 전쟁터에 실어갔기 때문이다. 이 종교 서적이 적군을 쳐부수러 나서는 군인들을 도와주리라고 믿었다. 아일랜드 더블린, 아일랜드 국립박물관.

에 소재한 황제 예배당에 안치될 때 황금 왕좌에 앉은 자세로 무릎에 '황금으로 된 복음서 한 권'을 얹고 있었다. 아데마르의 주장은 신빙성이 부족하며 그 책이 '빈의 대관식 복음서'였다는 이야기도 나중에 누군가가 지어낸 것이다. 하지만 디테일의 진실 여부보다 중요한 것은 아데마르의 주장을 접한 당대의 독자들이 귀중한 코덱스가 부장품이 되었다는 이야기를 그럴듯하게 받아들였다는 사실이다. 사람들은 책을 통해 읽기보다 더 숭고한 목적을 마음속에 그릴 수 있었다.

어떤 책들은 그 크기로부터 비슷한 결론을 끌어낼 수 있다. 책의 기본 형태를 결정하는 요인은 읽는 눈과 잡는 손의 편안함에 있다. 그런데 이러한 관례에서 벗어나는 사례들이 있다. 히에로니무스의 『불가타Vulgata』 성서가톨릭교회가 공인한 구약 성경의 라틴어 번역본―옮긴이의 완전판에 가까운 한 사본을 제작한 이들은 책은 손으로 들기 편해야 한다는 점을 조금도 고려하지 않았다. 이 책은 『코덱스 아미아티누스Codex Amiatinus』라는 이름으로 알려져 있다. 이 책이 실제로 사용된 시기에 이탈리아 토스카나의 아미아타 산자락에 자리한 산살바도르 수도원에 소장되어 있었기 때문이다. 8세기 초에 영국 노섬브리아에서 제작된 이후 남쪽으로 옮겨졌는데 거의 전 유럽을 가로지르다시피 한 이 긴 여정은 필시 대단한 고행이었을 것이다. 이 책은 높이가 50센티미터가 넘고 폭은 34센티미터이며 무게는 34킬로그램이 나간다. 이 책을 잘츠부르크를 창건자의 『성 루페르트의 시편Psalter of St Rupert』과 비교해보자. 『성 루페르트의 시편』은 『코덱스 아미아티누스』보다 한 세기 뒤에 프랑스에서 제작되었다. 크기는 37×31mm로 엄지손가락보다 짧고 손가락 두 개 정도의 두께다. 두 책 모두 읽기 편하게 만든 책은 아니다. 『코덱스 아미아티누스』는 의심의 여지 없이 이 텍스트의 권위 있는 기록, 일상적인 사용을 위한 책이 아니라 신성한 지식의 저장소가 되고자 했다. 반면 『성 루페르트의 시편』은 분명 몸에 지니기는 쉽지만, 지나치게 작은 크기로 볼 때 공부를 위해서가 아니라 부적이나 기도용 소품으로 갖고 다녔을 것이다.

숭배의 욕구가 신의 계시된 '말씀'으로 여겨지는 것에 집중되는 것이 당연했지만, 이러한 관행들은 일부 세속 텍스트로도 흘러들어갔다. 중세 후기의 사례 중 하나는 유스티니아누스 황제가 확립한 6세기 법률서인 초기 필사본과 관련이 있다. 이 책은 시민법이나 로마법이라고 불리는 중세 전통의 근간 텍스트였다. 이 필사본에는 여러 이칭이 있는데 그중 하나는 『코덱스 플로렌티누스Codex Florentinus』다. 1406년부터 피렌체 시가 이 책을 소유했기 때문에 생긴 이름이었다. 피렌체는 이 책을 비롯한 여러 귀중한 문서들을 은 장식함―'성스러운 글 중에서도 가장 성스러운 글'―에 담아 시청 부속 예배당 베키오궁에 보관했다. 피렌체 시는 '가장 성스러운 법'의 영예를 드높이고자 책을 새로 제본하고 벨벳 복식으로 감쌌다. 게다가 선택받은 일부 학자만

이 이 책을 열람할 수 있었다. 이 책이 이러한 예우를 받은 것은 이 책에 담긴 내용과 이 책이 불러일으키는 존경심 때문이기도 했지만, 이 책에 얽힌 역사도 한몫했다. 사실 이 책은 『코덱스 플로렌티누스』라고 불리기에 앞서 『코덱스 피사누스』로 불렸다. 피렌체가 경쟁 도시 피사를 함락시키고 이 책을 노획한 것이었다. 달리 말하면 이 책은 전리품, 즉 전승 기념품이었다.

반면에 적어도 15세기까지는 고대 로마의 문학과 역사 텍스트가 이와 비슷한 예우를 받는 경우는 매우 드물었다. 중세시대에 고전기 문학이 배제되었다는 말은 아니다. 오히려 다양한 이교도 작품이 잘 알려져 있었다. 당시 가장 유명했던 작품만 일부 언급하자면 베르길리우스의 시는 학교에서 교재로 활용되었고 키케로는 웅변술과 철학의 권위자로 여겨졌다. 로마제국이 멸망한 뒤 많은 텍스트가 유실되고 수 세기에 걸쳐 차차 자취를 감춘 것은 사실이다. 7세기에 이탈리아 서북부 보비오 수도원의 누군가는 교부 아우구스티누스가 주석을 단 시편의 사본을 제작하려고 했다. 그는 비싼 돈을 주고 새 폴리오를 마련하느니 오래된 필사본의 낱장을 깨끗이 씻어 원래 있던 내용을 지우는 게 낫겠다고 판단했다. 그의 이 행동으로 키케로의 명저 『국가론』의 유일한 증거물이 지워졌다. 하지만 파괴가 완전하지는 않았다. 재사용된 양피지(즉, 오늘날 '팰림프세스트'라고 알려진 것) 밑에 남은 텍스트의 흔적이 1819년 바티칸 도서관 사서였던 대주교 안젤로 마이Angelo Mai에 의해 재발견되었다. 이 작품이 겪은 부침은 어느 텍스트가 단 하나의 사본으로만 전해질 때 그 생명이 얼마나 위태로울 수 있는지, 그리고 필경사와 사서로 일한 수도사들이 이교도 문화의 보존에 얼마나 중대한 역할을 했는지를 보여준다. 1416년에 피렌체의 인문주의자 포조 브라촐리니Poggio Bracciolini는 성 갈레노스 수도원(콘스탄체호수 남쪽에 위치해 있었다)에서 퀸틸리아누스의 웅변술 개론의 전문을 발견했다. 중세 유럽에 대체로 알려져 있지 않은 작품이었다. 브라촐리니는 이 문헌을 폐쇄된 장소에 방치하고 소홀히 관리했다며 수도사들을 질책했다. 하지만 그는 오히려 이 작품을 그대로 살려두어 그가 '발견'할 수 있었던 데에 감사해야 했다. 브라촐리니가 발견한 필사본은 지금까지도 전해지고 있다. 11세기에 제작된 이 사본은 또렷한 도서체로 쓰여 있으며 별다른 장식이 없다. 이후 성 갈레노스 수도사 중 한 명이 곧바로 이 책을 연구했다.

이러한 사례는 지금까지 논의된 코덱스들이 실은 매우 이례적이라는 사실을 우리에게 환기한다. 대부분 중세 초반 몇 세기 안에 제작되었고 대개 성서이며 품질이 탁월했다(흔히 탁월한 책이 살아남는 탓도 있다). 그렇지만 이 책들은 우리가 지금 다루고 있는 천년기를 장악한 코덱스들의 구성요소를 분명히 반영한다. 아울러 우리는 이 책들을 통해 어떻게 해서 책이 단지 말을 전달하는 것 이상—책 자체가 말을 하는 것이다—의 숭고한 사회적 위상을 갖게 되었는지도 짐작할 수 있다. 일각에서는 중세 후반기에 필사본이 늘어나고 종류가 다양해지면서 코덱스의 권위가 줄어들었다고 보기도 하지만 이것은 과장된 시각일 수 있다. 필사본의 신비는 사라지지 않았다.

중세 후기 기독교 유럽에서 책이 확산된 이유를 설명해주는 여러 가지 요인이 있다. 하지만 기본적인 원인은 페이지를 만드는 근본 기술에 있었다. 쓰기를 지원하는 가장 일반적인 매체가 양피지가 되기 전에 사람들이 가장 선호한 필기면은 파피루스였다. 2장에서 설명된 것처럼 파피루스 식물은 주로 이집트에서 났지만 시칠리아에서도 자랐다. 중세 초 유럽에서 파피루스가 행정 문서에 쓰였다는 증거는 없다. 하지만 시칠리아산 파피루스는 11세기에도 여전히 교황의 상서원에 공급되고 있었다. 그러다 12세기 초에 시칠리아섬에 한 필기 소재가 알려졌는데 이 소재는 파피루스를 연상시켰기 때문에 오늘날 우리가 잘 아는 이름, 즉 종이(페이퍼paper)로 불리게 되었다.

종이가 일부 사용된 기독교 필사본 중에 가장 오래되었다고 알려진 것은 실로스 수도원(스페인 카스티야의 부르고스 남부)에 소장된 10세기 말이나 11세기 초의 『모사라베 성무일과서Mozarabic Breviary』'모사라베'란 이슬람교 아랍인의 지배를 받은 에스파냐 기독교인을 뜻한다—옮긴이다. 하지만 이 책은 재료로 수입품을 사용했다. 당시 유럽대륙에서 제지술—기본적으로 넝마를 물에 푸는 것이었다—을 보유한 곳은 이슬람 지역인 알안달루스가 유일했다. 레콩키스타8세기부터 15세기까지 이슬람교도에게 점령된 이베리아반도 지역을 탈환하기 위해 일어난 기독교도의 국토 회복 운동—옮긴이가 일어나면서 발렌시아의 하티바 같은 종이 생산지들이 기독교도들에게 넘어갔다. 1240년대에 하티바가 수복되면서 이탈리아에서도 종이 제작을 시작한 것으로 보인다. 이탈리아에서 최초로 종이를 만든 시기와 장소는 보통 1268년 파브리아노(움브리아와 맞닿은 마르케에 위치)의 소도시로 알려져 있지만 실제로는 그보다 앞선 선발주자가 있었거나 생산이 더 나중이었을 수도 있다. 하지만 14세기 무렵 파브리아노가 제지의 중심지로 알려졌다는 것만큼은 분명한데, 이는 부분적으로 더 튼튼한 종이를 생산할 수 있을 만큼 이곳의 제지 공정이 정교해졌기 때문이다. 아울러 제지업자들은 생산자를 표시하는 워터마크를 남겼다. 이탈리아를 비롯해 알프스 너머 다른 지역에서도 이 신기술을 모방했다. 15세기 중반 무렵에는 프랑스, 저지대 국가, 독일어권 영토(서쪽으로는 트리어부터 동쪽으로는 빈까지), 그리고 저 멀리 덴마크 코펜하겐, 폴란드 크라쿠프, 헝가리 부다에도 제지공장이 생겼다. 다만 유럽대륙 본토 북부와 영국 제도에는 제지공장이 없었다. 잉글랜드에는 1490년대에 하트퍼드 외곽에 제지공장이 잠시 세워졌지만 1580년대까지는 지속적으로 운영된 공장이 없었다. 그렇다고 영국인들이 종이를 사용하지 않은 것은 아니다. 종이는 값이 쌌고 소지하기 편했다. 따라서 생산지에서 자체적으로 소비되는 양피지와 달리 종이는 국제 무역이 빠르게 발달해 잉글랜드뿐만 아니라 이슬람권 북아프리카로도 수출되었다.

하지만 종이는 언제나 양피지의 가난한 사촌이었다. 프리드리히 2세 황제(1194~1250)는 1231년 종이를 공식 문서에 사용하는 것을 금지하는 칙령을 내렸다. 황제의 결정은 "오랜 시간이 지나도 파손될 위험이 없는" 판형에 기록되어야 하므로 양피지를 우선 사용해야 한다고 판단한 것이다. 황제는 아랍인의 기법에 따라 생산된 종이는 금방 훼손될 수 있다고 생각했다. 나중에 파브리아노에서 개량된 기술이 나오기

6. 토속어 성서. 13세기 말에 쓰인 이 필사본은 신약성서의 프랑스어 번역본 사본 중에 가장 오래되었다. 책의 도입부에 해당하는 이 페이지는 채식사가 텍스트에 부적절해 보이는 여백 그림을 넣은 사례이기도 하다. 영국 옥스퍼드, 크라이스트 처치, MS. 178, fol. 91.

는 했지만 내구성에 관한 이러한 우려는 이 '신소재'에 늘 따라다녔다. 우리는 흔히 종이에 적힌 텍스트의 상당수가 중세시대부터 지금까지 전해지는 것에 감탄한다. 하지만 사실 우리가 감탄하는 이유는 애당초 종이의 내구성이 그리 뛰어나지 않다고 생각해서다. 종이로 만든 책이 양피지로 만든 코덱스보다 약하다는 것은—그리고 덜 심미적이라는 것도—부인할 수 없다. 이렇듯 종이의 내구성 문제는 이 소재가 사용되는 방식에 영향을 주었다. 프레드리히 2세의 금지령을 보면 우리는 종이가 이탈리아 상서원에서 사용되었다는 사실을 알 수 있다. 종이가 주로 명부나 장부 같은 문서에 계속해서 사용되었다. 그런데 14세기에 이러한 문서를 작성하는 사무원clerks들이 일터에서 접한 값싼 재료를 직접 구해 자신의 사적인 활동에 활용하기 시작했다. 이에 따라 실용적인 텍스트나 문학 텍스트가 담긴 종이책 하위문화가 발달했고 이러한 책은 흔히 토속어로 되어 있었다. 말하자면 문해력을 업무에서 주로 활용하던 세속 전문 직업인 중 일부가 이 능력을 상업에서 책으로 이전한 것이다.

책은 여전히 주로 양피지로 만들었다. 이 상황이 달라진 것은 인쇄기가 나오고 나서였다. 인쇄용 프레스의 기계 구조상 금속 활자를 누르려면 덜 유연한 표면이 선호되었기 때문이다. 그렇지만 이로부터 반세기가 넘도록 고품질을 지향하는 필사본은 양피지에 인쇄되었다. 필사 문화에서는 이러한 재료의 위계가 15세기 중반이 지나서도 계속되었다. 앞세대에게 품질이 낮은 종이의 이점은 양피지보다 적은 비용으로 마련할 수 있다는 것이었다. 종이는 확실히 양피지보다 쌌다. 1280년 즈음 볼로냐에서 종이 가격은 양피지 가격의 6분의 1에 지나지 않았다.

저렴하게 생산된 책을 찾는 일반 독자층의 성장은 사실 더 광범위한 사회적 변화의 일부다. 위치 측면에서 보면 성직자가 아닌 독자들은 행정 관료나 상인의 거주지, 간단히 말해 규모가 큰 도시 정착지에 가장 집중해 있었다. 도시는 위험하고 건강에도 해로웠다. 도시의 가도에는 황금이 아니라 (사람과 동물의) 배설물이 깔려 있었다. 하지만 동시에 도시는 기회의 장소로 여겨졌으며 사망률보다 인구 유입률이 높았으

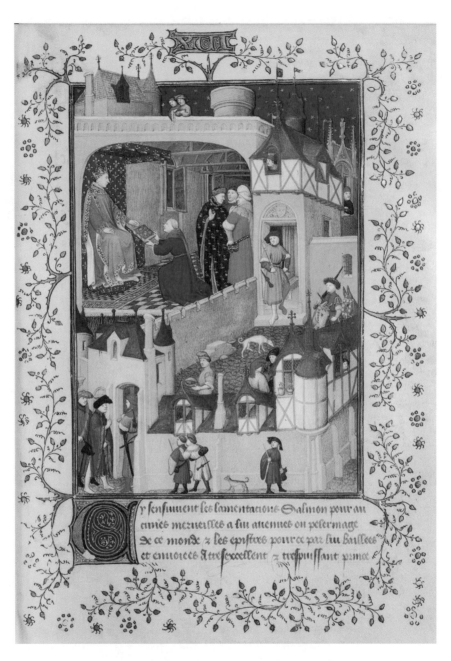

7. 저자는 자신의 책을 알리기 위해 분투한다. 1409년 필사본의 한 페이지에 담긴 이 삽화는 왼쪽 상단에 저자 피에르 살몽Pierre Salmon이 자신이 제작한 이 필사본을 프랑스 왕 샤를 6세에게 건네는 모습을 묘사한다. 하지만 이 그림은 단순히 헌정 미니아튀르 이상의 것이다. 이 그림은 왕의 방문객이 호위병의 검문을 통과해 왕을 알현하기까지 얼마나 어려운 과정을 거쳐야 하는지 보여준다. 일부 저자들은 살몽만큼 운이 좋지 못했다. 그들이 제작한 필사본은 결코 왕에게 상납되지 못했고, 설사 그랬다 하더라도 저자가 기대한 보상을 받지 못할 수도 있었다. 피에르 살몽, 〈대화Dialogues〉, 헌납 장면. 프랑스 국립도서관, MS. fr. 23,279, fol. 53.

8. 학생용 책. 책 생산은 13세기에 증가했는데 이는 부분적으로 대학의 발달 때문이었다. 일부 필사본에서 그 책들이 대학에서 사용되었다는 증거를 확인할 수 있다. 교회법의 바탕이 된 그라티아누스Gratianus의 저작 『교령집Decretum』(12세기 편찬)은 학생용 지정 텍스트 중 하나였다. 『교령집』의 이 필사본은 가장 오래된 대학이 자리해 있었고 법학의 중심지였던 볼로냐에서 만들어진 것으로 보인다. 이 책은 나중에 프랑스로 옮겨졌다. 페이지의 가장 위쪽에 적힌 글귀를 통해 알 수 있듯이 이 책은 그곳 프랑스에서 부분적으로—페키아pecia 단위로—대출되었고 대학생들은 이 방식을 활용해 자신만의 사본을 만들 수 있었다. 대영 도서관, MS. Harl. 3256, fol. 137.

므로 점점 성장했다. 일부 소도시의 팽창에는 다른 중요한 이유가 있었다. 12세기에 처음으로 스승들과 학생들이 오늘날 우리가 고등교육이라고 부르는 것을 위해 모인 것이다. 이들 소도시 가운데 일부―볼로냐, 파리, 몽펠리에, 옥스퍼드―는 이를 지속했고, 13세기에 '스투디아 게네랄리아studia generalia' 또는 대학universities이라는 제도로 정착되었다.

이중 몇몇은 통합되었고 일부는 단명했다. 하지만 유럽 전역에서 상당수가 오래 유지되었다. 15세기 이탈리아 페라라를 비롯한 일부 소도시의 경우 그 지역의 통치자가 해당 소도시를 고등교육의 중심지로 만들기 위해 열을 올렸다. 다른 지역에서 학생을 끌어와 지역의 경기 부양을 촉진하려는 의도였다. 그러한 청년층 유입과 관련된 산업―숙박, 주점, 매춘―에 도서 공급이 추가되었다. 강습 중심의 대학 교육은 특정 텍스트에 대한 스승의 해석을 따를 것을 요구했다. 아울러 부유한 (또는 열성적인) 학생은 참고할 책을 개인적으로 구입하거나 만들었다. 이와 동시에 대학을 구성하는 단체들―이를테면 영국의 대학교나 파리의 단과 대학들―은 그동안 수집한 장서로 도서관을 설립했다. 대학의 존재는 지역의 책 산업에 자극제가 되었다. 장인들은 옥스퍼드 캣 스트리트Catte Street의 허름한 공간 같은 곳에 모여 필사본을 베끼고 채식하고 장정하거나 중고책을 팔았다.

책 산업의 중심지가 되기 위해 반드시 대학을 갖추어야 했다는 이야기는 단연코 아니다. 사실 학생들이 처음으로 모이기 시작한 소도시들을 추려보면 수가 그리 많지는 않다. 그중 파리는 단연 돋보인다. 왕궁이 자리한 도시이자 국제 무역 거점 도시였기 때문이다. 다른 대학 도시들은 대체로 그리 중요성이 크지 않았다. 예를 들어 이탈리아―동지중해로 가는 관문이었다―를 보면 베네치아는 1405년에 파도바와 합병되기 전까지 대학이 없었다. 밀라노 대학은 인근 도시 파비아에 운영을 위탁했고, 중세 후기의 거대 무역도시였던 제노바에는 대학이 아예 없었다. 잉글랜드의 경우 왕궁 도시 웨스트민스터나 상업 도시 런던 둘 다 대학이 없었다. 다만 런던은 '인스오브코트Inns of Court, 법학원'에서 제공하는 관습법 전문가 교육의 본산지였다. 그렇지만 중세 후기에 이들 모든 도시에서 책 생산과 판매가 이루어졌다. 파리가 그중 유독 특출하고 책 산업에서 중요한 거점 도시가 될 수 있었던 것은 도시 안에 상업, 세속 관료체계, 기독교 중심지, 고등교육 등의 모든 요소가 통합되어 있었기 때문이다.

대학의 발흥과 이 시기의 또다른 혁신이 상호 연결되었다. 이 혁신을 가장 잘 보여주는 사례는 프랑스 툴루즈다. 가톨릭교회가 이단 카타르파를 뿌리 뽑기 위한 운동을 펼친 곳이 바로 이 툴루즈였다. 가톨릭교회에서 동원한 책략 중 하나는 조직적으로 크게 성장한 대학을 모방하는 것이었다. 가톨릭교회는 교황의 대의를 받드는 졸업생들을 양성한다는 취지로 툴루즈에 대학을 설립했다. 툴루즈대학은 1229년에 창설되었고 1233년에 교황 칙서로 재청을 받았다. 툴루즈대학의 교수들은 대부분 몇 해 전에 설립된 새로운 종교 교단의 구성원 중에서 선정되었다. 교단이 자리한 최초의 건물 역시 툴루즈에 있었고 이 교단의 설립자는 광주성에서 의기양양하게 불길에서 튕겨 나온 책의 저자인 카스티야의 사제 도미니크 데 구즈만이었다. 그러니까 이 교단은 바로 오늘날 우리에게 도미니크 탁발 수도회Dominican Friars로 잘 알려진 '설교자회Order of the Preachers'였다. 이 수도회의 공식 명칭에서 우리는 도미니크 교단의 의도를 엿볼 수 있다. 다른 수도사들과 달리 도미니크의 '형제들'은 여러 지역을 돌며 설교를 수행해야 했다. 다른 신규 수도회도 있었다. 같은 시기에 이탈리아에서는 아시시의 프란체스코가 새 교단을 세웠고 다른 교단들도 잇따랐다. 책도 그들과 함께 이동해야 했다. 수도원에서는 책을 회랑의 벽장('엄브리aumbry', 라틴어 '아르마리움 armarium'에서 유래)에 보관하거나, 궤에 넣었다. 또는 중세 후기 들어서는 특별히 할당된 도서관 공간의 책상에 사슬로 매어두기도 했다. 수녀회도 흔히 이러한 공간을 갖추었다. 사실 르네상스시대에 이탈리아에 최초로 설립된 두 도서관은 이들을 위해 설계되었다. 미켈로초Michelozzo가 설립한 도서관은 피렌체 산마르코의 도미니크회 수도사들을 위해 건립되었고(1436~43), 마테오 누티Matteo Nuti가 설립하고 1452년 완공된 체세나의 비블리오테카 말라테스티아나Biblioteca Malatestiana는 프란체스코 수녀회의 부속 시설이었다. 하지만 이들 교단의 근본 취지에 따라 설교자들은 다른 지역을 순회할 때 책을 지니고 다닐 수 있어야 했다. 그리하여 설교용 문집의 필사본이 제작되기 시작했고, 그 생산 규모는 가히 '매스 커뮤니케이션(대중 전달)'의 징후라고 할 만했다.

휴대가 가능한 책에 대한 수도사들의 수요는 또한 기독교 문화 심장부에서의 발달 양상과 관련되어 있다. 이 장에서 앞서 언급된 중세 초기의 성서 필사본은 구약과 신약을 한 장정에 담은 완전판 텍스트가 아니었다. 예외적인 사례인 『코덱스 아미아티누스』는 매우 무거워서 휴대하기 거추장스러웠다. 이후의 기독교 문화에서 사용되는 단권 성서는 13세기에 처음 제작되었다. 단권 성서의 큰 성공은 두 가지 기술 변화에 힘입었다. 첫째, '성서 종이bible paper, '인디언지'로도 알려져 있다─옮긴이'의 직계 선조라고 할 수 있는 매우 얇은 양피지가 나왔다. 둘째, 장엄하고 큼직한 서체가 축약형이 많고 자그마한 도서체로 바뀌어 한 페이지에 더 많은 텍스트를 담을 수 있게 되었다. 그 결과물은 한 권짜리 두꺼운 코덱스─700장이 넘는 책도 있었다─였다. 하지만 휴대하기에 좋았고 개인적인 용도로 쓰기에도 적합했다. 개개의 책이 어떤 방식으로 사용되었는지에 대해 우리는 그저 추측만 해볼 뿐이다. 어떤 책은 글씨가 너무 작아서 안경(이것 역시 13세기 말 이탈리아의 발명품이다) 없이는 도저히 읽을 수 없을 정도다. 대개의 경우 텍스트의 정확도가 높지 않다. 어쩌면 이러한 책의 소유자는 성서에 이미 능통한 사람이었을지도 모른다. 내용을 자세히 참고하기 위해서라기보다 그저 비망록으로, 기도 소품으로, 또는 안전을 기원하는 용도로 사용했을 수 있다. 누군가에게 참고 문헌으로서 가치가 있었다면 다른 이에게는 액막이 부적이었다.

이렇듯 달라진 성서의 레이아웃에서는 전면 미니아튀르를 넣을 공간이 충분하지 않았고, 채식은 구약과 신약 각각에서 권두의 이니셜과 경계선에 국한될 때가 많았다. 하지만 일부 채식사들은 창의성을 발휘했고, 완전판 성서와 시편 그리고 세속 저작물의 필사본에서 독특한 경향이 나타났다. 언뜻 텍스트의 의미와 연관성이 없는 듯한 이상하고 기이하며 이따금 노골적으로 저속한 삽화들이 등장한 것이다. 경계선 바깥에 밝게 칠한 사람 얼굴을 가진 괴물 같은 짐승이 출몰하고, 아래쪽 경계선에는 충격적이거나 우스꽝스러운 장면이 삽입되어 있다. 『러틀랜드 시편Rutland Psalter』에는 어느 기사가 긴 창을 들고 달팽이를 향해 돌진한다. 『매클즈필드 시편Macclesfield Psalter』에서는 컵 안에 능숙하게 오줌을 갈기는 남자를 볼 수 있다. 몇몇 성서에서는 항문에 화살을 맞은 남자가 등장한다. 12세기 말의 학자들은 이러한 삽화에 매료되었고 이 그림들을 설명할 몇 가지 이론을 제시했다. 일부 학자들은 이 그림들이 이중언어를 이용한 언어유희일 가능성을 제기했다. 라틴어의 문자 배열 중에 '-cul-'이 있다는 사실이 삽화에 엉덩이가 자주 등장하는 이유를 설명해줄 수 있으리라는 것이었다프랑스어에서 '퀼cul'은 엉덩이를 뜻한다―옮긴이. 이 장난스러운 그림들에서는 카니발리즘의 요소도 엿보이는데, 누가 보아도 이것은 텍스트의 권위를 깎아내리는 행위다. 덧붙여 우리는 이렇게도 생각해볼 수 있다. 아무리 문자 언어에만 집중하는 데 훈련된 눈이라도 페이지 전체를 시야에 담는 것은 피할 수 없는 일이다. 그때 그는 페이지의 레이아웃에서 문자가 차지하는 공간이 실은 전체의 작은 부분에 지나지 않는다는 사실을 문득 깨달을 것이다. 페이지의 많은 부분이 실은 여백이다. 텍스트는 한군데에 응집되어 있다. 텍스트는 직사각형 페이지 안의 직사각형이며, 텍스트의 어두운 색은 흰색 바탕 위에 놓여 있다. 그리고 이 흰색은 다른 색깔들과 더불어 더욱 생동감을 얻는다. 문자의 형태로부터 의미를 구별해낼 수 있었던 이들은 숭고한 것들에 관해 숙고했을 것이다. 하지만 그들은 그 너머에 저속한 현실들과 환각적인 가상들의 기이한 세계가 있다는 사실을 잊을 수 없다. 그들을 즐겁게 하고 그들의 집중을 흐트러뜨리며 그들에게 저항하는 세계가 거기에 있었다. 책의 페이지는 그 자체로 대다수가 문맹인 사회 안에 자리한 '말씀'의 문화에 대한 메타포로 작용했다.

이 관점이 암시하는 것은 부조화한 이미지에 실은 유익한 의도가 담겨 있었다는 것이다. 이러한 그림 덕분에 독자는 자신의 특권적인 지위를 떠올리면서도 엉뚱한 유머에 잠시 미소를 짓거나 유혹에 자신을 내맡길 시간을 누렸을지 모른다. 달리 말하면 식자들은 소수 특권층이라는 자신의 지위를 모를 리 없었다. 그들은 자신이 얻을 수 있는 지식을 다른 사람들은 직접 얻지 못한다는 사실을 의식하고 있었다. 그렇지만 책의 페이지에 대한 그들의 반응이 항상 우리가 읽기라고 정의하는 것에만 국한되었던 것은 아니다. 어쨌든 이러한 채식 삽화들은 그 자체가 텍스트 이해의 과정과 다른 해석의 과정을 요구한다. 그리고 이것은 학교에 다닌 적이 없는 사람도 할 수 있는 것이다. 글을 못 읽는 사람도 시각적으로 식자일 수 있었다.

읽기에 대한 우리의 이해를 넘어서는 페이지 상호작용의 다른 형식을 보여주는 놀라운 증거가 있다. 중세 후기의 성무일과서Book of Hours를 비롯해 개인 신앙을 보조하는 책들이 그렇다. 14, 15세기에 성무일과서를 장만하려는 사람들이 크게 늘었고 그 규모가 상당하여―이런 사태가 발생한 책 유형은 그리 많지 않다―이러한 책을 투기 목적으로 생산하는 곳이 생길 정도였다. 네덜란드에서는 일부 생산자는 특별히 영국 서적상에게 수출할 목적으로 책을 만들었다. 이러한 경로를 따른 책 중에 지금까지 전해지는 책은 대부분 종교 개혁에 따른 불경한 조치들의 증거가 드러난다. 이를테면 1530년대에 헨리 8세는 칙령을 내려 모든 책에서 교황과 토머스 베케트Thomas Becket에 대한 언급을 찾아 전부 삭제하라고 지시했다. 당시 토머스 베케트는 처음과 달리 성인이라기보다는 골칫거리로 여겨지고 있었던 터였다. 하지만 일부 필사본에는 그보다도 앞선 시기에 이루어진 개입의 흔적이 남아 있다. 이를테면 성인의 얼굴이나 십자가상을 원래의 형체를 알아볼 수도 없을 정도로 문질러놓은 흔적이다. 하지만 이 훼손은 반달리즘의 결과물이 아니다. 신자가 기도하는 도중에 손으로 문지르거나 입을 맞추어 생긴 자국이었다. 즉, 신앙심에 의한 훼손인 셈이다. 비슷한 사례로 폴리오 모서리에 잉크가 묻어 검게 변한 경우를 볼 수 있다. 이것은 책을 묵주처럼 사용한 흔적이다. 때로는 채식된 부분에 젖은 흔적이 남아 있는데 이것은 손에 밴 땀 때문이었을 수도 있고 종교적 열정에 취한 신자가 눈물을 떨어뜨려서 생긴 것일 수도 있다. 이 모든 관습은 책이 숭배의 도구가 되었음을 시사한다. 여기서는 꼭 텍스트 읽기가 일차적인 기능이 아니었다. 책은 묵상의 과정에서 구심점으로 작용했다. 그리고 이 과정은 시각적이고, 촉각적이며, 정신적인 것만큼이나 압도적으로 정서적인 것이었다.

이러한 관습은 어쩌면 책의 소유자들이 교회에서 본 장면을 되풀이한 것인지 모른다. 사제는 미사에서 특정한 시점에 미사전서에 입을 맞추었다(이 의례적 행위의 형식은 다소 달라졌지만 21세기에도 계속되고 있다. 미사를 집전하는 신부는 성체 성사에서 복음서를 펴고 입을 맞춘다). 하지만 성무일과서를 활용할 때 가정에서 남녀의 기도 습관은 젠더에 따라 달랐다. 손으로 문지른 흔적이 남아 있는 일부 필사본은 여성의 손길로 무언가 표시를 남겼거나 책을 수선한 흔적이 남아 있다. 일례로 1410년경 잉글랜드의 '트리그 여사mistress Trigg'가 소유했던 벨기에 브루게산産 성무일과서를 보자. 이 책에는 문지른 자국이 남아 있고, 책의 일부 낱장은 바느질로 고정된 얇은 비단 천에 의해 그림이 덮여 있다. 아마도 트리그가 손수 바늘을 들고 자신의 신앙심을 드러내는 이 소품을 책에 달았을 것이다. 책을 의례적 행위에 동원하는 또다른 사례에서도 남성은 배제되어 있다. 바로 출산 준비 과정이었다. 산모들은 산고를 겪는 동안 임신의 수호성인 안티오케이아의 성 마르가리타St Margaret의 이름을 부르도록 권유되었다. 일부는 성 마르가리타에게 바치는 기도가 쓰인 양피지를 거들처럼 입기도 했다. 비슷하게 때로는 성 마르가리타의 일대기가 담긴 필사본에 손을 얹거나 입을 맞추었고 심지어 필사본을 배에 얹기도 했다.

이처럼 현세와 내세의 추구에서 책을 신앙적으로 사용하는 것—누군가는 미신이라고도 할 것이다—은 분명 계발이나 오락을 위해 제작된 세속적인 책과는 무관했다. 하지만 심지어 이러한 책들이라도 우리는 이 책들이 오로지 혼자 하는 공부를 위한 도구였다고 생각해선 안 된다. 중세 후기에 묵독은 확실히 자리잡은 관습이었

9. 신앙심에 의한 훼손. 이 십자가상 그림은 각 인물의 얼굴, 특히 그리스도의 얼굴이 지워져 있다. 하지만 이것은 의도적인 훼손이 아니라 신앙 행위였다. 이 이미지가 사용될 때마다 사람들이 문지르고 입을 맞추어 작품이 지워진 것이다. 이 이미지가 놓인 환경은—이 책은 옥스퍼드대학교가 소유한 공식 기록물이다—우리에게 중세 교육 기관은 일차적으로 종교적 성격을 지녔음을 환기한다. 하지만 성화를 직접 만지는 관행은 이러한 종교 기관에서뿐만 아니라 중세 후기의 개인 가정에서도 나타났다. 옥스퍼드대학교 기록물보관소Oxford University Archives Register A, fol. 9v.

지만 궁정 환경에서 읽기는 혼자 하는 행위가 아닐 때가 많았다. 근대 초에 '퍼실리테이팅facilitating'이라고 불린 관습의 15세기 사례들이 있다. 두 남자가 한 방에 앉아 텍스트를 읽고 서로에게 설명하는 활동이었다. 이와 비슷하게 지체 높은 집에서 흔히 책은 홀에서 열리는 저녁 행사에서 중앙 장식물의 역할을 수행했다. 이러한 행사에서는 군주와 궁정 대신들 앞에서 소리 내어 책을 낭독했다. 프랑스의 편년사가 겸 시인 장 프루아사르Jean Froissart는 자신이 쓴 모험소설 『멜리아도르Meliador』를 푸아의 군인 백작 가스통 페뷔스Gaston Phoebus, 1331~91 앞에서 직접 낭독한 일화를 전한다. 프루아사르는 그가 소설을 낭독하는 동안 궁정 사람들 사이에 침묵이 내려앉았고 그를 초대한 주인의 관심어린 질문만이 정적을 깼다고 회상한다. 낭독 도중에 누군가가 끼어드는 것은 이러한 종류의 행사에서 이례적인 일이었다. 수도원 식당에서는 수도사 한 명이 성서를 소리 내어 읽으면 다른 수도사들은 말없이 저녁 식사를 들면서 귀를 기울였다. 하지만 이 두 관습 모두 '청지성聽知性, aurality'이라고 지칭된 실천들이 있었음을 우리에게 환기한다. 청지성은 듣기를 통해 책과 관계 맺는 기술이다. 낭독은 교실이나 강의 홀에만 국한되지 않았다.

방금 인용된 사례들에서 텍스트를 들은 사람은 스스로 책을 구해 공부하기도 했다. 다른 경우에 낭독은 읽기 훈련이 되지 않은 사람을 책에 입문시키는 수단이 되기도 했다. 가정에서는 저녁 시간에 난롯가에서 남편이 아내에게 책을 읽어주었고 이따금 아내의 여성 친구들이 이 자리에 함께하기도 했다. 15세기에 잉글랜드 노리치의 사례에서는 남편이 텍스트를 설명하는 도중에 이단적인 사상을 언급했고 결국 법정까지 가게 되었다. 아내의 역할이 오로지 청자에만 머무른 것은 아니다. 교회에서는 글을 못 읽는 어머니도 아들에게 읽기를 배우게 하라고 권했다. 이것은 부부싸움을 일으키기도 했는데 훗날 리에주 인근에서 성 후베르토St Hubert 수도원장이 될 테오도릭Theodoric, 1007~86의 가정이 그러한 경우였다. 성 후베르토의 전기 작가에 따르면 테오도릭의 어머니는 "글자를 전혀 몰랐지만" 아들은 학교에 다녀야 한다고 굳

10. 지금까지 생산된 가장 큰 필사본. 필사본은 다양한 모양과 크기로 제작되었지만 『코덱스 기가스Codex Gigas』 또는 '악마의 성서Devil's Bible'라는 별명으로 알려진 이 책보다 큰 필사본은 없었다. 이 책은 높이 89cm, 너비 39cm이다. '악마의 성서'라는 영어 별명이 붙은 이유는 이 책에 섬뜩한 악마 그림이 들어 있기 때문이다. '성서'라는 명칭은 이 책의 320장의 폴리오에 담긴 내용을 미처 다 설명하지 못한다. 여기에는 요세푸스Josephus가 쓴 책의 사본과 이 책이 13세기에 제작된 보헤미아의 연대기가 포함되어 있다. 이 필사본은 지금은 보헤미아에 있지 않다. 1648년에 스웨덴 군대가 전리품으로 가져갔고 지금은 스웨덴 스톡홀름의 스웨덴 국립도서관이 소장하고 있다.

게 믿었고 이에 남편은 불같이 화를 냈다. 사실 테오도릭의 어머니 같은 여성은 그 전이나 후에도 흔했고 남편보다 글을 잘 읽는 여성도 많았다. 이러한 사례들이 시사하는 바는 이렇다. 가족 같은 작은 집단이든 공통된 신앙이나 관습으로 묶인 대집단이든, 모든 구성원에게 문해력을 갖추라고 요구하지 않아도 그 공동체는 문해력을 갖출 수 있었다. 문해력을 갖춘 문화에서는 문맹자들을 포용했고, 문맹자들은 자신은 문자를 익히지 않아도 문해력을 중요시했다. 아울러, 우리는 이러한 존중이 필시 상호적이었음을 상정할 수 있다. 책은 글을 읽을 줄 모르는 사람에게도 식자들에게 못지않은 강력한 힘을 발휘했고, 식자들은 이들이 책에 품는 기대를 분명 인식했을 것이다.

책에 대한 상찬에는 분명히 일부 역설적인 효과가 있었다. 이 장은 필사본을 불에 던지는 장면으로 시작했다. 도미니크의 책과 같은 취급을 당하고도 무사했던 책은 거의 없었다. 하지만 도미니크의 문화에서 어떤 책은 반드시 보호해야 할 대상이었지만 어떤 책은 반드시 파괴해야 할 대상이었다. 진리의 영역이어야 할 책이 오류의 번식처가 되도록 방치할 수는 없었다. 분서焚書는 중세 후기의 발명품이 아니며, 불길이 더 높이 더 자주 날름거릴 시기는 그로부터 수백 년 동안 꾸준히 올 것이지만, 이 시기에도 수많은 사례를 찾아볼 수 있다. 이러한 사례들은 카타르파의 책 같은 이단적인 저작물에만 국한되지 않았다. 새로 통일된 스페인의 가톨릭교 왕들에게 그라나다가 마침내 함락되었을 때 프란시스코 히메네즈 데 시스네로스Francisco Jiménez de Cisneros, 1436~1517 주교는 쿠란의 필사본 수천 부를 불태우는 일을 지휘했다. 하지만 그는 과학 분야의 아랍어 필사본 수백 권을 빼돌려 알칼라대학으로 보냈다. 다른 경우들은 텍스트의 신앙이 아니라 도덕이 문제가 되어 책이 불에 던져졌다. 시칠리아의 인문주의자 파노르미타Panormita, 본명 안토니오 베카델리Antonio Beccadelli, 1394~1471는 온갖 성행위를 태연히 묘사하는 시를 썼고 그의 시집은 여러 이탈리아 도시의 광장에서 불태워졌다. 하지만 이 조치는 이 작품의 유통을 막지 못했다.

이러한 책을 드러내놓고 파괴하는 행위는 오히려 그것들이 지닌 위험한 힘을 증명했다. 책의 수효를 줄여봐야 남은 책의 가치를 인정하고 드높일 뿐이었다. 이러한 불을 지핀 사람들 중 일부는 장서 수집이라는 중세 후기의 또다른 유행을 좇은 사람들이었다. 여러 기관에서 상당한 규모의 도서관을 설립했고 개인이나 추기경, 교황, 평신도도 서고를 갖고 있었다. 여기서 '상당한'이란 표현은 정의가 필요하다. 이 시기의 장서는 인쇄본으로 구성된 장서에 비해 규모가 작았다. 14세기 말에 주로 샤를 5세가 수집한 프랑스 왕실의 도서관은 1200권이 조금 넘는 책을 보유하고 있었는데 이것은 그 시대에 굉장한 규모였다. 잉글랜드 귀족인 글로스터의 공작 험프리Humfrey,

1390~1447의 장서는 대략 그 절반이었는데, 이 정도면 꽤 많은 자원과 기호를 지닌 귀족이 일반적으로 구축할 수 있는 장서 규모였다. 오늘날 우리의 눈에는 적어 보일지 모른다. 하지만 포스트 고전주의 시대에 나타난 서적광bibliomania 역사의 초기에 사람들은 불안감을 느꼈다. 이처럼 책을 마구 사들이는 행위는 그들이 책과 지적으로 관계를 맺는 데 실패했다는 사실을 은폐하는 것이 아닐까 의심한 것이다. 이탈리아 학자 페트라르카Petrarch, 1304~74는 읽지 않는다면 장서에 무슨 의미가 있느냐고 물었다. 페트라르카는 어떤 답을 듣기 위해 이렇게 질문한 것은 아니지만, 이 장에서 지금까지 살펴본 내용을 고려한다면, 어쩌면 우리가 그에게 부분적인 대답을 줄 수 있을지도 모르겠다. 장서는 그 소유자가 지식의 중요성을 인식하고 있음을 선언하기 위해서 활발한 학문의 현장이어야 하는 것은 아니다. 마찬가지로 개개의 책이 반드시 존경이나 경외의 초점이 되기 위해 읽히는 것도 아니다. 역설은 여전히 남는다. 책은 이성적인 토론을 위한 필수적인 무기였다. 하지만 정확하게 그 부분적인 이유는 책의 힘이 이성을 초월해 있었기 때문이다.

6장

르네상스와 종교 개혁

제임스 레이븐
James Raven

고런 프루트
Goran Proot

훗날 교황 비오 2세Pope Pius II가 될 에네오 실비오 피콜로미니Eneo Silvio Piccolomini는 1455년 3월 12일자 편지에서 놀라운 혁신에 관해 떠도는 소문이 사실임을 확인시켜 주었다.

> 편지로 접한 프랑크푸르트의 그 기적적인 사내에 관한 이야기는 과연 진실이었습니다. 내가 본 것은 완성된 성서는 아니고 〔성서를 이루는〕 다양한 책이 될 여러 콰이어들이었습니다. 서체는 이루 말할 수 없이 단정하고 또렷해 내용을 이해하기에 전혀 무리가 없었습니다. 〔귀하가〕 어려움 없이 읽을 테고 안경도 필요 없을 겁니다.
> (마틴 데이비스Martin Davies 번역, 「후안 데 카르바할과 초기 인쇄 Juan de Carvajal and Early Printing」, 『더 라이브러리The Library』, 6호, 18:3 〔1996〕, 196)

이 짧은 단락은 20세기 후반까지 별 주목을 받지 못했지만 서양의 서적사를 이해하는 데 큰 도움을 준다. "그 기적적인 사내"는 거의 확실하게 마인츠의 요하네스 구텐베르크Johannes Gutenberg이며, 피콜로미니는 근대 초 유럽의 가장 위대한 업적 중 하나로 손꼽히는 가동 활자를 활용한 인쇄술이 완성된 날짜의 근사치를 제공하고 있다. 이 기술은 책의 신속한 대량 복제를 가능하게 했다. 이 프랑크푸르트 박람회를 찾은 방문객들은 성서의 낱장들을 구경했다. 필시 큰 폴리오판 페이지가 양쪽으로 펼쳐져 있었을 것이다. 구텐베르크 성서의 각 페이지는 라틴어 텍스트가 42행짜리 두 단에 크고 균형 잡힌 서체에 담겨 있었고, 무엇보다도 가동 활자로 인쇄되었다. 우리는 피콜로미니의 편지를 통해 이즈음 성서의 활판 인쇄본이 완성되지는 않았더라도 상당히 많은 부분을 전시할 수 있을 정도로 사업이 꽤 진척되었다는 것을 분명하게 알 수 있다. 인쇄 완료 시점은 확실하지 않다. 어느 온전한 42행 성서의 제작 연대는 그 책의 주서가朱書家의 기록에 따르면 1456년이었지만, 이 사본은 제2차세계대전 이후 유실되었다.

　이 편지가 중요한 이유는 오늘날에도 여전히 가동 활자의 도입을 둘러싼 많은 것이 수수께끼로 남아 있기 때문이다. 최초의 가동 활자 실험이 시작된 것은 아마도 이 위대한 성서가 인쇄되기 10여 년 전, 그러니까 구텐베르크가 순례자용 메달이나 유물 관람용 거울 잠망경을 제작하려던 생각을 버리고, 구매자의 편안한 연옥 통과를 보장하는 증서를 종이나 양피지로 대량 생산하려고 결심한 때였을 것이다. 공란이 있는 이러한 '면죄부'를 대량으로 제작하려면 글을 기계적 수단을 써서 복제할 필요가 있었다. 수동 인쇄기에 가동 활자를 사용해볼 완벽한 기회였다. 면죄부 인쇄 사업은 성공을 거두었고, 이 일은 구텐베르크 성서의 대량 생산이라는 상징적인 사건을 예고했다.

　유럽 최초의 활판 인쇄공은 아마도 동아시아의 수백 년 된 목판 및 활판 인쇄술에 관해 어느 정도 알고 있었을 것이다. 아울러 근래에 독일에서 시험적으로 시도된 동판화에 관해 직접 보지는 못했어도 들어는 봤을 것이다. 구텐베르크는 유럽에서

1. 구텐베르크 성서는 유럽 출판의 역사에서 아마도 가장 상징적인 책일 것이다. 하지만 이 책의 제작 방법은 우리에게 완전히 알려지지 않았고 제작 환경도 여전히 수수께끼로 남아 있다. 『비블리아(Biblia)』(구텐베르크 성서). 바이에른 주립 도서관Bayerische Staatsbibliothek München, 2° Inc.s.a. 197–1, vol. 1, fol. 1)

오래전부터 자루의 상표나 제단포祭壇布의 장식 무늬 따위에 사용된 목판 인쇄술(과 다른 장치들)에 익숙했을 것이다. 아울러 인쇄기를 고안할 때는 당시 지방에서 흔하게 사용되었던 포도주 압착기의 목제 나사에서 착안했을 가능성이 크다. 인쇄기의 초기 역사는 이처럼 많은 부분이 추측에 근거해 있다. 심지어 구텐베르크가 혁신적인 활자를 만든 방법조차 분명하지 않다.

초기 인쇄

구텐베르크 성서와 그 탄생 과정은 학자들이 지금까지 쏟은 그 모든 노력에도 불구하고 우리에게 대답보다는 질문을 더 많이 던진다. 구텐베르크가 제작한 인쇄기의 정확한 모양, 종이나 독피지에 그토록 진하게 찍혀 있는 검은색 잉크의 혼합 따위에 관해 우리는 아는 바가 없다. 하지만 가동 활자를 이용한 인쇄의 기본 발상은 매우 단순하다. 프레스와 활자 그리고 적합한 잉크가 있으면 된다. 활판 인쇄에서 활자의 '폰트font/fount'란 동일한 규격과 디자인의 전체 글자 한 벌이고, 여기에는 숫자·합자·약자·구두점도 포함된다(가장 잘 알려진 폰트로는 1460년대부터 사용된 흑자체와 그보다 나중에 등장한 로만체와 이탤릭체가 있다). 보통 활자는 식자공의 활자 케이스(각 글자를 따로 보관할 수 있도록 칸이 나뉜 상자) 두 개를 채울 수량이 주조되었다. 각자공刻字工, punch-cutter이 글자가 거꾸로 새겨진 강철 각자를 만들면 이 각자를 동판에 대고 두드렸다. 이 '타판打板, strike'에 조정을 가해 어미자字母, 또는 오목면凹面 주형을 만든 다음, 여기에 녹은 합금을 부어 주조한 활자가 '소트sorts'다. 마지막 단계에는 글자가 새겨진 면에 잉크를 바른 뒤 종이에 대고 눌렀다. 16세기에는 대부분의 활자를 납, 주석, 안티몬의 합금으로 만들었다. 주석과 안티몬은 연합금의 녹는점을 낮추고, 안티몬은 활자의 경도를 증가시키고 수축을 최소화하며 활자면의 선명도를 높인다.

기본적인 인쇄 공정은 이렇다. 활자면에 잉크를 바른 뒤 (잉크가 잘 스며들도록) 물을 적신 종이를 대고 눌렀다. 한 장을 찍고 나면 총 인쇄 부수를 다 채울 때까지 매번 활자에 다시 잉크를 바르고 다음 장을 찍었다. 모든 과정이 끝나면 활자를 잘 닦아 다음 작업에서 다시 사용할 수 있도록 활자 케이스에 다시 분류해 담았다. 이것은 볼록판 인쇄relief printing로 알려진 공정이다. 구텐베르크가 정확히 어떤 방식으로 작업했는지는 여전히 확실하지 않다. 잉크나 종이 표본이 인쇄본 형태로만 남아 있기 때문이다. 15세기에 사용된 프레스는 오늘날까지 남아 있지 않으며, 이 시기에 사용된 활자의 표본도 몇 개 되지 않는다(이 활자들이 제조된 정확한 연대도 파악되지 않았다). 우리는 구텐베르크가 사용한 각자를 디자인한 각자공이 누구인지도, 소트가 주조된 방법도 알지 못한다. 다만 한 가지는 절대적으로 확실하다. 이것은 대단히 어렵고 돈이 많이 드는 사업이었다. 모든 것을 처음으로, 그리고 대량으로 시험·개발해야 했기 때문이다.

육필 서체(와 초기 프랑스 고딕 바스타르다bastarda체가 이탈리아 로만체 활자와 대조를 이룬 환경)에 기초해 새로운 활자 디자인이 속속 등장했다. 예를 들어 체코에서는 1470년대부터 토속어 폰트가 주조되었고(영향력이 상당했던 다이어크리틱diacritic, 일부 언어에서 발음을 구별하기 위해 글자 위나 아래에 붙이는 발음 부호—옮긴이 표시가 포함되어 있었다), 1520년대에 헝가리 브라쇼브의 한 인쇄소에서는 초기 루마니아어 책을 키릴 활자로 인쇄했다. 언어와 장르에 따라 다양한 활자체가 채택되었다. 인문주의 학자들은 두 서체가 결합된 리테라 안티콰littera antiqua체의 사용을 장려했다. 대문자에는 그리스·로마의 명문銘文에 자주 등장한 카피탈리스 콰드라타capitalis quadrata체, 소문자에는 8세기 카롤링거 르네상스 시대에 만들어진 카롤링거 소문자Carolingian minuscule체가 사용되었다. 학자들은 이 서체가 받아들여진 이유가 가독성이 높고 쓰기 쉽기 때문이라고 보고 있다. 로마 남쪽 수비아코에 출판사를 설립한 콘라트 스바인하임 Konrad Sweynheim과 아르놀트 판나르트스Arnold Pannartz는 전통적인 흑자체와 인문주의

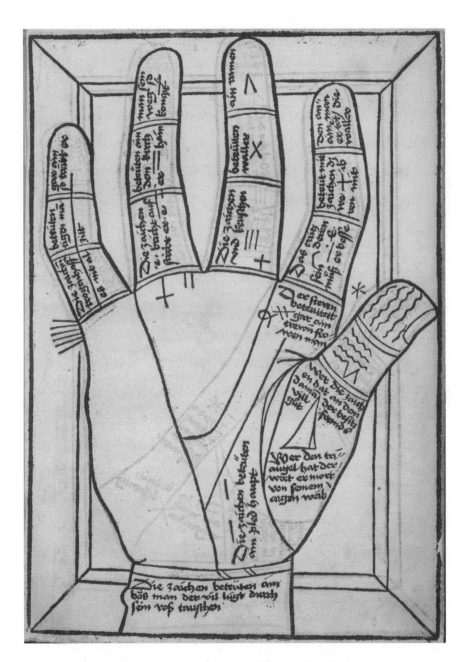

2. 15세기 목판본. 손 이미지 안에 텍스트가 있다(Cim. 62 독일 아우크스부르크 주립 및 시립 도서관Augsburg, Staats- und Stadtbibliothek; 블로크뷔허Blockbücher의 1991년 카탈로그, p. 56. 더 자세한 설명은 "Xylographa Bavarica, pp. 181–2. 참조. nr. CH 00,01). 목판본은 현전하는 책이 많지 않으며 흔히 활판본의 전신으로 간주된다. 하지만 목판본은 활판본 및 필사본과 나란한 역사를 누렸을 가능성이 높다. 목판본은 또한 다양했다. 일부는 조각한 목판으로만 찍었고, 일부는 나중에 수작업으로 그림과 텍스트를 추가했다. 목판본은 생산 비용이 높았지만, 오래 팔리는 기초 문법책이나 대중 서적에는 텍스트와 이미지가 결합된 목판본이 활판본보다 적절했다. 목판은 내구성이 좋고 상당히 많은 부수(최대 2만 부)를 찍어낼 수 있었다. 반대로, 활판은 적은 양이든 많은 양이든 필요할 때 언제든 찍을 수 있어서, 보관에 드는 비용이 적고 생산량을 유연하게 조절할 수 있었다. 말하자면 오늘날 주문형 제작에 견줄 만했다.

소문자의 특징이 동시에 드러나는 고티코 안티콰gotico-antiqua체(페레 후마니스티카fere-humanistica체로도 불렸다)를 사용했다. 그들은 로마로 자리를 옮긴 뒤 인문주의 소문자의 특징을 더욱 충실히 반영한 활자를 도입했고, 이 활자는 탄생지 로마의 이름을 따서 '로만체'라고 불렸다. 일부 유럽 지역에서는 로만체를 '안티콰체'라고도 불렸고, 15세기 말에 생긴 로만체 활자, 그중에서도 특히 베네치아의 인문주의자 마누티우스가 사용하는 활자에 '중세식'이나 '구식'이라는 꼬리표를 붙였다. 알프스 남쪽에서는 1525년경에는 라틴어와 토속어로 된 여러 텍스트에서 로만체 활자가 흑자체를 빠르게 대체했다.

알프스 북쪽에서는 활자 디자인의 진화 속도가 상대적으로 더뎠다. 스페인과 잉글랜드에서는 대략 1550년부터 1575년 사이, 그리고 프랑스에서는 1520~40년대에, 챕북chapbook, 도붓장수가 파는 소설이나 시집의 값싼 인쇄본—옮긴이을 제외한 거의 모든 책에 흑자체가 아닌 로만체를 채택했다. 많은 텍스트에서 여러 활자가 혼합되었다. 저지대 국가에서는 1540년 무렵 라틴어 간행물의 표준 활자는 로만체가 되었지만 토속어 간행물에는 1660년대 말에도 주로 흑자체를 사용했다. 네덜란드 북부—네덜란드 공화국—에서는 일부 장르에 18세기 중반에도 흑자체를 사용했다. 가톨릭교를 따르는 네덜란드 남부에서는 빠른 속도로 로만체를 채택했는데 문학 저작이나 국가 간행물에 특히 그러했고, 17세기의 마지막 사반세기에는 종교 간행물이나 뉴스 기사 같은 시사 관련 간행물에도 로만체를 사용했다. 반면 독일, 라트비아 같은 다른 언어권에서는 20세기(에 갑작스러운 정치적 억압이 나타나기) 전까지 인쇄소나 의뢰인이 적어도 토속어 텍스트에서만큼은 프락투어Fraktur체나 슈바바허Schwabacher체 같은 흑자체 활자의 사용을 고수했다. 알두스 마누티우스Aldus Manutius, 1449~1515가 1501년 베네치아에서 도입한 이탤릭체는 로만체의 필기체였다. 이 서체는 다른 각자공들과 출판사 설립자들의 눈에 띄자마자 앞다투어 복제되어 1502년 리옹에서, 1507년 파리에서, 1510년 독일에서, 1519년 바젤에서, 1522년 네덜란드 남부에서 라틴어 책에 사용되었고, 1533년에는 덴마크에서도 사용되기 시작했다. 로만체와 흑자체보다 공간을 덜 차지하는 이탤릭체를 사용하면 책을 더 작게 만들 수 있었다. 짧은 기간 동안 (1525~1535년경) 네덜란드 남부에서는 이탤릭체를 로만체보다 자주 사용했지만, 안트베르펜의 위대한 출판가 크리스토프 플랑탱Christophe Plantin, 1520~89년경은 가독성을 이유로 들어 자신은 로만체를 선호한다고 밝히기도 했다. 16세기 말을 즈음해 인쇄용 이탤릭체는 보조 서체가 되었지만, 오늘날에도 텍스트 강조, 인용, 참조 등 특별한 경우에 여전히 중요한 역할을 담당한다.

물론 다른 방식의 공정을 거치는 볼록판 인쇄도 있었다. 대체로 거칠게 조각된 목판을 이용하는 목판화가 수 세기 동안 활판 인쇄물에 수록되었다. 목판화는 특히 발라드집과 챕북에 많이 사용되었다. 많은 목판이 이 인쇄업자에서 저 인쇄업자에게로 돌아다녔다. 프랑스 최초의 인쇄본 삽화집에 바젤에서 제작된 목판이 사용되었고, 포르투갈의 초기 인쇄본에 독일에서 제작된 목판과 인그레이빙판이 사용되었다. 오목판 인쇄intaglio printing, 인쇄판에 직접 새기는 방식는 1430년대부터 발달했다. 볼록판 공정에서는 잉크를 바른 활판에 종이를 대고 찍지만, 오목판 공정은 여러 다른 작업 방식으로 구성되었다. 원칙적으로 에칭etching, 식각 아니면 인그레이빙engraving, 조각이었는데 흔히 동판에 작업했다. 에칭 방식에서는 일단 내산성을 띠는 밀랍 그라운드를 동판에 발랐다. 그다음 끝이 뾰족한 바늘이나 에쇼프échoppe, 목판이나 금속판에 새길 때 사용한 비스듬한 타원형 단면의 긁개. 로렌 지방의 자크 칼로Jacques Callot가 1610년대에 개발했다를 써서 그라운드에 자국을 냈다. 이 동판을 산에 담그면 긁힌 자국을 따라 구멍이 났다. 남은 밀랍 그라운드를 씻어내고 동판의 구멍을 따라 잉크를 흘려 넣은 뒤 표면을 깨끗이 닦으면, 구멍에 남은 잉크 자국이 그대로 그림이 되었다. 대부분의 오목판 인쇄는, 특히 삽화 작업에서, 비교적 저렴한 에칭 방식과 손으로 새기는 인그레이빙 방식이 병행 사용되었다. 보통 에칭으로 작업한 다음 뷔렝burin, 금속이나 목재에 쓰는 강철 조각칼으로 마무리했다. 동판은 작업 방식을 정확히 파악하기 어렵기 때문에 이러한 인쇄물은 대체로 단순히 '인그레이빙'이라고 일컫는다.

시장의 수요도 새롭고 실용적인 이미지 인쇄의 가능성을 뒷받침했다. 지도, 초상화, 상징물, 정교한 서체 등의 이미지들이 처음에는 동판 인그레이빙 기법으로 제작되었다가 나중에 에칭 기법으로 다시 제작되었다. 더 나중에는 섬세한 명암 차이까지 표현하는 망판網版 또는 '메조틴트mezzotint' 기법으로 제작한 인쇄물이 등장했다. 구텐베르크의 대담한 사업 이전에도 책의 성격은 이미 변화하고 있었지만, 인쇄는 이러한 변화들을 극적으로 심화시켰다. 토속어 문학이 증가했고, 예전과 달리 종교 단체나 수도원 밖으로 책 생산의 중심지나 인력이 이동하는 등 출판 지형이 (전반적이지는 않지만) 점진적으로 재편성되었고, 맞춤식 생산이 쇠퇴한 반면 투기 및 상업 고객이 증가했으며, 비엘리트 고객층이 확대되었다. 고객은 이제 주문한 책이 제작되기까지 오래 기다릴 필요가 없었다. 오히려 막대한 수량의 책이 고객을 기다렸다. 고객한 명을 위해 하나의 텍스트 사본을 생산하던 관행은 미지의 시장을 위해 다수의 사본을 생산하는 관행으로 대체되었다.

거래와 관행의 발달

새로운 인쇄 공정은 유럽의 책이 독자에게 전달되는 방식에 변화를 일으켰다. 앞서 여러 장에서 보았듯이 활판 인쇄법이 도입되기 전에 책은 항상 소량으로 복제되었다. 대체로 한 권씩이었다. 특정 텍스트의 사본을 갖고 싶은 사람은 텍스트를 스스로 베껴쓰거나 필사본을 주문해야 했다. 폴리오판 성서 같은 대형 서적은 사본 제작에 꼬박 1년이 소요되기도 했다. 총제작비도 어마어마했다. 필경사들은 맞춤 제작된 필사본이 팔리지 않을 위험을 최소화하기 위해 재료비와 생활비 명목으로 중간 정산금을 받았다. 활판 인쇄의 시대에 이러한 사업 모델은 근본적으로 재고되어야

3. 베르너 롤레빙크Werner Rolevinck의 『지극히 복되신 동정녀 마리아의 출현 축일 설교Sermo in festo praesentationis beatissimae Mariae virginis』(Cologne: Arnold ter Hoernen, 1470. ISTC ir00303000; Universitäts– und Landesbibliothek Düsseldorf)의 표제지. 인쇄 초기 표제지이며, 어쩌면 기록이 남은 가장 오래된 표제지일 것이다. 역설적이게도 초기 인쇄본은 매우 오랫동안 연구되어왔고 인큐내뷸러는 금세 인기 있는 수집 품목이 되었음에도 대체로 유실률이 높다. 표제지는 자꾸만 늘어나는 재고를 관리할 수 있도록 서적상에게 도움을 준다. 벽이나 가판에 꽂아두면 그 자체로 신간 광고가 되기도 했다. 나중에 표제지는 은유적으로 텍스트로 들어가는 관문 역할을 하게 되면서 그 자체만의 특별한 레이아웃을 갖게 되었다.

했다. 인쇄의 주된 목적은 사본의 대량 생산이었다. 한 회 인쇄 부수는 보통 수백에서 수천 부에 이르렀다. 인쇄업자들은 실용적인 이유에서 수량을 연連, ream —일반적으로 1연은 500장이다 —단위, 또는 1연의 분수나 배수로 계산했지만(250, 750, 1000 등) 다른 단위도 사용되었다. 책 사업의 초창기 비용은 항상 설비와 장소 마련에 드는 투자금이었다. 인쇄소의 면적은 프레스 최소 한 대, 활자, 그밖에 다른 재료를 두고 인쇄된 낱장들을 건조·보관할 공간을 확보할 수 있을 만큼 충분히 넓어야 했다. 인쇄업은 항상 자본 집약적이고 투자금 회수가 더딘 사업이었다.

인쇄소 내부를 들여다보자. 인쇄 공정의 첫 단계는 식자공을 위한 사본 텍스트를 준비하는 것이었다. 식자공은 식자가植字架, composing stick를 손에 들고 '글자를 심었다'. 즉, 텍스트를 활자 단위로, 단어 단위로, 행 단위로 차근차근 세웠다. 완성된 행들을 활판에 놓으면, 인쇄 페이지 한 면이 완성되었다. 식자공은 조판한 텍스트의 좌우 가장자리가 시각적으로 반듯해지도록 행마다 글자 간격을 1'포인트' 또는 그 이상의 너비로 조정했다(오늘날 우리는 이것을 '양쪽 정렬justification'이라고 부른다). 페이지 상단에는 쪽표제와 쪽번호, 텍스트 하단에는 이른바 지시선direction line이 추가되었다. 하단의 활자 행에 이음말(3장 참조)이나 접장 표시(문자, 또는 문자와 숫자의 혼합)를 넣기도 했다. 서적상이 접지 모음을 검수하거나 완성된 사본에 혹시 빠진 접지가 없는지 확인할 때, 마지막으로 제본공이 작업할 때 도움을 주기 위해서였다. 인쇄된 낱장을 절반으로 접고 가장자리를 다듬어 자른 뒤 모으면 그것이 책의 페이지들을 이루었다. 여기까지 오려면 다음과 같은 작업이 필요했다. 식자된 페이지들을 순서에 맞게 조판대에 정리하고 쥠쇠chase, 조판된 활자들을 잡아주는 틀로 고정했다. 이렇게 하면 낱장의 인쇄와 접기가 완성되었을 때 페이지들이 올바른 순서로 배열되었다. 첫번째 활판 또는 '외판outer forme'을 해당 회분의 인쇄 부수만큼 돌리기 전에 시험용으로 인쇄해 실수를 바로잡았다. 첫번째 활판은 첫번째 낱장의 '렉토recto'(독자가 페이지를 넘기기 전에 보이는 면)에 찍혔다. '베르소verso'(렉토의 뒷면)에 들어갈 텍스트는 또다른 활판, 즉

'내판inner forme'에 식자 작업을 해야 했다.

16세기 초에 폴리오판 성서의 한 페이지를 식자하려면 대략 5000개의 활자가 필요했다. 각 활판에는 폴리오판 포맷의 페이지 두 쪽이 들어가기 때문에, 한 활판을 조판하는 데 필요한 활자의 개수는 1만여 개에 달했고, 각 낱장의 양면에 인쇄하려면 그 두 배가 필요했다. 식자공의 기량이나 텍스트의 난이도에 따라 달라졌겠지만, 흔히 여기까지의 준비 작업에만 며칠이 소요되었다. 그러니 이 모든 투자가 가치를 발하려면 최소한의 인쇄 부수가 확보되어야 했다. 경비에는 설비 구매비, 인건비, 보관비, 조작비 등이 포함되었는데, 가장 큰 비용이 드는 항목은 항상 종이, 그다음이 잉크였다. 게다가 가죽 잉크 방망이inkball, 활판에 잉크를 찍어 바를 때 사용했다—옮긴이와 값비싼 활자도 주기적으로 교체해주어야 했다. 인쇄 부수를 갑절로 늘리면 종이와 잉크의 양도 그만큼 늘어날뿐더러, 모든 사본을 인쇄·건조·보관하는 데 드는 인건비도 그만큼 늘어났다. 이를테면 1000페이지짜리 폴리오판 성서를 500부 찍으면 총 무게는 2.5톤 이상이었고 15제곱미터 면적의 보관 장소가 필요했다. 무엇보다도 이 공정에서는 일부나마 투자금 회수가 가능한 시점—책이 완성되어 판매할 수 있는 시점—에 도달하기까지 매우 긴 기간이 소요되었다. 마지막 활판의 마지막 낱장이 인쇄되기까지 모든 사본은 불완전하고 판매 불가능한 상태였다.

따라서 인쇄업자 겸 서적상은 물론이고 한 인쇄본의 출판에 필요한 자금을 댄 모든 사람에게 시장을 정확히 평가하고 적정 기간 안에 판매 가능한 부수를 초과해 찍지 않는 것은 이루 말할 수 없이 중요했다. 이론적으로 인쇄업자는 사본을 추가로 생산할 필요가 생길 때까지 조판한 활자를 그대로 둘 수도 있겠지만, 현실적으로 이는—공간적인 측면에서나 경제적인 측면에서—활판을 해마다 그대로, 또는 살짝만 조정해 다시 사용할 수 있는 경우나 활판이 많이 필요하지 않은 소형 저작물이나 한 장짜리 연감처럼 비교적 짧은 텍스트의 일부일 경우에나 가능한 일이었다. 단지 활자가 보관하기 무겁기 때문만이 아니었다. 활판을 페이지 단위로 모아두거나 심지어 조판한 상태로 두면 다른 일에 전혀 활용할 수 없기 때문이었다. 가동 활자의 장점은 인쇄가 끝나면 해판解版해 활자 케이스에 다시 분류해 넣은 다음 다른 인쇄에 다시 사용할 수 있다는 데 있다(사실상 이 공정이, 이를테면 동아시아에서 목판을 조각·보관해 인쇄하는 공정에 비해 아무리 비효율적이라고 해도 말이다).

따라서 인쇄업자들은 이 귀중한 자원을 조판된 그대로 두기보다는 초판본을 보수적으로 추산한 수량대로 인쇄한 다음, 판매가 성공적일 경우에 새 판본을 인쇄하는 편을 선호했다. 많은 인쇄업자가 이러한 전략을 인쇄 초창기부터 실행했다. 스테디셀러 중 토마스 아 켐피스Thomas à Kempis, 1380~1471년경의 『그리스도를 본받아De Imitatione Christi』는 이 전략의 가장 좋은 사례가 될 것이다. 1427년에 저술된 이 책은 4부로 구성된 논문집으로 출간 즉시 큰 인기를 끌었다. 1470년보다 이른 시기에 독일 아우쿠스부르크에서 귄터 차이너Günther Zainer가 폴리오판 포맷의 초판본을 간행한 이래 1650년 이전까지 최소 745차례에 걸쳐 재출간되었다. 다양한 형식과 포맷으로 수천 종의 판본이 등장했다. 이 작품은 산문이나 운문으로, 삽화본으로, 다양한 언어로, 학술서를 비롯한 다양한 판본으로, 수많은 개작과 이문異文과 이본으로 오늘날까지 출간되고 있다.

종이는 우리가 가장 잘 아는 구성요소다. 수백 군데에 달하는 유럽 제지소에서는 동력과 세척 공정을 위해 다량의 물이 필요했다. 각 제지소는 넝마를 모으고 짓이겨 섬유질을 효과적으로 재활용해 각기 독특한 종이를 생산했다. 제조 공정에서 생긴 철사선이나 사슬선, 도관 자국, 워터마크, 불균일한 구조 따위를 통해 오늘날 각 종이의 식별이 가능하다. 이처럼 종이는 유기물로 만들기 때문에 보관 조건의 변화에 각기 다르게 반응했다. 19세기 초 이전에 넝마 기반의 종이로 제작된 인쇄본이 다양한 기후와 보관 조건에서 튼튼한 상태로 유지되는 이유다(19세기 들어 처음에는 짚으로 나중에는 산성 목재 펄프로 실험을 시도했다). 더욱이 동일한 더미에서 나온 종이라도 크기가 제각각이었고, 종이마다 흡습성이 다르고 인쇄소의 습도도 다 달라서 종

TRIVMPHVS

ee ligatura alla fiſtula tubale, Gli altri dui cũ ueterrimi cornitibici con-
cordi ciaſcuno & cum gli inſtrumenti delle Equitante nymphe.

Sotto lequale triũphale ſeiughe era laxide nel meditullo , Nelq̃le gli
rotali radii erano infixi , deliniamento Baluſtico ,graciliſcenti ſepoſa
negli mucronati labii cum uno pomulo alla circunferentia . Elquale
Polo era di finiſſimo & ponderoſo oro,repudiante el rodicabile erugi-
ne,& lo'incédioſo Vulcano,della uirtute & pace exitiale ueneno. Sum-
mamente dagli feſtigianti celebrato,cum moderate , & repentine
riuolutióe intorno ſaltanti,cum ſolemniſſimi plauſi , cum
gli habiti cincti di faſceole uolitante, Et le ſedente ſo-
pra gli trahenti centauri. La Sancta cagione,
& diuino myſterio,inuoce cóſone & car-
mini cancionali cum extre
ma exultatione amo-
roſamente lauda
uano.

**
*

4. 프란체스코 콜론나Francesco Colonna, 『폴리필리우스의 꿈Hypnerotomachia Poliphili』 중 '개선식Trivmphvs'(Venice.
1499. ISTC ic00767000; Bayerische Staatsbibliothek, Munich, Rar. 515, fol. Kr). 프레스를 한 번 눌러 한 면씩 찍어낸
초기 인쇄본은 흔히 목판화와 장식으로 꾸며졌다. 여기에는 추가 비용이나 시간이 들지 않았고 추가 장비나 인쇄 전문
가의 손길도 필요하지 않았다. 이 작품의 섬세한 디자인은 르네상스시대의 선구적이고 상징적인 책 디자인으로 손꼽히
며 오늘날 디자이너들에게도 영감을 준다.

이에 찍힌 잉크의 농도가 제각각이었고 심지어 동일한 활판으로 찍은 인쇄본도 텍스트 구역의 크기가 사본마다 달랐다. 독피지도 인쇄 용지로 쓰이고 종이의 종류가 점점 더 다양해지면서 제품의 상태는 갈수록 더 제각각이 되었다. 제지술은 수차례에 걸쳐 개량되었다. 17세기 말의 이른바 홀렌더Holländer, '네덜란드 방식' 기법이 그 예다. 홀렌더 기법을 활용하면 펄프를 더 부드럽고 신속하게 만들 수 있었고 더 큰 주형을 써서 한 번에 두 장의 종이 시트를 나란히 만들 수 있었다. 최근의 연구에 따르면 1470년대와 1540년대 사이에 인쇄용 종이는 점진적으로 매우 얇아졌다.

　주로 종교 개혁 시기에, 종교적 감시가 계기가 되어 적어도 원칙적으로는 여러 국가, 시, 길드 당국이 각 출판물의 간기刊記, imprint, 출판 날짜·장소·발행인 따위를 적은 부분—옮긴이를 제출할 것을 요구했다. 출판업자들은 간기의 조판에 사용된 활자들을 한두 행 따로 보관했다가 다음 출판물에 다시 사용했으며 필요에 따라 출판물의 날짜만 변경하기도 했다. 1600년과 1615년 사이에 벨기에 겐트의 인쇄업자 고티에 마닐리우스Gauthier Manilius는 토속어로 된 옥타보octavo, 전지를 세 번 절반으로 접은 것—옮긴이판 판본의 표제지에서 간기를 자주 재사용했다. 간기는 세 가지 활자체를 혼합해 제작했기 때문에 눈에 잘 띈다. 도시 이름에는 로만체 활자, 인쇄업자 이름에는 시빌리테civilité체 활자, 인쇄소의 실제 주소와 이름에는 흑자체 활자가 사용되었다. 시빌리테체—1550년대 말에 개발된 필기체 흑자체—를 사용한 것은 특기할 만한 사실이다. 일반적으로 17세기 간기에서는 시빌리테체가 거의 사용되지 않았다. 이 서체는 마닐리우스 인쇄소의 흰 비둘기 도안—인쇄소 이름을 가리키는 그림이었다—과 더불어, 마닐리우스가 펴낸 출판물만의 특징적인 '브랜드' 마크가 되었다. 인쇄업자 상징 도안printer's device을 최초로 사용한 이들은 요한 푸스트Johann Fust와 페터 쇼퍼Peter Schöffer였다. 그들은 1462년 『비블리아 라티나Biblia Latina』의 콜로폰에 나뭇가지에 매달린 쌍둥이 방패 그림을 실었다. 이후 등장한 주목할 만한 도안으로는 1501년부터 베네치아에서 마누티우스Manutius가 사용한 닻을 휘감고 있는 돌고래 도안, 플랑탱이 안트베르펜에서 사용한 모토 '노동과 지조labore et contantia'가 곁들여진 컴퍼스 도안, 헹릭 판하스턴스Henrick van Haestens의 날개 달린 거북이 도안 등이 있다. 판하스턴스의 거북이 도안은 처음에는 1569년에서 1620년까지 레이던에서, 이후 1622년에서 1629년까지 루벵에서 사용되었고 '미루어서 앞당겨라cunctando propero'라는 표어가 그림과 같이 실렸다.

15세기 중반에 제작된 면죄부, 미사전서, 성서 등의 종교 인쇄물은 수익성이 매우 좋았다. 이어 세속 텍스트 인쇄본(특히 사망한 고전기 저자들의 작품)이 곧바로 간행되어 나왔다. 인쇄술을 비밀에 부치려는 노력도 있었지만 금세 구텐베르크를 모방하는 사람들이 나타났다. 1470년을 즈음해 대략 14개의 유럽 도시에서 인쇄기가 사용되었다. 그로부터 10년 뒤에는 110여 개의 소도시와 도시에서 인쇄본이 발간되었다. 그러나 활판 인쇄 사업은 마인츠의 구텐베르크를 비롯해 요한 푸스트와 페터 쇠퍼의 인쇄소에 이르기까지 대략 15년 동안 주로 독일에서 이루어졌다. 이탈리아 최초의 인쇄업자도 독일인들이었다. 이탈리아 북부의 울리히 한Ulrich Han과 로마 인근 수비아코 수도원(나중에 로마로 소재지를 옮겼고 1469년에는 베네치아로 옮겼다)의 콘라트 스바인하임과 아르놀트 판나르츠가 그 예다. 프랑스 투르의 니콜라 장송Nicolas Jenson도 베네치아로 이주했다. 이탈리아 북부의 상업적 활기에 힘입어 인쇄업은 이탈리아에서 빠르게 번창했다. 1500년 무렵, 이탈리아의 80개 소도시와 도시에서, 독일은 64개의 소도시와 도시에서 인쇄기가 돌아가고 있었다. 1501년에는 최소 1만 529종의 판본이 독일에서, 1만 576종의 판본이 이탈리아에서 출판되었다. 베네치아 한 곳에만 1481년과 1501년 사이에 100여 개의 인쇄소와 268명의 개인 인쇄업자가 200만여 권의 사본을 생산하며 성업중이었다.

피렌체에서 성공한 첫 인쇄소는 도미니크회의 산 야코포 디 리폴리 수녀원에 있었다. 이따금 수녀들도 식자공으로 고용된 이곳은 다양한 저작물을 다량으로 생산한 최초의 피렌체 인쇄소이기도 하다. 1500년 이전 몇십 년 동안에는 수도회 부속

5. 최초의 인쇄용 프레스의 정확한 디자인은 여전히 불확실하지만 우리는 15세기 말 인쇄용 프레스의 대략적인 생김새는 알고 있다. 1470년 무렵의 프레스는 압판은 더 크고 나사를 돌리는 손잡이는 두 개가 달려 있었다. 인쇄용 프레스의 구조는 손잡이가 개선되고 금속 부품이 추가된 것 말고는 이후 3세기 동안 크게 바뀌지 않았다. 이 판화작품은 〈노바 레페르타Nova Reperta〉('새로운 발견')라는 판화 시리즈의 일부다. 벨기에 브루게의 예술가 요안네스 스트라다누스Joannes Stradanus, 1523~1605가 디자인했고 안트베르펜의 요안네스 할러Joannes Galle가 1590년경 출간했다. 벨기에 안트베르펜의 플랑탱-모레투스 박물관. PK.OPB.0186.005.

인쇄소가 이례적인 것이 아니었다. 산 야코포 디 리폴리 수녀원은 주로 수도원 공동체를 위한 전례서나 신학서를 생산했다. 리폴리 수녀원의 인쇄기로 생산된 귀중한 초기 기록물 중에 '디아리오diario' 또는 사업 장부가 있다. 이 장부에는 수도회의 초기 자본금을 조달해준 재정 지원자들과 채무 내역, 매일 매일의 인쇄기 작동 내역, 인쇄 작업 시간표 및 인쇄 부수, 배포 및 판매 양상, 가격 추이, 구매 내역 등이 상세히 기록되어 있다. 이러한 지방 인쇄소 외에 이주 인쇄업자들도 중요한 역할을 했다. 특히 독일과 네덜란드의 인쇄업자들은 프랑스, 스페인, 잉글랜드, 유럽의 동부와 북

6. 『플랑탱 다언어 성서』 또는 『비블리아 레기아Biblia Regia』(Biblia sacra. Hebraie, Chaldaice, Græce, & Latine. Philippi II. Reg. Cathol. pietate, et stvdio ad sacrosanctæ ecclesiæ vsvm) (Antwerp: Christoph Pantin)의 표제지. 인그레이빙 기법. 활판술의 으뜸가는 걸작이며 탁월한 학문적 저작의 귀한 사본이다. 독피지에 인쇄되었다. 후원자 겸 재정적 지원자였던 스페인 국왕 펠리페 2세에게 바친 증정본이다. 산 로렌소 데 엘 에스코리알San Lorenzo de el Escorial.

부에 새 기술을 전파했다. 성공은 초기의 곤경과 실패에 의해 상쇄되었다. 많은 인쇄소가 단명했고, 많은 책이 너무 느리게 팔리거나 막대한 투자에 비해 빈약한 수익을 냈다. 플랑탱-모레투스Plantin-Moretus 가문의 위대한 안트베르펜 출판사가 1568년과 1573년 사이에 간행한 『다언어 성서Polyglot Bibles』는 간행된 지 60여 년 뒤인 1634년에도 사본 1200부 중 스물네 부가 여전히 재고로 남아 있었다.

인쇄 초기 몇 세기 동안에는 주요 도시에서도 인쇄기가 풀타임으로 가동되는 출판사는 찾아보기 어려웠다. 인쇄업자들은 구입이 확실하고 긴요한 소득을 제공해주는 도급 인쇄 주문, 즉 상업적·사회적·정치적 필요에 따라 의뢰된 소규모 비非도서 인쇄물(이들 중 대다수는 지금까지 전해지지 않는다) 주문을 항상 우선적으로 처리했다.

기본적인 역사적 윤곽은 이렇다. 인쇄는 유럽 전역에서 꾸준히 확산되었고, 이 흐름은 놀랍도록 빠른 속도로 식민지로 번졌다. '신세계'의 식민지 주민들을 위한 읽을거리가 유럽으로부터 상당히 많이 수입되고 있었음에도 그랬다. 멕시코시티에서는 1539년부터, 리마에서는 1581년부터, 매사추세츠의 보스턴에서는 1638년부터 인쇄기가 간헐적으로 작동되기 시작했다. 하지만 '인쇄의 발전'을 어떤 식으로 그려내더라도 근대 초 출판사의 사업 모델이 불안정했음은 인정하지 않을 수 없다. 아울러 필사본의 생산과 유통이 여전히 중요했다는 점도 간과해선 안 된다. 인쇄기가 처음 도입되고 몇십 년간 인쇄본은 필사본보다 반드시 싸지 않았다. 필사본 생산 공정이 매우 잘 발달되어 있었을 뿐만 아니라 아직 광고나 카탈로그가 새로운 시장을 열기 전이었기 때문이다. 인쇄업자들은 일단 자재에 대한 투자를 마치면 무엇을 인쇄할지 정해야 했다. '알맞은' 텍스트와 책을 선정하는 것은 매우 중요했(고 지금도 중요하)다. 출판 자금조달financing은 오늘날 우리가 '출판사publisher'라고 부르는 것의 발달을 예고했다. 출판 자금조달은 인쇄업자, 서적상, 상인 후원자 등의 결합 속에서 다양하게 진화했고, 17세기 무렵에는 출판사를 겸한 서적상의 등장으로 이어졌다. 아울러 초창기 인쇄본에는 여러 기법이 뒤섞여 있었다는 사실을 기억해야 한다. 주 텍스트는 인쇄기로 찍었지만, 여전히 주서가가 이른바 주서와 적색이나 청색의 대형 이니셜을 더해야 했다. 이제 이처럼 대문자 이니셜과 때로는 제목에 한 표식이 주서라고 알려졌다. 어떤 연속성은 제약으로 작용했다. 가장 눈에 띄는 연속성은 글자를 인쇄하는 프레스 기술이었다. 구텐베르크 인쇄기와 활자가 개시한 기술 체제는 1814년까지 지속되었다. 그동안 각자刻字, 종이와 잉크 제조, 인그레이빙 기법과 제본 등 여러 다른 기법이 발달했다. 이 모든 발달은 인쇄물의 형태 변화에 중요했지만, 19세기까지는 여전히 기본적인 수동 인쇄기를 활용하는 것이 책이나 발라드 모음집, 챕북, 그리고 신문 같은 파생 인쇄물을 찍는 유일한 방법이었다. 증기 인쇄기가 등장하기 전까지 기본 인쇄 공정과 인쇄소의 관행에는 거의 변화가 없었다. 출판업의 근본적인 재편성은 유통, 그리고 낱장 신문news-sheet이나 정기간행물 같은 새로운 형식의 인쇄물과 관련이 있었다. 출판업의 발달은 인구 증가, 시장 및 경제활동 확대, 생활 습관의 변화가 주도했다. 설사 구텐베르크가 1800년에 마인츠로 돌아왔더라도 그는 예전과 거의 다를 바 없는 인쇄 공정에 따라 인쇄소 사업을 재개했을 것이다. 실질적인 변화라고 해봤자 시간이 흐르며 제작 방법이 점진적으로 빨라지고 저렴해졌다는 것뿐이었다.

비슷하게, 제지도 여전히 넝마 수집과 수력 및 수동식 물방앗간에 의존했다. (17세기 말과 18세기 초에 방아질을 비롯한 제조 기법에 일부 발전이 있었지만) 종이 생산에서 주요 변화는 제지소의 증가에 있었다. 많은 제지소가 출판 중심지에서 멀리 떨어져 있었는데 분명히 물 공급 때문이었을 것이다. (베로나 인근) 토스콜라노 마데르노에 소재한 발레 델레 카르티에레의 고대 방앗간과 베네치아(를 비롯한 여러 지역)의 대형 출판사에 우수한 품질의 종이를 공급했던 브레시아도 그러한 예다. 일부 제지소는 출판사와 가까운 곳에 자리해 있었다. 초기 인쇄소들이 자리한 프랑스 리옹에서 멀지 않은 보졸레와 오베르뉴의 제지소들, 그리고 1493년경에 폴란드 크라쿠프 인근 프롱드니크 체르보니에 설립된 제지소들이 그렇다.

일부 인쇄본은 곧장 구매할 수 있도록 제본이 완료된 상태로 출시되었지만, 18세기 중반 이전에는 대부분의 책이 서적상 사이에서 미제본 상태로 거래되었다. 최종 구매자는 직접 제본공을 구해 자신의 선호에 따라 책을 제본할 수 있었다. 아름답게 제본된 개인 예배를 위한 책(성서, 시편, 성무일과서 등)은 흔히 장서가들의 수집 대상이 되었다. 어느 특정한 판본이 얼마나 많이 제본되었는지 파악하기는 무척 어렵다. 특히 오늘날까지 남아 있는 표본들의 대표성이 그리 크지 않을 수 있어서 더욱 그렇다. 플랑탱은 자신이 운영하는 출판사의 대표 도서들을 이미 제본된 상태로 선박에 실어 프랑크푸르트 박람회로 가져갔지만, 박람회에서는 대부분 미제본 상태로 거래되었다. 인큐내불러incunabula, 1501년 이전에 인쇄된 책는 다수가 과거의 소유자와 사서가 다시 제본하고 '개선'한 것이다. 오늘날에는 최초의 기본 제본이나 약식 제본—이른바 대기 제본reliures d'attente, 나중에 소유자의 선택에 따라 제대로 제본하기에 앞서 도서를 단기적으로 보호하기 위해 했던 제본—의 표본은 소수만 남아 있다. 즉각적으로 소비되는 소형 책자는 간단한 바느질만으로 제본하기도 했다. 챕북, 팸플릿, 도서 판매 카탈로그 등이 그러한 예지만, 종종 셰익스피어의 쿼토판 인쇄본 같은 중요한 출판물도 이렇게 제본되었다.

규모와 유통

출판량의 추이를 파악하는 일은 세계 각지에서의 출판사 설립 양상을 파악하는 일보다 더 어렵다. 여러 학자가 '계량서지학'에 '취급 주의'라는 암울한 경고 딱지를 붙인다. 하지만 모두가 이 경고를 따르는 것은 아니다. 출판업의 확대는 일반적으로 출간된 도서 종수의 증가 추이로 파악하지만, 한 회 인쇄 부수의 편차가 매우 크다는 점을 고려하면 출간 도서의 종수에 기초를 둔 추정치는 전체 출판량의 확실한 지표가 되기 어렵다.

An Almanacke, for .xxiij. yeeres.				
Anno do. mini.	Leap yere Sundayes Letter.		Eaſter.	Prime, or Golden Number.	Epact.
1580	C	B	iij.Aprill.	iiij	rriij
1581	A		rrvi.Marche.	v	rrv
1582	G		rv.Aprill.	vi	vi
1583	F		rrrj.Marche.	vij	rvij
1584	EC	D	rir.Aprill.	viij	rrviij
1585	C		rj.Aprill.	ir	ir
1586	B		iij.Aprill.	r	rr
1587	A		rvi.Aprill.	rj	j
1588	GE	F	vij.Aprill.	rij	rij
1589	E		rrr.Marche.	riij	rriij
1590	D		rir.Aprill.	riiij	iiij
1591	C		iiij.Aprill.	rv	rv
1592	BG	I	rrvi.Marche.	rvj	rrvj
1593	G		rv.Aprill.	rvij	vij
1594	F		rrrj.Marche.	rviij	rviij
1595	ED		rr.Aprill.	rir	rrir
1596	D	C	rj.Aprill.	j	r
1597	B		rrvij.March.	ij	rrj
1598	A		rvi.Aprill.	iij	ij
1599	G		viij.Aprill.	iiij	rriij
1600	F	E	rriij.Marche.	v	rriiij
1601	D		rij.Aprill.	vj	v
1602	C		iiij.Aprill.	vij	rvi
1603	B		ir.March.	viij	rrvij

7. 연감은 초기 인쇄용 프레스로 생산한 가장 인기 있는 상품이었다. 유럽 전역에서 매년 수십만 부가 생산되었다. 많은 연감이 다용도로 제작되었다. 레이아웃은 복잡하고 압축적이었고, 육로와 해로의 거리, 밀물과 썰물 시간, 예언과 별점, 계산표, 공공·도시 정보 등이 수록되었다. 이 연감은 특별한 펜으로 썼다가 나중에 다시 지울 수 있는 특별한 공란이 있다. 『23년 달력과 쓰기 표Writing tables vvith a kalender for xxiii. yeeres: with sundry necessarye rules』(London: Franke Adams, 1584; Folger Shakespeare Library, Washington D.C., STC 101.2).

도서 생산량의 비교 수치는 매우 다양하다. 개인이 출간한 희귀 서적의 사본 수는 100부(또는 그 미만)에서 시작하고, 인기가 높았던 사전이나 문법책, 그리고 성서, 미사전서, 기도서 등의 더 큰 판본은 1만 부까지 이른다. 인쇄소의 활동 기록을 통해 출판량을 어느 정도 측정할 수 있지만, 이러한 기록이 남아 있는 도서는 소수에 지나지 않는다. 인쇄소의 회계장부나 사업 기록은 대부분 유실되었다. 출판업자나 인쇄업자는 인기 도서나 잘 안 팔리는 출판물에 새로운 표제지를 삽입해 새책처럼 만들곤 했는데, 이 관행 역시 판본별 생산 총계를 파악하기 더욱 어렵게 만든다. 더욱이 전국 기반의 신규 도서 종수는 수입 도서와 중고 도서 같은 구간도 신간처럼 폭넓은 거래가 이루어졌다는 사실을 무시한다. 만에 하나 어느 주어진 해에 유통된 모든 도서와 잡지에 대한 전체 그림을 내놓는 것이 가능하다면, 이 그림에는 신간과 구간, 외국 도서와 국내 도서, 제본을 마친 도서와 미완성 도서와 파손 도서가 뒤섞여 있을 것이다.

주의점이 한 가지 더 있다. 14세기 무렵 필사본 발행은 이제 잘 확립되어 있었고, 시민·기업·재정·관료 사회에서의 필요와 서신 교환의 증가로 수기 텍스트의 주문과 전달이 확대되었다. 손글씨, 인쇄된 글, 이미지의 상호작용은 근대 초 유럽의 중요한 특징이다. 흔히 사람들은 인쇄의 등장과 함께 텍스트에 부여되는 권위가 더 커졌다고 여긴다. 언뜻 인쇄된 텍스트와 증서는 손글씨보다 더 큰 진본성을 부여하는 것처럼 보인다. 하지만 많은 경우 펜으로 공란을 채우거나 서명을 하고 손글씨로 어떤 것을 표시하거나 단어를 써서 진본임을 증명한 다음에야 비로소 인쇄 문서에 실제적인 권위가 부여되었다. 비슷하게, 등기부 및 장부의 작성과 사용도 인쇄의 발전과 더불어 증가했다. 이는 (언뜻 모순적이게도) 디지털 시대에 종이의 사용량이 대폭 증가한 이유와 비슷하다. 인쇄와 손글씨 둘 다 제지소의 증가와 17세기 말의 출력물들 덕분에 발달할 수 있었다. 아울러, 악보樂譜와 전문 서체에 대한 수요가 증가하면서 더 큰 폰트가 디자인·주조되었고, 인쇄 서체와 비서양 서체 그리고 캘리그래피가 발달했다.

국민 국가는 유럽과 서양의 서지학 연구에 틀을 제공해왔다(동유럽과 중유럽에서도 여전히 그러한데, 이들 지역에서는 근래 몇 해 동안 많은 서지 기록물이 새로 발견되어 새로운 관심을 받고 있다). 이는 문학적·언어적 관심의 측면에서, 또한 단순히 실제적 측면에서 충분히 이해할 만하지만, 역사가들에게 이것은 어려운 문제로 남아 있다. 인쇄가 여러 다른 토속어의 정교한 발달과 근대 초의 국가 형성을 앞당긴 운동과 시위가 얼마나 자주 연관 지어지든, 인쇄본의 역사에서 국가는 여러모로 오해를 부르는 지리적 단위다. 정치적 구성단위(언어적 구성단위와 꼭 일치하지 않는다) 덕분에 국가 단위의 서지('약칭 카탈로그'로 출판되었다)를 제작할 수 있었다는 것은 분명한 사실이다. 하지만 해당 구성단위 내에서 유통된 책은 과거에서나 지금이나 변함없이 국제적인 상품이다. 심지어 국가 단위의 도서와 인쇄물 생산의 역사도 그 책들이 애초 어디에서 인쇄되었거나 판매되었는지에 상관없이 국내외의 도서 교환과 무역, 임의의 시점에 유통되고 읽힌 다양한 도서에 관한 설명이어야 한다.

초기 인쇄본의 제조국을 파악하는 문제도 만만치 않다. 예를 들어, 검열이나 압수를 피하기 위해 간기에 인쇄 장소를 실제와 달리 네덜란드로 표기한 판본이 많다. 또한 실제로 네덜란드에서 인쇄된 판본인데도 프랑스나 독일 등 다른 나라에서 인쇄된 것처럼 기록한 경우도 많다. 어느 프랑스 출판업자는 간기에 '덴하흐Den Haag, 헤이그의 네덜란드어 표기—옮긴이'라고 표기해 검열을 피했을 수 있다. 비슷하게, 네덜란드 공화국에서 인쇄된 가톨릭 서적의 판본에 안트베르펜이나 루뱅의 간기를 사용한 경우도 많다. 비판을 피하려는 목적도 있었겠지만 가톨릭 신앙을 강조하려는 목적도 있었다. 다른 사례에서는, 심지어 검열을 받을 때도 초기 루마니아어 인쇄물의 주요 공급처는 주로 왈라키아와 몰다비아였고, 이 책들은 트란실바니아로 이동했다. 루마니아어 책들은 빈과 부다에서 판매되었다. 유럽 전역에서 나타나는 이러한 여러 사례에서 가짜 간기는 수수께끼 같은 서지학 퍼즐을 계속 만들어낸다. 약삭빠른 인쇄업자는 순진한 동료 업자로부터 기존의 간기를 '빌리'기도 했다.

책과 인쇄물의 이동은 더욱 광범위한 이슈다. 초국가적 성격에 주목하려면 텍스트 전달에 관한 숙고, 계량서지학의 초점이 어떻게 생산에서 유통으로 이동했는지에 관한 숙고가 필요하다. 책의 유통은 문화 교류의 한 방법이고, 근대 초 유럽 전역에서 토속어로든 아니든 저술·인쇄된 글의 경계가 어떻게 창출되고 파기되는지를 실증한다. 학자들은 지속적인 연구를 통해, 가령 네덜란드 암스테르담과 헤이그에서 제작된 책이 러시아와 동유럽까지 전파되었음을 밝혀냈다. 아울러 상트페테르부르크 및 발트해 소도시들과 독일 간의 유대 관계도 확인되었다.

중세 책의 생산과 거래는 항상 맞춤식이었고 주로 수도원과 대학을 중심으로 이루어졌다. 그러나 15세기 말 서적상과 인쇄업자는 유럽에서 열리는 대규모 박람회를 점차 상업화된 물품을 거래하고 유통하는 중요한 중심지로 활용했다. 인쇄업자와 출판업자가 박람회에서 거래한 가장 오래된 기록인 프랑크푸르트-암-마인 박람회에서의 거래는 1478년으로 거슬러올라간다. 파리, 리옹, 빈, 뉘른베르크에서도 박람회가 정기적으로 열렸지만, 근대 초 파리의 출판사들은 상대적으로 지역 유통에 더 많이 의존했고 프랑크푸르트 박람회에 대표자를 보내는 일은 드물었다. 이는 베네치아와 안트베르펜의 출판사들과 대조되는 대목이다. 17세기 초에 프랑크푸르트 박람회는 규모가 축소되었고, 라이프치히 박람회는 국제적인 성격이 약화되었다(17세기 말에도 여전히 법학·의학·신학 분야의 '라틴어' 책을 광고했다). 17세기 말에는 도시 중심지들이 서로 경쟁하고 토속어 인쇄물이 급격히 증가하면서, 민족적 색채를 띠는 출판 지역들이 늘어났다. 아울러 장거리 순회 영업이 늘어나면서 인쇄물은 사회적으로 더욱 깊숙이 침투했다. 많은 예가 있지만, 특히 사회역사학자 로랑스 퐁텐Laurence Fontaine은 프랑스, 사부아, 이탈리아 등을 지칠 줄 모르고 정기적으로 돌아다녔던 소책자 도붓장수들의 사례를 추적하기도 했다. 바젤과 리옹에서는 출판업이 여전히 활발했던 반면 암스테르담에서 출판업은 17세기에 발달했는데, 이 역시 출판의 역사는 복잡하고 때로 예기치 못한 흐름을 보임을 예시한다. 예를 들면 '반종교 개혁 교회'의 인쇄본에 대한 수요가 증가하자 저지대국가 전역의 서적상들이 도서를 공급했다는 분명한 증거가 있다. 모레투스 가문, 페르뒤선Verdussen 가문 등 안트베르펜의 주요 인쇄업자들만 로마의 전례용 서적과 토속어로 된 가톨릭교 인쇄물을 간행한 것이 아니다. 엘제비르스Elzeviers 가문, 블라우Blaeu, 시퍼Schipper, 위그탕Huguetan 형제(리옹 출신 이민자들), 지도학cartography 전문가 반룬van Loon 등 '개신교 북부'의 인쇄업자들도 이러한 책을 간행했다.

16세기 말, 파리, 베네치아, 암스테르담, 안트베르펜 등 수많은 인쇄소와 출판사를 거느린 대도시들은 유통의 중심지였다. 유럽의 주요 교차로에 위치한 다른 도시들 역시 마찬가지였다. 독일 뉘른베르크의 코베르거Koberger 가문은 베네치아, 그단스크, 함부르크, 바젤, 프랑크푸르트, 뤼벡, 프라하, 아우크스부르크, 암스테르담, 빈, 리옹과 10여 개 도시의 유통 대리인에게 상품을 맡겼다. 안톤 코베르거Anton Koberger는 1493년 발간되고 2500부 이상 판매된 탁월한 저서 『뉘른베르크 연대기Nuremberg Chronicle』와 같이 배포된 인쇄 광고에 이러한 찬사를 실었다. "책아, 달려라, 자유로운 바람이 부는 곳 어디에서나 너를 알려라." 상인들은 다른 도매상에게 상품을 팔 수 있는 박람회나 시장을 찾아다녔고, 허가를 받은 출장 판매원들과 기존·신규 거래 경로를 따라 소재한 창고 설비 등을 활용했다. 이것은 마치 도서 마케팅의 '한자동맹13~15세기에 독일 북부 연안과 발트해 연안의 여러 도시 사이에 이루어진 도시 연맹—옮긴이'이라고 할 만했다. 책—흔히 낱장 그대로 배럴에 담아 수출했다—은 대형화물 운송로의 연결망 안에서 이동했다. 주요 육로로는 암스테르담-브로츠와프 노선과 폴란드와 로마를 이은 쌍방향 노선 '이테르 이탈리쿰Iter Italicum'을 들 수 있다. 후자는 성직자, 외교관, 학자, 학생 등이 주로 이용했다. 폴란드 서지학자 얀 피로진스키Jan Pirożyński는 잉글랜드, 저지대국가, 프랑스가 폴란드의 르네상스에 끼쳤다는 다소 과장된 영향력은 사실 이테르 이탈리쿰 책 노선의 효과 때문에 제한적이었다고 주장하기도 했다.

폴란드 크라쿠프에 (바이에른 출신의 출장 인쇄업자가) 인쇄기를 최초로 도입한 해는 꽤 이른 1473년이었고 16세기에는 크라쿠프와 여타 폴란드-리투아니아 소도시에서 최소 7000부의 판본이 인쇄되었다. 폴란드 도서 산업은 이탈리아, 저지대국가, 프랑스의 인쇄소와 출판 서적상에 비해 덜 발달되었지만, 폴란드 인쇄소들은 중·동부 유럽으로 인쇄물을 공급하는 데 매우 중요한 역할을 했다. 키릴 활자를 사용한 초기 책들은 17세기 들어 모스크바 인쇄소Moscow Printing House가 시장을 주도하기까지 처음에는 크라쿠프, 나중에는 발칸 지역에서 인쇄되었다. 1568년경에 설립된 모스크바 인쇄소는 이후 사업을 재개해 1614년부터 훨씬 더 생산적으로 활동했다.

16세기 중반부터 폴란드는 도서 생산의 중심지인 동시에 중요한 시장이기도 한 도시의 전형적인 예였다. 얼마 지나지 않아 헝가리, 보헤미아, 모라비아에서도 이와 비슷한 상호영향이 발달했다(초기 헝가리어 책은 대부분 크라쿠프와 빈에서 인쇄되었다). 폴란드 시장은 현재까지 남아 있는 서적상과 상인의 재고 도서 목록에 생생히 반영되어 있다(목록에는 수입 텍스트가 많은데 폴란드어 개신교 서적 수천 부가 쾨니히스베르크에서 인쇄되었다). 폴란드 서적상들은 유럽의 주요 출판 중심지에서 생산된 책을 수입·유통했다. 비슷하게 스칸디나비아에서도 수입 인쇄본에 대한 수요가 증가했다. 스칸디나비아에서는 예를 들어 덴마크 인쇄업자 헨리크 발트키르히Henrik Waldkirch, 1598~1629 활약가 프랑크푸르트 박람회나 바젤에 중요한 거래선을 개척했다. 잉글랜드 모델은 흔히 관심이 온통 셰익스피어부터 밀턴까지 영문학의 황금시대에 쏠아지지만 사실 스칸디나비아 모델과 그리 다르지 않았다. 영국은 17세기 말까지는 인쇄물, 특히 학술 도서의 생산에서 전혀 자급적이지 못했다.

이렇듯 범유럽적인 발전이 이루어지는 동안 도매상과 소매상 모두 서적상 카탈로그를 발행해 사용했다. 애초에 카탈로그는 서적상들의 유일한 광고 및 판촉 수단이었다. 17세기 말에 이르렀을 즈음 서적상 카탈로그는 매우 광범위하게 활용되고 있었지만 한편으로는 이제 규모가 막대해진 인쇄물 산업의 일부분에 지나지 않았다. 이러한 인쇄물 산업에서 유통의 성공은 인쇄·출판 분야의 진취성을 북돋기도 하고 제한하기도 했다. 아울러 서신 네트워크가 크게 확대되어 인쇄와 인쇄 텍스트의 수송뿐만 아니라 문자를 통한 지식의 장거리 교환을 촉진했다. 일례로 런던 소재 영국 왕립협회의 초대 사무총장 헨리 올덴부르크Henry Oldenburg, 1617~77가 구축한 인적 네트워크의 범위는 브로츠와프와 그단스크부터 슈타이어마르크와 카린티아, 발칸 지역(그리고 저 멀리 유럽 바깥의 정착지를 포함한 지역)까지 이르렀다.

출판사들은 유통에 각별히 신경썼다. 책을 신속히 판매하고 경쟁자들로 인한 시장의 포화를 막아야 할 상업적 필요 때문이었다. 상당한 자본이 아직 팔리지 않은 값비싼 인쇄본에 묶여 있었으므로 많은 돈이 투입된 판본을 최대한 빨리 팔아야 했다. 새로운 대규모 사업을 시작하려면 신규 자본도 필요했다. 국제 박람회의 창고에 책이 쌓여 있었으니 유일한 돌파구는 출간 도서 목록을 활용하는 데 있었다. 아주 급하게 팔아야 할 때는 할인 판매도 유용했다. 유럽 본토의 대규모 국제 서적상들은 라이프치히나 프랑크푸르트처럼 박람회가 자주 열리는 도시에 상설 창고를 두고 다른 출판 서적상과 미제본된 인쇄본을 교환했다(이러한 거래 관행은 '타우슈한델 Tauschhandel', 직역하면 '물물교환'이라고 알려져 있다). 독일 남부에 확립된 무역 거래망들은 영향권을 확장해나갔다. 이 방식은 1500년까지 유럽에서 우세를 누린 베네치아의 인쇄업자와 출판업자가 먼 지역에서도 동업자들이나 사업 연결망을 개발한 것과 상당히 유사했다. 런던의 인쇄업자 겸 서적상 존 빌John Bill이 잉글랜드의 외교관 겸 학자 토머스 보들리Thomas Bodley에게 보낸 편지에 따르면, 존 빌은 당시 유럽에서 도서 시장의 중심지로서 최고의 명성을 누린 프랑크푸르트 박람회에서 사용할 전용 카탈로그의 사본을 발행하고 직접 박람회 장소를 방문했다. 다른 주요 서적상들 사이에서도 규모는 더 작을지 몰라도 비슷한 교환 관행이 있었으리라고 충분히 짐작해 봄 직하다.

판매와 상업적 교환이 유통의 유일한 방식은 아니었다. 전체 도서 시장에서 수집용 대형 서적이 큰 비중을 차지한 시기에 책은 선물로, 종교 분쟁의 볼모로, 전쟁의 전리품으로 이리저리 옮겨다녔다. 예를 들어 헝가리의 마차시 코르비누스Matthias Corvinus 왕의 대형 도서관이나 폴란드의 지그문트 2세 아우구스투스Zygmunt II August 의 대규모 장서가 그랬듯이 왕이 죽으면 소장 도서는 뿔뿔이 흩어졌다. 스페인의 레콩키스타 운동, 오스만족의 발칸 지역과 중유럽 진출, 종교 개혁과 반종교 개혁 등의 사건들은 모두 도서 시장에 광범위한 지각변동을 가져왔다. 튀니스부터 포조니(브라티슬라바)까지 광범위한 지역에서 개인 장서, 그리고 각종 기관 및 수도원의 부속 도서관이 약탈·파괴·매각되었다. 스웨덴 스톡홀름의 왕립도서관은 30년 전쟁 동안 약탈한 책으로 서고를 채웠다. 하지만 스웨덴은 1654년 크리스티나여왕을 퇴위시킨 일에 대해 서지학적 대가를 치렀다. 나중에 여왕이 필사본을 비롯한 서적 수천 권을 바티칸 도서관에 양도해버린 것이다. 사실 30년 전쟁에서 자행된 수많은 약탈 행위는 역설적으로 고대 서적과 필사본 거래에 활기를 불어넣었다. 책 상자가 서유럽의 산맥을 넘고 다뉴브강과 라인강을 따라 떠내려갔다(그리고 이러한 책이 다시 다른 곳으로 유통된 사례가 수십여 건에 이른다). 물론 전쟁과 종교 분쟁이 책 판매에 미치는 영향이 이것 때문에 줄지는 않았다. 분쟁이나 약탈이 지나간 뒤에는 반드시 과잉 또는 부족 사태가 나타나며 반드시 누군가는 상업적 이득을 누린다. 그리고 서적상(과 서적 구매자)도 여기에서 결코 예외일 수 없다.

철학자 고트프리트 라이프니츠Gottfried Leibniz 같은 비판자들은 대량으로 쏟아지는 책과 고삐 풀린 상업 출판으로 인한 문학의 가치 하락이 가져올 결과를 우려했다. 대중화에 대한 불안감은 당시의 도서관 내·외부 설계에서 나타나는 질서정연한 건축적 표현에 대한 집착을 설명해준다. 아울러 계몽시대 유럽에서는 문학에 대한 숭상, 그리고 '올바르게' 읽는다고 신뢰할 수 없는 사람들을 배제하기 위해 읽기에 경계를 지으려는 욕망 사이에 나타나는 모순된 긴장이 있었고, 이러한 긴장은 상류층뿐만 아니라 하층민 사이에서도 나타났다.

또한 인쇄본에 대한 수요를 읽을거리에 대한 수요가 아닌 소장 가치가 있는 대상에 대한 수요로 간주하는 것도 유익하다. 인쇄술로 제작된 사치스러운 판본들은 분명히 읽히기 위한 책이 아니었다. 에우제니오 가린Eugenio Garin이 일찍이 지적했듯이, 우리는 책장에 꽂혀 있지만 읽히지 않은 책, 전시되고 회자되지만 읽히지 않은 책, 노획되어 전리품으로 유럽을 돌아다니지만 읽히지 않은 책이 얼마나 많은지에 관해서도 관심을 가져야 한다. 책과 인쇄물의 역사는 소유와 교환의 모든 측면을 포괄해야 한다. 인쇄된 책—과 독특한 판본들—생산의 증가로 읽히지 않는 책의 비중이 증가했을 가능성이 높다.

인쇄술은 비교적 정체를 겪었지만 인쇄물의 생산량은 증가했다. 인쇄업 초창기의 거물들은 프레스를 여러 대 가동했다. 베네치아의 마누티우스가 운영한 알디네 인쇄소, 앤트워프의 플랑탱-모레투스 가문의 오피키나 플란티니아나 인쇄소, 세비야의 크롬베르헤르Cromberger 가문의 인쇄소가 그러한 예다. 플랑탱의 인쇄소는 전성기를 누린 1574년에 프레스를 열여섯 대나 두었고, 1620년대에서 1730년대 사이에도 최대 열두 대를 동시 가동했다. 17세기 말에 소규모로 소비 붐이 일어난 여러 지역에서 유럽의 여러 다른 인쇄소들도 새로운 시장의 움직임에 따라 현장의 프레스의 수를 늘렸다. 하지만 한두 대의 프레스를 가동하는 것이 일반적인 인쇄소의 풍경이었다.

이러한 상황을 고려하면 인쇄소 체제에서 지금까지 좀처럼 논의되지 않은 다른 측면에 주목하게 된다. 적어도 17세기 말의 경제 발전 시기 전까지는 대다수의 프레스가 결코 완전가동된 적이 없었다. 근대 초 인쇄소는 분주하고 시끄럽고 위험한 장소였고, 많은 인쇄공과 수련공이 납 중독에 시달렸다. 하지만 적어도 책 생산에 있어서만큼은 프레스를 매시간 완전히 가동할 정도로 수요가 많지 않았다. 17세기 말까지는 대부분의 프레스가 최대 생산 능력보다 낮게 가동되거나, 아니면 매우 들쑥날쑥한 가동 패턴을 보였다. 특정 출판물에 대한 수요가 갑자기 치솟을 때는 여러 인쇄소가 작업을 나누어서 하다가, 시간이 지나 이런저런 잡다한 일감에 벌이를 의지해야 하는 시기가 찾아오면 바쁜 시기에 올린 수입으로 이 가난한 시기를 버텼다.

수동식 목제 프레스의 개량으로 생산성이 증가했지만(그리고 마침내 1800년경에는 철제 인쇄기, 또 1814년이 지나 증기식 인쇄기가 등장했다) 인쇄술이 도입되고 최소한 첫 두 세기 동안 인쇄본 출판에 대한 수요는 프레스를 지속적으로 가동할 만큼 충분하지 않았다. 이는 런던, 파리, 그리고 러시아에서도 마찬가지였다. 예를 들어 표트르 대제(1682~1725) 재위에 상트페테르부르크와 모스크바에서 출간된 인쇄물의 총량은 1682년 이전에 러시아에서 제작된 인쇄물 총량의 두 배가 넘지만, 새로운 인쇄물의 60퍼센트 이상이 국가 및 법률 문서였다. 런던에서는 인쇄용 프레스의 보유 대수를 제한하는 규제가 있었다. 새로운 프레스의 도입을 간절히 바라는 이들의 청원에도 불구하고, 런던 인쇄 산업의 생산 능력은 영국 내전(1642~1652)까지 거의 변화가 없었다. 또한, 근대 초 인쇄소의 자본 환경을 하루 단위로 분석한 결과를 보면 더 넓고 중요한 결론에 도달하게 된다. 지금까지 남용되었고 문제가 많은 표현인 '인쇄 문화'는 단순히 책에 관한 것만이 아니다. 정기간행물이나 신문에 관한 것 그 이상이다. 인쇄 문화란 인쇄기로 만든 모든 생산물, 즉 인쇄된 레이블, 서식, 증서, 광고물, 계산서, 영수증, 표, 세탁물 목록 같은 모든 종류의 목록까지, 가장 넓은 의미에서 인쇄물로 간주되는 모든 것에 관한 용어다.

15세기부터 19세기까지 유럽 전역의 인쇄업자들은 대부분 여러 임시 작업을 통한 정기적인 소득에 의존했다. 인쇄업자들은 책이 아닌 낱장을 인쇄했다. 매우 다양한 종류의 주문이 책과 정기간행물의 페이지가 아닌 낱장의 인쇄 작업을 요구했다. 증명서, 빈 용지, 표 등 다양한 인쇄물에 대한 주문은 휴한기의 소중한 소득원이었다. 아울러 수습 인쇄공에게는 귀한 훈련의 기회였으며 인쇄업자들에게는 숙련된 솜씨를 뽐낼 수 있는 판촉 기회이기도 했다. 인쇄물이 우월한 지위와 권위를 누렸다는 단순한 주장은 수천 가지의 다양한 '빈 용지' 인쇄물에 의해 더욱 복잡해진다. 영수증 쪽지부터 거주 증명서나 고용 증명서에 이르기까지 수많은 인쇄물이 나중에 펜과 잉크로 내용을 채울 수 있도록 칸을 비워놓은 서식 용지였다. 구텐베르크의 면죄부가 그랬듯 최종 권위는 서식 인쇄물이 아니라, 권력을 부여하는 펜글씨로 된 세부 사항과 서명에 있었다.

효과

인쇄의 발전 양상을 유럽의 소도시별로 도표화하는 일은 그 나름의 난제들을 지니지만, 인쇄의 영향을 평가하는 작업은 더욱 까다로운 문제를 야기한다. 흔히 근대성은 화약, 컴퍼스, 인쇄기와 함께 도래했다고 주장한다. 활판 인쇄술의 도입, 그리고 인그레이빙을 비롯한 오목판 인쇄 공정의 성공은 14세기 흑사병 이후의 인구 회복과 그에 수반된 민족 대이동, 약간의 재량소득 및 가처분소득의 증가(가 이끈 소비재 수요의 상승)에 뒤따른 것이었다. 인쇄물이 정치, 종교, 상업, 지적·언어적·문화적 생활을 변화시켰다는 데는 의심의 여지가 없지만, 여전히 구두로 이루어지는 의사소통에 크게 의존하고 있었던 근대 초 유럽의 '인쇄 문화'에 관해 이야기한다는 것이 진정 가능한 일일까? 당시에 읽을거리란 대개 인쇄된 것이 아니라 낙서나 장부, 편지처럼 손으로 쓴 것이었다. 특히 인쇄 초기 몇 년 동안에는 많은 텍스트가 인쇄되어 나오기 전에 필사본으로 유통되었다. 따라서 앞 장들이 시사하듯이, 인쇄 도입 이전의 책과 글의 역사는 수기와 인쇄물 사이의 기술적 차이를 초월한 문화와 의사소통의 실천들에 관한 통찰을 제공한다. 특히 인쇄물이, 인쇄된 단어들뿐만이 아니라 깎이고 새겨지고 찍힌 이미지의 복제까지 아우를 때 더욱 그렇다.

인쇄의 역사를 바라보는 가장 두드러지는 관점은 그것을 변혁의 역사로 보는 것이다. 그러니까 인쇄가 집단 정치, 상업, 신앙뿐만 아니라 개인의 정신세계에 혁명적인 변화를 가져왔다고 보는 관점이다. 수 세대에 걸쳐 역사가들이 (각자 강조하는 지점과 정도는 달랐지만) 보여주었듯이, 인쇄는 개신교 종교 개혁과 가톨릭교회의 반종교 개

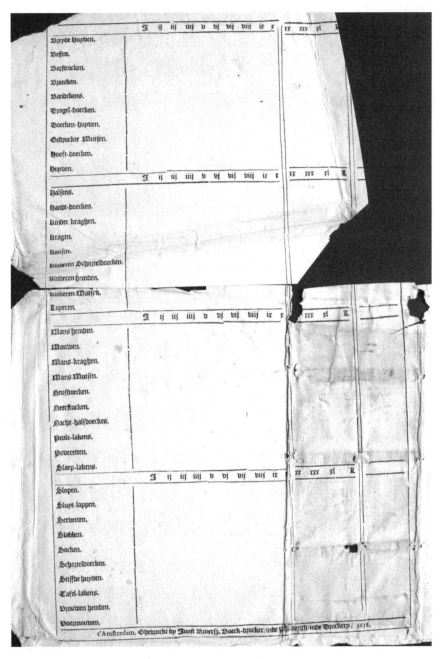

8. 수 세기 동안 인쇄업자들은 단순한 단기 일감 덕분에 사업을 지탱할 수 있었다. 단명 자료에 속하는 인쇄물은 대다수가 오늘날까지 전해지지 않는다. 표, 영수증, 보험 양식, 운송 명세서 등 다양한 단명 인쇄물이 있었고, '빈 용지'에는 펜으로 직접 내용을 채워 넣거나 승인한다는 표시를 남겨야 했다. 사진 속 서식지는 세탁물 목록의 일부다. 1638년 네덜란드 암스테르담에서 요스트 브루르스Joost Broersz가 신문 크기의 용지broadsheet에 흑자체로 인쇄했다. H. 멀더H. Mulder의 개인 소장품.

혁부터 세속의 계몽주의와 미국독립혁명과 프랑스혁명 시기에 쏟아진 새로운 지성적·정치적·종교적 주장의 조직적 전파와 이에 대한 개개인의 이해(와 오해)를 촉진하고 가능하게 했다. 하지만 의사소통의 실천에서 일어나는 변화는 흔히 겉으로 드러나는 것보다 미묘하다. 새로운 기술에 대한 강조는 때로 더 넓은 역사적 맥락을 감춘다. 역사적 맥락 안에서 물질적 대상들—즉, 필사본에서 인쇄본으로 바뀌고 있는 책들—은 사회적으로 매우 특유하다.

이러한 책의 역사에서 우리는 물론 14세기 유럽에는 매우 소수의 사람만 글자나 숫자를 직접 또는 자주 사용했다는 사실을 기억해야 한다. 노동자들은 필요하다면 가축이나 생산물의 수량을 표시하거나 간단한 달력을 만들 수 있는 기본적인 문해력과 계산능력을 갖추고 있었다. 일부 상인과 장인에게는 그보다 더 높은 수준의 문해력과 계산능력이 필요했지만, 서기나 사무원의 숙련도에는 미치지 못했다. 서기나 사무원의 업무는 계산과 읽기와 쓰기에 집중되어 있었다. 라틴어 지식이 자주 요구되었다는 점을 고려하면 이때 문해력이란 '단일 언어 문해력literacy'이 아닌 '다언어 문해력literacies'이라고 표현해야 할지도 모르겠다. 하지만 사람들은 여전히 많은 것을 암기했고 구술이 문자를 압도했다. 인쇄본은 유럽의 서부와 북부부터 동부와 남부까지 언어적 연합체와 정확한 연관성을 보이며, 민족 언어의 공식화에서 핵심 요소였던 정자법正字法과 구문론상 차이 및 표준화와도 연관되어 있다. 하지만 18세기 중후반에 사전과 대중 문법책의 시대가 열리기 전에는, 대중의 언어 발달은 필사본과 인쇄본 텍스트가 끼친 직접적인 영향의 결과 못지않게 이주 민족 사이의 일상적 구술 대화의 결과이기도 하고 세속적·종교적 구술 공연의 결과이기도 했다. 종교 개혁이나 프랑스 프롱드의 난(1648~53) 같은 반란이 이어진 격변의 시기에 텍스트 읽기는 팸플릿(그리고 나중에는 회보)을 사람들에게 소리 내어 읽어주는 방식으로 글을 모르는 사람들의 눈보다는 귀를 통해 이루어졌다.

인쇄본의 물질적 형식도 확실한 선조들이 있었다. 두껍고 육중한 구텐베르크 성서는 여러모로 12세기에 독서대에 올려두던 필사본 성서와 닮았다. 14세기와 15세기 초에 손에 쥘 수 있는 소형 성서의 인기가 높아지자 성구집(대형 성서의 문구들을 모은 책)이 다시 인기를 끌었다. 성구집을 수도원 식당을 비롯한 다양한 환경에서 낭독했던 것이다. 라인란트와 네덜란드에서 구텐베르크와 그의 경쟁자들과 계승자들은 이 막대한 시장 기회를 십분 활용했다. 이들 지역에서는 독서대용 대형 필사본 성서의 제작비가 매우 비쌌다. 1500년 이전에 제작된 라틴어 성서 중 80종 이상이 활판본이었다. 초기에 인쇄본 성서는 독피지로 제작되었는데 이것이 의외의 성공을 거두었다. 게다가 이 책은 이전 책과의 연속성이 돋보였다. 한 페이지가 42행으로 이루어진 구텐베르크의 『불가타』 성서는 13세기 파리의 표준적인 형식을 따른 것이다. 성무일과서도 14세기 초에 다시 인기를 끌었다. 성무일과서는 인쇄업자들이 혁신적인 디자인과 장식을 채택할 수 있는 물리적 템플릿을 제공했다. 성무일과서는 신앙과 전례에 관한 텍스트를 모은 책으로 독실한 부유층 여성 사이에서 특히 수요가 높았다. 중류층은 채식이 없는 소박한 판본을 많이 찾았다. 이러한 수요는 인쇄물 시장에 활기를 불어넣었고 다양한 타이포그래피 디자인 양식의 등장을 자극했다. 크기와 포맷이 다양해졌을 뿐만 아니라 로만체 라틴어 텍스트와 고딕체 토속어 텍스트의 레이아웃이 분명하게 구분되었다.

15세기 중반부터 활판 인쇄술이 도입되고 목판 삽화와 오목판 인쇄의 사용이 증가한 다음에도 처음에는 책의 활용에서 거의 변화가 없어 보였다. 교회에서 또는 임종의 순간에 성서나 시편, 기도서가 눈에 띄었다. 일부 성인 남녀가 가끔 발라드집이나 광고문을 읽었고, 각자의 상황에 따라 종이나 양피지 조각에 적힌 재판이나 군복무, 식량 같은 필수품의 배급 등에 관한 글을 읽었다. 어린이는 흔히 알파벳 혼북 hornbook—뿔에서 나온 얇고 투명한 각질을 문자와 숫자가 인쇄된 작은 종이에 덮어 대를 이어 오래 사용할 수 있게 만든 휴대용 초급 독본—으로 읽기를 배웠다. 하지만 대부분 사람에게 지식은 자연세계, 그리고 실용적인 기술과 전승된 구비 설화에 관

9. 17세기 중반 즈음 유럽의 중소 도시에서는 고정된 장소에서 책을 파는 소매점이 흔한 것이 되었지만, 책은 여전히 행상과 도붓장수 그리고 잡화점을 통해서도 널리 팔리고 유통되었다. 살로몬 더브라이Salomon de Bray, 1597~1664의 이 펜화는 초창기 서점의 내부를 자세히 묘사한 드문 작품이다. 75×76mm. 네덜란드 국립박물관Rijksprentenkabinet. 네덜란드 암스테르담.

한 것이었다. 사람들은 물질적 텍스트보다 관찰과 청취와 기억에 더 많이 의존했다.

1650년 무렵 세계는 달라졌다. 특히 도시 공동체가 그랬다. 이제 더 많은 성인 남녀가 인쇄소에서 나온 다양한 생산물과 직간접적으로 마주쳤다. 그렇다고 해서 인쇄물을 책, 또는 우리가 보통 '출판물'로 생각하는 것과 혼동해서도, 또는 이것들에만 국한시켜서도 안 된다. 17세기 중반 유럽에서 팸플릿, 신문, (심지어 성서, 기도서, 찬송가집을 포함한) 책을 자신 있게 읽을 수 있는 사람은 소수에 지나지 않았다. 그중에서도 특히 더 교양 있는 소수는 넓은 학식, 정성스러운 기도, 세련된 오락을 위한 저작물을 읽었다. 대부분의 사람들이 마주치는 작은 책은 대개 연감이나 기도서였다. 책은 여전히 비쌌고 평범한 사람은 대체로 책을 살 형편이 되지 않았다. 다음 장에서 설명하듯이 도서관이 대중에게까지 개방된 것은 17세기의 일이며, 이때에도 책은 여전히 성직자나 지식계층, 귀족 등 특정 집단만을 위한 것이었다.

그럼에도 1450년과 1650년 사이에 인쇄본이든 필사본이든 책의 영향은 더욱 깊고 다양해졌다. 하지만 인쇄와 출판의 역사에서 일어난 예측 불허의 변화들은 이러한 발전의 윤곽을 비균질적이고 복잡한 것으로 만들었다. 이 300년 동안 기술과 생산에 제약이 있었던 것과 대조적으로 시장의 수요는 전형적인 인쇄물(성서, 기도서, 시편, 연감, 종교적·교육용 지침서, 챕북, 발라드집, 예언서 등)과 새로운 종류의 인쇄물(초기의 새로운 책과 법률, 지리, 해양, 군사와 여러 분야의 세속적 설명서나 일람표) 모두 증가했다. 일부 큰 변화들은 시장 점유에 방해가 된 장애물들이 치워짐으로써 나타난 결과이기도 했다. 특히 1650년대 이후 유럽 서부와 중부에서 내란이 줄었고, 1670년대부터 수송에서 변화가 일어났다.

종교 개혁이 시작된 몇 해부터 30년 전쟁 이후까지도 쏟아져나온 선동가들의 글, 팸플릿과 선전 인쇄물의 공격과 방어 덕분에 도시와 변두리의 불법 인쇄업자들은 사업을 지탱했다. 국제 평화는 여전히 드물었고, 전쟁과 소규모 접전은 장거리 도서 수송을 방해했다. 하지만 17세기 말 즈음 여러 국가에서 내전과 종교 분쟁이 잦아들었고, 비록 사회적으로 불균등하지만 새로운 시장 환경이 조성되었다. 새로운 시장 환경은 비필수품, 특히 책과 인쇄물에도 기꺼이 지출할 새로운 가능성을 제시했다. 다른 한편으로는 정치적 안정이 새로운 검열과 규제를 촉진했다. 이전의 유혈 참상으로의 회귀를 막아야 한다는 명목 아래 새로운 규제가 쏟아져나왔다. 하지만 다수가 주요 출판사의 독점적 거래를 보호하는 규제였다(특히 영국에서는 서적 출판업 조합Stationer's Company이 실질적으로 모든 저작권 등록을 감시했다). 새로운 규제는 프랑스식 사전 검열이든 영국식 사후 검열이든 표현의 자유를 위축시키고 생산지를 제한함으로써 불법 인쇄 활동을 부추겼다. 하지만 전반적으로 새로운 규제가 생산량 확대와 인쇄물 시장의 다각화에 부정적인 영향을 끼치지는 않았다. 16세기 초부터 활성화되기 시작한 지적 교류의 네트워크는 인쇄물의 유통이 수월해지면서 가장 힘든 혼란의 시기였던 16세기 말과 17세기 중반을 통과하는 와중에도 전례없는 팽창을 누렸다. 개인과 기관으로부터 재정을 후원받는 개인 출판도 증가했다. 하지만 생산과 유통의 중심지가 늘어나며 새로운 형식의 상업적 대중문학이 유럽 전역으로 확산됨에 따라 개인 출판은 점차 그늘에 가려졌다.

읽기, 그리고 인쇄물의 영향

많은 근대 초 책의 역사 서술에서 필사 문화의 위상이 하락했다고 암시한다. 예를 들어 역사가 엘리자베스 아이젠슈타인Elizabeth Eisenstein은 16세기 인쇄기가 지적·과학적·정치적·종교적 혁명을 부채질했다고 주장함으로써 인쇄의 근대화적 영향의 서사를 급진적으로 확장했다. 아이젠슈타인의 논문은 비슷한 시기에 로버트 단턴이 개발한 '의사소통 회로' 모델 못지않게 큰 영향력을 발휘했다. 아이젠슈타인의 논문을 뒷받침하는 중심 명제는 세 가지다. 인쇄기는 첫째, 텍스트의 생산량, 둘째, 텍스트의 생산 속도, 셋째, 텍스트의 성격 그 자체에 혁명을 일으켰다는 것이다. 인쇄물의 생산량은 필사실의 그것에 견줄 수 없을 만큼 막대했고 생산 속도도 엄청나게 빨랐다. 이두 가지는 더 빠른 전파와 더 효과적인—그리고 더 통렬한—논쟁을 가능하게 했다.

이 '기술 결정론' 논문의 세번째 명제가 가장 중요하고 가장 논쟁적이다. 인쇄의 복제적 특성이 의사소통 혁명을 가능하게 했다는 것이다. 인쇄의 복제적 특성은 과거에는 그 유례를 찾아볼 수 없는 텍스트의 고정성에 깃들어 있었다. 텍스트의 고정성이 출판된 글에 새로운 권위를 부여하고 논쟁에 새로운 확실성을 부여했다는 것이 아이젠슈타인의 주장이다. 프라하의 독자는 자신의 책과 같은 판본의 책을 소유한 리스본의 독자와 거의 동일한 텍스트를 읽고 토론할 수 있었다. 필경사의 스타일이나 성향에 따라 텍스트가 달라지는 일은 더이상 없었다. 텍스트의 실제적 또는 추정된 검증 불가능성으로 괴로워하는 일도, 그 결과 보조적인 구술 전달에 의지해야하는 일도 더이상 생기지 않았다. 이러한 "커뮤니케이션의 전환communications shift"은 이미지, 시각적 보조자료, 기호를 더욱 부호화했다. 이것은 아이젠슈타인 논문의 주요 장에 붙은 제목대로 "인쇄 문화의 특징"이었다. 표준화, 언어적 고정성, 고대 언어와 고전에 대한 학문적 연구와 관심의 부흥, 토속어로의 번역—가장 의미심장하게는 성서의 번역—등은 모두 인쇄 혁명을 집약적으로 보여주었다. 기술은 종교·정치·과학의 새로운 힘과 상호작용하며 (수많은 출판물이 있지만 그중에서도 특히) 루터와 칼뱅의 저작, 코페르니쿠스의 논문, 플리니우스와 갈레노스와 아리스토텔레스 저작의 인쇄본을 생산했다.

이보다 덜 일반적인 다른 견해도 있다. 인쇄물은 독자와 저자 사이의 토론을 촉진했고, 이따금 인쇄본 해설집이 이러한 토론을 지속시키기도 했지만, 실은 주로 서신 교환이 이러한 토론을 매개했을 수 있다는 것이다. 이러한 서신 교환은 16세기와 17세기에 크게 늘었고 수기와 인쇄물의 상호관계를 강화했다. 그 결과 나타난 지적 동요는 인쇄물과 수기가 구술 의사소통과 어떻게 상호작용했느냐는 질문을 불러일으킬 뿐만 아니라 하층의 사회사social histories와도 잘 맞지 않는다. 사회사에서는 인쇄된 글과의 상호작용에 관한 한층 더 엄밀한 연구가 필요하다. 내밀한 사회사는 인쇄 텍스트의 '고정성'에 대한 강조에 강력한 의문을 제기한다. 이러한 의문 제기의 근거는 읽기 경험의 평가에 있다. 인쇄술은 텍스트의 신속한 대량 복제를 가능하게 했고 기술적 안정성은 일찍이 그 유례를 찾을 수 없을 정도다. 하지만 텍스트는 읽히기 전에는 아무런 의미도 부여될 수 없다. 이러한 의미에서 책과 텍스트는 불안정한 문화적 대상이다. 읽기의 효과, 읽기가 어떻게 그리고 왜 이루어졌는지에 대한 증거적 기반은 매우 취약하다. 읽기의 능력과 태도에 관한 질문은 연령, 젠더, 사회·경제적 조건, 환경, 심지어 조명과 자세와도 관련이 있다. 그뿐만 아니라 읽기 실천의 역사를 파악하기 위해서는 동기도 이해해야 한다. 소비자는 텍스트를 다시 찾을 때마다 매번 다른 읽기로 사실상 새로운 텍스트를 만든다. 해석의 차이는 (지능, 교육 수준, 능력, 동기 등의 영향을 받는) 역량과 젠더가 다른 사람들 사이에서만 발생하지 않는다. 동일한 사람이 다른 환경에서, 다른 나이에, 다른 이유로 텍스트를 다시 읽을 때에도 발생한다.

읽기는 인쇄, 그리고 책의 습득을 위험한 동시에 계시적인 것으로 만들었음은 자명하다. 그 사례는 인문주의 학문의 확산, 우수한 지도·해도·정산표 등의 제작, 거리와 들판에 관한 방대한 정보가 담긴 문헌의 창출 등에서 뚜렷이 확인된다. 발라드집, 알파벳책, 챕북, 선동적인 팸플릿과 낱장 신문의 복제에서 인쇄기는 스스로가 지닌 진보적인 힘을 증명해 보였다. 천문학, 식물학, 의학, 자연 철학, 지리학은 인쇄소와 그곳의 사람들, 즉 숙련된 인쇄공, 뛰어난 기량의 식자공, 학식이 풍부한 교정자로부터 (때로는 이 모든 사람의 합동 작업으로부터) 분명한 수혜를 입었다. 인쇄는 토속어의 사용을 현격히 증가시켰으며 토속어를 효과적으로 표준화하고 규정했다. 그리하여 문해율이 직접적으로 변화했고 단순 문해력이 단기간에 크게 증가했다(하지만 이것은 반드시 새로운 방대한 독서 인구의 창출로 이어지지는 않았다. 항상 철자법의 체계화로 이어진 것도 아니다. 예를 들어 슬로바키아에서는 1780년대까지도 표준 표기법이 등장하지 않았다). 새로운 전문 영역들이 창출되었으며 정보 교환은 속도가 빨라지고 다각화되었다. 인쇄기는 문어와 구어 사이 상호작용을 재구성함으로써 간접적으로 대중의 이해력을 변화시켰다. 무엇보다 사람들은 인쇄 문자의 신속성을 보았고 들었고 두려워했다.

종교 개혁가들이 주장했듯 독자들은 신의 직접적인 말씀에서 구원을 찾으려 했다. 그리고 라틴어책, 즉 성 히에로니무스의 『불가타』 성서가 아니라 토속어 성서에서 찾으려 했다. 인쇄본 성서를 현대 언어로 다시 쓰려는 16세기의 시도는 규모에서는 새롭지만 기원에서는 새로울 게 없었다. 14세기 말 존 위클리프John Wycliffe의 추종자들은 종교 개혁의 핵심 요소를 미리 내다보고 그리스어와 히브리어로 된 성서를 즉각적이고 빠른 이해가 가능한 토속어로 옮겼다. 그리스어와 히브리어 성서는 라틴어로 된 『불가타』 성서보다 진짜에 더 가깝고 더 우월하다고 선언되었다. 인쇄는 혁명적인 규모로 미신을 넘어서 진리(그리고 나중에는 합리성)를 전달하고 상징했다. 1516년에 데시데리위스 에라스뮈스Desiderius Erasmus, 1466~1536는 『불가타』 성서와 겨룰 신약성서의 새로운 라틴어 번역판을 출판하고 그리스어 원본을 번역했다. 에라스뮈스는 루터가 독일어로 번역한 성서의 원전을 제공했다. 1466년에서 1522년 사이에 독일어 성서의 일부분이 실린 판본이 무려 18종이 인쇄되었는데, 루터의 독일어 신약성서도 이때 출판되었다. 더 이른 시기에 나온 독일어 성서들은 흔히 대형 목판화로 장식되었는데 모두 『불가타』 성서의 번역본(간혹 이해가 불가능한 구절들이 있는데 난해함이 가히 위클리프 성서에 견줄 만하다)이었다. 루터 신약성서의 판본은 1522년에서 1529년 사이에 50종 이상이 인쇄되었다. 루터는 1534년 가을에 성서의 독일어 번역본을 완성했는데 대부분의 내용을 1494년 손치노 히브리 성서Soncino Hebrew Bible를 원전으로 삼았다. 이 신약성서의 표제지는 목판 인쇄로 제작되었다. 표제지에서 신은 (루터의 번역을 옮기면) '하느님의 말씀은 영원하다'라는 표어가 달린 텍스트를 굽어보고 있다. 신약은 1523년에 프랑스어와 네덜란드어로, 1524년에 덴마크어로, 1526년에 스웨덴어로, 1548년에 핀란드어로 번역되었다. 신약과 구약 성서 모두 발행된 해는 네덜란드어는 1526년, 프랑스어(『불가타』 성서 번역본)는 1530년, 스웨덴어는 1541년, 덴마크어는 1550년이었다. 인쇄본 주해서도 쏟아져나왔다. 루터가 살아 있는 동안 그의 저서와 팸플릿은 3700종 이상의 독일어 판본으로 출간되었다.

　이렇듯 인쇄본은 번역의 영향력을 크게 증대시켰다. 텍스트의 차이는 대개 미미했다. 하지만 다양한 인쇄본에 관한 주장들이 대단히 과격하고 큰 주목을 끌었기 때문에 번역과 강조에서의 사소한 차이도 중대한 교리 논쟁을 낳았다. 또한 많은 작업물이 권위 있는 인쇄소의 역작들이어서 정밀함과 아름다운 디자인으로 그 의미심장한 속성을 입증해 보였다. 1517년 중반에 완성된 프란시스코 히메네스 데 시스네로스Francisco Ximenez de Cisneros의 『콤플루툼 다언어 성서Complutum Polyglot』는 인쇄에만 3년

이 걸렸다. 이 방대한 다언어판 성서는 오리게네스Origenes의 『육란 대역 성서Hexapla』를 본뜬 것으로 여섯 개의 세로단에 그리스어 텍스트, 『불가타』 텍스트, 히브리어 텍스트를 나란히 제시했고, 복잡한 장치와 주석에 사용된 통일된 글씨체가 특징이다. 총 여덟 권으로 구성된 『안트베르펜 다언어 성서Antwerp Polyglot Bible』는 1568년과 1573년 사이에 플랑탱이 인쇄했는데 이 책에는 시리아어가 포함되어 있었다. 1645년의 『파리 다언어 성서Paris Polyglot Bible』도 마찬가지다. 네번째 다언어 성서인 『런던 다언어 성서London Polyglot Bible』는 1654년에 브라이언 월턴Brian Walton이 토머스 로이크로프트Thomas Roycroft의 프레스로 완성했다. 이는 17세기 영국 인쇄기로 만든 가장 탁월하고 중요한 작품으로 손꼽힌다.

인쇄물은 언어를 여과했지만 동시에 급진적이고 선동적인 이미지들을 퍼뜨렸다. 이미지와 장식의 중요성은 인쇄 때문에 줄어들지 않고 오히려 증가했다. 초기 인쇄본에서 필경사와 채식사의 개입은 여전히 중요했고, 이는 인쇄본과 필사본 공존의 역사를 더욱 복잡하게 만든다. 초기 성서 인쇄본은 주서를 넣기 여간 까다롭지 않았고 식자공들은 나중을 위해 공백을 남겨두었다(이는 또한 지금까지 이어져온 책 디자인의 표준과 연관이 있다). 이를 돕기 위해 구텐베르크는 주서가용 지침서 여덟 장을 인쇄했다. 목판화가 다시 인기를 끌기 전까지 비슷한 이유로 이니셜을 적어넣을 수 있게 들여쓰기가 시행되었고, 이 관행은 성서에서 챕북에 이르기까지 거의 모든 종류의 출판물의 페이지 디자인 발전에 영향을 주었다. 사회사학자 밥 스크리브너Bob Scribner는 인쇄된 글에 수반된 시각적·구술적 의사소통의 역사적 중요성을 옹호한다. 그는 종교 개혁의 전파와 영향에서 인쇄된 글이 지니는 중요성은 지금까지 과대평가되었다고 믿는다. 하지만 동시에 스크리브너는 이러한 매체의 복잡성에 대해서도 주장했다. 시각적 선전물은 여러 수준에서 작용하므로 인쇄된 삽화는 하나의 기호 체계로 읽어야 하며 그 기호학은 세심한 해독이 필요하다. 루터의 1522년 신약성서에는 수백 점의 목판화가 화려한 행진을 펼쳤다. 대부분이 정형화된 이니셜이었다. 그런데 적어도 초판 3000부에는 교황에 대한 우상숭배로 악명 높은 이미지들이 함께 실려 있었다. 종교 개혁 시대 사람들의 읽는 방식과 이유에 관해 우리는 여전히 더 많은 것을 알아야 하지만, 문자화된 텍스트와 함께 실린 시각 자료들이 강력한 힘을 발휘했음은 분명한 사실이다. 이렇듯 지리적인 동시에 지적인 제약이 사라지는 '국경 없는 책livres sans frontière'은 각 국가 당국이 책과 인쇄업자의 움직임에 대한 금지 조치를 고안하도록 몰아갔다.

무지가 아닌 깨달음을 향한 추구는 사적인 것만큼이나 공적인 활동이었다. 인쇄의 해로운 힘에 대한 반응은 개인 독자나 일탈 세력에게 미치는 영향 못지않게 군중이나 신도에게 미치는 영향에 관한 것이었다. 오류 있는 교리가 공개적 지지를 받을 위험, 어지럽게 날뛰는 고삐 풀린 사상의 위험은 개인의 오류보다 훨씬 더 우려스러운 것이었다. 인쇄가 지닌 전복적이고 권익을 침해하며 이단적인 힘은 교회와 국가가 여러 형벌적 조치를 시행하도록 자극했다. 분서焚書 행위에서 금서 목록의 제작, 저자와 출판사, 배포자, 그리고 인쇄된 문구 자체에 대한 수많은 규제와 처벌이 잇따랐다. 구텐베르크 이후 4세기 동안 책 판매의 비율과 방식은 두 가지 장애물에 의해 위축되었다. 하나는 교회와 국가 및 소도시 정부와 길드의 규제, 다른 하나는 수송 기반 시설의 제약이었다.

밀수 도서와 문학 지하단체는 여러 탁월한 연구의 주제가 되었다. 첫째, 이것은 가장 명백한 사실인데, 인쇄 규제 및 출간 전 규제는 기독교와 국가 당국이 도입했고 무역과 길드 규제는 산업 내에서 도입되었다는 것이다. 검열과 감시는, 그리고 어느 정도는 길드의 인가도, 경제적이 아닌 정치적 시간 프레임을 따랐으며 실효성은 시기와 장소에 따라 달랐다. 프랑스, 스페인, 베네치아를 포함한 이탈리아 도시국가들은 다양한 방식으로 출판사 검열과 감시를 직접 통제하려고 했고 항상 교회의 관심 대상이었다.

출간 후 감시는 수많은 형태를 띠었다. 명성으로만 보면 로마 교황청이 1559년에 확정한 '금서 목록Index Librorum Prohibitorum'이 유럽에서 가장 지배적인 검열 제도였다. '금서 목록'은 유통을 위축시키고 음성적 거래를 불가피하게 만들었고, 오늘날에도 가톨릭 세계의 도서 판매 관련 연구에서 빠뜨릴 수 없는 주제로 남아 있다. 금서 목록의 위력은 프랑크푸르트 도서박람회 폐지에 크게 이바지했다. 황제가 파견한 도서 감독관, 그리고 개신교의 출판물을 억압한 도서 감독 위원회는 이 박람회의 명성을 깎아내렸다. 16세기에 프랑크푸르트는 라이프치히에서 거래되는 도서 규모의 약 두 배를 취급했지만 1700년 무렵에는 수치가 역전되었다. 하지만 라이프치히는 결코 프랑크푸르트만큼 국제적인 성격을 띠지 못했다. 개신교 지역에서도 비슷한 검열 체계가 발달해 교회 당국은 인쇄물의 출판과 수송, 특히 국제 수송에 무지막지한 제한을 가했다. 잉글랜드, 저지대국가, 북유럽에서 인쇄 규제는 대체로—결코 전면적인 적은 없었다—길드나 기업에 맡겨졌다. 이들 단체는 또한 상업적 독점을 유지했고, 고용 조건과 출판 산업에의 진입을 규제했다. 국가의 감시와 개인 재산 보호 사이에서 역할의 혼동, 또는 융합은 특허권 소유자들의 출세와 공식적·비공식적 카르텔에서 명백하게 드러났다. 이보다 코포라티즘coporatism, 국가의 허가를 받은 이익집단이 국가 정책 수행에서 대표성을 지니는 체제—옮긴이에 더 가까운 모델에서는 각기 다른 직능 집단이 각기 다른 규제와 산업적 기능을 채택했다. 16세기 말과 17세기 잉글랜드에서 서적 출판업 조합이 누린 우월한 지위는 스칸디나비아 북부의 막강한 '제본공 길드'에 비견될 만하다. 이곳에서 서적 판매는 미제본 수입 서적의 판매가 큰 부분을 차지했다. 제본업계는 1620년대부터 인쇄와 출판의 수입과 규제 임무를 맡았는데 이때는 스웨덴의 국제적 세력이 정점에 달했을 때였고 이러한 절정기는 18세기 말까지 이어졌다. 리투아니아와 우크라이나의 유력 제본공들 역시 주요 해외 서적 거래에 특화되어 있었고 비슷한 권한을 행사했다.

많은 근대 초 소도시 정부들 또한 책과 출판물 거래에 제한조치를 가했지만 이러한 보호조치는 이념적인 우려보다 경제적인 우려에서 기인한 경우가 많았다. 해당 도시의 자유민이 아닌 자가 소매행위를 하는 것을 금지하는 시민법에 의해 종종 도매와 소매의 구별이 강제 시행되기도 했다. 많은 16, 17세기 상인에게는, 현지인이든 타지인이든, 그리고 책과 인쇄물의 생산자와 판매자 모두에게, 해당 도시의 관할권 밖에서 열리는 박람회와 시장을 순회하는 것은 갈수록 사업의 성공에서 중요한 일이 되었다. 중부와 동부 유럽에서 이러한 제약들은 변화무쌍한 정치사를 거치며 잦은 변화와 장애를 겪었지만 여하튼 한 세기 넘게 지속되었다.

30년 전쟁, 프롱드의 난, 영국 내전, 그리고 17세기 말과 18세기 초의 그 모든 반란과 전쟁이 있고 난 뒤, 인쇄된 지식의 혁명적 잠재력은 근본적으로 상업 규제와 더불어 더욱 구속적인 통제를 촉발했다. 프랑스 정부는 사전 검열 제도인 특혜privilège 체제—1723년에 성문화되었고 관용적인 평가를 내릴 때도 많았다—를 발전시켰다. 이와 대조적으로 잉글랜드에서는 1662년부터 1695년까지 징벌적 '허가법Licensing Law'—정확히는 '인쇄법Printing Law'—이 적용되었다. 아울러 은닉된 인쇄기와 선동적 문헌의 적발을 담당하는 역사상 최초이자 유일무이한 허가관 겸 인쇄 '감독관'이 지정되었다. 유럽의 여러 지역에서 실질적으로 검열은 인쇄 이전이든 이후든 거리상 멀리 떨어진 당국이 아닌 현지에서 맡았다. 하지만 인쇄물은 또한 매우 다른 방식의 혁명을 고무했다. 똑같이 도발적이지만 출판과 유통에 대한 단순한 금지나 제한조치로 쉽게 억압되지 않을 방식이었다. 인쇄는 지리적·사회적 침투의 강도를 크게 높임으로써 텍스트와 관계 맺는 여러 다른 방식을 만들어냈다. 인쇄물과의 만남은 장서 수집과 서고 구성의 구체적인 방법과 양식의 발달, 여러 다른 방식의 읽기, 그리고 여러 다른 인지 과정의 진화까지 아울렀다.

인쇄는 유럽의 책을 엘리트의 사치품에서 다양하고 대중적이며 전보다 일반적으로 구할 수 있는 상품으로 변모시켰다. 15세기에 필사본들이 얼마나 이례적으로 멀리까지 순환했는지를 고려하면 책이 이동한 거리가 어쩌면 그리 놀랍지 않을지 모른다. 최소 두 세기 동안 서적 화물은 도시, 종교, 대학을 중심으로 점점 더 정교해진

10. 400년 넘게 도붓장수가 유럽 각지를 돌며 성서, 기도서, 챕북, 연감 등 다양한 작은 책을 팔았다. 〈르 콜포르퇴르Le colporteur〉('도붓장수')라는 제목의 이 그림은 1623년경 17세기 프랑스 유파의 어느 이름 없는 화가가 그렸다. (캔버스에 유화, 850×720 mm). 민속예술박물관Musée des Arts et Traditions Populaires, 프랑스 파리.

국제 무역망의 육로와 수로를 따라 이동했다.

놀라운 점은 새로운 생산·무역·운송 기술의 발달과 추진력에 힘입어 인쇄물은 지리적으로뿐만 아니라 사회적으로도 급속하게 침투했다는 사실이다. 상업적 탈바꿈은 새로운 기술적·상업적·법률적·정치적 기회에 대한 반응일 뿐만 아니라 소득 수준의 변화와 문해력의 증가에 대한 반응이기도 했다. 하지만 생산량 급증과 저변적이고 점진적인 발전과 더불어 견제와 제한도 있었기 때문에 변화의 보폭은 고르지 않았다.

수가 점점 늘어가는 장인들과 수완 좋은 상업가들은 작가와 독자 사이를 중개했다. 이 시기가 끝나갈 무렵, 구독 회원제로 운영되는 사설 도서관과 상업적 순회도서관이 설립되어 인쇄물을 접할 수 있는 새로운 방법과 더불어 책을 읽고 생각을 논하고 담소를 나누는 새로운 사회적 공간을 제공했다. 인쇄소나 책 판매의 현장은 정보 교환의 장소로서 명성을 얻었다. 책을 구입하거나, 대여하거나, 열람하는 사람들은 유익하고 현실적이고 또 가끔 신랄하기도 한 새로운 소식을 교환했다. 특별히 여성을 위해 창작된 인쇄물 시장이 확대되었고, 독서 사교 집단과 도서관은 여성 이용자를 고려한 부류와 배제한 부류로 분명하게 나뉘었다. 하지만 인쇄물은 젠더의 구분을 부추기는 한편 젠더 사이에 다리를 놓기도 했다. 이 시기의 막바지에 여성용 잡지와 실용서, 가사 관련 도서가 중요했지만, 이와 동시에 남녀 모두 다양한 주제의 정기간행물, 종교 출판물, 에세이집, 희곡집, 여행안내서 등에 매료되었다. 18세기 중반에 이르러 출판은 평론과 비평의 문학적 인프라를 확장시켜주기도 했지만, 신앙과 정치의 차이를 조장하기도 했다. 서신 네트워크의 수와 범위의 증가는 번역 활동을 더욱 뒷받침했고, 번역 활동은 다시 여러 출판 기획을 지지했다. 인쇄물의 승리는 곧 수익으로 나타났다. 많은 책이 귀중한 상품이 되었고, 특혜, 특허, 저작권은 저자의 지적·경제적 권리나 국가 및 교회의 허가권을 보호하기 위해서가 아니라, 출판에서 재산상 이익을 보호하기 위해 부여, 창출, 매각되었다. 반대로 많은 서적상과 출판사가 창고에서 곰팡내를 풍기는 미판매 판본의 비싼 종이에 큰 자본이 묶이는 고위험 산업에서 실패했다.

7장

정보를 관리하다

앤 블레어
Ann Blair

책은 텍스트를 전달하고 텍스트는 의미를 전달한다. 앞서 여러 장에서 설명했듯 고대 이래 여러 다른 유형의 책이 정보를 유포하고 갱신해왔다. 현대에는 쉽게 또 당연한 듯이 책과 문학—특히 찬사를 받는 창작 문학—이 하나로 뭉뚱그려져, 기초적이고 유용하며 필수적인 지식의 장려·이해·창출에 책이 이바지했다는 사실은 종종 가려지고 만다. 정보성 장르의 범위는 짧은 일람표에서 시작해 교육학적 텍스트, 전기, 역사, 과학 논문과 같은 확장된 서사까지 아우른다. 정보의 수집은 책의 내용을 통해서도 이루어지지만, 도서관, 기록보관소, 박물관 등 책이나 다양한 자료를 집적해 접근성을 높인 기관들을 통해서도 이루어진다.

문자 정보의 축적과 전달은 전 세계의 수많은 문화가 수 세기에 걸쳐 추구해온 목표다. 중국의 과거科擧 시험 중심 행정체제와 그 핵심집단에서 텍스트 지식이 차지한 중요성에 관해서는 앞서 3장에서 설명했다. 여러 다른 고대 민족들 역시 문자를 사용해 사회 통치와 시민의 안녕에 꼭 필요한 정보를 전달했다. 불교 경전은 신할리어로 된 야자수 잎 책부터 목판으로 인쇄한 티베트와 몽골족의 탕카^{불교 회화를 지칭하는} ^{티베트어·옮긴이}두루마리까지 다양했다. 후기 메소아메리카와 아스테카의 민족들은 역법이나 수학 계산, 이름이나 장소 등 집단의 기억을 기다란 종이 코덱스나 사슴 가죽으로 만든 두루마리, 또는 '키푸'라고 부르는 매듭 끈 등으로 남겼다. 이러한 정보는 흔히 사적인 관심사인 동시에, 식자층과 구술된 내용을 듣고 외울 능력을 갖춘 사람들의 공적인 관심사였다. 구술 전통의 힘과 더불어 책의 존속은 문화의 전달에서 중요한 역할을 하며, 특히 태만의 시기가 지난 다음 텍스트 복구를 가능하게 한다. 고대 그리스·로마로부터 역사와 자연사의 대작(이를테면 리비우스와 플리니우스의 저작)이 오늘날 우리에게 전해졌지만, 또한 그러한 더 많은 저작이 유실되었다. 칼리마코스의 『피나케스Pinakes』가 그렇다. 알렉산드리아 도서관의 장서를 토대로 그리스 작품의 방대한 서지 정보를 담은 이 저작은 현재 약간의 단편만이 전해진다. 동아시아 문화권에서는 유학 경서의 오래된 연속성이 실은 정전正傳의 반열에 오르지 못한 수많은 텍스트가 유실되었다는 사실을 은폐한다. 다른 지역에서는 콜럼버스 이전의 아스테카 문명과 메소아메리카의 코덱스들은 사라졌지만, 식민지시대 필사본을 통해 그림문자·표의문자·음성 기호가 혼합된 텍스트의 일부가 전해지고 있다. 최근 재발견된 사료들은 이를테면 에티오피아에서 '유실된' 책의 사례에서처럼 텍스트 파괴의 규모에 관한 우리의 인식을 계속 확장시켜주고 있다.

영어에서 '정보information'라는 단어는 14세기(프랑스어와 독일어에서는 18세기)부터 사용되었다. 처음에는 교육적이거나 법률적인 맥락에서 무언가를 알려주는 과정을 지칭했고, 나중에는 이 과정에서 전달된 내용과 특정한 지식을 가리키게 되었다. 이후 이 단어는 지금까지 계속 사용되어왔지만, 사용 빈도나 결합가^{valence, 어휘, 특히 동사} ^{가 문장 안에서 결합하는 문장 구성 성분의 수를 나타내는 문법 용어·옮긴이}가 오늘날만큼 큰 적은 단연코 없었다. 새로운 디지털 기술들에 의해 여러 중요한 방식으로 정의되어온 '정보시대'에 산다는 것에 대한 우리의 개념은 지난 50년에 걸쳐 특히 더 많이 발전했다.

역사가들은 '정보'라는 단어를 이전 시대에 적용해 우리의 현재 범주와 관심사에 상응하거나 대조되는 것을 탐색할 때 매우 느슨한 태도를 취한다. '정보'라는 단어를 다양한 매체를 통해 전파 가능한, 진실하거나 유용하다고 상정되는 기록을 나타내는 말로 편의상 폭넓게 사용하는 것이다. 정보는 사물이나 의례를 통해 구두나 몸짓으로 전달될 수 있지만, 글—필사본과 인쇄본의 텍스트와 이미지로 이루어진—은 오랫동안 정보를 창출·보관·검색하는 가장 지배적인 매체였다. 정보와 관련해 중세 유럽이 겪은 가장 특징적인 어려움은 제한된 정보 유통과 이용 가능성이었다. 하지만 다른 한편으로는 방대한 저작을 해석하고 집필한 학자들은 또한 지나치게 많은 자료를 관리해야 하는 고충으로 '과부하'를 경험했다.

중세 유럽에서는 종교와 법률의 원칙이 성문화되고 정전 텍스트 연구가 토론과 해석을 촉발해 많은 종류의 정보성 저작물이 생성되었다. 다수의 학문 분야에서 본질적이라고 여겨지는 지식을 집대성한 중세 저작물에는 흔히 '백과전서encyclopedia'라는 용어가 사용되었다. 세비야의 이시도로스가 7세기에 쓴 『어원Etymologies』부터 보베의 뱅상Vincent이 쓴 『위대한 거울Speculum maius』(1255년경)까지 다양한 백과전서가 있었다. 뱅상의 책은 표제어 수가 450만 개 이상이었고 이후 300년이 넘게 지나도록 이 규모를 능가하는 책은 나오지 않았다. '백과전서'는 19세기 역사가들이 중세시대의 책을 일컫는 현대적 용어이지만, 지금도 여러 출처에서 나온 자료를 한곳에 집대성한 책을 일컫는 간편한 방식이다. 중세의 백과전서는 책을 접하는 것 자체가 귀한 특혜인 시대에 발췌 텍스트를 제공한다는 점에서 높은 가치를 인정받았다. 중세의 사화집과 백과전서는 직접 구하기 어려운 자료들의 귀한 대체물로서 다른 책의 인용과 요약이 수록되어 있었다. 몇몇 경우에 사실 중세의 선집에 실려 있는 일부 권위 있는 인용구들은 현재 유실된 고대 문헌들의 유일한 기록이다. 이 책들이 아니었다면 우리는 이 문헌들을 아예 접할 수 없었을 것이다.

정보가 우리에게 제기하는 도전은 16세기부터 성격이 달라졌다. 이때부터 책이

지나치게 많다는 불만이 흔하게 제기되었다. 당시 사람들은 차고 넘치도록 쉼없이 책을 찍어내는 인쇄기를 탓했다. 역사가들은 동시적으로 발생한 여러 문화적 움직임이 새로운 정보의 폭발을 부채질했다고 지적한다. 인문주의자들은 고대 문헌을 복원했고, 유럽은 항해를 통해 지리적으로 식민지화와 무역을 확대했으며, 새로운 철학은 전통 철학이 남긴 유산과 경쟁했다. 아울러, 이 모든 경향의 저변에는 이 모든 다양한 지식을 통합하고 논리정연하게 이해하려는 한결같은 야심이 있었다. 이 폭발적으로 늘어나는 정보를 관리하기 위해 동원된 해법들은 상당수 중세에 뿌리를 두고 있었지만, 도서 인쇄(와 홍수처럼 쏟아진 서식 등의 소규모 인쇄)는 독자가 학술 서적과 토속어 서적 모두를 포함한 다양한 장르의 책에 친숙해지도록 도왔다. 정보 관리를 위한 일부 해법은 책 내부의 파라텍스트였다. 이러한 파라텍스트의 예로는 목차와 알파벳순 색인 같은 검색 장치, 또는 표나 캡션이 달린 이미지 같은 시각적 도구를 들 수 있다. 다른 해법은 책에 관한 책, 즉 관심 있는 텍스트의 검색이나 평가하는 방법을 다룬 지침서였다. 서지, 도서관 카탈로그, 서적상 및 경매 카탈로그, 서평이 실린 정기간행물 등이 여기에 속한다.

이러한 간행물들을 장려하고 정보 접근의 편의성을 높이는 데 여러 제도가 중요한 역할을 했다. 17세기 중반부터 지식의 창출과 교환을 위한 장소가 된 유럽의 서점이나 기관 및 개인 도서관은 수효와 범위가 급속도로 증가했다. 학술단체, 살롱, 커피하우스 같은 편안한 만남의 장소가 등장했고, 서신 교환 네트워크가 확대되었다. 이 모든 것은 정보 도서의 홍수에 대한 근대 초 특유의 대응들이었고, 각각은 각기 독특한 종류의 인쇄본과 필사본 자료의 등장을 불러왔다.

과잉: 책의 수량과 크기의 증가

역사가들은 근대 초부터 잠깐 쓰고 버리는 단기간용 자료로 제작된 인쇄물이 다수—어쩌면 대부분—유실된 것을 한탄하고 값싼 인쇄물의 복구를 기뻐한다. 영원히 유실된 줄 알았던 작품들의 단편이 어느 제본된 책의 면지endpapers로 발견되기도 한다. 이 책이 제본될 당시 이 종잇조각들은 그저 글씨가 적힌 종이 이상의 가치가 없었던 것이다. 16세기 인쇄물이 전혀 예상치 못한 곳에서 발견되기도 한다. 1989년 네덜란드 델프트에서 어느 주택의 보수 공사 중 마룻장 안에서 발견된 종교 팸플릿이 그렇다. 정치 및 종교 분쟁의 분위기가 한창일 때 소지하는 것이 위험한 책을 은닉한 것이다. 하지만 초창기 책은 대개 물리적으로나 문화적으로 상당히 오래갔다. 책은 일단 제본되면 내구성이 좋았고, 대부분의 제본된 책은 처음 배포된 후 문화적 가치를 오랫동안 유지했다. 우리는 중고책 시장에 관해 아는 바가 거의 없지만, 지금까지 전해지는 근대 초 책의 사본들은 지난 수십 년 동안 만났던 여러 소유자와 독자의 흔적을 담고 있는 경우가 많다. 나중에 18세기에 희귀 서적 시장이 주목을 받으면서 이러한 책은 단시 고서라는 이유만으로 수집할 가치가 있는 상품이 되었다. 결과적으로 책은 쌓였다. 팔리지 않은 책은 인쇄소와 서점에, 팔린 책은 읽히든 읽히지 않든 개인 서고나 그보다 좀더 격식 차린 기관 도서관의 서고에 쌓였다.

근대 초의 책 사용자들은 책의 접근 가능성이 그야말로 폭발적으로 증가하는 것을 목격했다. 우리는 1500년까지 인쇄된 책, 즉 인큐내불러를 2만 7000권 정도 알고 있다. 각 판본의 한 회 인쇄 부수는 최소 수백 부였다. 1500년 이후 책 생산은 생산된 판본의 수량 측면에서나 인쇄 부수의 규모 측면에서나 지속적으로 증가했다. 16세기와 18세기 사이에 한 회 인쇄 부수는 특별한 경우 편차가 있지만 일반적으로 1000부 정도가 합리적 추정치다. 이들 책은, 특히 지식과 정보의 창출과 전파에서 막대하고 누적적인 영향력을 발휘했다.

책의 과잉에 관한 불평은 꾸준한 신간 생산과 그로 인한 전반적인 집적 두 가지 모두를 겨냥한 것이었다. 위대한 인문주의자 데시데리위스 에라스뮈스는 1525년에 처음 발표한 '천천히 서두르라Festina lente'는 격언에 관한 논설에서 "신간이 벌떼처럼" 찍혀 나온다고 불평했다. 이러한 책들은 새로움을 약속하며 독자를 유혹했고, 이 새로움은 고대 저작의 독서로 형성되는 진정한 학식과 거리가 멀었다. 인쇄업자들은 "어리석고 무지하며 해롭고 타인의 명예를 훼손하고 광기어린 불경하고 불온한 (…) 팸플릿과 책이 세상을 채우고 있다. 이 홍수 속에서는 도움이 될 수 있었던 것도 모든 장점을 잃어버린다". 에라스뮈스의 이 불만에 찬 목소리는 물론 인쇄본에 실렸다. 이 책은 그가 고대 문헌으로부터 끌어낸 지혜를 담은 책, 그러니까 나쁜 책의 파도를 막아낼 소수의 "좋은" 책 중 한 권이었다. 에라스뮈스는 이 책의 인쇄를 저명한 인문주의자이자 인쇄업자(처음에는 베네치아의 알두스 마누티우스, 그다음에는 바젤의 요한 프로벤Johann Froben)에게 맡겼다. 1545년 취리히의 콘라트 게스너Conrad Gessner, 1516~65 역시 인쇄가 도입되고 나서 한 세기 넘게 쌓인 "우리 시대에 쏟아진 무용한 글의 어리석음"과 "해롭고 어지러운 책의 과잉" 모두를 불평했다. 게스너도 이 말을 그의 수많은 출판 도서 중 하나인 『도서 총람Bibliotheca universalis』(1545)에서 했다. 세상에 알려진 모든 라틴어, 그리스어, 히브리어 저작의 목록을 담았다고 표방한 책이었다. 게스너는 인쇄의 영향력만을 걱정하지 않았다. 그는 또한 로마제국의 쇠망으로 대량으로 유실된 책들을 염두에 두고 있었다. 게스너가 세상에 알려진 모든 책에 관한 정보를 모으는 사업을 추진한 것은 미래에 있을지 모를 학문적 손실을 미연에 방지하기 위해서였다. 그러니까 근대 초 책의 과잉에는 이중의 근원이 있었다. 하나는 분명 책을 증식시키는 새로운 기술이었고, 다른 하나는 미래의 유실에 맞서 책을 증식·축적해야 할 문화적 필요였다. 책의 과잉에 관한 불평은 책의 생산을 감소시키기 위한 진지한 조치를 촉발하지 않았다. 그보다는 점점 불어나는 다량의 텍스트 안에서 독자가 자기만의 방법을 원활히 찾을 수 있도록 도와줄 새로운 특징들을 갖춘 책, 그리고 새로운 종류의 책의 등장을 자극했다.

이러한 새로운 장르와 텍스트적·파라텍스트적 기능(권두와 권말의 부속물) 중 일부는 중세시대의 선례로부터 발달했다. 하지만 인쇄는 이 기존의 선례들을 변형시켰고, 이렇게 변형되어 나온 특징들은 정보 도서의 지속적인 양적 증가를 부채질했다. 오늘날까지 전해지는 참고 서적—즉, 통독이 아닌 참고를 목적으로 제작된 책—중 일부는 무려 13세기 것도 있다. 사전처럼 알파벳 순으로 정리한 책, 독자가 다른 책에서 직접 찾는 수고를 덜어주기 위해 발췌글을 모은 사화집이 여기에 속한다. 초기 인쇄본 중 중세 라틴어 사전 『카톨리콘Catholicon』이 있다. 1286년에 편찬되었고 1469년에 구텐베르크가 인쇄한 뒤 1500년까지 서른 차례에 걸쳐 재판이 나왔다. 아일랜드의 토머스가 엮은 13세기 사화집 『마니풀루스 플로룸Manipulus florum』은 1483년과 1494년에 두 차례 인쇄되었다. 이들 중세 저작물은 1500년 직후 장르는 같지만 더 큰 판형의 다른 참고 도서들이 나오자 점차 주목을 덜 받게 되었다. 특히 암브로기오 찰라피노Ambrogio Calepino의 『딕티오나리움Dictionarium』은 출간 직후부터 한 세기에 걸쳐 베스트셀러(이 시기를 다루는 역사가들은 이 용어를 적어도 매년 한 종의 판본이 나온 저작물을 가리키는 말로 사용한다)의 자리를 지켰고, 이후 다시 한 세기 동안 '스테디셀러'(30년 동안 최소 다섯 종의 판본이 나온 저작물)로 분류되었다. 또한 도메니코 나니 미라벨리Domenico Nani Mirabelli의 『폴리안테아Polyanthea』는 1686년까지 계속 출간되었다. 인쇄는 이러한 팽창이 가능한 환경을 조성하고 심지어 추동했다. 13세기 『카톨리콘』은 수록 단어 수가 대략 70만 단어였던 데 반해 찰라피노의 『딕티오나리움』의 경우 1503년 초판은 85만 단어, 1546년 판은 거의 두 배로 늘어난 150만 단어에 달했다. 찰라피노는 책이 판을 거듭할 때마다 새 어휘를 추가했고 기존 어휘에도 여러 언어로 된 번역어(1590년까지 최대 총 11개 언어) 등 새로운 내용을 추가했다. 그리하여 1681년 무렵에는 총 수록 단어 수가 마침내 235만 단어에 이르렀다. 한편 『폴리안테아』는 초판에 수록된 단어 수가 43만 개였고 17세기에는 거의 그 여섯 배로 늘어난

250만 개였다.

물론 판형이 큰 책은 작은 책보다 가격이 비쌌다. 노동력과 종이가 그만큼 많이 들었기 때문이다. 종이는 (지금도 그렇듯이) 제작비에서 가장 큰 부분을 차지한다. 하지만 인쇄 덕분에 그 어느 때보다 큰판을 경제적으로 생산할 수 있었다. 일반적으로 더 비싼 책의 이윤이 더 높기 때문에 판매가 잘 되면 큰판은 더 높은 수익을 냈다. 하지만 재인쇄 저작물을 신판으로 낼 때는 종류에 상관없이 중고가 아닌 신판을 선택할 구매자들이 있어야 했다. 더욱이, 새로운 버전의 텍스트를 출간할 때는 (해당 관할권에서) 경쟁하는 판본으로부터 해당 인쇄업자에게 새로운 특혜를 부여할 만한 정당성이 확보되어야 했다. 따라서 흔히 신판의 표제지에는 새로운 색인이나 증보된 색인이 수록되어 있다거나, 본문이 개정 또는 증보되었다는 광고 문구가 있었다. 일부 과장 광고도 있었지만, 잘 팔리는 책은 실제로도 이후의 판본이 증보되는 경향이 있었다.

중판重版 이상의 판본에서 텍스트가 증보되는 일은 사전이나 사화집이 아닌 다른 장르에서도 흔했다. 예를 들어 미셸 드 몽테뉴Michel de Montaigne의 『에세Essais』는 3판까지 출간되는 동안 본문의 길이가 상당히 많이 늘어났다. 1588년판 『수상록』의 표제지는 1580~2년에 나온 이전 판본보다 텍스트가 3분의 1이나 늘어났다고 노골적으로 광고했다. 이러한 텍스트의 증보는 특혜의 갱신을 보장했고 인쇄업자는 이 수익성 높은 저작물을 독점적으로 인쇄할 권리를 지킬 수 있었다. 몽테뉴는 『에세』의 출간에 자신의 돈도 일부 투자함으로써 보르도의 인쇄업자 시몽 밀랑주Simon Millanges와 비용과 위험을 분담했기 때문에 『에세』의 본문 분량을 늘렸을 때 자신이 얻게 될 재정적 이득을 확실히 인지하고 있었다. 실제로 몽테뉴는 증보판에 추가할 글을 집필하긴 했지만 실제로 증보판이 출간된 1595년 전에 사망했다. 몽테뉴는 자신이 소유한 1588년판의 사본(이 '보르도 사본'은 오늘날 전해지고 현재 디지털화되었다)에 증보를 염두에 두고 수없이 많은 육필 주석을 남겼다. 몽테뉴의 지적 관리 후계자

마리 드 구르네Marie de Gournay가 이 육필 주석을 토대로 본문을 수정하고 이후 증보판이 출간될 때까지 모든 과정을 지켜보았다.

지적인 요인들 또한 다양한 종류의 정보 장르에 속한 도서 규모의 성장을 부추겼다. 예를 들어 자연사 분야에서는 1480년과 1630년 사이 식물종 및 동물종의 수가 급증했다. 첫째, 식물은 디오스코리데스Dioscorides, 동물은 아리스토텔레스 같은 고대 저자들의 문헌을 복구했기 때문이었고, 둘째, 신세계 여행을 다녀온 다음에 탐험가들이 보고한 내용이나 레반트·아시아·유럽 여행자들의 관찰 기록 때문이었다. 그 결과, 자연사 저작물들은 각각의 종에 관한 정보가 늘어나고 종의 수 자체도 많아지면서 분량이 점점 늘어났다. 1550년에는 디오스코리데스의 저작에 소개된 500종에 관한 지식이 이 분야의 최고로 통했다. 1623년에는 카스파 바우힌Caspar Bauhin이 『테아트룸 보타니쿰Theatrum botanicum』에서 6000여 식물종을 소개했다. 이 두 시기 사이에 알려진 식물종의 수는 여섯 배로 증가했다. 근대 초 열성적인 인문주의자들과 박물학자들은 이국적인 장소에서 관찰해서 그렸거나 수집한 실제 표본과 책에 소개된 식물종을 상호 대조해보기도 했고, 자신이 사는 지역에서 키우기 위해 생표본을 식물원에 이식하기도 했다.

이러한 책에서 지식이 재평가되면서 고대 및 중세 텍스트에서 오래전부터 보고되어온 일부 종은 폐기되기도 했다. 일부는 열띤 논쟁 뒤에 삭제되었고, 일부는 재분류와 생략 과정에서 조용히 사라졌다. 예를 들어 1491년에 초판이 발행된 『호르투스 사니타티스Hortus sanitatis』에 소개된 동식물 자료에는 '레온토포노스leontophonus', 또는 '레우크로쿠타leucrocuta'의 이미지가 실려 있었다. 고대의 권위 있는 문헌과 중세의 동물 우화집bestiary에서 몸의 일부는 하이에나, 일부는 사자라고 보고된 인도의 동물이었다. 1551년 취리히의 서지학자 겸 박물학자 콘라트 게스너는 이 항목을 간단히 하이에나의 별칭으로만 언급했다. 게스너는 이때도 여전히 뚜렷한 비판 없이 고대 출처를 인용하긴 했지만, 예전처럼 이 동물에 개별 장을 할애한다거나 예시 이미지를 실을 만큼 중요하게 취급하지는 않았다. 이후 레우크로쿠타는 네발짐승 목록에서 실질적으로 탈락되었다.

이미지는 여러 정보성 장르에서 핵심적인 역할을 수행했다. 인쇄본 이미지는 필사본 이미지보다 더 널리 그리고 더 지속적으로 확산되었지만, 중세시대 이미지만큼 화려한 것도 있었다. 반대로, 중세시대 이미지를 '파운싱pouncing' 기법을 통해 꽤 정확히 복제할 수도 있었다. 원본 이미지의 가장자리를 따라 구멍을 뚫고 이 구멍에 착색 안료를 뿌려 빈 종이에 윤곽선을 전사하는 방법이었다. 이 방법은 이를테면 극찬을 받는 채식 장식을 복제할 때 사용되었다. 하지만 일부 근대 초 과학 저작물에는 중세시대의 어느 이미지에 견주어도 결코 품질이 뒤지지 않는 우수한 이미지들이 실려 있다. 이러한 발전이 이루어진 이유들은 복합적이다. 그중 한 가지 이유는 다양한 과학 분야에서 경험주의가 각광받으면서 학자가 자기 명성을 걸고 정확성을 고수하려고 하는 새로운 풍조가 생긴 데 있었다. 인쇄는 이러한 학자들의 작품을 널리 확산시킴으로써 그 효과를 증폭시켰다. 저자들은 자신의 책에 실린 이미지가 정확하다고 주장하다가 오류에 대해 비판받는 경우가 흔했다. 반대로 정확한 이미지는 독자로부터 전보다 훨씬 더 많은 찬사를 받았다. 저자들은 고품질의 이미지를 싣고 싶을 때 종이에 그린 그림을 목판이나 동판에 전사한 다음 이 전사된 이미지를 목판이나 동판에 새길 전문가를 직접 추가 비용을 들여 고용했다. 목판 작업에는 추가 지출이 들지 않았지만, 동판 인그레이빙 작업에는 텍스트와 이미지의 볼록판 인쇄에 사용되는 일반 프레스보다 압력이 더 강한 특수 프레스가 필요했다. 이렇듯 동판화는 목판화보다 더 높은 수준의 디테일과 마무리가 돋보였지만 상당한 추가 비용을 감수해야 했다. 18세기까지는 유럽에 다색 인쇄 이미지가 없었고, 구매자가 자비를 들여 수작업으로 색을 입혔다. 최대한 정확성을 기하기 위해 저자의 데생 화가가 제공한 예시 이미지를 따라 그리기도 했고, 또는 예시 이미지 없이 장식적인 목적으로만 덧칠하기도 했다.

Ca. lrrrij.

Eonthophonos⁊ leucrocuta⁊ Ysidorus. Leonthophonos ē be stia modica ex eo vocata. quia ca pta exuritur. eiusꝗ cinere asperse carnes⁊ ⁊posite ꝓ cō pita semita⧣. leones necant si quantulūcũꝗ ex illis sumpserint. So linus propterea leones eas naturali odio premunt. ⁊ vbi facultas datur morsu qui dem abstinent. Plinius li. viij. Leontho phonon accepimus paruum aīal vocari nec alibi ꝗ vbi leo gignitur nasci. Quo gusto a leone tanta ei vis inest. vt cete ris quadrupedum impitas illico expiret Leucrocuta. Solinus. ⁊ pli. li. viij. Leu crocuta velocitate precedit feras vniuer sas. Ipa est azini fere magnitudine. cerui nis clunibus. collo. cauda. pectore ⁊ cru bus. leonis caput. ore vsꝗ ad aures deui scente. dentium locis osse perpetuo. hanc quoꝗ feram humanas voces tradũt imi tari. Nam voce loquentiũ hominũ sonos emulatur. apud indos inuenit. Actor. vi detur leucrocuta eadem esse bestia que su perius vocata est cencrocata. Et fortassi ex scriptorus vicio ꝓuenit hec nominum variatio.

Ca. lrrriij.

Epus. Ysido. Lepus ꝗ lenipes quia velociter currit. velox eīm est aīal ⁊ satis timidũ. Actor. Lepuſ est aīal mollissimũ. debile timidũ ac fugi tiuū. auriculatũ. h₃ crura retro lō giora vir ⁊ facilius ascendit ꝗ descendit. Immun dus est ſm legẽ. ꝗ nō ruminat. s₃ ꝗ des vn gula diuidit. In petra cubile suũ collocat Aptis ocul' dormit. h₃ at sīl' vtruꝗ sexum Vñ Therentius. Tute inꝗt es lep³. ⁊ paꝛ pamentũ ꝗris. ꝗsi dicat. ex ꝗ nūc scienūc maris vsurpas officiũ ꝗtꝗ ꝗ palpes ꝗris mulierẽ h₃ at lepus labia sp in mom. Am bro. Lepores ꝓ gnouimus bieme albescere estate aūt i colore suũ redire. Testante pli. Lepus nūꝗ pinguescit.

Operationes.

A Ysaac. Lepus licet siccᵒ sit ⁊ ꝗ ſſuz san guine genẽt melior tñ ēhircis ⁊ capꝛ inne nibus. ꝑinde valet siccas breᵒ volentibus ꝓplexiones. B Contrarius vero est

---

1. 『호르투스 사니타티스』에서 레온토포노스와 레푸스lepus를 다룬 82장과 83장Mainz: Jacob Meydenbach, 1491. 이 인 큐내불러incunabula, 1501년 이전에 인쇄된 책는 자연사 백과사전으로, 각 섹션(식물, 동물, 조류, 어류, 광물)이 알파벳순으로 정리되어 있다. 사진에 보이는 페이지에 소개된 '레온토포노스' 또는 '레우크로쿠타'는 고대의 권위 있는 문헌과 중세의 동물 우화집에서 몸의 일부는 하이에나, 일부는 사자라고 보고된 인도의 짐승이다. 그다음에는 '레푸스', 즉 토끼가 소 개되고 있다. 하버드대학교, 카운트웨이 의대 도서관Countway Library of Medicine.

Tabula generalis.

Bubalus 7 Bisontes. Ca. rviij.
Bruchus. Capitulum. rir.
Bupreste. Caplm. rr
Bubione siue Bibione. Cap. rrj.
Apra. Capitulum. rrij.
Caprea. Cap. rriij.
Canis. Caplm. rriiij.
Cattus. 7 Cathapleps. Cap. rrv.
Caccus. Caplm. rrvj
Camelus. Cap. rrvij
Cameleon. Cap. rrviij.
Cameloparbus. Cap. rrir.
Capreolus. Caplm. rrr.
Castor. Ca. rrrj
Chama. Capitulum. rrrij.
Calopus. Cap. rrriij.
Cetuus. Cap. rrriiij.
Ceruleus. Capitulum. rrrv.
Cecula Celidros Cenchrus. Ca. rrrvj
Cerastes. Cap. rrrvij.
Cephos. 7 Cencrocota. Ca. rrrviij.
Cirogrillus. Cap. rrrir.
Cicade. Capitulum. rl.
Crotrochea. Cap. rlj.
Criteus. Caplm. rlij
Coluber. Capitulum. rliij.
Cocodrillus. Caplm. rliiij.
Cuniculus. Cap. rlv.
Damma. Caplm. rlvj.
Bamula. Cap. rlvij.
Draco. Cap. rlviij.
Braconcopedes. Ca. rlir.
Dams. Capitulum. l.
Dypsa. Caplm. lj.
Bromeda. 7 Bammula. Ca. lij.
Byran. Caplm. liij.
Epus. Caplm. liiij.
Elephas. Cap. lv.
Enchires. Caplm. lvj.
Enidros 7 Enirra. Ca. lvij.
Erinacius 7 Ermineus. Ca. lviij.
Edus. Capitulum. lir.
Emorrois Enidros 7 Excedra. Ca. lr.
Engula 7 Eruca. Ca. lrj
Alena 7 Fiber. Ca. lrij.
Formica. Cap. lriij.
Formice maiores. Ca. lriiij

Fgrus 7 Furunculus. Cap. lrv.
Ala 7 Genetha. Ca. lrvj.
Gamaleon. Cap. lrvij.
Gazelle. Caplm. lrviij
Glandosa 7 Gnatrir. Cap. lrir.
Grillus 7 Gurgulio. Ca. lrr
Ericius. Caplm. lrrj.
Hyena. Capitulum. lrrij.
Histrir. Cap. lrriij
Hircus. Ca. lrriiij.
Hynnulus. Cap. lrrv.
Acplus 7 Ipnalis. Ca. lrrvj
Icinus 7 Inachlin. Ca. lrrvij
Icertus. Caplm. lrrviij.
Lamia 7 Lauzanu. Ca. lrrir.
Leo. Capitulum. lrr
Leopardus. Cap. lrrj.
Leontophonos 7 Leucrocuta. Ca. lrrij.
Lepus. Capitulum. lrriij.
Leniathan. Cap. lrriiij.
Lanificus. Caplm. lrrrv.
Linr. Capitulum. lrrvj
Locusta. Cap. lrrvij
Lupus. Cap. lrrviij.
Lucher. Ca. lrrir.
Lumbricus Capitulum. rc.
Luchaone siue Lichaone 7 Lintiscus. Capitulum. rcj.
Aricomorion. Cap. rcij.
Mustela. Ca. rciij.
Mumuner siue Mamonetus 7 Mauricora. Cap. rciiij.
Marcatus. Capitulum. rcv.
Melo. Caplm. rcvj.
Migale. Capitulum. rcvij.
Mulus. Caplm. rcviij.
Mus. Cap. rcir
Musquelibet 7 Muscus. Cap. c.
Mulio. Capitulum. Ca. cj.
Multipes. Cap. cij.
Epa. Capitulum. ciij.
Neomon. Cap. ciiij.
Dager. Caplm. cv.
Orasius. Ca. cvj.
Onocenthaurus 7 Orasius. Capitulum. cvij.
Orir. Capitulum. cviij.

2. 『호르투스 사니타티스』의 색인 페이지(마인츠: 야코프 마이덴바흐 출판, 1491년; 하버드대학교, 카운트웨이 의대 도서관) 에는 '레온토포노스 또는 레우크로쿠타, 82장', '레푸스, 83장' 항목이 포함되어 있다. 중세의 필사본은 이렇듯 장 번호 를 이용한 참조 체계가 전형적이었다. 중세 필사본은 페이지 레이아웃이 제각각이었으므로 중세의 색인(13세기에 시작 된 관행)은 책 번호나 장처럼 페이지 레이아웃과는 별개인 참조 체계를 사용했다. 인쇄본은 페이지 번호로 색인을 작성하 는 것이 표준이 되었지만 이 초창기 인쇄본은 페이지 번호가 매겨져 있지 않다.

3. 콘라트 게스너의 『히스토리아 아니말리움Historia animalium』 1권(Zurich: Froschauer, 1551, 스탠퍼드대학 도서관)의 '데 레포레De Lepore'('토끼에 관하여')의 상세 본문. 이미지는 60년 전의 토끼 그림을 사용했지만, 텍스트가 훨씬 더 길고 히브리어와 그리스어로 훨씬 넓은 범위의 참조와 용어를 포함했다. 이 사본은 검열을 받았고, 텍스트에 등장하는 개신교도들의 이름을 교묘하게 바꾸었다. 사진에서는 히브리어에 능통했던 게스너의 동시대 인물 제바스티안 뮌스터 Sebastian Münster의 이름이 '문스테루스Munsterus'로 수정되어 있다.

인쇄업자와 저자는 이미지에 드는 비용을 벌충하기 위한 다양한 책략을 동원했다. 예를 들면 이미지의 후원자를 구했는데, 이때 이미지에 후원자의 이름을 새겨넣고 해당 동판을 기부자에게 헌정하겠다는 특별 제안을 했다. 인쇄업자들은 해당 책에서 주목받는 주제의 이미지, 또는 눈에 잘 띄는 지면에 실릴 이미지를 가장 많은 후원금을 낸 이들에게 배정하겠다고 약속했다. 또는 여러 다른 판본에 동일한 이미지를 사용하기 시작했다. 취리히의 프로샤우어Froschauer는 상세한 텍스트에 삽화 이미지가 곁들여진 콘라트 게스너의 자연사 책을 총 네 권짜리 큰판으로 발간했다. 그리고 동시에 이미지는 동일하지만 텍스트를 줄인 라틴어 '그림책' 판, 그리고 요약(및 수정) 텍스트를 실은 독일어 번역판도 발행했다.

새 버전으로 나온 게스너의 책은 초판과 다른 독자층, 즉 덜 학구적이지만 이미지의 진가를 알아보는 사람들을 염두에 두었다. 이러한 독자들은 수도 더 많았다. 게스너 책의 원판은 중쇄를 찍지 않은 반면, 라틴어 그림책은 2판, 독일어 번역판은 3판 또는 4판까지 나왔다. 게스너 책과 비슷한 사업에 착수한 인쇄업자는 큰 판형의 삽화본을 작은 판형으로 출간함으로써 또다른 시장을 개척했다. 바젤의 이징린Isingrin은 레온하르트 푹스Leonhart Fuchs가 식물의 역사를 주제로 쓴 책에 이 방식을 적용했다. 다른 버전에 실을 이미지를 적당한 크기로 새로 조각해야 하긴 했지만, 이렇게 훨씬 저렴한 버전을 판매함으로써 실물에서 이미지를 본떠 작업할 때 투입된 막대한 초기 비용을 벌충할 수 있었다.

16세기 중반에 안드레아스 베살리우스Andreas Vesalius와 레온하르트 푹스가 각각 상세한 삽화를 곁들인 해부 서적과 식물 서적을 펴내며 자부심을 느꼈던 것처럼, 게스너도 자신의 자연사 서적에 실물을 직접 보고 그린 고품질의 삽화를 수록한 것에 자부심을 느꼈다. 게스너는 고향 취리히 인근의 산으로 식물 표본을 채집하러 갈 때 야생환경의 식물을 그릴 데생 화가를 동행했다. 하지만 그는 책에 실은 관찰 내용과 종種과 관련된 지역을 전부 직접 가본 것은 아니었다. 게스너는 유럽 전역의 학자들과 다수의 서신을 교환했고, 학자들은 그에게 정보와 표본, 이미지를 보내주었다. 박물학자들의 상호 의무감, 존경심, 명성에 대한 염려 등은 그들의 공동체를 하나로 묶어주었고, 게스너는 이들의 기여를 절대적으로 신뢰했다. 게스너는 광범위하게 인쇄·배포된 자신의 저서에서 그에게 자료를 보내준 모든 이들에게 감사를 표하면서 다른 독자들도 이 책에 기여해줄 것을 청했다. 이를테면 게스너는 조류에 관한 자연사 책에서는 특히 스페인과 스칸디나비아의 표본들을 부탁했다. 게스너는 개신교도였으므로 그의 저작은 보통 가톨릭 국가에서 금지되어야 마땅했지만, 여러 검열기관은 게스너의 저작이 유용한 정보를 담은 책이라고 간주해 예외를 적용했다. 신망받는 가톨릭 학자들은 게스너의 저작에서 위험한 구절이 삭제된 사본에 한해 열람 허가를 받았다. 위험한 구절이란 개신교도 저자들을 언급하거나 찬양한 문장이었다. 검열을 받은 사본에서 이러한 이름은 삭제되었다. 서신을 교환하는 스페인 학자가 없었지만 게스너는 스페인의 학식 있는 독자들이 그의 책을 접할 수 있기를 희망했고 실제로 그렇게 되었다.

'다언어 성서Polyglot Bible'는 학문적 출판물이 거둔 또다른 성취였다. 다언어 성서에는 구약과 신약의 텍스트가 다양한 초기 버전으로 제시되었다. 책을 펼치면 여러 구절을 한 페이지 안에서 동시에 상호대조할 수 있었다. 1522년판『콤플루툼 다언어 성서』에는 성서 텍스트가 네 개 언어─라틴어, 그리스어, 히브리어, 아람어─로 인쇄되어 있다. 1572년판『안트베르펜 다언어 성서』에는 여기에 시리아어가 추가되었다. 1645년판『파리 다언어 성서』와 1657년『런던 다언어 성서』에는 아랍어, 사마리아어, 에티오피아어, 페르시아어가 추가되어 텍스트가 더욱 확장되었다. 총 여섯 권에서 여덟 권까지에 달하는 폴리오판 전집을 여러 다른 알파벳 폰트로 인쇄하는 것은 1522년 스페인 주교 프란시스코 히메네스 데 시스네로스 추기경과 1572년 스페인 국왕 펠리페 2세의 강력한 자금 지원이 있었기에 가능한 일이었다. 리슐리외Richelieu 추기경이 관장한 프랑스 재무부도 인심이 후했다. 그렇지만 이 사업에 참여한 인쇄업자들은 하나같이 파산에 이르다시피 했다. 개중에는 (앞장에서도 많이 논의된) 당대 가장 위대한 인쇄업자로 손꼽힌 크리스토프 플랑탱도 있었다. 근대 초의 다언어 성서는 현대 다언어 성서에 비해 큰 판형과 복잡한 레이아웃이 매우 인상적이다.

텍스트 관리를 위한 도구: 레이아웃과 파라텍스트

다양한 유형의 정보를 전달하는 출판물들은 우리가 '근대의 책'과 연관 짓는 레이아웃과 파라텍스트의 혁신에서 흔히 선두에 있었다. 중세 필사본에서 표제지와 목차는 선택적으로 수록되는 부가적인 기능에 지나지 않았지만 이제는 장르를 불문하고 거의 모든 인큐내뷸러(즉, 1500년 이전의 인쇄본)의 표준이 되었다. 구매자의 눈길을 끌기 위해 책의 특징을 강조할 때 표제지와 목차는 중요한 역할을 했다. 페이지의 우측 상단에 번호를 다는 것, 즉 폴리에이션foliation, 각 낱장의 앞면 또는 렉토에 번호를 매김과 나중에 등장한 페이지네이션pagination, 앞면과 뒷면에 모두 번호를 매김은 목차, 색인, 정오표 등 다른 검색 장치들을 활용해 책 내용을 참조하기 쉽게 만들었다. 대조적으로, 초기 인쇄본에서 절반쯤 되는 페이지들의 우측 하단에 쓴 접장signature 번호는 책 내용 참조가 아니라 인쇄공과 제본공이 접지를 합장해 책을 만들 때 사용되었다.

인쇄본으로 전환되는 과정에서 상실된 것도 있었다. 특히 색의 사용에서 그랬다. 고급스럽게 제작한 중세 필사본에는 장식과 삽화에서뿐만 아니라 텍스트의 문장, 단락, 절의 구분을 강조할 때도 색을 사용했다. 예를 들면 앞장에서 설명했듯 인큐내뷸러는 보통 절이 새로 시작될 때 대문자에 주서 장식을 하도록 디자인되었다. 하지만 1500년 이후로는 색이 사라졌다. 기술적으로는 2색 인쇄(적과 흑)가 가능했지만 색깔 잉크를 각각 따로 발라 각 페이지를 두 번씩 인쇄해야 해서 비용이 많이 들었다. 따라서 2색 인쇄는 원칙적으로 장식이 많이 들어가는 표제지에만 사용되었다. 그 대신 인쇄업자들은 심미적인 효과를 연출하기 위해 레이아웃에 의존했다. 이를테면 텍스트의 분할을 강조하고 독자의 시선을 유도하기 위해 한 절이 끝날 때마다 점점 가늘어지는 선을 배치하거나, 폰트의 종류나 크기에 변화를 주거나, 장식괘 또는 일반적으로 딩뱃이라고 알려진 장식용 활자를 사용하거나, 공란을 배치하는 등 실용적인 방법을 사용했다.

이러한 책이 모두 다 가독성에 중점을 둔 것은 아니다. 몽테뉴의 저작 『에세』의 초기 판본들은 모든 글을 연속적인 텍스트로 배치했다. 어느 경우에는 무려 210페이지 이상이 연속으로 제시되었다. 단락 짓기라고는 이어지는 문장들 사이에 공란을 한 칸 더 넣은 것이 전부였고, 텍스트가 중단되는 경우는 사이사이에 이따금 운문

Germanica.

Looß 984
Luchs oder lux 767.770
Luckmuß 831

W.

Marder oder marter 865
  Wild marder 867
Meerkatz 968. Kleine meer-
  katzen 970
Meerschwyn 633
Wistbellerle 840
Mol oder molmuß 1056. Flan
  dricè. Mollmuß 845.
  Hollandis.
Moor 984
Mülleresel 3
Multhier/mulesel 794
Mulwerf oder molwurff 1056
  Saxonicè
Mummelthier 104
Murmelthier / murmentle
  840
Muß 808
Mützer 844

N.

Nörtz 869

Steinbock 331. 1699
Steinmarder 865
Stier 104
Stoßmuß 831
Suw/su/saw 984
Sewigel 401

T.

Tachmarder 865
Tachs 778. 1103
Taran 633
Thannmarder 867
Thierwolf 767.770
Tigerthier 1060

V.

Varr/farr 104
Värle/färle/verk 984
Vech/feeh 839
Vilfraß 614
Visent oder wisent (aliâs voe-
  sent) 139. 144. 159. Grosse
  visent 158
Vogelbünd 259
Vorstend bünd 259
Vos 1681. Vulpes Flandricè
  158
Vrochs 158

Anglica.

Calfe 124
Camel 164
Cat 344. Catum montanum
  Angli pro leopardo dicunt
  938.
Cony 396
Cow 26
Deer 778
Dogge 174
Dormusz 833
Erdshrew, Vide Shrew.
Falouue deere 335
Feret uel ferrette 865
Fitsche 868
Foxe 1681
Geldid su 984
Gote 271
Gotebucke 301
Gray 778
Hare 682
Harte 335
Heffar 124
Heggehogg 401
Hogg, hogge, hog 917. 984
Horse 444

4. 콘라트 게스너의 『히스토리아 아니말리움』의 색인 페이지. 토끼의 영어 단어 'Hare'를 볼 수 있다. 사진의 페이지가 포함된 권은 네발짐승만 다루고 있으며 총 1163페이지이다. 『호르투스 사니타티스』 이래 자연사 항목이 크게 증가한 것을 알 수 있다. 게스너는 열 가지 언어(라틴어, 히브리어, 그리스어, 페르시아어, 이탈리아어, 스페인어, 프랑스어, 일리리아어 [슬라브어파], 독일어, 영어)로 작성한 개별 색인들을 제공했다. 사진은 독일어와 영어 색인의 일부다. 하버드대학교, 호튼 도서관Houghton Library.

형식으로 삽입된 이탤릭체 라틴어 인용구가 전부였다. 하지만 17세기 무렵부터는 행을 바꾸는 현대식 단락 짓기가 모든 텍스트의 표준이 되었고 몽테뉴의 『에세』에도 이 방식이 도입되었다. 우리는 독자들이 레이아웃의 차이를 어떻게 경험했는지에 대한 확실한 증거는 갖고 있지 않지만, 분명히 독자들은 한 책에서 다른 책으로 옮겨갈 때 어떤 식으로든 새로 적응해야 했을 것이다. 큰판으로 발간된 참고 도서는 특히 더 정교한 레이아웃 체계가 발달해 세분된 텍스트의 위계에서 각 절이 차지하는 위치나 교차 참조를 가리키는 특별한 상징 표식이 있었다. 신판 발간에 대한 시장의 압력이 있는데다 저자들이 책에 수록하고 싶어하는 정보의 양이 증가하면서 정보 도서는 판형이 점점 커졌다. 인쇄업자들은 행 사이의 공간과 세로단 사이의 여백을 줄여 한 페이지에 되도록 더 많은 단어를 집어넣었다. 심지어 중세 필사본이나 인큐내뷸러에서 흔하게 사용되었던 수많은 약어를 이제는 버렸는데도 시간이 갈수록 한 페이지에 어떻게든 더 많은 단어를 집어넣었다. 이렇게 하는 것은 독자가 책을 구입하는 비용을 줄여주었지만 가독성을 해칠 수 있기 때문에 레이아웃 기법의 개선이 절실했다.

참고 도서는 신속한 정보 찾기를 지원하는 검색 장치에서도 혁신을 주도했다. 사실 알파벳순 배열은 사전이나 동식물종 목록을 수록한 다양한 중세 텍스트에서 이미 시행된 바 있었다. 다양하고 방대한 텍스트나 백과전서 텍스트에서도 사용되었다. 이는 13세기 말에 적어도 두 교단이 동시에 최초로 작성한 성서 용어 색인biblical concordance의 전례를 따른 것이었다. 하지만 중세시대에 색인은 오로지 학자들 사이에서만 알려져 있었다. 인쇄는 광범위한 독자층이 알파벳순 배열을 익숙하게 여기도록 만드는 데에서 중추적인 역할을 했다. 특히 사전, 서지, 자연사 저작물 등 몇몇 종류의 참고 도서가 알파벳순으로 배열되었다. 인쇄가 도입되고 몇십 년 안에 모든 종류의 인쇄본에 알파벳순 색인이 실렸다. 중세시대 모델을 따르는 초기 인쇄본 색인은 대략 첫 두세 문자만을 기준으로 삼곤 했다. 콘라트 게스너는 1545년에 색인의 알파벳순 정렬에 더욱 엄격한 규칙을 적용했다. 이는 한층 더 현대적인 관행에 가까워지는 중요한 움직임이었다. 게스너는 색인을 직접 작성했을 뿐만 아니라 색인을 찾아보는 방법에 대한 길잡이도 함께 제시했다. 그는 색인에 들어갈 항목들을 조각조각 자르고 이 조각들을 풀로 임시로 부착한 다음 목록이 완성되어 알파벳순으로 제대로 배열될 때까지 계속해서 배치를 바꾸어나갔다. 이와 달리 중세시대에 알파벳순으로 정리하는 가장 흔한 방법은 텍스트에 등장하는 순서에 따라 단어 목록을 만든 다음 이것을 소단위별로 분류하고 그 안에서 각 단어의 첫 두 글자를 기준으로 삼아 정렬

FLORILEGII MAGNI;
SEV
POLYANTHEÆ
FLORIBVS NOVISSIMIS
SPARSÆ, LIBRI XXIII.

*OPVS PRÆCLARVM, SVAVISSIMIS CELEBRIORVM
sententiarum, vel Græcarum, vel Latinarum flosculis ex sacris
& profanis Auctoribus collectis refertum*

A IOSEPHO LANGIO.

Post DOMINICVM NANVM MIRABELLIVM, BARTHOLOMÆVM
AMANTIVM, FRANCISCVM TORTIVM,

*Meliore ordine dispositum, innumeris ferè Apophthegmatis, Similitudinibus, Adagiis, Exemplis,
Emblematis, Hieroglyphicis, & Mythologiis locupletatum;
atque perillustratum.*

EDITIO NOVISSIMA ab infinitis penè mendis expurgata, & cui præter Additiones,
& emendationes FR. SYLVII Insulani, accesserunt Libri tres, circa
titulos, qui ad litteras K, X, & Y, pertinent.

LVGDVNI,
Sumptibus PETRI RAVAVD,
M. DC. XLVIII.
Cum Priuilegio Regis, & Approbationibus Doctorum.

5. 요제프 랑게Joseph Lange, 1570~1615년경의 표제지. 『플로릴레기 마그니, 세브 폴리안테아이 플리부스 노비시미스 스파르사이, 리브리 23(Florilegii magni, sev Polyantheæ floribus novissimis sparsæ, libri XXIII)』(리옹: 페트리 라보드Petri Ravavd, 1648; 호튼 도서관, 하버드대학교). 2권을 1권으로 합본. 1503년에 초판이 나온 참고 도서의 수정판. 초판본보다 다섯 배나 길어졌다(초판은 43만 단어였던 데 비해 이 수정판은 250만 단어). 적색과 흑색으로 인쇄된 이 정교한 표제지에는 표제 단어의 증가에 기여한 5인의 이름이 적혀 있다. 하지만 다른 여러 판본에 참여했지만 여기에 언급되지 않은 수많은 다른 이들이 있었다.

하는 것이었다. 일례로 어느 성서 용어 색인의 초안이 나중에 제본된 다른 책의 면지 안에서 발견되었다. 필사 횟수가 거듭될수록 알파벳순 정렬의 완성도도 개선되었다. 첫 두 글자만을 기준으로 정렬하는 것을 선호한 이유는 더욱 철저하게 정렬하는 작업에 드는 실제 비용 때문이었을 것임이 분명하다. 특히 이 목적으로 사용할 수 있는 유일한 필기 표면이 값비싼 양피지였을 때는 더욱 그러했을 것이다.

필사본의 색인은 텍스트 안의 책과 장章의 구획을 가리켰다. 이러한 색인은 그 어떠한 특정 필사본의 레이아웃과도 독립적이었으므로 해당 텍스트의 특정 사본들과 별개로 유통될 수 있었다. 이처럼 중세시대의 색인은 다용도로 사용될 수 있어 매우 편리했지만, 인쇄본의 색인은 폴리오 번호나 페이지 번호를 직접 가리켰기 때문에 해당 판본에 대해서만 사용되었다. 큰 페이지인 경우에는 색인이 그 페이지의 해당 구획을 특정하여 가리키기도 했다. 각 페이지의 꼭대기에서 바닥까지 일정한 간격으로 안내 문자(A, B, C…)를 찍거나, 페이지 대신 세로단에 번호를 매겨 구획을 구분했다. 이러한 형식의 참조 부호는 독자가 한 페이지, 또는 페이지의 한 구획 이상의 영역을 뒤져야 하는 수고를 덜어주었다. 아울러 인쇄업자는 각 판본에만 적용되는 색인을 제작함으로써 이 색인이 그 판본을 사게 만드는 유인책으로 작용하기를 기대했다. 초기의 색인은 독자들이 이러한 도구에 익숙하지 않으리라고 여겨 사용 방법에 관한 간략한 설명으로 시작하는 경우가 많았다. 테오도어 츠빙거Theodor Zwinger, 1533~88는 직접 작성한 한 색인의 서문에 색인에서 같은 개념의 여러 동의어들을 같이 찾아보라고 현명하게 조언한다. 오늘날 인터넷 검색창에 어떤 단어를 입력할지 고민하는 모든 사람에게 익숙한 문제를 츠빙거 역시 알고 있었다.

알파벳순으로 정렬된 책은 색인을 사용하지 않고 곧장 참조할 수 있었다. 각종 동식물에 관한 정보를 수집한 자연사 저작물은 알파벳순 정렬이 일반적이었다. 일부 저자는 '자연스러운' 순서를 고안하기보다 편의상 알파벳순을 따르는 것을 사과하기도 했다. 또한 알파벳순은 서지에서도 표준으로 통했다. 프랑수아 들라크루아 두멘

François de La Croix du Maine이 1584년 프랑스 서지에서 설명하듯 이것은 혹시 다른 체계에 따라 작성하다보면 저자들 사이에 우선순위를 부여해야 하는 까다로운 작업을 피할 수 없기 때문이기도 했다. 하지만 정보 도서의 저자들은 다른 유형의 정렬도 실험하기도 했다. 한 역사가는 근대 초 백과전서의 배열 방식을 열두 가지 이상 확인했다. 그중에는 성경의 십계명이나 '6일 창조hexameral'로 알려진 천지창조의 날을 기준으로 삼은 방식도 있었다. 일부 초기 인문주의자들은 특정한 순서를 따르는 것을 노골적으로 거부했다.『아테네의 밤』의 순서를 우연에 따라 배치했다고 주장한 아울루스 겔리우스Aulus Gellius의 전례를 따른 셈이다. 에라스뮈스도 저서『격언집』에서 직접 채택한 다양한 순서 체계를 격찬했다. 그리스어와 라틴어 속담 4300개 이상을 싣고 해설을 곁들인 이 책은 대형 폴리오판으로 발간되었다. 책이 너무 커서 이리저리 훑어보기는 거의 불가능했지만 다양한 알파벳순 색인 덕분에 찾아보기가 가능했다.

반대쪽 극단에서는 테오도어 츠빙거가 인간 행동의 사례를 집대성한 내용을 그가 직접 고안한 주제별 분류에 따라 배열하고 이 구조를 16세기 교육자 페트뤼 라무스Petrus Ramus와 자주 연관되는 것과 비슷한 분기 다이어그램으로 표현했다. 츠빙거의 저작『테아트룸 후마나이 비타이Theatrum Humanae Vitae』는 세 판본(1565년판, 1571년판, 1586년판)을 거치며 150만 단어에서 450만 단어로 분량이 늘어났는데, 츠빙거는 판본마다 각기 다른 순서를 고안했다. 어느 학식 깊은 독자는 츠빙거가 고안한 순서가 지나치게 복잡하다고 불평하며 그의 책에서 무언가를 찾고 싶으면 알파벳순 색인을 사용할 것을 조언했다. 이 책은 1631년에 가톨릭교 신자용 증보판이 나왔다. 라우렌체 바우에를링크Laurence Beyerlinck는 츠빙거의 초판에 채택된 라무스식 다이어그램에 따른 방식을 버리고 간단히 소제목을 알파벳순으로 정리했다. 하지만 바우에를링크는 알파벳순 색인도 제공했는데 여기에는 독자들이 소제목 안에 파묻혀 있는 여러 고유명사와 주제를 직접 찾아내게 하려는 의도가 숨어 있었다. 그는 츠빙거가 자료별로 작성한 여러 색인—고유명사, 소제목, '기억할 만한 단어 및 사물' 등—

을 하나로 통합했다. 한편 요한 하인리히 알슈테트Johann Heinrich Alsted의 『백과전서 Encyclopaedia』(1630)는 학문 분야에 따라 배열되었고, 알슈테트가 용어와 개념을 새로 고안한 수많은 분야를 포함시켰다. 아울러 총 네 권으로 구성된 대작을 참조하기 쉽 도록 그 역시 알파벳순 색인을 채택했다.

분기 다이어그램은 아마도 정보를 시각화하는 가장 장수한 형식으로 지리적으로 폭넓은 지역에서 활용되었다. 유럽에서 분기 다이어그램은 중세시대에 설교의 개요 를 작성하거나 독자가 복잡한 논증을 따라가기 위해 여백에 주석을 달 때 이용되었 다. 중국에서는 '도圖, tu'라는 개념이 그림과 다이어그램을 아울렀고 13세기와 15세 기 사이에 텍스트 해설에서 특정 구절에 관한 주석에 분기 다이어그램이 아주 드물 게 등장했다. 또는 유교 문헌에서 우주에서 인간이 처한 위치나 하늘과 땅 사이에서 인간들이 주고받는 상호작용을 설명할 때 사용되었다. 하지만 고대 인도와 남아시아 에서는 이러한 다이어그램이 드물다. 대부분 석판 인쇄가 등장한 1820년대가 되고 나서야 나타났다.

이렇듯 동서양의 제작물은 서로를 직접 모방한 증거가 전혀 없다. 각기 상이한 전 통에 의지한 것으로 보인다. 16세기 말, 파리의 교수 페트뤼 라무스는 어떤 주제든 오래 기억하려면 대략적으로 이분법적 다이어그램으로 정리해보라고 권했다. 라무 스 체계는 많은 논쟁을 불러일으켰지만 이러한 다이어그램은 거의 모든 학문 분야로 확산되었다. 예를 들어 테오도어 츠빙거의 여행안내서 『메토두스 아포데미카Methodus apodemica』(1577)는 라무스식 다이어그램이 주를 이룬다. 여행의 일반 원칙, 상인이나 의사 등 다양한 여행자를 위한 추천지, 추천 도시별 주요 명소 등이 다이어그램으로 정리되어 있다. 하지만 이 시기의 분기 다이어그램이 모두 라무스주의로부터 자극을 받은 것은 아니며, 17세기 중반 이후 라무스 체계의 인기가 시들해진 뒤에도 다이어 그램은 오랫동안 사용되었다. 분기 다이어그램은 학문 분야를 분류할 때 특히 자주 사용되었다. 1751년 계몽주의 저작 『백과전서Encyclopédie』의 출간 초기에 함께 나온

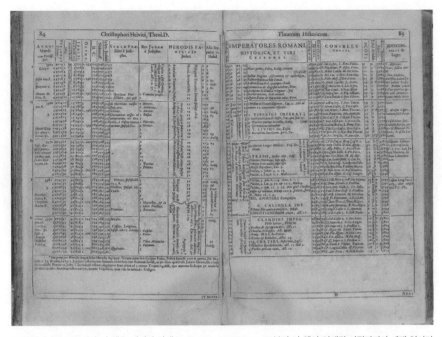

6. 200페이지로 구성된 이 책은 세계의 탄생(이 책에서는 기원전 3947년)부터 이 책이 인쇄된 시점까지의 세계 역사가 정리된 표로 이루어져 있다. 모든 페이지는 여러 사건들이 서로 다른 장소와 연대순 체계에서 동시 발생한 것을 보여 준다. 사진 속 페이지는 3년도에서 시작하며 예를 들어 요세푸스가 쓴 시리아와 유대왕국의 사건들이 정리된 열과 로마 황제, 집정관, 법, 변호인들이 정리된 열이 있다. 사진의 예는 크리스토프 헬비히(1581~1617)의 『테아트룸 히스토리쿰 에트 크로놀로기쿰: 아이퀄리부스 데나리오룸, 킹콰게나리오룸 & 켄테나리오룸 인테르발리스Theatrum historicum et chronologicum: æqualibus denariorum, quinquagenariorum & centenariorum intervallis』 (Oxford: H. Hall, Joseph Godwin, John Ada, and Edward Forrest, 1651). 하버드대학교, 호튼 도서관.

달랑베르Jean Le Rond d'Alembert의 '인간 지식의 체계'가 가장 인상적인 예다.

이분법적 다이어그램과 아울러 표 형식도 오랫동안 사용된 시각적 보조 도구다. 표는 특히 역사를 개괄할 때 자주 선호되었다. 일찍이 일부 중세 필사본에도 에우세비오스가 4세기에 처음으로 저술한 기독교 역사가 표로 정리되어 있었지만, 이 표가 모든 초기 판본에 수록되어 있지는 않았다. 1609년에 초판이 나온 크리스토프 헬비히Christoph Helwig의 『테아트룸 히스토리쿰Theatrum historicum』에는 매우 정교한 역사 연대표가 수록되었다. 이 연대표는 기원전 3947년 천지창조부터 현재까지의 시기를 보여주는데, 이 '현재'는 판이 바뀔 때마다 갱신되어 마지막에는 1666년(영어 번역본은 1687년)까지 이동했다. 헬비히의 연대표에는 수 세기에 걸친 역사적 흐름뿐만 아니라 유럽의 주요 정치체제, 그리고 중요한 발전이 있었던 여러 다른 영역(종교, 신학, 그리고 1610년 이후 추가된 법률·의학·철학·학술원 등 다양한 분과)의 확장 등의 정보가 축적되어 있었다. 이 시기에 활동한 연대학자들은 또한 중국이나 인도 같은 다른 주요 문명의 역사를 기독교의 시간 프레임 안으로 통합하는 문제에도 관심을 보였다.

16세기와 17세기의 정보 도서는 다채로운 제목을 시도했다. '진주(마르가리타)', '극장(테아트룸)', '정원(호르투스)', 또는 이와 상응하는 뜻을 지닌 다른 언어의 어휘가 자주 제목에 등장했다. 또한 텍스트와 시각적 레이아웃에서 제목을 나타내는 방식이나 배치에서 다양한 실험이 감행되었다. 17세기 후반에 '사전'은 제목이자 포맷—알파벳순으로 배열되고 종종 색인이 제공되는 책—으로서 참고 도서의 지배적인 모델이 되었고, 이러한 사전류는 18세기에 광범위한 분야에서 폭발적 증가세를 보였다. 18세기의 수많은 인물이 이에 대해 불평했는데 볼테르도 그중 한 명이었다. 그런데 볼테르가 그러한 불만을 드러낸 논설문이 볼테르의 베스트셀러 저작 『철학 사전 Dictionnaire philosophique』(1764년 초판 발행)에 실려 있었다는 사실은 사전이라는 장르가 볼테르와 그의 동시대인에게 이미 필수불가결한 것이 되었음을 방증한다. 이는 마치 1500년 무렵 인쇄 매체를 통해 인쇄본의 과잉에 관해 불평한 모든 사람에게 인쇄가 이미 필수불가결한 것이었던 것과 다를 바 없었다.

책 관리를 위한 도구

저자와 인쇄업자(그리고 편집자, 식자공, 색인 작성자를 포함한 함께 일하는 여러 조력자들)는 독자가 찾는 것을 책 안에서 발견할 수 있도록 도울 인쇄본의 기능들을 고안하는 과정에서 중세시대 기법들을 더욱 발전시키고 널리 확산시켰다. 하지만 책의 과잉은 또한 독자의 필요를 만족시킬 책을 우선 찾아야 하는 문제를 제기했고, 이 문제에 도움을 줄 만한 중세시대의 예는 거의 없었다. 아스티의 법학자 조반니 네비차노Giovanni Nevizzano는 일찍이 1522년에 "책이 많으면 책을 찾기 어렵다"는 말로 이 문제에 주목했다. 네비차노는 이에 대한 한 가지 해결책으로 여러 도서관을 찾아다니며 수집한 법률책 목록을 출간했다. 책의 과잉에 대한 인식은 독자가 자신의 관심사에 맞는 책에 관한 지식을 갖추고 이러한 책의 사본을 선택·입수하도록 돕는 새로운 장르의 발달을 촉진했다. 이러한 '책에 관한 책'으로는 중세시대에서도 전례를 찾을 수 있는 도서관 카탈로그와 참고 도서 목록, 그리고 아주 새로운 장르, 이를테면 서적상 카탈로그나 경매 카탈로그, 도서관 목록, 책에 관한 지식을 다룬 책, 그리고 서평 중심의 정기간행물이 있었다.

근대 초에 인쇄본의 이용과 구입이 훨씬 쉬워지자 도서관도 수효와 규모 측면에서 지속적으로 성장했다. 중세시대에는 대형 도서관은 대부분 기독교 관련 기관이었고 소수의 군주만이 장서를 보유했지만, 근대 초에는 개인들도 상당한 규모의 장서를 보유했다. 군주들의 장서 규모는 실로 놀라운 수준이었다. 15세기 말에 프랑스 치안판사는 일반적으로 60여 권의 책을 소장했다. 그로부터 한 세기 뒤 미셸 드 몽테뉴는 1000권을 소장하고 있다고 말했고, 18세기 초에 역시 프랑스의 유명한 치안판사였던 몽테스키외는 3000권을 소장하고 있었다. 니콜로 니콜리Niccolo Niccoli, 인쇄술이 발명되기 전인 1437년에 사망했다나 메디치 가문 같은 이탈리아 르네상스 시대의 위대한 책 소장가들의 장서는 명망 높은 도서관 장서의 일부를 이루었으며 오늘날에도 존속하고 있다. 이러한 도서관들은 오늘날 기준의 공공시설과 달랐다. 하지만 일부 방문객과 학자들에게 서고가 개방되었고 이들은 도서관의 화려한 책과 건물, 실내 장식에 깊은 인상을 받았다. 17세기의 이례적인 개인 소유 장서로는 1617년 파리의 학자 자크 오귀스트 드 투Jacques Auguste de Thou가 보유한 6000여 권의 장서와 1666년 브라운

슈바이크의 아우구스트August 공작이 보유한 13만여 개 항목으로 구성된 총 3만여 권의 장서가 있었다. 수량에서 이렇게 큰 차이가 나는 이유는 도서관에서는 책의 형식과 주제가 비슷하면 두세 권의 개별 도서를 하나로 취급한 데서 찾을 수 있다. 이러한 예외적인 장서 외에도 수많은 평범한 장서가 있었다. 변호사, 의사, 성직자, 교사 등의 전문 분야에 집중된 장서, 그리고 역사, 과학, 순수문학 분야 책을 선호한 부자들의 도서관이 있었다.

인상적인 장서를 구비하는 것은 엘리트들 사이에서 흔한 목표가 되었다. 이러한 분위기 속에서 가브리엘 노데Gabriel Naudé는 1628년 이 주제에 관한 지침서를 집필했다. 그는 이 책에서 다양한 책을 구입하되 공간을 수수하게 장식하라고 권했다. 노데는 프랑스 치안판사 앙리 드 메스메Henri de Mesmes, 1650년 사망나 루이 13세의 재상을 지낸 마자랭 추기경Cardinal Mazarin, 1661년 사망 같은 프랑스 귀족의 사서로 일하면서 지성인이라면 반드시 갖춰야 할 추천 신간 목록을 작성했다. 1800년 이전에 사서로 활동한 다른 주요 사상가로 고트프리트 빌헬름 폰 라이프니츠, 데이비드 흄David Hume, 임마누엘 칸트Immanuel Kant, 요한 볼프강 폰 괴테 등을 꼽을 수 있다. 마자랭은 어쨌든 수수함을 권한 노데의 조언을 무시하고 최대 4만 권에 이르는 호화로운 장서를 구비했고 그의 소장품 중에는 회화작품과 조각품, 화폐도 있었다. 오늘날 파리의 마자랭 도서관은 그의 유산을 물려받은 것이다.

명망의 과시와 겉치레로서 책을 소장하는 현상은 근대 초 유럽에만 국한되지 않았다. 일찍이 고대 로마의 세네카Seneca도 이러한 세태를 지적하며 불만을 드러냈다. 하지만 17세기에 널리 유행한 경쟁적인 장서 수집은 흔적이 오래 남았다. 오늘날 우리는 이 흔적들을 파리의 마자랭 도서관이나 볼펜뷔텔의 헤르초그 아우구스트 도서관Herzog August Bibliotek 등 여러 기관, 그 외 현존하는 여러 도서관 건물과 도서실, 아름답게 장식된 텍스트와 값비싼 장정, 특히 소유자의 문장紋章이 들어간 책이 포함된 대규모의 장서에서 확인할 수 있다. 1644년에는 루이 자코브 드 생샤를Louis

Jacob de Saint-Charles이 유럽의 위대한 서고에 관한 책을 출간했고, 이 새로운 종류의 책 덕분에 야심 만만한 신규 장서들이 조명받게 되었다. 수많은 장서가가 이 책에 등장하기를 소망했다. 나중에는 루이 자코브 드 생샤를이 일부 도서관의 소유주에게 아첨하느라 내용을 부풀렸다는 불평까지 나왔다.

이 시기에는 교육 기관이 급증해 예수회 대학들이 거대한 네트워크를 이루었고 특히 독일어권에 새로운 개신교 대학들이 설립되었다. 여러 기관의 도서관이 교육 시설로 설립되었고, 반종교 개혁 교단의 새로운 거점으로도 설립되었다. 이러한 도서관들은 대부분 넓은 방에 책장을 분야별로 배치하고 사이사이에 탁자를 두었다. 책이 책장에 사슬로 묶여 있는 경우가 많았지만 이러한 경우에도 탁자에서 책을 열람할 수 있었다. 책에 사슬을 다는 관행은 근대 초에 점차 사라졌는데, 1615년 파리 소르본대학에서 가장 빨리, 1757년 옥스퍼드대학의 보들리 도서관에서 가장 늦게 사슬을 없앴다. 일반적으로 도서관은 학생들에게는 입장이 허락되지 않았고 교사와 성직자에게만 개방되었다. 일부 경우에는 한두 권을 관외로 대출하는 것도 가능했다. 근대 초에는 도서관의 성장이 고르게 이루어지지 않았고 일부 기관 도서관은 오히려 쇠퇴했다. 많은 도서관이 신규 도서 구입 예산이 거의 없어 주로 기증에 의존했고, 그 와중에 책을 도난당하거나 기금을 마련하기 위해 기존에 갖고 있던 책을 팔기도 했다. 예를 들어 잉글랜드에서는 종교 개혁 시기에 여러 수도원이 폐쇄되면서 수많은 중세시대 장서가 처분되었다. 게다가 1444년 험프리Humphrey 공작이 옥스퍼드대학에 기증한 300여 권은 1550년까지 전부 팔리고 도서관은 폐관되었다. 1598년부터 토머스 보들리는 사재를 들여 이 도서관을 다시 설립했다. 또한 보들리는 기부자의 이름을 적은 양피지 명부를 관리하고 모두가 볼 수 있도록 전시해 기부를 장려했다. 이 도서관에는 보들리 도서관이라는 새로운 이름이 붙었고 보들리는 1605년에 이 도서관의 카탈로그를 출간한 토머스 제임스Thomas James를 사서로 고용했다. 이는 최초의 인쇄본 도서관 카탈로그였다.

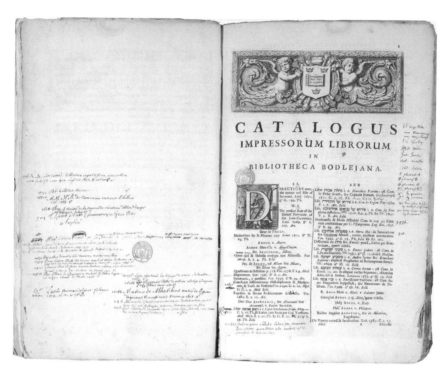

7. 프랑스 파리 마자랭 도서관 카탈로그의 페이지. 최초의 인쇄용 도서관 카탈로그는 보들리 도서관 카탈로그로 1605년 토머스 제임스가 엮었다. 그 카탈로그의 1674년 개정판은 마자랭 추기경이 꾸린 마자랭 콜렉션을 정리한 이 필사본 카탈로그의 기초로 활용되었다. 이 카탈로그를 정리한 사서는 영리하게도 보들리 카탈로그의 사본을 간지로 삽입하고 여기에 마자랭 도서관에 소장된 책을 따로 표시함으로서 카탈로그를 처음부터 새로 만드는 노고를 덜었다. 프랑스 파리, 마자랭 도서관. MS 4138-4145.

인쇄본 형식의 도서관 카탈로그는 특정 도서관의 소장 도서에 관한 정보를 제공한다는 원래의 목적을 넘어서 사용되기도 했다. 예를 들어 1674년판 보들리 카탈로그의 서문에는 독자가 보들리 도서관을 이용하든 하지 않든 이 책은 "개인적인 공부에 도움이 될 (…) 도서의 색인을 수집하는 데 도움을 줄 것"이라고 쓰여 있었다. 이 인쇄본 카탈로그는 17세기 말에 제작된 마자랭 도서관 카탈로그의 기초가 되었다. 가령 마자랭 도서관 카탈로그의 중간에 보들리 도서관 카탈로그의 사본이 끼워져 있었고 여기에 마자랭 도서관도 소장하고 있는 책이 손글씨로 표시되어 있었다. 또한, 같이 삽입된 빈 페이지에는 보들리 도서관에는 없지만 마자랭 도서관은 소장하고 있는 책에 관한 자세한 내용이 역시 손글씨로 쓰여 있었다. 오늘날 도서관들도 이와 비슷하게 각 기관의 카탈로그를 국립 중앙 카탈로그 전자 시스템에 등록된 내용을 바탕으로 작성한다.

근대 초의 도서관 카탈로그는 또한 중세의 그것에 비해 내용이 더 자세했으며 다목적으로 활용되었다. 중세시대 도서관 카탈로그는 일반적으로 소유자가 이용할 수 있는 서가나 소장 도서 목록으로 구성되어 있었다. 그러니까 독자가 책을 식별하고 직접 구할 수 있도록 돕는 책이 아니었다. 어떤 경우든 카탈로그에 수록된 책을 이용하려면 장서에 숙달하며 그 관리 권한을 위임받은 누군가의 도움이 필요했다. 중세의 도서관 카탈로그 중 알파벳순 도서 목록 같은 수준 높은 기능을 갖춘 책은 극히 일부에 지나지 않았다. 440여 권을 소장한 도버 프라이어리 도서관Dover Priory Library의 카탈로그나 연합 도서관 카탈로그가 그러한 경우였는데, 후자의 예로 13세기 잉글랜드의 성 프란체스코회 도서관들의 연합 카탈로그 『레기스트룸 앙글리아이Registrum Angliae』를 들 수 있다. 또한, 근대 초의 도서관 카탈로그는 필사본으로만 제작될 때가 많았지만 그중 알파벳순 목록이 적어도 하나씩은 수록되어 있었다. 일부 매우 정교한 카탈로그들은 오늘날 주제별 카탈로그처럼 책의 내용을 테마별로 분류해 색인을 제작하는 실험을 감행했다. 예를 들어 1543년에 사서 콘라트 펠리칸Conrad Pellikan의 주관하에 제작된 취리히 소재 슈티프츠비블리오테크Stiftsbibliothek의 도서관 카탈로그에는 752권의 소장 도서가 네 가지 방식으로 정리되어 있었다. 책의 크기와 입수 시기(중세시대 카탈로그에서 자주 적용된 기준이었다)에 따른 목록, 저자명의 알파벳순 목록, 두 가지 주제별 목록—하나는 분야별 목록, 다른 하나는 각 책 제목을 기준으로 하나 이상의 주제(대략 440개의 주제로 구성되었다)에 배정해 정리한 목록—이었다. 이러한 방식으로 이 카탈로그는 독자가 예전에 미처 몰랐지만 관심이 있을 만한 책을 독자에게 안내할 수 있었다.

그러므로 매우 수준 높은 형태의 도서관 카탈로그들은 부분적으로 서지의 역할을 수행한 셈이다. 반대로, 근대 초 게스너의 위대한 서지는 슈티프츠비블리오테크의 사서 펠리칸이 제작한 카탈로그로부터 영감을 얻은 것이었다. 게스너는 1545년 저작『도서 총람』을 저자 이름의 알파벳순으로 배열했다. 흔히 그랬듯이 성姓이 아닌 이름을 기준으로 삼았지만, 각 이름에 해당하는 성으로 된 별도의 목록을 추가로 만들고 가능하면 각 책의 내용과 관련한 세부 정보도 함께 실었다. 게스너는 상당히 포용적인 정책을 취해 "나쁜" 책과 "야만적인" 책도 목록에 포함시켰는데 이는 고대의 대大 플리니우스가 말했다는 '아무리 나쁜 책이라도 적어도 한 가지의 장점은 갖고 있다'는 금언을 따른 것이었다. 게스너는 또한 사본이 한 부도 발견되지 않는 유실된 저작에 대해서도 언급했는데 이는 이 책들을 되찾는 데 도움을 주기 위해서였다. 하지만『도서 총람』은 사실상 게스너가『전집Pandectae』(1548)과『신학 해석Partitiones theologicae』(1549)으로 완수한 한층 더 야심 찬 계획의 시작에 불과했다. 게스너는 이 두 권의 책으로『도서 총람』의 목록에 오른 모든 책을 포괄하는 주제별 색인을 제작했다. 이 색인은 학문 분야에 따라 정리되었고, 각 학문 분야는 다시 주제별로 나뉘었다(의학 분야는 다루지 못했는데 그 이유는 아마도 이 분야는 자신이 전문 지식을 가진 분야여서 더 큰 도전이 제기되었기 때문일 것이다). 대형 폴리오판으로 제작된 이 책들은 재판이 나오지 않았지만, 나중에 게스너의『도서 총람』에서 자극을 받은 라틴어 후속작들이 나왔고 토속어로도 비슷한 저작물이 등장했다. 게스너의『도서 총람』은 18세기에도 서지의 모범으로 자주 언급되었다. 그러나 모든 주제를 포괄하는 색인을 만들겠다는 게스너의 비전은 이렇다 할 만한 후계자를 찾지 못했다. 현대에 이르러 1895년에 폴 오틀레Paul Otlet와 앙리 라 퐁텐Henry La Fontaine이『문다네움Mundaneum』에서 색인 카드를 활용해서 모든 지식을 분류하려 시도했다.

게스너는 1545년『도서 총람』을 편찬할 때 신간 목록이 정리된 인쇄업자 카탈로그가 무척 유용하다는 사실을 잘 알고 있었다. 이 작고 실용적인 인쇄물은 아마도 전단 형식의 신간 광고물과 마찬가지로 제본이 되지 않았을 것이다. 이러한 근대 초의 인쇄업자 카탈로그 중에 지금까지 전해지는 자료는 매우 드물다. 게스너는 10여 명의 학식 높은 인쇄업자들이 찍어낸 도서 목록을 『도서 총람』에 베껴 넣었고, 이 내용은 이제 대부분 유실된 당시 정보에 대한 귀중한 통찰을 우리에게 주고 있다. 현재까지 전해지는 영업용 카탈로그들은 매년 봄과 가을에 개최된 프랑크푸르트 박람회에서 사용된 더 큰 카탈로그들이다. 프랑크푸르트의 인쇄업자 게오르크 빌러Georg Willer는 1568년부터 박람회용 카탈로그를 찍었고, 이 카탈로그들은 1792년까지 주기적으로 제작되었다. 빌러의 카탈로그는 분야·언어별로 정리되어 있었다. 신학 부문은 종교(루터교·가톨릭교·칼뱅교)가 기준이었다. 영업용 카탈로그에는 가격이 적혀 있지 않았는데 판매 상황에 따라 변동이 있었기 때문이다. 인쇄본 박람회 카탈로그는 주로 도서 교환을 목적으로 박람회를 찾는 서적상들에게 유용했지만, 프랑스 학자 자크 드 투 같은 개인 구매자들도 곧잘 활용했다. 자크 드 투는 박람회 카탈로그 사본에 사고 싶은 책을 별표로 표시해두기도 했다.

프랑크푸르트에서 거래되는 새로운 책뿐만 아니라 오래된 책도 계속 상업적으로 유통되었다. 하지만 도서 경매가 활성화되기 전에 중고 서적을 판매하거나 광고한 방식에 관해 우리는 거의 아는 바가 없다. 현재까지 전해지는 가장 오래된 경매 카탈로그는 1599년에 네덜란드에서 인쇄되었다. 최초의 경매가 열렸고 문서 기록이 잘 남아 있는 1596년으로부터 몇 해 되지 않았을 때다. 서적 경매는 잉글랜드에서는 1676년, 프랑스에서는 1700년경 시작되었다. 어떤 매물이 있는지를 미리 알려주는 인쇄본 카탈로그가 제작된 경우는 아마 소수에 지나지 않았을 것이다. 하지만 경매 카탈로그들은 책에 관한 정보 측면에서 널리 가치를 인정받는 도구가 되었다. 다소 극단적인 예를 하나 들자면, 주요 도서 수집가로 손꼽히는 한스 슬론Hans Sloane은 1753년에 사망하며 어마어마한 규모의 장서를 대영 도서관에 유증했는데 이중 무려 700여 권이 서적 경매 카탈로그였다. 가장 귀한 경매 카탈로그는 판매 가격을 수기

8. 책 가격이 표시된 경매 카탈로그. 게스너가 쓴 어류에 관한 책의 사본(왼쪽 하단 #2427)을 비롯해 경매에 오른 책이 정리되어 있다. 장서 마련을 위한 서적 경매는 17세기 후반기에 인기를 끌었다. 경매에 부쳐진 도서를 정리한 인쇄본 카탈로그는 구매자의 관심을 끌기 위해 디자인되었다. 경매에 참석한 구매자는 흔히 자신이 갖고 있는 카탈로그에 책의 판매가를 적었는데, 이것은 변화가 잦은 도서 시장에 대한 귀중한 기록이 되었다. 사진의 예는 샤를 불토Charles Bulteau, 1630경~1710의 장서에 속한 『비블리오테카 불텔리아나: 세브 카탈로구스 리브로룸 비블리오테카이 디게스투스 & 데스크립투스 아 가브리엘르 마르틴, 비블리오폴라 파리시엔시, 쿰 인디케 아우토룸Bibliotheca Bultelliana: sev Catalogus librorum bibliothecae Digestus & descriptus à Gabriele Martin, bibliopolà parisiensi. Cum indice authorum alphabetico』(Paris: P. Giffart [etc.], 1711). 하버드대학교, 호튼 도서관.

로 기록한 사본이다. 경매를 개최한 서적상들은 행사가 끝난 뒤 이렇게 기록을 남긴 카탈로그의 사본을 판매하기도 했다. 독자들이 이것을 보고 다양한 저작물의 최근 시세를 파악할 수 있었기 때문이다. 경매 카탈로그에서는 매물이 더욱 매력적으로 보이도록 보통 사회적으로나 학문적으로 명망 있는 인물이 한때 소장한 책이 판매된다고 홍보했다. 당시 사람들은 사실상 해당 인물의 소장품이 아니었는데도 그저 책을 팔려는 목적에서 경매자가 함께 끼워 넣은 경우가 있다고 불평하기도 했다. 책이

NOUVELLES
DE LA
REPUBLIQUE
DES
LETTRES.

Mois de Mars 1686.

Par le Sieur B. ... Profeſſeur en Philoſo-
phie & en Hiſtoire à Rotterdam.

A AMSTERDAM,
Chez HENRY DESBORDES, dans
le Kalver-Straat, prés le Dam.

M. DC. LXXXVI.
Avec Privilege des Etats de Holl. & Weſt-

9. 『문예 공화국에서 온 소식』: 1686년 3월호의 표제지(하버드대학교, 호튼 도서관). '문예 공화국에서 온 소식'이라는
제목이 붙은 이 초창기 정기간행물은 네덜란드 암스테르담에 거주하는 프랑스 개신교도 지식인 피에르 벨이 만들었다.
유럽의 여러 인쇄 중심지에서 근래에 간행된 책에 대한 프랑스어 서평을 실었다. 구독자들은 그들이 직접 접근할 수 없
는 책에 관한 소식을 듣고 싶어했다. 매달 발행되는 이 간행물은 크기가 작아서 다양한 환경에서 읽기 좋았다.

넘쳐나는 시기였기 때문에 구매자들은 자신들이 존경하는 과거 소장가들의 판단을 더욱 가치 있게 여겼다.

17세기 말을 즈음해 책에 관한 조언을 직접 돈을 내고 사는 일이 가능해졌다. 서평을 모은 정기간행물이나 독일의 대학에서 펴낸 서지 안내서『문헌의 역사historia literaria』등 새로운 종류의 책에 관한 책이 등장했기 때문이다. 게스너는 그의 서지에서 책에 대한 판단을 일체 보류하고 모든 책을 목록에 포함하는 것을 시도한 바 있다. 특정 언어나 국가 또는 학문 분야의 저작물에 대한 서지들도 게스너의 저작처럼 해당 범위의 저작을 가능한 한 모두 포함하려는 경향성을 띠었다. 예를 들어『파리 서지Bibliographia parisina』는 1645년부터 매년 파리에서 출간된 모든 책의 목록을 실었다. 하지만 선별적인 서지도 있었다. 어느 주제의 '양서'만 포함시키고 종교적으로 의심을 받는 '악서'는 상황에 따라 배제했다. 그렇지만 선별적인 서지 목록도 각 도서에 대한 상세한 평가에 주력하지는 않았다.

이러한 측면에서 서평은 중요한 요구에 응하게 되었고 17세기 말에 창간된 학술 정기간행물에서 서평이 급속히 확산되었다. 이러한 초창기 정기간행물은 대부분 월 단위로 구독하거나 서점에서 구입할 수 있었다. 일부 정기간행물은 지식의 창출과 보급을 위한 협력 체제를 지지하는 공식 학술 협회에서 창간했다. 런던 왕립협회는 1662년 런던에서 수행된 실험의 보고서, 회원들 간의 편지, 몇 편의 서평 등을 싣는『철학 회보Philosophical transactions』를 창간했다. 이어 1665년과 1681년 사이에『지식인 저널Journal des Sçavans』,『악타 에루디토룸Acta eruditorum』,『독창적인 사람들을 위한 주간 기록Weekly Memorials for the Ingenious』이 연달아 창간되었다. 피에르 벨Pierre Bayle이 1684년부터 1687년까지 편집했고 이후 1718년까지 다양한 인물이 뒤를 이은『문예 공화국에서 온 소식Nouvelles de la République des Lettres』은 오롯이 서평으로만 구성되었다.

서평에는 책에 대한 요약과 평가 외에 발췌가 실릴 때도 많았고, 서평의 대상이 된 책이 외국어로 쓰인 경우에는 번역본이 제공되기도 했다. 이러한 서평은 많은 독자에게 독서 자체를 대신하기도 했다. 간혹 서평가 스스로가 책을 꼼꼼히 읽지 않는다는 비난을 듣기도 했다. 그리고 일부 경우 이러한 불평에는 충분한 근거가 있었다. 이를테면 조반니 라미Giovanni Lami는 『이탈리아 문학인의 신문Giornale de' letterati d'Italia』(1710~40)에서 주로 책의 앞부분만 다뤘다. 알브레히트 폰 할러Albrecht von Haller는 1747년 『학술적인 주제에 관한 괴팅엔 소식Göttingische Zeitungen von gelehrten Sachen』의 편집자를 맡은 이후 30년간 총 9000여 편의 서평을 썼다.

'책에 관한 지식notitia librorum'은 특히 독일어권에서 대학 강의와 학술 논문의 주제로 등장했다. 다니엘 게오르크 모르호프Daniel Georg Morhof의 『박식가Polyhistor』(초판 1688, 증보판 1708년)에는 책을 읽고 내용을 글로 정리하는 방법에 관한 조언과 다양한 학문 분야의 여러 신간에 대한 평가와 요약이 실려 있었다. 이 책은 추천 도서 목록의 역할을 한 것은 물론 학생이 직접 신간을 구할 수 없을 경우 대체 자료로 기능하기도 했다. 비슷하게, 책에 관한 견해를 모은 여덟 권짜리 전집 『지식인의 판단력Jugemens des sçavans』(1685)의 저자 아드리앙 바이예Adrien Baillet는 이 책을 자신의 아들에게 주려고 쓰기 시작했다고 밝혔다. 바이예는 이 책의 서문에 책의 과잉이 참으로 심각한 수준에 이르렀으므로 좋은 책을 고르기 위한 현명한 판단력을 갖추는 것이 중요하다고 설명했다. "날마다 쏟아지는 저 수많은 책이 앞으로 다가올 세기들을 로마제국의 멸망을 뒤이은 세기들만큼이나 야만적으로 만들리라고 우려할 이유는 충분하다." 바이예보다 150년 전에 글을 쓴 저자들처럼 바이예도 자신이 직접 독자들에게 지침을 제시함으로써 책의 과잉이 초래한 악영향을 돌이킬 수 있으리라고 생각했던 것 같다.

에라스뮈스의 시대 이래 많은 변화가 있었다. 라틴어로 글을 쓴 에라스뮈스는 프랑스어를 사용한 바이예보다 국제적으로 훨씬 폭넓은 독자층을 누렸다. 하지만 그 사이에 문해력이 증가한 덕분에 바이예는 에라스뮈스보다 훨씬 두터운 독자층을 가졌다. 유럽 전역에서 프랑스어가 지식인이 반드시 익혀야 할 언어라는 특별한 지위를

10. 서재에 앉아 있는 기 파탱Guy Patin, 1601~72. 파탱의 책 『서간집Lettres choisies』(쾰른: 피에르 뒤로랑Pierre du Laurens, 1691; 하버드대학교, 카운트웨이 의대 도서관)의 판화로 된 권두 삽화. 기 파탱은 학식이 높은 프랑스 의사로 많은 편지를 남겼다. 파탱의 사후에 그가 쓴 편지들이 이 작고 편리한 포맷의 책으로 출간되었다. 서재에 앉아 있는 지식인을 묘사하는 이 그림에서 책장과 경사진 필기대, 모래시계, 잉크와 깃털 펜, 하인을 호출하는 종을 볼 수 있다.

획득했기 때문이다. 17세기 말, 이 '문예 공화국'에 책과 사상에 관한 토론을 주목적으로 삼는 새로운 제도들이 등장했다. 정기간행물, 여성들이 취향의 심판자로서 주도적인 역할을 했던 살롱, 반면 일반적으로 여성은 배제된 커피하우스, 공식·비공식 학술단체 등이 그러한 제도들이다. 서신 교환은 16세기 초 에라스뮈스가 주고받은 방대한 서신들만 봐도 알 수 있듯이 대부분의 유럽 사회에서 온 사방으로 더욱 밀도 높게 이루어졌다. 우편제도가 주요 경로들을 거의 오늘날만큼이나 빠르게—겨울철에는 더 느렸지만—연결해준 덕분이었다. 당대 지식인들이 주고받은 서신과 '좌담table talk'에 관한 수많은 기록 덕분에 우리는 책에 관한 사상과 조언이 당시 편지와 대화에 의해 어떻게 유포되었는지에 관해 통찰을 얻을 수 있다.

이러한 장르들이 성공한 이유는 평범한 독자들이 갈수록 복잡해지는 정보의 세계를 헤쳐나갈 자신만의 방법에 대한 영감과 본보기를 여기에서 찾을 수 있다고 느꼈기 때문이다. 당시 사람들이 책의 과잉을 불평할 때도 책은 여전히 정보를 관리하는 중요한 도구로 남아 있었다. 1500년과 1700년 사이에 발달한 다양한 검색 장치, 시각적 표현 기법, 다양한 종류의 '책에 관한 책'은 당시 정보 관리 방법의 핵심을 이루었고, 이후에도 꾸준히 사용되어 전자시대에 이른 오늘날에도 여전히 눈에 띄고 있다.

8장

이슬람 세계

실라 S. 블레어
Sheila S. Blair

조너선 M. 블룸
Jonathan M. Bloom

이슬람은 말틈의 문화다. 이슬람교도에게 가장 중요한 신앙의 기적은 서기 7세기 초에 신이 예언자 무함마드에게 아랍어로 내려준 계시다. 이 신성한 계시를 충실히 기록하려는 열망 때문에 문자와 책은 이슬람 문화에서 언제나 특별히 중요한 역할을 수행했다. 이슬람 문화는 연대기적으로는 8세기부터 현재까지 1500여 년을 아우르고 지리적으로는 스페인 남부와 북아프리카에서 인도네시아 너머까지 세계 전역에 걸쳐져 있다. 이 장은 이토록 광범한 연대적·지리적 스펙트럼에서 문자 텍스트로서나 물리적 대상으로서 책이 어떻게 발달·생산되었는지에 관한 풍부한 역사를 추적한다. 이 역사는 우리에게 구술 문화에서 문자 문화로의 변화, 문해율, 독자층 파악, 그리고 삽화·채식·수집·보존·서고의 역할 등 중요한 사회적·지적 질문에 대한 해결의 단초를 제공한다.

아랍 문자의 원리

이슬람 지역에서 나온 책은 사실상 거의 전부 아랍 문자로 쓰여 있으며, 이슬람교가 전파된 땅에서 사용되는 거의 모든 언어에 아랍 문자가 채택되었다. 아랍 문자는 오른쪽에서 왼쪽으로 쓴다. 이 점에서 아랍 문자는 히브리 문자와 시리아 문자와는 같지만 그리스 문자와 라틴 문자와는 다르다. 흥미롭게도 숫자는 더 오래된 체계를 따르기 때문에 반대 방향, 즉 왼쪽에서 오른쪽으로 읽는다. 독자가 항상 오른쪽 페이지부터 읽기 때문에, 이 관행은 책의 레이아웃에 극적인 영향을 주었다. 사실상 이슬람 문화권 거의 전역에서 책은 코덱스 포맷으로 제작되고 언제나 서양에서와 반대되는 방식으로 책을 펼친다.

그리스 문자와 라틴 문자처럼 아랍 문자도 글자마다 개별적인 상징 부호가 있다. 알파벳 언어에서는 자음과 모음이 모두 각각의 낱글자로 표기되지만, 아랍어 체계(언어학자들은 '아브자드abjad'라고 부른다)에서는 자음(과 장모음)만 낱글자로 표기되고 단모음은 독자가 알아서 적절히 채워 읽는다. 게다가 많은 서체가 두 가지 기본 형태, 즉 단독으로 사용될 때의 형태와 필기체에서 글자가 서로 연결될 때의 형태를 따로 취하는 반면, 아랍 문자는 각 글자에 단 한 가지 형태만 있고, 특히 일부 글자는 단어 안에서 연결될 때의 형태만을 갖는다. 이러한 글자는 단어 안에서의 위치에 따라 (첫머리, 중간, 마지막, 혹은 단독일 때) 모양새가 달라진다. 이 형태들은 상호 연관적이며, 기준선(글자가 '앉았'다고 가정하는 줄)에서 글자의 위치는 그 글자의 선행 글자와 후행 글자 중 어느 것에 연결되는지에 따라 다르다.

아랍의 초기 작가들은 그 지역의 더 오래된 언어를 표기하는 문자를 가져다 썼다. 이 오래된 문자에는 열여덟 개의 문자소 또는 형태만 있었으므로 아랍어에서 사용되는 스물여덟 개의 개별 음소 또는 소리를 나타내기에 역부족이었다. 그러다보니 아랍 문자에서는 똑같은 문자소를 무려 다섯 가지 다른 음소에 사용하는 경우가 발생했고, 초기 작가들은 동일한 형식으로 표상되는 상이한 여러 발음을 구별하기 위해 종종 다이어크리틱을 첨가했다. 이러한 유연성 덕분에 소리가 다른 여러 언어에서도 아랍 문자를 채택했다. 흔히 열여덟 개의 문자소를 그대로 쓰면서 다이어크리틱만 추가했다. 예를 들면 페르시아어의 p 발음을 나타내기 위해 필경사들은 p와 소리로 짝을 이루는 b에 아래 첨자 점을 하나에서 세 개까지 찍어 모양을 변형시켰다. 이러한 방식으로 아랍어의 '아브자드'의 스물여덟 개 음소를 쓸 때 사용된 열여덟 개의 글자 형태는 아랍 문자를 최초로 도입한 두 언어인 페르시아어와 터키어에서 사용되는 서른두 개 음소를 전부 나타낼 수 있도록 확장되었다. 이처럼 활용도 높은 아브자드 체계는 이후에도 동일한 종류의 변형이 가해짐으로써 하나의 언어의 나무에서 뻗은 다양한 갈래에 속한 수십 종의 언어를 전사할 수 있게 되었다. 그 범위는 북아프리카의 베르베르어부터 자바어까지 실로 넓다. 중세 스페인의 무슬림들은 그들이 사용하는 토착 로망어를 아랍어의 낱글자를 사용해 표기했고 이 문자는 '알하미아도aljamiado'라고 알려졌다.

초기의 쿠란 필사본

무함마드의 동지들과 추종자들은 정확성을 확보하고 신성한 메시지를 널리 퍼뜨리기 위해 말씀으로 전해진 계시를 『쿠란』(아랍어:'ﺍﻟﻘﺮﺁﻥ' '알 꾸란', '암송'이라는 뜻)으로 받아적었다. 이 작업이 시작된 정확한 시기에 관해 학자들은 활발하게 토론해왔다. 지금은 무함마드가 사망한 서기 632년 직후 또는 어쩌면 그가 살아 있을 때 이미 쿠란 텍스트의 전사가 시작되었을 것이라는 결론으로 의견이 모이고 있다. 초기 쿠란 필사본의 단편들을 잘 살펴보면 구술 문화에서 책 문화로의 전환을 이해하는 데 도움을 얻을 수 있다.

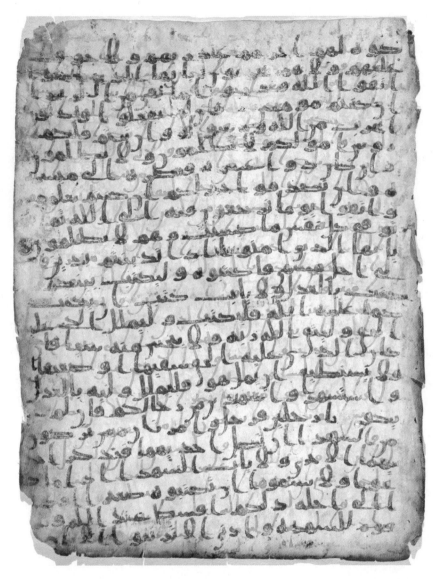

1. 초기 **히자즈**체를 따르는 쿠란 양피지 필사본의 팰림프세스트 폴리오. 36×28.2cm. 7세기 말. 덴마크 코펜하겐, 데이비드 콜렉션David Collection 86/2003. 쿠란은 7세기 초에 수십 년에 걸쳐 구술로 계시되었고 나중에 양피지 코덱스에 전사되었다. 이 초상화 포맷의 폴리오는 아주 초기에 생산된 필사본에서 나왔다. 처음에 쓰였다가 지워진 텍스트는 7세기에 새로 쓰인 텍스트와 글이 배열된 순서가 살짝 달랐다.

초기 쿠란 필사본은 전부 코덱스이며 주로 하나 이상의 폴리오의 묶음으로 전해진다. 갈대 펜과 아이언 갤 잉크iron gall ink, 말벌의 알집인 갤을 곱게 빻고 철 가루를 첨가해 만든 잉크—옮긴이를 썼고, 일반적으로 (유럽에서 사용한 독피지보다는) 양피지 위에 전사했다. 페이지는 대체로 크고(평균 33×24cm) 초상화 포맷이었다(세로가 가로보다 길다). 그리고 텍스트는 항상 하나의 세로단에 쓰였고, 서체는 세로선이 오른쪽으로 살짝 기운 독특한 스타일을 띠었다. 이 스타일은 '히자즈'hijāzī, 쿠란이 아랍 서부의 성지 메카와 메디나가 있는 '헤자즈'에서 왔다는 뜻라고 알려져 있다.

이러한 초기 필사본 중 하나는 『사나 I San'a' I』라고 불리는데 이 책을 구성하는 폴리오 중 최소 서른두 장이 예멘의 도시 사나에서 발견되었기 때문이다. 이 책은 펠림프세스트다. 양피지는 탄소 연대 측정법을 통해 7세기 전반의 것으로 밝혀졌다. 여기에 원래 쓰여 있던 텍스트는 간단한 동사 변이형들이 보이며, 수라sura, 장章의 순서가 쿠란의 표준적인 계시 모음집과 다르다. 이러한 차이는 『사나 I』의 최초 텍스트가 제3대 칼리츠 우스만(재위 644~56) 하에 성문화되었다고 일컬어지는 것과는 다른 개정본에 속한다는 것을 시사한다. 『사나 I』의 최초 텍스트가 지워진 다음, 이 텍스트의 정본으로 인정받는 버전이 적어도 두 명에 의해 동일한 스타일로 쓰였다. 다시 쓰여진 버전은 대체로 길이를 기준으로 역순으로 배치되었다(맨 앞에 등장하는 짧은 수라 '알 파티하al-Fātiḥa'만 예외다). 흥미롭게도 최초의 텍스트가 더 정교하다. 최초 텍스트의 경우, 하단에는 '여기가 이러이러한 수라의 끝이다'를 시사하는 장식 꼬리말, 구절 사이의 구분선, 심지어 단모음을 표시하는 다이어크리틱까지 있었다. 이는 항상 더 오래된 것이 더 단순하며, 정교화의 과정은 엄밀히 선형적이라는 일반적인 추정과 상반된다.

히자즈 양식에 따라 제작된 초기 쿠란 필사본은 생산비가 많이 들었다. 쿠란 텍스트는 대략 총 7만 5000단어로 신약성서와 길이가 거의 같고 전체를 전사하려면 양 한 떼를 잡아야 얻을 수 있는 17~18평방미터 정도의 양피지가 필요했다. 우리는 몇 가지 특징을 통해 이들 초기 필사본이 당시 얼마나 새로운 것이었는지 짐작할 수 있다. 서체는 고대 후기의 '스크립티오 콘티누아scriptio continua'체를 채택했는데 이 서체는 글자들과 단어들 사이의 간격이 동일한 것이 특징이다. 히자즈 양식은 글씨도 간격도 고르지 않고 행은 양피지의 가장자리까지 뻗어 있다. 한 페이지에 들어가는 행의 개수도 들쭉날쭉하고, 같은 코덱스 안에서도 흔히 필사자마다 다른 필체를 썼다. 이러한 물리적 특징이 암시하는 바는 이 책들이 여전히 유동적인 한 전통의 시작을 알리는 전조였다는 것이다. 히자즈 양식으로 쓰인 쿠란 필사본 중 가장 큰 책은 텍스트 낭송이 공개적으로 이루어지는 환경에서 사용하기 위해 제작한 것으로 보인다. 이렇듯 필사본들은 텍스트를 이미 외우고 있는 사람들에게 기억을 상기시켜주는 역할을 했다. 이 낱장들을 장합해 제본했는지, 아니면 그냥 서류 가방 모양의 덮개에 담아 보관했는지를 알려주는 증거는 남아 있지 않다.

8세기를 거치며 필경사들은 서서히 포맷, 페이지 레이아웃, 서체, 여타 특징 등을 표준화해 한층 더 통일된 코덱스를 생산했다. 서체는 꼿꼿한 직선에 가까워졌고, 페이지의 글자들은 고른 크기를 보였다. 이따금 가로로 길게 그은 붓칠(아랍어로 '마쉬크mashq')로 행을 채우거나 반복되는 글자를 강조하기도 했다. 글자들은 가로 기준선을 따라 정확한 비율로 쓰였고, 한 필사본 안에서 한 가지 필체가 유지되었다. 폴리오는 보통 퀴니온quinion, 바이폴리움을 다섯 개씩 묶은 것 단위로 합쳤다. 이는 미리 잘라놓은 바이폴리오를 차곡차곡 쌓기만 한 것이라 서양에서 필사본을 제작할 때 전지를 여러 번 접어 쿼토나 옥타보를 만든 것과는 차이가 있다. 다른 새로운 특징들도 이 시기 쿠란 필사본의 시각적인 매력과 통일성을 더했다. 장 분할은 표준이 되었다. 여백이 넓어져 텍스트가 돋보였고, 텍스트를 사각 테두리로 둘러싸기도 했다. 채식이 전반적으로 양적으로 많아지고 다양해졌는데, 주로 금색·적색·청색·녹색이 사용되었다. 아마도 우마야드왕조(재위 661~750)의 지배계층 엘리트들은 일부 대형 필사본을 의뢰했을 것이다(평균 크기 40~50×30~40cm). 연대가 대략 서기 700년경으로 추정되는 이 필사본들은 칼리프 압둘 말리크'Abd al-Malik, 재위 685~705, 아들 알 왈리드al-Walid, 재위 705~15, 그리고 장관을 지낸 알 하자즈al-Hajjaj가 그들의 공적인 이미지를 널리 퍼뜨리고 왕조의 명망을 드높이기 위해 후원한 국가 건설 사업들과 관련이 있는 것으로 보인다.

9세기나 10세기 무렵에는 초기 쿠란 필사본에 흔히 사용된 수직형 포맷이 아닌 가로로 긴 포맷(이른바 '풍경화' 포맷)이 선호되었다. 이 수평형 쿠란 필사본도 초기 사본들처럼 여전히 양피지에 전사되었지만, 폴리오의 크기가 더 작았고(히자즈 양식의 필사본에 사용된 폴리오 면적의 3분의 2 정도) 페이지당 행의 수는 대개 홀수(대개 3, 5, 7, 9)로 수직형 필사본에서는 스물다섯 줄이었던 것에 비해 훨씬 적었다. 이들 수평형 쿠란 필사본들은 흔히 30권(아랍어로 '아자ajza', 단수형 '주즈juz')으로 분할되었는데, 아마도 한 달에 걸쳐 진행되는 성스러운 라마단 기간에 하루에 한 권씩 읽기 위한 것으로 짐작된다. 서체는 흔히 '쿠픽kufic'체(이라크 남부 도시 쿠파에서 유래한 이름이지만 이 서체로 쓰인 필사본이 모두 쿠파에서 제작된 것은 아니다)로 불린다. 이 사본들은 여전히 텍스트를 이미 외우고 있는 사람들을 대상으로 제작되었다. 캘리그래퍼들은 글자 사이에도 단어 사이만큼의 공간을 두었고, 행이 갈릴 때 의도적으로 단어를 중간에 쪼개 쓰기도 했다. 사실 일부 무명의 캘리그래퍼들은 패턴을 만들기 위해 가독성을 희생하면서까지 늘여 쓰기 등의 장식적 원리를 최대한 활용한 것으로 보인다. 예를 들면 어느 캘리그래퍼는 한 행의 글자들을 늘여 써서 윗줄에 있는 글자들 밑에 똑같은 모양이 위치하고, 두 행이 하나의 동일한 글자로 끝나도록 만들었다. 또는 비슷한 모양의 글자들이 대각선으로 페이지를 가로질러 우아하게 활강하도록 텍스트를 배치하기도 했다.

쿠픽체의 쿠란 필사본 텍스트를 찾아보기 쉽고 근사하게 만들기 위해 다양한 장치가 동원되었다. 적색과 흑색으로 발음 표시를 첨가하기도 하고, 동형이의 글자(동일한 기본형을 사용하는 글자들)를 구분해주는 다이어크리틱을 넣기도 했다. 점으로 구

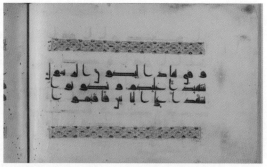

2a와 b. 이슬람력 298년 둘카다(서기 911년 7월)에 압둘 무님 이븐 아마드가 다마스쿠스 대사원에 기증한 **쿠픽체** 쿠란 양피지 필사본의 30부 중 17부의 두 페이지. 21×32cm. 아일랜드 더블린, 체스터 비티 도서관, Is 1421, fols 1a-2b. 양쪽으로 펼쳐진 이 페이지는 풍경화 포맷으로 제작된 여러 권짜리 쿠란 사본에서 나왔다. 이 필사본은 8세기와 9세기의 아바스왕조 칼리프의 치하에 생산된 필사본의 전형적인 예다. 이들 필사본은 대개 페이지당 텍스트가 몇 줄밖에 되지 않으며 각 권의 권두와 권말에 텍스트 대신 장식 띠무늬가 등장하기도 한다.

성된 피라미드가 있으면 한 절節이 끝났다는 표시였고, 하트 모양(아랍어의 숫자 5와 모양이 비슷하다)은 다섯 개 절이 끝났다는 표시였으며, 동그라미('o'를 나타내기 위해 사용되는 점과 비슷하게 생겼다)는 열 개 절이 끝났다는 표시였다. 각 권을 여는 텍스트나 닫는 텍스트의 위아래에 장식 띠무늬가 배치되기도 했다. 아울러 각 권의 처음과 끝에 흔히 장식 페이지가 있었는데 여기에 흔히 그려진 특유의 기하학적 디자인 때문에 '카페트 페이지'라는 별명으로 불리기도 한다. 이 장식 페이지들은 성스러운 텍스트의 수호자 역할을 했다. 이를테면 동시대의 『켈스의 서』나 『린디스판 복음서』와 같은 영국 필사본의 장식 페이지와 비슷했다.

이렇듯 수평형 쿠란 필사본의 각 권의 장정 방식은 일반적으로 상자식 장정box binding이었다. 상자식 장정은 가죽을 입힌 판자, 그리고 하단 가죽 판자에 부착되어 내지의 가장자리를 보호하는 가죽 '벽'으로 구성되어 있었다. 사용자는 역시 하단 가죽 판자에 달린 가느다란 가죽끈으로 상자를 단단히 조인 다음 이 끈을 상단 가죽 판자에 달린 못에 고정했다. 가죽을 입힌 판자에는 민누름blind-tool, 금박 따위 없이 그

냥 눌러서 남긴 자국—옮긴이 기법을 써서 책의 텍스트 장식에 적용된 것과 비슷한 패턴을
남기기도 했다. 하지만 원래 표지가 그대로 보존된 필사본은 현재 남아 있지 않다.
오늘날까지 전해지는 표지들을 보면 텍스트 시작 부분에 사용되는 것과 비슷한 꼬임
·땋음·매듭 디자인으로 장식되어 있다. 그런데 이러한 수평형 쿠란 필사본의 연대
측정을 도와주는 새로운 종류의 정보가 있다. 이러한 필사본 중 일부에 기증 정보가
적혀 있는 것이다. 이를테면 지금 아일랜드 더블린의 체스터 비티 도서관Chester Beatty
Library에 소장된 어느 코덱스는 "압둘 무님 이븐 아마드Abd al-Muʿnim ibn Ahmad라는 이
가 다마스쿠스 대사원에 이슬람력 둘카다 298년(서기 911년 7월)에 기증"했다고 기록
되어 있다. 이 날짜를 통해 이 책이 생산되었을 '가능성이 있는 최종 날짜'terminus ante
quem를 알 수 있다. 통상적으로 이 날짜에 조금 앞서 이 필사본이 의뢰되었을 것으로
추정된다.

종이로의 이행

쿠란 필사본은 텍스트의 신성한 성격 때문에 본래 보수적이며 양피지는 수 세기
에 걸쳐 신성한 계시의 기록을 지원했다. 이와 달리, 쿠란이 아닌 다른 텍스트가 담
긴 책의 생산에서는 중요한 변화가 일어났다. 8세기 말부터 책을 탄소 잉크를 써서
종이에 필사한 것이다. 이 필기 재료는 중앙아시아에서 동쪽 이슬람 지역으로 유입
되었다. 수 세기 앞서 중국에서 발명된 종이는 대서양부터 중앙아시아까지 펼쳐진
광활한 제국을 통치해야 하는 아바스왕조의 관료들에게 열렬한 환영을 받았다. 무척
가벼운데다 양피지보다 덜 비쌌고 물만 충분히 있으면 어디서든 생산할 수 있는 이
신소재가 사용되기 시작하면서 역사와 과학부터 요리와 대중문학에 이르기까지 사
실상 모든 주제의 책 생산이 유례없는 폭발적 성장세를 보였다.

아바스왕조의 바그다드에서 서적상을 했으며 『키타브 알 피리스트Kitāb al-Fihrist』('서지')를 편찬한 이븐 알 나딤Ibn al-Nadim, 995년 또는 998년 사망을 통해 우리는 당시 광범위한 책 생산이 어떻게 이루어졌는지 엿볼 수 있다. 알 나딤은 이 책을 이렇게 설명했다.

이 책은 아랍과 비아랍을 불문한 모든 나라에서 모든 갈래의 지식에 관해 아랍어와 아랍 문자로 쓰인 책을 정리한 색인이다. 시작부터 현재, 말하자면 히즈라력 377년[서기 987~8년]까지 편찬자들에게 전해져 내려오는 모든 학문에 관한 정보, 저자들의 계급, 계보, 출생일, 생존 기간, 사망 시기, 살았던 고장, 장점과 단점 등을 집대성했다.

이븐 알 나딤의 책은 주제별·연대별로 정리한 열 가지 담론으로 구성되어 있다. 여섯 가지 담론은 이슬람교와 관련된 주제(이슬람교·유대교·기독교 경전, 문법 및 문헌학 관련 저작, 역사·전기·계보 등, 시, 신학, 법과 '무함마드의 성전聖傳, 하디스')를 다룬다. 나머지 네 가지 담론은 세속적인 주제(철학 및 세속 학문, 전설·우화·마법·마술 등, 힌두교·불교·중국의 종교 교리, 연금술)를 다룬다.

이러한 주제들이 인기를 누린 것은 부분적으로 아바스 왕조가 바그다드에서 후원한 번역 사업 덕분이었다. 칼리프 하룬 알 라시드Harun al-Rashid, 재위 786~809, 고관들, 페르시아의 바르마크 가문Barmakids은 그리스의 철학과 과학 저작을 번역해 '지혜의 보고Khizānat al-Ḥikma'라고 일컬어지는 그들의 도서관에 보관했다. 이 체제는 하룬의 아들 알 마문al-Ma'mun, 재위 813~33의 치하에 '지혜의 집Bayt al-Ḥikma'이라는 이름으로 제도화되었는데, 아마도 이란 서남부 사산왕조의 준디샤푸르Jundishapur 학술원을 모방했을 가능성이 크다. 지혜의 집에서는 필사자와 제본공 외에도 번역자(학자, 문인, 궁정 대신을 많이 배출한 바눌 무나짐Banu'l-Munajjim 가문 사람들이 가장 유명했다)들도 함께 일했다. '지혜의 집'은 칼리프 알 무타와킬Al-Mutawwakil, 재위 847~61 치하에 정통파의 반발을 견뎌내지 못했지만 몇몇 다른 도서관이나 '학문의 집Dār al-'Ilm'으로 알려진 학문 기관의 원형이 되었다. 990년대에 고관을 지낸 아부 나스르 샤푸르Abu Nasr Shapur가 바그다드에 세운 도서관은 가장 중요한 도서관으로 손꼽힌다. 모든 학문 분야에 관한 책을 1만 권 이상 보유했고 유명한 문법학자와 사무관이 여기서 근무했다고 전해진다. 코르도바, 카이로, 시라즈에 소재한 다른 궁정 도서관들도 명성이 높았다. 이 문화권은 중세 세계에서 가장 책을 좋아한 사회 중 하나로 손꼽힌다.

쿠란이 아닌 초기 종이 책 표본 중 연대가 확인되는 책은 오늘날까지 최소 40권이 전해지고 있다. 역사, 문법, 아랍인 기독교 신도(이중 몇 권은 시나이산의 성 카타리나 수도원에 보존되어 있다) 등에 관한 책들이다. 그중 연대가 가장 이른 표본은 '예언자 무함마드에 관한 성전聖傳'에 관한 특별한 표현이 담긴 코덱스 『가리브 알 하디스Gharīb al-ḥadīth』다. 이슬람력 252년(서기 866년)에 아마 바그다드에서 전사된 것으로 추정된다(Leiden University Library, ms. 298). 이 필사본은 다른 표본들처럼 작고(28×17cm) 세로로 긴 형태의 코덱스로 갈색빛이 도는 버슬버슬한 종이에 둥근 서체로 쓰여 있다. 쿠란 필사본의 반듯한 쿠픽체와 달리 이 서체는 가독성에 많은 것을 양보했다. 글자가 서로 붙어 있고 페이지가 빽빽한 인상을 주지만, 『가리브 알 하디스』를 전사한 무명의 필경사는 한 단어 안에서 연결되지 않은 글자들 사이의 간격보다 단어들 사이의 간격을 더 넓게 벌림으로써 연결된 글자들의 덩어리들과 개별 단어들이 잘 구별되게 했다. 또한 텍스트에 점이 한가득 찍혀 있는데 이 점들은 가독성을 높이기 위해 모양이 같은 글자들을 구분해주는 다이어크리틱 표시다. 특히 '칼라'qāla, '그가 말했다'라는 뜻으로 성전을 인용할 때 쓰는 말라는 단어 안에서 연결된 글자들 사이를 가로로 길게 이은 붓자국은 개별 이야기들을 구분해주는 소제목 역할을 했다. 이 모든 특징들은 이 코덱스가 암송을 위해 기억을 떠올리도록 돕는 시각적 단서를 제시하는 책이 아니라 독자가 읽고 참고하도록 디자인된 책임을 보여준다.

필경사들은 이 둥근 서체를 서서히 쿠란 코덱스에도 적용했다. 대체로 호화로운 쿠란 코덱스였지만 이슬람 지역에서 생산되는 매우 전통적인 형태의 필사본도 있었다. 한 초기 표본은 매우 작고(12×9cm) 널리 전파된 쿠란 코덱스로, 아마드 이븐 아불-하이카니Ahmad ibn Abu'l-Khayqani가 이슬람력 샤반 292년(서기 905년 6월)에 이 책을 교정했다고 페르시아어로 적혀 있다. 이 텍스트는 여전히 전통 소재인 양피지에 전사되어 있었다. 하지만 한두 세기가 지나지 않아 나긋나긋하고 우아한 둥근 서체와 종이가 쿠란 코덱스의 표준이 되었다. 체스터 비티 도서관이 소장하고 있는 이슬람력 391년(서기 1000~1년)에 바그다드에서 필사된 한 권짜리 쿠란 코덱스(Is 1431)는 여러 가지 이유로 기념비적인 책이다. 이 책은 종이에 전사된 가장 오래된 쿠란 필사본으로 크기는 그리 크지 않다(17×13cm). 당시 새롭게 떠오른 둥근 서체로 쓰여 있는데 '알 하트 알 만숩al-khaṭṭ al-mansūb'(고른 서체)이라고도 불렸던 이 서체는 명료하고 단정하며 유려한 인상을 준다.

이 쿠란 텍스트는 완전한 형식을 갖춘 콜로폰에 날짜와 '알리 이븐 힐랄Ali ibn Hilal, 1022년 사망'의 서명이 있다. 알리 이븐 힐랄은 '이븐 알 바우왑Ibn al-Bawwab, 직역하자면 '문지기의 아들''이라는 별칭으로 더 유명하다. 이븐 알 바우왑은 주택 도장공으로 일을 시작해 채식공이 되었다가 나중에는 캘리그래퍼로 명성을 날렸다. 학자이자 전기 작가 야쿠트Yaqut, 1179~1229의 말을 빌리면 이븐 알 바우왑은 "이전의 모든 캘리그래퍼를 능가했고 이후의 모든 캘리그래퍼를 좌절시켰다". 이븐 알 바우왑의 사례를 통해 우리는 당시 필경사 계층의 위상과 전문성이 어떠했는지 뿐만 아니라 필경사 계층이 여러 유파를 형성했음을 알 수 있다. 캘리그래퍼로서 그의 계통은 바그다드의 캘리그래퍼 이븐 무클라Ibn Muqla, 885~940로 거슬러올라간다. 이븐 알 바우왑은 자신이 무클라의 서체를 얼마나 능숙하게 따라 쓸 수 있었는지 그 일화를 직접 회고한 바 있다. 이븐 알 바우왑은 이란 서남부 시라즈에 위치한 부와이왕조의 바하 알 돌라Baha' al-Dawla, 재위 998~1012 왕자의 도서관을 맡았을 때 이븐 무클라가 전사한 쿠란 필사본의 총 서른 개 조각 중 스물아홉 개를 발견했다. 이 조각들은 도서관 여러 자료 사이에 흩어져 있었는데 도서관을 아무리 뒤져봐도 남은 한 조각이 나타나지 않았다. 이븐 알 바우왑은 이 작품을 이토록 소홀히 다룬 것에 대해 후원자를 책망하면서 유실된 나머지 한 조각을 자신이 직접 제작하겠다고 제안했다. 다만 한 가지 조건이 있었다. 나중에 바하 알 다울라 왕자가 위작이 어느 것인지 찾아내지 못하면 자신에게 100디나르와 '영예의 옷khila'을 상으로 내려달라는 것이었다. 왕자는 이븐 알 바우왑이 다시 쓴 부분을 찾아내지 못했고 상을 내리지도 못했다. 이븐 알 바우왑은 상을 대신해 도서관에 있던 중국 종이를 마음대로 쓸 수 있게 해달라고 청했고 이후 수년간 종이를 받을 수 있었다. 이 매력적인 일화가 사실이라면 10세기에 이미 유명 캘리그래퍼들의 책을 기꺼이 사려는 시장이 있었고, 한 캘리그래퍼가 다른 캘리그래퍼의 서체를 흉내내거나 심지어 모사하기도 했고, 중국 종이를 구할 수 있었으며, 이것이 당시에 좋은 필기 재료로 각광받았음을 알 수 있다.

아울러 이 이야기를 통해 우리는 부와이왕조 도서관의 규모가 상당했음을 미루어 짐작할 수 있다. 이는 예루살렘에서 활동한 지리학자 알 무카다시al-Muqaddasi, 945~91년경의 기록을 통해서도 확인되었다. 알 무카다시는 바하 알 돌라와 그의 부왕 아두드 알 돌라Adud al-Dawla, 993년 사망가 건립하고 이븐 알 바우왑이 사서로 봉직한 이 도서관에 관해 긴 글을 남긴 바 있다. 시아즈에 위치한 왕궁의 부속 건물인 이 도서관을 둘러본 알 무카다시는 자신이 일찍이 동서양 그 어디서도 이런 도서관을 본 적이 없다고 썼다. 대형 회관의 위층에 자리한 도서관은 360칸의 방으로 구성되어 있었다. 관리자, 사서, 그리고 시의 명망가 중에 선정된 감독자가 도서관을 운영했다. 알 무카다시에 따르면 다양한 학문에 관한 모든 책이 이 도서관에 있었다. 도서관에 들어가면 타원형 회랑을 중심으로 방이 사방으로 이어져 있었다. 회랑과 각 방의 벽에는 장식이 달린 나무 책장들이 늘어서 있었는데 각 책장의 크기는 높이 6피트(약 183센티미터)에 너비 3큐빗(약 137센티미터) 정도였다. 책장의 문은 아래로 열렸고 그 안에 책이 칸막이별로 꽂혀 있었다. 책장은 주제별로 정리되어 있었고 책 제목을 목록으로 정리한 카탈로그들이 있었다. 이 모든 것은 저명인사들만을 위해 이용이 제

3. 이븐 알 바우왑이 이슬람력 391년(서기 1000~1년)에 바그다드에서 필사·채식한 종이 필사본의 도입 페이지. 17.7 x 13.7cm. 아일랜드 더블린, 체스터 비티 도서관, CBL ls 1431, fols. 9b–10a. 이 페이지들은 쿠란의 가장 유명한 사본에서 나왔다. 1000년도 더 전에 쓰인 책이지만 이 책의 유려한 서체는 유명한 캘리그래퍼가 아바스왕조의 수도에서 전사했던 때처럼 또렷하다. 장의 제목과 구절 표시는 신성한 계시의 일부가 아님을 보여주기 위해 일부러 정교한 장식을 더해 본문과 구분했다.

한되었다. 알 무카다시의 이야기는 지나치게 찬사 일색이기는 해도 중세시대에 이슬람권에서 도서관에 쏟은 정성이 어느 정도였는지를 가늠하게 한다.

이븐 알 바우왑의 서명이 있는 쿠란 필사본의 시작 페이지가 헌사 없이 비어 있는 것으로 보아 어쩌면 이 필사본은 자유 시장에서 판매할 목적으로 제작한 것인지도 모른다. 이 시기에 대부분 사람이 무슬림이었으므로 이슬람교의 근본 텍스트를 읽으려는 새로운 독자가 많았다. 이븐 알 바우왑은 새로운 시장에 부응할 여러 가지 특징을 책에 담았다. 예를 들어 장의 제목에는 다른 서체를 썼고, 다른 부수적인 텍스트에는 그 정보가 신성한 계시의 일부가 아니라는 표시로 제3의 서체를 사용했다. 아울러 독자가 절의 개수를 빨리 세고 특정 구절을 빨리 찾을 수 있게 다섯 개 절이 끝날 때마다 하트 모양 표시, 열 개 절이 끝날 때마다 둥근 모양 표시를 삽입했다. 낱글자 사이보다 단어 사이의 간격을 더 넓게 띄우기도 했다. 또한, 모양은 같지만 소리가 다른 글자들은 주요 글자 아래에 더 작은 글자를 써넣어 구분 지었고, 단모음을 표시하고 텍스트에 전부 점을 찍는 등 다이어크리틱을 빠짐없이 활용했다. 아울러 이븐 알 바우왑은 두 페이지짜리 권두 부록과 권말 부록을 다섯 벌씩 만들어 넣었다. 여기에는 책에 사용된 텍스트의 특정 교정본, 장·절·단어·글자·다이어크리틱점 등의 개수 같은 상세 정보가 담겨 있었다. 아울러 금색, 적갈색(세피아색), 백색, 청색 등 여러 가지 색을 활용해 여백을 채식했다. 이 필사본은 10세기 바그다드의 부유한 책 시장에 관한 이븐 알 나딤의 묘사가 상당 부분 사실이었음을 증명한다.

10세기 말 동부 이슬람 지역에 종이가 도입되고 나서 쿠란 필사본에도 서서히 종이가 사용되었지만, 마그레브리비아, 튀니지, 알제리를 포함하는 아프리카 서북부 지역을 이르는 말—옮긴이나 서부 이슬람 지역에서는 수 세기에 걸쳐 쿠란 필사본의 재료로 양피지가 선호되었다. 스페인과 북아프리카의 무슬림들은 상당수가 이슬람교에 한층 더 보수적인 접근을 취하며 그 지역만의 특징적인 쿠란 필사본 양식을 발달시켰다. 이를테면 현재 할릴리 콜렉션The Khalili Collections이 소장하고 있는 이슬람력 596년(서기 1199~1200년) 발렌시아의 유수프 이븐 압달라 이븐 압둘 와히드 이븐 유수프 이븐 할둔Yusuf ibn ʿAbdallah ibn ʿAbd al-Wahid ibn Yusuf ibn Khaldun이 필사한 한 권짜리 쿠란 필사본(QUR 318)이 그러한 예다. 이 지역에서 제작된 다른 많은 쿠란 필사본처럼 이 책도 양피지에 전통적인 아이언 갤 잉크를 써서 필사했고 전체적인 비율이 정사각형에 가까운 작은 코덱스다. 글씨체는 갈고리 모양으로 활강하는 듯한 특이한 마그리비체('서양체')를 썼으며 동형이음 글자인 '파fāʾ'와 '카프qāf'에 점을 다르게 찍었다(전자에는 글자 아래, 후자에는 글자 위에 점을 찍었다). 이 시기에 동부 이슬람 지역에서 생산된 쿠란 필사본과 마찬가지로 이 필사본도 다양한 텍스트에 각기 다른 서체를 사용했고 금색과 청색으로 여백 채식을 많이 했다. 텍스트를 60분할히즈브hizb쿠란의 읽기와 암송을 용이하게 하기 위해 60분할 한 것―옮긴이해 매 지점, 심지어 그 중간 지점에도 팔메트 무늬 따위를 넣는 등 부가 정보를 삽입하기도 했다. 또한 이 필사본에는 기하학적 장식이 돋보이는 두 장짜리 권두 부록이 있는데 이 장식은 동시대의 건물 장식에 사용된 무늬와 비슷하다. 이러한 종류의 코덱스(이 시대의 사본은 적어도 20권 정도가 알려져 있다)가 번성한 시기는 베르베르족의 알모라비드Almoravid, 재위 1040~1147 왕조와 알모하드 Almohad, 재위 1121~1269 왕조 아래 이 지역이 개종된 시기와 겹친다. 이들 종교 부흥 개혁가들이 이러한 필사본의 대규모 시장을 만든 것으로 보이며, 이러한 필사본은 흔히 개인이 사적인 용도로 직접 사용하기 위해 의뢰했다.

호화 삽화본

13세기 말과 17세기 초 사이 특히 페르시아어가 문학언어로 사용되는 여러 지역에서 예술가들과 후원자들은 책을 예술적 표현의 주요 매체로 탈바꿈시켰다. 종이와 캘리그래피가 채식·삽화·장정과 결합해 모든 시대와 장소를 통틀어 최고로 손꼽히는 일부 북아트 작품이 이 시기에 생산되었다. 이전 아랍 책에도 일부 삽화가 수록되어 있었지만, 이토록 이례적인 발달은 주로 몽골족의 지배하에 이루어진 대륙 간 무역으로 중국 및 유럽과의 접촉이 증가한 데서 이유를 찾을 수 있다. 몽골족은 13세기 초 유라시아의 상당 지역을 정복한 터였다. 서사시와 역사가 담긴 초기 삽화본은 현재를 과거와 연결하는 수단이 되었다. 몽골족 통치자들은 예언자 무함마드의 후계(시아파)로서나 공동체의 동의를 얻어 선출된 지도자(수니파)로서나 그 어느 쪽으로도 이슬람적 권위를 갖추지 못한 터였다. 현실과 전설이 혼합된 이러한 책들은 몽골족 통치자들이 정통성을 갖추는 데 도움을 주었다.

이러한 책에는 흔히 페르시아 민족 서사시, 즉 샤나메Shāhnāma, '왕서王書'가 담겨 있었다. 1010년경 시인 피르다우시Firdausi는 수 세기에 걸쳐 구전된 설화들을 모아 5만 행으로 이루어진 2행 연구 서사시에 담았다. 피르다우시의 텍스트가 담긴 현존하는 가장 오래된 필사본의 연대는 그로부터 두 세기 뒤로 추정된다. 이슬람력 614년(서기 1217년)의 것으로 추정되는 어느 불완전한 사본으로서 이탈리아 피렌체 국립도서관에서 발견되었다. 이 필사본은 채식이 정교하지만 삽화가 없고 이 서사시를 기록한 최초의 텍스트라고 보기에는 문장이 지나치게 잘 다듬어져 있다. 이 서사시가 최초로 문자화된 과정에 관해서는 여전히 논란이 있다.

이 텍스트의 사본은 1300년경 급격히 늘어났다. 그중 가장 정교한 필사본—'위대한 몽골 왕서'라는 별칭으로 불리며 1330년대에 몽골족 출신 페르시아인 고관 타브리즈의 기야트 알 딘Ghyyath al-Din을 위해 제작된 것으로 추정된다—은 이 시기에 삽화본이 수행한 새로운 역할을 잘 보여주는 예다. 이 기념비적인 코덱스는 두 권으로 구성되어 있으며 폴리오의 수는 총 300여 장에 이른다. 최소 200점의 삽화 중 58점만이 오늘날까지 전해지고 있는데 그마저도 전 세계 소수의 박물관과 콜렉션에 흩어져 있다. 텍스트 페이지는 41×29cm 크기의 필기 면에 6세로단 31행이 쓰여 있다. 이 책의 페이지들은 나중에 다시 정비된 것으로, 원래는 이보다 훨씬 더 컸을 것으로 추정된다. 아마도 바그다디baghdādī 전지(110×70cm)를 절반으로 접은 크기였을 것이다. 이 시기에는 이것이 표준 규격으로 통했고, 명성이 자자한 캘리그래퍼들이 이름난 채식공들과 함께 작업한 최대 규모의 서른 권짜리 쿠란에도 이 규격이 적용되었다. 바그다디 전지는 제지공 한 명이 통에서 건져올릴 수 있는 최대 크기였다. 몽골족 통치 시기에 제조된 종이는 그동안 생산된 종이 중에 가장 질이 좋고 부드러우며 희어서 아름다운 캘리그래피, 채식, 삽화 작업에 최적이었다.

'위대한 몽골 왕서'에 수록된 채색화들은 대체로 본문의 3분의 1에서 2분의 1 정도를 차지하지만, 머릿속에 그려지는 인상으로나 비율적으로 훨씬 크게 보인다. 그중 몇몇은 오늘날에도 잘 알려진 여러 장면을 매우 극적으로 표현했다. 이를테면 알렉

4. 마그리비체로 쓰인 한 권짜리 쿠란 양피지 필사본의 두 페이지. 유수프 이븐 압달라 이븐 아브달 와히드 이븐 유수프 이븐 할둔이 이슬람력 596년(서기 1199~1200년)에 필사했다. 17×6cm. 영국 런던 할릴리 콜렉션. QUR 318, fols. 106b-107a. 10세기부터 대부분의 무슬림 지역에서 종이를 사용했지만, 서부 이슬람 지역에서는 특히 쿠란 필사본에 양피지를 선호했다. 이 지역 캘리그래퍼들은 필사본을 제작할 때 정사각형에 가까운 포맷과 끝부분이 둥근 독특한 서체, 이전과는 다른 방식으로 문자에 점을 찍는 체계를 선호했다.

산드로스대왕이 야만인들로부터 문명 세계를 보호하기 위해 철벽을 건설하는 현장을 감독하는 그림을 보자. 양다리를 벌리고 말에 걸터앉은 알렉산드로스대왕의 머리를 황금빛 원광圓光이 감싸고 있다. 장인들이 벽을 쌓는 모습을 대왕은 냉철한 얼굴로 응시한다. 각양각색의 두건과 옷차림새로 보아 세계 각지에서 모인 듯한 장인들은 해머, 집게, 풀무 따위로 철벽에 쓸 녹인 금속을 준비한다. 언덕 너머에서 검은 혀와 야생돼지 이빨을 지닌 기괴한 짐승들이 신기해하며 현장을 훔쳐보고 있다. 곡과 마곡신약성서에서 하느님의 백성에 대적해 지상 최후의 전쟁 아마겟돈을 일으킨다는 적그리스도의 세력—옮긴이의 짐승들이다. 이 서사시의 사본에는 알렉산드로스대왕의 일화 열두 편이 삽화와 함께 수록되어 있는데 이 그림이 그중 하나다. 세계를 통치하는 몽골족 술탄을 '이

시대의 알렉산드로스대왕'으로 상징화하고 있음에 의심의 여지가 없다.

14세기부터 호화로운 책을 생산하는 작업장이나 필사실(페르시아어로 '키탑하나 kitābkhāna')은 군주라면 반드시 거느려야 할 기관이 되었다. 군주들은 서사시와 역사뿐만 아니라 페르시아 문학의 고전작품도 고급 사본으로 제작하라고 주문했다. 이스탄불의 톱카피 궁전 도서관Topkapi Palace Library이 소장한 어느 선집(H2153, folio 98a)을 보자. 이 선집에 수록된 독특한 문서 '아르자다시트'arżadāsht'에는 필사실 작업의 경과 보고서가 담겨 있다. 필사실 수장 자파르 타브리지Ja'far Tabrizi가 의뢰인인 티무르 왕조의 군주이자 헤라트의 통치자 바이순구르 미르자Baysunghur Mirza, 1397~1433에게 이 보고서를 올린 것이 거의 확실하다. 바이순구르 미르자는 최고급 서적을 생산하는 이 작업장의 후원자였다. 이 보고서에는 책 장인들의 중요한 역할들이 잘 드러난다. 장인들은 도안을 디자인하고, 건축에서 세라믹, 직물, 금속 제품에 이르기까지 다양한 매체를 통해 이 도안을 재현했다. 이를테면 '아르자다시트' 문서에는 화공 미르 돌라티아르Mir Dawlatyar가 디자인한 말 안장의 도안을 다른 장인 쿠와자 미르 하산Khwaja Mir Hasan이 사용했다는 내용이 나온다. 나중에 쿠와자 미르 하산의 아들과 다른 장인은 이 도안을 다시 자개로 만들어냈다.

14세기를 지나며 책은 더 작은 포맷으로 생산되었지만, 호화판 필사본에서는 갈수록 글보다 삽화가 더 많은 면적을 차지했다. 바그다드에서 이슬람력 798년(서기 1396년)에 제작된 쿠와주 키르마니Khwaju Kirmani의 시를 담은 필사본(British Library, ms. Add. 18,113)의 몇몇 페이지는 거의 전면 삽화 구성이라고 할 만큼, 텍스트 내용과 상관 없는 그림이 차지하는 면적이 텍스트 면적보다 훨씬 넓다. 대형 삽화의 경우 화공들은 그림의 3분의 2 정도에 해당하는 높이에 지평선을 두었고, 평면에 배치된 인물들은 밝은색의 불투명한 안료로 칠했다.

삽화는 이러한 호화 서적을 꾸미는 다양한 방법의 하나에 지나지 않았다. 채식가들은 여백에 다양한 색으로 선을 그었고, 다채로운 꽃과 기하학적 문양으로 제목과

5. '위대한 몽골 왕서'의 '철벽을 세우는 알렉산드로스대왕'이 그려진 페이지. 1330년대에 타브리즈에서 제작되었다. 59.0×39.7cm. 미국 워싱턴 D.C., 스미스소니언 협회Smithsonian Institution, 새클러 갤러리Sackler Gallery. S1986.104. 쿠란에는 절대 삽화를 싣지 않았지만, 다른 텍스트에는, 특히 13세기부터 동부 이슬람 지역에서 삽화가 실렸다. 삽화 때문에 인기가 높았던 책 중 하나는 피르다우시의 5만 행짜리 서사시 『샤나메(왕서)』로 창세부터 아랍인들의 침략까지 이란의 역사를 서술한다.

주서를 장식했다. 페이지 여백에 장식이나 삽화를 넣기도 했는데, 이를테면 잘라이르 왕조 술탄인 아마드의 시가 담긴 한 필사본(Freer Gallery of Art, 1932.30-37)을 보면, 일상의 특별한 장면들을 담은 가벼운 채색의 흑색 잉크 소묘가 여덟 페이지의 여백을 채우고 있다. 색지를 만들 때는 종이를 통에 담가 종이 자체에 음영을 준 경우가 많았다. 나중에 유럽에서는 대체로 제지 이전 단계에서 섬유를 통에 담가 물들인 것과 대조적이다. 이렇게 색지를 쓰는 발상은 아마도 중국 종이를 보고 떠올렸을 가능성이 높다. 중국 종이는 15세기경, 특히 이란 동부에서 외교 사절들을 통해 점점 더 많이 유통되었다. 1433년 이란 동부 마슈하드의 사서이기도 했던 시미 니샤푸리Simi Nishapuri 같은 페르시아 작가들은 이러한 종이를 생산하고 물들이는 방법에 관한 전문적인 글을 썼다. 이란의 제지공들은 염색 기법과 아울러 종이에 금을 칠하거나 뿌리는 기법(페르시아어로 '자라프샤니zarafshānī')을 개발했다.

호화 필사본은 정성을 들여 장정했다. 이슬람 지역 후기 코덱스는 대개 초기 쿠란 필사본의 전형적인 장정 방식인 상자식이 아닌 봉투식으로 장정했다. 봉투식 장정은 책입fore edge, 책등의 맞은편 면—옮긴이을 감싸며 끝에는 삼각형 덮개가 달려 있다. 삼각형 덮개는 내지를 한 차례 감싼 다음 앞표지 밑에 온다. 대부분의 장정은 가죽을 입힌 판지로 만들었다. 민누름 장식이 가장 흔했지만 점점 금박 장식이 더 많이 사용되었는데 이 기법은 이슬람 세계에 일찍이 12세기부터 알려져 있었다. 서부 이슬람 지역에서는 일반적으로 띠무늬 도안을 사용한 반면 동부 이슬람 지역에서는 정교한 꽃 모티프를 눌러 도드라지게 하는 방식을 자주 사용했다. 가장 전형적인 직사각형 표지는 한가운데에 큰 타원형 메달이 있고 각 모서리에 이 메달을 4등분한 모양의 도형이 배치되었다. 더 화려한 장정은 '래커lacquer' 칠을 했다. 정교한 그림이 그려진 판지에 투명 바니시를 칠하는 이 기법은 15세기 말에 다시 등장했다. 티부르 왕조의 술탄 후세인 미르자Husayn Mirza를 위해 이슬람력 887년(서기 1483년)에 제작된 잘랄 알딘 루미Jalal al-Din Rumi의 시집 사본(Istanbul, Turk ve Islam Eserleri Müsezi, 1905)이 그 예다.

장식 면지(doublure, 표지 안쪽의 면지)도 정교하게 꾸몄다. 명주 천이나 (특히 이집트에서) 목판 인쇄한 가죽을 썼다. 하지만 가장 아름다운 면지는 가죽 오리기(페르시아어 '무납바트카리munabbatkārī') 기법으로 제작되었다. 가죽 오리기 기법은 15세기 초 이란 서부 타브리즈에서 동부 헤라트로 전해진 것으로 알려졌다. 이슬람력 841년(서기 1438년) 헤라트에서 티무르 왕조의 통치자 샤루크 이븐 티무르Shahrukh ibn Timur를 위해 제작된 호화 사본(Istanbul, Topkapi Palace Library, A.III.3059)의 장식 면지에서 이 기법을 확인할 수 있다. 이 책은 신비의 시인 파리드 알-딘 아타르Farid al-Din 'Attar 1145~1221년경의 시 여섯 편을 황금색 풍경화가 그려진 광택 좋은 중국 종이에 전사했다. 장정은 목판화와 정교한 가죽 금 줄 세공이 특징이다. 개별 스탬프나 도구를 써서 누르거나 모양을 만드는 방식을 쓰지 않고, 야생동물이 등장하는 멋진 풍경 등의 정교한 이미지를 제본공이 직접 목판에 새기고 파내어 표현하고 이것을 책 겉표지에 찍었다. 장식 면지는 가죽 금 줄 세공으로 제작했고, 중앙의 메달에 빛나는 파란색을 배경으로 중국의 신비의 동물 기린 두 마리가 겨루는 장면 등의 중국풍 모티프를 화려하게 표현했다.

한층 더 정교한 도안을 이스탄불의 터키 이슬람 예술 박물관Museum of Turkey and Islamic Arts에 소장된 필사본(1905)의 '래커' 표지 안쪽 장식 면지에서 볼 수 있다. 이슬람력 887년(서기 1483년)에 헤라트에서 술탄 후세인 미르자를 위해 루미Rumi의 시집 『마트나비Mathnavī』를 필사한 책이다. 진한 청색을 배경으로 원숭이, 사슴, 새 등의 동물이 우거진 수풀 사이로 뛰노는 그림이 장식 면지에 크게 실려 있다. 이러한 장면은 분명 인도에 전해진 유형의 화첩과 워크북에서도 사용되었고(다음 내용 참조), 이와 비슷한 장면이 인도의 궁전 벽에도 얕은 돋을새김으로 표현되어 있다. 무굴왕조의 악바르황제가 1571년 만든 수도 파테푸르 시크리에 세운 '터키 술탄의 집House of Turkish Sultana'에서 이러한 예를 볼 수 있다.

6. 가죽 오리기 기법으로 장정한 '아타르 시선詩選'의 사본. 칼리프 압둘 말리크가 필사했고 샤루크 이븐 티무르에게 헌정 되었다. 이슬람력 841년(서기 1438년), 35.9×24.3cm. 터키 이스탄불, 톱카피 궁전 도서관. A.III.3059. 이슬람 지역에 서 책 예술은 텍스트, 채식, 삽화, 그 이상의 것을 의미했다. 장인들은 텍스트를 보호하고 영광을 드높일 여러 종류의 장정 방법을 개발했다. 가장 전형적인 겉표지에는 내지를 감쌀 수 있도록 아래쪽 표지에 오각형 날개가 달려 있었다. 가죽 으로 종이 판지의 안쪽과 바깥쪽 모두를 덮었고, 흔히 가죽에 압인, 금박, 압형, 오리기 등으로 정교한 무늬를 표현했다.

전면 삽화를 시 텍스트의 중간 휴지 부분에 맞춰 넣기 위해 필사자들은 일부 구절 을 대각선 방향으로 늘여 쓰는 방법을 개발했다. 이렇게 하면 텍스트가 공간을 덜 차 지했고 삽화 페이지의 맨 위에 적절한 시행이 왔다. 이렇듯 텍스트가 대각선으로 쓰 인 페이지는 흔히 삽화 페이지보다 한두 장 앞서 등장했기 때문에 독자는 기대감 속 에 코덱스의 낱장을 넘겼다. 이란 동부의 호라산 지방 총독 이브라힘 미르자Ibrahim Mirza를 위해 제작된 『칠왕기Haft Awrang』의 호화 사본에서 이러한 예를 확인할 수 있 다. 이 책은 16세기 이란에서 생산되었고 관련 자료가 가장 충실하게 남아 있는 필 사본 중 하나다. 사파비왕조의 샤 타흐마스프 1세Tahmasp I, 재위 1524~76의 조카로서 샤 의 총애를 받은 미르자는 3000권 이상의 장서를 소유한 책 애호가로 알려져 있었다.

이 텍스트는 신비에 싸인 시인 자미Jami, 1414~92의 **마트나비**mathnavīs, 운율이 있는 2행 연구로 된 긴 시 일곱 편의 모음이다. 군주 타흐마스프와 가와르-술탄 하눔Gawhar-Sultan Khanum 의 혼인을 축하하기 위해 기획된 것으로 보이는 이 『칠왕기』 필사본은 일종의 우편 주문 사업으로 진행되었다. 텍스트 전사에 9년 이상(1556~65)이 소요되었고, 총 세 개 도시(마슈하드, 카즈빈, 헤라트)에서 캘리그래퍼 최소 다섯 명(샤 마흐무드 니샤푸리 Shah Mahmud Nishapuri, 루스탐 알리Rustam 'Ali, 무히브 알리Muhibb 'Ali, 말리크 알 다이라미Malik al-Daylami, 아이시 이븐 이시라티'Ayshi ibn Ishrati)이 참여했다. 모든 캘리그래퍼가 아름다운 **나스탈리크**nasta'līq 서체로 썼고 필적을 구분하기 어렵다. 그들은 변화를 주고 시각적 흥미를 불어넣는 데 관심이 있어서 시행을 대각선으로 배치하거나, 이어지는 행의 방 향을 바꾸어 지그재그 효과를 내기도 했다. 첫번째 시 「황금 사슬Silsilat al-Dhahhab」이 수록된 첫번째 책의 마지막 페이지가 그러한 예다. 캘리그래퍼 말리크 알 다이라미는 이 페이지에서 삼각형 콜로폰이 정확히 페이지의 하단에 오도록 텍스트를 늘여 썼다. 알 다이라미는 후원자를 추켜세우고자 군주의 이름과 칭호(아불파트 술탄 이브라힘 미 즈라 알 후세인 알 사파비Abu'l-Fath Sultan Ibrahim Mirza al-Husayni al-Safavi)를 분홍색과 금색으 로 전사했다. 또한 후원자의 이름 아래에 자신을 낮춘 적절한 서명('그의 종복 중에 가 장 보잘것없고 미천한 자, 말리크 알 다이라미')을 남김으로써 더욱 큰 존경심을 드러냈다. 그 옆에는 날짜('이슬람력 둘힛자 963년'[서기 1556년 10월])와 장소('성스럽고 지고한 마슈 하드', 이란 동부에 위치한 이맘 레자Imam Reza의 무덤을 둘러싼 성지를 일컫는다)가 적혀 있 다. 이 화려한 코덱스의 텍스트 전사가 완료된 다음에는 적색, 청색, 주황색, 녹색 등 여러 색의 잉크를 번갈아 사용한 주서 장식을 곁들인 긴 제목을 달았다.

여러 명의 캘리그래퍼가 필사한 일곱 편의 시를 완벽하게 통일성 있는 한 권의 책 으로 엮기 위해 장인들은 필사본 전체에 걸쳐 황금색 외곽 패널, 다채로운 세로단 구분선 등 엄청난 양의 채식을 했다. 아울러 캘리그래피로 장식한 페이지를 여러 다 른 색지의 여백에 삽입했는데, 이러한 페이지도 황금색으로 칠하고 소용돌이, 구름,

격자 도안 장식을 스텐실 기법으로 찍었다. 화공들은 스물여덟 점의 회화작품으로 책의 가치를 드높였다. 사실상 최초의 전면 삽화인 이 그림들은 대개 텍스트 영역 너머로 확장되었다. 빛나는 보석 같은 느낌을 주는 안료로 그린 이 큼직한 구도의 그림들은 세밀하게 묘사된 건축물들과 이상화된 인물의 복잡한 배치를 보여준다. 초점이 여럿인 탓에 종종 그림의 주제가 풍부한 디테일 속에 묻히기도 한다. 페르시아 회화의 고전적인 스타일의 정점을 대표하는 그림들이다.

이 『칠왕기』의 호화 필사본은 언제나 소중한 재산이었다. 그러나 소유자가 자주 바뀌었고, 새로 단장되거나 장정이 교체되었으며 최소 한 번은 물에 의한 손상으로 맨 앞과 뒤의 낱장들을 복구 또는 교체한 것으로 보인다. 이슬람력 1017년(서기 1608~9년)에 사파비왕조의 샤 아바스 1세가 아르다빌 소재의 사파비왕조의 성소에 이 필사본을 기증했음을 여러 번에 걸쳐 찍힌 인장들을 통해 알 수 있다. 아바스 1세가 이 필사본을 기증할 때 텍스트와 장정이 모두 양호한 상태였음이 그 인장의 위치를 통해 증명된다. 이후 이 코덱스는 인도의 무굴 궁전으로 전해졌음을 이 책의 맨 뒤에 추가된 페이지(folio 304b)로 알 수 있다. 이 페이지에서 17세기와 18세기의 다양한 인장과 점검 기록을 볼 수 있는데, 황제 샤자한Shahjahan, 1628~58년 재위과 그의 뒤를 이은 아들 아우랑제브Awrangzib, 1658~1707년 재위가 여기 언급된다. 이후 『칠왕기』 필사본은 첫번째 페이지가 카자르왕조 시대(1785~1906)의 양식으로 채식된 것으로 미루어 볼 때 다시 이란으로 돌아온 듯하다. 빨간색 바탕에 꽃무늬가 있는 지금의 '래커' 표지로 다시 장정된 것은 이 즈음이었을 것이다. 현재 이 '래커' 표지는 19세기 말 또는 20세기의 전형적인 유럽식 장정인 빨간 가죽 책등에 부착되어 있다. 이 필사본이 밀라노의 1926년 판매 카탈로그에 올라 있는 것으로 보아 아마도 유럽에서 새로 장정한 것으로 보인다. 당시 이 책의 딜러였던 하곱 케보키안Hagop Kevorkian이 이 책을 밀라노에서 입수하고 그로부터 20년 뒤에 워싱턴 D.C. 프리어 갤러리Freer Gallery에 팔았다. 이 필사본은 이처럼 수많은 우여곡절과 기나긴 여정을 통과했음에도 불

7. 1555년과 1565년 사이 이란 동북부 마슈하드에서 편찬된 자미의 시집 『칠왕기』의 사본의 콜로폰 페이지. 미국 워싱턴 D.C., 스미스소니언 협회, 프리어 아트 갤러리Freer Gallery of Art. F1946.12, fol. 46a. 16세기 무렵 페르시아의 책예술은 정점에 이르렀다. 예술가들은 종이, 캘리그래피, 채식, 삽화, 여백 장식을 혼합해 그동안 생산된 그 어떤 필사본보다도 정교한 필사본들을 만들어냈다. 이 캘리그래퍼는 텍스트를 대각선으로 늘여 써서 후원자를 언급하는 분홍색과 금색의 콜로폰이 페이지의 아래쪽에 오도록 했다.

구하고 16세기 중반에 이란에서 이브라힘 미르자를 위해 생산되었을 때와 상당히 비슷한 외양을 간직하고 있다. 사실 이 책이 수차례 새로 단장되었다는 사실은 그 자체로 이슬람교 지역 소장자들과 수집가들이 이 책을 얼마나 귀하게 여겼는지를 증명한다. 이렇듯 이 책이 수 세기에 걸쳐 받은 존경과 세심한 손길을 생각하면 1992년 사라예보에서 세르비아의 폭격으로 보스니아 헤르체고비나 국립대학 도서관이 파괴된 일이나 2003년 바그다드의 이라크 국립도서관과 기록보관소가 약탈된 일 등 근래의 정치적 사건들이 더더욱 안타깝다.

다른 형식과 포맷

사파비조의 군주 이브라힘 미르자를 위해 제작된 『칠왕기』의 필사본은 수많은 서체와 수많은 부분의 집합체로서 이슬람 지역에서 15세기부터 생산된 또다른 종류의 호화 서적, 즉 화첩과 비교해볼 만하다. 이슬람 지역의 화첩은 아랍어와 페르시아어로 '무라카muraqqa', 직역하면 패치워크' 또는 페르시아어로 '중jung, 직역하면 배ship'이라고 불렸다. 당시 가장 존경받는 예술 형식은 캘리그래피였기 때문에 초기 화첩에는 주로 캘리그래피 작품이 수록되었다. 쿠란 발췌문, 전승, 경구, 종교적 금언, 성스러운 이름, 잠언, 기도문, 편지, 논문, 연습문제 등 광범위한 주제의 문구를 다양한 캘리그래퍼가 쓴 개별 작품들이 실려 있었다. 대부분 아랍어 텍스트였지만 페르시아어 텍스트도 갈수록 더 인기를 끌었다.

이러한 화첩을 만들 때는 개별 작품을 수집해, 다듬고, 고치고, 자로 재어 선을 그은 다음 대지臺紙를 덧대고, 이 대지를 페이지에 붙였다. 왕실 고객이 의뢰한 더욱 화려한 화첩에는 구성과 구도가 제각각인 페이지에 통일감을 부여하기 위해 페이지마다 칠을 하고 가장자리 장식을 넣었다. 그다음에는 제본공이 이 낱장들을 코덱스나 아코디언(콘서티나) 포맷으로 합장했고 이따금 그림을 추가하기도 했다. 15세기와 16세기에 이란에서 생산된 가장 유명한 화첩들은 현재 제작된 장소인 이란이 아닌 이스탄불에 남아 있다. 전리품으로 강탈하거나 선물로 증정한 것을 톱카피 궁전의 오스만제국 기록보관소에 보관해둔 것이다. 이러한 화첩에는 보통 서문이 있다. 당대에 칭송받는 산문에 화려한 장식을 곁들였고 화려한 장식에 잘 어울리는 스타일로 필사되었다. 이 화첩들은 이슬람 지역의 캘리그래피와 회화 그리고 책 중심의 역사에 관한 초기의 증거들을 제공한다.

1526년에서 1857년까지 북인도 무굴제국의 통치자들은 이보다 더 화려한 화첩을 주문했다. 이 화첩들은 페르시아 화첩을 모범으로 삼았으되 캘리그래피와 회화작품을 번갈아 실었다. 캘리그래피 작품은 다수가 무굴제국의 티무르왕조 시대에 중앙아시아에서 이름을 날린 캘리그래퍼들이 쓴 짧은 연습 문장(키타qita')이었다. 회화작품은 초상화, 풍속화, 우화·문학·역사적 주제부터 자연사 연구, 그리고 황제의 소장품에 흘러들어온 유럽의 판화 작품까지 아울렀다. 이러한 캘리그래피나 회화 작품에는 가장자리가 화려하게 장식된 대지를 덧댔다. 흔히 가장자리를 인물이나 동물 형상으로 장식한 캘리그래피 작품과 꽃으로 장식한 회화작품을 번갈아 배치했다. 악바르의 아들 자한기르Jahângîr, 재위 1605~27를 위해 제작된 이른바 굴샨Gulshan 화첩은 정교함으로 손꼽히는 책이다. 이 화첩 중 상당수가 테헤란의 굴리스탄 궁전 도서관에 보관되어 있다(Gulistan Palace Library, ms. 1663).

자한기르 화첩에는 이슬람 책의 역사에서 특히 중요한 페이지가 있다. 여백에 그려진 그림을 통해 책 생산의 다양한 단계를 볼 수 있기 때문이다. 페이지의 중심에 자리한 4행시는 티부르왕조와 우즈베크족을 위해 작업한 유명한 캘리그래퍼 미르 알리 하라비Mir 'Ali Haravi가 썼다. 여백에는 작업에 열중하는 장인 여섯 명이 그려져 있다. 오른쪽 상단에서는 제지공이 무거운 연마기로 힘차게 시트에 광택을 내고 있다. 오른쪽 하단에서는 캘리그래퍼가 좌탁에 앉아 코덱스에 글을 쓰는 도중에 청백색 도

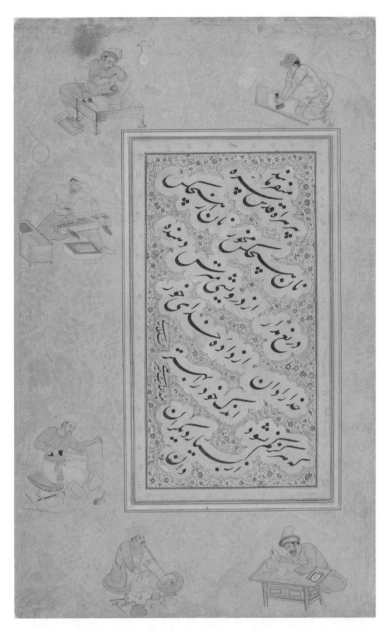

8. 17세기가 시작되고 첫 10년 동안의 무굴제국 황제 자한기르를 위해 제작된 화첩의 한 페이지. 미르 알리 하라비의 캘리그래피이며 인물 형상으로 장식된 여백에는 책 제작을 묘사하는 여섯 개의 장면이 그려져 있다. 43×27cm. 미국 워싱턴 D.C.,스미스소니언 협회, 프리어 아트 갤러리. F1954.116. 17세기 무렵에 취향이 달라졌고 대규모의 작업 의뢰를 할 만한 후원자도 드물었다. 수집가들은 회화나 캘리그래피가 담긴 낱장들을 모아 화첩을 만들었다. 흔히 대조적인 장식을 여백에 배치하는 식이었다. 페르시아어를 쓰기 위해 개발된 늘어진 모양의 **나스탈리크** 서체로 쓰인 캘리그래피가 다양한 단계의 책 생산에 몰두하는 예술가들의 모습을 묘사한 이미지에 둘러싸여 있다.

자기 잉크병에 갈대 펜을 담가 잉크를 채우고 있다. 맞은편에는 장인이 금을 녹이기 위해 뚜껑 없는 함 안에 든 불을 키우려고 기다란 봉으로 숨을 불어넣고 있다. 장인의 옆에 금박을 펴는 데 쓰는 도구들이 놓여 있다. 왼쪽 여백 하단에는 목공이 접는 책장을 톱질하고 있다. 근처 바닥에 조각도와 나무판이 놓여 있다. 왼쪽 여백의 조금 더 위쪽에는 웃통을 벗은 장인이 장정된 책을 나무 죔틀로 고정하고 가장자리를 다듬고 있다. 장인 옆에 다른 책의 내지가 여럿 놓여 있다. 왼쪽 상단에는 제본공이 송곳을 비롯한 여러 제본 도구를 늘어놓고 좌탁에 놓인 가죽 책표지에 도안을 눌러 찍고 있다. 장인 옆으로 봉투식 장정이 바닥에 놓여 있다. 여백에 묘사된 이 장면들은 종이와 캘리그래피부터 채식과 장정까지 어떻게 이슬람 지역에서 화첩이 하나의 완전한 예술작품이 될 수 있었는지를 보여준다.

아코디언 형식의 화첩(터키어로 '코크루클루 무라카kökrüklü murakkaa, 직역하면 '풀무 화첩'')은 오스만족의 영토에서 17세기부터 계속 인기를 끌었다. 특히 캘리그래피 작품(터키어 '키타kit'a', 아랍어 '키타qit'a')의 인기가 높았다. 이러한 화첩은 캘리그래피 작품에 대지를 덧댄 다음 한쪽 면을 가죽으로 감싸고 두 모서리를 긴 쪽 가장자리를 따라 합쳤다. 화첩 전체를 한 줄로 길게 펼칠 수 있게 접거나, 아니면 한 번에 두 페이지가 보이게 접었다. 텍스트는 다양한 방식으로 읽을 수 있었다. 보통 한 화첩에는 하나의 텍스트만 담았다. 두 가지 다른 텍스트를 나란히 배치할 때는 문자의 크기를 달리했다. 경우에 따라 페이지마다 별개의 작품을 싣기도 했다.

이스탄불의 사킵 사반키 박물관Sakıp Sabancı Museum에 소장된 아코디언 형식의 화첩120-0164-KMI은 총 스물세 페이지로 이루어져 있으며 이집트 시인 알 부시리al-Busiri, 1211~94가 지은 '예언자의 망토에 관한 송가Qasidat al-Burda'라는 단일 텍스트가 수록되어 있다. 이 시인은 몸이 마비되었다가 예언자가 나타나 그를 망토로 감싸준 즉시 회복되었다고 전해진다. 대개 페르시아 운문은 어딘가에 매달린 듯한 인상을 주는 나스탈리크 서체nasta'liq, 무굴제국의 화첩에서 미르 알리 하라비의 4행시를 쓴 서체로 대각선 방향으로 쓰여 있는 반면 오스만제국 시기 아랍어 운문이나 산문의 캘리그래피 작품은 풍경화 형태의 책에 가로로 쓰여 있으며, 큰 서체로 쓰인 시행과 작은 서체로 쓰인 시행이 병렬 배치된다. 이러한 아코디언 형식 화첩의 각 페이지에는 큼지막한 **툴루트**thuluth 서체로 쓴 2개의 시행 사이에 자그마한 **나스흐**naskh 서체로 쓴 더 짧은 시행들이 끼워져 있다. 짧은 시행의 끝부분에 펼쳐진 측면 패널―**콜툭**koltuk, 겨드랑이 또는 팔걸이의자이라고 불리기도 했다―은 장식으로 채워져 있다. 이 화첩의 마지막 페이지 왼쪽에는 캘리그래퍼가 자기 작품에 대한 서명을 남긴 패널이 있다. 캘리그래퍼는 리듬감이 있는 필체로 "성인聖人의 발에 묻은 흙에 지나지 않는 세이트 이제트 무스타파ḥāk-pāy-i evliyā sayyid 'izzat mustafā"라고 쓰고 '[1]265'라는 숫자로 날짜를 남겼는데 이는 서기 1848~9년에 해당한다.

무스타파 이제트Mustafa Izzet, 1801~76는 당대에 이름 높은 캘리그래퍼였다. 술탄 압둘 메지드Abdül-Mejid, 1839~61년 재위 아래 다양한 종교 및 법률 분야의 관료를 지냈다. 이 화첩의 표지에는 술탄 압둘 메지드의 모노그램tughra, 두 개 이상의 글자를 합쳐 한 글자 모양으로 도안한 것. 미술품의 서명 대신에 쓰기도 하고, 인장으로 쓰기도 한다― 옮긴이이 새겨져 있다. 나중에 무스타파 이제트는 마침내 루멜리아의 대법관(아랍어로 카디 아스카르qāḍī 'askar, 터키어로 카디아스케르kadiasker) 자리까지 오른다. 울레마ulema, 이슬람교 교단의 수장인 동시에 예언자를 따른 후예들의 일을 감독하는 자리였다. 무스타파 이제트의 경력을 통해 우리는 책 예술이 정치, 종교, 심지어 음악―그는 서예가의 펜에 사용되는 것과 같은 재질로 만든 갈대 피리의 뛰어난 연주자이기도 했다―과도 얼마나 복잡하게 뒤얽혀 있었는지 알 수 있다.

궁정에서는 전통적으로 호화 서적을 선호했지만, 이슬람 지역에서 생산된 대다수 책은 일상적인 용도에 맞게 디자인된 훨씬 소박한 물건이었다. 예를 들면 특히 19세기에 서아프리카의 사하라사막 이남 지역에서 생산된 쿠란 필사본은 누름 장식한 가죽 싸개 안에 제본되지 않은 낱장 페이지들로 이루어져 있었다. 이러한 책은 내지

9. 아코디언식으로 장정된 카디아스케르 무스타파 이제트 에펜디의 캘리그래피 모음집. 18.7×26.3cm; 이슬람력 1265년(서기 1849년). 터키 이스탄불, 사키프 사반치 박물관Sakıp Sabancı Museum, 120-0164-KMI. 코덱스로 제작된 화첩도 있지만 일부는 각 페이지가 다음 페이지에 경첩처럼 고정된 아코디언식으로 장정되었다. 오스만제국 시대의 이 캘리그래퍼는 예언자 무함마드를 찬미하는 유명한 아랍어 시를 전사하면서 가로로 쓴 큰 서체와 작은 서체를 병렬하고 각 페이지를 다채로운 화초 장식으로 꾸몄다.

를 고정하지 않고 가죽 싸개로 둘러싸기만 했다. 일부 경우에는 표지에 달린 삼각 날개를 바깥쪽에서 접은 다음 이것을 가죽끈으로 감고 개오지 조개껍질로 고정해 가죽 가방에 넣었다. 이렇게 하면 필사본이 부정을 타는 것을 막고 악마의 눈으로부터 보호할 수 있었으며 휴대하기에도 좋았다. 염소 가죽으로 만든 책가방에는 보통 어깨끈과 덮개가 달려 있었고 많은 가죽끈으로 덮개를 고정했다.

이러한 19세기의 아프리카 쿠란 필사본은 비교적 크기가 작았다. 일반적인 낱장의 크기는 22~23×16~17cm이지만 그 절반 또는 그보다 더 작은 사본도 있다. 낱장에 '세 개의 달tre lune' 워터마크가 찍혀 있다. 초승달 세 개로 구성된 이 독특한 도안은 포르데노네에 위치한 안드레아 갈바니Andrea Galvani의 회사와 이탈리아 북부 베네토의 다른 소도시로부터 오스만제국, 이집트, 아프리카의 사하라사막 이남 지역으로 수출된 종이에 찍혀 있었다. 이탈리아인들은 13세기에 아랍인들로부터 제지술을

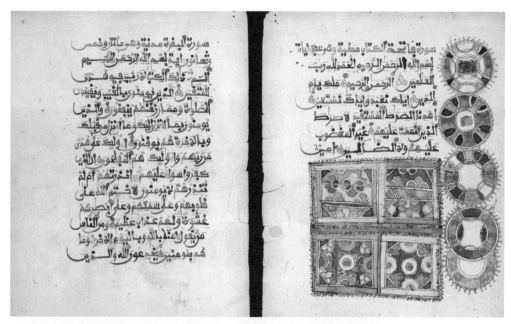

10a와 b. **수단**sudānī체로 쓰인 쿠란 종이 필사본의 시작 텍스트 페이지, 표지, 책가방. 아프리카의 사하라사막 이남 지역에서 생산된 이 책의 연대는 19세기 이후로 추정된다. 아일랜드 더블린, 체스터 비티 도서관, IS 1598, 22×16.5cm. 사하라사막 이남의 서아프리카 캘리그래퍼들이 만든 쿠란 사본들은 제본하지 않은 낱장을 가죽 겉표지와 책가방으로 보호했다. 일반적으로 베네치아산 종이에 필사되었고 직물을 연상시키는 과감한 황토색 패턴으로 장식되었다.

배운 후 철사 틀이나 워터마크, 수력 사용 등에서 기술적 혁신을 이루어 아랍인들의 기량을 금세 넘어섰다. 15세기부터는 이슬람 세계의 대부분 지역에서 유럽산 종이가 현지에서 생산된 종이를 빠르게 대체했다.

아프리카의 쿠란 필사본은 포맷뿐만 아니라 서체, 레이아웃, 채식도 독특하다. 일반적으로 세로 포맷이며 텍스트는 보통 페이지당 15행이 담겨 있지만, 13행에서 20행 사이를 다양하게 오가며 이따금 같은 책 안에서도 페이지당 행 수가 달라진다. 이렇듯 아프리카의 쿠란 필사본들은 초기의 히자즈 양식 쿠란 필사본과 비슷하게 신성한 텍스트를 전사하는 어떤 유동적인 전통을 보여주고 있다. 아울러 이러한 필사본에서는 대부분 쿠란의 개경장(제1수라) 다음에 채식 장식이 뒤따랐다. 아프리카가 아닌 다른 지역에서 필사된 쿠란 코덱스에서는 이러한 채식 장식은 보통 개경장(알파티하al-Fātiḥa) 앞에 온다. 아프리카 필사본에서 이것은 개경장을 텍스트의 나머지 부분과 구별해주는 효과가 있으며 사실 이 제1수라는 다르다. 일곱 개의 짧은 구절로 구성된 개경장은 예언자의 계시 앞에 온다. 이 개경장은 이슬람교도들이 의례적인 기도를 수행하기 위해 반드시 암기해야 하는 유일한 수라다. 이슬람교도에게는 개경장을 매일 열일곱 번씩 암송하는 것(새벽에 두 번, 해질녘 세 번, 남은 세 번의 기도 시간에 네 번씩)이 법으로 정해진 의무다. 개경장(파티하)은 또한 일상생활에서 종교적인 기도, 찬송가, 탄원, 주문, 부적, 위안이나 애도 등 여러 가지 방식으로 활용된다. 무슬림의 공동체 생활과 개인 생활에서 주된 기도이자 경전인 개경장은 기독교 전통의 주기도문에 비견될 만하다. 이러한 개경장의 끝에 특별한 채식을 넣어 강조한 관행은 이슬람의 일상적 관습에서 구술 암송이 얼마나 중요한 역할을 하는지를 시사한다.

이러한 아프리카의 쿠란 코덱스는 황색, 갈색, 적색 등 생동감 있는 흙색으로 채색된 다양한 기하학적 도안으로 장식되어 있다. 전형적인 여백 장식으로는 부복俯伏, sajda하는 자리를 가리키기 위해 사용되는 원, 60등분 구분선, 그리고 이것을 다시

8등분한 구분선 등이 있다. 이러한 구분선들은 앞서 마그레브에서 사용된 것과 동일하다. 서체 역시 마그레브에서 사용된 독특한 스타일을 따른다. 획의 굵기가 일정하며 페이지가 뒤로 넘어갈수록 갈대 펜의 촉이 뭉툭해진다. 종이와 마찬가지로 갈대 펜도 수입품이었고 가격이 비쌌을 것이다. 각 글자는 마그레비 특유의 스타일을 따른다. 끝에 고리가 있고 활강하는 듯한 모양새로 동형이음 글자인 '파fā'와 '카프qāf'에 점을 찍는 독특한 체계다. 전체적으로 볼 때 이러한 서아프리카의 쿠란 코덱스들은 궁극적으로 마그레비 스타일로부터 전해져 내려오는 강력한 지역적 전통을 예시한다. 그러니 이러한 코덱스와 말리 팀북투 지역의 개인 장서에 보관된 수천 권의 다른 필사본을 이 지역 이슬람 극단주의 세력의 파괴적인 공습으로부터 보호하는 것은 더더욱 중요한 일일 것이다.

이슬람 지역에서 수서본에 갖고 있었던 존경심은 이슬람교도들이 인쇄본을 비교적 천천히 채택한 이유 중 하나였다. 하지만 이슬람교도들은 한편으로 이미 중세시대부터 판화 기법으로 액막이용 두루마리나 부적을 찍었다. 인쇄술 채택이 늦어진 이유는 쿠란을 비롯한 성스러운 텍스트를 전사에는 캘리그래피가 으뜸가는 방법이었기 때문으로 보인다. 많은 캘리그래퍼와 필경사가 인쇄술의 활용을 목청 높여 반대했다. 현실적인 장애도 있었다. 아랍어는 단어 내 위치에 따라 모양이 달라지는 문자가 많기 때문에 이것을 인쇄기로 찍어내려면 개별 소트, 즉 활자가 훨씬 더 많이 필요했다. 자본이 불충분하고 상대적으로 책의 가격이 높았다는 점도 부분적인 이유였을 것이다.

하지만 표준화된 정보가 빠르게 전파되는 인쇄의 장점은 이슬람 지역에서도 서서히 받아들여지게 되었다. 오스만제국에 거주하는 유대교와 기독교 신자들은 1500년경부터 인쇄술을 이용했지만, 최초로 출판사를 세운 무슬림은 헝가리 태생의 개종자 이브라힘 뮈테페리카Ibrahim Müteferrika였다. 뮈테페리카는 1727년에 이스탄불에 출판사를 설립했다. 1742년에 폐업하기 전까지 이곳에서는 인쇄본 지도부터 사전에 이르기까지 다양한 주제의 세속 출판물 17종이 간행되었다. 이 책들은 대체로 전통적인 서체, 형식, 장정을 따랐고 필사본과 비슷한 특징을 보였다. 인쇄본과 필사본을 같이 쌓아놓아도 전문가만 겨우 구분할 수 있을 정도였다.

19세기가 되어서야 이슬람 지역에 인쇄술이 광범위하게 도입되었다. 고전 문학과 필사 문화를 향유하는 엘리트층인 동시에 새로운 문학과 지적 문화의 선봉자인 문인들이 인쇄술 도입에서 견인차 노릇을 했다. 예를 들어 아랍 문학의 창시자 중 한명인 파리스 아흐마드 시디아크Faris Ahmad Shidyaq, 1804~87는 이스탄불에 알 자와이브al-Jawa'ib 출판사를 차리고 오스만제국의 관보에 준하는 출판물, 고전기 아랍 문학 작품, 자신의 작품을 포함한 현대 저작물을 간행했다. 시디아크는 쪽표제, 목차, 표제지를 도입하고 천을 써서 장정했다. 서양 스타일의 철자법을 사용하는 시도도 했지만, 이러한 노력은 20세기가 되어서야 실현되었다.

쿠란 텍스트의 인쇄는 더 많은 난관에 부딪혔다. 베네치아의 파가니노 파가니니Paganino Paganini와 알레산드로 파가니니Alessandro Paganini 형제가 앞서 1537~8년에 기독교 선교사들을 위해 쿠란 텍스트를 개인적으로 인쇄한 적이 있었다. 이때 식자공들은 아랍 문자를 한 줄로 배열할 때 활자가 겹쳐 쌓이는 문제를 해결하느라 고생했다. 인쇄 결과가 조잡했던 터라 이 책은 상업적으로도 종교적으로도 성공을 거두지 못했다. 이 인쇄본은 모든 사본이 유실되었다고 여겨지다 1980년대에 베네치아에서 한 부가 발견되었다. 무슬림이 제작한 최초의 쿠란 인쇄본 역시 외부 프로젝트의 산물이었다. 새로 합병된 크리미아 칸국의 무슬림들의 마음을 사려는 예카테리나 2세의 명령 아래 1787년 상트페테르부르크에서 제작되었다. 파가니니 형제의 판본에 비해 텍스트의 정확도는 높았지만 여전히 합자가 말썽이었고 평평한 기준선에 놓인 글자들은 여전히 경직되어 보였다. 글자의 생김새는 어색했지만 이 판본은 좀더 성공적이었다. 초판본이 나오고 처음에는 상트페테르부르크, 그다음에는 타타르 칸국의 수도였던 볼가강 유역의 도시 카잔에서 그후 몇 차례 더 인쇄되었다. 모두 합쳐 무려

15만 권이 생산된 것으로 추산되는 이 판본은 쿠란 텍스트를 통일하는 과정에서 중추적 역할을 했다. 쿠란 텍스트의 통일은 수 세기에 걸쳐 진행되었고 20세기 초에 이르러 비로소 완성되었다. 이슬람력 1342년(서기 1923~4년)에 카이로 불라크 지구에 소재한 인쇄국에서 펴낸 한 판본이 분수령이 되었다. 하지만 이 판본 역시 여전히 구술 전통의 요소들이 압도적이었다. 무슬림 전문가들이 10여 년에 걸친 협력 작업을 통해 조각 글이 아닌 암송으로 구전되는 내용을 모아 엮은 책이었다.

말과 책이 우위에 있다는 것은 오늘날 이슬람 지역 출신 예술가들이 전통적인 포맷과 스타일을 활용하는 아티스트 북을 만들어내고 있음을 의미한다. 일례로 레바논 태생의 에텔 아드난Etel Adnan, 1925년 태생은 아코디언 형식의 책을 만든다. 이 책에서 아드난은 아랍의 시와 글귀를 일부러 캘리그래피 서체가 아닌 다른 방식으로 전사했다. 알제리 태생의 라치드 코라이치Rachid Koraichi, 1947년 태생가 석판 인쇄술로 제작한 두루마리에는 마법에나 사용될 법한 기호와 상징이 담긴 텍스트와 그림이 번갈아 등장한다. 모로코의 메흐디 코트비Mehdi Qotbi, 1951년 출생는 의미 없는 글자들을 조합해 펼침 책을 만들었다. 그 안에 담긴 연속적인 텍스트는 '더 멀리 더 빨리Plus loin, plus vite'라는 제목에 어울리는 속도감을 불러일으킨다. 이란 태생의 파르혼데 샤루디 Farkhondeh Shahroudi, 1962년 태생는 다양한 천을 사용해 책을 만들고 그 안에 베일을 쓴 여성의 그림과 시를 교차해 실음으로써 물질적 재료와 주제라는 문화적 개념에 도전을 제기한다. 이라크 태생의 나자르 야히야Nazar Yahya, 1963년 태생는 신과의 조우에 관한 수피파 텍스트의 디지털 인쇄물로 수제책을 만든다. 이 예술가들은 대부분 자신의 예술작품을 수용해줄 더 폭넓은 지지층을 만나기 위해 유럽이나 미국으로 이주한 시인이나 소설가다. 그럼에도 그들은 이슬람 책의 활기찬 전통이 오늘날에도 살아 있음을 우리에게 보여주고 있다.

9장

계몽주의와 프랑스혁명

제프리 프리드먼
Jeffrey Freedman

1783년 스위스 제네바시, 어느 19세 청년의 침실에 치안판사, 집행관, 의사가 들이닥쳤다. 청년은 방에 바리케이드를 쳐놓은 터였다. 천장에서 핏방울이 떨어진다고 진술한 아랫집 주민의 신고 때문에 이곳을 찾은 세 사람은 의자에 걸터앉은 젊은 남성의 시신을 발견했다. 뒤통수는 목제 칸막이에 기대어져 있었고 뇌수가 온 사방에 흩어져 있었다. 시신 뒤로는 침대 옆 탁자에 작은 책 한 권이 놓여 있었다. 제목은 『베르테르: 독일어 원작의 번역 소설Werther, traduit de l'allemand』이었다. 치안판사는 보고서에 "책이 펼쳐져" 있고 "페이지들은 피로 뒤범벅되어" 있었으며 청년의 "손에 권총이 들려 있었다"고 기록했다. 그로부터 1년 뒤 런던의 『젠틀맨스 매거진Gentleman's Magazine』도 비슷한 사건을 보도했다. 이번 희생자는 젊은 여성이었고 자살한 여자의 베개 아래에는 『베르테르』의 영역판이 있었다.

제네바와 런던의 두 남녀 말고도 유럽 전역의 수많은 젊은이가 요한 볼프강 폰 괴테가 쓴 짧은 서간체 소설 『베르테르』를 읽고 스스로 생을 마감했다. 낭만적 사랑의 고통에서 벗어나기 위해 자기 자신에게 총구를 겨누는, 사랑에 번민하는 젊고 음울한 예술가를 그린 이 비극 소설은 마치 유행병처럼 번지는 모방 자살 열풍을 불러왔다. '베르테르 열풍'의 위협이 어찌나 심각했던지 몇몇 국가는 이 소설의 판매 금지를 시도했다. 출처가 분명하지 않은 자살 보도들도 있었지만, 대단히 많은 독자가 이 소설의 주인공에게 감정을 깊게 이입했다는 것은 의심할 수 없는 사실이었다. 일부는 베르테르의 옷차림(노란색 바지, 파란색 조끼, 갈색 장화)을 모방했고 일부는 소설 속 사건이 벌어진 장소(베르테르의 '라이텐'의 역들)를 여행하며 주인공과 자신을 동일시했다. 그들은 마치 예술과 현실 사이의 경계를 기꺼이 허물려는 것 같았다. 작가 괴테에게 이것은 공포로 다가왔다. 그는 문학작품Dichtung을 쓰려고 했지 자살 지침서를 쓰려고 한 것이 아니었기 때문이다. 수년이 흐른 뒤 괴테는 회고록에서 『베르테르』에 대한 독자들의 반응은 저자와 대중 사이에 놓인 '광막한 간극'을 극적으로 보여주었다고 설명했다.

하지만 이러한 간극이 항상 존재했던 것은 아니다. 앞선 세기에 유럽의 궁정 시인들은 후원자, 벗, 찬양자로 이루어진 제한된 서클—그들이 잘 알고 반응을 예측할 수 있는 독자들—을 상대로 글을 썼다. 앞서 괴테가 묘사한 작가의 소외감과 통제력을 상실한 느낌은 새로운 유형의 저자들이 겪는 전형적인 경험이었다. 이 새로운 유형의 저자들은 한 명의 후원자가 아닌 익명의 문학 시장을 위해 글을 썼다. 이러한 저자의 기원은 18세기 초 잉글랜드의 알렉산더 포프Alexander Pope 같은 인물들의 이력으로까지 거슬러올라갈 수 있다. 18세기의 마지막 3분의 1에 해당하는 시기에는 순수 창작 문학 작가가 자기 작품을 상업 출판사에 파는 일이 점차 흔한 일이 되고 있었다. 괴테는 『베르테르』 원고를 라이프치히 출판업자 요한 프리드리히 바이간트Johann Friedrich Weygand에게 건넸다. 그후 괴테는 자신의 작품이 어떻게 될지 또는 누가 그 작품을 읽을지에 대해 그 어떤 통제력도 가질 수 없었다. 『베르테르』는 1774년과 1792년 사이에 프랑스어, 영어, 이탈리아어, 네덜란드어, 스페인어, 심지어 러시아어까지 무려 50종의 번역판이 출간되었고 독일어판만 열두 종이 나왔다. 이 소설의 사본은 유럽 전역은 물론 미국 필라델피아부터 인도 뭄바이까지 유럽 식민지 전초기지의 서점에서도 팔렸다. 『베르테르』의 영향력은 단순히 '베스트셀러'라는 표현만으로 설명할 수 없다. 『베르테르』는 실로 전 세계적인 현상, 즉 괴테가 말한 '세계 문학'의 초창기 사례였다.

18세기 출간물 중에 『베르테르』만큼 수차례 번역되고 널리 읽힌 책은 좀처럼 찾기 어렵다. 그럼에도 괴테 작품의 생산·유통·수용은 18세기의 마지막 3분의 1 시기 동안 저자와 독자의 관계에서 발생한 새로운 변화를 잘 보여준다. 창작물(특히 소설)에 대한 높은 수요, 이 소설에서 파생된 다수의 비인가 재인쇄본과 번역본, 그것들의 유통을 막으려는 당국의 무력한 시도, 이익에 경도된 도서 판매상 간의 치열한 경쟁, 작은 판형(주로 옥타보판과 12절판), 독자들의 정서적 공감, 독자의 반응이 저자에게 불러일으킨 당혹감까지, 이 모든 현상은 『베르테르』라는 하나의 독특한 사례로 그치지 않고 18세기 유럽과 유럽 식민지의 도서 문화에 일어난 심도 있는 구조적 변화를 시사했다. 특히 독일어, 영어, 프랑스어 시장은 근대의 토속어 문학 시장 중에서도 가장 규모가 크고 역동적인 시장들이었다.

이와는 대조적으로 유럽의 도서 제작 기술은 18세기 내내 이렇다 할 만한 변화가 없었다. 『베르테르』의 역사가 증언하는 이 광범한 변화들은 전통 장인의 제작 방식 체계, 즉 역사가들이 '활판술의 구체제ancien régime typographique'라고 묘사하는 생산 체제 안에서 일어났다.

출판업

괴테의 소설이 갑자기 시장에 등장했을 때 유럽 출판업은 역사적으로 격동의 시기를 지나고 있었다. 일찍이 18세기 중반 유럽의 여러 지역에서 출판업은 신사 클럽 gentlemen's club과 닮은꼴이었다. 독일을 예로 들면 전역의 독일 영방에서 수백 명의 출판업자 겸 서적상이 1년에 두 차례 라이프치히와 프랑크푸르트에서 열리는 박람회에 찾아와 한데 어울리고 회계를 정산하고 미제본 도서를 교환했다. 돈이 직접 오가는 경우는 드물었고 도서를 대량으로 교환했기 때문에 주요 독일 출판사들은 나중에는 거의 같은 재고를 보유했다. 당시에는 출판업자들이 서적상을 겸했고 만성적인 운영비 부족에 시달렸기 때문에 이러한 시스템은 이점이 많았다. 하지만 이것은 어디까지나 박람회에서 교환되는 원고의 값어치가 대체로 동등해야만 작동 가능한 시스템이었다.

『베르테르』의 출간을 즈음해 이 균형은 더이상 유지되지 않았다. 라이프치히의 한 출판업 단체(괴테의 출판업자 바이간트도 여기에 소속되어 있었다)는 독일의 선도적인 당대 작가들의 작품 원판에 대해 사실상의 독점권을 가까스로 획득했다. 라이프치히 출판업자들은 이처럼 값어치가 높은 책을 다른 판매상의 책과 맞교환하는 대신 이 책에 대금을 지불할 것을 요구했다. 더구나 할인율도 낮았고(소매가보다 고작 16퍼센트 낮은 가격이었다) 팔리지 않은 사본을 회수한다는 조건조차 달지 않았다. 독일 출판계에서 기존에 통용되던 관례에 비추어 볼 때 상규를 많이 벗어난 요구였다. 독일의 다른 지역 출판업자들은 보복 차원에서 허락을 받지 않고 라이프치히 판본을 재인쇄했다. 더욱이 유례를 찾아보기 힘들 정도로 대량으로 찍었으므로 이것은 단순히 상규의 위반이 아닌 재산권 침해, 그러니까 '해적 행위'라는 비난까지 등장하게 되었다. 이로써 한때 잔잔하고 편안하던 독일 출판업계는 이제 고발과 맞고발로 요동쳤다. 소동이 어찌나 요란했던지 역사가들은 18세기의 마지막 3분의 1에 해당하는 이 시기를 당대의 문예 운동에 빗대 독일 출판계의 '질풍노도Strum und Drang'의 시기라고 부른다. 신사 클럽의 보수적 윤리는 해적선을 탄 자본주의적 탐욕의 정신으로 이미 대체된 터였다.

다른 유럽 국가의 출판업계에도 비슷한 폭풍이 불어닥쳤다. '런던 서적 출판업 조합' 소속의 출판업자 겸 서적상들과 '파리 서적상 길드communauté des libraries' 조합원들도 라이프치히 판매상들과 비슷한 입장이었다. 그들 역시 라이프치히 판매상들처럼 원판의 출판권을 장악한 채 해적 행위에 거세게—그리고 무력하게—항의하고 있었다. 해적 출판업자 또는 재인쇄본 출판업자들은 대부분 주류 도서 시장의 변두리 지역, 즉 영어권 시장에서는 스코틀랜드와 아일랜드, 프랑스어권 시장에서는 네덜란드, 라일란트 지역, 스위스, 독일어권 시장에는 슈바벤과 오스트리아에 군집해 있었다. 이들 일부 지역은 정부의 보호와 지원을 누리기도 했다. 이를테면 오스트리아의 마리아 테레지아Maria Theresia 황제는 7년 전쟁이 끝나자 그동안 주로 수입에 의존해 온 오스트리아의 출판 산업을 강화해야겠다고 결심했다. 테레지아 황제의 목표는 자국에 유리한 무역 균형을 장려하고 국내 제조업을 촉진해야 한다는 중상주의 경제학의 신조를 반영한 것이었다. 이러한 목표를 위하여 황제는 빈의 서적상이자 인쇄업자 요한 트라트너Johann Trattner에게 당시 독일 문학 작품의 재인쇄본을 출간하라고 지시했다. 트라트너는 큰 성공을 거두었고 나중에는 유럽에서 가장 부유한 서적상으로 손꼽혔다.

이처럼 정부로부터 적극적인 지원을 받든, 아니면 그저 용인되는 처지든, 재인쇄본 출판업자들은 양심의 가책 없이 사업에 매진했다. 이러한 행위를 반대하는 사회적 합의—즉, 재인쇄본 출간은 사실상 해적 행위라는 사회적 합의—가 아직 이뤄지지 않은 터였다. 오히려 상황은 그 반대로 돌아갔다. 사실 재인쇄는 이점이 많아서 국가적 차원에서는 경제활동이 증가했고 대중 차원에서는 읽을 책이 늘어났다. 따라서 부담은 재인쇄를 금지하자는 이들 몫이었다. 이토록 명백히 유용한 사업의 불법화를 대체 무슨 근거로 정당화한다는 말인가? 이 질문에 대한 답은 이 행위는 저자의 권리 침해에 해당한다는 데 있었다. 훗날 '저작권copyright'으로 알려지게 될 권리를 옹호하는 이 주장은 이 권리를 저자의 창작 행위로부터 끌어냈다. 그럼에도 저작권법 제

1. 다니엘 호도비에키Daniel Chodowiecki의 동판화. 1781년 C. F. 힘부르크C.F. Himburg가 베를린에서 인쇄한 이 판화에
는 "어둠의 작품들. 독일 출판업 역사에의 기여. 모든 정직한 서적상들의 이익을 위해 그리고 그들에 대한 경고로서 이
우화를 바친다"라는 설명이 달려 있다. 살이 오른 고상한 "해적판 서적상Raubdrucker"이 정직한 서적상의 셔츠를 벗기고
있다. 정직한 서적상은 이미 코트를 빼앗긴 터다. 해적의 두 조수가 코트를 찢으며 웃고 있다. 이 강도들의 다른 피해자
들은 공포에 질려 달아나고 있고, 정직한 서적상은 옆에 비스듬히 누운 '정의'를 손으로 가리키고 있다. '정의'의 칼과 저
울은 내동댕이쳐져 있다. 그들의 위를 박쥐를 닮은 동물들이 맴돌고 있는데 그중 한 마리는 악마다. 자세히 살펴보면 판
화 속 얼굴들은 당대의 서적상들과 정치가들이다. 악당들은 전부 오스트리아인이고 피해자들은 프러시아인이나 색슨
인이다. 이 갈등을 이런 식으로 지도화하는 것은 마치 이 도덕적 싸움이 남부의 가톨릭교와 북부의 개신교 간의 지리적
경계와 맞아떨어지는 것처럼 보이게 만든다. 호도비에키의 판화에 담긴 아이러니는 정작 힘부르크 자신이 해적판 출판
업자였다는 데 있다. 힘부르크는 1770년대에 괴테 저작의 판본을 무단으로 찍어낸 것으로 악명이 높았다.

정을 옹호하는 주장은 저자들이 아닌 출판계의 소수 독점 세력으로부터 나왔다. 관
습법에 의거해 자기 재산에 대한 권리를 주장한 런던의 주요 출판업자들(대부분이 서
적 출판업 조합의 조합원이었다)이 여기에 속했다.

저작권 보호의 역사는 16세기 중반의 출판업 길드, 그리고 '왕실 헌장Royal Charter'
에 의한 길드 설립의 전통으로 거슬러올라간다. 국가가 출판계 규제·감시 권한을 상

당 부분 이양한 단체인 출판업자 길드는 조합원이 발행한 서적에 대한 독점적 권리를 주장하며 이 권리를 일종의 재산, 다시 말해 사실상 영구적인 권리로 취급했다. 18세기에 출판업자들은 흔히 컨소시엄을 구성하고 공동으로 자원을 모아 위험을 분담하고 공동으로 도서를 발간했는데 이 경우에 저작권은 마치 부동산처럼 분할되었다. 즉, 컨소시엄의 각 구성원이 사업의 일부 지분을 소유했다. 18세기 초 런던의 주요 서적상들은 출판 산업에 관한 신규 법안의 도입을 촉진하는 로비를 벌였고 결국 의회는 이 관행을 법제화했다. 하지만 런던 서적상들이 마침내 손에 받아든 것은 그들이 로비한 내용과 달랐다. 1710년에 제정된 '인쇄본 사본 소유권의 저자 또는 출판사로의 귀속을 통한 학문 진흥에 관한 법'은 저자, 또는 저자가 원고를 양도한 출판사를 해당 작품의 소유권자로 인정하고 배타적인 출판권을 부여했다. 다만 이 권리는 14년이라는 기간, 또는 이 기간이 만료되었을 때 저자가 여전히 생존해 있다면 그로부터 다시 14년을 연장한 기간에 한정되었다. 법안은 통과되었지만, 출판권 보호 기간이 만료된 작품은 어떻게 되느냐는 여전히 결론이 나지 않았다. 이후 몇십 년간 어떤 판본이 해적판인가를 두고 불확실성이 팽배했다. 런던 도서 출판업 조합은 자신들의 재산권은 관습법에 따라 여전히 유효하고 조합에 등록된 모든 작품은 영구적으로 조합의 재산이라는 가정 아래 행동했다. 반면 스코틀랜드 서적상들은 저작권이 만료된 작품은 퍼블릭 도메인(공유 재산)에 속하므로 합법적으로 재인쇄본을 찍을 수 있다는 견해를 견지했다. 이 두 입장은 1760년대 초에 정면충돌했다. 스코틀랜드의 서적상 알렉산더 도널드슨Alexander Donaldson은 런던에 서점을 열고 대니얼 디포Daniel Defoe, 헨리 필딩Henry Fielding, 존 로크John Locke, 존 밀턴John Milton, 알렉산더 포프Alexander Pope, 윌리엄 셰익스피어William Shakespeare, 조너선 스위프트Jonathan Swift, 제임스 톰슨James Thomson, 아서 영Arthur Young 등 여러 유명 작가의 저작물 재인쇄본을 런던에서 일반적으로 판매되는 가격의 30~50퍼센트 저렴한 가격에 판매했다. 도널드슨의 이 행동은 명백한 도발이었다. 일련의 소송이 제기되었고 1774년 영국 상원이 마침내 최종 결정을 내렸다. 영국 상원은 도널드슨의 법률 해석이 정당하다고 인정했고, 이로써 저작권이라는 근대적 제도는 한정된 기간에만 보호받을 수 있다는 원칙이 확립되었다. 저자와 출판사의 재산권, 그리고 대중이 적은 비용으로 쉽게 문학작품에 접근할 수 있어야 한다는 공익 사이에서 절충점을 찾은 것이다. 이때부터 저작권이 만료된 책은 퍼블릭 도메인에 귀속되어 누구든 자유롭게 인쇄할 수 있었다.

시장

18세기 유럽에서 성공한 도널드슨이나 트라트너 같은 재인쇄본 출판업자들은 그들이 가장 값어치가 높다고 판단한 것, 즉 가장 큰 수요를 끌어내는 책을 무단으로 사용했다. 그런데 계몽주의 시대에는 어떤 종류의 책이 가장 잘 팔렸을까? 이 시기의 문학 시장은 전반적으로 어떤 경향을 보였을까?

이러한 질문에 답하기 위해 역사가들이 가장 먼저 의존하는 사료는 주로 파리나 라이프치히 같은 생산과 거래의 중심지에서의 시장에 관한 정보다. 그렇지만 특정 지역에서 큰 인기를 끈 인쇄물 장르는 이러한 사료에서 대체로 누락되어 있다. 이를테면 바이에른에서 널리 유통되었지만 독일 도서전에서는 거의 거래되지 않은 가톨릭교 소책자가 이 경우에 해당한다. 이처럼 지역 시장이 전국 시장이나 다국적 시장과 공존했기 때문에 18세기 문학 시장의 발달을 일반적인 관점에서 특징짓기는 어렵다. 그럼에도 우리는 적어도 네 가지의 전반적인 경향을 짚어낼 수 있다. 생산량의 전반적인 확대, 라틴어 인쇄본의 시장 점유율 감소, 번역본의 중요성 증가, 종교 출판의 성격 변화가 그것이다.

이중 첫번째 경향이 가장 두드러진다. 심지어 급속한 성장세를 보인 인쇄물 장르인 신문과 저널 부문을 일단 제외하고 봐도 그렇다. 신문과 저널 부문은 18세기의 마지막 3분의 1의 시기 동안 큰 인기를 구가했다. 라이프치히 박람회 카탈로그에 수록된 도서 종수는 1763년 1360종에서 1793년 3719종으로 증가했고, 같은 기간에 『잉글랜드 단축 제목 카탈로그English Short-Title Catalogue』(시판 도서 개요서)에 수록된 도서는 2701종에서 6801종으로 증가했다. 두 가지 모두 세 배에 육박하는 증가세다. 7년 전쟁 이후 몇십 년간 프랑스 시장의 증가세는 독일 시장이나 잉글랜드 시장에서만큼 급격하지 않았다. 사실 프랑스 시장의 전반적인 도서 생산량은 1777년에 출판사의 특혜 기간을 제한하는 신규 법안이 채택되면서 살짝 위축되었을 수 있다. 프랑스혁명 초기 몇 년 동안에는 확실히 감소했다. 이 이야기는 나중에 다시 다뤄질 것이지만, 사실 이 시기의 파리의 인쇄기들은 새로운 혁명적 정치 문화를 전하는 잠깐 읽고 버려지는 정치적 단명 자료인 팸플릿이나 저널을 찍어내느라 바빴다. 그러나 '납본dépôt légal' 같은 행정 기록과 서지 참조 문헌들로부터 산출된 수치에 따르면 18세기 초부터 1770년대 중반까지 프랑스어로 인쇄된 책의 총량은 지속적인 성장세를 보이며 약 세 배로 늘었다.

전반적인 책 시장은 팽창했지만 라틴어 인쇄본의 비율은 계속 감소했다. 잉글랜드와 프랑스에서 이러한 감소세는 17세기부터 나타났다. 독일은 토속어 간행물의 증가가 다소 서서히 진행되었다. 1692년까지는 도서박람회 카탈로그에 수록된 독일어 서적의 종수가 라틴어 서적의 종수를 넘어섰다고 단정하기 어렵다. 하지만 이후 이 추세는 가속화되었다. 1740년 박람회 카탈로그에 실린 라틴어 서적의 종수는 전체의 27.7퍼센트에 지나지 않았다. 1770년에는 겨우 14.25퍼센트에 그쳤다. 1800년에는 고작 3.97퍼센트였다. 한때 프랑크푸르트 박람회는 라틴어 서적의 국제 무역을 위한 필수적인 만남의 장으로 통했고 알프스산맥 너머부터 라인강 건너까지 광범위한 지역의 인문주의 인쇄업자 겸 출판업자들을 끌어모았다. 하지만 이즈음 프랑크푸르트 박람회는 중요도가 현저히 줄어들고 있었다.

학문적 교류를 위한 전통적인 국제 언어로 통했던 라틴어의 위상이 하락하면서 번역본이 매우 중대한 역할을 맡게 되었다. 18세기에는 과거 그 어느 때보다 많은 번역본이 출간되었다. 고대 언어를 현대 언어로 옮긴 번역본뿐만 아니라 현대 언어 간의 번역본도 다수 출간되었다. 그중에는 앙투안 갈랑Antoin Galland의 『천일야화Mille et une nuits』 같은 비서양 언어에서 서양 언어로 옮겨진 소수의 인상적인 사례도 있었다. 이 시기에 유독 중요성이 부각된 언어가 있는데 바로 프랑스어였다. 당대 사람들이 '프랑스의 유럽L'Europe française'이라는 표현을 썼을 정도로 이 시대에는 유럽 어디서든 프랑스의 기호嗜好가 문화·정치적 엘리트층의 기준으로 통했다. 프랑스어는 언어의 위계에서 최상층에 자리했고, 프랑스어 서적이 밀라노에서 모스크바까지 유럽대륙 전역에서 판매되었다. 이 시기의 프랑스어 번역판은 오늘날의 영어 번역판과 비슷한 역할을 수행했다. 그러니까 당시 프랑스어 번역판은 더 넓은 시장으로 통하는 관문이었다. 예를 들어 『베르테르』의 프랑스어판은 1774년에 독일어 원전이 출간되고 얼마 지나지 않아 몇 년에 걸쳐 세 차례나 번역되어 나왔지만, 영어판은 5년 뒤에야 나왔다. 계몽주의 시대의 법률 개혁에 관한 텍스트 중 단연코 가장 영향력 있고 가장 널리 논의된 체사레 베카리아Cesare Beccaria의 범죄와 형벌에 관한 논문은 이탈리아어 원전이 나오고 2년 뒤인 1766년에 나온 수도원장 모렐레abbé Morellet의 프랑스어 번역판(『Traité des délits et des peines』)을 통해 유럽 대중에게 널리 소개된 반면, 영어·독일어 번역판은 프랑스어 번역판이 나오고 1년이 지나서야 출간되었다. 이러한 사례들에서 프랑스어 번역판은 해당 문학작품을 인정하는 역할, 다시 말해 프랑스의 언어와 문화의 높은 위상을 그 작품에도 부여하는 역할을 했다. 프랑스어 번역판이 잘 팔리면 다른 언어로도 번역되었는데 이때는 오히려 원작이 아닌 프랑스어 번역판을 원전으로 삼아 옮기는 일이 흔했다. 18세기 전반에 독일의 출판업자들은 영어 저작물의 프랑스어 번역판이 나오기를 기다렸다가 프랑스어 번역판을 원전으로 삼아 작업한 독일어 번역판을 출간했다. 영어에서 프랑스어로 번역된 작품—18세기에 대략 500종—은 다른 그 어떤 언어에서보다도 많았기에 기다리는 시간은 대체로 그리 길지 않았다. 프랑스어 번역판은 영어 저작물의 가치를 인정해주는 역할을 훌륭히 수행했다. 나중에는 영국 문학도 자력으로 일어설 수 있게 되었다. 독일 출판업자들은 1770년대에 이르러 영어 저작물을 곧바로 독일어로 옮겼다. 괴테를 비롯해 질풍노도의 시기를 지나던 독일 작가들은 독일 군주에게 사랑받는 프랑스 고전주의의 대안으로서 셰익스피어를 떠받들었다. 프랑스어 번역판을 통해 매개·전파된 사상들의 국제적 움직임을 의미하는 '앙글로마니Anglomanie, '영국 열풍''는 장기적으로는 프랑스가 유럽에서 쥐고 있었던 문화적 헤게모니를 잠식하는 데 이바지했다.

책 생산량의 전반적인 증가의 이면에는 파리 출판계에서 전통적으로 중추적인 역할을 해온 종교 문학의 눈에 띄는 쇠퇴가 있었다. 파리 출판사들이 출간 허가를 요청한 도서 목록을 살펴보면 신학, 의례, 신앙생활 관련 저작물의 시장 점유율이 18세기에 현저히 감소했음을 확인할 수 있다. 이들 저작물은 17세기 말만 해도 파리 출판사들이 내는 생산물의 절반을 차지했고 1720년대에는 3분의 1에 달했지만, 1750년대 초에는 겨우 4분의 1, 1780년대에는 10분의 1까지 하락했다. 프랑수아 퓌레François Furet는 이 급격한 감소세가 세계의 '탈신성화désacralisation'를 보여주는 증거라고 해석했다.

하지만 파리 바깥의 상황은 퍽 달랐다. 프랑슈콩테 같은 외진 변두리 지역의 인쇄업자들은 수익성이 높은 파리의 초판 인쇄 계약에서 배제되곤 했다. 이들은 가톨릭 신앙 저작물(출판업계 전문용어로 '리브르 뒤자주livres d'usage')를 찍어서 사업을 지탱했고, 서적상들은 대량 생산된 『인도하는 천사L'ange conducteur』나 『기독교도의 하루La journée du chrétien』의 저렴한 판본으로 매장을 가득 채웠다. '탈신성화' 개념은 이처럼 지방에서 종교 서적이 대량으로 판매된 현상을 제대로 설명할 수 없다. 독일의 개신교 지역과 영국의 상황 역시 정확히 포착하지 못한다. '신앙 부흥Great Awakening'과 '경건주의Pietism' 운동의 영향으로 다양한 개신교 자선 단체가 성서 등 종교 서적을 저렴한 가격에 대량 보급하려는 야심만만한 캠페인을 벌였다. 칸슈타인 성서

LA VIE

ET

LES OPINIONS

DE MAITRE

SEBALTUS NOTHANKER.

Traduit de l'allemand par un ami du héros.

PREMIERE PARTIE.

A LONDRES.

M. DCC. LXXIV.

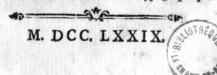

L'INTOLÉRANCE

ECCLÉSIASTIQUE,

OU LES

MALHEURS

D'UN HÉTÉRODOXE.

Traduit de l'allemand.

PARTIE PREMIERE.

A NEUCHATEL,

De l'imprimerie de la Société Typographique.

M. DCC. LXXIX.

2a와 b. 1774년과 1777년 사이에 스위스 서부의 프랑스어 기반의 출판사 뇌샤텔 인쇄 협회la Société Typographique de Neuchâtel는 프리드리히 니콜라이의 베스트셀러 독일어 소설 『제발두스 노탕커 선생의 삶과 의견Das Leben und die Meinungen des Herrn Magisters Sebaldus Nothanker 1773~6』의 세 권짜리 프랑스어 번역판을 출간했으나 판매량은 실망스러웠다. 1779년 뇌샤텔 인쇄 협회는 수백 부의 재고가 쌓여 있는 상태에서 책의 제목을 바꾸어 마치 신간인 양 새로 출시했다. 유럽 전역의 서적상들이 신간 소설 『교회의 편협함 또는 이단자의 불행L'intolérance ecclésiastique ou les malheurs d'un hétérodoxe』을 주문했다. 독일 계몽주의의 이 주요 작품은 니콜라이의 소설을 창의적으로 탈바꿈시킨 뇌샤텔 인쇄 협회 덕분에 독일어권 세계의 경계를 벗어나 여러 지역으로 확산될 수 있었다.

협회Kanstein Bible Institute는 독일 할레에 소재한 요한 프랑케Johann Francke의 바이젠하우스Waisenhaus의 연관 단체로서 경건주의를 바탕으로 설립되었다. 이 단체는 1712년과 1739년 사이에 독일어 개신교 성서의 사본을 상비 활자standing type로 무려 85만 부나 인쇄했다. 19세기 초에 설립된 영국 및 해외 성서 모임British and Foreign Bible Society은 팽창하는 영국 제국의 넓은 영토 전역에 성서를 배포하기 위해 연판 인쇄 기법을 활용한 대량 생산 설비를 마련했다. 이렇게 해서 회중주의Congregationalism, 감리교Methodism, 영국 국교회Church of England 내부의 복음주의 운동과 관련해 당대 저자들이 쓴 소책자의 저렴한 판본을 포함한 방대한 수량의 종교 저작물이 유통되었다.

전반적으로 보면 18세기 종교 서적 출판은 위축되었다기보다 저가 시장과 지방으로 위치를 이동했다고 볼 수 있다. 아울러 파리, 런던, 라이프치히의 주요 영리 회사들은 카탈로그를 채우기 위해 더 세속적인 다른 저작물을 찾아 나섰다.

어떤 다른 장르가 있었을까? 18세기 하면 흔히 '소설의 급부상'을 떠올리고 소설하면 다시 영국을 떠올린다는 점을 고려한다면 상당히 놀랍게도 18세기 잉글랜드에서 소설의 시장 점유율은 그리 괄목할 만한 성장세를 보이지 않았다. 그러나 개별 소설들을 따로 떼어서 보면 잉글랜드와 전 유럽대륙에서 소설은 18세기 내내 베스트셀러의 자리를 지켰다. 당시 1쇄 부수가 1000부를 넘는 일이 드물었음에도, 『로빈슨 크루소』, 『파멜라Pamela』, 『신엘로이즈La Nouvelle Héloïse』, 『베르테르』 등은 재인쇄본과 해적판이 나오고, 시리즈가 나뉘어 나오고, 수차례 각색되고, 요약판과 번역판이 나왔다. 아울러 이 소설들은 18세기에 출간된 다른 어느 저작보다 자주 선집에 수록되었다. 이 소설들이 대규모로 전파되었다는 것은 절대 부인할 수 없는 사실이다. 이 저자들이 누린 인기 역시 실로 대단했다. 소설 팬들은 새뮤얼 리처드슨Samuel Richardson, 루소, 괴테에게 셀 수 없이 많은 편지를 보냈고 이들은 문학계의 신성으로 그 이전 세대에는 어느 저자도 살아 있는 동안 받아보지 못했던 찬사를 한몸에 받았다.

저자권

　문학 시장이 팽창하자 저자도 많아졌다. 어느 때보다 많은 이들이, 영국에서는 특히나 여성이 본명이나 가명, 익명으로 작품을 발표했다. 그렇지만 리처드슨, 루소, 괴테처럼 명성을 누린 저자는 매우 드물었고 펜대를 굴려서만 안락한 생활을 누릴 수 있는 사람은 거의 없었다. 저자가 경제적으로 독립된 생활을 할 수 있을 만큼 충분한 원고료를 주는 출판업자는 거의 없었기 때문이다.『베르테르』는 출판계에서 그토록 화려한 성공을 거두었지만 정작 저자에게 돌아간 돈은 극히 적었다.『베르테르』가 시장에서 폭발적인 반응을 불러일으킨 지 몇 달이 지났을 때 괴테는 한 친구에게 쓴 편지에서 신랄한 어조로 이렇게 말했다. "내가 저자가 됐다고 해서 딱히 내 수프에 고기 한 점이라도 더 넣는 건 아닐세Mir hat meine Autorschaft die Suppen noch nicht fett gemacht."

　괴테가 굶어죽을 뻔했다는 이야기는 아니다. 프랑크푸르트의 부유층 가문에 태어난 괴테는 얼마 지나지 않아 바이마르의 궁정에 입성했다. 괴테는 저자의 모델을 상징했다. 많은 동료가 부러워했지만 좀처럼 이루지 못한 꿈이었다. 다시 말해 괴테는 시장을 상대로 글을 썼지만 동시에 이와 상관없이 부유했고 군주의 후원을 받았다. 바이마르의 고전주의 시대 이전에는 독일 군주가 독일 작가를 후원하는 일이 드물었다. 독일 군주의 후원은 주로 군주의 궁정을 찾는 프랑스 출신의 피후견인이나 볼테르의 아류 작가 또는 독일 영방들의 정통 학술원에 돌아갔다. 물려받은 유산도 없고 군주의 후원을 받을 길도 차단된 독일 작가는 목사, 교수, 치안판사, 정부 관료 등 다른 직업을 병행해야 했다. 그렇지 않으면 지식인 프롤레타리아트 계층, 그러니까 라이프치히의 대형 출판사 주변에 점점 늘어나던 글 쓰는 임금 노동자 계층으로 떨어지기 십상이었다. 베를린 서적상 프리드리히 니콜라이Friedrich Nicolai는 풍자소설『제발두스 노탕커Sebaldus Nothanker, 1773~6』에서 이들 대형 출판사의 공장식 환경을 마치 캐리커처처럼 그려냈다.

출판업자가 저자에게 역사, 소설, 살인 이야기, 목격자 없는 사건에 관한 믿을 만한 뉴스 보도 등등 자기에게 필요한 글을 써달라고 의뢰하는 경우가 있다. (…) 나도 그런 출판업자를 한 명 안다. 그는 자기 사무소에서 여남은 명의 저자를 긴 탁자에 앉히고 각각에게 일정 분량의 작업을 할당하고 일당을 준다.

프랑스의 상황도 조금도 나을 바 없었다. 시장을 통해 재정적 안정을 확보하는 일은 불가능했다. 저자들은 당시 프랑스인들이 '르몽드le monde'라고 부르던 파리 살롱의 폐쇄적인 환경을 잘 활용해야 했다. 파리의 살롱에서는 평판이 형성되고 인맥이 구축되고 후원이 확보되었다. 이 세계에서 주목받은 '필로조프(사상가philosophe)' 지망생은 수입 좋은 일자리나 수당, 명예직—유명 저널의 편집자, 왕실 사료 편찬관, 학술 위원 등의 자리—을 기대할 수 있었다. 이것은 문학 시장에서 겪어야 할 미래의 고난에 대한 안전한 대비책이 되었다. 이러한 자리를 얻지 못한 '실패한 필로조프'는 '가난한 하청 작가' 또는 '빈민굴의 루소'라는 조롱을 받으며 각자도생해야 했다. 어떤 이들은 명예훼손libel에 해당하는 글을 쏟아내거나 금서를 팔러 다니거나 경찰의 첩자 노릇까지 했다. 잉글랜드는 예외여서 알렉산더 포프나 새뮤얼 존슨Samuel Johnson처럼 저술 활동으로—대단히는 아니어도—제법 안락한 생활을 누리는 저자도 있었다. 하지만 잉글랜드에서도 점차 돈벌이 작가, 즉 '해크hack, 전세 마차를 뜻하는 단어 '해크니hackney'에서 파생된 18세기 초 신조어'가 늘었다. 포프는 풍자시 『던시어드Dunciad』에서 이러한 가난한 작가들이 모이는 곳을 '그럽 스트리트Grub Street'라고 불렀다.

가난한 작가들이 살아남기 위해 고군분투하는 동안 출판사들은 나날이 번창했다. 또는 적어도 동시대인의 눈에는 그렇게 비쳤다. 하지만 실상을 들여다보면 고초를 겪는 출판업자 역시 많았다. 특히 해적 행위는 언제나 위협 요소였다. 하지만 일부 과감한 출판업자들이 저자들에게 치른 쥐꼬리만 한 원고료에 비해 막대한 수익을 벌어들였다는 사실에는 의심의 여지가 없다. 프랑수아–뱅상 투생François-Vincent Toussaint의 1748년 작품 『레 매르Les Moeurs』는 스캔들에 힘입어 흥행에 성공한 작품이다. 암스테르담의 출판업자 드레핀Delespine은 이 책으로 약 1만 리브르의 순수익을 거두었지만 저자는 고작 500리브르를 벌었다. 같은 해 출간된 크리스티안 퓌르히테고트 겔레르트Christian Fürchtegott Gellert의 베스트셀러 『우화와 민담Fabeln und Erzählungen』은 라이프치히 출판업자 요한 벤틀러Johann Wendler를 평생 부자로 만들어주었지만 정작 저자는 원고료로 고작 20라이히스탈러를 딱 한 차례 받았을 뿐이다. 저자는 창작자라는 새로운 개념에 비추어 본다면 이처럼 확연한 차이는 저자에게 아주 분통 터지는 일이었다. 이때 새로이 떠오르는 '저자권'이라는 관점은 서적상에게 받는 형편없는 대우에 대한 저자들의 분노를 더욱 부채질했다. 에드워드 영Edward Young의 『원작에 대한 억측들Conjectures on Original Composition』(1759)은 이 관점을 다룬 가장 유명한 글이다. 이 시기 서적상들은 인색하고 부정직하며 신뢰할 수 없는 부류로 자주 폄훼되었다. 18세기 말 서적상의 평판은 아마도 활판 인쇄술이 발명된 이래 최악이었을 것이다. 서적상들에게 쏟아진 비난 중에는 부당한 것도 일부 있었지만 서적상 개개인에게도 분명 잘못이 있었다. 베를린의 해적판 출판업자 힘부르크Himburg는 괴테에게 원고료를 한 푼도 치르지 않고 괴테 전집을 발행한 다음 마치 자신의 과오를 벌충하려는 듯 베를린 왕립도자기공장에서 생산된 도자기 접시 세트를 괴테에게 선물로 보냈다. 괴테는 서신을 자주 교환한 절친한 벗 샤를로테 폰 슈타인Charlotte von Stein에게 보낸 편지에 이렇게 썼다. "남들에게는 죽은 다음에나 일어나는 일이/ 제게는 살아 있는 동안 일어났습니다./ 하지만 저는 도자기 접시나 빵을 얻기 위해 글을 쓰지 않습니다./ 힘부르크 가문 사람들에게 저는 죽은 사람이로군요Was man anderen nach dem Tode thut,/That man mir bey meinem Leben./Doch ich schreibe nicht um Porcellan noch Brod–/Für die Himburgs bin ich todt."

분노가 마침내 터져나왔다. 독일 저자들은 1760년대 중반을 기점으로 전문 출판업자들에 대한 의존에서 벗어나기 위해 일련의 '자가 출판' 운동을 조직했다. 그 정점은 프리드리히 고틀리프 클롭슈토크Friedrich Gottlieb Klopstock의 저작 『학계 Gelehrtenrepublik』(1774)의 출간이었을 것이다. 이 책의 자금조달과 유통은 순전히 구독을 통해 이루어졌다. 『구세주Der Messias』(성서 이야기 기반의 서사시)의 저자 클롭슈토크는 독일의 '국민 시인'으로 널리 추앙받고 있어서 광범위한 '장서가' 네트워크를 동원할 수 있었다. 유럽 전역의 크고 작은 독일어권 도시에서 저자와 기꺼이 협력 관계를 맺으려는 이들이 자발적으로 구독을 신청했다. 결과는 놀라웠다. 총 263개 지역에서 3500명이 넘는 구독자가 모였다. 출간본 권두에 알파벳순으로 실린 지역별 구독자와 수집가 명단은 그 분량이 무려 70페이지에 달했다. 자본주의 문학 시장의 익명성을 넘어서 저자와 독자의 공동체를 되살리려는 열망이 널리 공유되고 있었음을 시사하는 대목이다. 그렇지만 유명하지 않은 작가들에게 클롭슈토크의 사례는 실행 불가능한 모델로 입증되었다. 『학계』가 출간되고 몇 년간 클롭슈토크의 사례를 따른 시도가 몇 차례 있었지만 결과는 갈수록 더 나빴다. 자가 출판의 실험이 남긴 중요한 유산은 결국 저자와 독자 사이를 중개하는 전문 출판사를 대체할 수 있는 지속적인 대안이 없다는 쓸쓸한 현실 인식이었다.

그렇다면 이제 무엇을 해야 할까? 프랑스의 '필로조프' 드니 디드로Denis Diderot에 따르면 그 답은 출판계를 장악한 상업 출판사를 다른 무엇으로 대체하는 것이 아니라 반대로 그들의 법적 지위를 보호하는 데에 있었다. 디드로는 파리의 서적상 길드의 요청을 받아 1763년 「출판업에 관해 치안판사께 올리는 편지Lettre à un magistrat sur le commerce de la librairie」를 썼다. 이 글에서 디드로는 프랑스의 출판 엘리트, 즉 프랑스에서 출간된 대부분의 합법적 저작물에 대한 배타적 권리를 소유한 서적상의 대변자를 자처했다. 파리 길드의 서적상들은 잉글랜드의 서적 출판업 조합의 구성원들처럼 그들의 특권을 항구적이며 다른 재산권처럼 분할·매각·상속 가능한 권리의 한 형태로 간주했다. 그들은 또한 행정 당국이 서적에 관한 권리의 유효 기간을 제한함으로써 출판계의 경쟁을 촉진하는 새로운 법안의 상정을 고려하고 있지 않은지 우려했다(이 우려는 사실로 드러났다). 디드로는 서적상을 대표해 현상태를 유지해야 한다는 주장을 폈다. 이 주장의 일부는 단적으로 경제적 논증의 형식을 띠었다. 디드로는 항구적인 저작권은 출판계의 상업적 생존에 필수라고 주장했다. 신간 도서의 출판을 위해 감수해야 할 재정적 위험을 상쇄하기 위해 필요한 자금 흐름을 구간 도서가 꾸준히 만들어내며, 위대한 문학작품이 가치를 인정을 받아 수익을 내기까지 때로는 수 세대가 걸린다는 것이 그 근거였다. 그러나 디드로는 항구적인 저작권의 근거를 수익성에서만 찾지 않았다. 그는 경제적 근거뿐만 아니라 법적-미학적 근거도 함께 제시했다. 정신의 창작물은 저자의 소유물이므로 저자에게는 자신의 작품을 출판사에 매각함으로써 그 작품을 구입한 누군가에게 완전한 소유권을 양도할 자유가 있다는 것이었다. 이 소유권의 지속기간을 제한한다는 것은 저자가 원래부터 가지는 소유권을 무효화하는 셈이다. 따라서 이것은 일종의 절도 행위에 해당한다고 주장했다.

디드로가 의견서에서 경제적 근거와 법적-미학적 근거를 결합한 것은 어떤 역사적 연관성을 반영했다. 그것은 항구적 저작권에 담긴 출판사의 상업적 이익, 저자는 독창적 창작자라는 원낭만주의적proto-Romantic 개념, 그리고 공정한 원고료를 받아야 한다는 저자들의 실질적 요구 사이의 역사적 연관성이었다. 디드로의 관점에서 보면 이러한 연관성은 해적 행위와의 전쟁에서 저자와 출판사를 적이 아닌 동맹으로 만들었다. 하지만 다른 측면에서 보면 사실 디드로와 파리 길드는 기묘한 동반관계를 이루었다. 디드로가 솔직히 인정했듯, 그는 다른 대부분의 필로조프처럼 언제나 자유무역을 지지했고 특혜를 누리는 기업의 독점행위에 반대했기 때문이다. 심지어 더 심각한 문제도 있었다. 사실 파리 길드는 디드로와 그의 동료 필로조프들을 빈번히 희생양으로 삼는 정부 기관, 즉 검열 제도와 긴밀한 유대 관계를 맺고 있었다.

검열

잉글랜드에서는 1695년 허가법의 효력이 소멸하며 실험적 사전검열이 종료된 반면에 프랑스의 절대 군주는 인쇄물의 생산과 유통을 통제할 강력한 기구를 창설했다. 왕실 행정부에서 출판업을 관장하는 특별 분과였던 출판국La direction de la librairie은 검열관 직원의 업무를 조율했다. 원고를 심사하고 출판의 허가 여부를 결정하는 검열관의 수는 갈수록 증가해 1700년에는 약 60명이었고 혁명 직전에는 거의 180명에 육박했다. 파리 경찰의 치안정감은 경위들로 구성된 조직을 거느렸고 이 경위들은 다시 수천 명의 첩자mouchards와 함께 일했다. 이들은 서적 도붓장수, 고본 판매상, 신문기자, 그럽 스트리트의 해크 작가, 카페 문인 등으로 구성된 변화가 많은 집단을 감시했다. 파리 길드의 관리들은 인쇄소를 사찰하고 다른 지역에서 유입된 책 상자들을 검사했다. 길드의 역할은 특히 중요했다. 17세기 말, 일련의 칙령을 통해 집행된 출판업 관련 규제들은 길드의 위상 강화에 그 목적이 있었다. 이 규제들은 길드 조합원의 수를 엄격히 제한했고, 새로운 저작물의 출간에서 길드에 거의 독점적인 권리를 부여했으며, 배타적인 도서 특혜 체계를 시행했다. 이 체계의 수혜자인 길드 조합원들로서는 사전검열 요구에 순응하고, 경찰에 협력해 금서―즉, 실질적으로 오늘날 우리가 프랑스 계몽주의 저작으로 보는 모든 텍스트를 포괄하는 광범위한 카테고리의 문헌―를 근절하는 것이 유리했다.

이 실로 막강한 체제 안에서 검열 조치는 출판계를 지배하는 경제 규제들과 분리될 수 없었다. 그러나 이 체계는 금서의 출판과 확산을 막는 데 실패했다. 프랑스에서 합법적으로 저작을 발표할 길이 막힌 필로조프들은 프랑스의 동쪽 국경선 너머에 자리한 출판사들을 찾았다. 북쪽의 네덜란드 암스테르담에서 시작해 독일 라인란트 지역을 가로질러 스위스 제네바, 그리고 교황이 유수된 저 남쪽 프랑스 아비뇽까지 아우른 광범위한 지역의 출판사들이 필로조프들의 저작을 간행했다. 이곳, 그러니까 로버트 단턴이 인상적으로 표현한 프랑스 저작 타지 출판의 '비옥한 초승달 지대'를 따라 위치한 인쇄소들은 프랑스에서 이미 합법적으로 출간된 판본의 해적판은 물론, 검열을 통과하지 못한 저작물의 판본도 찍어냈다. 금지된 저작물을 프랑스 내 목적지까지 옮기는 것은 까다로운 일이었다. 일부 경우에는 해외 공급자가 책이 든 상자를 국경 너머로 운반할 밀수업자를 직접 고용하기도 했다. 하지만 대부분은 통상적이고 합법적인 통로를 이용했다. 수입 서적의 입국 지점으로 지정된 각 도시의 지방 길드 회관으로 발송하되, 금서의 낱장들을 합법적인 서적들 사이사이에 슬쩍 끼워 감추었다. 18세기 말에도 여전히 책을 흔히 제본하지 않은 낱장 형태로 운송·판매했다. 금서의 경우, 길드 관리들이 책 상자를 검사할 때 바깥쪽 낱장만 쓱 훑어보기를 바란 것이다. 사실 이 수법은 잘 통했다. 파리의 도서 길드와 달리 지방의 도서 길드는 금서를 색출하고 규제를 시행하는 일이 그들에게 그리 큰 이득이 되지 않았기 때문이다. 일단 길드 회관에서 통과된 책 상자는 최종 목적지까지 곧바로 옮겨져, 길드에 소속되지 않은 지방 서적상의 매장 또는 어떠한 종류의 정기 검열도 받지 않는 매장까지 무사히 도착했다.

18세기 중반 무렵 금서는 매우 광범하게 유통되고 있었다. 그리고 출판국장 라무아뇽 드 말레브르Lamoignon de Malesherbes에게 이 상황은 몹시 기이해 보였다. 말레브르는 "정부의 정식 허가를 받아 나온 책만 읽는 사람은 다른 동시대인에 비해 한 세기 정도 시류에 뒤처져 있을 것"이라고도 말했다. 말레브르가 선택한 해결책은 '암묵적 허가'의 확대였다. '암묵적 허가'란 프랑스 정부의 완전한 승인을 나타내는 도장이 찍히지 않았더라도 프랑스에서의 출간을 허락하는, 중간 등급의 합법화를 의미했다. 이처럼 반半합법적 방식으로 출간된 저작물에는 표제지에 공식적인 '왕의 허가approbation de roi'를 나타내는 표시가 없었고 대개는 출판 장소도 정확히 표기되어 있지 않았다. 일반적으로, 프랑스 정부가 암묵적 허가를 내린 이유는 출판사가 표제지에 마치 출판 장소가 외국인 것처럼 허위로 적는다는 것을 알고 있어서였다. 이러한 속임수를 통해 프랑스 정부는 해당 책의 출판을 국가가 허락했다는 인상을 일절 주지 않으면서도 프랑스 내 인쇄소와 서적상의 경제적 이득을 보장했다.

말레브르의 암묵적 허가가 빚어낸 타협에는 책이 사상의 전달자이자 경제적 교환 대상으로서 갖는 이중적 성격이 반영되어 있었다. 이러한 이중성에 비춰볼 때 가장 보수적인 체제도 검열로 인한 억압이 국가 경제에 해를 끼칠 수 있다는 우려에서 검열 강도를 누그러뜨리는 경향이 있었다. 예를 들어 성직자들의 도시 쾰른—18세기에는 독일의 로마로 알려져 있었다—에서는 1770년대에 로마 교황의 독일 주재 대사가 몇 차례 분서를 강행했고, 대규모 '아우토다페auto-da-fe, 스페인에서 종교 재판을 치른 뒤 거행된 화형식—옮긴이'가 열려 반종교적이고 외설스러운 프랑스 책들이 화염에 던져졌다. 그렇지만 라인 강변의 다른 항구 도시처럼 쾰른도 스위스와 네덜란드 간의 도서 환적 같은 무역 활동에 부과하는 세금으로 상당한 재정 수입을 얻고 있었다. 수익성 좋은 세금 수입원을 위태롭게 하고 싶지 않았던 쾰른시 당국은 쾰른항에서 환적되는 책 상자를 배에서 내려 무게를 재고 세금을 매길 뿐 검사는 하지 않았다. 1770년대 초, 스위스의 금서 출판사 뇌샤텔 인쇄 협회Société Typographique de Neuchâtel는 돌바크d'Holbach 남작의 악명 높은 무신론 논문『자연 체계Système de la nature』수백 부를 쾰른시를 경유해 라인강 하류 프로이센 사람들의 집단 거주 지역인 클레베의 어느 서적상에게 발송했다. 책 상자들은 종착지에 도달하기까지 석 달 가까이 소요되었다. 라인 강에 통행세, 관세, 세관 장벽이 촘촘히 자리해 있었기 때문이다. 하지만 화물이 압수될 위험은 전혀 없었다. 심지어『자연 체계』처럼 전투적인 무신론 저작물도 가톨릭 지역 라인란트의 심장부를 아무런 장애물도 만나지 않고 유유히 통과했다.

이처럼 이념적 엄격함이 경제적 실용주의에 의해 누그러진 사례들은 반종교 개혁이 펼쳐진 가톨릭교의 철옹성 쾰른에서도 검열 제도가 항상 억압적이지는 않았다는 사실을 우리에게 환기한다. 말레브르의 프랑스에서도 억압은 그리 일관된 양상을 보이지 않았다. 프랑스의 검열 제도에는 억압적 측면 못지않게 긍정적 측면도 있었다.

특혜가 부여된 책에는 종종 검열관의 보고서가 함께 실렸다. 권두에 실린 검열관 보고서는 마치 오늘날 책의 덧싸개에 쓰인 추천사처럼 책을 칭찬하고 우수성을 인정하며 독자에게 일독을 권했다. 게다가 검열관들은 원고를 검토할 때 이념적 정통성만 따지지 않았다. 사실 그것은 주안점조차 되지 않았다. '신앙, 국가, 미풍양속'에 명백히 반하는 책은 애초부터 제출되지 않았기 때문이다. 검열관 중 다수는 스스로를 뛰어난 취향과 스타일의 수호자로 여기는 문인이었다. 검열관들은 자신에게 부여된 숭고한 문화적 사명을 다하기 위해 저자와 협력해 원고를 '개선'하려고 했다. 이는 마치 오늘날 대학출판사의 동료 검토자나 교열 담당자의 역할과 비슷했다.

검열관들은 대체로 신중하고 성실했지만, 그들도 실수가 없지 않았다. 가장 큰 화제를 불러일으킨 실책은 1758년에 장 피에르 테르시에Jean-Pierre Tercier라는 검열관이 헬베티우스Helvétius의 무신론 논저 『정신에 관하여De L'Esprit』 원고의 출판을 허가한 일이었다. 명백한 이교도적 저작물이 표제지에 '왕의 허가'가 인쇄되어 완전한 특혜을 받고 출간된 일은 스캔들을 일으킬 수밖에 없었다. 대소동이 벌어졌다. 파리 고등법원이 특히 분개했다. 출판계에 사법권을 다시 행사하고 싶었던 파리 고등법원은 이 사건을 『정신에 관하여』뿐만 아니라 긴 목록을 채운 다른 계몽주의 저작물들을 몽땅 규탄하는 기회로 삼았다. 그중에는 디드로의 『백과전서』의 첫 일곱 권도 있었다. 1759년 2월 10일, 이 목록 중에서 『백과전서』를 제외하고 모든 책이 고등법원의 웅장한 계단 아래에서 교수형 집행인의 손에 찢기고 불태워졌다. 말레브르는 고등법원의 비판자들의 분노를 누그러뜨리기 위해 디드로의 책에 내린 특혜 역시 철회해야 했다. 하지만 말레브르는 경찰이 『백과전서』 편찬 사업 본부를 조만간 급습할 거라고 디드로에게 주의를 주었다. 미리 경고를 받은 디드로는 경찰이 오기 전에 안전하게 책을 치웠다. 책을 옮긴 장소는 다름 아닌 말레브르의 자택이었다! 결국 폭풍우가 지나간 뒤 이 사업은 재개되었고 1765년에 나머지 권들이 조용히 세상에 나왔다. 계몽주의 시대 최대 규모의 출판 사업은 이처럼 프랑스 최고 검열 책임자의 시기적절한 도움 덕분에 완수될 수 있었다.

검열 제도를 계몽주의에 무조건 엄격히 반대하는 것으로 보는 것은 오판이지만 그렇다고 검열 제도를 무해한 제도로 여기는 것 역시 오판이다. 프랑스 경찰은 말레브르의 출판국장 임기가 끝난 다음에도 수차례 지하의 생산·유통 조직망을 붕괴시키려고 했다. 이들 조직망이 도모하는 일이 정치적 명예훼손이라면 특히 더 그랬다. 이러한 명예훼손 서적들은 왕의 침소, 국무 회의, 베르사유 궁정의 복도에서 발생한 부도덕을 외설스럽게 폭로하고 이를 믿을 만한 새로운 소식통에서 나온 정보라고 주장했다. 이러한 책은 프랑스의 고위급 인사들에게 교정이 도저히 불가능할 정도로 악질이어서 암묵적 허가조차 내릴 수 없는 "악서mauvais livres"로 통했다. 이러한 책은 오로지 법 테두리의 바깥에만 존재했다. 이러한 책을 쓰는 저자와 이러한 책을 찍는 인쇄업자와 이러한 책을 파는 행상이 1780년대 내내 바스티유 감옥에 끝없이 체포되어 갔다. 결국 1783년 프랑스 외무장관을 맡고 있었던 베르젠의 백작은 프랑스로 마구 유입되는 명예훼손 서적을 막기 위해 모든 수입 서적은 최종 종착지에 상관없이 무조건 파리의 길드 회관에서 검사를 받아야 한다는 내용의 훈령을 내렸다. 이 훈령은 무역 시장을 크게 뒤흔들었다. 프랑스 영토 바깥에 소재한 출판사들은 심각한 위기에 처했고 대부분 재기에 실패했다.

당국이 정치적 중상모략 서적의 프랑스 국내 유통을 막기 위해 쏟아부은 어마어마한 노력은 이 저작물들의 위험성에 대한 두려움을 표현했다. 사실 모든 검열 체제는 어느 정도는 두려움의 표현이라고 말할 수 있다. 합스부르크 군주정의 오스트리아 검열 위원회는 마리아 테레지아 황제의 재위 기간에 이러한 출판물에 대한 두려움을 극단까지 밀어붙였다. 전해지는 바에 따르면 1777년 오스트리아 검열 위원회는 5000종에 가까운 책이 열거된 방대한 『금서 요람catalogus librorum prohibitorum』을 발간한 즉시 이 책 자체를 『금서 요람』에 포함시켰다. 프리드리히 니콜라이 같은 독일 북부 계몽주의자Aufklärer에게 이것은 마치 자기 풍자에 가까운 불관용 행위로 보였다. 프리드리히 니콜라이는 이러한 조치의 목표가 "나쁜 사람들이 나쁜 책에 관해, 똑똑한 사람들이 똑똑한 책에 관해 같은 출처에서 알게 된 다음, 밀수업자들로부터 통상적인 가격의 열 배의 돈을 주고 너저분한 글을 사들이는 것"을 막기 위함이라고 조롱했다.

노르베르트 바흘라이트너Norbert Bachleitner가 수행한 최근 연구에 따르면 오스트리아 검열 위원회가 직접 발간한 금서 목록집을 금서로 지정한 이 유명한 일화는 진위가 확실하지 않다. 하지만 오스트리아 검열 위원회는 스스로 규정을 위반하면서까지 일부 학자들이 필요에 따라 금서를 입수하는 것을 종종 허용했다는 것은 분명한 사실이다. 이렇듯 오스트리아 검열 위원회가 예외를 허용했다는 사실은 정말로 위험한 것은 금서 그 자체가 아니라 이 책들을 읽히는 방식임을 그들이 알고 있었음을 암시한다. 훗날 요제프 2세Joseph II 치하의 개혁적이고 상대적으로 더 자유주의적이었던 검열 위원회 역시 비슷한 관점을 견지했다. 이 시기에 검열 위원회는 과거의 금서 목록에서 80퍼센트 이상의 책을 삭제했지만, 검열 위원들이 보기에 회원이 대체로 '나이가 어리고 교육 수준이 낮은' 상업적 대여 도서관은 엄격하게 규제했다.

테레지아 치하와 요제프 2세 치하에서 오스트리아의 검열 제도가 취한 기본 전제는 다른 부류의 사람들은 같은 책을 다르게 읽는다는 것이었다. 이 차이를 어떻게 이해할 것인지는 역사가가 답해야 할 질문이다.

읽기

읽기의 역사라는 관점에서 볼 때, 근대 초 유럽에서는 기본 문해력을 갖춘 사람과 완전히 문맹인 사람의 차이가 가장 현저하게 드러났다. 초등 교육 의무화가 확립되기 전까지 문해력을 갖춘 사람은 고르게 분포되어 있지 않았다. 18세기 프랑스·영국·독일의 결혼계약서, 유언장, 법정 증언 녹취록 등의 서류에 남겨진 서명을 연구한 내용을 보면, 지역적 차이가 현저하고, 시골보다 도시에서, 주로 여성보다는 남성이 문해율이 일관되게 더 높았다. 전반적인 문해율은 점차 증가했는데 프랑스의 경우, 1680년대 말의 문해율을 보면 남성은 29퍼센트, 여성은 14퍼센트였지만 100년 뒤에는 남성은 48퍼센트, 여성은 27퍼센트로 증가했다. 영국은 남성의 문해율이 17세기 중반에서 18세기 중반까지 100년 동안 30퍼센트에서 60퍼센트로 두 배로 증가했고 여성도 비슷하게 두 배로 증가해 35~40퍼센트까지 도달한 것으로 추정된다. 독일 영토 전체를 아우르는 수치는 구하기 어렵지만, 동부보다 서부의 문해율이 더 높았다는 것은 분명한 사실이다. 북서부의 올덴부르크 공국의 경우 18세기 후반에 일부 구區에서는 스스로 서명할 줄 아는 남성의 비율signature rate은 90퍼센트 이상이었다.

물론 광범위한 능력을 아우르는 '문해율'은 정밀한 용어가 아니다. 서류에 서명하는 단순 능력보다 더 의미 있는 것은 책을 소유했는지 여부다. 이 수치와 관련한 증거는 상당히 명확하다. 책 소유자의 비율과 개인 장서의 규모 모두 괄목할 만한 증가를 보였다. 18세기 초 파리에서 사망 후 집계된 재산 목록에 책이 포함된 경우는 가정집 하인은 전체의 30퍼센트, 일반 노동자는 13퍼센트에 지나지 않았다. 1780년에 이 수치는 각각 40퍼센트와 35퍼센트로 증가했다. 얼추 비슷한 기간에 중산층 전문 직업인의 개인 장서 규모는 평균 1~20권에서 20~100권으로 늘어났다. 성직자의 개인 장서 규모는 평균 20~50권에서 100~300권으로 증가했고, 귀족과 치안판사는 1~20권에서 300권 이상으로 증가했다.

인쇄물이 더욱 광범위하게 유통되면서, 자기 소유의 책이 없고 기본적인 문해력이 부족한 도시 거주자도 이제 더이상 순수한 '구술' 문화에 산다고 말할 수 없게 되었다. 도시의 풍경은 문자로 뒤덮였다. 1720년대부터 파리에 거리 표지판이 세워졌고, 광장과 시장에서 법정 판결문, 기독교 포고문, 행정 칙령 등의 공지가 자주 눈에 띄었다. 모두 인쇄소에서 대량으로 찍어낸 것이었다. 정치적 격변의 순간에는 남몰래 손

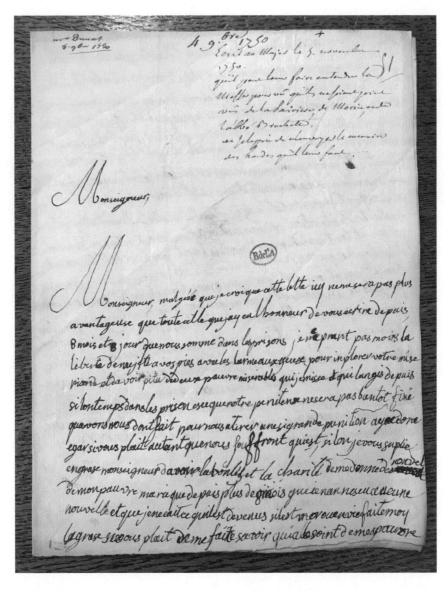

3. 마리-엘리자베스 미쇼 드모랭Marie-Elisabeth Michaud de Morin이 파리 치안정감 니콜라 르네 베리에Nicolas René Berryer에게 보낸 1750년 11월 4일자 편지. 바스티유 기록보관소Archives de la Bastille, MS 11,730, fol. 51. 이 편지를 쓴 드모랭은 1750년 2월 27일 열한 살 난 아들과 함께 바스티유 감옥에 투옥되었다. 같은 날 드모랭의 남편도 다른 감방에 갇혔지만 그는 거의 1년 동안 아내의 투옥 사실을 몰랐다. 남편은 그동안 아내에게 배달되지 않은 여러 통의 편지를 썼다. 경찰은 당시 금서였던 얀센파 저널 〈누벨르 에클레시아스티크Nouvelles ecclésiastiques〉의 비밀 인쇄 단체에 침투해 조직을 와해시키려고 했다. 부부는 얀센파 모임에서 활동했고, 이 일에 연루되어 체포된 것으로 보인다. 드모랭의 편지에서 보이는 엉성한 필체와 스펠링 오류에 미루어보아 우리는 드모랭이 글쓰기에 많이 훈련되어 있지 않음을 알 수 있다. 드모랭의 남편은 스펠링이 정확하며 숙련되고 자신감 있는 필체로 쓴 반면 드모랭의 필체에서는 여전히 구술 문화의 흔적이 강하게 드러나며 문자언어와의 연관은 말하기를 통해 중재되고 있다. 드모랭의 편지들은 모든 구절이 띄어쓰기가 없고 의미를 이해하려면 소리를 내어 읽어야 한다. 사진 속 페이지는 드모랭이 여러 페이지에 걸쳐 쓴 편지의 앞부분으로 치안정감에게 교도소 예배당의 미사에 참석하고 다가오는 겨울에 대비해 두툼한 옷을 받을 수 있도록 허락해 달라고 간청하는 내용이 담겨 있다.

으로 써서 게시한 풍자시(프랑스어로 '파스키나드pasquinade')나 낙서를 통해 대중의 의견이 표출되기도 했다.

손으로 직접 써서 게시한 메시지가 18세기 정치에서도 여전히 중요한 역할을 할 수 있었다는 것이 다소 놀랍게 느껴질지도 모르겠다. 사실 도시의 표면을 공공 게시판으로 활용하는 관행은 수 세기 앞서 16세기 초 로마에서 시작되었다. 당시 로마 시민들은 파스퀼루스Pasquillus의 동상에 교황의 통치를 비판하는 풍자시를 쓰곤 했다(그래서 프랑스어 '파스키나드'가 풍자시를 의미하게 되었다). 하지만 1776년에 취리히 대성당에서 성찬식에 쓸 포도주에 누군가가 독극물을 넣은 사건이 발생한 다음 어느 노골적으로 선동적인 풍자시가 취리히 공화국에 파란을 일으켜 사회적 갈등이 촉발될 지경까지 이르렀다. 이 풍자시가 그토록 폭발적인 영향력을 발휘했다는 것은 역사상 상이한 시대에서 연원한 의사소통 유형들이 수작업 목판 인쇄의 시대 내내 공존했다는 사실을 우리에게 다시 환기한다.

이처럼 수기 형식의 의사소통은 18세기에도 여전히 중요성을 띠었다. 동시에 인쇄물로의 접근성을 용이하게 만드는 도시의 제도들 또한 확산되고 있었다. 그중 가장 중요한 두 가지를 꼽자면 서적상이 설립한 상업적 대여 도서관과 도시 시민들이 조직한 독서회reading society다. 상업적 대여 도서관의 회원들은 서적상 카탈로그를 참고해 도서를 대출하고, 서적상이 운영하는 서점에서 정기간행물을 열람하고, 토론을 위해 별도로 마련된 방에서 다른 회원들을 만났다. 상업적 대여 도서관은 연회비나 월회비를 낼 수 있으면 남성뿐만 아니라 여성도 누구나 회원이 될 수 있었기 때문에 상대적으로 독서회보다 더 개방적인 제도였다. 독서회는 상업적 시설이 아닌 시민들의 연합이었다. 독일어권에 특히 광범위하게 분포되어 있었던 독서회들은 대여 도서관과 같은 이점들을 제공했다. 독서회 회원은 공동 소유의 도서와 저널뿐만 아니라 토론과 사교를 위한 공간도 이용할 수 있었다. 하지만 독서회 회원은 구입 도서(정기간행물과 역사와 지리 같은 주제를 다루는 '유익한' 저작물이 많았고 소설은 없었다)와 신규

4. 취리히 풍자시. 1776년 10월, 취리히 국립 문서 보관소Staatsarchiv des Kantons Zurich, A27 153, 첩보·추적기사 Kundschaften und Nachgänge. 취리히 대성당에서 열린 종교 축제 기간에 누군가가 성찬식 포도주에 독극물을 넣은 사건이 발생한 지 한 달이 다 되어갈 즈음인 1776년 10월 13일 이른아침, 사람들이 많이 지나다니는 네 군데의 장소에서 풍자시가 발견되었다. 사진의 풍자시는 몇 주 전에 체포된 용의자 사토장莎±匠 하르트만 비르츠Hartman Wirz의 무고함을 주장하면서, 취리히의 일부 주요 행정관들이 독극물 사건을 계획적으로 조직하고 실행했다고 비난하고 있다. 수기이지만 필기체가 아닌 독일 활자체 중 하나인 프락투어 서체를 모방한 필체로 쓰여 있다. 명예훼손을 감행한 이 익명의 비판자는 이러한 활자체 모방을 통해 공식 선포나 칙령을 인쇄한 문서가 지니는 권위를 이 선동적인 선언에 실어주고 싶었을지도 모른다. 이후 한 달에 걸쳐 행정관들은 풍자시를 써 붙인 이들을 찾아내기 위해 스무 명 이상의 증인과 용의자를 체포하고 심문했고 그 과정에서 때로는 고문이나 고문 위협까지 불사했지만 결국 검거에 실패했다.

회원(대개 부르주아지 남성이었고 여성이나 노동자는 받지 않았다)을 함께 정했다.

도시 거주민들이 모여 자신이 읽은 책에 관해 대화할 수 있게 해준 세번째 제도로 커피하우스가 있다. 위르겐 하버마스Jürgen Habermas가 묘사한 "부르주아지의 공공 영역"이 등장하게 한 주요 환경 중 하나가 이 커피하우스였다. 대여 도서관이나 독서회와 달리 커피하우스에는 정식 가입 요건이 없었다. 적어도 이론적으로는 누구든 출입할 수 있었고, 누구든 손님들 사이에 도는 신문이나 필사된 낱장 신문으로 촉발된 활기차고 시끌벅적한 토론에 참여할 수 있었다. 하지만 겉으로 드러난 이러한 개방성의 이면에는 접근을 제한하는 다양한 선별적 필터가 작동했다. 손님 간의 토론이 이

5. 〈카페 뒤 카보의 발의자들Les motionnaires au caffé (sic) du Caveau〉, 프랑스 파리, 카르나발레 미술관Musée Carnavalet. 작가가 알려지지 않은 이 1789년 파리의 판화 작품은 팔레 루아얄의 카페 뒤 카보café du Caveau의 정경을 묘사한다. 실내 장식이 귀족들의 살롱에 비해 덜 고상해 보이지만 평민들의 선술집보다는 우아하고 진지하며 절제된 분위기다. 손님들—카운터 뒤의 여성을 빼면 전부 남성이다—은 '부르주아'라고 불러도 무방하다. 이 정경에는 여러 스타일의 읽기가 공존하고 있다. 앞쪽의 청년은 묵독에 빠져 있다. 파티션의 오른쪽에 서 있는 남성은 다른 사람들에게 소리 내어 글을 읽어준다. 한 소년이 인쇄기에서 갓 나온 따끈따끈한 낱장 신문을 들고 카페로 들어오고 있다. 이러한 공간에서 읽기와 독서 토론은 책보다는 정치적 단명 자료에 더 집중되어 있었다.

따금 물리적인 폭력으로 이어지기도 한 런던의 실제 커피하우스 문화에서는 조지프 애디슨Joseph Addison의 소설에서 그려진 것과 같은 정중한 사교성은 찾아보기 힘들었기 때문에 여성들은 드나들기에 적합하지 않다고 여겼다. 그에 비하면 파리의 카페는 좀더 세련되었다. 대리석 테이블 상판, 거울, 은식기, 크리스털 유리 등 고상한 분위기를 물씬 풍겼다. 게다가 흡연이 금지되고 커피 외에도 초콜릿이나 다양한 종류의 술을 제공했기 때문에 런던의 커피하우스보다 여성을 더욱 환대하는 인상을 주었다. 하지만 동일한 이유에서 노동자나 빈민은 카페에 잘 드나들지 않았다.

대여 도서관, 독서회, 커피하우스는 각기 다른 이용자층의 요구를 만족시켰지만 이 제도들 사이에는 적어도 한 가지 공통점이 있었다. 남성들(과 일부 여성들)은 이러한 장소에서 훨씬 넓은 범위의 인쇄물을 읽을 수 있었다. 이 세 제도는 이렇듯 '다독 extensive reading'의 확산에 기여했다. 다독이라는 용어는 독일 북부 상업 도시에 사는 부르주아지 계층의 독서 관행을 연구한 역사가 롤프 엥겔징(Rolf Engelsing)이 만들었다. 엥겔징의 주장에 따르면 18세기 후반에는 대부분 책을 읽더라도 적은 수의 책을 수차례 반복해 읽었다. 예를 들어 개신교 가정에서는 성서를 매년 반복해 읽었다. 저녁 가족 모임에서는 흔히 가장이 소리 내어 읽었다. 이러한 독서의 목적은 새로운 세계를 발견하기 위해서라기보다 이미 알고 있는 것을 되새기는 데 있었다. 반면 다독은 새로움을 향한 끝없는 추구였다. 다독을 실천하는 사람은 하나의 텍스트를 빠르게 읽어내린 다음 그들의 지적 지평을 넓혀줄 또다른 새로운 관점을 갖고 다음 텍스트로 옮겨갔다.

18세기 후반에 다독은 사실상 과거의 읽기 방식을 대체했을까? 이 질문에 대한 답은 의심의 여지 없이 '아니오'다. 읽기의 역사는 엄격하게 선형적이지 않으며 선명한 이분법적 얼개 안에 담기지 않는다. 그렇지만 다독이 18세기 후반에 더욱 흔해졌음에는 의심의 여지가 없다.

다독의 확산을 보여주는 가장 확실한 지표는 신문의 인기가 높아졌다는 사실이다. 18세기 인쇄물 가운데 신문만큼 다독을 많이 확산시킨 장르는 없었다. 신문은 다음 호가 끊임없이 발행되었다. 18세기 후반의 신문 생산량은 유럽과 신세계의 유럽인 정착지에서 폭발적으로 증가했다. 유럽에서 신문이 가장 많이 발행된 언어권인 독일 영방들의 신문 생산량을 보면 1750년에 93종이 발행되었지만 이후 35년간 약 3분의 2가 증가해 1785년에는 151종이 발행되었다. 프랑스혁명 직전 〈합스부르크 공정 신문Zeitung des Hamburgischen unpartheyischen Correspondenten〉은 발행 부수가 가장 많은 독일어 신문으로 한 주에 네 차례 발행되고 한 차례에 2만 부씩 인쇄되었다. 신생 독

6. 장 바티스트 그뢰즈Jean-Baptiste Greuze의 〈자녀에게 성서를 읽어주는 아버지Père de famille lisant la Bible à ses enfants〉(1755년경)는 고전적인 정독의 한 장면을 보여준다. 농촌의 어느 가족이 저녁 시간에 탁자에 둘러앉아 큰 판형의 성서를 펼치고 글을 읽어주는 아버지의 목소리에 귀를 기울이고 있다. 아버지의 권위와 성서의 권위가 서로를 드높이며 가족의 다른 구성원들에게 존경심을 불러일으키고 있다. 하지만 온 가족이 모여 성서를 읽는 관행은 개신교 지역과 달리 가톨릭교를 따르는 프랑스에서는 널리 퍼지지 않았다. 그뢰즈의 이 회화작품은 당대 시골의 독서 관행을 사실적으로 담았다기보다는 교육받은 도시인들의 투명성, 지식의 공유, 책에 대한 존경심이 있는 이상적인 세상에 대한 노스탤지어를 표현하고 있다.

립국 미국에서는 더욱 극적인 증가세가 나타났다. 독립 선언 이후 1800년에 토머스 제퍼슨Thomas Jefferson이 대통령으로 선출되기까지 신문의 종수는 25종에서 약 230종으로 증가했다. 물론 이러한 합산 자료만으로는 다양한 언론의 형태들을 다 보여주지 못한다. 여기에는 점잖고 정중한 궁정 관보들부터, 상대적으로 더 활기차지만 부패로 악명이 높았던 잉글랜드의 신문들, 그리고 누가 봐도 편파적이고 독설적이고 인신공격을 일삼은 미국 공화정 초기와 혁명 시기 프랑스의 신문 등이 있었다. 하지만 논조나 내용과 별개로 이 신문들이 보인 최소한 한 가지 공통점은 바로 정기적인 발행에 있었다. 이 신문들은 매주 같은 요일에 발행되었고 인쇄소 노동자와 신문 구독자 모두에게 새로운 근대적인 시간 경험을 부여했다. 인쇄소 노동자들은 고정된 생산 일정과 인쇄 마감일에 맞추어 일했고, 독자들은 신문이 일정한 간격으로 배달되기를 기대하게 되었다.

또한, 신문의 조판 디자인은 다른 인쇄물 장르의 그것과 달랐다. 이러한 특징은 특히 잉글랜드에서 갈수록 더 두드러졌다. 대륙의 신문은 대개 2단 쿼토로판이나 1단 옥타보판이었던 반면 1770년대 런던의 일간지들은 새로운 폴리오판을 채택했다. 인쇄용지가 더 컸으므로 텍스트를 3단이나 4단으로 나누어 배열했고, 각각의 단에는 인쇄소 내규나 개별 제목에 의해 분리된 짧은 기사나 광고가 실렸다. 이러한 페이지 레이아웃은 특별한 방식의 읽기를 유도했다. 독자들은 신문을 처음부터 끝까지 내처 읽기보다는 텍스트의 어느 한 곳에서 다른 곳으로 시선을 옮겼다. 이러한 분절되고 파편적인 방식의 읽기는 북적대고 소란스러운 런던 커피하우스의 주의가 산만한 손님들에게 적절했을 것이다.

하지만 그와는 사뭇 다른 18세기 후반 프랑스 회화작품에서 가장 빈번하게 표현된 독자의 유형을 떠올려보자. 안락한 실내 공간에 홀로 앉아 있는 젊은 여성 독자다. 이러한 회화작품에서 묘사된 실내 장식은 독서라는 행위의 매우 사적인 성격에 잘 어울린다. 예를 들어 장 오노레 프라고나르Jean-Honoré Fragonard의 〈책 읽는 젊은 여성La Jeune Fille Lisant〉을 보면 젊은 여성이 등에 쿠션을 받치고 편안하게 앉아 오른손에 얌전하게 든 자그마한 책에 능숙하게 시선을 고정하고 있다. 얼굴에는 열중한 표정을 띠고 있는데 독서에 얼마나 깊이 빠져 있는지 마치 주변 세계를 잊은 듯하다.

물론 예술적 표현이 실제 읽기 관행의 직접적인 증거가 될 수는 없다. 그러나 프라고나르의 작품에 나타난 몇 가지 측면은 우리가 다른 자료를 통해 알고 있는 내용과 상당 부분 일치한다. 일단 그림에는 크기가 매우 작아 한 손으로도 들 수 있는 작은

7. 장 오노레 프라고나르의 〈책 읽는 젊은 여성〉(1770년경, 미국 워싱턴 D.C., 내셔널 갤러리)에서 읽기는 독자를 주변 세계로부터 떨어뜨려놓는 매우 사적인 행위다. 그리고 이 책은 루소의 인상적인 표현처럼 "한 손에 들고 읽는 책"일까? 자유롭게 놓인 한 손이 여성의 붉은 뺨과 어우러져 추측을 불러일으킨다.

판형의 책이 등장한다. 작은 판형은 18세기에 새로운 것이 아니었다(작은판의 기원은 르네상스시대 베네치아의 알두스 출판사에서 휴대용 판형으로 발간한 고전 시리즈로 거슬러 올라간다). 하지만 작은판은 이 시기에 더 흔한 것이 되어가고 있었음에는 의심의 여지가 없다. 1780년대 초 파리의 유행을 연대기적으로 꼼꼼하게 기록한 루이 세바스티앙 메르시에Louis-Sébastien Mercier는 '작은판 열풍'에 관한 글을 쓴 바 있다. 메르시에에 따르면 작은판은 안방이나 침실에서 베개 밑이나 침대 옆 소탁자에 두고 혼자 읽기에 이상적이었고, 이 장의 초반에 언급된 제네바와 런던 자살자들의 『베르테르』역시 작은판이었다.

둘째, 프라고나르의 그림은 작은 판형의 책을 여성 독자와 연관 짓고 있다. 소설이 혼히 작은판으로 간행되었고 다수의 소설 독자가 여성이었음을 시사하는 여러 증거에 비추어 볼 때 이것 역시 충분히 설득력이 있다. 리처드슨이나 루소를 비롯해 유례없는 인기를 누린 소설가들은 많은 팬레터를 받았고 그중 상당수가 여성 팬에게서 온 것이었다. 이 여성들은 팬레터에 그들이 소설에서 얼마나 깊은 영향을 받았는지 썼다. 이들은 특히 두 가지를 강조했다. 하나는 이 읽기 경험이 자신에게 얼마나 강렬한 정서적 반응을 불러일으켰는가였고, 다른 하나는 상상 속에서 소설의 인물과 자기 자신을 얼마나 동일시하고 있는가였다. 이를테면 폴리냐크의 후작 부인은 루소에게 『신엘로이즈』 6권에 등장하는 쥘리의 임종 장면을 읽을 때 가슴이 무너져내리는 것 같았다고 썼다. "내게 얼마나 큰 영향을 주었는지 이루 다 말할 수 없습니다. 아니요, 그냥 울기만 한 게 아닙니다. 극심한 고통으로 몸에 경련이 일었습니다. 내 심장은 부서졌어요. 죽어가는 쥘리는 더이상 나에게 남이 아니었습니다. 나는 쥘리의 동생이요, 친구였고, 그의 클레르였습니다. 나는 정말 심한 경련을 겪었습니다. 책을 다른 데로 치우지 않았다면 아마도 이 덕성 높은 쥘리의 마지막 순간을 지킨 모든 사람처럼 나도 병이 났을 겁니다." 폴리냐크의 후작 부인이 묘사한 강렬한 열정에 비해 프라고나르의 그림에 등장하는 젊은 여성의 감정 상태는 절제되어 보인다. 하지만 이 여성 역시 읽기에 완전히 몰입되어 있어 마치 상상 속에서 자신을 어떤 허구의 세계로 데려간 듯한 인상을 준다.

폴리냐크의 후작 부인이 우리에게 연상시킨, 아울러 프라고나르가 묘사한 독서 방식은 서간체 소설의 전성기와 시기가 상당히 일치한다. 리처드슨과 루소 모두 서간체 소설을 썼고 1740년대에서 1780년대까지 괴테를 포함해 수십 명의 다른 작가도 그랬다. 이 장치는 소설이 사실처럼 보이는 효과를 낳았다. 이 소설들은 결코 허구가 아니라 누군가 어딘가에서 발견한 진짜 편지를 엮어서 출판한 것이라는 환상을 심어준 것이다. 얼마나 많은 독자가 진심으로 그렇게 믿었는지는 알 수 없다. 하지만 많은 사람이 이 편지가 진짜라고 믿고 싶어했다는 것만은 분명한 사실이다. 그리

LETTRES

DE DEUX AMANS,

Habitans d'une petite Ville
au pied des Alpes.

RECUEILLIES ET PUBLIÉES

PAR J. J. ROUSSEAU.

PREMIERE PARTIE.

Non la conobbe il mondo, mentre l'ebbe:
Conobbil' io ch' a pianger qui rimaſi.

Petrarc.

A AMSTERDAM,

Chez MARC MICHEL REY.

MDCCLXI.

8. 1761년 암스테르담에서 마크 미셸 레이Marc-Michel Rey가 발행한 루소의 『신엘로이즈』 초판 표제지. 전체 제목은 "알프스 산자락의 어느 소도시에 사는 두 연인이 나눈 편지들. J.J. 루소가 엮고 내다"이다. 표제지는 이 편지들을 문학적 창작물으로서가 아닌 예민한 영혼들의 진실한 표현으로 받아들여주기를 요청하고 있다.

고 18세기 중후반에는 과거에 비해 이러한 믿음이 그렇게까지 허황된 것은 아니었다. 서간체 소설이 증가한 시기는 개인들의 편지 교환이 증가하고 우편 서비스의 품질이 향상된 시기와 맞아떨어지기 때문이다. 신속하고 주기적이며 믿음직스러운 우편배달 서비스—이는 신문 보급의 확대를 가능하게 한 기본적인 통신 기반시설이기도 했다—는 새로운 서간문 문화의 기반이 되었다. 편지가 수신자에게 잘 도착하리라는 확신이 생기자 사람들은 과거에 비해 편지에 더 많은 정성을 쏟아부었다. 동시에 감상주의에 대한 숭배가 새롭게 유행하면서 고백하는 듯한 말투의 편지가 늘어났는데, 여기서 여성들이 특히 중요한 역할을 했다.

이 모든 이유에서 쥘리나 클레르 같은 소설 속 인물들의 편지는 분명 어떤 개연성을 품고 있었다. 편지를 읽는 독자는 그들이 실제 인물이라는 환상을 키웠고 편지에서 드러나는 슬픔과 기쁨이 마치 자신의 일인 양 울고 웃었다. 이러한 정서적 반응을 오늘날의 우리는 감정 이입이라고 묘사할 것이다. 18세기에 이것은 '공감sympathy' 즉 문자 그대로 '고통을 함께 겪는 것'과 연관 지어졌고, 소설 읽기를 통해 동정심을 기르는 것은 의미심장한 결과를 가져왔다. 린 헌트Lynn Hunt는 독자가 소설 인물과 자신을 정서적으로 동일시하는 행위는 공동의 인류애를 발전시키는 데 이바지했다고 주장한다. 보편적 권리라는 새로운 이데올로기를 위한 필요조건인 모르는 사람과의 연대감이 이때 발달되었다는 것이다.

서간체 소설로부터 '인간과 시민의 권리 선언Declaration des droits de l'homme et du citoyen'으로? 이러한 연결이 다소 과하게 보일지도 모르지만, 분명 진지하게 고려해볼 만하다. 왜냐하면 18세기에 읽기의 힘은 그만큼 강력했기 때문이다. 일부 사람들에게 이 힘은 매우 불편한 것이었다. 18세기 말의 문화 보수주의자들은 자기 시대에 다양한 해악이 있다고 믿었고 이 해악의 원인을 교육받지 않은 읽기의 악영향으로 돌렸다. 『베르테르』와 필로조프들의 저작이 자살 유행을 촉발했고, 사람들이 혼자서 성애 문학을 읽는 바람에 자위가 만연해 쇠약, 발기 부전, 시력 상실, 정신 이상 등의 증상

9. 아델레이드 라빌 기아드Adélaïde Labille-Guiard의 〈한 여성의 초상Portrait d'une femme〉(1787년경; 프랑스 캥페르, 캥페르 미술관Musée des Beaux-Arts, Quimper). 화려하게 차려입은 익명의 여성이 깃털 펜을 잡고 상류층 여성에게 어울리는 능숙한 솜씨로 글을 쓰고 있다. 여성이 앉아 있는 이 규방閨房에는 깃털 펜, 종이, 책상, 잉크스탠드, 봉랍 등이 적절히 잘 갖춰져 있다. 편지를 쓰는 여성을 묘사하는 대부분의 회화작품에서 여성이 연인이나 남편에게 편지를 쓰는 것과 달리 라빌 기아드의 이 작품 속 여성은 자녀에게 편지를 쓰고 있다. 이러한 변화는 당시 모성애가 감상주의적 숭배의 대상으로 떠오른 현실을 반영한 것으로 보인다.

이 급증했으며, 가장 불길하게는 '독서 중독'에 빠진 여성들이 갈수록 현실과 허구를 구별하지 못해 잡다한 일상을 제대로 꾸려나가지 못한다고 그들은 믿었다. 이렇듯 우려스러운 문제의 목록은 곧바로 프랑스혁명의 발발을 책의 악영향 때문으로 보는 관점으로 연결되었다. 반혁명 이론가였던 사제 바뤼엘Baruel은 프랑스혁명이 필로조프들과 프리메이슨 단체의 사악한 공모 때문에 일어났다고 주장했다. "이것은 볼테르의 잘못이요, 루소의 잘못이다C'est la faute à Voltaire, c'est la faute à Rousseau." 하지만 혁명의 지지자들 역시 똑같은 강도로 이러한 연결성을 주장했다. 프랑스 대표들은 자신들이 볼테르와 루소에게 빚을 졌다면서 이 두 필로조프의 시신을 판테온에 안장했다. 1792년 왕정이 폐지된 이후 유럽의 인쇄기 발명가 구텐베르크에게도 비슷한 영예를 부여하자는 청원서가 제출되었다.

혁명과 인쇄물 사이에 긴밀한 관계가 있다는 데에는 이렇듯 혁명 세력과 반혁명 세력 모두 동의할 수 있었다. 하지만 그 관계의 본질은 정확히 무엇이었을까?

인쇄물과 혁명

혁명가들은 형식을 불문하고 일체의 특혜를 근절하기로 결심하고 구체제 문화의 제도적·행정적 인프라를 파괴했다. 학술원, 특혜가 부여된 저널, 저자들에게 주는 장려금이나 특별직, 특별 수당, 그리고 인쇄업자나 서적상 길드, 출판계에 대한 칙령, 도서 특혜, 출판국, 왕실 검열 제도도 모두 폐기 대상이었다. 파괴의 규모는 실로 대단했으며 출판계는 법률적 공백 속으로 내던져졌다. 결국 이 공백은 새 법으로 메워질 터였다. 명예훼손과 선동에 관한 법이 1791년 헌법에 포함되어 채택되었고, 1793년 협약에서 문학적 재산에 관한 법 그러니까 소위 '천재의 권리 선언Declaration of the Rights of Genius'이 통과되었다. 한편 유례없는 상황, 즉 거의 완전한 언론의 자유가 유럽에서 가장 인구가 많은 국가 프랑스를 장악했다. 프랑스혁명이 일어나고 몇 년간 무엇이든 인쇄되었고 누구든 인쇄소와 서점을 열 수 있었다. 예전 파리 도서 길드의 조합원들은 잃어버린 특권적 위상을 되찾기 위해 국회에 청원서와 각서를 수차례 제출했지만 모두 허사였고, 새 인쇄소와 서점이 우후죽순 생겨났다. 그 수효가 수백을 헤아렸던 이들 인쇄소와 서점은 정치 팸플릿과 신문에 대한 대중의 채워지지 않는 갈증을 해소해주고자 했다. 혁명은 팸플릿과 신문을 어마어마하게 양산했다. 1789년 1월부터 5월 5일 프랑스 삼부회가 설치되기까지 최소 2600부의 팸플릿이 발행되었다. 바스티유 감옥의 습격 이후 여섯 달 동안 거의 250종의 신문이 등장했고, 1789년 7월 14일부터 1792년 8월 10일 왕정의 종식까지 500종이 추가로 등장했다. 사상의 자유 시장에 대한 혁명적 실험은 인쇄물 생산량의 폭발적 증가를 낳았다.

하지만 이 모든 증가세는 잠깐 읽고 버려지는 정치적 단명 자료의 영역에서만 나타났다. 도서 출판, 그러니까 파리 길드와 관련된 대규모의 진지한 자본 집약적 활동은 급격하게 쇠퇴했다. 이러한 쇠퇴의 이면에는 다양한 요인이 있었다. 한 가지 요인은 정치적 단명 자료가 대체로 당대의 혁명적 경험, 즉 과거와의 단절 및 당대의 급속하고 어지러운 변화에 대한 흥분감에 가장 잘 보조를 맞춘 인쇄물 장르였다는 사실이었다. 특히 신문은 빠르게 전개되는 사건들이 갖는 의미를 시민들이 이해하도록 돕는 중요한 역할을 했다. 그리고 이러한 신문의 기자들—브리소Brissot, 데물랭Desmoulins, 마라Marat, 에베르Hébert—은 예전의 언론인들이 전혀 누려보지 못한 수준의 명예와 관심을 누렸다. 혁명기의 가장 유명한 '작가'들은 책이 아닌 신문 기사와 팸플릿을 썼다. 그러나 도서 출판의 하락세는 사실 더 중요한 두번째 요인, 즉 적절한 규제 체제의 부재가 없었다면 그 정도로 가파르지 않았을 것이다. 혁명으로 촉발된 출판의 위기는 디드로가 파리 길드를 변호할 때 내세운 주장의 정당성을 사실상 입증했다. 앞서 디드로는 상업적 도서 출판은 저작권 보호가 법적으로 보장되지 않으면 살아남을 수 없다고 주장했다. 1793년 협약은 '천재의 권리 선언'을 통해 저작권을 보호하려고 노력했지만, 이 법은 도서 출판에 필요한 안정적인 경제적 토대를 마련해주기에는 역부족이었다. 이 법이 정한 저자 사후 10년의 저작권 보호 기간이 지나치게 짧았고 시행 방식도 허술했으며 1789년 이전에 출판된 책은 어떠한 경우에도 보호받지 못했다. 이러한 책들은 국가 자산으로 간주되어 퍼블릭 도메인에 편입되었다. 프랑스의 전체 문학 유산은 방대한 문화적 공유지에 합쳐졌고, 여기에는 어떠한 울타리도 칠 수 없었다.

Je suis le véritable Père Duchesne, foutre!

LA GRANDE JOIE

D U

PERE DUCHESNE,

EN apprenant la destruction totale des rébelles de la Vendée, et en songeant au désespoir des brigands couronnés, quand ils vont apprendre cette nouvelle. Sa grande colère *contre certains jean-foutres qui veulent recruter tous les brigands et former une nouvelle Vendée en proposant d'ouvrir les prisons et de faire grace aux conspirateurs.* Ses bons avis *aux braves montagnards pour les empêcher de donner dans un pareil paneau, et pour les engager à continuer d'exterminer les fripons et les traîtres.*

JE suis d'une telle joie, foutre, que je ne

328.

10. 구체제의 통속극 극장에서 유래한 인물인 난로 장수 페르 뒤셴느. 직설적인 화법이 특징인 그는 욕을 입에 달고 살며 언제나 파이프 담배를 물고 있다. 프랑스혁명 시기 일부 언론인들과 팸플릿 저자들은 종종 이 인물을 자신의 목적에 맞게 차용했다. 급진파 홍보전문가 자크 르네 에베르Jacques-René Hébert야말로 자신의 작가적 페르소나를 이 전설적인 서민 페르 뒤셴느와 가장 성공적으로 융합했다. 에베르의 〈르 페르 뒤셴느Le Père Duchesne〉는 1790년 가을과 1794년 초 사이에 총 391호가 발행되었고, 각 호는 4장(8페이지)으로 구성되었으며 한 단씩 옥타보 포맷으로 인쇄되었다. 이 저널의 한 회 인쇄 부수는 6만 부에서 8만 부까지 이르렀다. 이 목판화에서는 무릎을 꿇고 웅크린 사제 옆에 페르 뒤셴느가 도끼를 휘두르고 있다. 우측 하단에는 '메멘토 모리memento mori, '죽음을 기억하라''라는 글귀가 있다. 이 이미지는 구체제하에서 행상인들이 팔던 싸구려 챕북 시리즈 〈푸른 총서Bibliothèque bleue〉를 연상시키는 스타일로 거칠게 표현되어 있다.

책의 승리

결국 출판업이 되살아날 환경을 조성하는 일은 나폴레옹의 국가에 맡겨졌다. 19세기 초 연이은 기업 도산이 파리의 출판계를 휩쓸자 프랑스 당국은 1810년 포괄적인 규제 체제를 재구축하기 위한 단계들을 밟아나갔다. 1810년의 명령règlement에 따라 새 정부 기관인 인쇄 출판 총국Direction générale de l'imprimerie et de la librairie이 발족했다. 출판업 관련 업무를 관장하고, 출판계를 감시하는 검열관과 경찰 관료들을 관리하는 기관이었다. 인쇄 출판 총국은 파리 내 인쇄소의 수를 다시 제한하고 모든 인쇄업자와 서적상이 총국의 허가brevet를 받도록 했다. 아울러 저작권 보호 기간을 저자와 배우자와 자녀의 사후 20년까지 연장했다.

도서 출판의 관점에서 가장 중요한 점은 1810년 명령으로 신간을 한 부씩 국립도서관 보관소에 제출하고 인쇄 출판 총국에 등록하는 것이 의무화되었다는 것이다. 이처럼 도서 등록과 납본의 총괄 시스템이 자리를 잡자 마침내 완전한 인쇄본 도서 카탈로그의 제작이 가능해졌다. 인쇄 출판 총국은 1810년부터 『프랑스제국 서지 또는 인쇄 출판 저널La Bibliographie de l'empire français ou Journal de l'imprimerie et de la librairie』을 출간하고 정기적으로 갱신했다. 출판업자들은 이 카탈로그가 제공하는 정보를 보고 전체 문학 시장을 조사하고 이것을 바탕으로 출판 전략을 수립할 수 있었다. 아울러 모든 판본의 등록이 의무화되자 출판업자들은 저작권이 만료된 퍼블릭 도메인을 효과적으로 활용할 수 있게 되었다. 인쇄 출판 총국은 퍼블릭 도메인에 속한 책은 시장에 나와 있는 기존 판본과 다르기만 하다면 새 판본을 찍을 수 있게 했다. 이 경우 국가가 보호하는 대상은 적어도 이론상으로는 문화적 공유 재산에 속하는 텍스트가 아닌 문학 연구가 제라르 주네트가 '파라텍스트'(포맷, 주석, 서문, 삽화 등 특정 판본이 다른 판본과 구별되게 하는 모든 측면)라고 명명한 것이었다. 고전작품의 재판본 출간은 아주 구미가 당기는 사업이었기 때문에 신간의 생산부터 문화적 유산의 재생산에 이르기까지 출판계의 기존의 균형을 깨뜨릴 것처럼 보였다.

물론 1810년 명령의 입안자들은 단지 도서 출판의 부흥만 염두에 둔 것은 아니었다. 그들의 최우선 관심사는 사상의 흐름을 어떻게 통제할 것인가였다. 이러한 목적에서 1810년 명령은 사전검열 제도를 다시 도입했다. 하지만 이 새로운 체제의 주된 통제 메커니즘은 검열이 아닌 감시였고, 그 대상은 언제나 책보다는 팸플릿이나 정기간행물이었다. 1770년대까지 거슬러올라가는 수십 년간의 정치적 동요는 가장 짧은 글이야말로 가장 선동적인 인쇄물 장르임을 보여주었다. 북아메리카 식민지가 영국으로부터의 독립을 향해 걸어가게 만든 톰 페인Tom Paine의 『상식Common Sense』부터 프랑스 삼부회가 열리기 전 첨예한 시기에 정치적 토론의 조건을 마련한 수도원장 시에예스Sièyes의 『제3신분이란 무엇인가Qu'est-ce que le tiers état?』, 프랑스 공포 정치 시기에 파리 상퀼로트Sans-Culottes, 프랑스혁명 시기 파리의 민중 세력—옮긴이의 비공식 기관지였던 에베르의 〈르 페르 뒤셴Le Père Duchesne〉이 그 예다. 이러한 팸플릿과 저널에 비하면 긴 저작들은 이제 그리 위험해 보이지 않았다. 1814년 자유주의 정치철학자 뱅자맹 콩스탕Benjamin Constant은 이렇게 설명했다.

모든 계몽된 사람들은 긴 저작물에 완전한 자유와 모든 형식의 검열에 대한 면제권을 부여해야 한다고 확신하는 듯하다. 긴 글은 쓰는 데 집필할 시간이 필요하고, 책을 구입하자면 재산이 필요하며, 독해할 주의력이 필요하다. 그러므로 긴 글로는 이보다 더 빠르고 더 폭력적인 글이 민중으로부터 끌어내는 두려움을 결코 끌어낼 수 없다. 반면 팸플릿, 광고 전단, 신문은 빨리 생산되고, 적은 돈으로 구입할 수 있으며, 영향이 즉각적이어서 더욱 위험한 것으로 간주된다. (뱅자맹 콩스탕, 『브로셔, 팸플릿, 신문의 자유에 관하여De la liberté des brochures, des pamphlets et des journaux』〔Paris, 1814〕, p. 1.)

결국 콩스탕의 논거대로 부르봉 왕조는 왕정복고 후 분량이 열아홉 매가 넘는 책은 사전검열에서 제외했다. 그리고 백일천하 뒤에 도서 검열 제도를 완전히 철폐했지만 이때도 정기간행물에 대해서만큼은 엄격한 통제를 유지했고 1810년 명령으로 수립된 체제의 다른 측면들도 보전했다. 이러한 방식으로 부르봉 왕조는 칼라 헤서Carla Hesse가 묘사한 대로 팸플릿, 신문, 광고 전단 등 더 대중적인 인쇄 문화와 대조되는 '책이라는 엘리트 문명'을 장려했다.

대중 인쇄 문화에 대한 이와 비슷한 편견은 왕정복고시대에 다른 체제에서 채택된 검열 정책에서도 발견된다. 오스트리아 재상 메테르니히 치하에 창설된 독일 연방은 1818년 칼스바트 칙령Karlsbad Decrees을 채택했다. 정치적 반대 세력의 억압을 위해 도입된 이 실로 가혹했던 검열법도 분량이 스무 매 이상인 책에는 적용되지 않았다. 풍자작가이자 시인 로베르트 프루츠Robert Prutz는 이렇게 조롱했다. "열아홉 장은 위험하지만, 스무 장은 [그 작품을] 영예롭게 한다. (⋯) 스무 장[짜리 책]은 팔리지 않으니까Neunzehn Bogen sind gefährlich, aber zwanzig machen ehrlich (...) Zwanzig Bogen kauft man nicht."

독일 연방은 스무 매가 되지 않는 출판물의 검열에 상당히 열을 올린 반면 도서 해적 행위의 금지 조처에는 미온적이었기에 독일의 주요 출판사들은 몹시 실망할 수밖에 없었다. 그들은 1815년에 새로운 연방 의회의 모임이 모든 회원국에게 적용되는 저작권 법을 마련해주기를 기대하고 있었다. 이듬해에도 연방 의회가 그 어떤 조치도 취할 기미가 보이지 않자, 함부르크의 출판업자 프리드리히 페르테스Friedrich Perthes는 연방 의회 대표자들에게 익명의 청원서를 제출했다. 팸플릿 형식으로 쓰인 이 청원서에는 '독일 문학이 존재하기 위한 조건으로서의 독일 출판업Der deutsche Buchhandel als Bedingung des Daseins einer deutschen Literatur'이라는 칸트를 연상시키는 거창한 제목이 달려 있었다. 독일 연방의 법적인 뒷받침이 있어야 독일 서적상들이 그들의 기쁜 사명—독일 정신Geist이 생산한 것에 물질적 존재를 부여하는 과업—을 수행할 수 있다는 것이 페르테스의 주장이었다. 하지만 그의 청원을 귀담아듣는 사람은 없었다. 특히 오스트리아 출판 산업에서 해적판 발행이 수익성이 좋은 사업이었기 때문이었다. 연방 의회는 1835년이 되어서야 해적 행위를 전반적으로 금지했고, 독일 출판업이 일관된 저작권법의 규제를 받게 된 것도 1871년 독일제국의 건국 이후였다.

해적판은 영어권 출판계에서도 사라지지 않았다. 상원이 도널드슨에게 우호적인 결정을 내린 뒤에도 달라지지 않았다. 19세기 들어 스코틀랜드와 아이슬란드의 해적판 발행이 줄어들자 이제 대서양 너머 미국이 새로운 해적 국가로 부상했다. 19세기에 미국 출판업자들은 해적판을 산업적인 규모로 찍어냈다. 더군다나 국제 저작권 협약에 서명하지 않은 미국 정부는 이러한 해적 행위를 전폭적으로 지원하고 있었다.

1830~40년대에 수동식 목판 인쇄기의 시대는 증기 기관식 윤전기를 활용하는 산업화 시대에 길을 내주었다. 책 출판은 의심의 여지 없이 더욱 안정적인 경제적 토대를 갖추었고 저자들은 출판사와의 협상에서 반세기 전보다 더 유리한 위치를 누렸다. 앞서 봤듯이 『베르테르』는 세계적으로 어마어마한 성공을 거두었지만 정작 저자는 거의 아무런 경제적 이득도 얻지 못했다. 1820년대 즈음 괴테가 자신의 작품 선집의 최종판—라인하르트 비트만Reinhard Wittman은 이것을 '국가에 대한 지적 유산이자 후손을 위한 재정적 유산'이라고 표현했다—을 준비할 즈음, 한때 청년들을 타락시키고 자살을 부추기는 자로 매도되던 이 작가는 국민적 영웅으로 추앙받았다. 괴테에게 대단한 찬사가 쏟아지자 독일 연방 소속 39개국 모두 괴테 선집의 해적판이 나오지 못하도록 막아야 한다는 데 동의했다. 괴테 선집은 유럽의 독일어권역에서 이러한 보호 조치를 누린 최초의 출판물이 되었다. 이제 괴테의 저작을 출판하기 위한 경쟁에서 승리한다면 독점은 보장된 상황이었다. 큰 판돈이 걸린 만큼 경쟁이 치열했다. 독일의 주요 출판사들이 앞다투어 높은 원고료를 불렀고 결국 괴테는 슈투트가르트의 요한 프리드리히 코타Johann Friedrich Cotta의 제안을 수용했다. 코타는 동시대인들에게 '출판계의 보나파르트'라고 알려져 있었다. 원고료는 무려 6만 5000탈

러였다! 괴테가 문학 시장에서 경험한 상황은 물론 그의 저자 경력 초기에나 말기에나 변함없이 전형적이었다. 하지만 초기 경험과 말기 경험 사이의 차이점은 출판계가 그동안 얼마나 큰 변화를 겪었는지를 가늠할 척도를 제공한다. 문학작품의 저자들은 '출판계의 구체제' 말기에 이르러 출판업을 통해 중재되고 근대 국가 권력으로부터 갈수록 큰 지원을 받는 도서 문명의 심장부에 소중히 모셔졌다.

10장

남아시아

그레이엄 쇼
Graham Shaw

1907년과 1912년 사이에 캘커타(오늘날 콜카타)의 파슈파티 출판사Pashupati Press는 흡사 여느 남아시아 필사본과 똑같아 보이는 작은 책 다섯 권을 인쇄했다. 책의 내지는 남아시아에서 수 세기에 걸쳐 전통적인 필사 표면으로 사용된 길고 좁은 야자수 잎이었다. 이 야자수 잎 낱장의 가운데 구멍에 끈을 집어넣어 묶어서 더더욱 필사본으로 속기 쉽다. 이 책들은 여신 두르가Durga가 물소 악마 마히사수라Mahishasura를 물리친 업적을 찬양하는 산스크리트어 시 『데비 마하트미야Devi-mahatmya』의 판본으로, 개인적인 묵독이 아닌 가을마다 캘커타에서 열리는 대규모 두르가푸자Durgapuja 축제의 대중 집회 낭송 행사를 위한 책이었다. 이 책들은 활용과 재료 측면에서 남아시아(오늘날 인도, 파키스탄, 방글라데시, 네팔, 스리랑카, 아프가니스탄 등지) 책의 역사에서 나타나는 구술, 필사본, 인쇄본의 상호작용을 상징적으로 보여준다. 텍스트 전달의 각기 새로운 방식은 과거의 방식을 완전히 대체하지 않았다. 그것들은 중첩되고 공존하며 서로에게 영향을 주었다. 과거에 종교·문학작품을 경험하는 주된 통로였

1. 대승불교 산스크리트어 경전. 일체의 현상이 본래 환상임을 논하는 『팔천송 반야바라밀다Astasâhasrikâ Prajnâpâramitâ』('8천 절에 담긴 지혜의 완성')의 폴리오 낱장. 탈리포트 야자수 잎. 제작 연대는 라마팔라Râmapâla의 재위 기인 서기 1097년. 영국 보들리 도서관. Ms. Sansk. a.7 f. 92b.

던 구술과 공연은 결코 필사본과 인쇄본으로 완전히 대체되지 않았다. 구술(또는 필사본)을 전통과 동일시하고 인쇄본을 근대성과 동일시하는 단순한 이분법적 관점은 여기에 적용되지 않는다. 남아시아에서 책의 역사는 혁명적 변화보다는 연속성의 서사에 더 가깝다.

각각의 텍스트 전달 방식이 주요한 '문화적 매개체'로 기능한 시기들을 살펴보면 이것은 더욱 극적으로 드러난다. 구전과 공연은 기원전 1750년부터 3500여 년에 걸쳐 존속했다. 필사본 제작은 기원전 5세기부터 2400년 넘게 이어져 내려왔다. 인쇄본은 19세기 초부터 고작 200여 년 동안 두각을 드러냈을 뿐이다. 남아시아에서 텍스트는 종교적인 것이든 세속적인 것이든 인쇄본이나 수서본보다 구전을 통해 더 많이 수용되었다. 그러니까 남아시아에서 종교는 비교적 최근까지도 읽는 문화라기보다는 듣는 문화였다.

주요 언어들과 그 서적사는 근대의 여러 지정학적 영역에 다양하게 걸쳐 있다. 예를 들어 우르두어, 펀자브어, 카슈미르어, 신드어는 인도와 파키스탄에서 공통적으로 사용된다. 파슈토어는 파키스탄과 아프가니스탄에서 사용된다. 네팔어, 마이틸리어, 보즈푸리어는 인도와 네팔에서, 벵골어와 아삼어는 인도와 방글라데시에서 사용된다. 따라서 남아시아 책의 역사는—국가적이 아니라—초국가적 수준에서 접근해야 한다. 1860년대에 네팔에 최초의 출판사가 설립되기 거의 반세기 전에 이미 인도의 바라나시, 다즐링, 캘커타에서 네팔어로 된 책이 출간되고 있었다. 1870년대에 델리 출신의 문시 압둘 라자크Munshi 'Abd al-Razzaq가 카불에서 최초의 석판 인쇄공들을 훈련시키기 전에 이미 암리차르나 페샤와르 등지에서 출판사들은 파슈토어로 된 저작을 출간하고 있었다. 게다가 일부 언어는 인도 아대륙 바깥의 나라에서도 사용된다. 파키스탄, 아프가니스탄, 이란에서 공통적으로 사용되는 발로치어Balochi, 그리고 방글라데시와 미얀마에서 사용되는 라카인어Rakhine가 그러한 예다.

이러한 지역 횡단적 특징은 남아시아에서 오늘날에도 사용되는 고전어에서 더욱 두드러진다. 고대 인도에서 산스크리트어는 중세 유럽의 라틴어와 비슷한 지위를 차지하고 있었고, 종교·문학 저작뿐만 아니라 과학과 인문학을 아우르는 모든 종류의 학술 저작의 주요 언어였다. 힌두교가 동남아시아로 전파될 때 산스크리트어권 '국제도시cosmopolis'의 범위는 미얀마, 타이, 캄보디아, 자바까지 확장되었다. 비슷하게 대승불교는 산스크리트어를 티베트와 중국으로 전파했다. 서기 1000년경 남아시아 정치 권력이 새로운 지역의 왕국들로 옮겨갈 때도 문학 문화에 비슷한 변화가 일어났다. 이 '토속어화'의 과정에서 지역 언어들은 점차 산스크리트어를 대체해 문학 창작의 새로운 수단이 되었다. 이를테면 산스크리트어 서사시 『라마야나Ramayana』는 거의 모든 주요 토속어로 다시 쓰였다. 아울러, 무슬림이 연이어 북인도를 침략해 중앙아시아의 상당 부분을 장악한 페르시아어권 '국제도시'도 인도 아대륙으로 영토를 확장했다. 페르시아의 문화적 명망은 실로 대단했기 때문에 모어가 터키어였던 통치자들(델리의 힐지왕조와 투글루크왕조)조차도 페르시아어를 궁정어로 채택했다. 놀랍게도 페르시아어로 된 작품은 시와 산문 모두 이란보다 남아시아에서 더 많이 창작되었다. 페르시아인의 권세는 무굴왕조 치하에서 정점에 달했고 아크바르 황제의 재위기 (1556~1605)에만 170여 명의 페르시아인 시인이 활약했다고 전해진다. 1582년 페르시아어는 사법과 조세 제도의 공식 언어가 되었다. 영국령 인도 제국이 설립되면서 1757년부터 1947년까지 인도 아대륙은 영어권 '국제도시'의 일부가 되었고 남아시아 출신 작가들은 근대 영문학에 지대한 공헌을 남기기 위한 길을 닦았다.

구전과 공연

남아시아의 문화사에서 구술은 단연코 문자보다 열등하게 간주된 적이 없다. 오히려 텍스트의 의미는 구술적 능력을 활용해 각각의 개별 단어에 정확한 음색과 어조와 운율을 부여해야만 온전히 깨달을 수 있다고 여긴다. 남아시아에서 구전의 효능을 보여주는 가장 탁월한 사례는 힌두교 성전 『베다Veda』(문자 그대로 '앎')다. 기원전 1500년과 1000년 사이에 지어진 찬가, 기도문, 전례용 주문의 모음집인 『베다』는 브라만의 사제 카스트에 의해 수 세대에 걸쳐 1000년이 넘도록 놀라울 정도로 정확하게 구전으로 보존되었다. 인도의 불교 성지를 순례한 여러 중국 승려 중 한 명인 의정義淨은 671년과 695년 사이에 인도에 머물며 암송 문화를 관찰했다.

> 『베다』는 종이나 잎에 전사되지 않고 입에서 입으로 전해져 내려왔다. 어느 세대에나 10만 절을 암송할 수 있는 총명한 브라만들이 있다. (…) 이것은 결코 근거 없는 이야기가 아니다. 내가 직접 그 사람들을 만나보았다. (의정, 『불교에 관한 기록A Record of the Buddhist Religion』, 다카쿠스 준지로高楠 順次郎/J. Takakusu의 번역판[Oxford, 1896], p.182)

사람에서 사람으로의 구전은 신성한 지식에 대한 브라만의 독점적 지위를 보호하는 데 이상적이었고, 이는 글쓰기가 도입된 뒤에도 계속 광범위하게 활용되었다. 사실『베다』의 필사본은 본질적으로 구술 전통의 부산물이었다. 애초에 텍스트 암송의 보조 도구로 생산되었기 때문이다. 『베다』의 여러 필사본에는 단어 위에 강세 표시가 있다. 의례에 맞는 올바른 음조를 텍스트에 붙일 방법을 표시하기 위해서다.

구술 전통은 케랄라 남부디리 브라만 공동체의 힌두교 사제를 양성하는 베다 학교에 오늘날에도—규모는 매우 작지만—여전히 남아 있다. 가장 오래된 텍스트『리그베다』의 43만 2000음절을 모두 외우려면 4년 반이 걸린다. 학생은 교사가 읊는 텍스트를 음절 단위로 따라 외운다. 교사는 정교한 손동작 체계(무드라 mudras)를 써서 암송을 돕는다. 학생의 머리를 다양한 자세로 움직여 발음을 정확하게 할 수 있도록 유도하기도 한다. 희생제 같은 의례에서 각 절이 영적인 효과를 발휘하기 위해서는 정확한 발음은 필수다. 신이 최초에 계시한 대로 정확한 발음이 충실히 재현되는 것은 매우 중요했다. 이 과정에서는 절대 텍스트를 받아쓰지 않는다. 이런 행위는 심지어 신성모독으로까지 간주될 수 있다. 서사시『마하바라타』에서는 잘못된 발음으로—또는 글로 받아씀으로써—『베다』를 오염시키는 자는 누구든 지옥으로 떨어진다고 경고한다.

『베다』의 구술 전달이 브라만 카스트에게만 허용됨으로써 브라만들의 특권적 사회 지위를 보장하는 수단이 되었다면, 이 텍스트의 수용도 마찬가지였다. 『베다』의 말씀은 널리 공유되기에는 너무도 신성하고 강력했다. 여성과 가장 낮은 카스트(수드라 sudra)의 구성원은 『베다』를 듣는 것이 금지되었다. 하지만 7세기부터 텍스트의 사회적 역할이 극적으로 바뀌었다. 힌두교는 처음에는 베다의 희생제를 강조했지만, 7세기부터는 시바 Shiva, 라마 Rama와 크리슈나 Krishna로 현신한 비슈누 Vishnu, 칼리 Kali와 두르가로 현신한 데비 Devi 등 개별 신이나 여신에 대한 개인의 헌신(바크티 bhakti)에 대한 강조로 초점을 옮겼다. 라마의 이야기는 서사시『라마야나』로 전해졌고, 다른 신들은『푸라나 Purana』('오래된 이야기')라고 불리는 산스크리트어 텍스트로 기려졌다. 고대 인도 서사시『라마야나』와『푸라나』둘 다 수 세기에 걸쳐 구술로 전승되었다.

또한 타밀어로 시를 지은 알바르 Alvar, 7, 8세기경 활동한 비슈누파 시인들—옮긴이들을 비롯해 여러 종교 시인(산트 sant)이 주요 지역 언어로 찬가를 지었다. 사람들은 이러한 산트들의 작품을 과거나 지금이나 키르타나 kirtana, '말하기'로 알려진 집단 암송을 통해 옳었다. 주 암송자(키르타나카kirtanaka)에게는 손으로 쓴 책이 있었지만, 이는 고정된 작품의 기록 저장물이라기보다 일종의 공연용 프롬프터공연할 때 관객이 볼 수 없는 곳에서 배우에게 대사나 동작 따위를 일러 주는 사람이나 글—옮긴이 역할을 했다. 이는 표준 텍스트를 받아 적는 것은 역동적인 암송 행위 그 자체보다 중요시되지 않았음을 시사한다. 『푸라나』 필사본의 텍스트가 제각각인 것도 단순히 필경사의 부주의함보다는 필사 전통에 구술이 미친 영향을 시사한다. 텍스트는 고정되고 안정된 것이 아니라 유동적이고 개방된 것이었다. 텍스트는 시간에 따라 변화했고, 개개의 암송자는 텍스트를 여러 다른 맥락에서 솜씨 있게 변형하며 개작, 첨가, 발췌, 재해석했다. 따라서 남아시아는 구전의 두 가지 유형을 보여준다. 하나는 '엄격한' 유형, 즉 『베다』의 경우처럼 원래의 말씀에서 조금의 일탈도 허용하지 않는 절대적인 정확성을 요구하는 구전, 그리고 다른 하나는 힌두교의 종교 텍스트에서 볼 수 있는 변화와 혁신을 허락하는 '느슨한' 유형의 구전이다.

힌두교의 종교 텍스트는 연례적으로 열리는 축제와 기념식의 암송 공연을 통해 전달되었다. 청중은 대부분 글을 읽을 줄 몰랐다. 이러한 텍스트 중에는 힌두교 시인 툴시 다스Tulsi Das가 라마의 생애를 16세기 배경에 맞게 개작한 『람차리트마나스Ramcharitmanas』가 있다. 툴시의 텍스트는 오늘날에도 북인도 전역에서 가을마다 열리는 공연 「람 릴라Ram-Lila」에서 중추적인 역할을 한다. 「람 릴라」는 라마의 망명과 악마 왕 라바나에 대한 승리를 재현하는 공연이다. 바라나시 근처 람나가르를 배경으로 펼쳐지는 가장 극적인 장면은 대형 야외 공연에 알맞게 개작되었다. 배우와 관객은 31일간 저녁마다 장소를 옮겨가며 라마의 생애에서 가져온 여러 에피소드를 공연으로 올리고 관람하는데, 라마야니스Ramayanis라고 알려진 수백 명의 성인聖人이 『람차리트마나스』의 장면을 직접 암송한다. 툴시가 강조했듯 라마('라구나야크 Raghunayak'로도 알려져 있다)의 성스러운 이름을 읊으면 공연자와 청자 모두에게 영적인 혜택이 전해진다. "라구나야크의 미덕을 칭송하는 자, 축복을 받으리라. 경건하게

2. 인도에서 제작된 아랍어 채식 필사본. 페르시아 시인 니자미 간자비Nizâmî Ganjavi, 서기 1141~1209의 함사Khamsa, 즉 다섯 편의 시가 수록된 페이지. 화공과 필경사의 작업 풍경을 묘사한 다울라트Daulat의 삽화가 곁들여져 있다. 회화작품과 캘리그래피가 수록된 이 화첩은 인도 무굴제국의 통치자 자한기르에게 헌정되었다. 1610년경 작품이다. 영국 도서관. Or. 12208 fol. 325b.

듣는 자, 배 없이 존재의 대양을 건너리."

공연뿐만 아니라『람차리트마나스』암송도 전통적으로 가정에서 매일 아침과 저녁에 갖는 예배 시간의 일부를 차지했다. 전체 텍스트를 한 달간 소리 내어 읽기(마스 파라얀mas parayan)와 매일 네 시간에서 여섯 시간을 할애해 120스탠자씩 암송하는 9일 읽기(나바 파라얀navah parayan)를 가장 많이 실천했다. 인쇄술 덕분에 사본이 더 널리 유통되었지만, 그렇다고 암송이 묵독으로 대체되지는 않았다. 사본의 광범위한 유통은 오히려 암송 의식의 인기를 더해주었다. 비슷하게, 크리슈나의 열성 신자들 사이에서 암송의 인기가 특히 높았는데, 크리슈나의 일생은 산스트리트어로 된『바가바타 푸라나Bhagavata-purana』에 담겨 있었다. 이 텍스트를 발화하는 것은 힌두교 왕들이 바치는 비싸고 정교한 희생제만큼이나 암송자와 청자에게 크나큰 영적인 혜택을 가져다주었다.

'바가바타'를 날마다 암송하는 집은 그 자체로 성지가 되어 그곳에 거하는 사람들의 죄를 멸하며, '바가바타'의 절을 매일 절반이나 반의반을 암송하는 사람은 '라자수야rajasuya'와 '아슈바메다ashvamedha' 희생제의 미덕을 확보한다. (필립 루트전도프Philip Lutgendorf,『텍스트의 일생The Life of a Text』[Berkeley, CA, 1991], p. 58)

힌두교가 구전에 부여한 으뜸가는 문화적 중요성은 남아시아에서 구전이 다른 종교로도 확산되었음을 의미했다. 인도 불교에서는 수 세기에 걸쳐 '비나야Vinaya', 즉 붓다가 승가에 전한 생활 계율이 대대로 구술로 전승되었다. 중국 승려 법현法顯은 399년부터 14년간 '비나야'의 필사본을 구하려고 중앙아시아, 인도, 스리랑카를 돌아다닌 후 "북인도의 모든 왕국에서 '율律'을 입에서 입으로 설파하는 스승들을 만났지만 이 텍스트를 글로 남기는 모습은 단 한 번도 보지 못했다"고 전했다. 불교처럼 브라만 중심의 전통적인 힌두교에 반발해 출현한 자이나교 역시 처음에 성스러운 텍스트와 관련해 구전을 고수했다. 붓다와 거의 동시대를 살았던 역사적 인물 마하비라Mahavira를 비롯한 '티르탄카라스tirthankaras, '개울을 만드는 사람들', 즉 '구원자들'라고 알려진 스물네 명의 자이나교 스승의 설교를 암송과 구술로만 전하다 1000여 년이 지나서야 글로 받아적었다. 훗날 시크교 역시 구술을 통한 텍스트의 습득을 강조하는 힌두교의 전통에서 영향을 받아 시크교 경전 『구루 그란트 사히브Guru Granth Sahib』의 '중단 없이 읽기akhand path'를 실천하는 전통이 있었다. 여기서는 '그란티스granthis'라는 낭독자들이 필사본이나 인쇄본에 담긴 텍스트 전체를 교대로 낭송한다. 장장 48시간 동안 이어지는 이 의식은 지금도 시크교 사원에서 특별 행사나 주간 행사로 치러진다.

구전은 종교 텍스트에서뿐만 아니라 힌두교도의 교육에서도 중추적인 역할을 했다. 힌두교의 전통적인 학교pathashalas에서 학생들은 일상적으로 산스크리트 문법책을 외운다. 또한 어느 분야에서든 주요 텍스트를 완벽하게 외우고 있어야 전문가로 여겨진다. 또한 전근대 인도에서 문학 텍스트의 대중적 수용은 일차적으로 공연을 통해 이루어졌다. 인도 아대륙 전역의 소도시와 시골 마을에서는 주된 오락거리가 유랑 배우들의 민속극을 관람하는 것이었다. 연극의 주제는 힌두교 신화에서 가져온 낭만적인 이야기들이었다. 이러한 연극적 전통은 다양한 이름으로 알려져 있다. 북인도에서는 '나우탄키Nautanki', 라자스탄에서는 '히얄Khyal', 마하라시트라에서는 '타마샤Tamasha', 구자라트에서는 '바바이Bhavai', 마디야 프라데시에서는 '마치Mach', 벵골, 아삼, 비하르, 오디샤에서는 '자트라Jatra', 케랄라에서는 '쿠티야탐Kutiyattam', 그리고 타밀나두에서는 '테루쿠투Terukkuttu'로 불린다. 벵골의 비슈누파 개혁가 차이타냐Chaitanya의 일대기를 다룬 『차이타냐바가바타Chaitanyabhagavata』에 기록된 바에 따르면 1507년경 크리슈나의 일대기에서 가져온 에피소드인 「루크미니하란Rukminiharan」('루크미니의 납치')이 밤을 새워 공연되었다. 하지만 서인도의 명문에 남겨진 증거들을 살펴보면 왕실의 후원을 받은 이러한 공연들은 더 과거로 거슬러올라가 적어도 1세기의 사타바하나 왕조 치하부터 있었음을 짐작할 수 있다.

남아시아의 구술 문학은 문자 형식으로 보존된 적이 없기 때문에 지금까지 유실된 양이 어느 정도인지 알 수 없다. 하지만 텍스트의 구전 전통은 지금까지도 매우 강력하기 때문에 오늘날의 공연자들을 통해 여전히 복원이 가능하다. 그중 잘 알려진 예는 원래 중세 라지푸트족 왕자였지만 이제는 라자스탄의 유목민들로부터 신으로 추앙받고 있는 파부지Pabuji의 서사시다. 보포스bhopos라고 불리는 유랑 가수들은 지금도 이 전체 텍스트를 반주에 맞춰 암송할 수 있다. 이 이야기를 소재로 그려진 대형 걸개 그림은 줄거리를 안내하는 동시에 공연의 무대배경이 된다. 보통 공연은 닷새에 걸쳐 밤마다 열리는데 총 공연 시간이 40시간에 달한다. 또다른 민속 서사시는 이미 결혼한 라지푸트족 공주 찬다Chanda와 미천한 소치기 로리크Lorik의 사랑 이야기를 다룬다. 이 서사시의 구술 버전은 최소한 여덟 가지의 힌두 방언(아바디어Avadhi, 보즈푸리어, 차티스가르히어Chattisgarhi, 마가디어Magadhi 등)으로 수집되었다. 이 작품은 수 세기 동안 구술로만 전해지다 1379년에 마울라나 다우드Maulana Da'ud가 쓴 신비한 사랑 이야기 『찬다야나Chandayana』의 뼈대가 되었고, 글을 모르는 아히르Ahir 소치기들의 집단 서사시로서 오늘날에도 여전히 암송되고 있다. 인도 문화 역사가 카필라 바챠얀Kapila Vatsyayan은 이렇게 논평했다.

이 영역에서 문맹자와 비문맹자 사이에 경계를 긋는 것은 무의미하다. 문맹자로 보이는 사람이 단순히 지적인 훈련 차원에서 글로 읽은 사람보다 이야기와 단어를 더 잘 알고 이야기가 지닌 가치에 대한 이해가 더욱 뛰어난 경우가 많기 때문이다. (카필라 바챠얀Kapila Vatsyayan, 『전통 인도 연극Traditional Indian Theatre』〔New Delhi, 1980〕, p. 111)

남아시아에서는 문학작품의 구술 창작에 일관되게 높은 문화적 가치를 부여해왔다. 이를테면 벵골의 중요한 문화 행사 카비가나kabigana, '시인들의 노래'에서는 참가자들이 즉흥적으로 시를 짓고 이 시를 종종 반주에 맞추어 노래로 부르는 경연이 열렸다. 이렇게 창작된 시는 보통 받아적지 않았다. 그보다는 청중이 가장 인기 있는 시를 외웠다. 시의 보존 역시 글이 아닌 구술을 통해 이루어진 것이다. 남인도에서 아란케람arankerram, '등단'으로 알려진 중요한 공공 행사는 이따금 몇 주 또는 몇 달에 걸쳐 지속되었는데 이 자리에서는 시인들이 새 작품을 암송했다. 19세기의 유명한 타밀족 시인 미나치춘타람 필라이Minatchichuntaram Pillai는 대부분의 작품을 구술로 지은 것으로 유명했다. 필경사가 그의 작품을 받아적었는데 이 역시 구술 전통과 필사 전통이 혼합된 사례다.

17세기부터 텔루구어 문학에는 사회 비평으로 가득한 카투catu라고 부르는 독립 시구를 짓는 강력한 전통이 있었다. 카투는 보통 성애적이거나 반체제적인 성향을 띠었으며 창작자의 언어적 역량을 가감 없이 보여주었다. 카투는 평범한 사람들 사이에서 오로지 구전으로만 전파되어 교환, 인용, 논의되고 새로운 맥락에 재배치되었다. 텔루구어 문학 역사학자 벨추루 나라야나 라오Velchuru Narayana Rao와 데이비드 슐먼David Shulman은 "이 작품들을 겉표지로 덮인 시집 안의 문자들로 축소하는 것은 마치 그것들의 살아 있는 집단적 맥락에서 떼어내 기이하게 침묵하는 매체 안에 집어넣는 것과 같다"고 평했다. 그렇지만 우르두어 문학에서는 정식 암송 공연이 가장 핵심적이고 중요한 형식을 이루었다. 문학인들 사이의 경쟁으로 자주 열기가 달아오른 우르두어 문학의 무샤이라스musha'airas, '향연'는 엄청난 인기를 끌었다. 무샤이라스는 지금도 인도 아대륙뿐만 아니라 인도-파키스탄 이주자 집단 사이에서 여전히 중요한 문화 행사다.

구술을 통한 텍스트 수용은 인도 아대륙 지역 중세 이슬람 문화의 특징이기도 하다. 무굴 황제 후마윤Humayun이 1555년 이란에서 인도로 돌아올 때 이란의 미술가들과 시인들은 자유를 찾아 사파비왕조의 타흐마스프Tahmasp 궁정을 탈출해 그를 따라왔다. 그들을 통해 정교한 설화(다스탄dastan)를 암송하는 전통이 인도로 유입되

3. 동남아시아의 야자수 잎 텍스트. 인도 자바의 '카리타 유숩'('요셉 이야기')의 필사본. 19세기에 생산된 것으로 추정된다. 영국 도서관. Or. 16913.

었다. 특히 이슬람교의 관용과 미덕의 전형인 하팀 타이Hatim Ta'i와 예언자 무함마드의 숙부 아미르 함자Amir Hamza의 영웅적 업적을 기리는 이야기가 많이 전해졌다. 소문에 따르면 글을 읽을 줄 몰랐던 아크바르황제는 이러한 이야기를 듣기를 좋아해서 다스탄고dastango 또는 키사-흐반qissah-khvan이라고 불리는 전문 이야기꾼을 궁정에 고용했다. 아미르 함자의 설화는 남아시아에서 가장 인기 있는 이야기가 되었고, 몇 가지 새로운 버전도 창작되었다. 17세기에 큰 책 열다섯 권 분량의 『보스탄-이 히얄Bostan-e khiyal』이 필사본으로 널리 유포되었고, 북인도 전역에서 다스탄고들이 이것을 다시 암송했다. 다스탄고의 재능은 고정된 텍스트를 충실하게 전달하는 능력으로 가늠되지 않았다. 그보다는 서사를 즉흥적으로 치밀하게 전달하면서 능수능란한 말솜씨를 보여주는 것이 중요했다. 다스탄고 전통은 페르시아어에서 우르두어로 확산되었고, 페샤와르의 유명한 '키사-흐반의 바자르Qissah-khvani Bazar, '이야기꾼의 시장'' 같은 장소에서 정기적인 공개 낭독회가 열렸다. 다스탄고들은 시장과 축제를 찾아다니며 청중으로 모인 이슬람교도와 힌두교도 모두의 취향을 만족시켰다. 무슬림 개혁가 시에드 아흐마드 칸Syed Ahmad Khan은 1847년 델리의 주요 이슬람교 사원 자마 마스지드Jama Masjid에서 열린 행사를 다음과 같이 묘사했다. "저녁에 키사-흐반이 갈대 스툴을 놓고 앉아 아미르 함자의 다스탄을 이야기한다. 한쪽에서는 하팀 타이의 키사의 이야기가, 다른 곳에서는 보스탄-이 히얄의 이야기가 들린다. 이야기를 들으려고 모인 남자들의 수가 수백을 헤아린다." 유명한 19세기 우르두족 시인 미즈라 갈리브Mirza Ghalib는 자택에서 매주 다스탄 공연을 열었다. 가장 칭송받았던 다스탄고는 미르자 바키르 알리 디흘라비Mirza Baqir 'Ali Dihlavi였다. 그는 수천 편의 시를 외웠고 1928년에 사망할 때까지 공연했다. 19세기 북인도에서 가장 유명한 상업 출판업자였던 문시 나왈 키쇼어Munshi Nawal Kishore는 1881년부터 〈함자-나마Hamza-nama〉 시리즈를 발간하려고 결심하고 인도 러크나우의 이름난 다스탄고 세 명을 고용해 이야기를 낭송하게 했고 필경사들이 이를 받아적었다. 결과는 어마어마했다. 평균 900페이지에 달하는 인쇄본 마흔여섯 권이 나왔다.

19세기 남아시아의 기독교 선교사들은 인쇄본을 열렬히 장려했지만, 그들도 이 지역 사람들은 텍스트를 읽는 것보다 듣는 것을 더 좋아한다는 것을 알고 있었다. 영국 및 해외 성서 협회의 1811년 보고서는 이 전통을 적극적으로 수용할 것을 권했다.

무함마드 추종자들에게는 어디서나 쿠란을 읽어줄 사람이 있다. 그는 쿠란을 처음부터 끝까지 낭송한다. 힌두교 사람들에게는 포라니Paranee가 있다. 그들은 똑같은 방식으로 샤스트라Shastra를 읊어준다. 무함마드 추종자들과 힌두교 사람들이 서로를 불쾌하게 느끼는 기미는 조금도 찾아볼 수 없다. 같은 방식으로 기독교 성서를 공개적으로 읽는다고 하더라도 아무도 소소한 반대조차 제기하지 않을 것이다. 무함마드 추종자들은 우리의 성서를 '거룩한 책'으로 여기며 힌두교 사람들은 모든 종교에 관용적이다. 사제나 다른 사람들은 어디서나 낭송자를 쉽게 고용해 지휘할 수 있으며 비용도 소소하다. ('1811~3년 (…) 영국 및 해외 성서 협회 보고서'[London, 1813], p. 161)

선교사들에게 이러한 구술 전통은 인도인들의 낮은 문해율을 극복할 수 있는 이상적인 방법이었다. 1892년 마이소르의 감리회 선교사 헨리 헤이그Henry Haigh는 구술 전통의 효과를 직접 경험했다. 헨리 헤이그는 마을의 촌장에게 질문하던 도중 자신이 칸나다어로 발행하고 있는 주간지 〈브르탄타 파트리케Vrttanta Patrike〉가 발행 부수로 예상한 것보다 훨씬 더 많은 주민과 만나고 있다는 사실을 깨달았다.

나는 촌장에게 마을에 글을 읽을 줄 아는 사람이 있는지 물었다. "딱 한 명"이라는 대답이 돌아왔다. "한 분 계신 브라만께 이 마을 소년들을 가르쳐달라고 했습니다. (…) 매주 금요일 저녁 이 시간이 되면 우리 마을에 신문 한 부가 배달됩니다. (…) 신문이 오면 나는 선생님에게 가져가고 한 소년은 마을을 돌아다니며 사람들에게 이 사실을 알립니다. 잠시 후 마을 사람들이 서른에서 마흔 명 정도 모여 저 큰 나무 아래 앉습니다. (…) 신문에는 주마다 연감이 실리고 우리는 마이소르와 벵갈루루의 시장 가격을 대충이나마 알게 됩니다. 신문은 또한 우리에게 시르카르[정부]가 하는 일을 설명해줍니다. 이따금 신문은 시르카르가 잘못하고 있다고 이야기하기도 하지요. (…) 신문은 우리의 관습에 관해서 아주 많은 것을 말해줍니다. 언제나 우상숭배가 잘못된 것이라고 말하고 우리는 이 문제에 관해 많은 대화를 나눕니다. 매주 예수 그리스도라고 불리는 '위대한 구루'에 관한 내용이 실립니다. (알프레드 맨워링Alfred Manwaring, ed., '봄베이에서 열린 세번째 10년 선교 대회 보고서Report of the Third Decennial Missionary Conference held at Bombay', 1892-93 [Bombay, 1893], 2: 735-6)

남아시아에서 구술 의사소통의 전통은 인쇄물의 보급 확대에 이용될 수 있었다.

문자의 발명과 필사본 생산

남아시아는 필사본 유산을 세계에서 가장 많이 보유한 지역으로 손꼽힌다. 공공 장서와 개인 장서를 합쳐 모두 3000만 권 정도로 추산된다. 이 엄청난 수치는 상상에서 나온 것이 아니다. 인도 정부가 2003년 설립한 '국가 필사본 사업단National Mission for Manuscripts'이 이미 필사본 보관소를 5만 군데 이상 파악해 400만 권 이상의 필사본에 관한 상세 기록을 작성했다. 인도 아대륙에는 도서관이 일찍부터 생겼다. 그 예로 7세기 비하르의 날란다Nalanda 사원에서 운영한 대규모 불교 학습 센터 도서관에는 수십만 권의 책이 소장되어 있었던 것으로 유명하다. '즈나나–반다르jnana-bhandar, '지식의 보고''로 알려진 오늘날 인도 서부 자이나교 도서관의 장서와 맞먹는 규모다. 구자라트 코바의 도서관은 약 25만 권을 보유하고 있다. 남아시아에 필사본 유산이 이토록 많은 이유는 다양한 종교가 특색인 이 지역의 역사에서 상당 부분 찾을 수 있다. 남아시아에서는 힌두교, 불교, 자이나교, 이슬람교, 시크교, 기독교 등이 각기 다른 텍스트 전통을 발전시켰다. 종교, 문학, 학문의 표현 수단인 언어가 다양하다는 점도 이처럼 풍부한 필사본 유산이 전해지는 데 이바지했고, 그중에서도 특히 산스크리트어의 역할이 컸다. 남아시아에서는 종이를 비롯한 필기 재료가 이곳의 몬순기후와 해충이나 설치류의 공격에 매우 취약하기 때문에 사실 상당히 많은 양의 필사본이 유실되었다. 이 모든 것을 종합해보면 인도 아대륙에서 막대한 규모의 필사본이 생산되었다는 것에는 이론의 여지가 없다.

앞서 2장에서 봤듯이 남아시아에서 문자의 발명은 여전히 학자들 사이에서 토론이 치열한 주제다. 학자들은 오래전부터 남아시아의 문자는 기원전 제4천년기와 제

2천년기 사이에 아프가니스탄부터 구자라트까지 걸쳐 있었던 인도 아대륙 최고最古의 도시 문명인 인더스 문명에서 연원했다고 생각해왔다. 문자가 새겨진 점토나 돌 인장 유물이 4000점 이상 발굴되었는데 이따금 신이나 의식을 묘사하는 그림이 같이 그려져 있다. 지금까지 인더스 문명 문자로 확인된 기호는 400여 개에 이르며 학자들은 초기 드라비다어나 인도아리아어로 풀어쓰는 등 다양한 방식의 해석을 시도해왔다. 하지만 아직 만족할 만한 수준으로는 해독되지 않았고, 최근에는 아마도 이것들이 비언어적 기호일 것이라는 데에 의견이 모이고 있다. 이를테면 특정 가족이나 혈족 또는 도시가 특정 신들과 연계되어 있음을 나타내거나, 부적이나 증표처럼 몸에 지녔을 수 있다. 하지만 상업적인 용도로 사용되었을 가능성이 가장 높다. 인더스 문명에서 국제적으로 거래되는 물건에 딱지를 붙이거나 이력을 추적하는 체계에 활용되었을 수도 있고, 어쩌면 상품 꾸러미에 소유주를 표시하는 꼬리표로 부착되었을 수도 있다.

더욱 믿을 만한 증거로 이야기하자면 남아시아의 문자 체계는 마우리아제국의 아소카황제 재위기(기원전 268경~232)로 거슬러올라간다. 문자의 필요는 서쪽으로는 발루치스탄에서 동쪽으로는 아삼 그리고 남쪽으로는 멀리 카르나타카까지 펼쳐진 광활한 제국에서 불교를 진흥하려는 아소카황제의 열망에서 비롯했다. 아소카 황제가 붓다의 가르침을 따른다는 내용이 담긴 칙령이 바위와 돌기둥에 그리스 문자, 아람 문자, 카로시티 문자(수명이 짧았던 고대의 인도 문자) 그리고—가장 흔하게는—브라흐미 문자 등 여러 문자로 새겨졌다. 셈족의 문자에서 파생된 것으로 보이는 브라흐미 문자는 북인도 중심부에서 발달해 점차 마우리아왕조의 수도 파탈리푸트라(오늘날 파트나 인근)부터 데칸고원과 인도 최남단까지 서서히 전파되었다. 브라흐미 문자가 스리랑카로 전파된 일은 고대 신할리어 연대기 『디파밤사Dipavamsa』와 『마하밤사Mahavamsa』의 내용에 따라 아소카의 아들 마힌다가 불교를 전파하는 과정에서 일어났다고 오래전부터 알려져 있었다. 그러나 1990년대 이후 고고학 발굴에 따르면 브

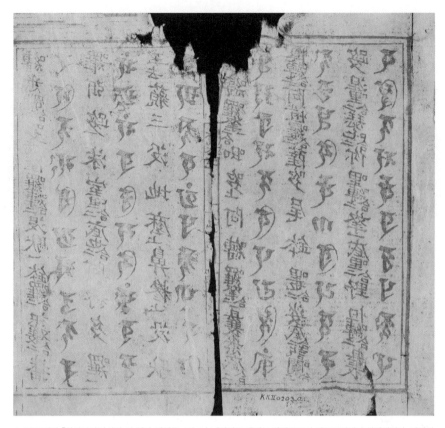

4. 불교 경전 『반야바라밀심경』의 활판 인쇄본. 오늘날 네이멍구 자치구 카라호토의 탕구트시에서 발견되었다. 남아시아 본토의 티베트 남부와 네팔에서는 목판 인쇄술이 채택되지 않았다. 인도의 힌두교도들은 구술로 경전을 전달했고, 세습 카스트에 속하는 필경사들은 세속 텍스트를 필사했다. 힌두교도들은 인쇄술에 저항감을 느끼거나 대체로 무관심했다. 하지만 10세기부터는 대승불교에서 성스러운 언어로 통하는 산스크리트어로 쓰인 텍스트가 중앙아시아와 중국에서 활판 인쇄되어 황실 의례에서 암송되고, 호신용 부적으로 제작되고, 새로 봉헌된 사리탑에 안치되기도 했다. 사진 속의 산스크리트어 텍스트는 '주술적인' 인도 실담 문자로 세로로 쓰여 있으며, 낭송을 돕기 위해 한자로 음차되어 있다. 영국 도서관. Or. 12,380/3500.

라흐미 문자는 행정, 문화, 종교 부문에서는 아니더라도 적어도 상업 부문에서는 아소카황제가 재위하기 두 세기 전부터 이미 사용되고 있었음이 밝혀졌다.

인도 동남부 타밀나두의 포룬탈과 코두마날에서 브라흐미 문자가 새겨진 질그릇 조각 수백 점이 발굴되었다. 이중 일부 조각이 파묻혀 있었던 지층은 방사성 탄소 연대 측정법에 의해 기원전 490~450년에 생성된 것으로 밝혀졌다. 고대 신할리족 왕국의 수도 아누라다푸라에서 나온 비슷한 발굴물의 연대는 기원전 400년경으로 분명하게 밝혀졌다. 그릇에 새겨진 글은 대개 소유자와 그 내용물에 관한 것이었다. 이들 유물의 발굴 장소들은 모두 브라흐미 문자가 발생한 북인도 지역과 상업적 관계가 탄탄했다. 브라흐미 문자가 종교보다는 상업 목적에서 전파되었음을 시사하는 대목이다. 브라흐미 문자가 기원전 5세기 중반보다 훨씬 이른 시기에 남인도로, 또 기원전 4세기 초에 스리랑카로 전파되었다면, 북인도에서 브라흐미 문자가 발명된 시기는 마우리아왕조를 지나 그 이전에 있었던 기원전 6세기 마가다왕국으로까지 거슬러올라가야 한다. 이후 수 세기를 거쳐 그리고 인도 아대륙의 여러 지역에서 브라흐미 문자의 변형이 나타났고, 이것들로부터 남아시아의 모든 주요 문자가 진화했다. 또한 지역들끼리 문화적 영향을 주고받는 가운데 브라흐미 문자는 티베트어, 버마어, 태국어, 자바어 등 중앙아시아와 동남아시아의 주요 문자들의 선조가 되었다.

브라흐미 문자가 전통적으로 알려진 시기보다 앞서 발명되었다는 주장은 남아시아 문자에 관한 초기 문헌의 내용과도 일치한다. 이러한 내용은 주로 두 가지 사료에서 발견된다. 하나는 불교 경전이고 다른 하나는 기원전 5세기와 4세기로 거슬러올라가는 고대 그리스 저작들이다. 초기에 문자는 목록 작성이나 상업적 거래의 기록을 위한 순전히 실용적인 도구로만 여겨졌다. 힌두교 전통의 영향 아래에서는 틀림없이 종교나 문학 텍스트를 문자로 전파하는 것이 부적절하다고 여겼을 것이다. 글쓰기 재료는 각 지역의 자생 식물에 따라 정해졌다. 히말라야 서부에서는 자작나무 껍질(부라자파트라 bhurjapatra), 히말라야 동부에서는 나무알로에 껍질(산치 sanchi), 히말라야 아래 힌두스탄평원에서 스리랑카까지 아우르는 전 지역에서는 야자수 잎이 사용되었다. 자작나무의 속껍질을 조각내 평평하게 펴서 각 시트의 가장자리를 풀로 길게 이어 붙이거나 간혹 더 튼튼하게 만들기 위해 실로 꿰매어 이은 다음 반듯하게 접거나 돌돌 말았다. 여기에 갈대 펜으로 잉크를 써서 텍스트를 썼다. 1931년 파키스탄 북부 길기트에서는 어느 불교 사리탑에 숨겨진 자작나무 껍질 필사본이 대량으로 발견되었다. 서기 400~600년경에 생산된 것으로 추정된다.

더 최근에는 서기 1세기와 2세기에 생산된 것으로 추정되는 자작나무 껍질 필사본이 발견되었다. 파키스탄과 아프가니스탄에 걸쳐져 있었던 간다라 왕국의 불교 텍스트였다. 자작나무 껍질은 잘 갈라진다는 단점이 있지만 카슈미르에서는 17세기까지도 널리 사용되었다. 야자수 잎의 준비 과정은 더 복잡했다. 먼저 야자수 잎을 끓는 물에 넣어 삶고 말린 다음 길고 좁은 조각으로 잘라 잎의 양면이 글을 쓸 수 있을 만큼 부드러워질 때까지 속돌로 문질렀다. 사용되는 야자수 종은 두 가지였다. 처음에는 탈리포트 야자수, 나중에는 팔미라 야자수를 썼다. 탈리포트 야자수는 북인도가 자생지가 아니고, 기원전 3세기 마우리아 왕조가 남쪽으로 영토를 확장할 때 비로소 북인도에 알려졌다. 그전에 북인도에서는 다른 나무의 잎이나 목재를 사용했겠지만 지금까지 전해지는 유물은 없다. 자작나무 껍질과 마찬가지로 탈리포트 야자수 잎에도 갈대 펜과 잉크로 글을 썼다. 북인도에서 발견된 가장 오래된 탈리포트 필사본은 10세기와 11세기의 것으로 추정되는 불교 텍스트고, 남인도에서 발견된 가장 오래된 탈리포트 필사본은 1112년 것으로 추정되는 자이나교 텍스트다. 팔미라 야자수는 16세기에 동아프리카로부터 유입된 것으로 추정된다. 탈리포트 야자수보다 튼튼해서 남인도뿐만 아니라 북인도에서도 재배할 수 있었다. 아울러 열매나 야자수 술인 토디 같은 다른 생산물도 얻을 수 있어서 경제적으로도 매력적이었다. 이러한 이유에서 팔미라는 예전의 글쓰기 재료 탈리포트를 빠르게 대체했다. 다만 팔미라 야자수 잎은 잉크가 잘 먹지 않아 탈리포트 야자수 잎보다 품질이 떨어졌다. 그래서 금속 첨필을 써서 텍스트를 새기고 텍스트를 강조하기 위해 잉크를 문질러 홈을 메우기도 했다.

고대 남아시아에서 양피지나 종이는 필기 표면으로 많이 사용되지 않았다. 일단 동물의 가죽을 사용하는 것 자체가 힌두교도, 불교도, 자이나교도 모두에게 절대적인 금기 행위였을 것이다. 종이의 경우 원재료를 구하기는 쉬웠지만 인도 아대륙에서는 중국식 제지법이 널리 활용되지 않았다. 길기트에서는 자작나무 껍질 필사본과 종이가 함께 발견되며, 일찍이 6세기에 히말라야 서부에서 소규모로 종이를 제작한 증거가 있다. 제지법에 대한 지식은 중국에서 카라코람산맥을 넘어 전해졌을 것으로 보이지만, 이곳에서 생산된 종이는 중국 종이에 비해 품질이 낮았다. 대조적으로 네팔에서는 적어도 12세기부터 제지술이 잘 정착했다. 종이는 열대에 가까운 인도 아대륙의 기후에 적합하지 않아 수 세기 전부터 사용된 전통 재료인 야자수 잎이나 자작나무 껍질을 대체할 수 없었다. 게다가 어쩌면 상층부 카스트에 속하는 힌두교도들은 종이에 신체가 닿으면 자신이 오염될까봐 두려워했을지도 모른다. 아랍인들이 751년 사마르칸트를 정복하고 익힌 공정에 따라 뽕나무 껍질 대신 넝마를 재활용해 만들었기 때문이다. 현재 남아시아에서는 1500년 전에 종이로 제작된 필사본을 찾아보기 어렵지만, 13세기 초 터키 왕조들이 북인도를 정복했을 때 인도 아대륙에서는 종이 필사본이 널리 제작되었다. 초기에는 이란을 비롯한 이슬람 지역으로부터 종이를 수입했고, 16세기부터는 아마다바드, 다울라타바드, 라호르, 카슈미르 등 남아시아의 여러 지역에서도 제지업이 발달해 광택을 내거나 장식을 넣는 것이 가능할 정도로 내구성과 품질이 좋은 종이가 생산되었다.

13세기부터는 종이가 자이나교도와 힌두교도 사이에서 필사본 소재로 야자수 잎을 점차 대체했지만, 초기에는 야자수 잎의 길고 좁은 포맷을 그대로 유지했다. 삽화가 수록된 자이나교의 가장 오래된 종이 필사본은 14세기 중반에 제작된 마하비라의 전기 『칼파수트라Kalpasutra』이며, 역시 삽화가 수록된 힌두교의 최고의 종이 필사본은 1451년에 제작된 크리슈나와 여성 소치기들 사이의 희롱에 관한 시 『바산타빌라사Vasantavilasa』다. 하지만 오릿사와 스리랑카를 비롯한 일부 지역에서는 19세기까지도 야자수 잎이 사용되었다. 오릿사에서는 첨필로 텍스트를 새기는 것에 더해 이따금 채색 삽화를 그려넣기도 했다.

THE
PILGRIM'S PROGRESS
FROM
THIS WORLD
TO
THAT WHICH IS TO COME:
Delivered under the SIMILITUDE of a
DREAM.
Wherein is discovered
I. The Manner of his SETTING OUT.
II. His dangerous JOURNEY; and
III. His safe Arrival at the DESIRED COUNTRY
Written by JOHN BUNYAN.
I have us'd SIMILITUDES, Hosea xii. 10.
Printed in the Office of the Mission at Vepery near Madras. MDCCXCIII

5. 베페리 선교 출판사Vepery Mission Press가 1793년 마드라스에서 펴낸 『천로역정』의 타밀어 번역판 표제지. 존 버니언의 저작 『천로역정』의 비非서양어 번역판 중 가장 오래된 판본이다. 『천로역정』은 인도 선교사들 사이에서 성서 다음으로 가장 인기가 높은 기독교 텍스트로 최소 열두 개의 지역 언어로 번역되었다. 이 판본을 공역한 파브리치우스Fabricius와 브라이타우프트Breithaupt는 독일 루터교도였지만 런던의 기독교 지식 진흥 협회Society for Promoting Christian Knowledge로부터 후원을 받았다. 기독교 지식 진흥 협회는 베페리 선교 출판사 측에 배편으로 종이 등 인쇄에 필요한 재료를 정기적으로 보냈다. 영국 도서관. 14,170.cc.1.

금속, 그중에서도 특히 동은 내구성이 월등히 뛰어나 인도 아대륙에서는 토지 문서나 외교 조약 문서 등 영속성이 무엇보다 중요한 법률이나 정치 텍스트를 기록할 때 오랫동안 사용되었다. 동판에 작성된 토지 증여 문서 중 현전하는 가장 오래된 문서의 연대는 4세기 남인도 팔라바왕조까지 거슬러올라간다. 가장 큰 문서는 낱장 86장을 동 고리로 연결한 것이다. 제작 연대는 1053년이며, 촐라왕조의 라자디라자 Rajadhiraja왕이 브라만들에게 여덟 개 마을을 증여했다고 기록되어 있다. 일부 무슬림 통치자들도 동판 증서를 발행했다. 페르시아어의 경우 데칸고원 비다르의 바마니 왕조가 16세기부터 발행한 증서들이 있다. 1691년과 1711년에 네덜란드 동인도 회사와 케랄라의 힌두교도 통치자인 캘리컷의 자모린Zamorin이 맺은 협정의 내용은 각각 좁다란 금판과 은판에 새겨졌다.

정통 힌두교도들에게 성스러운 텍스트를 글로 받아적는다는 것은 생소한 일이었다. 힌두교도들이 필사본을 제작하도록 자극한 것은 불교와 자이나교였다. 이 두 종교에서는 창시자인 붓다와 마하비라의 말씀을 정확히 기록하는 것은 근본적 중요성을 띠었다. 그런데 힌두교의 구술 전통을 따르다보니 시간이 지나면서 가르침의 내용이 서로 달라지기 시작하자 불교와 자이나교의 수도승들은 수차례의 회의를 거쳐 각기 표준 정전 텍스트를 확립했다. 일단 문자가 붓다의 말씀(수타suttas)과 같은 신성한 언어를 보전하는 적절한 수단으로 인정되자 종교 문헌이 급속히 증가했다. 645년 불교 순례자 현장玄奘은 무려 657권에 달하는 불교 텍스트를 구해 중국으로 돌아갈 수 있었다. 힌두교의 경우에는 그로부터 한참이 지나서야, 그러니까 고르제국의 무함마드가 이끈 군대가 1190년대에 북인도를 휩쓸었을 때야 비로소 그동안 지배적이던 구술 전통이 글로 대체되기 시작했다. 사원과 수도원이 대거 파괴되면서 힌두교 문화가 완전히 사라질 위험에서 벗어나기 위한 마지막 수단이 문자였기 때문이다. 하지만 힌두교도들에게 텍스트를 받아적는다는 것은 이때도 여전히 일차적으로는 구술 전통 내에서 작동했다. 그 결과, 왕실에 바치는 호화로운 필사본을 제작한 경우를 제외하면 필사본의 시각적·심미적 측면은 그리 중요하게 여기지 않았다. 따라서 힌두교 전통에서는 이슬람교에 필적할 만한 캘리그래피가 발달하지 않았다. 11세기 초에 인도를 방문한 우즈베크의 박식가 알 비루니Al-Biruni는 이렇게 평했다.

인도 필경사들은 부주의하여 순서대로 정리된 정확한 사본을 만들기 위한 수고를 들이지 않는다. 그 결과 저자의 정신적 발달의 가장 숭고한 결과물이 그들의 부주의로 인해 유실된다. 책은 첫번째나 두번째 사본에서 이미 오류투성이가 되어버려 원전과는 딴판인 아무도 이해할 수 없는 글이 되고 만다. (퀘야무딘 아흐마드Qeyamuddin Ahmad 엮음,『알 비루니가 만난 인도India by al-Biruni』[New Delhi, 1983], p. 8)

힌두교 필경사들이―적어도 카슈미르에서―캘리그래피를 진지한 예술 형식으로 받아들인 것은 17세기부터였다.

남아시아의 필사본 삽화도 불교와 자이나교에 기원을 빚졌다. 필사본은 창시자의 가르침을 구현한 것이므로 훌륭한 캘리그래피와 그림으로 필사본을 아름답게 꾸미려는 강렬한 열망이 있었다. 이를테면 불교 국가 네팔에서는 신성한 텍스트를 암청색으로 물들인 종이에 금색 잉크로 쓰는 것이 유행이었다. 야자수 잎 필사본에 삽화를 넣는 관행은 1000년경 동인도와 네팔의 불교 신자들 사이에서 시작되었고, 자이나교에서도 이를 재빨리 따라 했다. 자이나교의 삽화 필사본 중 가장 오래된 것은 1060년에 제작되었다. 불교 필사본과 자이나교 필사본 모두 초기에는 그림―신과 여신, 보살과 수도승―의 내용이 수반되는 텍스트와 연관성이 없었다. 그림을 싣는 목적은 서사의 이해를 돕는 것보다는 액막이, 즉 상서로운 수호자들을 책에 담는 데 있었다. 필사본들은 빠르게 그 자체로 숭배의 대상이 되었고, 필사나 장식을 의뢰하는 사람들에게 종교적 혜택(푸냐punya, '복')이 내려진다고 생각되었다. 자이나교 경전의 필사본은 파탄이나 아마다바드 같은 중심지에서 대량 생산되었는데 특히 사원의 도서관에 기증하려는 신실한 목적에서 제작될 때가 많았다. 불교 필사본은 연례행 사인 '푸스타카푸자pustakapuja, '책 예배''의 날에 일반 신도들 앞에 전시되었다. 이때 의 식에 따라 물에 갠 백단향 가루를 책표지에 바르기도 했다. 이러한 책 숭배는 『반야 바라밀다심경Prajnaparamita』('지혜의 완성을 위한 경전')에서 붓다가 직접 명한 바 있다.

일단 글이 위대한 책에 붓다의 힘에 붙들려 명료한 필체로 잘 쓰이고 나면, 그 글을 영예롭게 받들고 스승으로 모시며 공경하고 숭배하고 흠모하며, 책 둘레에 꽃과 향료 와 향수와 화환과 연고와 방향산芳香散과 의복과 음악과 덮개와 차양과 깃발과 종과 현수막과 등불 달린 줄로 온갖 형태로 숭배해야 한다. (지나 킴Jinah Kim, 『신성의 보관소 Receptacle of the Sacred』[Berkeley, CA, 2013], p. 1)

이러한 관행은 네팔의 불교도 사이에서도 여전히 유지되고 있다. 랄릿푸르의 황금 승원(크와 바하Kwa Baha)에는 『반야바라밀다심경』의 화려한 13세기 필사본이 연례 주 요 의례 행사에서 신도들에게 전시된다. 승려들은 이 책 자체에 지혜의 여신이 깃들 어 있다고 말한다. 비슷하게 자이나교에서는 우기에 열리는 파리우샤나Paryushana 축 제에 마하비라의 전기 『칼파수트라』의 사본이 눈에 잘 띄게 전시된다. 수도승들이 텍스트 전체를 암송하면서 군중이 이 성스러운 경전을 볼 수 있도록 필사본을 들고 행진하는 과정에서 구술 전통과 문자 전통이 한데 어우러진다. 동인도에서 팔라왕 조 치하에 날란다, 비크라마실라, 우드단다푸리 같은 대형 수도원에서 불교 텍스트 를 필사하고 삽화를 그려넣은 관행은 12세기 말 고르제국의 무함마드가 침략하고 난 다음 자취를 감추었다. 서인도에서는 자이나교 필사본의 삽화 장식이 계속되었고 13세기 말부터 삽화는 액막이 목적으로 등장하지 않고 본문의 서사를 보조하는 역 할을 하기 시작했다. 이러한 변화는 페르시아어 삽화 필사본을 모방한 것으로 보이 는데, 이는 이슬람 세계가 남아시아 책에 영향을 준 최초의 사례다.

13세기와 14세기 인도에서 초기 무슬림 통치자 치하에 제작된 아랍어나 페르시아어 필사본은 현재 거의 전해지지 않는다. 하지만 이슬람 세계에서 학자들과 문인들이 델리 궁정과 여타 지역으로 몰려왔을 때 필사본을 가져왔을 것이 분명하며, 이 필사본들은 분명히 인도에서 직접 사본을 제작할 때 견본으로 사용되었을 것이다. 예를 들어 말와 지역의 할지왕조 술탄들은 아프가니스탄과 이란의 화가들을 수도 만두로 데려갔다. 이 화가들은 1490년과 1510년 사이에 사디Sa'di, 1213경~1291, 페르시아의 대표적 시인─옮긴이의『과수원Bustan』에 헤라트 양식으로 삽화를 그려넣었으며 요리책『니마트나마Ni'matnama』도 시라즈 양식을 모방한 삽화를 그렸다. 남아시아의 이슬람교 서적은 무굴 황제 치하에서 절정에 달했다. 16세기 중반에는 아크바르 황제가 직접 대규모 황실 작업장tasvir-khana을 설치했다. 이곳에서 제작된 삽화 필사본은 이란의 타흐마스프 치하의 작업장에서 생산된 필사본의 수준을 훌쩍 뛰어넘는다. 아크바르가 지시한 가장 야심 찬 필사본 사업은 열네 권짜리『하즈마나마Hazma-nama』편찬 사업이었다. 권당 수록된 그림 수가 100점에 달했고 시작에서 완성까지 1562년부터 1577년까지 15년이 걸렸다. 아크바르가 작업장에 고용한 캘리그래퍼와 화가의 수는 수백을 헤아렸다. 이름을 보면 카슈미르, 구자라트, 데칸고원 등 인도 아대륙의 다양한 지역 출신의 인물들임을 짐작할 수 있다. 그들 중 대략 70퍼센트는 두 거장 다시반트Dasvant와 바사반Basavan처럼 힌두교도들이었다. 이슬람교의 가장 수준 높은 예술 형식인 캘리그래피는 특히 '황금 펜Zarin Qalam'이라는 칭호로 불리던 무함마드 후세인 알 카슈미리Muhammad Husayn al-Kashmiri와 함께 높이 떠받들어졌다.

아크바르의 작업장에서 일한 화가들은 이란과 인도의 요소들을 종합해 더욱 자연주의적인 스타일을 발전시켰다. 1590년대에는 여기에 인도 서부 고아의 포르투갈 예수회 사람들이 들고 온 유럽의 종교 인쇄물을 통해 익힌 원근법 같은 유럽적 요소까지 더해졌다. 아크바르는 자신의 제국 안에 공존하는 다양한 종교 공동체들 사이의 장벽을 허물기 위해 번역국maktab-khana을 설치해 힌두교의 산스크리트어 작품들의 페르시아어 번역본을 만들게 했다. 그 결과로 『마하바라타』(『라즈므나마』로 개칭)과 『라마야나』의 삽화 필사본들이 생산되었다. 아크바르의 아들 자한기르는 삽화가 많은 대형 필사본 편찬 사업 대신 훌륭한 캘리그래피와 회화작품을 모아 화첩muraqqa'을 엮음으로써 고상한 수집가적 기호를 드러냈다. 정통적 성향이 강했던 아우랑제브는 필사본에 삽화를 싣는 것에 비판적이었지만 캘리그래피를 후원했고 말년에는 직접 육필로 쿠란 필사본을 만들기도 했다. 1739년 무굴제국의 황실 도서관은 대략 2만 4000권의 필사본을 보유하고 있었다고 전해지는데 훗날 나디르 샤Nadir Shah, 이란 아프샤르 왕조의 창시자—옮긴이에게 약탈당해 상당수가 이란으로 옮겨졌다.

무굴제국은 남아시아에서 최초로 유럽의 인쇄본 서적을 접했다. 1580년에 인도 고아의 예수회 사절단은 아크바르황제에게 르네상스시대의 걸작품인 크리스토프 플랑탱의 화려한 『다언어 성서』 사본 한 부를 상납했다. 하지만 황제는 이 서적을 생산한 기술에는 전혀 관심을 보이지 않았다. 황실 작업장에 인쇄기를 설치하라는 요청은 없었다. 사실 기계로 생산된 작품은 아크바르 필경사들의 아름다운 캘리그래피와 경쟁이 될 수 없었다. 무굴제국은 정보와 지식 네트워크가 잘 발달되어 있었다. 이는 전문 필경사들katibs이 쓴 필사본의 대규모 생산과 보급에 기반하고 있었다. 아울러, 각지의 소식통이 전하는 이야기들을 모아 정기적으로 발행하는 뉴스레터akhbars는 이 네트워크를 뒷받침했다. 당대 힌두교 왕국들도 비슷한 체계를 운영했고, 여기에서 필경사들의 세습 카스트kayasths는 정보를 제공·유통하는 역할을 맡았다. 인도 사회에서 궁정을 비롯한 전 영역에서 활판 인쇄술은 전통적인 책 생산 방식을 전혀 대체하지 못했다. 1570년대에 타밀 지역 기독교 텍스트의 인쇄를 도운 페로 루이스Pero Luis는 인쇄기를 사용한 최초의 인도인이지만, 최초의 예수회 인도인인 그를 인도 전통 사회를 대표하는 인물로 보기는 어렵다. 유럽 인쇄기와 출판업을 도입한 최초의 인도인은 구자라트의 부유한 상인이자 수라트의 동인도회사 브로커 비므지 파라크Bhimji Parak였다. 비므지 파라크는 1670년에 '고대 브라만 글'을 '바니아 문자'

6. 이란의 국민 서사시 『샤나메』('왕서')의 페르시아어 판본(봄베이, 1849) 삽화 '루스탐이 흰 악마를 죽이다'. 19세기 인도에서 생산된 최고 수준의 석판 인쇄본이다. 손으로 직접 채색한 카자르 스타일의 삽화와 우아한 나스탈리크 서체의 텍스트가 완벽한 조화를 이루는 이 책은 필사본이 **아니라는** 사실을 도저히 믿기 힘들 정도로 아름답다. 유럽에서와 달리 남아시아에서 석판 인쇄술은 주류 인쇄술에 속했고 무슬림 공동체는 이 기술을 적극 채택했다. 석판 인쇄술은 필사본의 대량 생산이라는 일종의 모순을 가능하게 했다. 이러한 방식으로 인쇄된 책은 텍스트에 권위를 부여하는 전통적인 이슬람교의 사상과도 합치했다. 이슬람교도들에게는 활판본 서체가 석판 기술자의 서체보다 읽기 어렵고 문화적으로도 낯설어 보였다. 영국 도서관. 14,807.h.4 p. 135.

로 인쇄하려는 계획을 세웠지만 성공하지 못했다. 남아시아 최초의 황실 출판사는 1805년이 되어서야 탄자부르의 마라타족 통치자 사라바지 2세Sarabhaji II에 의해 설립되었다.

무굴제국의 양식은 인도 아대륙의 거의 전 지역의 필사본 삽화에 영향을 끼쳤다. 아크바르와 자한기르의 재위기 동안 권력자가 된 라지푸트 왕자들 역시 궁정 작업장을 두었다. 가장 뛰어난 작업물은 1649년과 1655년 사이에 메와르왕국의 마하라나 자가트 싱Maharana Jagat Singh, 1652년 사망을 위해 준비된 500여 점의 대형 삽화가 수록된 화려한 필사본 『라마야나』이다. 무굴제국 작업장에서처럼 이 책을 제작할 때도 이슬람교도와 힌두교도 화가들이 공동으로 작업했다. 말하자면 사히브 딘Sahib Din 이 마노하르Manohar와 나란히 작업한 것이다. 마하라나 상그람 싱 2세Maharana Sangram Singh II는 대규모의 삽화 필사본 제작 사업을 시작했는데, 각 절마다 삽화를 수록해 총 710점의 그림이 실린 『바가바드기타』 필사본이 그 결과물 중 하나다. 무굴제국이 1681년 아삼을 정복한 뒤 델리의 화가들은 필사본의 삽화 스타일에 영향을 주었는데 특히 아홈족 통치자들이 이 스타일을 선호했다. 코끼리를 돌보는 방법에 관한 1734년 서적 『하스티비디야르나바Hastividyarnava』가 그 예다.

무굴제국이 서서히 무너지자 문인들과 화가들은 새로운 후원자를 찾아 데칸고원, 벵골, 아바드 등의 새로운 독립 국가로 이주했다. 18세기 말 아바드의 귀족 슈자우드-다울라Shuja'ud-Daula와 그의 아들 아사푸드-다울라Asafud-Daula는 특히 다양한 선법旋法을 묘사하는 텍스트와 그림이 담긴 『라가의 화환Ragamalas』을 소중히 간직했다. 같은 시기에 유럽인들은 남아시아의 필사본들을 수집하기 시작했지만 경전은 입수하기 어려웠다. 하지만 1789년 앙투안 폴리에Antoine Polier 대령이 처음으로 인도 아대륙에서 『베다』의 사본 한 부를 들고 프랑스로 돌아왔다.

인쇄술의 영향

목판 인쇄술, 활판 인쇄술, 석판 인쇄술은 남아시아에 각기 다른 방식으로 영향을 미쳤다. 현재까지 남아 있는 증거를 보면 인도인들은 분명히 인쇄술을 알고 있었지만, 티베트와 네팔에서는 목판 인쇄술을 활용한 반면 히말라야 남쪽 지역에서는 그렇지 않았다. 중국과 중앙아시아에서 찾아온 불교 순례자들은 분명히 목판 인쇄된 텍스트를 인도에 가져왔을 것이고, 중국의 항만에서 활동하던 힌두교 상인들은 텍스트가 새겨진 목판을 직접 목격했을 것이다. 인도인들이 목판 인쇄술을 적극적으로 채택하지 않은 것은 종종 적극적인 '저항'으로 해석되었다. 인쇄술이 불교와 연관이 있다는 이유로 힌두교도들이 이를 오염된 기술로 생각했으리라는 것이다. 하지만 실제로는 아마도 단순한 무관심 같은 미온적인 감정에 가까웠을 것이다. 힌두교도들의 텍스트에 대한 필요는 구전, 공연, 필사본의 광범위한 유통을 통해 충분히 충족되고 있었기 때문이다. 중앙아시아와 중국을 방문한 인도의 불교 스승들은 현실적으로 필사본을 많이 갖고 다닐 수 없었다. 그들은 가르침을 전하는 과정에서 수 세기 동안 책보다는 주로 기억에 의지해 텍스트를 전파했다. 암송 기술은 언제나 존경심을 불러일으켰고 티베트에서는 지금까지도 암송이 전통적인 수도원 교육의 핵심을 이루고 있다.

지금까지 알려진 가장 오래된 산스크리트어 인쇄본은 중앙아시아 신장의 투르판 분지 오아시스에서 발견된 『다라니경』 사본으로 제작 연대는 650년과 670년 사이로 추정된다. 『다라니경』은 짧은 기도문으로 사람들은 흔히 이것을 주술이나 신변 보호의 소망을 담아 읊조렸다. 중국 당 왕조 시기에 적어도 8세기부터 대승불교 텍스트의 언어 산스크리트어와 이 언어를 받아적는 데 사용된 실담悉曇, Siddham 문자는 신성한 지위를 부여받았다. 실담 문자를 쓸 줄 아는 사람이 매우 적었기 때문에 이 짧은 텍스트는 낱장에 목판 인쇄되었다. 흔히 중심에 자리한 보살菩薩, Boddhissattva을 텍스트가 나선형으로 감싸 만다라 모양을 이룬다. 『다라니경』은 일찍이 708년과 711년의 행사들을 통해 알려진 것처럼 기우제 등의 황실 의식에서 주기적으로 사용되었다. 신변 보호를 위해 팔이나 목에 거는 부적 안에 이 주문을 적어넣기도 했는데 이러한 유물이 중국의 무덤에서 계속 발굴되고 있다. 758년 중국 황제의 병이 어느 승려가 준 『다라니경』 덕분에 나았다는 일화는 유명하다. 불교 사리탑(파고다)을 위한 봉납 의례에도 탑 안에 『다라니경』을 넣는 의식이 포함되어 있었다. 산스크리트어 목판 인쇄의 중심지로는 장안, 청두, 사오싱, 둔황 등이 유명했다. 짧은 주문뿐만 아니라 다양한 불교 경전의 전체 텍스트도 산스크리트어로 목판 인쇄되어 중국 전역의 불교 사원에 가르침과 공부를 목적으로 배포할 수 있는 사본이 그만큼 더 많아졌다. 목판 인쇄술 덕분에 사본의 수가 증가하면서 산스크리트어로 된 불교 텍스트를 중국어로 번역하는 일도 많아졌다. 네이멍구(구 내몽골) 자치구 카라 호토의 탕구트 시에서 발견된 인기 높은 『심경』(반야바라밀다심경)의 판본을 보면 불교 의식에서 산스크리트어 판본을 자주 낭송했음을 알 수 있다. 아름다운 서체로 쓰인 이 산스크리트어 텍스트는 한문처럼 한 음절씩 세로로 쓰여 있다. 그 옆에는 뜻이 아닌 소리가 한자로 병기되어 있는데 이는 산스크리트어 학자가 아닌 사람이라도 의식에서 요구되는 대로 정확히 낭송할 수 있도록 돕기 위해서였다. 산스크리트어 불교 문헌의 목판 인쇄본은 적어도 14세기까지도 몽골제국의 원왕조 치하에 고초(오늘날 고창) 같은 중앙아시아 지역에서 계속 생산되었다.

　가동 활자를 활용한 인쇄술은 유럽의 기술이 남아시아로 전해진 사례다. 남아시아에서 활판 인쇄술의 도입이 늦어진 이유는 기원전 3세기와 서기 3세기 사이의 상감 시대 초기 시 타밀 문학이 이미 1000년 넘게 향유되고 있었다는 사실에서 미루어 짐작할 수 있다. 1556년 예수회 선교사들은 아시아의 포르투갈제국의 수도 고아에 위치한 상파울루대학Colégio de São Paulo에 인쇄기를 설치했다. 이 인쇄기로 인도에 현존하는 가장 오래된 인쇄본인 성 보나벤투라St Bonaventure의 1559년 저작들 등 대부분의 포르투갈어와 라틴어 종교 저작을 찍었다. 인도 아대륙에서 로마가톨릭교로의 개종은 1540년대 성 프란체스코 사비에르St Francis Xavier의 전도 활동 후 타밀어를 사용하는 남부 파라바르 어부 공동체에서 집중적으로 일어났다. 1574년에 방문중이던 예수회 수사 알레산드로 발리냐노Alessandro Valignano는 지역 언어들로 된 인쇄물을 다량 찍어냈다. 발리냐노는 언어 능력이 탁월한 엔히크 엔히케스Henrique Henriques가 목회자 업무에서 벗어나 파라바르 사람들을 위해 타밀어로 된 인쇄물—교리 문답서, 참회 기도서, 성인의 일대기 등—을 제작하게 했다. 최초의 타밀어 활자는 1577년 고아에서 주조되었고 그로부터 1년 뒤 퀼론(오늘날 쿨람)에서 개량되었다. 이렇게 해서 인도어 활자 디자인이 시작되었다. 유럽인들이 여기서 지배적인 역할을 했고 이 추세는 빈센트 피긴스Vincent Figgins 같은 영국의 상업 활자 주조공들과 더불어 19세기 초까지 이어졌다. 이러한 유럽의 영향은 고아의 지역어인 콩카니어의 사례처럼 해로운 결과를 초래하기도 했다. 1616년부터 토머스 스티븐스Thomas Stephens 같은 인도의 초창기 영국인 예수회 사람들이 쓴 콩카니어 저작물은 로마자 활자로만 인쇄되었고 이러한 관행은 오늘날까지도 이어지고 있다. 최초의 개신교 선교회 출판사가 1712년 코로만델해안의 트랭크바(오늘날 타랑감바디)에 위치한 네덜란드 동인도회사 집단 거주지에 세워진 다음에는 남아시아 기독교 출판물의 범위가 확대되어 성서의 번역본도 나왔다. 복음서와 사도행전의 타밀어 판본은 1714년 발간되었다. 한 해 전에 신랄한 논조의 반反힌두교 비판서 『아키야남Akkiyanam』('무지')이 타밀어로 출간된 이후 19세기 중반까지 상당수의 기독교 문헌이 공격적인 어조를 띠게 되었고 여기에 자극을 받은 인도의 다른 종교인들은 이에 반발하는 출판물을 펴내기도 했다.

1800년까지 남아시아 인쇄 시설의 규모는 여전히 매우 제한적이었다. 모든 인쇄기가 유럽 식민주의자와 선교사의 통제하에 있었고 소수의 해안지역에만 국한되어 있었다. 인쇄 시설은 인도 아대륙 인구 대부분에게 영향을 미치지 못했다. 이 시설만으로는 자국을 떠나 있는 적은 수의 유럽인들의 수요조차 충분히 만족시켜줄 수 없었

7a와 b. 머리가 열 개 달린 마왕 라바나와의 전투 장면. 발미키Valmiki의 서사시 『라마야나』에는 라마 왕자가 아요디아
를 떠나 숲으로 가고, 라마의 아내 시타가 라바나에게 납치되고, 원숭이와 곰이 시타를 랑카에서 발견하고, 라마가 라
바나를 죽이고 시타를 구출해 위풍당당하게 귀향하는 과정을 풀어낸다. 이 서사시는 인간이 겪는 애절한 역정의 서
사로서나 힌두교의 핵심적인 신앙 텍스트로서 변함없는 인기를 누려왔다. 이 사본은 인도의 가장 수려한 채식 필사
본으로 손꼽힌다. 1649년과 1655년 사이에 라자스탄 메와르왕국의 마하라나 자가트 싱을 위해 준비된 책이었다. 수
려한 데바나가리 문자로 필사된 산스크리트어 텍스트에 500점의 삽화가 곁들여져 있다. 사진 속 장면들은 자신과 다
른 종교에 속한 힌두교 후원자를 위해 일한 무슬림 화가 사히브 딘의 작품이다. 영국 도서관. Add. 15,297(1) fols.
141v–142v.

는데 이들은 정보와 여가를 위한 읽을거리를 원했다. 1730년대부터 동인도 선장들에게 허락된 개인 화물의 일부로 책이 영국에서 정기적으로 수입되었고, 대행사나 회원제 도서관에서 이 책들을 부지런히 사들였다. 소설은 인도에서 빠르게 인기를 얻었다. 어느 캘커타의 여관 주인의 아내 패티 르갈레Patty LeGallais 부인의 1793년 유언장을 보면 『귀족The nobob』과 『교태의 위험Dangers of coquetry』을 포함해 30권 정도가 소장 도서 목록으로 정리되어 있다.

덴마크는 1712년 인도 트랑크바에, 네덜란드는 1737년 스리랑카 콜롬보에, 프랑스는 1758년에 인도 퐁디셰리에 각각 출판사를 세웠고, 그다음으로 영국이 식민주의 국가 가운데 가장 늦게 출판사를 세웠다. 영국 동인도회사는 영국으로부터 채용한 '작가' 집단을 통해 조성한 그들만의 필사본 문화에 충분히 만족했기 때문이다. 더욱이 동인도회사의 첫 인쇄기는 유럽에서 수입한 것이 아니라 1761년 퐁디셰리 포위전에서 전리품으로 획득한 것이었다. 그나마도 이따금 사용되는 관용 인쇄기에 불과했고, 이 인쇄기를 관리하는 마드라스(오늘날 첸나이)의 두 독일인 선교사가 종교적인 목적으로만 활용했다. 18세기의 마지막 사반세기를 거치며 캘커타가 인도의 첫째가는 상업 출판 중심지가 되어 다양성뿐만 아니라 수량에서도 마드라스(오늘날 첸나이)와 봄베이(오늘날 뭄바이)를 앞질렀다. 이 세 도시에서 신문이 빠르게 확산되었다. 1790년대 캘커타에서는 날마다 다른 신문사가 간행된 신문을 읽는 것이 가능했다. 1780년에 최초의 인도 신문 〈히키스 벵골 관보Hicky's Bengal Gazette〉는 창간 직후 일체의 비판을 용납하지 않는 동인도회사와 마찰을 빚었다. 이 신문을 창간한 자유주의자 제임스 오거스터스 히키James Augustus Hicky는 자신을 존 윌크스John Wilkes, 영국의 급진주의 정치가─옮긴이에 빗대며 심술궂게도 워런 헤이스팅스Warren Hastings, 인도 벵골 초대 총독─옮긴이를 풍자하며 그를 '위대한 무굴제국인'이라고 불렀다. 1781년 제임스 오거스터스 히키는 명예훼손 혐의로 재판을 받고 투옥되었고 이듬해 그의 인쇄기도 압수되었다. 다른 신문사 편집자 윌리엄 두에인William Duane은 1794년에 〈더 월드The

World〉를 창간한 지 불과 11주 만에 강제 추방되었다. 1799년에 총독 마르케스 웰즐리Marquess Wellesley는 인도 최초의 출판 검열 제도를 도입해 이때부터 모든 출판물은 사전 허가를 받아야 했다. 식민 기간 내내 정부는 출판에 대한 통제를 죄고 풀기를 반복했다. 출판 통제는 벵골의 분할로 인해 '선동적인' 출판물이 나온 여파로 가혹한 1910년 언론법이 반포되면서 그 정점에 이르렀다.

인쇄술은 도입된 지 3세기 반이 지난 19세기에 이르러서야 비로소 남아시아에 중대한 영향을 끼치게 되었다. 모든 주요 지역 언어로 책, 저널, 신문, 단명 자료까지 모든 형태의 인쇄물이 '폭발적'으로 증가해 종교, 문화, 사회, 경제, 정치 등 모든 분야의 담론을 위한 새로운 공적 공간이 창출되었다. 이때부터 인쇄물 활용의 균형추는 소수의 유럽인에서 다수의 현지인 쪽으로 기울었다. 1835년 언론법으로 자유로운 환경이 조성되면서 인도 아대륙에서 인쇄기의 소유가 더욱 확산되었다. 하지만 지역에서 인쇄기를 소유한 사례가 그전에도 없지는 않았다. 이를테면 러크나우에서 아바드의 귀족 가지우딘 하이다르Ghaziuddin Haidar가 소유한 황실 인쇄기(1817), 봄베이의 파르둔지 마르즈반Fardunji Marzban 소유의 상업용 인쇄기(1812)나 바부 람Babu Ram이 마련한 캘커타의 키디르푸르 인쇄기(1807)가 그러한 예다. 사실 그전에도 남아시아 출판의 역사에서 매우 의미심장한 사건이 봄베이에서 일어났다. 1796년에 〈봄베이 쿠리어 Bombay Courier〉 신문에 동인도회사 공식 발표문의 번역본을 싣기 위해 구자라트어 활자를 주조한 것이다. 2년 뒤 쿠리어 프레스의 파시교도무슬림의 박해로 8세기에 인도로 피신한 조로아스터교도들의 후손—옮긴이 식자공들은 이와 동일한 활자를 이용해 공동체 사람들을 위한 기도서—『코르데 아베스타Khordeh Avesta』—를 인쇄했다. 유럽의 개입 없이 인도인이 인도인을 위해 인쇄물을 제작한 첫 주도적 사례다. 지역 언어로 된 인쇄물과 더불어 영어자료에 대한 수요도 급격히 증가했다. 인도의 학문적 전통을 철저히 폄훼해 악명을 떨친 토머스 배빙턴 매콜리Thomas Babington Macaulay의 『인도의 교육에 관한 기록Minute on Indian Education』이 출간된 다음의 일이었다. 그 결과 1835년 영국교육법이 제정되었고 동인도회사는 이 법에 따라 산스크리트어와 페르시아어를 가르치는 전통 힌두교와 이슬람교 학교에 지원하던 자금을 유럽식 학문으로만 구성된 교육 과정을 따르는 신설 영어 학교들로 돌렸다. 남아시아에서 교육은 일찍이 토머스 다이크 Thomas Dyche의 『영어 가이드A guide to English tongue』(트랑크바, 1716)를 비롯한 초창기 영어 학습 자료의 출간을 촉진한 터였다. 이제는 영어가 새로운 교육 언어가 되면서 옥스퍼드대학출판사Oxford University Press와 맥밀런Macmillan 같은 영국의 교육 출판사들은 거대한 인도 시장에서 수익을 올릴 기회를 맞았다.

19세기 남아시아에서 교육 서적 다음으로 규모가 가장 큰 출판 부문은 기독교 선교사들이 창출했다. 기독교 선교사들은 출판을 개종 사업의 핵심 과업으로 여겼다. 남아시아 지역에서 평균적으로 매년 25개 선교 출판사가 운영되었다. 1852년부터 1861년까지 10년 동안 무려 777만 6533부의 책과 소책자가 발행되었다. 1870년 무렵에는 30개 언어로 4000종 이상의 기독교 서적이 출간되었고 이중 타밀어 서적만 1000종 이상에 달했다. 1900년 무렵에는 총 60여 개의 언어 및 방언으로 성서 전체나 일부분을 펴낸 판본이 1100종을 넘어섰다. 주로 런던의 영국 및 해외 성서 협회가 자금을 제공했고, 종교 소책자 협회에서도 소형 팸플릿 인쇄 비용을 정기적으로 지원했다. 기독교 서적 보관 창고와 매장을 위한 기반시설이 마련되어 외국인 선교사들과 현지에서 고용된 서적 도붓장수들이 유통 사업을 공격적으로 펼칠 수 있었다. 종교 행사와 축제 시간이 특히 중요한 기회였는데 이때 인도 아대륙의 다양한 지역에서 모여든 수많은 사람에게 책을 배포하기 좋았다. 이처럼 기독교 저작물이 홍수처럼 쏟아지자 위협감을 느낀 남아시아의 다른 종교들이 반발하고 나섰다. 이렇게 해서 기독교 선교사들은 의도치 않게 남아시아의 문화적 르네상스의 발흥에 이바지했고 그 선두에는 종교 부흥이 있었다. 힌두교, 이슬람교, 불교는 스스로를 지키기 위해 선교사들의 주무기였던 인쇄물이 도리어 선교사들 스스로를 향하게 했다. 힌두교, 이슬람교, 불교의 교리를 인쇄물로 찍어내는 동시에 반기독교적인 저작물을 제작하고 출판사를 설립하고 소책자 협회를 창설하고 저널을 발간하고 서적 도붓장수를 고용한 것이다. 예를 들어 아루무가 나발라Arumuga Navalar는 한때 감리교 선교단과 자프나 성서 협회를 위해 기독교 소책자를 타밀어로 번역했지만, 1850년에는 비디아누발라나 프레스Vidyanubalana Press를 직접 설립해 시바를 찬미하는 서적을 출간했다. 또한 마드라스에서는 1887년 R. 시바산카라 판디아R. Sivasankara Pandiah가 힌두교 소책자 협회를 설립하고 힌두교 전도사들에게 반기독교 소책자를 들려 남인도 전역에 파견했다. 1862년에 스리랑카에서는 감리교 선교사들이 유통시킨 악의에 찬 반불교 문헌에 맞서기 위한 불교 선전 협회가 설립되었다. 기독교 선교단 출판사들은 또한 남아시아인들에게 전문 인쇄 기술을 전파하는 통로가 되기도 했다. 이를테면 강가키쇼어 바타차리아Gangakishor Bhattacharya는 캘커타의 침례교 선교단 출판사Baptist Mission Press에서 훈련을 받은 뒤 벵골 관보 프레스를 설립했고, 자브지 다다지Javji Dadaji는 봄베이의 미국 선교단 출판사American Mission Press에서 근무한 뒤 인도-프라카시 출판사 Indu-Prakash Press를 설립했다.

남아시아와 문화적 코드가 즉각적으로 잘 맞은 인쇄 매체는 1820년대에 도입된 석판 인쇄였다. 남아시아에서 석판 인쇄술은 주변 기술로 머물지 않고 주류 인쇄술로 자리매김했고 특히 무슬림 공동체로부터 환영받았다. 석판 인쇄술을 활용하면 이슬람교의 학문적 전통에서 여전히 문화적 권위를 지니는 필사본의 특징을 모방해 인쇄본을 제작할 수 있기 때문이었다. 석판 인쇄는 '필사본 대량 생산'이라는 명백한 모순을 현실로 만들었다. 예전에 불교도들이 손으로 쓴 부적을 흉내낸 산스크리트어 '다라니경'을 석판으로 찍어냈듯이 무슬림들은 같은 목적으로 쿠란의 구절을 석판 인쇄술로 찍어냈다. 남아시아에서 가독성이 문제되는 문자는 캘리그래피 문자가 아니라 인쇄 문자였다. 1830년대에도 인도 오디샤주의 침례교 선교사들은 현지 필경사들을 고용해 야자수 잎에 성서 텍스트를 필사했다. 18세기 초에 트랑크바의 덴마크 선교사들이 시작한 관습이었다. 전통적인 필경사들은 석판 필경사라는 새로운 직

8. 자작나무 껍질 두루마리의 불교 텍스트. 고대 간다라(오늘날 파키스탄과 아프가니스탄)의 언어인 간다라어를 카로슈티 문자로 쓴 자작나무 껍질 두루마리 모음 중 일부다. 이 두루마리들은 지금까지 알려진 가장 초기의 불교 문서이며 현존하는 최고最古의 남아시아 필사본으로 연대는 서기 1세기로 추정된다. 무슬림 세력이 종이를 도입하기 전까지는 히말라야 지역에서는 자작나무 껍질, 그 이남에서는 야자수 잎이 전통적인 필기 표면으로 사용되었다. 이 유물처럼 낡은 필사본은 단지에 담아 승원 안에 의례적으로 '매장되었interred'던 것을 설명한다. 대조적으로 가장 초기의 야자수 잎 필사본들의 연대는 이로부터 1000년 뒤인 10세기와 11세기로 추정된다. 상당수의 필사본이 유실되었지만, 인도 필사본 유산은 지금도 무려 3000만 권에 달한다. 영국 도서관. 단편fragment 1 part 5r.

업을 기꺼이 받아들였고 숙련도가 빠르게 증가했다. 러크나우의 필경사들은 '거꾸로 쓰기' 기술을 완벽히 통달해 전체 텍스트를 석판에 곧바로 반대 방향으로 쓰는 능력을 선보이기도 했다. 무슬림뿐만 아니라 힌두교도도 석판 인쇄술을 활용했다. 봄베이, 푸나, 베나레스 등에서 많은 산스크리트어 저작이 석판 인쇄되었는데 표제지 자리에 콜로폰이 있는 포티pothi, 길고 좁은 형태 필사본 형식을 따랐다. 남아시아에서 목판 인쇄 텍스트와 석판 인쇄 텍스트는 필사본과 인쇄본 사이 '그 어딘가에 머무르며' 양자의 특징과 차이점을 동시에 드러냈지만, 힌두교 문화와 이슬람교 문화 모두에서 필사본 전통의 중요성과 지속성을 분명히 강조했다.

19세기에는 인쇄술이 아시아의 다른 지역으로도 확산되고 동아프리카부터 인도네시아까지 인도양 주변에 국제 도서 시장이 창출되는 데 남아시아의 역할이 지대했음을 보여주는 사례들이 나타난다. 1800년에 침례교도 윌리엄 케리William Carey가 벵골에 설립한 세람포르 선교 출판사Serampore Mission Press는 남아시아의 언어로 복음서를 출판하는 선구적인 역할을 했을 뿐만 아니라 동인도회사가 아시아에서 세력을 확장할 때 인도 아대륙에서 기독교 서적과 버마어, 베트남어, 말레이어, 자바어, 중국어 서적 출판의 거점 역할을 했다. 기독교 출판사가 안전하게 설립되기 힘든 베트남이나 중국 등의 위험 지역에서 활동하는 선교사들에게는 '피난처'와도 같았다. 아울러 1812년에 중국에서 최초의 현대적 가동 금속 활자를 주조할 때 세람포르 선교 출판사의 혁신적인 활자 주조 기술이 매우 중추적인 역할을 했다. 1816년에는 미국인 침례교도들이 쓸 인쇄기를 다시 버마에 보내주기도 했다(1813년에 버마 궁정으로 보낸 최초의 인쇄기는 이라와디강에 빠졌다). 세람포르 선교 출판사의 인쇄공 윌리엄 워드William Ward는 조카 너새니얼 무어 워드Nathaniel Moore Ward를 훈련시켜 1818년 총독 스탬퍼드 래플스Stamford Raffles 경 밑에서 일하도록 인쇄기와 활자와 함께 수마트라로 보냈다. 상업 출판사들도 남아시아의 지리적 중요도를 잘 활용했는데, 러크나우의 나왈 키쇼어Nawal Kishore가 특히 그랬다. 키쇼어는 남아시아를 통해 영국령 인도 너머

아프가니스탄, 이란, 그리고 아직 자국의 인쇄와 출판 산업을 발달시키지 못한 중앙
아시아의 이슬람 국가들까지 아우르는 광활한 시장에 접근할 수 있었다. 1880년대
부터 특히 쿠란을 비롯한 페르시아어, 파슈토어, 아랍어 서적이 지역 대행인을 통해,
그리고 우즈베키스탄 부하라와 신장 야르칸드 등 위구르족 무슬림 인구가 있는 도시
출신의 무역상에게 팔려나갔다.

　베트남, 라오스, 미얀마, 캄보디아, 태국에서는 19세기 중후반에 이르러서야 인쇄
업이 완전히 발달했다. 그전에는 수 세기에 걸쳐 여러 다른 유형의 책 생산과 인쇄
물과 관행이 혼재했다. 예를 들어 인도네시아와 인근 지역에서 일부 쿠란은 야자수
잎에 필사되었다. 인도네시아, 말레이시아, 동남아시아의 섬에서는 유럽의 선교 활동
으로 인쇄가 발달했음에도 역시 여러 관행이 뒤섞이며 흥미로운 양상을 나타냈다.
1593년 필리핀에서 중국식 목판 인쇄술로 최초의 인쇄본이 제작되었지만 그로부터
얼마 지나지 않아 1602년 활판 인쇄술이 도입되었다. 한참 뒤인 1806년에는 말레이
시아에서 최초의 공식 영자 신문이 창간되었다. 이 신문의 발행인 앤드루 버체트 본
<small>Andrew Burchett Bone</small>은 인도 캘커타와 마드라스에서 상업 출판가로 일한 경력이 있었다.
인도가 인쇄술 확산의 거점이었음을 보여주는 또다른 사례다. 그럼에도 남아시아의
오래되고 다양한 필사본 문화는 동남아시아 전역의 필사본 생산에 넓고 깊은 영향
을 끼쳤다. 그리고 이것은 동아시아의 목판 인쇄술이 끼친 영향보다 훨씬 더 심대했
다. 독자층이 친구들이나 사회 엘리트층 구성원들로만 한정된 일부 작가들은 자신의
저작물을 계속해서 필사본으로 냈다. 불교 경전을 손으로 베껴 쓰는 것은 여전히 중
요한 신앙 행위였고 더구나 자신의 피로 필사한다면 이는 더욱 특별했다. 저명한 중
국 학자 후스<small>胡適, 1892~1962</small>는 이를 두고 19세기 중국의 '인도화'라고 비판했지만, 중
국 남북조시대 진나라의 왕자 진숙릉陳叔陵은 일찍이 579년에 『열반경Nirvana Sutra』을
자신의 피로 필사했다고 기록되어 있다. 베트남에서는 중요한 텍스트들이 기계식 활
판 인쇄술이 도입되기 훨씬 전에 이미 목판 인쇄로 중국어판이 인쇄되었다는 점에서

9. 살아 있는 경전: 시크교도들은 그들의 경전 『구루 그란트 사히브』와 독특한 관계를 맺고 있다. 시크교의 영적 지도자인 10대 구루 고빈드 싱Gobind Singh은 1708년 사망하기 전에 차기 구루는 성전 그란트라고 선언했다. 경전 『구루 그란트 사히브』는 시크교 사원gurdwara에서 가장 높은 위상을 지니며 모두가 이 경전에 존경을 표한다. 사원에서는 경전을 방석이 놓인 옥좌에 모시고 매일 밤 침상으로 옮겼다가 매일 아침 다시 잠에서 깨운다. 1604년에 편찬된 경전 그란트의 내용은 통합적 성격을 띤다는 점에서 주목할 만하다. 시크교 구루들이 지은 찬가와 힌두교와 이슬람교의 종교 시인들의 작품이 섞여 있다. 사진은 연대가 19세기 중반으로 추정되는 정교한 채식 사본의 첫 페이지다. 영국 도서관. MSS Panjabi D 1 main text sequence f.1v.

다른 지역들과 더욱 차이를 보인다. 베트남은 이 목판 인쇄술 때문에 동아시아 문화권에 속하는 것으로 여겨져왔다. 하지만 베트남에서 일어난 더욱 의미심장한 변화는 사실 문자의 채택에 있다. 1910년부터 프랑스의 식민 통치를 받으면서 한자chu nom 인쇄가 로마자 알파벳chu quoc ngu에 악센트를 추가한 형태로 대체된 것이다.

한편 인도양 주변 지역에 저작물을 공급하던 주요 항구 봄베이는 1860년대부터

이 위상을 적극적으로 활용했다. 중동에서 운영되는 소수의 출판사는 정부나 선교 사가 소유하고 있었다. 봄베이의 상업 출판사들은 이슬람교 성인의 전설이나 민담 같은 대중문학의 틈새시장에 기민하게 파고들었다. 봄베이의 이슬람교 저작물 출판 업은 구자라트어, 우르두어, 페르시아어, 아랍어, 말레이어, 자바어, 스와힐리어 등을 아우르는 다중언어 사업이 되었다. 이란 부시르와 반다르아바스로 가는 수송선은 페 르시아어 서적의 국제 무역 거점 도시가 된 봄베이를 거쳐갔다. 잘랄 알딘 루미의 유 명한 작품 『마스나위Masnawi』나 피르다우시의 민족 서사시 『샤마나Shamana』처럼 인 기가 높은 고전은 수많은 판본으로 출간되었다. 문시 카림Munshi Karim의 출판사는 특 히 그가 현지 대행인을 고용한 탄자니아의 잔지바르 시장을 염두에 두고 아랍어와 스와힐리어 인쇄본을 출간했다. 아라비아해 건너편 동남아시아 전역에도 기꺼이 아 랍어 서적을 사려는 시장이 있었다. 우르두어 책은 남아프리카의 인도-무슬림 공동 체에 수출되었고, 자바어 책은 인도네시아에 팔렸다. 가장 주목할 만한 점은 1870년 대부터 수십 년에 걸쳐 봄베이가 말레이어권역에서 이슬람교 텍스트와 통속적인 발 라드 작품의 일차 공급처가 되었다는 것이다. 이들 서적에는 말레이어가 아랍 문자 의 자위Jawi 변이형으로 표기되었다.

20세기로 넘어갈 즈음 아랍 문자로 표기된 말레이어 책은 싱가포르보다 봄베이에 서 더 많이 생산되었을 것으로 추정된다. 봄베이 출판사들은 인쇄 품질과 종이 품질 이 모두 다 뛰어났기 때문에 싱가포르 출판사들은 쇠락의 길을 걸었다. 인쇄기도 수 출되었다. 1875년경 잔지바르의 술탄 사이드 바르가시 빈 사이드Sayyid Barghash bin Said 는 봄베이에서 활판 인쇄기를 구입했고, 봄베이 파시교도 기업가들은 잔지바르에 출 판사를 차렸다. 남아시아 바깥의 출판 기업가들은 증기선 운항의 중심지인 봄베이 로 몰려들었다. 일례로 1868년 이란인 미르자 무함마드 시라지Mirza Muhammad Shirazi 는 봄베이에서 가장 중요하다고 손꼽히는 서점과 출판사를 차렸다. 봄베이 출판사들 의 명성은 출판을 통해 학문적 명망을 높이고 싶어하는 무슬림 세계의 저자들을 유혹했다. 이란 이스파한의 이슬람교 성직자 사피 알리 샤Safi 'Ali Shah는 1872년 첫번째 저작 『비밀의 본질Zubdat al-asrar』을 봄베이에서 출간했고, 바그다드에서 칭송받은 중세 성인 압둘 카디르 질라니Abd al-Qadir Jilani의 후손 사이드 이브라힘 사이프 알딘 알카디리Sayyid Ibrahim Saif al-Din al-Qadiri는 1912년 봄베이에서 자신의 추종자들을 방문하는 중 아랍어, 페르시아어, 우르두어로 종교 시집을 출간했다. 심지어 오래전에 사망한 나이지리아의 무슬림 신비주의자 알-키시나위al-Kishnawi가 쓴 숫자점과 문자 마술에 관한 저작들도 1880년대에 봄베이에서 출간되었다.

인쇄가 텍스트 전파의 주요 수단이었던 시기는 불과 두 세기 정도였지만 이는 남아시아가 식민 통치로부터 벗어나 독립을 쟁취한 역사적으로 중요한 격변의 시기였다. 인도의 독립운동 시기에 마하트마 간디의 비폭력 저항운동가들satyagrahis이 유포한 포스터, 신문, 애국 노래집 등의 인쇄물은 민족주의 정신을 육성하고 지탱했다. 1947년 독립과 더불어 영국 출판사들의 세가 기울고 지역 소유 기업들이 성업을 이루었다. 디지털 미디어가 등장한 오늘날에도 인쇄는 여전히 엄청난 인기를 누리고 있다. 세계에서 판매 부수가 가장 높은 신문 스무 종 중 여섯 종이 인도에서 발행되고 있다. 하지만 종교 압력단체에서 검열을 도입하고 저자와 출판업자에게 살해 위협까지 서슴지 않는 현실로 인해 오늘날 인도에서 출판은 갈수록 위험한 사업이 되고 있다.

11장

산업화

마리 프랑수아즈 카신
Marie-Françoise Cachin

유럽과 미국에서 출판은 새로운 기술 발달과 새로이 산업화된 경제의 영향을 받지
않을 수 없었다. 18세기 말과 19세기 초에 인쇄·제지·활자 주조·제본·삽화에서 일
어난 여러 가지 혁신은 생산량을 엄청난 규모로 증대시키고 비용을 절감해줄 광범
위한 기술적 진보를 예고했다.

19세기 초 스탠호프Stanhope 경은 큰판 인쇄가 가능한 대형 압판壓板 금속 인쇄기
를 개발했다. 또한 연판 인쇄 공정—지형紙型에 활자 합금을 부어서 뜬 판으로 인쇄
하는 기법—의 상업적 성공에도 일조했다. 연판 인쇄술은 19세기와 20세기 초에 광
범위하게 채택되어 재인쇄에 사용되었다. 연판은 미국에서 1813년에 최초로 사용된
이래 미국 책 생산의 가장 큰 특징 중 하나로 남아 있다.

19세기에 걸쳐 새로운 인쇄기 제작 기술은 대서양 양쪽에서 꾸준히 진일보했다.
미국의 인쇄기 제작자들은 유럽에서 아이디어를 가져왔고 유럽의 인쇄기 제작자들
은 미국에서 아이디어를 얻었다. 일찍이 1807년 필라델피아의 인쇄업자 조지 클라이

1. 1879년 주간지에 실린 〈산업과 산업미술 사전Dictionnaire de l'Industrie et des Arts Industriels〉의 광고. 모든 서점에 배포되었으며, 산업미술과 산업의 간략한 역사라고 소개되었다. 이 책은 이 분야의 가장 중요하고 탁월한 출판물이고, 텍스트를 설명하는 판화가 2500점 이상 수록되어 있음을 광고하고 있다. 프랑스 파리, 프랑스 국립도서관.

머George Clymer는 컬럼비안 철제 인쇄기Columbian Iron Press를 제작했고 이 인쇄기는 곧 영국을 비롯한 여러 유럽국가에서 사용되었다. 이어 프리드리히 쾨니히Friedrich Koenig가 1811년에 만든 증기식 원압인쇄기로 1814년에 〈더 타임스The Times〉를 찍었는데, 이것은 쾨니히 인쇄기가 중요하게 사용된 첫번째 사례였다. 1826년 라이프치히의 출판업자 F.A. 브로크하우스F.A. Brockhaus는 쾨니히 인쇄기로 책을 만들었다. 1840년대에 리처드 휴Richard Hoe가 설계한 초창기 윤전 인쇄기는 주로 신문 제작에 사용되었다. 윤전기 덕분에 전지全紙 인쇄가 가능해지면서 신문의 생산 속도가 빨라졌다.

유럽과 미국의 제지술 역시 발달했다. 이제 문제는 기계가 아니라 재료였다. 인쇄업자들은 양치식물, 쐐기풀, 짚 등 다양한 식물성 섬유를 시험했다. 1840년대에는 목재 펄프로 실험이 이루어졌고, 1860년대에는 에스파르토 풀이 영국에서 널리 사용되었다. 제지에서도 기계화가 이루어져 1798년에 프랑스인 니콜라 루이 로베르Nichola-Louis Robert가 발명한 기계는 최초의 상업적 성공을 거두었다. 푸어드리니어Fourdrinier 형제가 로베르의 수력 구동 기계를 상업화해 런던에서 시제품을 설치했고, 이 일은 제지술에 혁명을 일으켜 제지업을 대규모 산업으로 탈바꿈시켰다. 그 결과 종이 생산량이 현저히 증가했다. 미국의 종이 생산량은 1800년에 1000톤이었지만 20세기 초에는 연간 280만 톤으로 증가했다. 영국에서는 1861년에 9만 6000톤에서 1900년에는 64만 8000톤으로 늘었다.

활자 조판은 여전히 오랜 시간이 걸리는 복잡한 공정이어서 19세기 후반에 가서야 개선책이 나왔다. 독일 태생의 미국인 공학 기술자 오트마르 머건탈러Ottmar Mergenthaler가 발명한 최초의 자동 식자기 라이노타이프Linotype는 1886년 〈더 뉴욕 트리뷴The New York Tribune〉의 인쇄에 사용되었고 1890년경 영국에도 도입되었다. 미국인 톨버트 랜스턴Tolbert Lanston은 1889년에 최초로 모노타이프Monotype 시스템을 생산해 책 인쇄의 식자 공정을 현대화했다. 식자 작업의 속도를 높이고 비용을 낮출 수 있을 뿐만 아니라 다양한 폰트를 사용할 수 있어 책의 외양이 개선되는 등 새로운 조판 방식은 장점이 많았다. 신문 제작 공정에서도 비슷한 장점을 누렸다. 같은 기간에 제본 기술에서도 수차례 개량이 이루어졌다. 1820년경에는 가죽 대신 천을 사용하기 시작했다. 하지만 제본 공정의 기계화는 1838년 아메리칸 셰리던American Shreridan 사社가 엠보싱 기계를 발명하며 이루어졌다. 마지막으로 삽화에서도 몇 가지 혁신이 있었다. 1790년대에 토머스 뷰익Thomas Bewick이 몇 가지 새로운 우드 인그레이빙wood engraving, 가로결 목판을 이용해 오목판 인쇄로 찍어내는 방식—옮긴이 기법을 개발했고, 9장에서 설명하듯 18세기 말에 알로이스 제네펠더Alois Senefelder가 독일에서 석판 인쇄술을 발명한 다음 1801년 영국에서도 이 기술을 도입했다. 1830년경에는 다게레오타이프daguerreotype, 니엡스Niepce와 다게르Daguerre가 최초로 발명한 사진 기술. 은판 사진법이라고도 한다—옮긴이가 발명되었고, 그로부터 약 50년 뒤에 사진 제판법사진술을 이용해 인쇄판을 만드는 기법. 감광제를 바른 판면에 그림이나 사진의 음화陰畫를 밀착한 다음 약품으로 부식시켜서 만든다 — 옮긴이이 등장했다.

기계화와 새로운 공정의 발전에 관한 이해가 깊어지자 인쇄업자들은 생산량을 높이기 위해 기술 개발에 투자했다. 1814년 프랑스의 인쇄업자 프랑수아 앙브루아즈 디도François-Ambroise Didot는 아들을 영국으로 보내 새로운 발명품에 관한 정보를 수집하게 했으며 결국 최신 발명품인 스탠호프 인쇄기를 구입했다. 디도는 일찍부터 증기력을 활용했고, 1823년에는 더 큰 판형을 인쇄할 수 있는 새 공장을 파리 외곽에 세웠다. 이 시기의 다른 두 주요 출판 중심지인 런던과 라이프치히에서, 그리고 나중에는 미국에서도 비슷한 발전이 이루어졌다. 독일에서는 브로크하우스가 1843년 라이프치히에 공장을 짓고 자신이 발명한 새로운 기계식 인쇄기를 설치했다. 1850년에는 아홉 대를 보유했지만 1872년에는 총 스물두 대로 늘었다. 이 새로운 기술 덕분에 인쇄공들은 한 번에 서른두 페이지를 뽑아낼 수 있었다. 저렴한 종이를 구할 수 있고 기계식 인쇄가 가능해지자 인쇄 부수가 급격히 증가했고, 그 결과 출판업자들은 시장 수요에 더욱 신속하게 대응할 새로운 전략들을 개발했다.

인쇄업에서 일어난 이러한 변화들은 인쇄소 건물의 전면 개조와 새로운 노동 관행을 따르는 새로운 노동 인력의 창출로 이어졌다. 공장에서는 제지·조판·인쇄·제본 등 책의 출판에 필요한 다양한 활동을 결합하기 시작했다. 각 단계에는 그 단계에 맞는 전문 인력과 기계를 놓을 충분한 공간이 필요했다. 공장주들은 안전, 위생, 난방, 조명, 환기 등 여러 가지 문제에 부딪혔다. 기계실 말고도 연락이나 회계 등 사무 작업을 위한 공간과 소비자에게 팔 준비를 마친 인쇄물을 보관할 널찍한 창고 공간도 필요했다. 1850년대에 에든버러 소재의 토머스 넬슨 앤드 선즈Thomas Nelson & Sons의 인쇄·출판·제본 시설에서는 기계 열아홉 대와 인쇄기 열일곱 대가 상시 작동되었다. 순조로운 분업 체계를 위해 활판 인쇄 부서, 책 제본 부서, 석판 인쇄 부서가 방을 따로 썼다. 생산량 증가를 위한 노동의 합리화는 전통적인 인쇄소를 이따금 '책 공장'

이나 '문학 공장'이라고 불리는 산업적 공장으로 탈바꿈시켰다.

그 결과 노동 환경도 변화했다. 어떤 작업은 없어지거나 새로운 작업으로 대체되었다. 새 기계에는 새 기계를 조작할 능력이 있는 노동자가 필요했으므로, 이전과는 다른 범주의 노동자들이 필요했다. 인쇄업자들은 여성을 갈수록 더 많이 고용해 종이로 만들 넝마를 길에서 모아 자르는 작업에 배치했고, 나중에 다른 새 기법이 사용될 때는 목재 펄프의 가공 작업에 배치했다. 새로운 공장 관리 체계는 노동자들을 그들에게 할당된 업무에 따라 조직화했다. 이 일반적인 체계는 나중에 미국의 산업 공학자 프레더릭 윈즐로 테일러Frederick Winslow Taylor, 1856~1915의 이름을 따서 '테일러리즘'이라고 불리게 되었다. 테일러의 1911년 저서 『과학적 관리법Principles of Scientific Management』은 조립 라인 공장을 이용한 대량 제작을 옹호했다. 새로운 작업 관행에 따르면 노동자들은 이윤을 위해 기계가 온종일 작동할 수 있도록 매 단계에서 노동 시간과 교대 근무 횟수를 늘려야 했다. 이제 책 생산의 다양한 단계는 한 단계씩 순차적으로 실행되었고 노동자들은 더이상 전체 공정을 살피지 않았다. 이 새로운 조직화는 가장 낮은 비숙련 작업자부터 전체 구조의 수뇌부에 해당하는 관리자·감독자로 이어지는 분명한 위계질서의 발달을 이끌었다. 그렇지만 일부 기업은 여전히 프랑스의 루이 아셰트Louis Hachette, 영국의 맥밀런 가문, 미국의 하퍼Harper 형제 같은 '신사gentleman 출판업자'들의 수중에 있었다.

당연히 인쇄물의 제조 공정과 노동 관행의 변화는 특히 유럽에서 다양한 저항 운동을 불러일으켰다. 이를테면 프랑스에서는 1848년 활판 인쇄공들이 기술 발전이 불러온 열악한 노동 조건에 항의하는 시위를 벌였다. 이러한 갈등은 1862년 활판 인쇄공들의 파업으로 정점에 달했고 이어 1867년에는 임금 인상과 노동 조건 개선을 쟁취하기 위한 조직인 파리 활판 인쇄 협회가 창설되었다. 여성들은 대체로 허드렛일을 맡았음에도 이따금 남성 동료들의 적대적인 시선에 시달렸는데 여성의 임금이 더 낮아서 일부 고용주들이 여성 노동자를 선호했기 때문이었다. 1848년 12월 보스턴에서는 적정 임금의 지급 보장과 여성 조판공 고용 금지를 위한 조합이 창설되었다. 보스턴 인쇄공들은 1849년 11월에 파업을 시작해 12월까지 이어갔다. 1857년을 즈음해 보스턴 활판 인쇄 조합Boston Typographical Union은 여성 활판 인쇄공을 조합원으로 받아들였고 동일 노동 동일 임금 원칙을 옹호했다.

인쇄소에서 출판사로

출판업의 산업화와 그것이 국가 경제의 다양한 부문에 미치는 영향은 점차 확대되었다. 많은 기업이 여전히 가족 사업이었지만 규모가 크고 잘 조직되어 있었으며 막대한 수의 노동자를 고용했다. 독일의 인쇄업자 브로크하우스가 이러한 사례로, 그의 가문은 기업의 경영을 수세대에 걸쳐 세습해 결속력과 연속성을 확보했다. 라인강 너머 프랑스에서 프랑수아 앙브루아즈 디도는 파리에서 인쇄소를 운영했고, 그의 동생 피에르 프랑수아Pierre-François는 인쇄공이자 에손느 소재 제지공장의 관리자였으며, 막내 아들 피르맹Firmin은 판화 부서와 활판 주조 부서를 관할했다. 미국 출판사 하퍼는 제임스James · 존John · 웨슬리Wesley · 플레처Fletcher 사형제가 소유했고, 알렉산더Alexander · 대니얼Daniel 형제가 설립한 영국 맥밀런은 1890년 대니얼의 장남 프레더릭Frederick이 가업을 물려받았다.

이들 가족기업은 꾸준히 산업적 경영 방식을 채택했지만, 소규모 인쇄소들은 새 기계의 도입 비용을 항상 마련할 수 있는 것은 아니었다. 새 건물을 짓고 인쇄 공정을 현대화하려면 막대한 투자가 필요했다. 이러한 투자금은 대개 부동산 형태로 받은 유산이나 지참금으로 조달하는 등 가문 내에서 해결했다. 또다른 해결책은 인쇄소나 서점을 매수해 동업자를 구하는 것이었다. 20세기 전까지는 유럽 기업들은 대부분 은행 대출을 꺼렸다. 이를테면 프랑스 기업 플라마리옹Flammarion은 은행을 찾

2. 석판 인쇄법은 18세기 말 독일에서 발명된 새로운 인쇄 공정이었다. 이후 다양한 국가에서 이 기법을 채택해 발전시켰다. 사진의 석판 인쇄기는 앙리 보이랭Henri Voirin, 1827~87이 제작한 것으로 19세기 후반기에 프랑스 리모주에서 사용되었다. 프랑스 리모주, 아드리앙 뒤부셰 박물관Musée Adrien Dubouché.

기보다는 친척이나 친구로부터 돈을 빌리는 편을 선호했다. 하지만 20세기 초를 즈음해 산업 역량이 확대된 출판사들은 이제 사업 확장에 필요한 자금을 조달하기 위해 은행에 의존했다. 그렇지만 소규모 가족기업이 대형 사업체로 성장하기까지 어느 정도 시간이 필요했다.

미국의 산업화 과정은 다소 달랐다. 18세기 말 미국의 출판업은 전문화되지 않은 소규모 매장들이 지역 시장을 위한 책을 생산했다. 1850년대를 즈음해 수많은 다양한 규모의 전문화된 기업이 책 생산의 다양한 분야를 담당했다. 이러한 기업 중 일부는 자본 부족에 시달렸다. 하지만 장기적으로는 대부분의 출판사가 지나치게 많은 위험을 감수하지 않고도 책을 제작할 수 있을 만큼 충분한 자본을 보유했다. 몇몇 소수 기업은 인쇄와 출판을 겸했는데 이 경우에는 더 많은 투자 자본이 필요했다. 미국에서는 뉴욕의 하퍼와 애플턴Appleton, 필라델피아의 리핀코트Lippincott가 이 모델을 따랐다. 반면 머레이Murray 가문 같은 영국 출판업자들은 점차 출판에 역점을 두고 책 생산의 다른 영역들은 별도로 관리했다. 독일의 일부 기업은 수직적 구조를 선호했다. 출판 산업은 원숙기로 접어들면서 국경선 너머로 확대되어 많은 경우 국제적 성격을 띠었다.

도서 유통과 출판의 국제화

출판의 산업화는 다른 분야의 기술 발전과 보조를 맞추어 일어났다. 특히 운송과 통신 분야의 기술 발전은 인쇄물 유통을 결정적으로 변화·촉진시켰다. 1830년 이후, 그중에서도 특히 1840년대와 50년대에 영국을 비롯한 여러 나라에서 철도가 급속도로 발달했다. 1830년 즈음 총 선로 길이는 약 603킬로미터였고, 1840년까지 철도는 런던을 버밍햄, 맨체스터, 브라이턴과 연결했다. 철도 붐이 절정에 달하면서 총 선로 길이는 1840년 약 2414킬로미터, 1845년 3862킬로미터, 1850년 9656킬로미터까지 늘어나, 프랑스의 총 선로 길이의 다섯 배가 되었다. 1848년에는 열차로 파리에서 출발해 라이프치히, 베를린, 빈까지 여행하는 것이 가능했다. 미국에서도 철도의 확장세는 괄목할 만했고, 19세기 말 미국은 세계에서 가장 광대한 철도망을 보유한 국가로 손꼽혔다.

다른 운송 부분의 발전은 도로의 확장이다. 특히 프랑스는 국가 차원에서 도로망 확장에 투자했다. 영국에서도 흔히 관리가 허술한 시골 도로를 정비하고 새 도로를 깔았다. 개발 수익은 유료 도로의 확장으로 얻는 수입으로 보장되었다. 1840년 즈음 잉글랜드와 웨일스에는 8000여 군데의 요금소가 신설되었다. 증기선의 등장으로 하천·연안·해양 운송에서도 혁신이 일어났다. 영국에서는 18세기 중반부터 이미 운하가 운송에 변화를 불러일으킨 바 있었고 그다음 세기에도 새 운하가 계속 건설되었다. 여기에 더해 미국 기업 커나드Cunard가 1840년에 영국 리버풀과 미국 사이에 첫 해로를 열어 대서양을 횡단하는 출판 무역을 촉진했다. 1869년에는 수에즈 운하가 건설되어 인도 아대륙과 극동이 더욱 가까워지고 인쇄물을 포함한 공업 제품의 수출이 활성화되었다. 대행사들은 주문 상품을 신속히 배달하는 일에 갈수록 익숙해졌고 운송비와 납품 기한이 차츰 줄었다. 신문처럼 시간에 민감한 상품의 배달에서 이 문제는 특히 중요했다. 1851년 즈음에는 런던의 조간신문을 잉글랜드 서남쪽 항구도시 브리스틀에서 오전 열한시에 받아볼 수 있었다.

유럽과 북미 전역에서 운송망이 개선되자 우편 서비스의 신뢰성도 높아졌다. 도매업자, 소매업자, 심지어 개인 소비자도 간편하게 우편으로 책을 받아볼 수 있었다. 미국에서 우편제도는 서적상을 거치지 않고 소비자를 직접 만날 수 있는 수단이었다. 잉글랜드에서는 17세기 말과 18세기를 거치며 우체국이 이미 중추적인 역할을 하고 있었고, 철도 기업이 우편을 특별 화차로 전달하도록 의무화한 1838년 의회법이 통과된 후 우체국과 철도 기업들은 협업을 시작했다. 출판업에 주요한 영향을 끼친 통신 기술 분야의 또다른 혁신은 전신이었다. 전신 덕분에 주문이 전보다 빨라졌기 때문이다. 영국은 1846년 일렉트릭 텔레그래프 컴퍼니Electric Telegraph Company를 창설했고, 프랑스·프로이센·오스트리아 등 다른 유럽국가들도 빠르게 그 뒤를 따랐다. 이들 국가들은 전신 사업을 전매했다. 이제 유럽에서도 미국에서처럼 인쇄물 소포뿐만 아니라 주문서와 청구서를 발송할 때도 우편 서비스와 함께 전신을 활용할 수 있었다.

새 운송 수단들은 출판업의 국제적 팽창을 크게 북돋웠다. 식민지 건설로 모국어 인쇄물과 서적을 해외 지역사회로 수출해달라는 요구가 증가했고, 프랑스와 영국 모

3. 게오르크 에마누엘 오피츠Georg Emmanuel Opiz, 1775~1841가 수채화로 표현한 19세기 초 라이프치히 도서박람회 입장 장면. 도서박람회는 도서 사업을 위한 최상의 장소로 여겨졌다. 19세기에 다양한 유럽 국가에서 도서박람회가 발달했는데 그중에서도 라이프치히 도서박람회가 가장 중요했다. 오피츠의 수채화는 이 박람회의 입장객들을 묘사하고 있다. 수많은 포스터가 벽면을 장식하고 있으며 전경에 두 명의 여성 상인이 서성이고 있다.

두 그들이 점령한 영토의 캡티브 마켓captive market, 선택의 여지 없이 특정 상품을 사지 않을 수 없는 소비자층으로 구성된 시장—옮긴이에서 이익을 누렸다. 18세기 중반부터 아메리카의 식민지들, 카리브해 연안, 인도로 엄청난 물량이 수출되었다. 프랑스는 1821년에 생산한 책의 8퍼센트를 아시아와 아프리카로 수출했고, 19세기 말에 이 수치는 27퍼센트까지 증가했다. 9장에서 제프리 프리드먼이 보여준 대로 수 세기에 걸쳐 국제무역이 활발하게 이루어졌다. 특히 프랑스 도서는 벨기에, 스위스 등 프랑스어를 쓰는 주변 나라들과 프랑스어가 여전히 문화 엘리트층의 언어였던 러시아, 스페인, 이탈리아 같은 나라로 수출되었다.

국제적인 확장을 노리는 대형 출판 기업들은 수출 부서를 신설했다. 이러한 변화는 18세기 말 런던 롱맨Longman의 크리스토퍼 브라운Christopher Brown 같은 직원들의 해외 영업 활동에서 시작된 것이었다. 그 결과, 몇 차례의 시장 변동은 있었지만 수출이 증가했다. 프랑스 서적의 경우, 남아메리카 수출은 점차 감소했지만, 프랑스어 사용 국가 중 벨기에와 스위스 다음으로 큰 시장인 캐나다로의 수출은 증가했다. 익히 짐작하겠지만 영국 본토는 전 세계 도서 시장, 특히 미국과 대영제국의 여러 나라에게 가장 중요한 수출 시장이 되었다. 무역 저널의 등장으로 수출은 더욱 촉진되었다. 프랑스에서는 〈도서 저널Journal de la Librairie〉이 1811년에 처음 나왔고, 독일에서는 〈독일 도서 무역 신문Börsenblatt für den deutschen Buchhandel〉이 1834년에 창간되었다. 보상주Bossange 같은 국제 서적상들은 이러한 출판물에 책 광고를 실어 도서 무역 중개 서비스에 관해 널리 알렸다. 비슷하게 트로이텔Treuttel과 뷔르츠Würtz도 1817년에 런던에서 월간 뉴스레터를 간행했다.

대형 출판사들은 수출 부서 신설에 이어 전 세계 대도시에 지사를 설립했다. 영국 출판업자 토머스 넬슨Thomas Nelson이 1854년에 설립한 미국 지사는 부 지사장 제임스 로버트슨James Robertson의 관할하에 크게 성장했다. 넬슨의 미국 지사는 옥스퍼드대학출판사와 함께 성서를 출시하려던 계획이 1896년에 틀어지자 이후 미국 시장에서 독자적인 성서 제작 사업에 착수했다. 맥밀런 출판사의 해외 진출은 프레더릭 맥밀런이 미국을 방문한 1870년대에 이루어졌다. 1880년대 중반에는 프레더릭 맥밀런의 동생 모리스 맥밀런이 호주와 인도에서 사업 가능성을 타진했다. 1869년에 맥밀런 뉴욕 지사가 설립되었고 1905년에 토론토에 캐나다 맥밀런 컴퍼니가 창설되었으며, 뉴욕 맥밀런 컴퍼니는 1907년 초 시카고에 자회사를 설립했다. 롱맨은 뉴욕에 지사를 세우고 이어 인도에도 지사를 설립하면서 특히 인도 학생들의 교재를 생산하는 교육 부문을 강화했다. 라이프치히의 출판업자 브로크하우스는 1831년 런던에 첫 지사를 설립했고, 이어 1837년에는 파리 지사를, 1864년에는 빈 지사를 설립했다. 독일의 다른 출판업자 도이프너Deubner는 1842년부터 모스크바에 상주하면서 1878년에 오데사와 상트페테르부르크에 지사를 설립했다. 전 세계에서 유통되는 인쇄물이 증가했다는 사실은 출판업의 산업화가 불러온 결과 중 하나로, 인쇄물의 거래가 국제화되었음을 분명하게 보여주는 증거다. 국제적 진출의 증가는 특히 19세기 후반의 수출 부서와 해외 지사의 활약으로 가능했다.

도서관과 문해력

문해력의 상승은 산업화의 중요한 결과인 동시에 산업화를 더욱 추동하는 자극이 되었다. 제조자들은 작업과 관련된 인쇄 자료를 읽을 수 있는 노동자가 필요했고, 개인적으로나 직업적인 이유에서 갈수록 더 많은 사람이 읽기 능력을 갖춰야 할 필요를 느꼈다. 그 결과, 19세기에 가장 산업화된 나라들에서 문해율이 증가했고 이렇게 증가된 문해율은 다시 책에 대한 수요를 크게 증가시켰다. 대부분 책이 비교적 비쌌으므로 다양한 인구 집단에 속한 사람들이 책에 쉽게 접근할 수 있는 다양한 종류의 도서관이 생겨났다.

19세기 후반 (특히 영국을 비롯한) 여러 나라의 도시에서 '공공 도서관 운동'이 전개되기 전까지 무료 도서관은 극히 드물었고 대체로 일반 독자에게는 개방되지 않았다. 많은 나라에서 초기에 국립도서관을 설립하거나 개혁했지만, 일반 독자층은 스페인 국립도서관이나 콜카타의 인도 국립도서관처럼 거대하고 웅장한 (종종 혼자 두드러져 보이는) 기관에 입장이 허락되지 않았다. 이 두 도서관은 모두 1836년에 설립되었다. 남아프리카 국립도서관은 케이프 식민지의 첫 민간인 총독 찰스 서머싯 Charles Somerset 경이 '지구촌의 외진 구석에 사는 청년들이 지식의 수단을 얻을 수 있는 시스템의 기반을 마련하기 위해' 1818년 '공공 도서관'을 설립했다. 1810년에 공식적으로 설립된 브라질 국립도서관은 리스본의 왕립 도서관에서 대량의 도서를 가져왔다. 멕시코 국립도서관은 1833년에 설립되었다. 1795년에 설립된 상트페테르부르크의 왕립 공공 도서관은 1917년 러시아혁명 뒤에 '공공성'에 방점을 두어 러시아 국립도서관으로 재건되었다.

이러한 도서관들의 설립과 조직 발달은 외따로 이루어지지 않았다. 본보기든 반면교사든 모델이 중요했다. 18세기에 개관한 대영박물관 도서관British Museum Library은 한 세기에 걸쳐 규모가 커졌으며, 옥스퍼드대학교나 케임브리지대학교부터 하버드대학교나 예일대학교까지 유명 대학교의 부설 도서관은 학자와 학생들을 위해 충분한 장서를 마련하고 그 규모를 빠르게 늘려갔다. 여러 유럽 명문가의 도서관은 지역의 압력을 받고(일부 경우에는 정치 권력의 행사 및 군대 점령에 의해) 성격이 달라졌다. 라이프치히대학교 도서관은 1542년에 개관했고 1616년에 종신직 사서를 임명했다. 이 도서관은 1833년부터 일일 개관 시간을 정했다. 1816년에 설립된 바르샤바대학교 도서관도 '공공 도서관'으로 알려져 있었지만 역시 운영이 엄격히 제한되었다. 대학 도서관이나 국립도서관에서 일반인이 책을 열람하는 일이 아예 없지는 않았지만, 이들 도서관에서도 방문객은 심사를 받아야 했고, 이 특권은 종종 철저히 감시당했다.

결과적으로 책, 잡지, 신문 등에 대한 독자들의 증가하는 수요를 만족시킬 효과적인 수단을 제공한 것은 사설이나 자선 또는 상업 클럽과 도서관이었다. 1900년 즈음 영국과 북미에서 수백 개의 상업 도서관(프랑스에서는 '카비네 드 렉퇴르cabinets de lecture')과 독서회(독일에서는 '레제게젤샤프텐Lesegesellschaften')가 성업을 이루었다. 일부 상업 도서관은 규모가 큰 여러 회원제 도서관과 '도서회library societies'와 더불어 18세기에 설립되었지만, 다수의 새로운 상업 도서관은 (그리고 남아메리카의 급성장한 소도시나 도시 그리고 남아프리카와 오스트레일리아 식민지에서는 확실히) 19세기 후반에 생겨났다. 이러한 도서관들은 상당수가 책 생산의 증대로 이득을 보았고, 독자들의 관심을 끌기 위해 신간 소설이나 교육용 입문 서적 또는 도덕적인 자기개발서를 대량

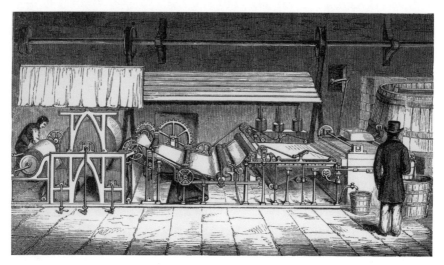

4. 1840년대에 리처드 휴Richard Hoe, 1812~86는 신문 인쇄용으로 두 개의 원통을 사용하는 윤전 인쇄기를 설계해 신문 생산 속도를 획기적으로 끌어올렸다. 이 판화는 1876년 필라델피아 박람회에서 전시된 휴의 인쇄기 중 하나다. 박람회에서 일부 작업자들은 기계를 작동시키고 다른 작업자들은 박람회의 방문객들에게 인쇄된 종이의 견본을 보여주었다.

구입했다. 1860년대의 영국 직인 협회 도서관이나 프랑스의 '비블리오테크 데자미 드랭스트릭시옹Bibliothèques des Amis de l'Instruction' 같은 다른 '대중' 도서관들은 노동자들과 장인들이 합리적인 비용으로 책을 접할 수 있도록 도왔다. 일부는 관외 대출을 허용했고 열람실도 두었다. 이 모든 기관은 책에 대한 수요를 촉진했고 이는 다시 출판 산업을 촉진했다.

전반적으로 책은 무료 공공 도서관이 생기기 전까지는 제한적으로만 접근이 가능했다. 1849년에 설립된 영국 의회 특별 위원회는 특히 프랑스·이탈리아·독일의 기존 도서관과 비교한 자국의 도서관의 성격 및 이용 가능성에 관한 조사를 시행했다. 많은 응답자가 공공 도서관 시설의 부족과 — 에드워드 에드워즈Edward Edwards가 쓴 작은 팸플릿에 등장한 문구대로 — "무료 개방 대중 도서관의 미비"를 호소했다. 1850년에 영국 공공 도서관 법은 주요 소도시의 공공 도서관 건립을 허용했다. 미국에서는 책의 가격과 독서 자료의 제한된 접근성에 대한 불만이 높아지면서 공공 도서관 설립을 위한 비슷한 로비활동이 벌어졌다. 상징적인 영국 도서관 법이 제정되기 10년도 더 전인 1833년에 미국에서는 최초로 완전한 세금 지원을 받는 도서관이 뉴햄프셔주 피터버러에 설립되었다. 미국의 최초의 대형 공공 도서관은 1848년에 개관한 보스턴 공공 도서관이다. 하지만 지역 공동체와 후원자들이 미국 전역에 공공 도서관을 세운 것은 미국 남북전쟁 이후의 일이다. 스코틀랜드 출신의 철강 업계 거물이며 자선활동가로도 유명한 앤드루 카네기Andrew Carnegie의 역할이 지대했다. 그는 카네기 재단Carnegie Corporation을 통해 공공 도서관 설립 지원금을 기부했다. 최초의 카네기 도서관은 1883년 카네기의 고향 스코틀랜드 덤펌린에 세워졌다. 미국 최초의 카네기 도서관은 카네기의 철강회사가 소재한 피츠버그 인근 브라독에 세워졌다. 이처럼 전 세계적으로 공공 도서관이 증가한 현상은 자연히 읽기 확산과 출판 증가에 이바지할 수밖에 없었다. 다만 대부분의 공공 도서관은 도서 구입 예산이 제한적이었고 도서 선정은 기관의 위원회 그리고 도덕적 가치와 교육을 수호하는 시민 후견인들의 통제를 받았다.

신문과 잡지

문해력의 증대는 또한 19세기에 다양한 스타일과 포맷과 주기로 대량 발행된 신문·잡지·정기간행물이 있어서 가능했다. 큰 용지 인쇄가 가능해지자 신문과 잡지는 수가 엄청나게 증가했고 미국뿐만 아니라 유럽에서도 출판사 생산물의 핵심적인 부분을 차지하게 되었다. 산업용 인쇄기는 정보와 일반 상업 광고의 제공을 주된 목적으로 삼은 일간 및 주간 신문뿐만 아니라 대개 삽화가 많고 여가를 위한 독서에 소비되는 주간 및 월간 잡지의 성장에도 도움을 주었다. 신문은 17세기에 처음 제작되어 18세기에 수도와 지방 소도시 모두에서 번성했지만, 새로운 기계의 도입, 사업 자금조달, 신규 시장 지원 등은 새로운 광범한 기회들을 제공했다. 프랑스에서는 1836년 매우 영향력 있고 새로운 두 종의 신문이 창간되었다. 에밀 드 지라르댕Emile de Girardin의 〈라 프레스La Presse〉와 아르망 뒤타크Armand Dutacq의 〈르 시에클Le Siècle〉은 1836년과 1847년 사이에 일일 발행 부수가 8만에서 18만 부에 달했다. 1850년대 즈음에는 런던에서 조간 신문 6종과 석간 신문 3종이 발간되었는데 〈더 타임스〉의 경우 일일 발행 부수가 6만 부에 달했다. 미국에서는 벤저민 데이Benjamin Day가 1833년에 〈더 선The Sun〉을 창간하고 소매가를 한 부에 1센트로 책정했는데 2년 만에 구독자 수가 런던의 〈더 타임스〉를 앞질렀다. 1841년에 호레이스 그릴리Horace Greeley가 창간한 〈더 뉴욕 트리뷴The New York Tribune〉은 1860년대에 발행 부수 20만을 기록했다. 이탈리아에서는 인쇄가 산업화된 결과 1876년 밀라노에서 〈일 코리에레 델라 세라Il Corriere della Sera〉가, 1878년 로마에서 〈일 메사제로Il Messagero〉가 창간되었다.

많은 출판사가 일반·문학 정기간행물을 취급했다. 이렇듯 정기간행물 간행을 일상적인 사업 활동의 일부로 여기는 출판업자들은 이들 출판물을 흔히 광고 지면으로도 활용했다. 정기간행물 광고는 출판사가 작가를 홍보하고 독자에게 자사의 출판물을 알릴 매우 유용한 수단으로 증명되었다. 맥밀런 출판사의 역사를 쓴 찰스 모건Charles Morgan은 맥밀런 형제가 정기간행물의 창간을 결정하면서 이것을 핵심 사업으로 여겼다고 설명했다. 플레처 하퍼는 1850년에 〈하퍼스 뉴 먼슬리 매거진Harper's New Monthly Magazine〉을 창간할 때 이 잡지를 "우리 사업의 탄수차증기 기관차 뒤에 연결하여 석탄과 물을 싣는 차량—옮긴이"로 여겼다. 유럽과 북미의 각국 시장에서 다양한 독자의 기호를 충족시킬 다양한 정기간행물이 출간되었다. 이를테면 하퍼는 1850년에는 〈하퍼스 매거진Harper's Magazine〉을, 1857년에는 〈하퍼스 위클리Harper's Weekly〉를, 1867년에는 〈하퍼스 바자Harper's Bazaar〉를, 1879년에는 〈하퍼스 영 피플Harper's Young People〉을

Les Carrières Féminines

IMPRIMERIE. — LES TYPOGRAPHES

5. 작업중인 여성 식자공들, 1890년경 G. Dacher. 19세기 말에 책 생산 공정이 산업화되면서 타이포그래피 작업(과 관련 활동)이 매우 증가하고 새로운 노동력이 등장했다. 다양한 단계의 인쇄 작업에 갈수록 더 많은 여성이 고용되었다. 사진에서는 활자 케이스 앞에 앉아 특정 텍스트의 인쇄에 필요한 활자를 준비하는 여성 식자공들을 볼 수 있다.

창간했다. 각지에서 일종의 잡지 열풍이 확산되었고, 교사를 위한 교육 잡지나 특정 직종을 위한 기술 잡지처럼 온갖 직업을 다루는 정기간행물들이 쏟아졌다. 1850년과 1865년 사이에 미국에서 발간되는 정기간행물은 대략 2500종을 헤아렸지만 대부분 오래가지 못했다. 독일에서는 〈문학 주간Literarisches Wochenblatt〉 같은 문예지와 〈육지와 바다 너머Über Land und Meer〉와 〈라이프치히 잡지Leipziger Illustrierte〉 같은 삽화 위주의 주간 잡지가 발간되었다. 프랑스에서는 〈두 개의 세계La Revue des deux mondes〉가 제일 먼저 1831년에 창간되었고, 아셰트나 라루스Larousse 같은 출판업자들은 어린이를 위한 정기간행물을 다수 발간했다. 여러 출판사가 영국의 〈맥밀런스 매거진McMillan's Magazine〉과 〈롱맨스 매거진Longman's Magazine〉, 미국의 〈스크리브너스 먼슬리Scribner's Monthly〉와 〈퍼트넘스 먼슬리Putnum's Monthly〉처럼 자사의 이름을 단 정기간행물을 잇따라 내놓으면서 회사 이름을 브랜드 이름으로 만들었다. 잡지의 발간은 해당 잡지에 광고를 실을 수 있는 책의 발간과 점차 보조를 맞추어 진행되었고, 일부 경우에는 아예 책의 일부 내용이 잡지 지면에 실리기도 했다. 책과 정기간행물은 상부상조하는 관계였다. 잡지는 도서 영업을 지원하는 수단이었고, 잡지의 성공은 연재소설의 엄청난 증가와 그것이 끌어당긴 독자층에 의존했다. 연재물의 수는 1800년과 1900년 사이 정기간행물의 증가에 힘입어 크게 늘었다. 한 잡지에 연재물이 두 편, 때에 따라서는 세 편이 겹쳐 실리기도 했다. 연재물이 흥행에 성공하면 독자의 수가 증가해 엄청난 수익을 거둬들였다. 출판업자들이 소설을 책으로 내기 전에 성공 여부를 미리 가늠해볼 수 있다는 점도 연재물의 부인할 수 없는 이점이었다.

다양한 책의 생산

책 생산이 증가하고 다각화한 경향을 대체로 문해율의 상승과 여가 확대로 설명할 수 있지만, 일부 지역에서 책 생산은 복음주의 종교 부흥의 영향을 받았다. 유럽과 북미의 산업화는 문해력 확대에 간접적인 영향을 미쳤고 이는 다시 출판업에 결정적인 영향을 주었다. 문해력은 중산층의 기본적인 사회적 능력이었지만, 한편으로 경제적 환경은 차츰 문해력을 노동자들도 필수적으로 갖춰야 할 능력으로 만들었다. 문해력이 반드시 경제 발전과 보폭을 맞추어 상승했다고 말하기는 어렵지만, 근대 산업사회에서 글을 읽지 못하는 노동자는 갈수록 걸림돌로 여겨졌고 이러한 사회적 기대는 읽기에 결정적인 유인책이 되었다. 북미에서는 19세기 전반기에 문맹률이 급속히 하락했다. 다만 문해율은 북부와 남부 사이에 상당한 차이가 있었다. 노예 생활을 하는 아프리카계 미국인들은 남북전쟁 전까지 읽기가 금지되었다. 하지만 남북전쟁이 끝나고 이들의 문해율은 1880년에는 30퍼센트, 1900년에는 55퍼센트 정도로 증가했다.

종교 활동도 문해율 증가에 이바지했는데 특히 개신교 국가에서 그러했다. 영어권 국가에서 복음주의의 부흥이 대중 출판 시장의 발전에 이바지했음은 의심의 여지가 없다. 영국과 미국에서 다수의 종교 단체와 주일학교가 읽기 교육에서 적극적인 역할을 담당했다. 19세기 전반기 영국에서 종교는 단일 도서 카테고리 중 가장 규모가 컸고 전체 책 생산량의 20퍼센트 정도를 차지했지만, 교회의 정통성이 도전받고 자유 사상이 발달한 1870년대에는 15.6퍼센트로 하락했다. 또한 유럽에서만큼은 아니지만 북미에서도 종교는 중요한 출판 분야로 통했으나 19세기 말이 가까워질수록 세속 출판물의 판매가 점차 증가했다. 종교 저작물 시장에는 전 세계적으로 수백만 부가 팔린 성서뿐만 아니라 기도서, 찬송가, 교리 문답서, 유럽과 남미 가톨릭 국가의 성인 일대기를 비롯한 종교 텍스트들도 포함되었다. 잉글랜드의 종교 소책자 협회, 영국 및 해외 성서 협회 등 해외 선교단과 종교 단체, 그리고 미국의 필라델피아 성서 협회와 미국 소책자 협회는 이러한 텍스트를 대량으로 인쇄해 배포했다. 북미에서는 몇 해 동안 전체 종교 서적 판매량 중 성서 판매량이 20퍼센트 넘게 차지하기도 했다. 프랑스에서는 투르의 출판업자 알프레드 맘Alfred Mame이 새롭게 통일된 가톨릭 기도서를 냈다. 19세기 후반 종교 서적 출판은 점진적인 변천을 거듭했다. 책은 신앙 문제에 더 집중했고, 그중 1863년에 아셰트에서 출판한 에르네스트 르낭Ernest Renan 의 『예수의 생애La vie de Jésus』와 같은 책은 대단한 성공을 거두었다. 이 책은 엄청난 베스트셀러가 되어 여러 언어로 번역되고 유럽 전역에서 유통되었다.

교육·어린이 서적의 출판

기초 교육의 발달은 서양세계 전역, 그리고 특히 영어, 프랑스어, 스페인어를 사용하는 식민지의 또다른 주요 출판 부문에 의미심장한 결과를 가져왔다. 유럽어뿐만 아니라 토착어로 된 교육용 텍스트와 교과서를 엄청난 수량으로 찍어내는 완전히 새로운 대량 출판 분야가 열린 것이다. 영국에서는 초등 의무 교육 제도의 도입을 부른 1870년 교육법 제정 이후 롱맨과 맥밀런 같은 기업의 출판물에서 초등 교과서가 중요한 부분을 차지했다. 프랑스에서는 교과서가 아셰트, 마송Masson, 아르망 콜랭 Arman Colin 같은 출판사의 주요 시장이 되었다. 교과서 부문에서 시장을 주도한 페르낭 나탕Fernand Nathan의 성공은 1880년대에 의무 교육을 법제화한 쥘 페리Jules Ferry에게 상당 부분 빚을 졌다. 미국에서도 교과서가 대량으로 출판되어 영국의 수고를 덜어주었다. 도서 생산량을 달러로 추산하면 1820년 75만 달러에서 1850년 550만 달러로 증가해 이 시기에 교과서 시장이 놀라울 정도로 팽창했음을 확인할 수 있다. 20년 후 미국의 교과서 산업은 총가치가 대략 800만 달러에 달했다. 새로운 텍스트와 참고서가 대량으로 출간되었고, 호튼 미플린Houghton Mifflin 같은 출판사는 최신 정보를 담은 개정판을 내놓았다.

어린이 서적 출판은 특히 새로운 삽화 기법에 힘입어 교과서와 더불어 양적으로

6. 대중 출판은 주로 노동자계층 출신의 새로운 대중 독자를 대상으로 삼았다. 하지만 책이 여전히 매우 비쌌으므로 소설을 중심으로 분할 출간이 발달했다. 사진은 월 6페니에 찰스 디킨스의 소설을 받아볼 수 있었던 월간 출판물 〈찰스 디킨스의 작품들The Works of Charles Dickens〉의 가정용 에디션(런던, 디킨스 사후 4년인 1874년 챔맨 & 홀Chapman & Hall 출간)의 전통적인 파란색 표지다. 옆에 다양한 광고가 인쇄되어 있는 것을 볼 수 있는데 이러한 광고 지면은 출판사의 부수입원이었다.

큰 발전을 이루었다. 런던의 존 뉴베리John Newbery 같은 18세기 출판업자들이 어린이 독자의 취향을 완벽하게 만족시키는 스타일과 지면 구성을 통해 거둔 선구적인 성취를 토대로 사업을 펼친 이 시기 출판사들은 어린이 책이 큰 수익을 가져다줄 사업 부문이 될 것을 인식했다. 어린이 책은 삽화를 많이 실어도 제작비가 많이 들지 않아 특히 더 그랬다. 어린이 책의 내용은 흔히 전통 우화, 전래 동요, 동화, 고전, 성서 이야기였다. 영국에서는 『로빈슨 크루소』, 『걸리버 여행기』 등 애초 성인 독자를 염두에 둔 유명한 책의 간략한 버전을 새로운 판으로 제작해 어린이 시장에 내놓았다. 비슷하게 프랑스 출판사들은 몰리에르Molière의 희곡이나 라퐁텐의 『우화집』을 어린이를 위한 짧은 포맷으로 개작했다. 하지만 점차 처음부터 특별히 어린이 독자를 염두에 두고 쓴 책이 전체 출판물에서 점차 더 큰 비중을 차지하게 되었다. 베스트셀러 도서의 국제적인 유통과 번역에 힘입은 결과였다. 각지에서 대성공을 거둔 책이 등장했다. 이를테면 1830년대 덴마크에서 출판된 한스 크리스티안 안데르센Hans Christian Andersen의 『동화집Fairy Tales』은 1846년 즈음 적어도 3종 이상의 영어판이 출간되었다. 제임스 페니모어 쿠퍼James Fenimore Cooper, 해리엇 비처 스토Harriet Beecher Stowe, 마크 트웨인Mark Twain, 마리아 커민스Maria Cummins, 루이자 메이 올컷Louisa May Alcott 등 미국 소설가들은 처음으로 진정한 세계적 명성을 누린 어린이 책을 써서 이 부문의 성공에 이바지했다.

어린이 독자층을 위한 연재물과 정기간행물의 등장도 1830년대부터 어린이 서적 출판에서 나타난 또다른 특징이다. 프랑스의 가톨릭교 출판업자 알프레드 맘은 다양한 연재물을 〈기독교 청년의 총서Bibliothèque de la jeunesse chrétienne〉 시리즈나 〈어린이를 위한 총서Bibliothèque illustrée des petits enfants〉 시리즈 등 작고 저렴한 판형으로 간행했다. 맘은 또한 학년말에 근면한 학생에게 상으로 주는 책인 전형적인 프랑스 상품 〈리브르 드 프리livre de prix〉를 간행한 초창기 출판업자 중 한 명이었다. 피에르-쥘 헤첼Pierre-Juels Hetzel은 맘을 본보기 삼아 어린이를 위한 서적을 전문적으로 취급하기로 결심하고 1843년에 〈새로운 어린이 잡지Nouveau Magasin des enfants〉를, 이어 1860년대에 〈교양과 놀이 총서Bibliothèque d'éducation et de récréation〉와 정기간행물 〈교육과 놀이 잡지 Magasin d'éducation et de récréation〉를 잇따라 발간했다. 한편 출판업자 아셰트도 이 분야에 뛰어들어 1865년에 유명한 〈삽화가 있는 장미 총서Bibliothèque rose illustrée〉 시리즈를 발간했다. 아셰트가 이 시리즈를 위해 영입한 세귀르 백작 부인Comtesse de Ségur은 이 총서에 속한 여러 권의 책을 썼다. 또한 아셰트는 1867년 주간 잡지 〈어린이 주간 Semaine des enfants〉을 창간했다. 어린이 서적 출판은 독일에서도 비슷한 양상을 보여 다수의 도덕적인 우화를 저술한 크리스토페 슈미트Christophe Schmidt 같은 유명 작가들과 더불어 빠르게 성장했고, 이탈리아에서는 카를로 콜로디Carlo Collodi의 1886년 작품 『피노키오의 모험Avventure di Pinocchio』 같은 베스트셀러가 나왔다. 영국에서는 1814년과 1846년 사이 어린이 소설이 전체 출판량의 16퍼센트로 증가했으며, 이 수치는 20세기 초 무렵 거의 두 배가 되었다. 맥밀런은 1865년에 세계적인 베스트셀러가 된 『이상한 나라의 앨리스Alice in Wonderland』를 출간했다. 그전에 출간된 토머스 휴스Thomas Hughes의 『톰 브라운의 학교생활Tom Brown's Schooldays』(1856)과 찰스 킹즐리 Charles Kingsley의 『물의 아이들The Water-Babies』(1863)도 성공을 거두었다. 또한 소년을 위한 모험 이야기, 특히 메인 리드Mayne Reid 선장이 쓰고 영국의 여러 출판사가 출간한 작품들이 여러 언어로 번역되어 국제적인 명성을 누렸다. 19세기 말에는 루틀리지Routledge, 카셀Cassell, 넬슨Nelson 등 여러 영국 출판사가 이 부문의 발전에 이바지했다. 어린이 소설은 어린이 정기간행물에 연재되기도 했는데, R.L. 스티븐슨의 『보물섬』은 주간지 〈영 포크스Young Folks〉에 첫 회가 실렸다.

실용서와 여행안내서

새로운 독자에게는 새로운 책이 필요했고, 여가가 많은 사람은 더 많은 책을 원했다. 중요한 새로운 독자층의 발달과 생활 양식의 변화는 정기간행물이든 책이든 인쇄물의 생산량을 확실히 증가시켰다. 독자층이 세부 카테고리로 세분화되었고, 각 카테고리에는 각기 특정한 필요를 만족시킬 텍스트가 필요했다. 출판사들은 이제 달라진 사회적·문화적 환경을 고려해 상품을 다각화해야 한다는 것을 잘 이해했다. 여가는 출판 산업의 새로운 시장들을 뒷받침했다. 숙련 노동자든 비숙련 노동자든 모두 노동 시간이 감소하면서 이 사회적 카테고리의 읽기에 할애하는 시간이 더욱 많아졌다. 두 가지 장르, 즉 실용서와 여행안내서가 급성장했다. 실용서와 예법에 관한 책은 유럽의 출판사와 독자에게 이미 수 세기에 걸쳐 인기가 증명된 책이었지만, 이 시기에는 수요의 증가세가 엄청났다. 프랑스에서는 니콜라 에드메 로레Nicolas-Edmé Roret, 1820년대부터 활동가 온갖 종류의 무역과 직업에 관한 매뉴얼 수백 종을 주기적으로 다시 찍어냈다. 영어권 국가에서는 특히 예법이나 의학 관련을 비롯한 입문서가 비슷한 성공을 거두었다. 영국에서는 애초에 1859년부터 1861년까지 24개월 동안 분책으로 발간된 『비턴 부인의 가사 관리Mrs Beeton's Book of Household Management』의 합본이 출간되었고 첫해에만 6만 부가 팔리며 출판계에 돌풍을 일으켰다. 프랑스에서는 아셰트, 샤르팡티에Charpentier, 플라마리옹 출판사가 가능한 한 많은 사회계층에게 다가가기 위해 다양한 가격대의 시리즈를 출시했다. 그중에서도 특히 소녀들을 교육하거나 집안 일꾼들을 관리하는 여성들을 위한 요리책은 프랑스에 이어 캐나다와 미국에서도 잇달아 성공을 거두었다.

운송망의 근대화와 여가의 확대는 여행·관광의 증가와 여행안내서의 판매를 촉진했다. 프랑스에서는 갈리냐니 형제가 19세기 초에 낸 〈갈리냐니의 여행자 가이드Galignani's Travellers' Guides〉 시리즈가 특히 성공적이었다. 나중에 1860년과 1909년 사이에 아셰트 출판사가 낸 〈여행안내자 조안느의 선집Collection des Guides Joanne〉은 프랑스를 포함한 여러 나라에 관한 책 300여 종으로 구성되어 있었다. 1836년 존 머레이 3세John Murray III는 정확하고 실용적인 정보를 제공하는 『유럽 여행자를 위한 핸드북A Handbook for Travellers on the Continent』을 집필·출간했고, 이후 영국의 모든 카운티를 다룬 다른 책도 여럿 펴냈다. 머레이 3세의 가장 강력한 경쟁자는 독일의 유명 출판업자 카를 베데커Karl Baedeker였다. 베데커의 여행안내서는 독일어뿐만 아니라 영어와 프랑스어로도 출간되었다. 19세기 중반에 여행안내서 시장은 전 세계적으로 팽창했고 미국 출판사들은 〈애플턴의 철도와 증기선 동행자Appleton's Railroad and Steamboat Companion〉(1847)처럼 수익성 높은 여행안내서 시리즈를 펴냈다. 이러한 종류의 책들은 여행자들이 직접 지니고 다녔기 때문에 출판사들은 같은 시리즈에 속하는 책의 형태와 색을 통일했고—머레이와 베데커가 낸 책은 빨간색 견장정, 조안느 시리즈는 파란색 견장정—이러한 책들은 점차 브랜드 이름으로 통했다.

대중 독자층을 위한 출판

유럽과 북미 전역에서 문해력의 확대는 새로운 노동자 독자층을 낳았다. 하지만 도서 가격은 여전히 비교적 높았기 때문에 출판업자들은 저가 상품을 만들 필요성을 느꼈다. 이러한 목적을 달성할 수 있는 가장 잘 알려진 방법은 저렴한 시리즈를 기획하는 것이었고 이 시리즈는 19세기 말 미국 출판계의 두드러진 특징들 중 하나이기도 하다. 아울러 재인쇄본 시리즈도 영국의 출판계에서 빠뜨릴 수 없는 핵심적인 부분이었고 출판 산업의 특징적인 상품이었다. 프랑스에도 제르베 샤르팡티에 Gervais Charpentier가 이와 비슷한 시리즈를 펴냈다. 샤르팡티에는 1838년에 과거에 성공을 거둔 소설이나 비소설의 재인쇄본들을 한 권에 담아 출간해 출판계에서 돌풍을 일으켰다. 나중에 〈샤르팡티에〉로 알려진 이 시리즈는 정가 3.5프랑에 판매되었다. 이러한 재인쇄본 시리즈는 유럽의 다른 지역에서도 비슷한 형식의 저렴한 총서 시리즈가 발간될 수 있는 길을 마련해주었다. 라이프치히의 출판업자 필리프 레클람Philip Reclam은 1867년 권당 20페니히의 가격에 〈세계 총서Universal Bibliothek〉 시리즈를 발간해 즉각적인 성공을 거두었다. 영국에서는 1827년과 1832년 사이에 아치볼드 컨스터블Archibald Constable의 〈선집Miscellany〉, 존 머레이John Murray의 〈가족 라이브러리 Family Library〉 시리즈 등 저렴한 책이 출간되었고, 곧 미국에서도 하퍼 브러더스Harper Brothers가 이를 모방한 비소설 시리즈 〈하퍼스 가족 라이브러리Harper's Family Library〉를 권당 45센트 가격에 출시했다. 아울러 철도 여행의 확대로 또다른 새로운 시장이 창출되었는데, 일단 영국에서는 W. H. 스미스W.H. Smith가 거의 모든 철도역에 도서 가판대를 세웠다. 이러한 새로운 출판 방식을 시도한 초창기 출판업자로는 1848년에 〈철도 라이브러리Railway Library〉 시리즈를 출시한 조지 루틀리지George Routledge가 있다. 곧이어 스미스 엘더Smith Elder와 샘프슨 로Sampson Low 같은 경쟁자들이 루틀리지의 선례를 따랐다. 이러한 저렴한 책들은 표지가 노란색이어서 '옐로우백yellowback'으로 알려졌는데—항상 그랬던 것은 아니지만—대개는 이미 잘 알려진 소설의 재인쇄본이었다. 프랑스에서도 철도 여행용 시리즈가 발간되었는데 특히 아셰트 출판사가 1853년에 출시한 〈철도 총서Bibliothèque des Chemins de Fer〉가 그러한 예다.

도서 제작 비용을 줄일 수 있는 또다른 방법은 분할 출간part-publication이었다. 비소설 도서 출판에서는 이미 오래된 방식이었지만 19세기에는 소설책도 분할 출간 방식으로 발간되기 시작했다. 이를테면 디킨스Dickens가 낸 파란색 표지의 〈가정용 에디션Household Edition〉은 주 단위로 적은 돈을 내고 구입할 수 있었다. 존 카셀John Cassell은 이 포맷으로 〈대중 교육자Popular Educator〉 시리즈를 펴냈다. 권당 1페니에 판매된 이 시리즈는 자기 계발에 관심이 많은 독자층을 겨냥한 출판물이었다. 아울러 종이 표지를 사용한 책이 시장에 등장한 것도 저렴한 인쇄본을 내려는 출판사들의 노력을 반영하는 예다. 가장 좋은 예로 유명한 미국의 10센트짜리 소설책을 들 수 있다. 1860년에 처음 등장한 이들 소설책은 이래스터스 비들Erastus Beadle과 어윈 비들Irwin Beadle 형제가 발간했다. 이러한 책은 부드러운 종이를 표지로 썼고 대부분 10센트에 팔렸다. 주로 서부 개척지 생활이나 바다에서의 모험, 또는 무일푼에서 부자가 되는 성공담을 담고 있었다. 다른 나라에서도 비슷한 부류의 저속한 소설들이 출간되었다. 프랑스에는 '로망 아 카트르 수romans à quatre sous, '싸구려 소설''가 있었고, 잉글랜드에는 1실링 책이 있었다. 이탈리아 독자들은 1리라짜리 책을 살 수 있었고, 독일인들은 10 내지 20페니히에 책을 살 수 있었다.

소설

소설—흔히 품위의 측면에서 여성을 위한 가벼운 읽을거리로 여겼다—은 흔히 시리즈 형식으로 발간되었는데, 이것 역시 책의 가격을 낮추기 위한 또다른 방법이었다. 정기간행물의 급증과 소설 열풍은 시리즈 형식의 발간을 촉진했고, 출판사는 시기별 판매량에 따라 생산량을 조절할 수 있었다. 소설의 재인쇄본을 찍거나 지난 호를 다시 판매하기도 했다. 18세기 선구자들이 이미 알아챘듯 시리즈 발간은 이것 말고도 장점이 많았다. 한 부를 판매해 거둔 수익은 그다음 부를 제작할 자금이 되어주었다. 시리즈가 완간될 즈음에는 (가끔은 완간 이전에도) 전체 소설을 다양한 포맷과 판본으로 출간할 수 있었고, 각 부의 포장 색지에 광고를 실어 상당한 수익을 올릴 수도 있었다.

연재소설은 정기간행물에서 갈수록 더 많은 지면을 차지했고 여러 나라에서 출판 자산이 되었다. 프랑스에서는 에밀 드 지라르댕이 1836년 10월 〈라 프레스〉에 오노레 드 발자크Honoré de Balzac 의 『노처녀La vieille fille』를 처음으로 연재소설 형식으로

7. 유럽과 북미의 문해율이 증가하자 출판사들은 아동 서적, 특히 새로운 삽화 기법을 적용한 교과서를 생산했다. 사진은 어린이의 읽기 학습 보조 서적인 『골든 초급 독본The Golden Primer』(1884)의 표지다. 스코틀랜드 출판사 블랙우드 앤드 선스가 발행했고, 런던의 목판화로서 윌리엄 모리스William Morris의 제자인 월터 크레인Walter Crane, 1845~1915이 삽화를 담당했다.

실렸고, 1842~3년에는 일간지 〈르 주르날 데 데바Le Journal des débats〉에 외젠 쉬Eugène Sue의 소설 『파리의 미스터리Les Mystères de Paris』를 연재했다. 외젠 쉬의 다른 연재소설 『방황하는 유대인The Wandering Jew』은 〈르 콩스티투티오넬Le Constitutionnel〉의 발행 부수를 3600부에서 2만 5000부로 끌어올렸다. 영국에서 윌키 콜린스Wilkie Collins나 매리 엘리자베스 브래던Mary Elizabeth Braddon 같은 소설가들은 신작을 연재소설 형식으로 발표하는 것을 선호했다. 미국에서는 해리엇 비처 스토가 소설 『톰 아저씨의 오두막Uncle Tom's Cabin』을 1851~2년에 〈더 내셔널 이러The National Era〉에 연재 형식으로 처음 발표한 뒤 〈하퍼스 뉴 먼슬리 매거진〉과 〈퍼트넘스 먼슬리 매거진〉에도 연재소설을 발표했다. 가족 독자층이나 여성 독자층 등 각기 다양한 목표 독자층과 연관성이 있는 정기간행물을 통해 다양한 카테고리의 독자들이 연재소설을 소비했다. 저렴한 주간 잡지는 주로 노동자계층 독자들을 염두에 둔 것이었다. 영국에서 '페니 드레드풀penny dreadful'이라고 불렸고 독일에서는 '그로셴헤프트Groschenheft'라고 불린 이러한 싸구려 잡지(나중에는 주로 어린이들을 대상으로 했다)는 소설 한 편을 수년간 연재하기도 했다. 이러한 주간지 중에 영국에서 가장 인기를 끈 것은 거의 5년간 발행된 〈블랙 베스Black Bess〉였다. 외젠 쉬의 『파리의 미스터리』로부터 영감을 받은 G.W.M. 레이놀즈G.W.M. Reynolds의 『런던 궁정의 미스터리Mysteries of the Court of London』는 1849년에서 1856년까지 연재되었다. '페니 드레드풀' 시장은 유럽 전역에 걸쳐 있었고 저소득 계층 사이에서 독서 습관의 확대에 이바지했다.

소매

생산 및 출판 포맷의 다각화는 소매업 운영의 변화를 요구했다. 오래전부터 출판사들은 출간물 목록이 담긴 카탈로그를 인쇄·배포했다. 이러한 카탈로그에는 출간 서적의 포맷이나 가격 등등의 정보가 담겨 있었다. 앞서 봤듯이 이러한 카탈로그들은 예전에도 프랑크푸르트나 라이프치히에서 열린 근대 초 도서박람회에서 배포하기 위해 제작된 적이 있었다. 19세기 무렵에는 다른 유럽국가에서 상당히 달라진 모습의 도서박람회가 열렸다. 19세기가 시작되고 나서 첫 10년간 미국에서는 과거에 독일에서 열린 대규모 박람회를 모델로 삼은 도서박람회가 개최되었다. 1802년 뉴욕에서 첫 박람회가 열렸고 이어 다른 도시들도 선례를 따랐다. 이러한 박람회들은 남북전쟁이 끝난 뒤인 1875년에 뉴욕에서 최초의 미국 출판업 도서박람회라고 소개되며 다시 모습을 드러냈다. 하지만 얼마 지나지 않아 이러한 박람회들은 출판업자들이 기업 간의 직접 거래를 선호하게 되면서 차츰 줄어들었다. 기업 간 거래는 이미 1850년대부터 주된 도서 유통 수단으로 활성화되었고 재정적으로도 중요한 역할을 했다. 하지만 1890년대에 들어서는 이 방식 역시 점차 쇠퇴했다. 이때부터는 다시 출판 사업을 위한 판매, 주문, 정보 교환을 중심으로 재편된 새로운 형식의 도서박람회가 개최되면서 출판업자들뿐만 아니라 인쇄업자들과 제본업자들 사이의 상업적 관계의 발전에도 이바지했다. 박람회에서는 새로운 기계와 기술도 전시되었다.

출판업계 카탈로그는 도매업자, 소매업자, 그리고 일부 경우에는 소비자들도 꾸준히 이용했다. 출판업계 카탈로그는 시중에 나와 있는 도서에 관한 정보를 제공하고 신간을 광고했다. 출판업자들은 카탈로그를 주기적으로 발행했고, 책 수요가 급증하는 크리스마스 같은 시기에는 특별호를 발행했다. 전문 정기간행물의 특별호에는 각 시즌에 어울리는 책, 특히 어린이들을 위한 책이 여러 종 소개되었다. 출판사들은 또한 출판업 저널에도 자사의 책을 홍보했다. 영국에서는 〈더 퍼블리셔스 서큘러The Publishers' Circular〉의 창간호가 1837년에 나왔다. 그로부터 20여 년이 지나 1858년에는 〈더 북셀러The Bookseller〉가 창간되었다. 미국에서는 1872년에 〈퍼블리셔스 위클리Publishers' Weekly〉가 창간되었고 뒤이어 〈노턴스 리터러리 가제트 앤드 퍼블리셔스 서큘러Norton's Literary Gazette and Publishers' Circular〉(1854~72)가 나왔다.

출판업자와 서적상은 책을 유통시키기 위해 다양한 방식을 활용했다. 유럽의 독자들은 대체로 매장에서 책을 구입했고, 이들 매장에서는 문구류, 특히 의약품, 향수, 손가방, 지갑 등 온갖 종류의 상품이 같이 판매되었다. 독자들은 책을 우편 주문하고 집에서 받아볼 수도 있었다. 19세기 말 무렵에는 신문, 정기간행물, 저가 도서를 주로 파는 새로운 소매점이 발달했다. 아울러 우편 서비스 덕분에 구독이 용이해졌다. 프랑스에서는 1850년과 1880년 사이에 전국에 촘촘한 서점망이 형성되었다. 독일에서는 19세기에 서점의 수가 현격히 증가했다. 미국에서 도서 소매는 대개 다양한 매장에서 다른 물품의 거래와 결합되었지만 뉴잉글랜드 지역에서는 책만 파는 서점이 흔했다.

영국에서 W. H. 스미스는 런던 앤드 노스웨스턴 철도와 독점 계약을 맺고 1848년 유스턴역에 최초의 철도 도서 가판대를 세웠다. 다양한 가격대의 온갖 종류의 문학 작품으로 채워진 이러한 가판대들은 즉각 인기를 끌었다. 스미스의 선례를 따라 아셰트 출판사도 1853년 프랑스 철도 기업 콤파니 뒤 노르Compagnie du Nord와 계약을 체결했다. 철도 가판대 유행은 독일로도 번졌다. 하지만 독일에서 가장 두드러진 혁신은 20세기 초 출판업자 안톤 필리프 레클람이 자사의 〈세계 총서〉 시리즈를 구입할 수 있는 도서 자동판매기를 발명한 일이었다.

이러한 근대적인 사업들과는 별도로 19세기 말까지도 대부분의 나라에서 도붓장수들이 열심히 책을 팔러 다녔다. 폴란드, 이탈리아, 스페인, 북스칸디나비아 등 유럽 국가의 시골 지역처럼 잠재적인 독자에게 닿을 수 있는 통로가 도붓장수뿐인 곳에서 특히 그랬다. 프랑스에서 책 도붓장수의 황금기는 1820년과 1880년 사이였고 그 후 이 관행은 쇠퇴했다. 출판업자들이 활용한 또다른 이동 판매상은 출장 영업사원이었다. 영국에서는 출장 영업사원을 활용하는 관행이 1830년대에 잘 확립되어 있었다. 미국에서 대형 출판사들은 출장 영업사원을 네 명까지 두어 굉장히 넓은 영역을 아울렀다. 미국의 출판사들은 남북전쟁 후에 출장 영업사원들을 점점 더 많이 활용했다. 하지만 20세기에 들어 지방의 도매상을 통한 판매를 선호하게 되었고 이와 함께 책의 유통 속도가 배가되었다. 책은 특히 근대 우편제도 덕분에 유통이 발달된 나라에서는 우편으로도 판매되었다. 1848년 영국은 '서적 우편' 제도, 즉 서적 소포에는 특별히 낮은 요율을 적용하는 제도를 확립했다.

광고

출판업의 산업화를 촉진한 주된 유인책이었던 광고는 우편 서비스에서 큰 득을 봤다. 우편 광고는 카탈로그, 브로슈어, 견본책 등의 형식으로 독자와 만나는 가장 직접적인 방법이 되었다. 출판사 카탈로그에는 구간 도서뿐만 아니라 신간 도서의 목록도 실렸고, 견본책에는 책 내용의 요약과 더불어 주요 특장점에 관한 간단한 설명이 함께 실렸다. 출판사들은 갈수록 업계 신문뿐만 아니라 일반 대중 독자를 대상으로 하는 신문과 정기간행물에도 광고를 실었다. 출간 전에 정기간행물에 서평을 게재하는 것은 영국 언론이 '야바위의 제왕'이라는 별명을 붙여준 헨리 콜번Henry Colburn 같은 19세기 초의 비양심적인 출판업자들이 하는 일로 받아들여졌다. 헨리 콜번은 아예 이 목적으로 〈리터러리 가제트Literary Gazette〉라는 잡지를 창간하고 자사의 책에 관한 우호적인 서평들을 실었다. 또다른 방법은 책 뒷부분의 빈 페이지나 인기 있는 옐로우백 도서의 표지에 다른 책 광고를 싣는 것이었다. 19세기 중반, 일부 광고주들은 많은 독자에게 다가갈 가장 좋은 기회가 신문에 있다고 여겼고, 일부 출판사들은 부유하고 교육받은 사회 계층이 읽는 〈퍼트넘스〉나 〈스크리브너스〉 같은 출판사 주간지를 선호했다. 하지만 홍보 대상은 출판물에만 국한되지 않았다. 책 표지에는 비누, 의약품, 가구, 심지어 의류까지 온갖 상품의 광고가 실렸다.

광고는 책 제작 비용의 상당한 부분을 차지하게 되었다. 특정 책이나 시리즈를 위

8. 운송 수단의 근대화와 더불어 관광의 인기가 증가해 수백 종의 다양한 여행안내서가 출시되었다. 독일 출판업자 카를 베데커는 여행안내서로 유명해졌는데 독일어뿐만 아니라 영어와 프랑스어로도 책을 냈다. 사진은 1880년대에 초판이 발행된 잘 알려진 빨간색 견장정 시리즈 〈여행자를 위한 핸드북〉의 표지다. 『베데커의 하下이집트Baedeker's Lower Egypt』. 대영 도서관, 10,108.d.15.

한 광고 캠페인을 시행하는 경우라면 더더욱 그랬다. 영국에서는 뉴캐슬어폰타인 같은 지역 철도 광고 사무소와 광고 계약을 맺기도 했다. 프랑스의 출판사들은 철도역 벽에 신간 서적을 홍보하는 포스터를 붙였다. 1860년대에 아셰트는 자사의 출판물 광고를 감독하는 직원을 두기도 했다. 출판사들은 또한 자사와 거래하는 소매상들에게 자사 도서 목록을 광고하는 전단지를 보냈다. 미국은 1830년대까지 광고가 많지 않았다. 기껏해야 매장 창문에 광고 카드나 포스터를 붙이는 것이 전부였다. 하지만 나중에는 근대적인 광고 기법이 활용되었다. 1854년에 피터슨Peterson 출판사는 빠른 성공을 거둔 E.D.E.N. 사우스워스E.D.E.N. Southworth의 소설 『사라진 상속녀The Lost Heiress』를 출간하기에 앞서 광고비로 무려 6000달러를 썼다고 전해진다. 조지 벤틀리George Bentley는 아버지 리처드 벤틀리Richard Bentley가 헨리 콜번과 함께 1829년에 설립한 런던의 출판사를 소유하고 있었는데 1886년에 광고 절차를 길게 설명한 '대외비' 문서를 작성했다. 이 문서는 총 네 부분, 즉 1. 광고 발송 2. 광고 기록 3. 광고 대금 지급 4. 광고 문헌으로 구성되어 있었다. 이 회사에서 광고가 얼마나 중요한 부분을 차지하고 있었는지를 짐작할 수 있는 대목이다. 도서 광고는 이따금 저자와 출판사 사이에 분란을 불러일으키기도 했다. 작가는 출판사가 자신의 작품을 충분히 홍보하지 않았다고 비난했고, 출판사는 출판에 드는 비용을 불평했다. 출판의 산업화는 분명 출판에 참여하는 여러 다른 사람들 사이의 관계를 변화시켰다.

저자·출판사·인쇄소의 관계

출판사의 기록물은 여러 기업이 활용한 전략에 관한 정보의 풍부한 원천이다. 이를테면 대영 도서관의 맥밀런 기록보관소에는 출판사의 독자들, 소설과 비소설 저자들, 편집자, 작가 에이전트, 삽화가, 인쇄업자, 기자 등 출판 과정의 다양한 참여자들이 주고받은 편지가 소장되어 이 과정에 참여한 개인들뿐만 아니라 사업 전반에 관한 폭넓은 이해를 돕는다. 현재까지 전해지는 기록물에는 원고의 제안과 선정, 출판사에 속한 전문 독자들의 조언, 완성된 도서의 국내외 마케팅, 광고비, 제본과 삽화에 관한 논의, 책의 가격 책정 등 다양한 단계들이 포함된 출판 과정 자체에 대한 기록 자료들도 있다. 하지만 이러한 기록 중에서 가장 의미심장한 부분은 저자와 출판사 사이의 관계와 재정적 협상에 관한 단서들이다.

이때도 저작권은 여전히 주요한 관심사로 남아 있었다. 예전에는 상업적 출판을 원하는 작가는 원고를 출판사에 양도하고 고료를 한꺼번에 받는 것이 전통적인 관행이었다. 이렇게 작가는 자금을 조달하는 출판사에 위험 부담을 넘기는 대신 이후 팔리는 책으로부터 아무런 소득도 얻을 수 없었다. 그런데 산업화의 결과 인쇄 부수의 단위가 커지자, 출판사들은 갈수록 더 작가의 성공에 의지하게 되었고 작가들은 시장에서의 성공을 반영한 대가를 요구하기 시작했다. 그 결과 시장 수익금의 일정 비율(대개 낮았다)이 작가에게 돌아가는 로열티 제도가 생겼다. 19세기 중후반에 일정한 절차들이 발달하면서 작가들은 주로 세 종류의 계약서, 즉 출판 위탁 계약서, 수익 배분(보통 절반씩) 계약서, 또는 저작권의 전면 매도 계약서 중 하나를 썼다. 출판 위탁은 작가가 책 제작에 드는 비용을 치르고 출판사에 수수료를 지급하는 방식이다. 시와 비소설은 대체로 이 방식으로 계약이 체결되었다. 월터 베전트Walter Besant에 따르면 작가와 출판사가 소설 출판 비용을 분담하는 관행은 19세기 말까지 지속되었다. 수익 분배 시스템에서 출판사와 저자는 도서 판매금에서 출판 비용을 제한 금액을 나누어 가졌다. 의외로 세번째 가능성—저작권의 전면 매도—이 빅토리아 시대에도 여전히 흔했는데, 이는 흔히 작가들에게 급전이 필요했기 때문이기도 했다.

미국에도 이와 똑같이 세 종류의 지급 방식이 있었지만, 미국에서는 영국에 비해 수익 배분 제도는 그리 흔하지 않았다. 가장 빈번하게 채택된 계약 방식은 백분율 제도였다. 서평이나 홍보를 위해 무료로 배포된 것을 제외하고 시장에서 판매된 모든

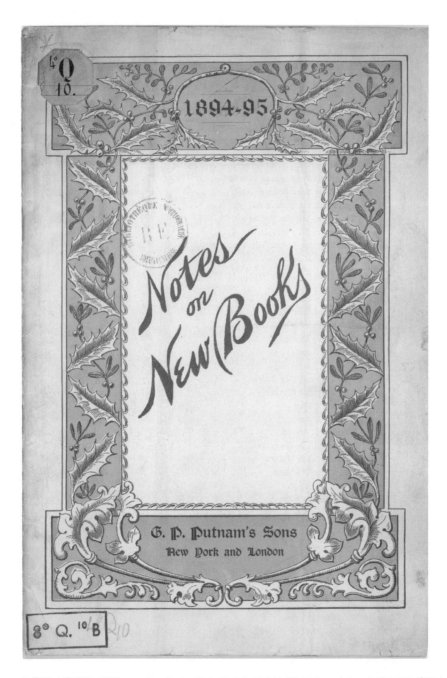

9. 『신간 소개 1894-95(Notes on New Books 1894-95)』(G.P. 퍼트넘스 선스G.P. Putnam's Sons, 뉴욕과 런던). 출판사들은 자사 도서의 유통과 판매를 돕기 위해 출간 도서의 가격과 포맷을 정리한 카탈로그를 개발했다. 사진은 G.P. 퍼트넘스 선스 카탈로그의 크리스마스 특별호 표지이며, 카탈로그 안에는 목차, 서문, 신간 소개가 실려 있다. 삽화가 스물여섯 페이지 넘게 수록되었고, 추가된 여섯 페이지에는 'G.P. 퍼트넘스 선스 카탈로그에서 고를 수 있는 크리스마스 선물들'이 제시되어 있다. 프랑스 파리, 프랑스 국립도서관, Catalogue Q-10-B.

사본 또는 특정 수의 사본의 소매가에서 10퍼센트에 해당하는 금액을 저자에게 지급하는 방식이었다. 19세기 후반에 대부분의 나라에서 완전한 로열티 제도가 점진적으로 확대되고 계약서가 표준화되기 시작했다. 프랑스에서 1850년대 평균 로열티는 4퍼센트에서 14퍼센트 사이였다. 따라서 작가의 소득 수준은 출판사와 맺은 계약, 해당 작품의 홍보에 쏟은 노력의 효율, 그리고 작가 자신의 명성에 달려 있었다. 두 당사자 간의 존중과 신뢰는 필수였다.

작가들은 흔히 별수없이 다양한 정기간행물에 기고하는 등 다른 소득원을 찾아야 했다. 하지만 그런 일에서 작가들이 어느 정도의 소득을 거두었는지 정확히 알기는 어렵다. 이따금 북미 잡지들은 글을 기고한 작가들에게 후한 원고료를 치렀다고 자랑했다. 하지만 그들은 하나같이 가장 이름난 작가들을 끌어들이려고 경쟁을 벌였다. 이제 작가의 이름 자체가 매출을 크게 끌어올릴 수 있는 '귀중한 상품'으로 여겨졌기 때문이다. 아울러 저자들은 해외로 판매된 작품에 대한 로열티를 받을 수 있었지만 미국 출판사들은 19세기 말에야 저자에게 대가를 한 푼도 지급하지 않는 해적판 출간의 금지에 동의했다. 1886년에 유럽 국가들 사이에서 체결된 베른 협약Berne Convention—국제 저작권 제도로 가는 첫 단계였다—은 '문학 및 예술 작품에 대한 저자의 권리를 보호하기 위한 연합'을 창설했고, 길고 지난한 협상 끝에 1891년 미국이 '체이스 법Chace Act'을 통과시키며 국제 저작권을 인정했다. 하지만 이 법안의 의결에 앞서 하퍼를 비롯한 일부 미국 출판사들은 출판사에 배타적인 출판권을 보장하는 '업계 제공courtesy of the trade'이라는 제도에 의지해 외국 작가에게 소액의 원고료만 치르고 있었다. 저자와 출판사의 관계는 해가 바뀔수록 더 복잡해지고 사무적으로 변했는데, 이러한 양상은 이 시기의 서신에 잘 드러난다. 금전 문제가 전면에 등장하는 일이 빈번했고, 특히 명성이 있지만 돈이 곤궁한 작가들은 차기작을 출간하기 전에 선지급을 요청하기도 했다. 영국 소설가 마거릿 올리펀트Margaret Oliphant는 자신이 거래하는 출판사 블랙우드Blackwood와 맥밀런이 마치 은행인 양 아직 쓰지 않은 작품을 담보로 신용거래를 했다고 전해진다.

출판사와 저자의 관계가 출판업에서 아주 중요했음에는 이론의 여지가 없다. 저자들은 자신들의 위상과 환경을 향상시키기 위해 노력했고 출판사는 높은 수익을 추구했다. 작가들은 출판사에 맞서 그들의 권리를 지켜줄 단체를 만들기 위해 다양한 시도를 했다. 프랑스의 문인 협회Société des Gens de Lettres는 이러한 목적으로 1838년에 창설된 최초의 단체로 오노레 드 발자크, 빅토르 위고Victor Hugo, 조르주 상드George Sand 등 당대 유수의 작가들이 후원했다. 1883년에는 영국에도 영국 저자 협회Incorporated Society of British Authors가 세워졌다. 나중에는 간단히 '저자 협회'로 알려진 이 단체는 저자와 출판사 간의 협상과 저작물 보호에서 적극적인 역할을 했다. 1890년 작가 협회는 월간 잡지 〈저자The Author〉를 발간했다. 미국에서도 몇몇 저자 단체가 잇따라 결성되었다. 1884년에 저자 협회Society of Authors, 1891년에 미국 저자 협회Society of American Authors, 1892년에 저자 연합 단체Syndicate of Associated Authors가 세워졌는데 출판사와의 협상을 지원하는 일을 주된 목적으로 삼았다.

얼마 지나지 않아 출판사와 서적상들은 동업자 조합을 결성했다. 프랑스에서는 1847년에 서적상과 인쇄업자들을 위한 서적상 연합Cercle de la Librairie이 생겼고 앙브루아즈 피르망 디도가 회장을 맡았다. 소매상 연합Syndicat des libraires détaillants과 전국 출판사 연합Syndicat national des éditeurs은 1892년에 뒤늦게 창설되었다. 대영제국 및 아일랜드 서적상 연합Associated Booksellers of Great Britain and Ireland은 1895년, 출판사 연합Publisher's Association은 그 이듬해에 설립되었다. 미국 서적상 연합American Booksellers' Association은 1900년, 미국 출판사 연합American Publishers' Association은 1901년에 창설되었지만, 이미 보스턴과 뉴욕에는 같은 종류의 지역 단체가 있었다.

이러한 단체들의 등장은 저자와 출판사 간의 협상에 어려움이 늘어나던 현실을 반영한다. 나중에는 작가 에이전트가 등장했다. 작가 에이전트의 역할은 저자의 권리와 재정적 이익을 대표·보호하는 것이었고 지금도 그러하다. 영국 최초의 작가 에

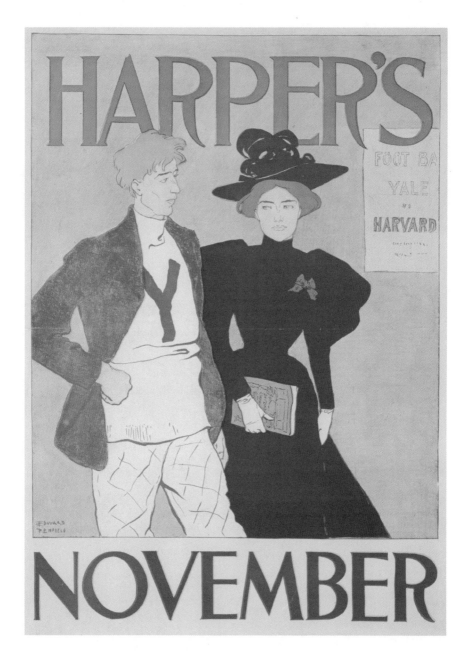

10. 많은 출판사가 직접 잡지를 창간해 자사의 도서를 홍보하고 연재소설을 발표했다. 사진은 미국 출판사 하퍼 앤드 브러더스Harper & Brothers가 1850년 6월에 창간한 〈하퍼스 매거진Harper's Magazine〉 1894년 11월호를 광고하기 위해 삽화가 에드워드 펜필드Edward Penfield, 1866~1925가 그린 포스터다. 〈하퍼스 매거진〉은 과거의 영국 소설을 다시 연재하는 최초의 전문 잡지였고 얼마 지나지 않아 미국 저자들의 작품도 싣기 시작했다. 프랑스 파리, 프랑스 국립도서관.

이전트는 A. P. 와트^{A.P. Watt}였던 것으로 파악된다. 와트는 독학한 에든버러의 전직 서적상으로, 작가 에이전트가 되기 전에는 출판업자이자 잡지사 소유주였던 알렉산더 스트레이헨^{Alexander Strahan}의 비서 겸 원고 검토자 겸 광고 책임자로 일했다. 와트는 1875년경 스트레이헨의 사업이 내리막길로 접어들자 작가 에이전트가 되었다. 와트의 첫 고객은 스트레이헨의 출판사에서 가장 중요한 저자였던 조지 맥도널드^{George MacDonald}였고, 나중에는 러디어드 키플링^{Rudyard Kipling}과 코넌 도일^{Conan Doyle} 등의 에이전트로 활동했다. 작가 에이전트가 미국에서 언제 처음으로 등장했는지 여부는 분명하지 않다. 19세기 말 애시니엄 문예 사무국^{Athenaaeum Bureau of Literature}과 뉴욕 문학 교열 사무국^{New York Bureau of Literary Revision} 등 저자들을 대표하는 작가 사무소들이 이미 활동하고 있었지만, 이 단체들의 역할은 작가에게 출판사를 찾아주기보다는 작가의 원고를 교열하는 역할에 더 치중했던 것 같다. 기록이 남아 있는 엄밀한 의미의 첫 미국 작가 에이전트는 1880년대에 수많은 연극배우의 에이전트로 활동한 엘리자베스 마베리^{Elizabeth Marbury}와 1893년에 뉴욕에 작가 에이전시를 설립한 폴 리비어 레이놀즈^{Paul Revere Reynolds}가 있다. 프랑스는 현재까지도 작가 에이전트에 대해 적대적까지는 아니지만 대체로 미온적인 태도를 보여왔다.

책 생산에서 일어난 기술적 발전과 변화도 모두 중요했지만, 작가 에이전트 역시 출판계가 또다시 큰 변화를 일구어내는 데 크게 이바지했다. 19세기 초 가족기업의 형태를 띠었던 출판사들은 이제 국제적인 자본 산업으로 진화했다. 출판업자들은 이제 관리자나 사업가에 더 가까웠고, 많은 저자가 출판업에서 갖는 중요성과 전문 직업인으로서의 새로운 지위를 더 잘 깨닫게 되었다. 세기의 전환기에 여러 다른 경제 분야들처럼 출판업도 이제 근대의 자본주의 사업으로 변모해갔다.

12장

근대의 중국·일본·한국

크리스토퍼 A. 리드
Christopher A. Reed

M. 윌리엄 스틸
M. William Steele

중국·한국·일본의 문화 및 정치 엘리트들은 천년 넘게 책, 특히 유학 경서를 읽음으로써 얻을 수 있는 지식과 권력과 권위를 숭상했다. 19세기에는 세 나라 모두 목판 인쇄본에서 인터넷·디지털 도서로의 이행을 시작했다. 이후 각국은 오늘날의 세계를 특징짓는 정보 폭발의 현장에서 활발한 참여자로 부상하고 있다.

19세기부터 오늘날까지 중국·한국·일본의 서적사는 중요하지만 미심쩍은 몇 가지 질문을 불러일으킨다. 책과 인쇄 문화는 근대로의 이행에서 전반적으로 어떤 역할을 했을까? 더 구체적으로는, 인쇄된 글과 민족적·개인적 정체성을 구성하기 위한 시도 사이에는 어떤 연관이 있을까? 세 나라 모두 서양의 인쇄술이 도입되기 훨씬 전에 이미 세련된 인쇄, 출판, 마케팅 체계를 갖추고 있었다. 근현대의 발전사를 더욱 복잡하게 만드는 대목이다. 게다가 중국·한국·일본은 수 세기에 걸쳐 문화적으로 상호작용했지만, 세 나라는 20세기 제국주의·전쟁·이념 갈등과 관련해 아주 판이한 경험을 했다. 과거에 책은 이 세 나라를 하나로 통합하는 역할을 했지만, 이 세 나라의 진화하는 인쇄 문화가 그러한 통합을 회복하는 데 또다시 이바지할지는 앞으로 지켜볼 일이다.

중국

중화 인민 공화국은 인민의 사기 고취를 위한 책 『마오쩌둥 어록』(일상어로는 '작은 빨간 책The Little Red Book'이라고도 알려져 있다. 〔중국에서는 '붉은 보물 책'이라는 뜻의 '훙바오슈红宝书'로 불린다—옮긴이〕)을 1966년과 1969년 사이에 10억 부 이상 발행했다고 일컬어진다. 세계사를 통틀어 성서 다음으로 가장 널리 재인쇄된 책인 셈이다. 소문에 따르면 문화대혁명(1966~1976)이 휩쓴 10년 동안 마오쩌둥의 초상화 22억 점과 〈마오쩌둥 선집〉 1억 2000만 질이 인쇄·배포되었다.

이처럼 엄청난 인쇄와 배포 규모를 통해 우리는 1976년에 마오쩌둥이 사망하기 전까지 중국 공산당의 야심이 어느 정도였는지를 가늠할 수 있다. 하지만 중국의 인쇄 및 출판 방식의 산업화가 1800년 무렵부터 지속적으로 확대되지 않았다면 실제로 출판할 수 있는 양은 이보다 적었을 것이다.

중국의 근대 매체 혁명은 세 단계로 나눌 수 있다. 중국의 전통적인 인쇄술(주로 목판술)이 여전히 지배적이었던 예비 단계(1800년경~1880년대), 중국인들이 자신들의 목적—특히 사유화된 이익—에 맞추어 서양의 산업화된 인쇄 및 출판 방식을 채택한 인쇄 자본주의 단계(1890년대~1949년), 그리고 오늘날의 인쇄 공산주의 단계(1949년~현재)가 그것이다. 세번째 단계에서 중국의 산업화된 인쇄와 출판 체계는 공산당이 주도하는 목표에 종속되었다. 다만 1980년대 이래 이러한 목표들은 사유화된 이익 추구와 정부의 통제 강도의 변화에 맞추어 조정되었다.

1800년대에 서양인들은 자신들의 종교와 기술로 중국을 변화시키겠다고 작심하고 찾아왔지만, 중국은 그들의 나라보다 훨씬 오래전부터 텍스트를 인쇄했다. 중국의 목판 인쇄술은 한국과 일본의 초기 인쇄술에 자극을 주었고, 중국 출판의 세 부문—정부 부문, 비非정부·비非상업 부문, 상업 부문—을 육성했다. 청제국 말기의 문해율을 두고 역사가들 사이에서 논쟁이 있지만, 1700년과 1800년대 중반 사이에 글을 읽고 쓸 줄 아는 무려 1억 명의 사람—근대 초 유럽, 일본, 한국의 대중 독자를 모두 합친 것보다 많은 수—이 중국의 인쇄물을 소비했다. 과거 시험 제도가 폐지된 1905년까지 글쓰기 시험을 두고 경쟁한 수백만 명의 서생도 여기에 포함된다.

이미 1800년대 초에 중국인들은 목판에 고대 중국의 두 가지 다른 발명품—종이와 먹—을 결합해 책을 제작한 세계의 그 어느 문명보다 더 낮은 비용으로 더 많은 책을 인쇄할 수 있었다. 이러한 역사적 이유들을 감안하면 중국인들로서는 꼭 서양의 기술을 도입할 필요가 없었다. 초기에는 볼록판 인쇄(활판 인쇄), 평판 인쇄(석판 인쇄), 오목판 인쇄(그라비어 인쇄, 에칭, 인그레이빙)가 중국어 서적의 생산에 실험적으로 적용되었다. 중국인들은 이 세 가지 방법 중 앞의 두 가지를 가장 자주 사용했는데 그 순서는 서양의 서사에서 익숙한 것과는 정반대였다.

중국의 구텐베르크식 인쇄술이라고 부를 법한 것의 첫번째 단계는 1800년과 1880년대 사이에 서양 기독교 선교사들이 주도했다. 1724년의 기독교 박해에 대한 저항으로 시작되었지만, 시간이 갈수록 중국인들이 서양인들을 대체했다. 서양의 인쇄 기법을 중국의 출판 목적에 맞게 조정하려는 중국인들의 노력은 1870년대부터 가속도가 붙었고 1890년대에는 (전면적은 아니지만) 돌이킬 수 없는 흐름이 되었다. 중국의 1911년 신해혁명을 기다린 출판업자들은 중화민국(1912~49)의 형태를 잡는 데 도움이 된 사상을 퍼뜨렸다. 이후 중국의 출판업자들은 단 한 번도 정치와 멀리 떨어진 적이 없다.

자른 금속으로 만든 한자로 생산한 최초의 의미 있는 근대 서양식 책은 로버트 모리슨Robert Morisson이 영국 동인도회사의 후원을 받아 이중 언어로 제작한 『중국어 사

1a, b. 『마오쩌둥 어록』(2판, 상하이: 중국 인민 해방군 총정치부中国人民解放军总政治部, 1966). 1960년대 초 국방부장 린뱌오林彪를 포함해 몇 명이 앞서 1949년에 유익한 어록을 모은 일을 토대로 나중에 '작은 빨간 책'으로 불리게 될 선집을 간접적으로 준비하기 시작했다. 처음에는 중국인민해방군과 정치 지도층에 국한해 배포했지만 얼마 지나지 않아 중국 대중을 위해 수억 부를 인쇄했다. 초판본은 1964년에 등장했는데 이때는 흰색 종이 표지나 특별한 빨간 비닐 표지로 장정했다. 1971년 무렵 『마오쩌둥 어록』은 점자를 포함해 36개 언어로 번역되었다. 포켓본의 이 이념서는 내용의 절반은 마오쩌둥이 옌안에서 보낸 10년(1937~47)간 쓴 글에서 발췌했다. 문화대혁명이 끝나고 남은 사본들은 재생지로 만들어졌다. 미국 하버드대학교, 하버드옌칭도서관.

전A Dictionary of the Chinese Language』(1815~23)이다. 모리슨의 사전은 중국의 『강희자전』 (1716)에 많은 빚을 졌다. 모리슨은 『강희자전』의 214개 부수部首 체계(오늘날의 자전 에서도 여전히 많이 사용된다)를 활용해 텍스트를 정리했으며 수록된 표제어의 수도 얼추 비슷하다.

다음 단계는 미국 장로교 선교 출판사American Presbyterian Mission Press와 프랑스 예수 회 사람들이 주도했다. 둘 다 서양식 인쇄술에 대한 중국의 투자를 독려했다. 중국인 들의 선택은 서양의 기술을 기반으로 이루어졌지만, 이들의 선택에 따라 서양 기술 은 중국의 목적에 맞게 분명히 조정되었다. 중국인들은 서양인 선교사들의 야심보다 훨씬 더 세속적인 야심을 품고 중국의 구텐베르크혁명을 개시했다. 미국이 1842년 영국과 청이 맺은 난징조약을 따라 왕샤望厦 불평등조약을 체결하자, 리처드 콜Richard Cole이 1844년 미국 장로교 선교 출판사를 마카오에 설립했다. 얼마 지나지 않아 프 랑스인들도 청과 비슷한 조약을 맺었다. 영국, 미국, 프랑스가 중국에서 취한 여러 이 득 중 하나는 자국민에게 최초의 개항장을 마련해준 것이었다. 기독교의 인쇄 활동 은 이제 불법 행위가 아니게 되었다.

1858년 윌리엄 갬블William Gamble은 중국어 활자를 전기판전기로 주조해 만든 복제 인쇄 판—옮긴이 기법으로 제작하기 위해 필요한 장비와 기술을 미국 장로교 선교 출판사 에 가져왔다. 전기판은 세밀하고 오래가는 인쇄물을 생산해냈고 망판화 제작에도 활 용될 수 있어서 도서 출판업자들에게도 매력적이었다. 갬블의 전기판을 활용한 방식 은 기존의 절삭이나 주조 방식보다 활자를 더 빨리 생산했고 활자 크기도 더 쉽게 조정할 수 있었다. 갬블은 미국 장로교 선교 출판사의 인쇄소를 이미 '개항장의 군 주'로 부상한 상하이로 이전했다. 이즈음 미국 장로교 선교 출판사는 연간 1100만 페이지를 찍어내고 있었다. 갬블은 1869년 일본으로 떠났고 그곳에서도 전기판 방 식의 도입을 장려했다. 서양식 인쇄 및 출판 기법은 상하이에서 1937년까지 인기를 끌었다. 하지만 이에 못지않게 중요한 것은 이때 중국 출판의 세 가지 전통적인 부문

Kwei, Kang-he gives, as its Tsëě, the very same syllables, viz. K'hoo hwuy.

In the Imperial Dictionary, this disagreement between the syllables given, and the syllable derived, sometimes occurs, as, from "Fang peaou," the word "Peaou" is derived; from "Wang keu," they derive "Yu;" from "Chang keu," "Shoo," and so of others. The fact is, that the Pronunciation is by no means so invariable and determinate, as some European Writers, who dash at once into the intricate and less tangible parts of the Language, would insinuate. The Aspirates and Tones, and even the Initial Sounds, vary with different Writers, in different places, and as enunciated by different Speakers. There are some cases, in which the usage is general and determinate; and there are also many cases, in which it is not so. When Natives disagree, it ill becomes foreign students to affect infallible accuracy in Aspirates and Tones.

傁 SÒW.

Aged; an epithet of respect addressed to aged persons. A man's name. Some say, properly written 俊 Sow.

傛傊 TSEW. To hire one's self out to others.

傊傊 CHE. 偺傊 Che che. "Irregular; without order." The name of a place.

傶 Same as 侵 Ts'hin. See above.

傺 SÒO. Towards; constantly inclined to.

偆 HEǍ, or Hǎ.

Fearless. 傄偆 Mǎ hǎ. "Strong, robust."

偁 Same as 偯 Sëě. See below.

偰 SHǏH.

偖偰 Chǐh shǐh, or Tsǐh shǐh, "Vicious, wicked."

傒 KE. Looking on the right and left.

倒 T'HAN.

At rest; still. A duplicate form of 倓 T'han.

傅 FÓO.§ 傳 S. C. 传 R. H.

To annex to; to superinduce; to lay on a surface, as colours on paper; to arrange; to insert names; to bring together; to extend to. A Tutor. A kind of agreement, of which document, each party takes half. The name of a plant. A surname. 皮之不存毛將安傅

Pe che püh tsun, maou tseang gan foo. "As the skin does not remain, how are the hairs to be inserted?" (Tso-chuen.)

｜顏色 Foo yen sǐh. "To lay on colours." ｜

聖油 Foo shing yew. "To apply the sacred oil." (MS. Dictionary.)

面如｜粉 Mëen joo foo fun. "Face as if painted." 太｜ Tae foo, and 少｜

Shaou foo, Were anciently Tutors to the Princes.

御｜ Foo yu, A certain office about court. ｜師

Tsze foo. "A Tutor; a master; a literary patron." Persons

---

2. 로버트 모리슨, 『중국어 사전』(마카오: 동인도회사 출판사, 1815~23). 모리슨의 중영 사전은 그때까지 나온 중영 사전 중 인쇄된 한자의 수가 가장 많은 사전(P.P. 톰스P.P. Thoms의 지도 아래 손으로 조각한 두 가지 크기의 활자 폰트가 사용되었다)으로 한자별로 자세한 정의가 영어로 담겨 있었다. 사진에서 보듯 일부 한자는 어색하게 새겨져 있거나 비뚤어져 있다. 모리슨의 사전은 『강희자전』(1716)의 한자 목록과 책의 구성에서 많은 것을 가져왔다. 영국 옥스퍼드대학교, 보들리 도서관.

들이 한데 뒤섞여 산업화가 이루어졌다는 사실이다.

1876년 즈음 미국 장로교 선교 출판사에서 구입할 수 있는 어미자는 중국어 활자는 크기별로 5종, 일본어 활자 5종, 만주어 활자 1종, 영어 활자 2종이 있었다. 중국 정부와 서양식 인쇄소들이 이 어미자들을 구입했다는 것은 주목할 만한 사실이다. 이제 중국에서도—아직 판매자가 중국인은 아니었지만—서양식 활자의 소매가 이루어진 것이다.

하지만 처음에 각광받은 기술은 석판 인쇄술이었다. 석판 인쇄는 구텐베르크 방식에서 파생된 기법들에 대한 가장 중요한 서양식 대안이었다. 1830년대 즈음, 석판 인쇄는 프랑스에서 완연한 국가 산업으로 발전했고, 중국에서는 근대 초 중국어 정기 간행물(펄럭거리는 대나무 종이와 끈 장정으로 제작한 중국의 전통 서적과 닮은 꼴이었다)의 인쇄에 석판술이 활용되고 있었다. 1876년 프랑스 예수회 사람들은 상하이 교외 지역에서 이 공정을 도입했고, 석판술은 세속적이고 상업적인 중국 투자자들 사이에서 급속하게 퍼졌다.

2년 뒤 청조의 한 고위 관료가 영원히 유실될 위기에 처한 책들을 다시 찍어내는 사업을 추진했다. 그는 신간의 발행보다 '보존 인쇄'를 더욱 유용하게 여겼다. 이후 '보존 인쇄'의 정신은 중국의 여러 출판업자에게 동기를 부여했고 석판 인쇄술은 이 출판 목표에 들어맞았다. 이러한 중국의 석판 인쇄술 선호 경향은 서양의 전통적인 서사와 상반된다. 서양의 인쇄 역사에서 최초의 확장 단계를 상징하는 사건은 가동 활자의 주조이고 석판 인쇄술을 비롯한 다른 기법들은 나중에 활판 인쇄술을 보조한다고 본다.

얼마 지나지 않아 석판 인쇄는 중국의 목판 인쇄와 선교사들의 활판 인쇄를 대체했다. 상하이의 석판 인쇄 '황금기'에 무려 100여 개의 기업이 텍스트와 독자를 두고 경쟁을 벌였다. 한 기업—점석재點石齋—을 제외하고 모두 중국인이 소유하고 운영했다. 석판 인쇄는 책뿐만 아니라 개혁가 량치차오梁啓超의 〈청의보淸議報〉를 비롯한 신문

3a. 축소판 『강희자전』(상하이: 점석재, 1889년판, 12쇄, 총 2권). 강희제가 주문해 1716년에 출판된 이 참고 도서는 여전히 인기가 높고 권위를 유지하고 있다. 수록된 4만 7000자의 40퍼센트 정도는 변이형이며 배열 방식은 이전 사전의 214부수를 따른다. 사진 3a는 표지이고, 사진 3b는 점석재의 출판 정보 페이지와 서문의 시작 페이지이며, 사진 3c는 왼쪽 페이지는 원서 서문의 마지막 페이지와 그 왼쪽 페이지에 원서의 '일러두기' 세 페이지가 한 페이지 안에 압축되어 층층이 실려 있다. 홍콩중문대학교 도서관.

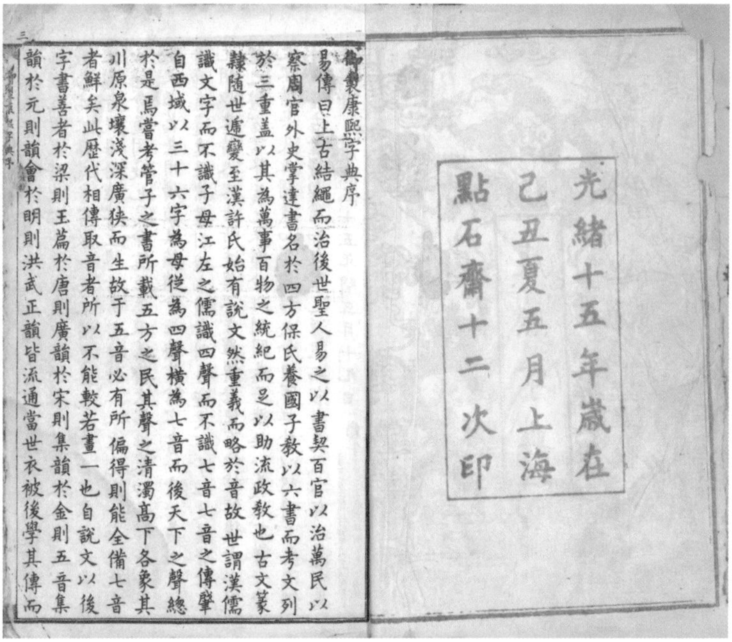

御製康熙字典序

易傳曰上古結繩而治後世聖人易之以書契百官以治萬民以
察周官外史掌達書名於四方保氏養國子教以六書而考文列
於三重蓋以其為萬事百物之統紀而足以助流政教也古文篆
隸隨世遞變至漢許氏始有說文然重義而略於音故世謂漢儒
識文字而不識子母江左之儒識四聲而不識七音七音之傳肇
自西域以三十六字母從為四聲橫為七音而後天下之聲總
於是馬書考管子之書所載五方之民其聲之清濁高下各異其
川原泉壤淺深廣狹而生故于五音必有所偏得則能全備七音
者鮮矣此歷代相傳取音者所以不能較若畫一也自說文以後
字書善者於梁則王篇於唐則廣韻於宋則集韻於金則五音集
韻於元則韻會於明則洪武正韻皆流通當世衣被後學其傳而

光緒十五年歲在
己丑夏五月上海
點石齋十二次印

3b.

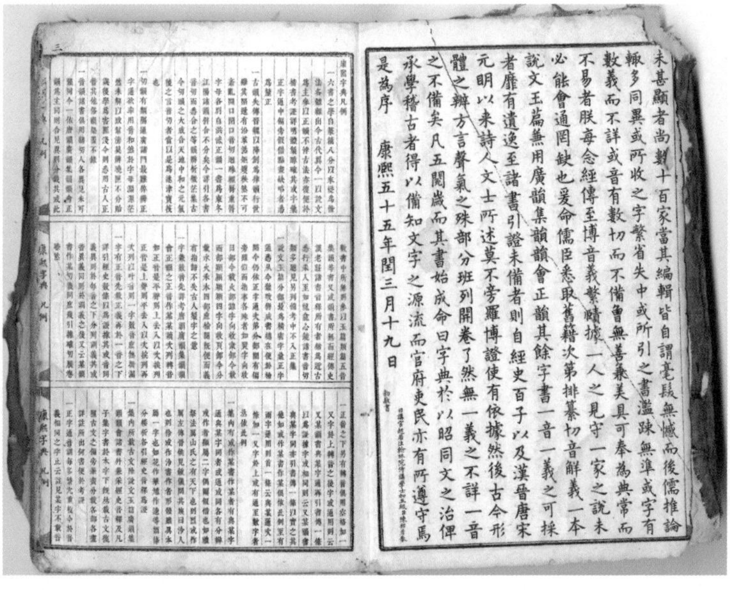

康熙字典凡例

康熙字典凡例

（康熙五十五年閏三月十九日）

3c.

을 생산하는 방식의 산업화 또한 앞당겼다. 상하이 신문 〈신보申報〉는 1870년대 중반에 미국 장로교 선교 출판사로부터 활자 폰트를 사들이고, 이와 동시에 '점석재석인서국點石齋石印書局'을 설립했다. 이 기업의 초창기 출판물 중 하나는 『강희자전』의 소형 재판본이었다. 원서의 세 페이지를 위에서 아래로 한 페이지 안에 담아서 찍어냈다.

아울러 점석재는 유학 경서의 재판본, 백과전서, 소설, 여행기, 지도, 탁본拓本, 회화교본, 그리고 이따금 서양 서적을 출간했다. 1884년에는 선풍적 인기를 끈 잡지 〈점석재 화보點石齋畫報〉를 창간해 개항장의 일상에 관한 재치 있고 풍자적인 논평들을 소개했다. 한편 제1차 청일전쟁(1894~5)이 신문에 보도되기 시작하면서 활판 인쇄가 늘었다.

이렇게 해서 1890년대 즈음 최소 네 군데의 공동체—서양의 개신교 및 가톨릭교 인쇄소들과 중국의 세속 도서 및 신문 출판업자들—에서 중국의 '인쇄 자본주의'라고 부르는 것의 기반을 마련했다. 중국의 출판업자들은 석판 인쇄술과 활판 인쇄술 모두 산업화했다. 얼마 지나지 않아 중국 제조업자들은 이전의 기술을 그대로 베끼거나 새로운 목적에 맞게 조정해나갔다. 서양과 일본에서와 마찬가지로 대형 출판사들은 인쇄 공장을 차려 이 모든 새로운 기술을 활용했고 1898년에는 이들의 영향력을 제한하기 위해 중국 최초의 근대적 검열법이 공포되었다.

1880년대 중반 미국 장로교 선교 출판사는 상하이 선교사 학교의 학생 세 명을 실습생으로 받아들이고 훈련을 제공하여 한문 서적의 서양식 인쇄 및 출판에 다시 한번 이바지했다. 1897년 서양식 인쇄업 공부를 마친 샤루이팡夏瑞芳은 두 학우와 '상무인서관商務印書館, Commercial Press'을 창립했다. 상무인서관은 처음에는 자질구레한 문서들을 인쇄했지만 40년간 꾸준히 성장을 거듭해 동아시아 최대의 종합 출판사가 되었다.

머지않아 교과서 시장이 중국의 근대 출판업을 장악하리라고 관측한 상무인서관은 근대식 학교에 책을 납품했다. 첫 출판물은 해적판 초급 영어 독본이었다. 1904년

무렵 상무인서관은 석판 인쇄업자들이 이미 장악하고 있는 교육 시장에 진입을 시도
했다. 나중에 정부에서 처음으로 초등학교 교과서 목록을 공식 발표했을 때 절반 이
상이 상무인서관이 펴낸 책이었다. 이 비중은 공교육이 중국 도시들 너머로 확대된
1937년까지도 안정적으로 유지되었다.

'양학洋學' 역시 중국에서 희귀 서적의 보존과 교과서 출판만큼이나 강력한 원동
력이 되었다. 서양과 중국의 온갖 장르와 정보가 집적된 서양식 백과전서가 1830년
대부터 등장해 1880년대와 1930년대 사이에 그 절정에 이르렀다. 상무인서관은 밀,
몽테스키외, 스펜서, 헉슬리 저작의 호평받은 번역본과 140여 편의 서양 문학 작품
을 출간했다. 그밖에도 정치, 법률, 근대 행정제도 등에 관한 여러 저작을 통해 폭넓
은 독자층에 서양의 근대성을 소개했다. 서양인들이 장악한 개항장에는 다른 검열법
이 적용되었기 때문에 여기서는 청조의 금서도 발간할 수 있었다.

중국의 인쇄 자본주의, 그러니까 사유화된 이익을 위해 텍스트 상품을 인쇄·출
판하는 산업화 체계가 만개한 시기는 청이 멸망하고 베이징에 수도를 둔 최초의 공
화국인 중화민국이 건립된 1912년부터 국민당이 새 공화국 정부를 수립하고 수도
를 난징으로 옮긴 1928년까지다. 중국의 근대 출판업자들은 열띤 경쟁을 벌이며 광
범위한 도서, 저널, 잡지, 신문을 생산했다. 1928년 이후 장제스와 국민당은 쑨원이
1924년에 쓴 기념비적인 이념서 『삼민주의』(민족주의·민권주의·민생주의)로부터 나온
새로운 이데올로기를 내세웠다. 이때부터는 많은 출판업자가 정부에 대치하기보다
는 순응할 방법을 모색했다.

한편, 상하이는 시장 주도의 근대 출판업에서 북극성 역할을 했다. 부분적으로
는 상하이의 출판사들이 정부와 기업에서의 경험을 두루 갖춘 직원을 고용하고 외
국인 투자를 유치하는 데 성공한 덕분이었다. 상무인서관은 여기서도 좋은 사례다.
1903년 상무인서관의 창립자 샤루이팡은 전직 고위 관료이자 황실 교사였던 장위안
지張元濟와 접촉해 편집국을 맡아달라고 제안했다. 아울러 유수의 일본 교과서 출판

사 금항당金港堂을 설득해 투자를 유치하고 상무인서관을 중일 합작 기업으로 만들었고 이 관계는 1914년까지 유지되었다.

상무인서관의 또다른 주요 시장은 저널 출판이었다. 중국이 세계에서 차지하는 위상에 대한 자국민의 불안이 커지는 상황을 기회로 삼아 1902년에 〈외교보外交報〉가, 1904년에 〈동방잡지東方雜誌〉가 창간되었다. 〈동방잡지〉는 1910년에 중국에서 가장 널리 읽히는 저널이 되었다. 새로운 독자층을 겨냥한 다른 중요한 저널인 〈소설월보小說月報〉(1927년에 근대적 여주인공을 등장시킨 딩링丁玲의 기념비적 성애 소설작품「소피여사의 일기莎菲女士的日記」가 실렸다)가 창간되었고, 곧이어 〈교육학간教育學刊〉, 〈소년잡지少年雜誌〉, 〈부녀잡지婦女雜誌〉, 〈아동세계兒童世界〉가 잇따라 창간되었다. 상무인서관은 각기 새로운 독자층을 염두에 둔 주요 저널 여덟 종과 발행 규모가 좀더 작은 저널을 최소 40종 이상 창간했다.

중국의 출판계가 기술을 직접 장악하지 않으면 지속적으로 발전할 수 없다는 사실을 잘 알고 있었던 상무인서관은 다양한 인쇄 기법을 실험했다. 일본인을 포함한 외국인 기술 강사들이 고용되었다. 콜로타이프collotype, 젤라틴을 판면으로 쓰는 사진 인쇄법. 사진이나 원화를 정밀하게 복제할 때 쓴다―옮긴이, 삼색 인쇄 기법, 활자 제조 기술, 다른 인쇄 장비가 도입되었다. 온갖 최신 인쇄술이 상무인서관 출판사로 흘러들었다. 아울러, 장위안지는 상무인서관의 편집자가 활용할 수 있는 참고 도서 서고를 마련하기 위해 희귀 서적을 수집했다. 상무인서관이 청조로부터 입헌주의에 관한 사업을 의뢰받았을 때 이 서고 덕분에 이 사업을 완수할 수 있었다. 상무인서관 편집자들이 입헌 군주제를 지지했음을 짐작할 수 있는 대목이다. 『강희자전』을 잇는 중요한 사전으로 자리매김한 『신자전新字典』(1912)을 비롯한 다수의 혁신적인 참고 도서들을 제작할 때도 이 서고를 활용했다. 1915년에는 백과전서 형식의 고전 관용구 사전인 『사원辭源』이 그 뒤를 이었다.

1916년 장위안지는 선옌빙沈雁冰을 만났다. 선옌빙은 상무인서관과 관계를 맺은 여러 저명한 문화 인사 중 한 명이다. 훗날 션옌빙은 마오둔茅盾이라는 필명으로 「봄 누에春蠶」(1932), 『자야子夜』(1933) 등 중요한 소설들을 발표했다. 션옌빙은 볼셰비키혁명에 고무되어 1921년 중국 공산당이 상하이에서 창립되자 곧장 입당했다. 아울러 이중생활을 하며 상무인서관의 여러 편집국 사이에서 중개자로 위장해 〈소설월보小說月報〉를 발간하고 사내의 급진파 인쇄공 4000여 명을 이끌었다. 션옌빙은 상하이에서 마오쩌둥을 만났는데 과거에 마오쩌둥은 창사에서 저널 편집자로 활동했고, 서점을 운영하기도 했으며, 인쇄업에도 종사한 바 있었다. 션옌빙은 공산당의 초대 서기장 천두슈陳獨秀 아래에서 편집자로도 일했다.

사실 션옌빙은 앞서 급진파 잡지 〈신청년新靑年〉을 독자적으로 창간한 바 있었다. 이 잡지는 유교적 전통을 배격하고 진보, 과학, 민주주의를 옹호한 신문화혁명(1915~21)의 발흥에 이바지했다. 이 잡지의 독자 중 한 명이었던 마오쩌둥은 션옌빙의 우상타파 주장에 감화되었다. 1918년에는 〈신청년〉에 훗날 이름을 떨친 저자 루쉰魯迅, 필명의 향토소설 「광인일기狂人日記」가 발표되었다. 근대 중국 문학은 신문화혁명에서 기원했다는 것이 오늘날 중론이다.

전직 청조 관료들과 공산당원들만이 상무인서관을 대표하는 집단은 아니다. 1919년 5월 1일 장위안지는 후스를 만났다. 후스는 당시 자유주의를 옹호한 베이징대학교의 철학 교수였고 〈신청년〉의 편집자였으며 나중에는 국민당 고위 관료이자 미국 대사가 되었다. 후스는 이미 『수호전』(1400년경)과 18세기 소설 『석두기』 같은 향토소설을 극찬하며 중국 문학의 정전正典을 일신하고 있었다. 아울러 중국 민족의 토속어구어 중심의 백화문白話文―옮긴이 문학을 창조하고 문어와 구어를 일치시키기 위한 언어 개혁을 주창했다.

베르사유 조약으로 국익을 외면한 정부에 맞선 5·4운동은 신문화혁명의 중심을 정치로, 그리고 결국에는 공산주의 쪽으로 옮겼다. 장위안지는 1919년 5월 4일 시위를 불과 사흘 앞두고 후스를 영입하려고 했다. 후스는 자신의 예전 스승 왕윈우王雲五

4. 〈사부총간〉(상하이: 상무인서관, 총 3집, 1919~36). 장위안지가 편찬한 이 책은 중국의 과거 문헌을 복원하려는 의도로 기획된 20세기 초 중국의 가장 중요한 선집 중 하나로 손꼽힌다. 당대와 당대 이전 문헌에 초점이 맞춰져 있으며 다른 선집에서 볼 수 있는 인쇄 오류가 생기지 않도록 원본 텍스트를 사진 석판 인쇄 기법으로 찍었다. 전근대 시기의 한문 텍스트가 흔히 그렇듯 구두점은 찍혀 있지 않다. 미국 오하이오주 콜럼버스, 오하이오주립대학교, 톰프슨 도서관 Thompson Library.

를 추천했다. 왕원우는 1921년에 상무인서관에 합류하자마자 회사를 새로운 방향으로 이끌었다. 왕원우가 광범한 주제의 당대 서양 사상을 간추려 낸 『백과소총서百科小叢書』는 잘 팔렸다. 대중 독자에게 잘 알려진 작품들로 재인쇄본 시리즈를 실험적으로 발간한 책이었다. 나중에는 〈만유문고萬有文庫〉와 〈총서집성叢書集成〉의 편찬을 이끌었다. 매출과 관련해 왕원우는 중화민국이 책 읽는 나라가 아니라고 탄식했고 다들 필요할 때마다 왕원우와 친분이 있는 국민당 인사들에게 의존했다.

장위안지의 영향력은 고품질의 사진 석판 재판본에서 여전히 잘 드러났다. 희귀 서적을 재출간해야 한다는 예전의 요구를 반영한 〈사부총간四部叢刊〉('4부경사자집—옮긴이의 문헌', 1919~36)은 역사적으로 중요한 서적 504종을 모은 총서였다. 이 시리즈를 보완하는 〈백납본 이십사사百衲本 二十四史〉도 함께 출간되었다. 〈사부총간〉이 나온 다음 '도교 정전'의 재판본(1923~6, 나중에 1949년 이후 또다시 재판이 나왔다)도 출간되었다. 1929년과 1941년 사이에 다른 비종교 서적의 재판본 수천 종이 간행되었다.

모순적이지만, 상무인서관은 일본 폭격기가 의도적으로 공장을 겨냥한 1932년 상하이사변 이후 더욱 번창했다. 국민당의 엄격한 검열법을 받드는 정부 관료들의 감시를 피해 상무인서관은 이제 정치에 무관한 참고 서적이나 장서 시리즈, 총서에 주력했다. 1927년부터 1936년까지 거의 1만 8000여 종을 출간했는데, 당시 중국에서 출간된 책이 총 4만 2718종이었으니 그 절반에 조금 못 미치는 수준이다.

상무인서관이 근대와 전통 책 문화에서 최고의 작품들에 집중했다면 수백 군데에 이르는 다른 군소 출판사들은 한층 더 혁신적이고 실험적인 작품들을 발간했다. 다수가 신문화혁명으로부터 영감을 받은 작품이었다. 상하이의 태동서국泰東書局은 창조사創造社가 직접 출판사를 새로 차리기 전까지 이 단체의 저널과 시리즈 도서를 대행 발간했다. 1923년 신조新潮는 루쉰의 유명한 단편집 『납함吶喊』을 발간했다. 이 소설집에 중국 최초의 근대적 단편소설로 일컬어지는 「광인일기」와 현학적인 유학자에 대한 풍자소설 「쿵이지孔乙己」가 수록되었다. 「아큐정전阿Q正傳」도 발간되었다. 「아큐정전」은 다른 여러 중국 근대 문학작품들처럼 책으로 간행되기 전에 문예지 부록으로 연재된 바 있었다. 이러한 소규모 출판사 중 마지막으로 개명서점開明書店이 있었다. 상무인서관 출신 편집자들이 사회 개혁을 앞당기려는 목적으로 1926년에 설립한 이 회사는 얼마 지나지 않아 중국에서 다섯번째 규모의 근대적 출판사가 되었다. 상무인서관의 편집자이자 작가였던 예성타오葉聖陶가 개명서점에 합류해 많은 존경을 받은 아동 출판 사업을 펼쳤다.

중국에서 두번째로 큰 출판사 중화서국中華書局 역시 설립 과정에서 상무인서관과

5a, b, c. 루쉰, 『납함』(베이징: 신조사新潮社, 1923; 사진은 17판, 상하이: 북신서국北新書局, [1929]). 루쉰의 유명한 단편집. 「광인일기」, 현학적인 유학자에 대한 풍자소설 「쿵이지」, 중국의 민족적 성격을 탐구한 「아큐정전」이 수록되어 있었다. 「광인일기」와 「쿵이지」는 당대의 획기적인 저널 〈신청년〉에 처음 발표되었다. 「아큐정전」 역시 다른 많은 근대 중국 문학작품처럼 먼저 문예지의 부록으로 실렸다. 위의 5a는 『납함』의 앞표지, 5b는 서양식 표제지, 5c는 출판 정보를 보여준다. 이처럼 서구화가 일부 도입되었지만 책은 여전히 '뒤'에서 펼쳐서 오른쪽에서 왼쪽 방향으로 읽히며 텍스트도 여전히 세로로 인쇄되었다. 하버드대학교, 하버드엔칭도서관.

呐

喊

烏合叢書之一

魯迅

不許翻印

吶喊

實價九角

上海七浦路二八八號

北新書局

發行

（第十七版）

직접적인—우호적인 것은 아니지만—연관이 있었다. 1912년에 설립된 중화서국은 새 공화국의 이름을 가져옴으로써 기업의 정치적 이상을 표방했다. 창립자 루페이쿠이陸費逵는 헌신적인 개혁가였고 교과서와 저널 편집 업무를 보던 상무인서관에서 중화서국의 새 자리로 옮겼다. 다른 초창기 직원들 역시 상무인서관과 연관이 있었으니 중화서국의 출간 목록이 얼마 지나지 않아 상무인서관의 그것과 비슷해진 이유를 충분히 짐작할 수 있다.

상무인서관처럼 중화서국도 매출을 위해 중화민국 정부에 협력했다. 상무인서관의 장위안지와 마찬가지로 루페이쿠이도 정치계 유력 인사들과 접촉했다. 전직 교육부 장관에서 전·현직 당수까지 다양한 인사들을 만났는데 그중에는 청대 말기 공보관 량치차오도 있었다. 나중에 국민당 정부에서 장관을 지낸 쑹즈원宋子文과 유명한 쑹 자매(세 자매 중 한 명은 쑨원, 다른 한 명은 장제스와 결혼했다)의 부친인 성서 출판업자 찰리 쑹宋嘉澍, Charles Jones Soong도 중화서국의 투자자이자 이사였다. 중화서국은 청조를 상징하는 노란 용이 그려진 상무인서관의 교과서와 극명한 대조를 이루는 새 공화국의 깃발로 장식된 교과서 시리즈를 내며 사업을 시작했고 이내 빠르게 성장해 중국 교과서 시장의 30퍼센트를 장악했다. 1919년과 1926년 사이 '8대 주요 저널'을 펴냈고 『중화대자전中華大字典』을 출간하며 큰 수익을 올렸다.

일간 신문 〈상하이 신보上海申報〉는 1917년에 중화서국의 적대적 인수를 감행해 한시적으로나마 이 기업과 연계되었다. 심지어 중화서국이 상무인수관에 합병된다는 소문도 돌았다. 결국 중화서국 이사회는 1918년에 조직 개편을 단행했다. 루페이쿠이는 잠시 일선에서 물러났고, 이어 쑨원과 동서지간이고 국민당 정부에서 재정부장을 지낸 쿵샹시孔祥熙가 영입되었다. 얼마 지나지 않아 중화서국은 국채와 통화를 발행하기 시작했다. 중화서국은 1949년까지 국민당 정부와의 밀월 관계에 의존했다.

1936년 중화서국 편집부는 상무인서관의 『사원』에 대응해 기념비적인 사전 『사해辭海』를 출간했다. 이 두 사전은 『사기史記』(기원전 100년)와 『자치통감資治通鑑』(1050)

과 더불어 마오쩌둥의 장서에도 포함되어 있었다. 중국에서 『사기』와 『자치통감』은 『삼국지』(1400)와 함께 학술서로 대중서로 심지어 만화책으로도 오늘날까지 꾸준히 읽히고 있다. 중화민국이 건립된 1912년부터 1937년까지 중화서국은 학술서와 대중서를 합쳐 총 5000종이 넘는 책을 출간했다. 중화서국이 펴낸 학술서 중에는 자체적으로 디자인해 활판 인쇄한 351종을 모은 『사부비요四部備要』('4부 문헌의 핵심', 1920~37)가 있다. 아울러 중화서국은 1934년에 〈상하이 신보〉를 위해 중국 최초로 온전히 중국인이 조사하고, 그리고, 인쇄한 근대적 지도 『중화민국 신지도中華民國新地圖』를 제작했다.

중화민국의 출판사 '삼각대의 세번째 다리'는 세계서국世界書局이었다. 회사의 이름에서 세계 시장에 대한 야심이 엿보인다. 어느 논평가는 세계서국의 창립자 선즈팡沈知方을 상하이 출판계의 '우뚝한 기인'이라고 일컬었다. 선즈팡은 그의 경력을 통틀어 도합 열 개가 넘는 출판 벤처회사를 경영했는데 그중 세계서국만이 업계에서 중요한 영향력을 발휘했다. 1900년 선즈팡은 상무인서관에 소속된 거리 행상으로 출판 경력을 시작했고 나중에는 직접 자기 회사를 차려 상무인서관 서적의 해적판을 만들어 팔았다. 새 법이 제정되어 이 사업이 막히자 상무인서관에서는 선즈팡을 다시 불렀다. 하지만 선즈팡은 이번에는 다른 회사를 설립해 반反청 문헌을 찍어냈다. 얼마후 상무인서관은 이 회사를 매수했다. 선즈팡의 또다른 회사는 희귀 서적과 심지어금서까지 재인쇄본을 찍어냈는데, 진보 단체는 이러한 활동에 찬사를 보내기도 했다. 이후 선즈팡은 조직을 꾸려 명대와 청대의 에세이와 소설을 다시 발간했는데, 그중다수가 이제는 구하기 어려운 작품이었다. 청조를 비판하는 내용이 담긴 이 책들은상당히 잘 팔렸다. 1911년 신해혁명이 성공하자 선즈팡은 루페이쿠이와 연합해 중화서국을 설립했다. 그리고 그로부터 6년 뒤 가짜 의약품 제조 혐의로 소송에 휘말릴위기에 처하자 곧장 상하이를 떠났다. 가까운 쑤저우로 도피한 선즈팡은 스스로 자신의 부고를 낸 다음 다시 상하이로 숨어들었다. 이때부터 선즈팡은 한 출판사를 통해서는 고상한 출판물을 간행하고 다른 이름의 출판사들을 통해서는 외설적인 출판물을 간행했는데 그중 하나가 세계서국이었다.

1921년 무렵 세계서국은 출판 시장에서 큰돈을 벌기 위해 '원앙호접파鴛鴦蝴蝶派, 청대 말에 상하이에서 유행한 문학 유파로 가벼운 연애 소설이 주를 이뤘다―옮긴이'에 속하는 중간 소설 순문학과 통속 문학의 중간에 위치하는 소설―옮긴이을 쓰는 장헌수이張恨水와 탐정소설 작가 청샤오칭程小青의 작품을 비롯한 대중적인 문학작품을 발간했다. 세계서국은 '8대 주요 저널'의 경쟁자들과 겨루기 위해 통속소설을 소비하는 독자층을 직접 겨냥한 저널 5종을 발행했다. 이후 1925년에 유명한 16세기 소설『서유기』의 만화책을 일컫는 '연환도화连环图画, '연속 그림책''라는 명칭을 창안했다. 이후 수많은 고전소설과 대중소설이 이 포맷으로 간행되었다.

1923년에 선즈팡은 비로소 교과서 사업에도 뛰어들었다. 유명 편집자들을 영입했고 상무인서관이나 중화서국처럼 광고를 많이 했다. 정부 관료들에게는 뇌물을 주고 정부에 아첨했다. 더 나아가 경쟁사들이 등한시하는 시장, 특히 시골 지역에 주목했다. 중화서국은 세계서국을 시장에서 몰아내기 위해 상무인서관과 연합 전선을 형성했다. 하지만 이 동맹은 한동안 진척을 보지 못했고 1927년에는 결국 이 일을 포기했다. 세 회사의 교과서는 이제 국민당의 정치적 의제를 진척시키고 신문화혁명의 목표를 향해 나아가기 위해 경쟁을 거듭했다.

한 해 앞서 1926년에 선즈팡은 사실 다른 한편으로는 상하이의 다른 출판사들은 손을 대지 않는 국민당의 과격한 선전물을 찍어내는 사업도 병행하고 있었다. 국민당이 난징에 새 정부를 수립하자 세계서국은 국민당 출신의 충직한 일꾼을 채용해 기존 교과서를 수정하게 했다. 이후 1934년부터는 한 국민당 고위 관료가 정부 연계 자본으로 세계서국과 선즈팡을 장악하고 세계서국의 실질적 경영자가 되었다. 1920년대에 중화서국의 루페이쿠이가 일선에서 물러날 때와 비슷한 상황이었다. 1921년과 1937년 사이 세계서국은 4000종이 넘는 책을 출간했는데 대부분 학술서

6. 『공산당 선언』의 최초 중국어 완역본(상하이: 사회주의연구사社會主義研究社[1920]). 항저우의 근대식 여학교 교사 천왕다오陳望道가 1920년 봄에 베이징대학교 도서관에서 대출한 일본어 번역본과 영어 번역본을 토대로 중국어 번역본을 만들었다. 그해 여름 납활자를 이용한 사본 1000부(각 56페이지)가 상하이에서 인쇄되었고 재빨리 팔려나갔다. 마오쩌둥은 천왕다오의 번역본을 읽고 마르크스주의자가 되었다고 언급하기도 했다. 끈으로 엮은 이 엉성한 서적은 거친 종이에 인쇄되었고 이후 많은 다른 번역본과 판본이 잇따라 발행되었다.

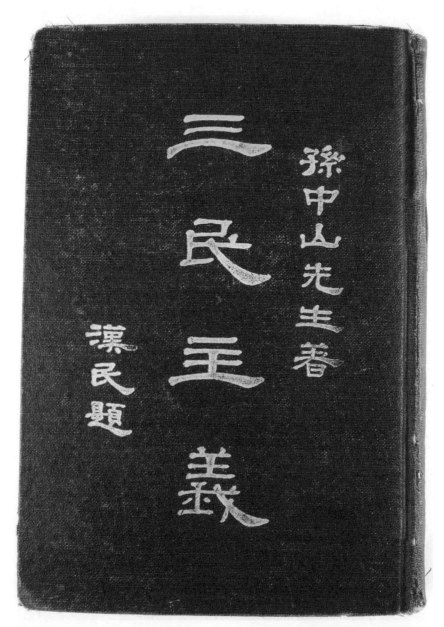

7a, b. 쑨원의 『삼민주의』(광저우: 주경서국Jiujing shuju, 1924, 그 외 여러 판본). 사진은 상하이 판본, 민지서국民智書局, 1927년(출판 정보는 도판 7b에서 볼 수 있다). 1900년대 초, 오늘날 국민당과 중국 공산당 모두가 근대 중국 건국의 아버지로 여기는 쑨원은 이 책에 담긴 사상을 발전시키기 시작했다. 쑨원의 삼민주의 사상은 1919년부터 내용이 수정되었고 최종적으로는 1924년에 즉석에서 이루어진 일련의 주간 강의의 형식으로 전달되었다. 이 사상은 당 신문에 먼저 발표된 다음에 책으로 나왔다. 국민당이 1928년에 난징에서 중화민국을 설립한 뒤 『삼민주의』를 공식 이념으로 받들며 당 조직, 공립학교, 대학 등에서 가르쳤고, 결국 1949년 타이완으로 옮길 때도 국민당은 이 이념을 유지했다. 캘리포니아대학교.

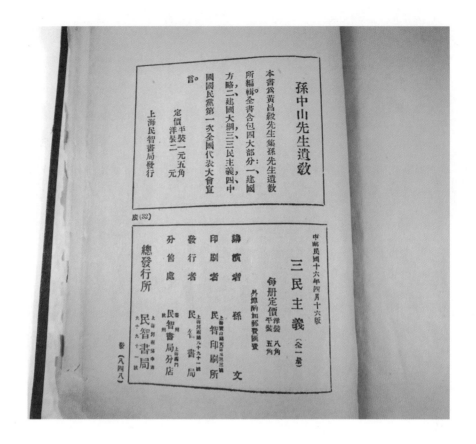

가 아닌 대중서였다.

　물론 같은 시기에 공산당원들이 각종 상하이 언론에서 활동하며 상하이의 '3대' 자본주의 출판사를 비판했다. 공산당은 자체적으로 대안 출판사의 설립을 시도하면서 금서를 비롯한 구하기 어려운 책을 발행했다. 1920년대 초 공산당 산하 출판국은 『공산당 선언共産党宣言』의 중국어 완역본 초판(1920)과 레닌의 『국가와 혁명』을 다시 찍었다. 당의 편집과 출판 작업을 지원하기 위한 공산당 소유의 비밀 인쇄소가 상하이에 마련되었다.

1926년 공산당 산하 출판국과 인쇄국 모두 양쯔강 상류 우한으로 이전하고 당의 저널을 발행했다. 그들은 이곳에서 니콜라이 부하린Nikolai Ivanovich Bukharin과 예브게니 프레오브라젠스키Yevgeni Alekseyevich Preobrazhensky의 『공산주의 ABC』, 마르크스·레닌 저작의 번역본, 마오쩌둥의 획기적 저작 『후난 농민 운동 고찰보고湖南农民运动考察报告』(1927) 등을 펴냈다. 중국의 어느 독립 매체의 1927년 베스트셀러 목록에는 1위에 쑨원의 『삼민주의』(국민당에서 무료로 배포했다), 2위에 『공산주의 ABC』, 그리고 3위에 선정적인 책 『성의 역사性史』가 올라 있다.

1930년 중반을 즈음해 대부분의 출판사가 정부 감시와 시장의 힘에 무릎을 꿇었다. 이념적 통합을 추구한 국민당은 순응적 행보에는 상을 주고 독립적 행보에는 벌을 주면서 기업 이사회에 요원들을 배치하거나 민간 부문과 경쟁할 준準정부 출판 기업을 설립했다. 국민당의 교육 정책에 의존적인 시장과 제2차 중일전쟁(1937~45)은 중국의 인쇄 자본주의자들을 결국 완전히 무력화시켰다. 1937년 일본은 중국을 침공해 상하이를 포함한 동쪽 절반을 점령했고, 중국 출판계에서 개항장이 누린 우월한 지위에 마침표를 찍었다. 더욱이 실패한 국민당 정권이 1946년 난징을 떠나 중국의 서부로 근거지를 옮기면서 공산당에게 확장의 기회를 제공했다.

중국 구텐베르크 혁명의 다음 장은 공산당이 주도했다. 시작은 1937년 공산당이 후퇴해 모인 중국 서북부의 요새 옌안延安에서였고 1949년 이후에는 베이징에서였다. 공산당이 옌안까지 걸은 대장정은 1934년에 시작되었다. 일부 당원은 근 1년간의 이 긴 여정을 독서를 보충하는 기회로 삼았다. 일부 당원은 9600여 킬로미터의 여정 동안 인쇄기와 석판 기계를 실어날랐다. 공산당원들은 과거 상하이나 우한보다 옌안의 시골 환경에서 인쇄, 출판, 배포에서 오히려 더 큰 성과를 거두었다.

1937년 뉴스와 선전 작업을 일원화하기 위해 신화통신사新華通訊社가 설립되었다. 이어 1939년에는 신화서점新華書店이 창립되었다. 신화서점은 첫해에만 정기간행물 7종과 도서 11만 3000부, 신문 90만 페이지를 간행했다. 오늘날에도 중국 최대의 서점 체인이다. 해방사解放社는『소련 공산당의 역사: 단기 과정』을 비롯한 여러 마르크스·레닌 저작물을 간행했다. 이 책은 마오쩌둥이 중국화한 마르크스·레닌주의에 관한 안내서였다. 한편 애드거 스노Edgar Snow의 저작『중국의 붉은 별Red Star Over China』(1937)을 간추린 마오쩌둥 전기의 번역판이 널리 유통되면서 마오쩌둥의 건재함을 외부세계에 알렸다. 인쇄공들은 필요할 때마다 활자나 목판을 공들여 조각했다. 이 시기 종이는 재료로 종종 풀이 사용되어 거칠고 칙칙했다.

앞서 언급된 문화대혁명의 출판 규모로 미루어 짐작할 수 있듯이 서양식 인쇄는 1949년 중화 인민 공화국 수립 이후 절정에 이르렀다. 아울러 인쇄 공산주의―즉, 프롤레타리아 혁명을 발전시키기 위해 당의 장악하에 중앙에서 계획하는 출판 방식―는 중국 출판의 1980년대 이후 재상품화와 디지털·인터넷 혁명에 뼈대를 제공했다. 캐나다 학자 자오웨즈趙月枝는 이 인쇄 공산주의 단계를 출판사들이 "당의 전선party line과 손익 계산bottom line 사이에서" 사업을 경영한 시기라고 특징짓는다.

1947년 즈음 내전이 한창일 때 공산당원들이 옌안을 떠났다. 베이징 천안문에서 중화 인민 공화국의 수립이 선포될 날을 두 해 앞두고 공산당은 벌써 10년째 도서, 정기간행물, 심지어 화폐까지 대량으로 찍어내고 있었다. 더욱 중요한 것은, 공산당은 1949년 이후 국가 차원에서 시행하게 될 인쇄 공산주의 모델을 이 시기에 이미 완성했다는 것이다. 공산당은 중화민국시대의 정부 의존적인 시장 주도의 출판 패러다임을 거부하고, 장기간에 걸쳐 애국심과 이념을 비상업적 유통 체계와 결합시켰다.

중화 인민 공화국이 선포된 1949년 10월 1일, 모든 것이 바뀌었다. 정치와 기술은 이제 초유의 인쇄 매체 주도권을 공산당에게 넘겨주었다. 베이징이 중국의 새로운 출판 중심지로 부상했고, 해안지대의 오래된 출판사부터 내륙의 신생 출판사에 이르기까지 개량된 장비들이 다시 분배되었다. 세계서국은 정치와 시장에 희생되어 자취를 감춘 지 오래였다. 상무인서관과 중화서국은 얼마 지나지 않아 국영화되었다. 이제 자취를 감춘 수많은 1949년 이전의 출판사들과 달리 상무인서관과 중화서국은 오늘날에도 중화 인민 공화국의 600개에 달하는 출판사들(61퍼센트가 베이징에 본사를 두고 있다) 사이에서 여전히 명성을 유지하고 있다. 현재 상무인서관은 홍콩, 타이페이, 싱가포르에 지점을 두고 있다.

1949년 중화 인민 공화국이 건립되었을 때 중국 국민의 문해율은 약 32퍼센트였고 1980년대까지 이 수치가 비슷하게 유지되었다. 오늘날에는 교육, 출판, 여가의 확대에 힘입어 95퍼센트 정도다. 1949년까지는 주요 소설 출판물은 수천 부에 지나지 않았으나 이제 새 출판물의 수량은 수만에서 수십만을 헤아린다. 하지만 중국의 전체 인구에 견주면 이것은 여전히 적은 수치다. 1949년과 1966년 사이에는 새로운 문학 출판물이 연간 10종에 지나지 않았는데 특히 1912~49년에는 연평균 135종에서 270종 사이를 오갔다는 사실을 감안하면 매우 적은 수치다. 사회주의 시대의 주요 베스트셀러 도서인 『홍암紅岩』(1961)은 126쇄까지 찍었지만 총 680만 부에 지나지 않았다. 특히 문화대혁명 시기의 출판 규모를 생각하면 이것은 턱없이 낮은 수치다. 문화대혁명 동안과 직후에도 독자들은 흔히 절판된 책의 필사본을 구해 보았다.

그렇지만 독서와 문학은 이제 많은 중국인의 생활에서 필수적인 부분이 되었다. 1979년에 중화 인민 공화국의 출판사들은 1만 1000종의 도서를 발간했고 그중 6분의 1이 문학과 예술 분야 도서였다. 오늘날에는 1100종의 정기간행물이 1억 6500만 명의 독자들을 만나고 있다. 사회주의 시장 체계가 발달하자 인쇄나 출판이나 검열('책임 편집' 제도를 통해 전보다 간소화되었다)은 더는 문제가 되지 않았다. 문제는 갑갑한 명령 경제command economy가 변화무쌍한 수요를 충족시키기 위한 민첩함이 부족하다는 것이었다. 이에 대한 대응 차원에서 비공식적인 '2차 통로'가 열렸다. 그리고 이 2차 통로를 왕쉬王朔, 1958년 출생만큼 성공적으로 이용한 이는 없을 것이다. 왕쉬는 '건달 문학'으로 큰 부자가 되었다. 1990년대에 홍콩에 사는 '쿵후' 소설(무협소설) 작가로 오늘날 가장 널리 읽히는 중국 작가 진융金庸, Louis Cha, 1924~2018과 1949년 이전 세대로서 정치에 무관심한 「금쇄기金鎖記」의 저자 장아이링張愛玲, Eileen Chang, 1920~95도

8. 『한어대사전漢語大詞典』(상하이: 사서 출판사, 1986~2010, 총 13권. 디지털판본도 발행됨). 고대(주나라 유학 경서)부터 1970년대의 정치적으로 올바른 글까지 전부 아우르는 중국의 언어와 문학을 다룬 이 책은 오늘날 중국에서 출판된 사전 중 으뜸으로 꼽힌다. 규모에서 일본에서 출판된 중어사전(영어로는 '모로하시Morohashi'로 알려져 있다)을 제외하면 단연 최고로 손꼽히는 『한어대사전』은 이전에 중국에서 엮은 그 어느 책보다 많은 내용을 아우르며 다양한 색인이 수록되어 있다. 사진은 제임스 레이븐.

선풍적인 인기를 누렸다. 신문에서는 대부분의 독자가 여전히 종이책을 선호한다고 보도하지만, 많은 작가가 인터넷으로 뛰어들었다. 로맨스, 판타지, 섹스, 범죄, 전기, 역사, 참고 도서, 교육 입문서, 자기개발서 등이 소설과 비소설 출판물의 주제로 다시 등장했다.

이와 동시에 국영 기업들은 '보존 출판'을 재개했다. 오늘날 중국에서 출판된 중국어 종합사전 중 가장 중요한 사전인 『한어 대사전漢語大詞典』(다음 절에 소개되겠지만 모로하시 데쓰지諸橋轍次가 편찬한 중일사전에 버금가는 사전으로 여겨진다)은 1975년에 제작이 시작되었다. 중화서국의 1949년 이전 서고를 물려받은 상하이 사서 출판사上海辭書出版社는 이 사전을 1986년부터 2010년까지 세상에 내놓았다. 중화서국은 1984년부터 1996년까지 불교의 삼장을 106권짜리 큰판으로 출간했다. 그로부터 얼마 지나지 않아 티베트 불교 삼장의 재판본 232권도 완간되었다. 지난 30년간 기독교 성서는 공식적으로 6200만 권이 출간되었다. 이 모든 출판물은 지난 몇 세기 동안 중국이 경험한 정부들 중에 현정부가 종교 부문 출판을 가장 잘 후원하는 정부라는 인식을 주었다. 다만 쿠란의 제작 부수는 알려져 있지 않지만, 쿠란 역시 다른 도서들처럼 온라인 구입이 가능하다.

이 시기에 중국은 세계의 디지털 인쇄 공장이 되었다. 청조와 중화민국 정부 둘 다 저작권을 인정하는 법을 제정하려다 실패했지만(청은 1899년, 중화민국은 1915년과 1928년), 중화 인민 공화국은 결국 1990년에 저작권법을 공포했고 베른 협약과 세계 무역기구의 가입국이 되기 위한 준비를 마쳤다. 이제 중국은 다국적 출판사들에게 그들이 원하는 서비스를 그들이 원하는 언어로 할인된 가격에 제공할 수 있다고 제안하고 있다. 따라서 세계사의 가장 큰 아이러니 중 하나는 인쇄기를 활용해 중국에 기독교 국가를 수립하려 했던 초기 서양 선교사들의 활동이 이제 역공을 받고 있다는 사실이다. 초창기 서양 선교사들이 기울였던 노력은 오히려 과거 수 세기에 걸쳐 발전한 중국의 인쇄와 출판 전통을 부흥시킴으로써 청조 말기, 중화민국 시기, 마오쩌둥 시기, 마오쩌둥 이후 혁명기, 그리고 인쇄 매체 체계를 굳건히 하는 데 이바지했다.

일본

근대 초에 일본은 서양세계와 접촉이 제한적이었지만 이 시기 출판 활동은 일본을 세계에서 가장 역동적인 인쇄 문화권 중 하나로 만들었다. 특히 18세기부터 책은 전국 단위의 시장에서 생산·판매되는 상업 제품이 되었다. 19세기 초를 즈음해 에도(도쿄의 옛 이름)에는 최소한 917개의 출판사가 있었고, 교토와 오사카를 비롯한 다른 주요 지방 도시에도 상당수의 출판사가 있었다. 아울러 놀라우리만치 다양한 출판물이 출간되었다. 유교와 불교 고전 같은 고상한 저작도 있었지만, 대중적인 만화, 삽화가 곁들여진 소설, 우키요에 판화집, 농사 연감, 여행안내서, 학교 초급 독본도 있었다. 거의 모든 출판물이 목판 인쇄술을 이용해 제작되었다.

19세기 중반에는 유럽·미국과 접촉이 잦아져 서양의 인쇄술을 알게 되었다. 1848년 나가사키의 네덜란드 교역소에서 활동하던 통역사 모토기 쇼조本木昌造는 수동식 인쇄기와 네덜란드인이 만든 납활자 한 벌을 시험적으로 사용했다. 1868년 이후에는 메이지 천황의 새로운 정부가 급진적인 서구화 정책을 실시해 서양 기술의 도입 기회가 전보다 많아졌다. 상하이 소재의 미국 장로교 선교 출판사 관련 인쇄업자 윌리엄 갬블이 1869년 일본에 도착했을 때 모토기 쇼조는 전기판을 활용해 한자 활자를 만들기 위해 재빨리 그에게 도움을 청했다. 1872년 모토기 쇼조는 도쿄로 근거지를 옮기고 쓰키지築地에 일본 최초의 가동 활자 주조소를 설립했다. 도쿄의 쓰키지는 일본 근대 인쇄 혁명의 발상지인 셈이다.

활판 인쇄술을 활용한 초창기 출판물로는 서양 사상의 적극적 수용을 장려한 후쿠자와 유키치福澤諭吉가 1871년과 1876년 사이에 출간한 열일곱 권짜리 소책자 시리즈 〈학문의 권장学問のすすめ〉이 있었다. 첫번째 소책자는 평등, 독립, 자유를 비롯한 근대의 대담한 새로운 사상들을 주창했다. 책의 내용 못지않게 책을 제작한 기술도 놀라웠다. 일본의 전통 종이 '와시和紙'와 중국의 전통 제본 기술로 제작되었으되, 텍스트 인쇄에는 후쿠자와 유키치가 직접 구한 가동 금속 활자가 사용되었다. 〈학문의 권장〉은 각 소책자가 20만 부 이상 팔리며 엄청난 베스트셀러가 되었다. 이 책의 출판은 오랫동안 근대 일본의 사회 및 지성의 역사에서 중대 사건으로 여겨졌고 일본 근대 서적사의 주요 이정표로 자리매김했다.

〈학문의 권장〉을 비롯해 서양식으로 출간된 많은 책이 이례적으로 선풍적인 인기를 끌었지만 기존의 기술과 문학적 스타일은 쉽게 버려지지 않았다. 1880년대에는 활판 인쇄술로 제작한 서양 언어 작품의 번역 서적과 목판 인쇄술로 제작한 일본 고전 문학 서적이 공존했다. 하지만 1870년대 의무 교육의 확대와 더불어 인쇄기의 도입은 새로운 산업화된 인쇄 문화를 위한 인프라를 마련했다. 이제 전문화된 출판사, 인쇄소, 유통업자, 소매상이 출현했다. 1869년 도쿄에 설립된 마루젠丸善은 일본 최초의 서양식 서점이자 출판사였다. 새 수도 도쿄는 근대 출판의 중심지로 급부상했다. 1876년에 설립된 슈에이샤集英社는 일본 최초의 진정한 서양식 서적인 새뮤얼 스마일스Samuel Smiles의 『자조론Self-Help』(초판 1859년)의 번역 개정판을 출간했다. 1877년에 간행된 신간 서적의 수는 5441권이었다. 1890년에 이 수치는 1만 8720권으로 증가했고 1910년에는 4만 1620권으로 뛰었다. 책과 잡지를 쉽게 접할 수 있게 되면서 일본은 독서가의 나라가 되었다.

책을 포함한 인쇄물의 대량 생산은 문해력을 증대시키는 데서 그치지 않고 책을 읽고 쓰는 행위의 패턴과 책을 대하는 태도 자체를 아예 바꾸어놓았다. 예를 들어 가동 활자로의 전환은 일종의 '시각 혁명'을 불러왔다. 소설을 비롯한 저작물이 이제는 삽화에 덜 의존하고 서술적 산문에 더 의존하게 된 것이다. 아울러 새로운 인쇄 기술은 책을 함께 낭독하는 문화를 홀로 묵독하는 문화로 대체시켰다. 인쇄본은 읽기가 더 쉬웠고 여기에 구두법 통일까지 도입되어 전반적으로 사람들의 글 읽는 속도가 빨라졌다. 1890년대에 들어서는 개인적인 글쓰기를 위한 다이어리나 공책이 출시되었다. 이를테면 히로부미칸博文館 출판사는 1895년부터 포켓 다이어리를 판매했다. 다이어리 산업은 빠르게 확대되었고, 이로써 일본은 독서가들의 나라뿐만 아니라 외로운 작가들의 나라가 되었다.

1890년대 말과 1900년대 초에 읽기와 쓰기는 국민적 여가 활동이 되었고, 이것은 정치와 문화 토론을 위한 공적인 장을 열어젖혔다. 1887년에 기자 도쿠토미

소호德富蘇峰는 민유샤民友社를 설립하고 일본 최초의 종합지 〈고쿠민노토모国民之友〉('국민의 벗')를 창간했다. 영국식 민주주의와 대중주의를 옹호한 이 잡지는 일본의 1889년 헌법 제정에 영향을 미쳤다. 책이 늘어나 대중 독자층이 매우 두터워지고 역량이 높아진 반면 일부는 정보를 이용한 선전에 취약한 상태가 되었다. 도서와 잡지, 신문은 국가 공동체의 이미지 창출에 이바지했고, 일본이 중일전쟁(1894~5)과 러일전쟁(1904~5)에서 승리를 거두자 많은 사람이 민족주의와 제국주의의 대변인을 자처하고 나섰다.

20세기가 시작되고 몇십 년 동안 일본은 정보 기반의 대도시 사회로 부상했다. 일본의 여론 주도층은 도서, 저널, 신문에서 전보다 폭넓은 주제를 다루었다. 독자들은 정치·경제·사회 평론을 찾아 〈다이요太陽〉, 〈주오코론中央公論〉, 〈가이조改造〉 등의 종합지를 읽었다. 아울러 문학은 주변에서 일어나는 사건과 변화에 관해 알려주었다. 일본의 가장 유명한 근대 소설가 나쓰메 소세키夏目漱石는 장편소설 『고코로こゝろ』('마음')에서 과거와 고통스러운 단절을 겪는 일본을 그려냈다. 1914년 〈아사히 신문〉에 연재된 이 소설은 이어서 신생 출판사였던 이와나미 쇼텐岩波書店의 첫번째 간행물이 되었다. 이와나미가 자리한 진보초神保町는 도쿄의 도서 단지가 되었다. 철학과 자유주의에 관한 저작들을 출간한 이와나미는 오늘날에도 일본의 으뜸가는 학술서적 출판사다.

1909년 도쿄에 설립된 출판사 고단샤講談社는 이와나미와는 다른, 하지만 역시 근대적 독자층을 겨냥했다. 고단샤는 흥미로우면서도 저렴한 책과 잡지를 다수 내놓으며 일본 최대의 출판사로 성장했다. 1914년에 〈쇼넨구라부少年倶楽部〉('소년 클럽')을 창간하고 모험·추리소설을 흔히 연재만화 형식으로 실었다. 소녀와 여성을 상대로 한 잡지도 잇달아 창간되었고, 1925년에는 종합지 〈킹キング〉이 나왔다. 어마어마한 광고 공세 덕분에 〈킹〉은 일본에서 최초로 판매 부수가 100만이 넘는 출판물이 되었다.

1923년 관동대지진으로 도쿄와 요코하마가 쑥대밭이 되었지만, 아이러니하게도 도쿄의 일본 출판 중심지로서의 입지는 더욱 단단해졌다. 지진으로 수백만 권의 책

a.

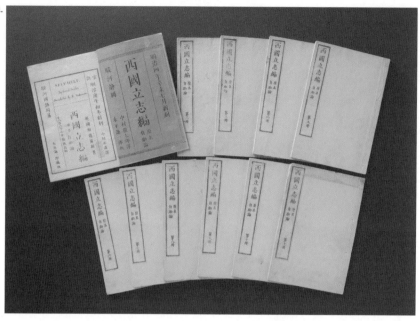

b.

駿河國静岡藩

SELF HELP.

By Samuel Smiles.

Translated by E. Nakamura.

一千八百六十七年倫敦出版

西國立志編

原名 自助論

英國斯邁爾斯著

木平謙一郎藏版

官許 明治庚午初冬新刻

中村正直譯

駿河静岡

西國立志編 原名 自助論

中村敬太郎譯

木平謙一郎板

明治四年辛未七月新刻

9a, b. 나카무라 마사나오中村正直가 일본어로 옮긴 새뮤얼 스마일스의 저작 『자조론』(1859)의 번역본 『서국입지변西国立志編』은 1870년대 베스트셀러다. 『서국입지변』의 초판은 1871년에 목판본으로 열한 권으로 나뉘어 발간되었다.
9c, d. 1877년 개정 활판본. 무거운 종이에 인쇄된 이 책은 가죽 장정본으로 일본 최초의 서양식 서적이었다. 신생 출판사인 슈에이샤가 발간했고 이 책은 일본에서 도서 출판의 새 시대를 상징했다. 오늘날 슈에이샤는 다이니혼인사쓰大日本印刷, Dai Nippon Printing로 이름이 바뀌었고 세계 최대의 종합 인쇄 기업으로 손꼽힌다. 사진은 일본 도쿄의 인쇄 박물관Pringing Museum.

이 못쓰게 되어 판매자 시장이 형성되었다. 동시에 이 사태는 도서 출판업을 근대화하고 유통·소매망이 확대되는 기회로 작용했다. 기업가들은 넓고 쾌적한 새 서점을 차렸다. 오늘날 일본 최대의 서점 체인이 된 기노쿠니야紀伊國屋의 본점은 1927년에 신주쿠에 차려졌다.

1926년 출판사 가이조샤改造社는 일본에서 부상하고 있는 중산층의 바람에 응답하기 위해 63권짜리 〈현대 일본 문학 전집現代日本文學全集〉 시리즈의 간행에 착수했다. 이 시리즈는 권당 1엔이라는 매력적인 가격에 구독자를 모아 판매되었고, 5년 동안

10. 나쓰메 소세키는 일본의 가장 위대한 근대 소설가로 여겨진다. 소세키의 걸작『고코로』는 1914년 메이지황제의 사망 직후 발표되었다. 일본어 '고코로'는 '마음'이나 '사물의 중심'으로 옮길 수 있다. 소세키는 자신의 나라를 급속하게 변화시키는 거침없는 세력들을 의식했다. 그는 근대의 개인주의를 옹호했지만, 미래에 대해 걱정했다. 소세키가『고코로』에 썼듯 "자유와 독립과 자기애가 넘치는 현대에 태어난 우리는 그 대가로 이 외로움을 감내해야" 했다. 이 책은 이와나미 출판사에서 낸 첫 책이었다. 이와나미 출판사는 현재 일본의 가장 명망 있는 출판사로 손꼽힌다. 이와나미 출판사.

한 달에 한 권을 받아보는 조건으로 약 34만 명이 구독을 신청했다. 이후 '1엔' 책 시리즈가 잇달아 등장했다. 그중 신초샤新潮社의 57권짜리 세계 문학 선집은 더욱 높은 판매고를 기록했다. 1927년부터 간행된 이와나미의 문고본 시리즈도 양서를 싼 가격에 구입할 기회를 제공했다. 이와나미 쇼텐의 창립자 이와나미 시게오岩波茂雄는 독재 정치를 막을 최선책은 교육받은 시민층이라고 확신했다. 이와나미 시게오는 독일에서 레클람이 간행한 〈세계 총서〉 시리즈를 모델로 낸 문고본 시리즈를 통해 대중이 스스로의 삶을 변화시킬 세계 문학 고전을 접할 수 있도록 했다. 많은 출판사에서 재빨리 이와나미의 전례를 따랐다.

교육에 대한 관심은 재미에 대한 욕구와 결합되어 일본의 도서 발행 부수를 급격하게 증가시켰다. 1920년대에 인기 도서는 한 쇄에 50만 부가 팔렸다. 신간의 수는 1911년 4만 3153종에서 1931년 7만 4464권까지 증가했다. 1929년 세계 시장 붕괴로 인한 경기 불황으로 어디에서나 어려움을 겪었고 이는 1932년 군부의 정부 장악을 불러왔지만, 도서 출판 산업은 침체되지 않았다. 1932년에는 신간이 8만 5357종이 발행되었고 1934년에는 무려 12만 1949종이 발행되었다. 이때부터 출판물 수는 하락했는데 1938년에는 9만 7268종, 1940년에는 7만 3152종, 1943년에는 4만 2211종이 발행되었다. 제2차세계대전의 마지막 해인 1945년에 신간은 겨우 878종만이 발행되었다.

1930년대 말부터 일본 정부는 오래전부터 유지해온 출판물 통제를 강화했다. 모든 형태의 대중매체를 검열했고 작가와 기자, 만화가에게 전쟁을 위한 노력에 동참할 것을 요구했다. 전시에 가장 높은 인기를 누린 소설가는 아마도 역사소설의 대가 요시카와 에이지吉川英治였을 것이다. 『미야모토 무사시宮本武蔵』(1935), 『삼국지』(1940) 등 에이지가 쓴 역사소설은 현실 도피 문학을 제공하는 동시에 전시의 영광이나 일본 무사의 힘과 정신을 지지했다. 또한 판매고 측면에서 요시카와 에이지와 쌍벽을 이룬 작가 히노 아시헤이火野葦平가 있다. 아시헤이는 중국에서 자신이 직접 관찰한 내용을 바탕으로 군인의 일상을 묘사한 삼부작을 1938년과 1939년에 발표했으며 이 삼부작은 100만 부 넘게 팔렸다. 정부도 직접 프로파간다에 나섰다. 1937년 일본 교육성은 일본만의 고유한 특징에 대한 통일된 이해를 취지로 『고쿠타이노혼기国体の本義』('국체의 본뜻')를 간행했다. 이 서적은 일본과 일본 점령지에서 거의 200만 부가 배포되었다. 학교 교과서도 비슷하게 일본의 젊은층에 사상을 주입하는 데 이용되었다. 진주만 공습 직후인 1942년에 어느 4학년 학생은 이렇게 선언했다. "우리는 천황의 은총을 받은 일본이 세계가 가장 우러러보는 나라임을 알게 되었습니다."

하지만 일부 작가와 출판사는 대항 서사를 제시할 방법을 찾았다. 예를 들어 1938년 이와나미는 (영국의 펭귄 문고 시리즈를 모델 삼아) '현대인의 현대적 교육'을 위해 기획된 '신쇼新書' 즉 '새로운 책'이라고 불리는 얇은 문고본 시리즈를 출시했다. 이 시리즈의 첫 책은 만주에서 활동한 의사이자 선교사 더걸드 크리스티Dugald Christie가 쓴『묵덴에서의 30년, 1883~1913Thirty years in Moukden, 1883~1913』의 번역서였다. 1904~5년 러일전쟁 동안 만주 사람들이 겪은 극심한 고통을 자세히 묘사한 글이었다. 미묘한 형태의 저항이 담긴 또다른 작품으로는 오구리 무시타로小栗虫太郎의 추리 소설을 들 수 있다. 이 소설에 담긴 전시 영국 제국주의에 대한 맹렬한 비판은 일본을 포함해 식민지 사업을 하는 모든 국가에 대한 비판으로 읽힐 수 있었다. 1945년 종전 직전, 시사 사진 잡지〈아사히 구라후アサヒグラフ〉('아사히 그래프')는 한쪽 면에 일황의 사진을 싣고 그 맞은쪽 면에 공습 생존자들의 사진을 병렬 배치함으로써 체제 전복적 메시지를 보냈다. 잡지를 덮으면 고통받는 대중의 얼굴이 황제의 얼굴과 맞닿았다.

1945년 8월 일본의 항복은 수년간의 지적 굶주림에 종지부를 찍었다. 사람들은 신간이 나오면 때로는 며칠간 줄을 서서 구입했다. 출판 산업은 문자에 대한 이러한 폭넓은 갈망에 응답하며 부흥했다. 1946년에 발간된 신간은 3466종이었고, 10년 뒤에는 1만 4000종을 넘어섰다. 미시마 유키오平岡公威나 아베 코보安部公房 같은 새로운 소설가가 다니자키 주니치로谷崎潤一郎나 노벨상 수상자 가와바타 야스나리川端康成 같은 전쟁 이전의 거인들과 어깨를 나란히 하며 진지한 문학작품들을 발표했다. 다양한 대중 서적이 엄숙한 양장본 학술서와 나란히 매대에 올랐다. 중국학 연구자 모로하시 데쓰지의 기념비적인 중일사전『다이칸와지텐大漢和辞典』('중일 큰사전')의 편찬 사업은 1920년대에 착수되어 마침내 1955년에 발간되었다. 이와나미는 1957년과 1967년 사이에 100권짜리〈일본 고전 문학 선집〉을 발간했다. 1960년대에 전후 베이비붐 세대는 아동 문학이라는 새로운 시장을 개척했고, 주간지와 만화 산업이 빠

11. 1938년 일본 정부는 〈사진주보寫眞週報〉를 창간했다. 1936년에 창간된 미국의 사진 잡지 〈라이프Life〉에 호응하려는 의도였다. 〈사진주보〉는 대중의 여론을 조성하기 위해 사진이 지닌 정서적인 영향력을 이용하고자 선도적인 사진 작가들의 재능을 활용했다. 1941년 4월 2일호의 표지는 "미소 운동"을 묘사하고 있다. "미소는 우리를 행복하게 합니다—미소는 현 시국에 정면으로 대처합니다. 미래의 일본은 만인을 위한 공간을 갖춘 대국이 될 것이기 때문입니다." 일본 아시아 역사 자료 센터Japan Center for Asian Historical Records, 일본 국립공문서관National Archives of Japan.

른 경제성장과 더불어 팽창했다. 아울러 사업가들은 야마오카 소하치山岡荘八가 쓴 세계에서 가장 긴 소설인 일본의 마지막 쇼군 도쿠가와 이에야스의 허구적 전기를 탐독했다. 1963년부터 집필하기 시작해 총 23권으로 완간된 야마오카 소하치의 대하소설은 성공적인 사업 전략의 매뉴얼이라고 홍보되었다.

1970년대와 1980년대는 일본 책 출판의 황금기였다. 새로 발간된 도서의 수가 1970년에 1만 8745종이었던 것이 1990년에는 4만 576종으로 증가했다. 주요 출판사들은 일반 독자층을 대상으로 문고본 서적을 대량으로 내놓았다. 아울러 유명 저자들의 선집이나 문학과 사상의 주요 정전 텍스트가 여러 권짜리 책으로 출간되었다. 이와나미는 1970년과 1982년 사이에 67권짜리 〈일본사상대계日本思想大系〉를 발행했다. 쇼가쿠칸小学館 출판사는 1972년과 1976년 사이에 『옥스퍼드 영어사전』의 일본어판이라고 할 만한 『일본국어대사전日本国語大辞典』을 20권으로 펴냈다. 1981년에는 인기 방송인 구로야나기 테츠코黒柳徹子가 『창가의 토토窓ぎわのトットちゃん』를 출간했다. 저자가 전시에 경험한 독특한 교육에 관한 이야기였다. 표면적으로는 어린이 소설이었던 이 책은 출간 즉시 베스트셀러 목록에 올랐고, 일본에서만 총 800만 부가 팔리며 일본 역사상 최고의 베스트셀러가 되었다. 중국과 한국에서 출간된 번역본도 성공을 거두었고, 1984년에는 영어 번역본도 출간되었다. 그로부터 3년 뒤 무라카미 하루키村上春樹가 발표한 다섯번째 장편소설 『노르웨이의 숲ノルウェイの森』 역시 널리 찬사를 받았다. 이 작품은 영어와 중국어를 비롯해 여러 언어로 번역되면서 무라카미 하루키는 현대 세계 문학의 주요 인물로 자리잡았다.

현대 일본 인쇄 문화의 가장 큰 특징은 아마도 문자언어의 중요성은 상대적으로 줄어든 반면 시각 매체, 특히 만화는 부흥기를 누리고 있다는 점일 것이다. 제2차세계대전이 끝나고 1년 뒤 일본 최초의 여성 만화 작가 하세가와 마치코長谷川町子는 전후의 어느 가족의 일상을 유쾌하게 그려낸 〈사자에 상サザエさん〉을 발표했다. 1952년에는 데즈카 오사무手塚治虫가 과학의 진보가 가져다줄 평화로운 세계를 그린 로봇 소년의 이야기 〈무쇠 팔 아톰鉄腕アトム〉을 내놓았다. 〈사자에 상〉과 〈무쇠 팔 아톰〉 모두 장기 연재만화와 텔레비전의 만화영화로 폭넓은 인기를 누렸다. 1960년대부터 수많은 소년 소녀가 만화 주간지를 열렬히 탐독했는데 어떤 잡지는 무려 200페이지 가 넘었다. 1969년 창간된 슈에이샤의 〈주간 소년 챔프週刊少年ジャンプ〉는 특히 성공적 이었다. 〈주간 소년 챔프〉는 〈드래곤볼〉(1984~95), 〈슬램 덩크〉(1990~5), 장기간 연 재된 〈코치카메こち亀〉1976~2016, 한국어판 제목은 '여기는 잘나가는 파출소'─옮긴이 등 여러 성공 작에 힘입어 1994년에는 주간 발행 부수가 620만에 달했다. 이후 발행 부수는 줄었 지만 여전히 정기간행물 중 판매율 1위의 자리를 지키고 있다. 오늘날 일본에서 만화 는 전체 출판물의 25퍼센트를 차지하며 특히 아시아를 비롯해 전 세계의 많은 독자 를 매혹하고 있다.

한국

길었던 조선시대(1392~1910)에 한국의 출판 활동은 전반적으로 정부가 후원한 대 규모의 유교와 불교 서적 편찬 사업에 국한되었고 이들 서적은 시장 경제의 바깥에 서 생산·소비되었다. 그러나 19세기 초를 즈음해 조선에서도 평민 독자층을 겨냥한 상업적인 책 생산이 증가했다.『춘향전』같은 인기 있는 이야기의 저렴한 목판본이 서점에서 팔리고 세책점貰冊店에서 대여되었다. 한국의 표음문자 한글로 간행된 이런 덜 경건한 책들은 공적인 찬사를 받는 중국 고전의 그늘에서 화려한 꽃을 피웠다. 토 속어로 쓰인 소설을 읽는 것이 평민들에게 권장되지는 않았지만, 이 소박한 책들은 평민의 문해력을 키우고 독자층을 확대했으며 한국인의 민족적 정체성을 육성했다.

19세기에 한국의 조정은 서양의 개방 압력에 맞서 쇄국정책을 유지했다. 그러나 1876년 일본은 선제적으로 한국이 무역 및 국제 관계 조약에 조인하도록 강제했고,

1880년대에는 서양 국가들이 이 흐름에 합세했다. 1881년 부산에서 일본 상인 단체가 단명한 일본어 신문 〈조선신보〉를 창간하며 최초의 서양식 인쇄기가 한국에 들어왔다. 1883년에는 정부 내 개혁집단이 서양 문명의 혜택을 한국에 들이려는 목적으로 한국어 신문 〈한성순보〉를 창간했다. 인쇄 장비는 김옥균이 일본 시찰을 떠났을 때 후쿠자와 유키치의 조언을 얻어 나가사키에서 구입했고, 후쿠자와 유키치의 제자가 편집을 맡았다. 이 인쇄기는 1884년 반일 보수세력의 손에 망가졌고 이후 일본에서 다시 들여온 장비로 새 신문 〈한성주보〉가 간행되었다. 〈한성주보〉는 평범한 한국인도 신문을 읽을 수 있도록 기사를 순한글로만 작성한 최초의 신문이다.

1890년대에 일련의 개혁을 통해 한글이 국어로 받들여졌고, 기존의 과거 시험 제도가 폐지되었으며, 실용적인 학습에 초점을 둔 새로운 국민 교육 제도가 수립되었다. 아울러 인쇄 매체가 상업화되고 새로운 종류의 읽을거리가 많아지면서 대중 독자층이 팽창했다. 1896년에 창간된 순한글 신문 〈독립신문〉은 시민 사회의 발달에 중대한 역할을 했다. 다른 신문들도 잇달아 창간되었다. 〈제국신문〉과 더 정치적인 논조의 〈황성신문〉은 1898년에 창간되었다. 기독교 선교사들은 인쇄기를 들여와 성서를 비롯한 종교 문헌의 한국어 번역본을 출간했다. 19세기로 넘어갈 무렵 신문, 잡지, 도서에 전통적인 이야기를 읽기 쉬운 활자로 찍어낸 인쇄본까지 더해지며 한글 기반의 새로운 인쇄 문화가 조성되었다. 이제 한글은 의사소통의 수단에 머무르지 않고 국가 정체성의 상징이 되었다.

20세기 초반의 몇십 년간은 새로운 세대의 한국 작가들이 일본의 추세에 따라 문학 장르의 폭을 넓혔다. 일본에서 유학한 이인직은 현대의 사회 및 정치 문제를 다룬 '신소설'을 한글로 발표했다. 가장 잘 알려진 작품 『혈의 누』(1906)는 근대화 시기 일본과 한국에 공통된 문제였던 '계몽된 딸'과 구식 어머니 사이의 갈등을 탐구했다. 일본(과 중국)에서처럼 소설은 흔히 처음에는 정기간행물에 연재되었으며 사실과 허구가 뚜렷이 구별되지 않았다. 1908년에는 시인이자 언론인, 민족주의자로 일본에서 교육을 받은 최남선은 서양 인쇄 매체에 매혹되어 〈신문관新文館〉을 설립했다. 최남선은 '새로운 대한新大韓'의 창건을 위한 영감을 제시한다는 목적으로 한국 최초의 대중 잡지 〈소년〉을 창간했고 그의 시 「해에게서 소년에게」를 이 잡지에 발표했다. 한글로 쓰인 최초의 시로 공인된 이 시는 한국의 소년들이 오래된 대륙을 버리고 새로운 지평─일본과 서양─을 바라볼 것을 촉구한다.

국가 정체성의 관점에서 많은 사람들이 사고할 것을 권장하기 위해 한국의 고전과 한국사 서적을 한글판으로 다시 출간하는 것도 새로운 추세였다. 1908년에 사학자 신채호는 「독사신론讀史新論」을 발표했다. 신채호는 이 글을 통해 왕조의 흥망을 중심으로 역사를 서술하는 전통적인 관점을 거부하고 이웃 나라 일본과 중국과의 투쟁을 통해 형성된 고유한 국가 한국의 선형적 발전상을 그려냈다.

1910년 한일 병합은 한국의 출판업에 즉각적인 영향을 미쳤다. 민간 신문들은 폐간되었고 출판 허가제와 엄격한 사전 검열 체계가 도입되었다. 더욱이 교육제도가 바뀌고 새로운 공무원 시험 제도가 확립되면서 인쇄된 정보의 이동과 내용을 총독부가 더욱 강하게 통제하게 되었다. 그러나 이러한 새로운 법률적·이념적 체제 안에서도 출판사의 수는 1910년 28개에서 1920년 50개로 늘어났고 1926년에는 62개로 최고치를 기록했다. 아울러 민간 신문의 대체물이었던 총독부의 기관지 〈매일신보〉의 구독자 수가 증가했다. 1913년에는 새 윤전기가 설치되면서 일일 발행 부수가 5만 부를 넘겼다.

또한 〈매일신보〉는 작가 지망생들을 끌어당겼다. 1912년 이해조는 오래된 이야기 『춘향전』을 현대적으로 각색한 「옥중화」를 연재했다. 이후 이 소설은 책으로 발간되어 1945년까지 97쇄가 나왔다. 1917년 도쿄의 와세다대학교 학생이었던 이광수는 흔히 한국 최초의 현대 소설로 일컬어지는 『무정』을 연재했다. 『무정』은 나쓰메 소세키의 『고코로('마음')』를 떠올리게 하는 작품으로 전형적인 삼각관계를 중심으로 근대화와 투쟁하는 한국을 그려냈다. 『고코로』의 주인공은 우울한 미래를 마주하는

독 닙 신 문

대일호 · 대일권

조션 셔울 건양 원년 ᄉ월 초칠일 금요일

논 셜

우리가 독님신문을 오ᄂᆞᆯ 처음으로 출판
ᄒᆞᄂᆞᆫ데 조션속에 잇ᄂᆞᆫ 뉘외국 인민의게
우리 쥬의를 미리 말ᄉᆞᆷᄒᆞ여 아시게 ᄒᆞ노
라 우리는 첫지 편벽 되지 아니ᄒᆞᆫ고로 무슨
당에도 상관이 업고 상하귀쳔을 달니 디졉
아니ᄒᆞ고 모도조션 사ᄅᆞᆷ으로만 알고 조션
만 위ᄒᆞ며 공평이 인민의게 말 홀터인ᄃᆡ
우리가 셔울 빅셩만 위홀게 아니라 죠션
젼국인민을 위ᄒᆞ여 무ᄉᆞᆷ일이든지 ᄃᆡ언ᄒᆞ여
주랴홈 졍부에셔 ᄒᆞᄉᆞᆫ일을 빅셩의게 젼홀
터이요 빅셩의 졍셰을 졍부에 젼홀터이니
만일 빅셩이 졍부일을 자셰이 알고 졍부에셔
빅셩에 일을 자셰이 아시면 피ᄎᆞ에 유익ᄒᆞᆫ
일만히 잇슬터이요 불평ᄒᆞᆫ
ᄆᆞ음과 의심ᄒᆞᆫ 성각이 업서질 터이옴

우리는 바른 말만 신문에 낼터인고로 졍부
관원이라도 잘못ᄒᆞᄂᆞᆫ이 잇스면 우리가
말홀터이요 탐관오리 들을 알면 세상에 그
사ᄅᆞᆷ의 ᄒᆡᆼ젹을 페일터이요 ᄉᆞᄉᆞ빅셩이라도
무법ᄒᆞᆫ일 ᄒᆞᄂᆞᆫ 사ᄅᆞᆷ은 우리가 차져 신문에 셜명
홀터이옴 우리는 죠션 대군쥬 폐하와
죠션졍부와 죠션인민을 위ᄒᆞᄂᆞᆫ 사ᄅᆞᆷ드린고로
편당 잇ᄂᆞᆫ 의논이든지

VOL. I. # THE INDEPENDENT. NO. 1.

Single copy one cent. | SEOUL, KOREA, TUESDAY, APRIL 7th, 1896. | $1.30 per annum.

Contents.

The Independent.

A Journal of Korean Commerce, Politics, Literature, History and Art.
ISSUED EVERY TUESDAY, THURSDAY AND SATURDAY.

NOTICE TO CORRESPONDENTS.

No attention will be paid to anonymous communications. All letters or communications should be addressed to THE INDEPENDENT, Seoul, Korea, and all remittances should be made to the same.

EDITORIAL.

The time seems to have come for the publication of a periodical in the interests of the Korean people. By the Korean people we do not mean merely the residents in Seoul and vicinity nor do we mean the more favored classes alone, but we include the whole people of every class and grade. To this end three things are necessary; first, that it shall be written in a character intelligible to the largest possible number; second, that it shall be put on the market at such a price that it shall be within the reach of the largest possible number; third, that it shall contain such matter as shall be for the best interests of the largest possible number.

To meet the first of these requirements it has been put in the native character called the ŏn-mun, for the time is shortly coming, if it is not already here, when Koreans will cease to be ashamed of their native character, which for simplicity of construction and phonetic power compares favorably with the best alphabets in the world. Difficulty is experience by those not thoroughly acquainted with the ŏn-mun from the fact that ordinarily there are no spaces between words. We therefore adopt the novel plan of introducing spaces, thus doing away with the main objection to its use. We make it biliteral because this will act as an incentive to English speaking Koreans to push their knowledge of English for its own sake. An English page may also commend the paper to the patronage of those who have no other means of gaining accurate information in regard to the events which are transpiring in Korea. It hardly needs to be said that we have access to the best sources of information in the capital and will be in constant communication with the provinces.

To meet the second requirement we have so arranged the size of the sheet as to be able to put it on the market at a price which will make it unnecessary for anyone to forego its advantages because of inability to buy.

To meet the third requirement is a more difficult matter. What Korea needs is a unifying influence Now that the old order of things is passing away, society is in a state which might be described as intermediate between two forms of crystalization. The old conditions are being broken up or are

rapidly breaking up and they are seeking new affinities. The near future will probably decide the mode of rearrangement of the social forces.

It is at this moment when Korean society is in a plastic state that we deem it opportune to put out this sheet as an expression at least of our desire to do what can be done in a journalistic way to give Koreans a reliable account of the events that are transpiring, to give reasons for things that often seem to them unreasonable, to bring the capital and the provinces into greater harmony through a mutual understanding of each other's needs, especially the need that each has of the other.

Our platform is—Korea for the Koreans, clean politics, the cementing of foreign friendships, the gradual though steady development of Korean resources with Korean capital, as far as possible, under expert foreign tutelage, the speedy translation of foreign text-books into Korean that the youth may have access to the great things of history, science, art, and religion without having to acquire a foreign tongue, and LONG LIFE TO HIS MAJESTY, THE KING.

LOCAL ITEMS.

Minister Min Yong Whan, attaché Yun Chi Ho and Secretaries Kim Dik Yun and Kim Do Il left for Russia on the 1st inst.

It has become evident that the disturbances in the country are not the result of disaffection toward the government but are simply the excesses indulged in by lawless characters who take advantage of the present lack of strong central control, knowing that for the moment they will go unpunished. We could wish that they might take warning from the fate of similar attempts in the past and remember that sooner or later their sins will find them out. We decidedly refuse to believe that any large fraction of the country people are willing actors in these anarchical proceedings. The better informed Koreans in the Capital are this of this opinion.

The Admiralty Court of Inquiry into the sinking of the *Edgar* pinnace at Chemulpo found that the launch was overladen and badly managed.

We learn with regret that a case of insubordination in the police force was condoned rather than punished because the offender had been given his position by a powerful official. Such things tend to bring into discredit an otherwise effective force.

The promptness with which the governor of Ha Ju was dismissed from his office when evidence of his malfeasance was forthcoming tends, insofar, to disprove the charge of inactivity which has been made against the present government.

At the Easter service in the Union Church, Hon J. M. B. Sill, U. S. Minister delivered an able address. The children rendered some Easter music very prettily. The altar was handsomely decorated with potted plants.

GOVERNMENT GAZETTE.
APR. 3rd.

Edict. Alas, of late the minds of the people have been disturbed by wrong ideas conveyed to them by the bands of bad characters calling themselves the "righteous Army." These unscrupulous men incite to trouble and keep the country in an uproar. This is due to Our being unable to rule them properly and we consequently feel ashamed. We have sent Royal messengers in all directions and have ordered

the people to go back to their vocations in peace, but they do not seem to know what is right to do. We also sent the Royal troops to the disturbed district but we did not wish them to fight unless the people should resist the Royal Edict. The time has come for tilling the soil but the people have not yet returned to their duties and We fear that famine will follow. In that case We would not be able to eat or sleep in peace for thinking of the suffering of Our people. We are told that some foreigners have been killed by these rebellious bands and that some of Our people have been killed by foreigners, all of which shocks and pains us. As We have opened up intercourse with the world, We consider that we are all brothers, whether foreign or native born. For brothers to hate and kill one another is an offence to Heaven and will bring its punishment. Our messengers tell us that the governors and magistrates have received Our orders to protect the people regardless of nativity.

Ye people, cast away all savage customs, and become peaceful and obedient children. Cast aside the doubts and suspicious which you entertain against foreigners. The names of those killed, whether natives or foreigners, should be reported to us.

Appointments. Acting Minister of Education, Yi Wan Yong; Commissioners of the Royal Funeral, Yi Sun Ik and So Jung San; Cabinet Chusa, Yi Do Sang.

Dismissals. Governor of Kong Ju, Yi Jong Wun; Governor of Hai Ju, Yi Myung San; Vice Minister of Education, Yun Chi Ho; Police officers Pak Myung Sun and Kang Du Sik.

APR. 4th.

Appointments; Kyung Sung Bu Chusa, Pak Keui Hyok; Hai Ju Governor, Yun Kil Ku; Kong Ju Governor, Yi Kön Ha; Magistrates;— Mun Chun, Yi Han Yong; Pak Chun, No Ta Wu; Yung Am, Chung Won Sung; Ik San, Chung Keui Hyok; Tok San, Cho Jong Sö; Chong Eup, San Heu, Revenue Collectors;— Bong San, Yi Song Kun; Chin Cham, Yi Ki P'ung; Fa Ju, Yi Kyo Yul; An San, Han Ki Eung; Chöng P'yang, Pak Ju Kwan. Commission, ers of Reorganization of the Districts;— Kim Chung Whan, Yi Ha Man, Pak Söng Ki, Yun Chin Sök, Han Chin Chang, Yun Chul Kui, Kim Cha Yun, Kim Hi Sang, Yi Kyung Sang, Pak Yun Sung Yi Seung Won, Chöng Do Yung.

APR. 6.

Appointments;—Yun Chong Ku, Vice Minister of the Royal Household; Kim Jorg Han, Royal Chamberlain.

Killed;— In Suk Po, Hai Ju tax collector, in Chang Yun, by the rebels

LATEST TELEGRAMS.

Madrid Mar. 6. Great activity has been observed in the arsenals. The army and navy are prepared for emergencies.

Madrid Mar. 8. With the view of putting a stop to rowdy manifestations against the Americans in Valencia, the town has been declared in a state of siege.

Madrid Mar. 12. The Cuban merchants have withdrawn all indents for goods from the United States.

London Mar. 14. Egyptian troops will advance without delay to occupy Dongola. *** It will comprise 8000 of all arms. *** This unexpected decision has caused surprise and irritation in Paris.

London. Mar. 24. Popular excitement has been renewed in Spain and the news papers declare for war rather than America should interfere in Cuba.

London Mar. 24. During the hearing of the charge against Dr. Jameson, a witness deposed to handing Major Willoughby dispatches recalling the expedition, which Dr. Jameson refused to recieve.

A Shanghai despatch of Mar. 24, States that 13 Koreans arrived from San Francisco on Mar. 23rd. It has not yet been ascertained who they are but some of them are supposed to be Ministers(?)

Nagasaki Mar. 27. A Russian steamer arrived here from Odessa yesterday with 1500 soldiers on board. She left this morning for Vladivostock.

반면『무정』의 주인공은 "낡은 조선을 버리고 신문명화한 신조선을 만들"어야겠다고 결심한다.

1919년 3월 1일 한국의 학생들과 운동가들은 일본의 식민 통치로부터 해방을 요구하며 대규모 시위에 나섰다. 출판인 최남선이 쓴 '독립선언문'이 방방곡곡에서 큰 소리로 낭독되었다. 시위는 무자비하게 진압되었지만, 일본은 식민지 운영 방식에 변화를 줄 수밖에 없었다. 1920년 총독 사이토 마코토齋藤實는 '문화 통치'의 새로운 시대를 선언했다. 한국의 엘리트들을 끌어들여 식민지의 문화 사업과 심지어 정치 활동에까지 적극적으로 참여하도록 독려했다. 출판 통제를 완화하자 새로운 출판물들이 쏟아졌다. 1920년 한 해에만 잡지 409종과 민간 신문 3종이 출판을 허가받았다. 아울러 한국의 시와 소설 역시 부흥기를 맞아 1920년과 1929년 사이 시집 356종, 산문 소설 작품 1만 801종이 출판 허가를 받았다.

일상적인 검열을 받는 현실이었지만 1920년대 출판 열기는 한국 출판문화의 스펙트럼을 현저하게 넓혔다. 〈창조〉, 〈폐허〉, 〈백조〉 등의 문예지와 종합지는 그때까지 미처 상상하지 못했던 주제들을 다루었다. 이를테면 1922년 소설가 이광수는 국가 정체성과 경제적 자치를 강화할 교육의 진보에 초점을 맞춘 한국 재건을 위한 종합 계획을 발표했다. 한국어로든 일본어로든 책과 잡지를 읽는 것은 중산층 계급의 특이한 현상이 되었다. 1931년을 즈음해 서울에는 30개 이상의 서점이 있었는데 그 중에는 오사카야고, 마루젠, 산세이도三省堂, 킨부도 등 일본 서점의 지점들도 있었다. 당시 경성제국대학교 학생이었던 유진오의 일기는 1920년대 근대 식민지 시기의 한국을 보여주는 좋은 자료다. 유진오는 한국어가 아닌 언어, 특히 일본어와 독일어로 쓰인 책의 '무제한 읽기'에 시간을 바쳤다. 그는 한국의 좌익 저널 〈반도지광〉과 역시 좌익 성향의 일본 잡지 〈가이조〉를 구독했고, 마루젠 서점과 오사카야고 서점을 자주 찾았다. 식민지의 백성이었지만 그동안 받은 교육과 유창한 일본어 때문에 넓은 지적 토론의 장에 참여할 수 있었다.

13. '하루키 태풍이 상륙했다.' 오래 기다리던 무라카미 하루키의 두 권짜리 소설 『기사단장 죽이기騎士団長殺し』는 2017년 7월 12일 한국 서점에서 판매되기 시작했고 인터넷 사전 주문 판매고를 비롯해 수많은 판매 기록을 갈아치웠다. 한국 서점들은 일본인 저자들, 특히 무라카미 하루키, 요시모토 바나나吉本ばなな, 히가시노 게이고東野圭吾, 오야마다 히로코小山田浩子 같은 현대 작가들에게 눈에 잘 띄는 자리를 배정한다. 문학을 즐기는 것은 양국 간 정치적 논쟁과는 별개의 일인 듯하다. 뉴시스.

1930년대에는 경제적인 어려움 속에서도 한국의 출판 사업은 확장을 지속했다. 검열이 정한 제한선만 넘지 않는다면 출판은 수익성이 높은 사업이었다. 신문과 종합지—상당수가 일본에서 수입되었다—의 판매 부수는 꾸준히 증가했다. 1927년과 1939년 사이 일본 신문과 잡지의 수입량은 1200부에서 55만 부로 훌쩍 뛰었다. 〈신여성〉 같은 특화된 잡지가 쏟아졌으며 석판 미술 인쇄술과 사진술이 발전하면서 아름다운 책과 시선을 사로잡는 광고의 제작이 가능해졌다.

한국의 출판사들은 대중 독자층에게 한국 작가들을 매력적으로 보이게 만들기 위한 마케팅 전략을 활용했다. 1935년에 이광수가 개작한 인기 소설 『춘향전』에 대한 광고는 이 이야기의 기저에 깔린 '한국다움Korea-ness'을 옹호하며 오로지 한국 최고의 작가만이 이 이야기를 문학의 걸작으로 탈바꿈시킬 수 있다고 주장했다. 1938년 조선 키네마사는 첫 장편 영화는 이광수의 베스트셀러 『무정』을 원작으로 한 영화가 될 것이라고 발표했다. 같은 해 박문서관은 이광수의 신작 『사랑』을 출간했다. 신문이나 문학 저널에 연재되지 않고 곧바로 책으로 발표된 첫 한국 소설이었다.

일본은 1937년 중국 본토에서 군사력을 확대하고 1941년부터 미국과 전쟁을 치르면서 한국의 내정을 더더욱 가혹하게 통제했다. 출판 산업의 검열이 강화되어 비정치적인 분야에서 누리던 상대적 자유마저도 사라졌다. 민간 자본으로 운영되던 신문사들이 또다시 폐간되어 한국어로 된 신문은 일본의 기관지 〈매일신보〉가 유일했다. 흥미롭게도 〈매일신보〉의 판매 부수는 거의 하루 20만 부까지 치솟았다. 한국어로 된 소설은 일본의 식민 통치 방향에 부합하는 것만 출판되었다. 환경이 이러했기 때문에 많은 한국 작가가 일본제국의 팽창하는 독서 시장에 접근하기 위해 일본어로 소설을 발표했다. 1940년에 일본어로 저술 활동을 편 한국인 소설가 김사량의 단편 소설 「빛 속에서光の中に」는 일본의 가장 권위 있는 문학상 아쿠타가와상芥川賞 후보에 올랐다.

1945년 8월 15일 서울의 거리는 일본의 압제로부터의 해방을 자축하는 한국인들로 가득했다. 출판 산업은 어려움을 극복하고 회복하기 시작했다. 1945년 12월에 『해방기념시집』이 새롭게 찾은 자유를 자축했다. 소설, 에세이, 아동 문학 작품도 더 나은 미래에 대한 소망으로 생기가 돌았다. 그러나 기쁨은 오래가지 못했다. 패전 후 일본은 연합군 주둔하에 민주개혁을 단행하고 경제성장에 불을 붙였지만, 한국은 얼마 지나지 않아 나라를 둘로 나눈 대참사를 부른 내전을 치렀고 이는 독재 정권의 집권과 경제 회복의 지연으로 이어졌다.

1950년 한국전쟁의 발발로, 일본의 식민 통치 종식 뒤에 찾아왔던 자유의 시기는 남한에서는 수십 년 동안 자취를 감추었고, 북한에는 아직도 다시 찾아오지 않았다.

한국전쟁 동안 서울은 점령되어 대부분의 인쇄 시설이 파괴되었다. 1950년대에 겨우 열다섯 권이 출판되었고, 1951년에는 778권이 출판되었다. 미국의 원조로 새 인쇄 장비가 마련되었지만, 박정희 장군의 정부가 1961년부터 개시한 친親성장 경제개혁이 출판 산업에 미친 영향은 미미했다. 1960년과 1970년 사이에 신간 발행 수는 1618권에서 고작 2633권으로 늘었다.

1970년대의 정치적 탄압과 경기 침체에도 불구하고 야심찬 중산층의 출현으로 한국어 도서와 여타 출판물에 대한 수요가 증가했다. 1972년 설립된 문학사상과 1976년 설립된 한길사를 비롯해 진보적인 신생 출판사들이 등장했다. 한길사는 1977년에 현대 사상 시리즈 〈오늘의 사상신서〉를 출시하며 엄청난 사회적 반향을 일으켰다. 1979년에 출시된 다른 시리즈 〈해방전후사의 인식〉은 학생 정치 운동 세력에 영감을 불어넣었다. 1980년 전두환의 정권 탈취에 뒤이은 혹독한 매체 탄압도 책을 향한 대중의 열망을 잠재우지 못했다. 신간 발행 수는 1980년 2만 985종에서 1984년 3만 종 이상으로 증가했다. 한국에서 가장 유명한 서점 교보문고는 1981년 '사람은 책을 만들고, 책은 사람을 만든다'는 표어와 함께 설립되었다.

1987년의 대규모 시위로 전두환이 정권에서 물러나고 출판 산업에 대한 정부의 탄압이 완화되면서 신간 수가 급증했다. 규제 없는 상업화는 곧 출판사들이 팔리는 책을 우선 낼 수 있음을 뜻했다. 소설, 자기개발서, 학습 참고서가 출판시장을 장악했다. 한국에서 최초로 100만 부 이상 팔린 책은 말년에 명예가 실추된 경영계의 거물 김우중의 1989년 자서전이었다. 대우그룹의 창립자 김우중은 한국의 젊은이들에게 열심히 일하고 성공을 꿈꾸라고 촉구했다. 일본 작가 사이쇼 히로시稅所弘가 새벽 기상을 성공으로 가는 열쇠로 제시한 『아침형 인간朝型人間』의 한국어판이 2003년에 발간되어 원작보다 10배나 많이 판매되었다. 일본 대중문화의 수입을 제한하는 법이 폐지된 1990년대 말부터는 출판 장르의 범위가 넓어졌다. 2013년 총 신간 발행 수 4만 3146종 중에 번역서는 22퍼센트를 차지했는데 이중 60퍼센트가 일본 도서의 번역서였다. 일본 만화뿐만 아니라 무라카미 하루키나 요시모토 바나나 등 일본 베스트셀러 작가의 책들은 오늘날에도 한국의 주요 서점에서 눈에 띄는 자리에 진열되고 있다.

중국·일본·한국에서의 책의 미래

　1990년대 이래 중국·일본·한국의 출판 산업은 인터넷, 전자책, 온라인 판매 등의 갈수록 커지는 전 세계적인 힘의 도전을 마주했고, 출판사와 작가와 독자는 전반적으로 이 새로운 기회를 열렬히 맞아들였다.

　중국은 1990년대 중반부터 인터넷에 접속했고 오늘날에는 미국에 버금가는 규모의 도서 시장이다. 중국은 인터넷 접근에 제약이 있고 기호가 자주 변하지만 대중 독서층은 성장 추세에 있다. 출판사들은 (인터넷, 디지털화, 24시간 서점, 그래픽노블·첩보소설·SF 등 젊은 독자층을 대상으로 한 장르에 힘입어) 내수 시장과 (프랑크푸르트나 런던 등의 세계 도서박람회에서 활발한 전시자로, 소매업자로, 저작권 구매자로) 국제 시장에서 신규 시장을 모색하고 있다. 현대 중국 작가 50명에 관해 다룬 최근의 한 신문 기사에 따르면 이 작가들은 인세로 16만 5000미국달러 이상을 벌었다. 이중 13위를 차지한 2012년 노벨상 수상자 모옌莫言은 자신의 책 판매가 정체되어 있다는 사실을 발견했다. 일부는 문학이 예전에 누리던 명망을 잃었으며 다른 형태의 오락거리가 문학을 대체했다고 주장한다. 하지만 인세 소득으로 300만 미국달러 이상을 벌어들여 1위를 차지한 장지아지아張嘉佳는 이 주장에 동의하지 않는다. "나는 독자들이 책으로 훈계를 듣는 데 지쳤고 이제 책으로부터 휴식과 위안을 얻고 싶어 한다고 생각한다."

　한편 일본과 한국은 낮은 출생률과 인구 감소의 현실을 겪는 중이다. 신간의 수는 증가했지만 전체적인 책과 잡지의 판매량은 하락했으며 전통적인 서점의 수가 가

파르게 감소하고 있다. 더 의미심장하게도 개인들이 여가 활동으로 인쇄 매체를 읽는 일이 줄고 있는 것으로 보인다. 한국의 전자책 시장은 2012년부터 감소세로 접어들었다. 〈코리아 타임스〉의 2013년 3월 기사에 따르면 "한국인들은 책을 읽지 않고 신문도 읽지 않는다. 대신 그들은 영화관으로 몰려간다". 일본의 대학생들을 대상으로 실시된 2017년의 한 설문조사에서는 거의 1만 명에 가까운 응답자들의 50퍼센트 이상이 책을 읽는 데 '0시간'을 쓴다는 예사롭지 않은 결과가 나왔다. 그러나 교육 서적이나 수험서에 대한 수요는 여전하다. 그리고 '쿨 재팬Cool Japan'과 '한류'의 영향으로 일본과 한국의 만화가 국내외에서 열렬히 읽히면서 일본의 북오프Book Off와 한국의 알라딘 그리고 인터넷 기반의 아마존 같은 할인 소매점의 판매량이 급증했다. 인쇄 산업이 디지털화와 세계화를 겪고 있는 지금 책의 미래에 관한 논쟁은 여전히 계속되고 있다.

13장

세계화

에바 헴뭉스 비르텐
Eva Hemmungs Wirtén

19세기 말에 이르자 저자와 출판사와 독자는 기본적으로 국제적인 존재이며 그들이 쓰고 펴내고 읽는 텍스트는 국가와 언어의 경계를 쉽게 넘나든다는 것은 주창자들과 관련 정부들에게 분명해졌다. 앞서 여러 장에서 폭넓게 예시되었듯이 여기에는 전혀 새로울 게 없었다. 책은 수 세기 동안 언제나 경계를 넘나들었고 이것은 그저 책이 움직이는 방식 중 하나였다. 새로운 점이 있다면 이제는 이 흐름이 국제적 법률 체제의 관리가 필요한 수준에 이르렀음을 인식했다는 것이었다. 일정 기간 양자 간 합의가 주를 이루었지만, 다자간 규제 기구의 도래는 전 세계적인 현상으로서 책의 역사에서 중요한 국면을 상징했다.

1886년 9월 9일, 벨기에, 프랑스, 독일, 영국, 아이티, 이탈리아, 라이베리아, 스페인, 스위스, 튀니지 등의 대표들은 스위스 베른에 모여 세계 최초의 저작권에 관한 다자간 협약서에 서명했다. 이것은 책의 역사에서 전환점이었다. 대표—전원 남성이었다—중 일부는 자국의 정부가 원하는 것을 성취했다는 사실에 안도하고 고국행

1. 프랑스의 시인 겸 작가 빅토르 위고
(1802~85)의 초상화. 위고는 베른 협약의
탄생으로 이어질 국제 저작권에 대한 요
구를 주도했다. 프랑스 파리, 빅토르 위고
저택, 레온 보나(1833~1922) 작품.

열차나 증기선에 의기양양하게 몸을 실었다. 일부는 지쳐 있었고 아마 낙담하기도
했다. '문학과 예술 작품의 보호를 위한 베른 협약'에 서명할 수 없었기 때문이다. 이
협약서가 있어야 도서 시장에서 완전히 새로운 국제무대인 베른 동맹Berne Union에 접
근할 수 있었다.

1886년 베른 동맹과 협약을 통해 도입된 규제는 앞장에서 설명한 새로운 기술 발
전, 통신 수단의 발달, 대중 독자층의 확대가 낳은 결과였다. 새로운 통신 연결망과
기술의 발전은 문해력과 교육, 저작권과 해적 행위에 대한 생각, 그리고 책의 개념 그
자체에 영향을 주었다. 이러한 변화들이 책의 역사에서 첫번째 세계화의 물결을 일
으켰다면, 두번째 세계화의 물결은 1986년 베른 협약 100주년부터 30년간 거세게

일기 시작했다.

우리가 세계화를 인터넷, 전자책, 클라우드 서비스, 스트리밍, 스마트폰의 등장과 연관된 정보 기술이 불러온 과정으로서 이해한다면 이것은 지금으로부터 불과 몇십 년밖에 되지 않은, 즉 1986년 이후의 현상이다. 그렇지만 이러한 현대적 고찰은 지나치게 한정적이다. 세계화의 더 넓은 역사는 베른 협약과 더불어 시작되었다. 베른 협약 이후 우리는 세계화와 연속체로서의 책에 관해 생각할 수 있게 되었다. 책은 물질적 사물과 그 운명에 투입된 모든 것들이 맺는 수많은 장기적인 관계들을 드러내는 연속체다. 20세기의 책에 영향을 준 많은 요소는 국제화 현상의 증가, 그리고 서로 아주 멀리 떨어져 있는 지역들 사이에서도 증대된 상호연결성이 낳은 세계화 현상으로부터 유래했다. 이러한 의존성과 관계는 한층 더 효율적인 운송과 통신망으로 가능해졌으며 급속한 경제적·문화적 변화 안에서 설정되었다.

저작권과 검열

저작권과 검열은 소유권과 통제에 관한 질문, 저자권과 창작에 관한 질문, 그리고 지금도 계속되는 문화적 작업물의 경계에 관한 질문에서 중추적인 위치를 차지한다. 이 질문들은 책의 역사에서 과거나 지금이나 변함없이 본질적이고 세계화 시대에는 특히 더욱 그렇다. 저작권은 사회적 관계들을 매개하며, 베른 협약은 우리가 책의 궤도 안에서 발견하는 가장 중요한 몇 가지 관계―즉, 저자와 독자 간의 관계, 새로운 기술들과 작품의 고정성 및 변동성 간의 관계, 출판사와 시장 간의 관계, 그리고 북반구 국가들과 남반구 국가들 간의 관계―를 다루었다.

빅토르 위고가 1878년 파리에서 열린 국제 문학 대회Congrès Littéraire Internationale에서 국제 저작권 체제의 필요성을 주제로 한 기조연설이 발단이 되었다. 베스트셀러 저자인 빅토르 위고는 이미 널리 퍼진 해적 행위 때문에 피해를 입은 터였다. 그로부터 몇 년간 많은 단체가 프랑스인들의 주도하에 저자의 권리를 위한 협정을 타결시키기 위해 열심히 일했고, 그 결과 다자간 협정, 협약, 협의가 급증했다. 이러한 초기의 다자간 조직 중에 주목할 만한 단체는 1865년에 창설된 국제 전기 통신 연맹Union internationale des telecommunications과 1874년 창설된 세계 우편 연맹Union Postale Universelle이 있다. 그러나 베른 협약의 등장에 더욱 직접적인 자극제 역할을 한 것은 1883년 파리에서 조인된 산업 재산권 보호에 관한 파리 협약Paris Convention on the Protection of Industrial Property이다. 이 협약의 목표는 특허·상표·의장—셋 다 산업에서 중요한 요소다—의 규제였고, 당시에 기술 혁신과 응용과학은 미래의 부와 번영에 핵심이었기 때문에 이 협약은 성공적으로 타결되었다.

그런데 19세기를 지나 20세기로 향하고 있었던 그때 책을 둘러싼 일반적인 상황은 무엇이었을까? 소설은 승리를 구가했고, 인쇄술이 더욱 정교해져 해적판의 대량 제작이 손쉬워졌으며, 대중 독서층은 외국 작품을 읽고 싶어했고, 유럽 저자들과 출판사들이 활동하는 시장은 심하게 기울어져 있었다. 지역마다 차이는 있었지만 검열은 여전히 전 세계적인 현상이었다. 12장에서 봤듯이 1898년에 시행된 중국 최초의 근대적 검열법은 그다음 세기 동안 그리고 현재까지 가해지게 될 엄격한 통제를 예고했고, 일본은 기존의 엄격한 검열 규정을 1930년대 말부터 더욱 강화했다. 유럽과 아메리카 대륙, 그리고 식민지 국가는 물론 독립 민주국가에서 검열은 법원 명령부터 지방 압력단체의 개입까지 다채로운 양상을 띠었다(앞서 10장에서 그레이엄 쇼가 남아시아와 관련해 다루었다). 특이하게 러시아에서는 엄격한 출판 검열 제도 아래에서도 19세기 말 '황금기' 문학이 꽃을 피웠다. 1917년 러시아혁명 이후, 검열은 다소 완화되었다가 1922년 6월 국가 검열 기관 글라블리트Glavlit가 설립되었는데 이것은 전면적인 검열 제도의 공식적 재도입으로 여겨진다. 이듬해에는 글라블리트를 지원하는 주요 기록보관 위원회, 글라브레페르콤Glavrepertkom이 신설되었다. 독일에서는 1933년 파울 폰 힌덴부르크Paul von Hindenburg 대통령의 '독일의회 화재 조례Reichstag Fire Decree'가 언론의 자유를 억압했다. 파울 요제프 괴벨스Paul Joseph Goebbels의 대중계몽 선전부는 이 조치를 더욱 강화했고 이후 저자와 출판업자의 투옥은 일상적인 일이 되었다.

제2차세계대전이 종식되고 1948년 유엔은 인권선언을 통해 "모든 인간에게는 의견과 표현의 자유가 있다"고 역설했다. 이러한 권리에는 아무에게도 간섭받지 않고 자신의 의견을 가질 자유, 국경에 구애받지 않고 어느 매체를 통해서나 정보와 사상을 구하고 얻고 보낼 자유가 포함된다. 하지만 세계 곳곳에서 이 선언을 준수하는 사례보다 위반하는 사례가 눈에 더 많이 띄었고, 일부 지역은 엄혹한 국가 개입으로부터 좀처럼 자유롭지 못했다. 남아메리카와 특히 아프리카의 변덕스러운 전제 정권들은 금서를 지정하고, 저자·출판업자·사서를 투옥하고, 종교 관련 금지 명령을 빈번히 내림으로써 근대성과 관용을 지지한다는 자신들의 주장이 허위임을 스스로 증명했다. 이를테면 나이지리아 정부는 나이지리아 최초의 노벨상 수상자 월레 소잉카Wole Soyinka를 구금했다. 아파르트헤이트 체제 아래 남아프리카의 1975년 출판법은 출간 전후에 압수 가능한 '바람직하지 않은' 내용의 도서와 글의 범위를 확대했다. 미국에서는 1956년 영화 〈폭풍의 중심Storm Center〉에서 베티 데이비스Bette Davis가 분한 마을 사서는 카운티의 위원회가 공산주의 문학에 내린 금지 조처와 맞서 싸운다. 이 영화는 언론의 자유, 독립사상, 인간 평등의 원칙을 바탕으로 세워진 나라에서 벌어진 1950년대의 매카시즘적 검열에 할리우드가 보인 반응을 우리에게 환기시킨다. 공식적인 정보와 출판물과 관련해 전 세계의 정부들은 계속해서 어떤 자료를 공개하고 어떤 자료를 국익을 위해 노출하지 않고 보호할지를 판단하고 있다. 다만 이제는 일부 더 민주적인 국가들은 국익의 한계를 규정하는 '선샤인 법sunshine laws' 또는 정보의 자유에 관한 법을 따르고 있다.

저자권과 해적 행위

20세기에 출판에 대한 정치적·종교적 간섭은 항상 충격적이고 파괴적이었다. 문학을 억압하고 저자와 출판사를 침묵시켰으며 지하 문학을 조성하고 무시할 수 없는 항거를 불러일으켰다. 저자의 목소리와 출판권을 보장하기 위해 더욱 폭넓은 캠페인을 펼치는 일은 여전히 중요했다. 20세기 말 복잡한 통신 연결망의 상호연결성이 증대되면서 국가 간 경쟁을 일으키기 쉬운 자산의 보호를 보장할 국제적 인프라를 만드는 일은 이제 필수가 되었다. 파리 협약과 베른 협약은 지식의 이동을 규제하고, 해적 행위를 근절하며, 갈수록 더 중요해지는 산업 분야에서 국가적 우위를 확보할 방법을 모색했다. 이 두 협약은 각기 다른 방식으로 각기 다른 것을 규제했지만, 둘 다 지적 재산을 다루었으며 둘 다 발명가와 저자 등이 속한 카테고리가 직업화되었음을 증명했다. 이제 발명가들과 저자들은 앞으로 나아갈 길은 오로지 국제적 협력과 조직화뿐임을 잘 알고 있었다.

소설 강대국으로 확고하게 자리매김한 영국과 프랑스는 핵심 수출국인 동시에 상당한 규모의 수입국이었다. 상당히 지속적으로 나타나는 책의 구조적 측면 중 하나는, 베른 협약의 초창기부터 수출입에서 드러나는 몇몇 뚜렷한 흐름들을 통해 출판업의 양상을 추적해볼 수 있다는 점이다. 이 시기의 수출국, 그중에서도 특히 프랑스는 베른 협약을 지키기 위해 많은 투자를 했고 국제 관계에서 저자의 권리를 존중하는 전통을 유지했다. 반면 이 시기의 수입국, 그중에서도 특히 스칸디나비아 국가들은 이 전통의 확대에 저항했다. 역사적으로 그리고 오늘날에도 이러한 시나리오는 승자와 패자를 만들기 마련이다. 그리고 이 역사가 우리 시대에 근접해오고 있는 지금 더더욱, 책의 지정학은 1886년의 베른 협약을 이끌어낼 당시 일어난 수많은 논쟁에서뿐만 아니라 이 협약이 존속한 시기 내내 언제나 중요했다는 점을 염두에 둘 필요가 있다.

1886년에 베른 협약이 타결되기까지 수년간 번역이 가장 논쟁적인 주제였다는 사실은 책이 지닌 국제적 잠재력을 시사한다. 번역본에 대한 저자의 배타적 권리, 저자가 자기 작품의 번역본을 인가할 권리, 그리고 번역본에 관한 번역가의 권리는 누구나 인정하는 가장 중요한 국제 문제였음은 전혀 놀랍지 않다. 번역은 저자가 국제적 저자로 거듭날 수 있는 가장 확실한 수단이었다. 이것은 지금도 마찬가지다. 번역은 작품이 전파되는 속도뿐만 아니라 독자의 범위와 수가 늘어나는 속도도 배가했다. 이것은 번역의 이점이다. 하지만 번역의 난점도 있었다. 번역본을 원본과 사본 간의 구분에서 어디에 위치시킬 것인가는 다자간 저작권 협의를 처음으로 중재하는 외교관들에게 몹시 까다로운 질문이었다.

1884년과 1885년 두 차례에 걸쳐 열린 외교 회의에서 베른 협약을 위한 사전 협상이 시작되자 프랑스와 스웨덴은 번역을 주제로 맞붙었다. 프랑스는 수출국, 스웨덴은 수입국이었다. 양국의 대화는 대중 독자층과 번역의 문제에서 근본적으로 상호 모순되는 관점을 드러냈다. 한쪽은 번역의 동화同化를, 한쪽은 번역의 자유를 주장했다. 프랑스인에게 대중과 저자의 이익은 나란히 가는 것이었다. 저자가 자신의 작품에 대한 통제력을 갖고 작품을 보호할 수 있어야만 원문에 충실한 텍스트가 보장될 수 있었다. 스웨덴은 정반대의 입장을 견지했다. 저자의 텍스트에 대한 통제력의 확대는 독자의 책에 대한 접근을 제한하고 대중은 피해자가 되었다. 궁극적으로 이는 저자의 사상에도 해를 끼칠 터였다. 인가를 받았으되 조야한 번역본이 저자의 사상을 변질시키는 동시에 더 뛰어난 번역본이 법률상 문제가 있고 인가를 받지 못했다는 이유로 독자에게 소개될 길을 차단할 것이기 때문이었다.

1886년 베른 협약에서는 프랑스의 견해가 우세했다. 그리고 스웨덴은 (자국법이 개정되어 베른 동맹에 합류할 수 있게 된) 1904년까지 번역의 자유를 옹호했다는 이유로 국제 저작권 단체(특히 프랑스)로부터 해적 국가로 비난받았다. 하지만 스웨덴이 취한 이익은 당시 가장 탁월한 해적 국가였던 미국에 비하면 아주 적었다. 미국은 베른에서 열린 외교 회의에 대표를 파견했지만 베른 협약이 타결되고 100년도 더 지난 1989년에야 비로소 조인국이 되었다.

19세기에 해적 행위 문제와 관련해 가장 자주 언급된 작가는 찰스 디킨스Charles Dickens였을 것이다. 디킨스는 1842년 미국 순회강연에서 해적 행위 반대 선언문을 발표했다. 일부 사람들은 이 미국 순회가 찰스 디킨스와 그의 대의에 득보다 해를 입혔을 거라고 주장하기도 한다. 그로부터 몇십 년 사이에 마크 트웨인, 해리엇 비처 스토, 제임스 페니모어 쿠퍼James Fenimore Cooper, 조지프 콘래드Joseph Conrad, 월트 휘트먼Walt Whitman 등의 미국 작가들이 모두 국제 저작권 강화에 관심을 보였다. 그러나 미국에서는 국제 저작권에 대한 입장이 양분되어 있었다. 국제 저작권을 옹호하는 이들은 공정을 이야기했고, 값싼 수입 도서는 미국 문학의 발전 기회를 방해하고 외래사상의 유입에 이바지할 것이라고 강조했다. 반면에 작가들, 특히 외국 작가들에게 자국의 인쇄소와 출판사의 손해를 감수하면서까지 보상하는 것에 반대하는 이들은 텍스트가 널리 전파되어 대중 독자층이 그 혜택을 봐야 한다고 주장했다. 영국과 미국 저자들은 대서양을 가로지르는 해적 행위와 관련한 논쟁에 활발히 참여했다. 그들은 대개 미국이 국제 저작권 규정을 준수하도록 만들기 위해 로비했다.

새로운 국제 무대에서 저작권 문제를 두고 여러 저자와 국가가 토론했지만, 재인쇄본 문화와 번역본 문화는 해적 행위 시나리오에 똑같이 모습을 드러냈다. 아마도 재인쇄본 문화에서의 해적 행위가 가장 수익성이 좋고 간편했을 것이다. 텍스트를 전파하기 위해 '미들맨middle-man, '중간자''―역사적으로 번역가는 흔히 여성으로 비춰졌으니 이 문제에 관해서라면 '미들우먼middle-woman'이라고 해야 할 수도 있겠다―이 필요하지 않았기 때문이다. 번역본 문화는 재인쇄본 문화와 여러모로 달랐지만, 인쇄소와 출판사의 이익을 옹호하는 보호주의 정책이 어떻게 지식 확산에서의 대중의 이익 문제로 은폐되는가의 문제에서 유사점이 있었다. 영어가 공통적으로 사용되는 현실이 재인쇄본 문화를 가능하게 만들긴 했지만, 번역본은 문학의 확산에서 여전히

2. 1886년에 잡지 〈퍽〉에 실린 이 캐리커처는 미국이 광범위하게 저지르고 있는 해적 행위가 대중에게 익숙해진 상황을 정확히 포착한다. '해적 출판업자Pirate Publisher'는 사방에서 공격을 받고 있다. 그는 장화를 신은 발을 '법LAW'이라는 제목이 달린 두꺼운 책에 얹은 채 해적 텍스트들을 기워 만든 망토를 입고 그것으로 벌어들인 수익을 장식처럼 온몸에 치렁치렁 달고 있다. 온통 남성뿐인 독일과 프랑스의 저자들이 저 뒤에서 탐욕스럽고 살진 출판업자에게 손가락질하고 있다. 해적의 양쪽에 늘어선 두 집단은 복장과 외모로 보아 모두 남성으로 보인다. 해적 출판업자의 망토 자락에 찰스 디킨스 작품의 표지가 있다.

중요한 자리를 차지하고 있었다. 특히 다른 언어로 된 풍부한 읽을거리에 접근해야 하는 이민자가 많은 미국 같은 나라에서는 더더욱 그러했다. 같은 언어권 내의 해적 행위—이를테면 미국과 영국 간의 재인쇄본 문화—는 확실히 잦은 분쟁과 갈등을 낳았다. 하지만 번역은 저자와 독자의 관계에서 아주 다르고 더욱 중대한 우려를 낳았다. 번역은 오래된 작품으로 새로운 작품을 만들었다. 텍스트의 지속적인 유통의 전제 조건인 번역은 여전히 저자가 자신의 작품을 확산시키기 위한 주된 수단이었지만, 더 중요하게는 새로운 독자들을 만들어내는 주요 수단이기도 했다. 하지만 번역은 양날의 칼이어서 이 문제는 법적인 해결책을 찾아야 했다. 번역은 한편으로는 새로운 시장과 독자를 약속했지만 다른 한편에서는 적절한 규제가 없다면 번역에 의한 새 언어로의 텍스트 변형 과정에서 수준 이하의 변질된 텍스트가 만들어져 오히려 저자를 작품으로부터 소외시킬 수 있었다. 이렇듯 번역자는 텍스트와 독자 사이의 전달에 또다른 저자로서 모습을 드러냈다.

번역가와 번역 작품에 대해 법이 어떤 관점을 취할 것인가의 문제는 1908년에 공식적으로 해결되었다. 베른 협약은 다소 모순적인 이중 소유권 체제를 시행했다. 1908년 베를린 외교 회의에서 베른 협약이 개정되어 번역가는 단순히 원저자를 위한 도구가 아닌 그만의 고유한 권리를 갖는 독립 창작자로 인정받았다. 아울러 1908년부터 번역본은 원문의 권리 침해 없이 독창적인 작품으로서 보호받게 되었다. 번역은 문화적 작업물의 안정성에 대한 인식을 결정적으로 시험한다. 그리고 1886년 베른 협약에서는 문화적 작업물의 범위는 책에 한정되었지만 머지않아 뉴미디어 형식까지 포함하게 되었다. 더 나아가 번역은 문화적 작업물의 변형적 활용과 이에 대한 국제 저작권에서의 대응에 관한 초기 사례였을 뿐 그것은 끝이 아니었다. 새로운 기술들은 국제 저작권 단체, 베른 협약, 그리고 책 자체가 새로운 환경에 적응할 수밖에 없게 만들었다.

새로운 책 기술

21세기 매체 소비자에게 라디오는 구식 기술이다. 영화 필름, 레코드판, TV 수상기, 축음기도 그렇다. 이 모든 기술은 문화의 소비와 생산을 변화시켰다. 책은 새로운 매체들과 갈수록 더 치열한 경쟁에 놓였지만, 적어도 한 가지 측면에서만큼은 안전한 것 같았다. 책은 물질적 측면에서 진화의 정점에 도달한 것처럼 보였다. 책의 사용 편의성은 더이상 향상되기 어려울 것 같았다. 하지만 20세기에 출판사와 사업가들은 책의 포맷에 중요한 변화를 도입했다. 그중 가장 주목할 만한 사건은 아마도 1935년에 앨런 레인Allen Lane이 펭귄 페이퍼백 시리즈를 출간한 일일 것이다.

사실 이것은 책의 물리적 외양에서 점증적으로 미미하게 일어난 변화였지만, 펭귄 문고본으로 대표되는 포맷에서의 작은 변화는 책의 확산과 접근에서 중요한 변화를 예고했다. 이 변화는 책의 풍경을 영원히 바꾸어놓았다. 이제 문고본은 어디에서나 눈에 띄었다. 담배 한 갑 정도 가격의 저렴한 펭귄 북은 전통적인 소매점 밖에서도 살 수 있었고 독자의 눈에 잘 띄도록 솜씨좋게 디자인되었다. 실로 브랜드화한 책의 출현이었다. 책을 색상별로 구분한 펭귄, 퍼핀Puffin, 펠리컨Pelican 시리즈는 소비자에게 즉각적으로 부담 없는 가격에 질 좋은 내용을 기대해도 좋다는 인상을 주었다. 책의 브랜드화 자체는 조금도 새로운 것이 아니었다. 앞서 18세기에 존 벨John Bell을 비롯한 여러 출판업자가 시도한 '총서' 시리즈에서도 브랜드화는 핵심이었지만, 생산 규모나 디자인의 일관성 그리고 홍보가 과거와는 비교가 되지 않았다. 제2차세계대전 이후 펭귄 시리즈는 한 차례 더 변화했다. 펭귄을 비롯한 여러 문고본 출판사들은 전쟁 전에 설립되었지만, 문고본 혁명은 분명 1960년대에 일어났다. 이것은 책의 역사에서 새로운 시대를 의미했다. 문고본의 기능과 형식은 마치 이 시대를 위해 맞춤 제작된 것처럼 보였다.

책은 적응력이 매우 뛰어난 상품으로 입증된 터였다. 책은 일찍이 찰스 디킨슨이나 빅토르 위고가 활동한 급속히 발전하는 대량 생산의 시장 환경에서 번성했지만 국제적인 도서 출판은 근대성에 뒤늦게 진입했다. 펭귄은 새로운 종류의 책뿐만 아니라 새로운 종류의 출판 경험을 생산했다. 롱맨, 맥밀런 등 주요 기업은 1900년을 즈음해 주요 해외 지사를 설립하고 무역 거래를 시작했지만, 출판이 대기업의 사업 부문에 편입되고 독점 자본의 특징을 이루는 홍보와 마케팅 기법을 채택한 것은 제2차세계대전 이후의 일이다. 여러 측면에서 출판 산업은 오랫동안 스스로를 다른 사업들과 차원이 다른 사업으로, 이윤이 아닌 책에 대한 애정으로 움직이는 사업

3. 펭귄 문고본은 소박하고 표준화된 형식이지만 읽기에 혁명을 일으켰다. 1985년에 펭귄 출판사가 50주년을 맞아 발간한 초창기 펭귄 문고본 열 권의 복제판.

으로 여겼다. 이제 출판 산업은 달라졌다. 1960년대에 출판은 거대 미디어 기업에 통합되기 시작했고, 21세기 초까지 총 3단계 중 1단계에 머물렀다. 이러한 통합의 과정은 첫째, 출판 경험이 적거나 전무한 기업체가 교과서 전문 출판사를 사들이는 것으로 시작해, 둘째, 몸집을 불린 미디어 기업이 독립 출판사들을 사들이는 것으로 이어졌고, 마지막으로 경쟁사들을 통째로 매입하거나 나중에는 아예 완전히 성장한 미디어 기업의 공급망 자체를 통째로 매입하는 것으로 마무리되었다.

먼저 첫번째 단계를 보면 1960년대에 IBM, ITT, 웨스팅하우스, 제록스 같은 기업들이 교과서 전문 출판사들을 인수했다. 당시에는 교습 및 교육 시장의 잠재력에 대한 인식이 널리 퍼져 있었고, 이들 기업은 하드웨어와 더불어 콘텐츠를 함께 장악하는 것이 현명한 전략이라고 판단했다. 이 기업들의 핵심 사업 분야는 컴퓨터와 복사기였다. 교육 서적은 대중 및 전문 서적과 더불어 출판 산업에서 가장 중요한 분야 중 하나로 증명되었다. 그동안 출판의 변화하는 특징에 관한 논의는 대체로 대중 서적의 출판에 집중되었고 재무적 중요성보다는 문화적 중요성의 차원에서 더 많이 다루어졌다. 그러나 세계화가 갈수록 정보와 지식의 접근과 통제에 관한 것이 되어가는 이 시대에 전문 서적 및 교육 서적 출판의 영향과 중요성을 무시하기란 어려운 일이다.

대기업의 출판 산업 진입에서 두번째 물결은 1960년대에 CBS나 걸프Gulf, 웨스턴Western 같은 기업들이 대중 서적 출판사를 사들이면서 시작되었다. 랜덤하우스Random House —2020년 기준 세계 최대의 대중 서적 출판사다—는 이러한 합병에서의 인수와 매각의 전형적 패턴을 보여주는 좋은 사례다. 1966년 RCA가 4000만 달러에 매입한 랜덤하우스는 앞서 1960년에 크노프Knopf를, 그리고 1961년에 판테온Pantheon을 사들인 터였다. 이후 랜덤하우스는 1980년에 뉴하우스Newhouse 그룹(어드밴스 퍼블리케이션즈Advance Pubications)에 매각되었고, 1998년 뉴하우스 그룹은 랜덤하우스를 다시 독일 기업 베텔스만Bertelsmann에 14억 달러를 받고 팔았다. 2015년 '펭귄 랜덤하우스'는 19개국에 100개가 넘는 출판사를 거느린 우산형umbrella 기업이 되어 크노프같은 임프린트뿐만 아니라 미국의 발렌타인 북스Ballantine Books나 밴텀 델Bantam Dell, 스페인의 플라사Plaza와 하네스Janes, 독일의 골트만Goldman 역시 자회사로 두었다.

근대 출판 산업에서 일어난 변화에서 세번째 단계는 여러 가지 측면에서 2단계의 강화라고 볼 수 있다. 과거의 양상들은 이제 더욱 뚜렷해진 초국가적인 미디어 시장에서 작동했다. 출판업은 이제 더는 가족이 운영하는 전통적인 사업이 아니라 마치 러시아의 바부시카 인형 같은 초국가적인 거대 미디어 기업으로 통합되었다.

그러나 '거대기업화conglomerization'라고 이름 붙일 수 있는 이러한 발전 양상이 우리에게 알려주는 것은 출판의 세계화에 관한 이야기의 한 가지 측면에 지나지 않는다. 랜덤하우스 같은 기업이 수많은 나라에 소속된 출판사들로 구성되어 있다고는 하지만 출판사 매입의 방향은 대개 영미 쪽에 기울어 있었다. 덧붙여, 출판계의 풍경에 여러 소규모 독립 출판사가 지속적으로 편입되었다. 소규모 독립 출판사들은 사실상 종류가 다른 도서 시장의 논리와 전통 속에서 저자권을 장려하고 확립했다. 그럼에도 거대기업화 현상은 출판 사업이 수행된 방식이 구조적으로 재편성되었음을 보여주는 동시에 새로운 종류의 도서 경제의 출현을 상징한다. 이를테면 문학 에이전트는 저자들이 기대하는 거래를 협상하고 진척시킬 방법을 알았다. 매출에서 크게 성공한 책에 따르는 부차권副次權, subsidiary-rights, 원저작물의 출판권 이외의 권리—옮긴이 경쟁은 처음에는 문고본 출간과 동시에 시작되었지만, 머지않아 주요 라이선스 거래의 한 부문으로 갈라져나왔다. 아울러 도서 산업에 영향을 미친 다른 발전 양상 중에 대중에게 덜 알려진 것으로는 표준화와 컴퓨터화가 있다. 기술의 활용도가 높아지면서 1970년의 ISBNInternational Standard Book Number 같은 재고 관리와 정보 표준화를 위한 길이 마련되었다. 책은 과거에도 그랬고 지금은 더욱더 새로운 감시 장치로 이름표가 붙고 추적된다.

이렇듯 1960년대에 출판 산업은 독립 사업체라는 확고한 정체성으로부터 더 큰 미디어 기업의 한 부문으로 이행했다. 그런데 독립 서점 역시 거대 서점 체인의 합병으로부터 비슷한 도전을 받고 있었다. 반스앤노블Barnes & Noble은 일찍이 1941년에 뉴욕 피프스 에비뉴 105에 열릴 주력 매장을 디자인할 때 슈퍼마켓 영업의 논리를 따랐다. 소비자가 편하게 돌아다닐 수 있게 서점 공간을 꾸민 것이다. 이번에도 사업 전략의 주안점은 역시나 학생들의 대량 유입과 교육 교재 시장의 활황에 두었다. 이러

4. 교회당에서 슈퍼마켓으로의 변화가 다수의 눈에는 되돌이킬 수 없는 일로 보이겠지만, 사실 그 둘은 동일한 공간을 점유하기도 한다. 2007년에 네덜란드의 건축사무소 메르크스+히로트Merkx+Girod는 마스트리흐트의 부칸덜 도미니카넌Boekhandel Dominicanen 서점을 건축하고 '렌스벨트 건축 인테리어 상Lensvelt de Architect Interior Prize'을 받았다. 원래 도미니크회 성당이었으나 서점으로 개조되었다. 성당의 독특한 내부 구조는 온전히 책을 전시하는 데 사용된다.

한 서점 공간의 변화는 제2차세계대전 무렵의 미국에서도 볼 수 있었다. 유럽에서는 이런 변화가 좀더 시간이 흐른 뒤에 찾아왔다. 1960년대 스웨덴 스톡홀름 서점의 경험은 마치 다른 세계의 이야기 같을 것이다. 서점 직원들은 대부분 업무 시간에 정장을 착용해야 했다. 책은 계산대 뒤에 쌓여 있거나 책장에 높이 꽂혀 있어 손님이 직접 꺼낼 수 없었다. 이곳에서 책 판매는 아무나 할 수 없는 전문 영역의 일이었다. 말하자면 손님이 자율적으로 둘러보게 하는 것이 최선인 공간이 아니었다.

그로부터 30년 뒤, 교회당 같은 서점과 슈퍼마켓 같은 서점 사이의 갈등은 아주 익숙한 것이 되어서 이것을 소재로 다룬 영화가 등장하기에 이르렀다. 에른스트 루비치Ernst Lubitsch의 1940년 고전 영화 〈길모퉁이 가게The Shop Around the Corner〉를 각색한 1998년 영화 〈유브 갓 메일You've Got Mail〉은 원작의 사랑 이야기를 재정난을 겪는 작은 어린이책 서점의 주인과 대형 서점 주인의 사랑 이야기로 바꾸었다. 영화는 이메일과 채팅이 데이트 방식을 바꾸어놓은 것처럼 작은 서점도 몰락을 피할 수 없음을 암시한다.

1960년대에 출판과 판매에서 일어난 이 모든 변화에도 불구하고 책은 건재했다. 하지만 얼마 지나지 않아 책 자체도 미처 예상하지 못했던 기술, 즉 복사기의 성공으로부터 도전을 받았다. 직관적으로는 복사기가 책의 환경을 근본적으로 뒤바꾼 기술로 보이지 않겠지만, 특정 기업—제록스—의 기계는 정확히 그러한 일을 했다. 복사기의 출현은 이전에 아무도 생각하지 못했던 시장을 열어젖혔다. 아울러 사본에 대한 급증하는 수요는 모두를 놀라게 했다. 저작권 변호사들이 특히 놀랐다. 복사기는 책의 역사와 밀접하게 연관될 방식으로 정보 확산의 기회를 무한히 열어주었다.

제록스는 '도미니크회 수도사'라는 콘셉트로 텔레비전 광고를 제작해 엄청난 성공을 거두었다. 유구한 역사를 소재로 삼아 복사기를 마케팅할 수 있음을 보여준 강력한 사례였다. 광고에는 도미니크회 수도사가 등장해 수도원장으로부터 필사본 500부를 더 만들어오라는 요구를 받고 힘들게 작업한다. 그의 머릿속에 갑자기 한 생각이 스친다. 수도사는 곧 둔중한 나무문을 통과해 '제록스 9200'이 구비된 사무실에 도착한다. 수도사의 기도는 응답을 받고—분명히 이번이 처음은 아닌 듯하다—그는 완벽한 사본 500부를 들고 돌아간다. 수도원장은 하늘을 바라보며 '이것은 기적이야!'라고 감탄한다. 광고영상제에서 수상한 이 광고는 텍스트—수도사의 고된 필사 작업에서 근대의 정보 사회까지—가 어떤 식으로 복제에 의지해왔는지 보여주었다. 사실 제록스는 오랫동안 자사의 기계가 '원본만큼 뛰어난' 사본을 만들어낸다는 점을 장점으로 삼아 홍보했다. 오늘날에는 디지털 사본을 원본과 구별하기란 사실상 불가능하다. 사본들은 사실상 동일하다. 하지만 아날로그 시대에 이러한

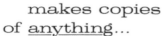

makes copies of anything... on ordinary paper

...even pages in a book!

Users of the 914 are astonished	**And no expensive copying paper**	**Copies are as good as originals**	**If you spend $50 or more per month**
and enthused over what it does for them. They are doing things with the 914 Office Copier they never thought possible with copying equipment. Copying pages in thick-bound volumes, news articles, hard-mounted layouts, mechanical schemes—**anything.**	As if such versatility in a copying machine were not enough . . . saving hours of labor and thousands of dollars annually, the new 914 Office Copier makes copies directly on ordinary paper (plain or colored), or selected offset masters. Up to 7 copies per minute!	What impresses business management, next to a wide range of applications for the 914 Copier, is the quality of reproduction. Copies often look better than the original document, users report. This despite the fact that supplies cost about 1¢ per copy.	for copying supplies, a new 914 Office Copier can be of real benefit to you. It takes the work out of paperwork. "Worth half a girl more," one user said. For informative 914 booklet, write to XEROX CORPORATION, Dept. 9X-32, Rochester 3, New York.

XEROX · 914 OFFICE COPIER
CORPORATION

5. 1961년 '제록스 914' 광고. 지금으로서는 당시 복사기가 얼마나 혁명적이었는지, 그리고 아날로그 포맷에서 디지털 포맷으로의 책의 변이에 얼마나 지대한 영향을 미쳤는지를 실감하는 사람은 거의 없다. 누구나(이 광고에서 주장하듯 여성도) 다룰 수 있는 기계의 도움으로 사본들의 사본들을 만들 수 있다는 사실은 실로 엄청난 것들을 약속했다. 하지만 복사기는 저작권법과 관련한 문제들을 일으키기도 했다. 복사 열풍이 가져온 이 모든 귀결은 완전히 새로운 도전을 상징했다.

6. 이 스팀펑크 장르의 소설책은 레고로 만든 겉표지를 통해 오래된 것과 새로운 것을 결합했다.

생각은 상당히 새로운 것이었고, 이 점을 납득시키기 위해 복제할 수 있고 복제해야
하는 것의 예로 책을 이용했다.

　1966년 제록스의 성공이 정점에 달했을 때 마셜 매클루언Marshall McLuhan은 제로
그래피xerography, 즉 제록스의 기술이 역사상 가장 놀랍고 전복적인 전기적 혁신이라
고 선언했다. 마셜 매클루언은 그가 나중에 '모든 사람의 브레인피커brain-picker, 남의 두
뇌를 갈취하는 자. 여기서는 제록스 복사기를 가리킨다 — 옮긴이'라고 부른 이것이 현상태에 엄청난
도전을 제기하고 있다고 특유의 장황한 스타일로 설명했다. 매클루언은 이 기술은
저작권과 독자층 모두를 불안정하게 만들 것이라고 주장하면서, 유구한 구텐베르크
의 영역에서 혁명이 일어나 이제는 누구나 책을 분해해 새 책을 만들 수 있게 되었
음을 시사했다.

매클루언이 제로그래피와 복사기를 특별히 지목해 언급한 것을 보면 그는 이 둘의 도래를 우려하고 있었음이 분명하지만, 사실 매클루언은 이 새로운 기술이 미래에 가져올 결과, 특히 인쇄 문화와 저자권과 관련해 가져올 변화에 더욱 주목하고 있었다. 이러한 우려를 보인 사람은 매클루언이 처음이 아니었다. 펭귄 시리즈가 출시된 1935년에 발터 베냐민Walter Benjamin은 잘 알려졌듯이 현대 기계가 예술작품이 지닌 특유의 아우라를 벗겨낼 능력을 지녔는가를 질문했다. 마셜 매클루언이 전통의 대변동을 논했듯 베냐민도 대량 시장과 상품 자본주의가 저자와 대중 사이의 끈을 끊고 독자가 언제라도 작가가 될 수 있는 새로운 영토를 마련할 것이라고 예측했다. 더 나아가 이것은 지적 재산의 질서에서 벌어질 극적인 혁명을 의미했다. 사실 저작권법은 복사기의 가능성을 예견하지도 그것이 가져온 현실에 부응하지도 못했다. 매클루언과 베냐민 둘 다 이러한 역할의 전도가 임박했음을 암시하기 위해 기계를 끌어왔다. 제록스는 두 사람이 한 예언의 결과물을 보여주기 위해 텔레비전 광고와 인쇄 광고에 의존했다. 즉각적으로 텍스트를 복제하는 기계 덕분에 인쇄 문화의 전통적인 기능을 우회해 누구든 저자와 출판가가 될 수 있었다. 복사기와 그 새로운 이용자들은 서로 결탁하여 과거 '인쇄 문화'의 생산자·유통자·소비자에게 할당되었던 역할을 탈신비화하고 질문을 제기했다. 덧붙여, 이러한 역할들은 1960년대까지 대부분 남성이 도맡아왔다.

복사기는 마치 일종의 인쇄기처럼 작동하지만 이것은 사실 새로운 책을 생산하는 능력과는 거리가 아주 멀다. 사실 복사기가 하는 일은 정확히 그 반대다. 복사기는 책을 무효화하고 그것의 물질적·비물질적 변형에 대한 완벽한 설명을 제공한다. 당신이 할 일은 그저 이 과정을 시각화하는 것이다. 책이나 저널을 복사기 덮개 아래에 두고 버튼을 누른다. 기계 안의 불이 켜지고 몇 초 뒤에 원래 놓였던 것과 아주 딴판은 아닌 어떤 것이 출력되어 나온다. 당신에게 필요한 정보가 담긴 이 복사된 페이지들은 이따금 알아볼 수 없을 정도로 글자가 뭉개져 있거나 가끔은 지나치게 어둡고 또 지나치게 밝다. 보통은 빛이 충분하지 않았거나 지나치게 확대되거나 축소된 탓이다. 복사된 페이지들이 복사기 안에서 잠깐 걸렸다가 나오는 바람에 순서가 뒤섞이기도 하고 기계 고장으로 아예 나오지 않기도 한다. 복사기는 복사기의 시대를 위한 완벽한 기계이고, 책의 형식이 아닌 내용을 강조했기 때문에 기존의 책 질서에 도전을 제기했다. 아울러 복사기는 저자가 갖는 권력을 기계를 사용하는 손에 놓았다. 복사기는 단순히 새로운 저자와 새로운 책의 가능성을 제시하는 새로운 기술로 그치지 않았다. 그것은 특정한 제도에 더 많은 영향을 주게 될 터였다. 도서관과 기업의 연구소와 대학에서 복사기는 정치적·재정적 자원으로서 정보, 교육, 지식의 급증에 부응하며 가속화를 도왔다. 하지만 법과 관련해서 복사기는 미지의 어떤 것이었다. 복사기가 기업이나 교육, 공공분야의 일부가 되면서 조만간 법적 소송이 일어날 조짐이 보였다. 그리고 결국 그러한 일들이 벌어졌을 때 이러한 소송에는 주로 연구와 교육이 연루되었다. 이는 연구와 교육이라는 두 영역이 책의 확산과 얼마나 밀접하게 결합되어 있는지를 다시 한번 보여주는 사례다. 이렇게 해서 더욱 널리 확산된 책은 다수가 이른바 '개발도상국'을 위한 교과서였고, 복사기는 1960년대에 더욱 심화된 세계화의 현장, 그러니까 탈식민지화에서 중대한 역할을 수행하게 된다.

유네스코와 탈식민지화

제2차세계대전 직후 문화와 교육의 국제적 관리를 취지로 많은 조직이 설립되면서 국제적인 문화 협력을 위한 무대가 마련되었다. 이러한 조직 중 가장 중요하며 많은 논쟁을 불러일으킨 조직은 국제연합 교육과학문화기구, 즉 유네스코UNESCO였다. 전후에 저작권 측면에서 세계가 완전히 개별적이고 독립적인 두 지역으로 분리된 상황을 바로잡으려는 노력에서 중요한 역할을 해온 조직이다. 냉전의 두 초강대국―미국과 소련―은 베른 동맹을 준수하지 않았다. 1886년 잡지 〈퍽Puck〉이 '미국 해적 출판사'의 캐리커처를 지면에 실은 후 수년이 지났을 때도 여전히 미국은 수많은 형식상 절차와 법률적 차이에 가로막혀 유럽 국가가 주요 가맹국인 베른 협약에 가입하지 않은 상태였다.

미국 의회에서 국제 저작권을 옹호하는 이들은 줄곧 패배를 경험했고 이러한 교착 상태는 제2차세계대전이 끝나도록 계속되었다. 이 시기에 미국은 문화적 작업물의 수입국에서 명망 높은 수출국으로 위상이 바뀌었고 이후 이 위상은 한 번도 바뀌지 않았다. 유네스코는 1948년부터 '인권 선언'에 저작권 정책을 포함했다. 저작권이 세계의 모든 민족 간 문화의 자유로운 이동에 방해물로 작용하는 장면을 여러 차례 목격했기 때문이다. 이어지는 몇 년간 유네스코는 여러 저작권 관련 사업의 실행을 지원했고, 결국 1952년 세계 저작권 협약Universal Copyright Convention을 타결시켰다. 이 협약에는 미국과 소련도 조인했다.

제2차세계대전 이후 최초의 베른 외교 회의는 1948년 브뤼셀에서 열렸고, 다음 개정 회의는 1967년에 스웨덴―전쟁의 상흔이 남지 않은 나라였다―의 스톡홀름에서 열기로 합의되었다. 1948년 베른 협약은 그동안 제기되어온 수많은 도전을 극복하고 이제 70년째 명맥을 잇고 있었다. 번역을 둘러싼 초기의 논란이 지나간 다음에는 새로운 기술들이 불러일으킨 법률적 난제들을 해결해야 했고 이후에는 양차 대전으로 인해 발생한 협상의 공백 기간을 메워야 했다. 그러나 1960년대에 이 국제 저작권 단체는 그때까지 맞닥뜨린 그 어떤 어려움보다도 더 심각한 탈식민지화 문제와 맞닥뜨렸다. 10년에 걸쳐 새로운 기술들은 책의 안정성을 뒤흔들고 도전을 제기했다. 출판과 서적 판매는 명백히 시장의 논리를 따르기 시작했다. 하지만 이때는 또한 수많은 나라가 예전의 식민 세력으로부터 정치적 독립을 획득한 결과 책의 세계가 확장되기 시작한 시기이기도 했다. 이렇듯 책 세계의 오래된 질서가 탈식민지화 이후 달라진 세계 지도와 씨름하며 만든 갈등 때문에 이제 베른 협약은 그 어느 때보다도 논쟁적인 곳이 되었다. 저작권 규제의 문제가 국제적 의제의 첫번째 자리로 옮아갔다.

1960년대에 신생 독립국들은 식민지 시기의 법률 체제를 새로운 법으로 대체할 방법을 모색했다. 새로운 법은 새로운 환경에 민감하게 반응하고 갓 태동한 지식 경제와 관련해 유연해야 했다. 문화와 과학의 유입을 방해하는 장벽들은 달갑지 않지만, 어쩌면 저작권 규제가 지역 내에서 문화와 지식의 생산을 촉진할 수도 있을 터였다. 이러한 긴장은 베른 협약의 기층까지 그 울림이 전달되었고 마침내 이른바 '식민지 조항'에서 최고조에 이르렀다. 식민지 조항은 베른 협약의 적용 범위를 확대했다. 원原 유럽 조인국이 그 자치령과 식민지까지 대리 자격으로 조약에 통합시킨 것이다. 탈식민화 이후 신생 독립국들은 이제 '지속적인 준수continued adherence'를 선언함으로써 베른 협약의 충실한 이행을 약속(하거나, 만일 그렇지 않으면 탈퇴)해야 했다. 1960년대 초, 아프리카 국가들이 참여한 몇 차례의 회의에서 저작권 제도의 불공정성에 대한 우려가 제기되었다. 이들 회의에서는 국제 저작권 협약이 매우 불공정하며 수출국에게만 혜택을 준다는 결론이 내려졌다.

이러한 갈등은 1967년 스톡홀름 개정 회의에서 표면화되었다. 스톡홀름 개정 회의는 이렇듯 새로운 지정학적 풍경에서 울려퍼지는 반향들을 다룰 준비가 되어 있었다. 저작권 역사상 가장 논쟁적인 회의로 손꼽히는 이 회의는 한 가지 중심 주제에 매달렸다. 저작권 문제와 관련해 개발도상국을 위해 어떤 종류의 양보를 할 수 있을까? 개발도상국들은 지금의 저작권 보호 규제로 자국의 발전이 촉진되기보다는 방해를 받는 상황에서 어째서 그들이 이 규제에 응해야 하는지 이해할 수 없다고 주장했다. 선진국들은 자국의 출판 산업과 저자들에 피해를 입힐 예외를 용인할 수 없다고 주장했다. 저작권을 옹호하는 선진국들은 여기서 더 나아가 개발도상국들이 제대로 보호를 받지 못하는 자국 저자들의 복리福利를 고려하기를 독려했다. 저작권의 옹호자들은 저작권 보호의 강도가 약해지면 외국 저자들이 분명 피해를 입을 것이며 아울러 개발도상국이 자국의 저자들을 육성하려는 포부가 좌절될 것이라고 주장했다. 이러한 주장은 저자들이 일반적으로 어려움을 겪고 있다는 전제하에 저작권 문제의 방향을 접근성과 읽기에서 투자와 유인책으로 바꾸어놓았다. 선진국에서 저자의 권리가 박탈되었다면 개발도상국에서 저자의 권리를 박탈하는 것이 어떻게 저작권 문제에 대한 해답이 될 수 있겠는가?

출판과 관련해 이와 비슷한 논쟁이 또 있었다. 국가의 출판 산업을 지원하고 확립해야 한다는 것은 저작권을 옹호하는 진영의 기본 논거였다. 논평가들은 국가는 갈수록 높아지는 교육의 필요성에 부응하기 위해 국내 출판 산업을 진흥해야 하며 저작권 보호의 실패는 이에 직접적인 위협이 되리라고 보았다. 그러나 아프리카 시장의 통계 수치와 경험은 몹시 실망스러웠다. 독립 후 아프리카 출판사들은 흔히 규모가 작았고, 정부의 지원에 크게 의지했으며, 무엇보다도 식민 통치 시대에 생긴 인프라에 의존하고 있었다. 아프리카에서 영국인의 영향력은 줄기는커녕 오히려 늘었다. 영국인들은 아프리카인들과 공동기업체를 세워 노하우와 훈련을 제공함으로써 현지에서 드는 비용을 벌충했다. 이렇듯 식민국 사람들의 영향력이나 이에 대한 의존도는 독립 후에 대체로 달라지지 않았다. 심지어 〈더 타임스〉는 영국 출판사들이 최고의 시장으로 손꼽는 일부 국가들이 '협약'을 악용하고 있으며 이들 국가는 교육 부문에서 그들에게 허용된 '합법화된 해적 행위'를 자행할 가능성이 높다고 우려했다. 여기에 덧붙여 안정된 기성 질서를 뒤흔들 잠재력이 다분한 복사기까지 고려한다면, 저작권의 보호를 받는 작품을 교육을 목적으로 무단 사용할 권리를 지지하는 것은 더더욱 논쟁적인 사안이 되었다.

지식의 통제는 1960년대 중반에 이미 규모가 큰 사업이었다. 교육 출판은 수익성이 높은 분야였기 때문에 영국 출판사들은 이제 막 독립하고 있는 여러 시장에 이미 막대한 투자를 한 터였다. 스톡홀름에서 벌어진 일은 그동안 자국 출판과 저자층을 육성해야 한다고 입에 발린 소리를 해온 이들을 위협했다. 더욱이 영국 출판사들은 큰 수익이 기대되는 유망한 시장에서 이미 발판을 확보한 만큼 시장을 포기하기를 몹시 주저했다. 아프리카의 책 생산의 규모는 미미해서 사실상 없는 것이나 다름 없어 보였다. 아프리카의 책 생산량은 평균 주민 100만 명당 6종 정도로, 단 한 권이라도 책을 내는 아프리카 국가는 총 24개국 중 겨우 20개국에 지나지 않았다. 1인당으로 환산하면 연간 30분의 1권꼴이었다. 재정적 측면에서 아프리카는 사실 대단치 않았다. 하지만 텍스트 영토로서 아프리카는 여전히 중요했다.

스톡홀름 회의의 한 가지 특별한 점은—명시적으로나 암묵적으로—책을 원조·기아·식량이라는 친숙한 삼각 프레임 안에 위치시킨 데 있었다. 참가자들은 '책에 대한 굶주림'이나 '책 기근'이라는 표현을 썼다. 공급이 부족한 것은 텍스트나 독자가 아니라 책이었다. 어쩌면 이러한 프레임 씌우기는 부분적으로는 복사기 같은 기계 때문에 이제는 텍스트가 쉽게 책과 독립적으로 순환될 수 있는 현실에 대한 역반응이었을 지도 모른다. 매클루언이 지적했듯이, 책은 손쉽게 분해될 수 있었고 복사기는 사상의 전파뿐만 아니라 (덜 매력적인 포맷으로였지만) 사상의 새로운 조합 또한 용이하게 만들었다. 책 부족 문제의 서브텍스트subtext, 대사로 표현되지 않은 생각, 느낌, 판단 등의 내용을 말하는 문학적 개념—옮긴이는 콘텐츠의 접근 불가능성이나 문맹의 위험이 아니라 책에 대한 거의 페티시즘에 가까운 집착으로 이어졌다. 가진 자와 못 가진 자 사이의 커다란 간극을 풍요 대 부족으로 명명하고 평가하는 것은 지식은 대도시 중심지의 어느 원천에서 시작해 식민지의 주변부로 흘러들어간다는 일반적인 서사를 확증했다.

스톡홀름 회의는 역사의 냉대를 받았다. 스톡홀름 회의는 결함투성이에, 무례했고, 한마디로 실패작이었다. 이 회의에서 개발도상국을 위해 나온 '스톡홀름 법률 및 의정서Stockholm Act and Protocol'에 아무도 만족하지 않았다. 베른 동맹은 처음으로 양분되었고, 이 협약이 앞으로 유지될 수 있을지조차 불투명했다. 영국의 저작권 옹호자들은 베른 동맹은 저작권 클럽이며, 이 클럽에 가입하고 싶다면 그 규칙에 따라야 한다고 주장했다. 국제적 협력을 스포츠맨 정신 같은 공동 정신에 의존하는 어떤 것으로 보는 프레임은 아프리카 국가들이 이 상황을 해석한 방식과 매우 달랐다. 아프리카 국가들이 보기에 베른 동맹은 기존의 부유한 입회자들만을 위한 것이었다. 이제 문제는 이 클럽이 앞으로 어떤 규칙을 마련할 것인가, 그리고 누가 이 클럽에 가입을 허락받을 것인가였다. 하지만 그보다 중요하게, 앞으로 이 '클럽'이 과연 존재할 것인가?

세계의 책과 독자

세계화와 책의 수많은 양상을 포착하는 것은 상당히 어려운 일이다. 몇 가지 주요 발전 궤도들이 지지하는 전반적인 전제는 1886년부터 현재까지 책은 특히 세계 무역 체계에서 유통되는 상품으로서 이른바 '세계화'에 밀접하게 결합되어 있으며 앞으로도 그러하리라는 것이다. 세계화의 1·2차 물결에는 몇 가지 중요한 공통적인 변화가 있다. 베른 협약은 여기서 주요한 접속점으로 작용했다. 단연코 국제적이며 후에 세계화된 전쟁터에서 책의 역사를 특징지운 여러 갈등을 아우르기 때문이다.

번역은 책의 국제적 이동에서 항상 중요했다. 번역은 아주 초기부터 텍스트의 본질과 안정성에 관한 질문을 불러일으켰다. 아울러 번역은 이해의 충돌이 있어도 저자권이 계속 확장되도록 했다. 번역자, 편집자, 색인 제작자는 이제 저자가 되었고, 이로써 이들은 저작권에 대한 전통적인 시각과 작품의 고정성fixity을 뒤흔든다. 또한 이들은 저작권 보호의 범위를 확대해 해결책만큼이나 많은 문제점을 만들고 있다. 번역은 오래된 작품과 새로운 작품의 상호의존성을 부각시켜 1886년 베른 협약으로 이어진 초기 외교 회의에서 논쟁적 주제가 되었고, 지금의 저작권과 디지털화의 틀에서도 여전히 논쟁적으로 남아 있다. 유구하고 빛나는 역사를 지니는 전유 appropriation에는 두 가지 현대적 사례가 있다. 하나는 '매시업mashup', 즉 기존 자료에서 텍스트, 이미지, 오디오 등의 디지털 미디어 파일을 취해 새로운 파생 작업물을 창출하는 것이고, 다른 하나는 '샘플링sampling' 즉 녹음된 사운드에서 샘플을 취해 이것을 악기나 사운드로 재사용하는 것이다. 차용, 각색, 축약, 번역, 전유, 심지어 복사까지, 이 모든 변형적 관행은 역사적 언어적 법률적 상황에서 고려된다. 책은 다른 미디어 형식들처럼 이러한 변화로부터 영향을 받는다. 하지만 디지털 작품은 본래 불안정한 것이고 어쨌든 책은 항상 안정적인 것이라고 생각한다면 그것은 착각이다. 코덱스는 여전히 우리 주변에 있지만, 이제 우리는 코덱스의 종말이 임박했다는 담론에 점차 익숙해졌다. 책을 담을 수 있지만 동시에 물질적 사물로서의 책을 제거하는 장치가 급증하고 있기 때문이다. 우리가 책과 읽기를 따로 생각하는 데 어려움을 느낀다는 것은 분명한 현재의 딜레마지만, 똑같은 문제가 1967년 스톡홀름에서의 논의에도 거론되었다.

사실 이 장에서 설명한 세계화의 과정에서 1960년대는 여러모로 핵심적인 시기였다. '서양이 비非서양을 만나다West meets the Rest'의 한 측면은 국제 저작권 체계였다. 1967년 스톡홀름에서 이해가 충돌했고 강도 높은 협상이 벌어졌지만, 이것은 협약의 무효화를 초래하지 않았다. 오히려 베른 협약은 부분적으로 스스로를 폐기함으로써 더욱 번창했다. 스톡홀름 회의의 구체적인 결과물 중 하나는 1886년부터 유지된 베른 협약의 행정 체제를 해체하고 새로운 틀을 구축한다는 결정이었다. 1970년에 세계 지적 재산권 기구World Intellectual Property Organization가 탄생했고, 이듬해 베른 협약은 파리에서 다시 한번 개정되었다. 이렇게 해서 사태는 진정되었고, 베른 협약의 역사에서 새 시대가 시작되었다.

'국제 저작권'은 오늘날의 세계 경제에서 중요한 자리를 차지하지만, 이 개념은 여전히 일종의 모순 어법이다. 저작권은 과거에서나 지금이나 국내 법이기 때문이다. 저작권은 여전히 국가의 손안에 든 강력한 도구다. 하지만 이 모든 한계에도 불구하고 국제 저작권은 존재하며 대체로 베른 협약과 연관되어 있다. 19세기 말에 유럽 외교관을 지낸 한 귀족 엘리트는 저자나 출판업자 같은 이해 당사자들의 기득권에 대해 우려를 표현했다. 1967년에는 탈식민지화한 신생국들이 베른 동맹에 합류할 수 있도록 협약을 시험하고 확장하고 갱신하기 위해 57개국과 400개 이상의 비정부기구NGO가 스톡홀름에 모였다. 이 글을 쓰고 있는 2018년 현재, 184개 회원국과 250개 이상의 비정부기구가 제네바에 모여 세계 지적 재산권 기구의 협상 테이블에서 지적 재산권 협약의 세부사항을 두고 밤을 지새워가며 격론을 벌이고 있다. 수치가 보여주듯이 이러한 세계적인 무대에 시민 사회가 갈수록 더 많이 참여하고 있으며 국가가 가장 분명한 협상 파트너이던 시대는 이미 지났다. 공통 관심사에 따라 국경을 초월해 집결되는 무정형의 소비자층은 이해 당사자 중심의 관점을 변화시켰고, 이제 이 관점은 국가의 경계선에 예전만큼 의존하지 않는다. 프랑스의 이익과 프랑스어가 19세기의 움직임을 베른 쪽으로 향하게 했던 반면 오늘날 무역 기반의 지적 재산권 체제는 상당 부분 미국의 이익에 의해 추진되며 영어권 중심이다.

지정학적 차원에서 중심부와 주변부 사이의 긴장, 수입국과 수출국 사이의 긴장, 사용자와 생산자 사이의 긴장은 1886년에도 있었고 오늘날의 세계 지적 재산권 기구 협상에서도 여전히 중요하다. 1960년대의 탈식민지화와 지식의 확산에서 권력 관계의 긴장은 세계화 시대 책의 역사에서 중요한 부분이다. 그런데 이것들은 또한 자주 잊힌다. '수출국'이 되는 것의 반대 개념으로서 '수입국'이 되는 것의 장단점을 따질 때는 세심한 주의가 필요하다. 문화의 궤적은 언제나 한 방향으로만 진행된다는 생각은 이미 반박되었다. 문화의 송신자와 수신자라는 이 지정학적 억측을 쓸어내며 가로지르는 문화적 흐름들이 지역과 지방 단위에서 나타나고 있기 때문이다. 스톡홀름에서 가장 치열하게 논의된 주제 중 하나는 지식을 수입품 및 수출품과 관련지어 생각하는 문제였다. 이 질문은 개발도상국들을 수입국, 즉 다른 곳에서 생산된 지식을 받아들이는 국가로 여기는 경향이 있었다. 이 담론은 오늘날 '지식 접근권'Access to Knowledge, A2K 운동과 '오픈 액세스' 운동에서도 계속해서 나타난다.

지식 접근권, 즉 A2K 운동은 여러 면에서 1960년대 담론의 연장선에 있지만 그 초점이 디지털화에 관한 논쟁으로 옮아갔다. 오픈 액세스는 A2K 운동처럼 인터넷에

7. 잠재적인 세계적 블록버스터 작품들은 갈수록 출판의 모든 단계에서 세세하게 관리되는 추세를 보인다. 이러한 작품들은 전 세계에서 같은 날 출시된다. 출판계 자체 내에서 『해리 포터와 대형 깔대기|Harry Potter and the Filler of Big』 같은 해적판이 나타날 가능성을 사전에 차단하기 위해서다.

서 자유롭게 연구 활동을 할 수 있게 만들려는 운동이다. 오픈 액세스는 분명 현대의 정보와 지식의 전파자이면서, 동시에 접근권 문제와 관련한 과거의 잘못을 바로잡고 매우 실질적이고 지속적인 문제인 정보 격차(디지털 디바이드)에 다리를 놓을 중요한 도구이기도 하다. 1960년대에 유네스코 같은 조직은 오래된 저작권 체계에 기꺼이 도전을 제기할 것처럼 보였지만 1995년에 상황은 급격히 달라졌다. 그해 유네스코는 매년 4월 23일―세르반테스와 셰익스피어의 사망일이다―을 '세계 책과 저작권의 날'로 정했다.

1960년대가 책의 세계화에서 분수령이었음을 보여주는 또다른 증거는 새로운 형태와 형식을 띤 문고본의 등장과 새로운 '책'을 만들 수 있는 복사기의 잠재력이 제기하는 도전에만 있지 않다. 표준화와 대량 상품화는 책을 슈퍼마켓 원리에 따라 분류·추적·배열·판매하는 일을 더 쉽게 만들었다. 출판이 거대 미디어 기업에 통합되는 현상이 출현하고 강화된 배경에 사실 모든 종류의 산업 분야에서 다국적 기업의 증가 추세가 있었음을 고려해야 한다. 한편으로 이때는 도서 시장이 확대되고 진정한 세계화를 겪은 시기였던 것으로 보인다. 하지만 다른 한편으로는 거대 미디어 기업에 의한 출판 장악과 소유는 고도로 집중화하는 양상을 보였다. 이러한 집중화는 출판에만 국한되지 않는다. 판매에도 갈수록 더 큰 영향을 미치고 있다.

1994년 '세계에서 가장 큰 서점'이 탄생했다. 1794년 제임스 래킹턴James Lackington, 영국의 도서 판매업자로 '세계에서 가장 싸게 파는 서적상'이라는 모토를 내걸고 서점 활성화에 이바지했다 — 옮긴이의 주장을 거의 똑같이 재현한 명칭이지만 이 서점은 래킹턴의 서점과 매우 다른 경험을 훨씬 더 방대한 규모로 제공했다. 20년이 지난 2014년 아마존닷컴Amazon.com은 여전히 서점이면서 일차적으로는 거대 온라인 소매점이었다. 아마존닷컴은 이제 태양 아래 존재하는 모든 것을 팔았고 프랑스, 독일, 브라질, 중국, 멕시코 등의 플랫폼을 통해 사업 범위를 확장했다. 또한 아마존닷컴은 하드웨어 생산업체이며 주요 생산품은 전자책 단말기 킨들Kindle이다. 킨들은 근대 후기의 소비자가 읽고 싶은 것을 골라 읽을 수 있게 해주는 수많은 포맷 중 하나에 지나지 않는다.

사실 독자들 스스로는 세계화의 차원에서 생각하지 않겠지만 독자들은 분명 세계화된 출판 현상의 주변부로 군집하고 있다. 〈해리 포터Harry Potter〉 시리즈는 유례를 찾아보기 어려울 만큼 큰 성공을 거두었다. 〈해리 포터〉 사례는 거대 출판 기업의 세계적 장악력, 그리고 각색 산업이 문학적 콘텐츠를 영화와 기획 상품으로 다각화하는 방식을 집약적으로 보여준다. 아울러 독자와 팬이 스스로 많은 시간과 애정을 쏟은 소설의 캐릭터와 배경으로부터 어떻게 새로운 이야기들을 생산할 수 있는지를 보여주는 전형적인 사례이기도 하다. 이러한 것들은 어떤 경우에는 해적 행위라는 딱지가 붙고, 어떤 경우에는 출판사와의 공생관계에서 벌이는 중요한 서사적 재작업 작품으로 여겨지기도 한다. 문화적 작업물의 불안정성 그리고 그것들이 저자 및 독자(또는 최근의 용어로 '사용자')와 맺는 관계는 책의 역사에서 기본이 되는 관계 중 하나였다. 인터넷과 새로운 기술의 도래와 더불어 이 관계 또한 변화를 겪었다. 오늘날, 분노한 저자 집단으로부터 공격을 받는 '해적 출판업자'는 미국인이 아니라 중국인이다. 1992년 베른 협약에 가입했고 2001년 세계무역기구WTO에 가입한 중국은 일반적으로 세계 1위의 해적 국가로 간주된다.

디지털화는 세계화의 필수적인 측면이므로 이 장을 마무리하면서 구글Google이 2004년 개시한 '구글 도서검색Google Book Search, 2022년 현재 '구글 북스'로 이름이 바뀌었다—옮긴이' 서비스를 둘러싼 소란을 다루는 것은 퍽 적절한 듯싶다. 구글 도서검색은 토막 텍스트를 제공하는 서비스로 시작했지만, 수년 사이에 중요성이 눈덩이처럼 불어나더니 결국에는 중요한 법률적 논쟁의 주제로 떠올랐다. 처음에 이 서비스는 디지털 포맷을 통해 갑작스레 생이 연장된 퍼블릭 도메인 도서에 독자들이 접근할 수 있게 해준다는 측면에서 환영을 받았다. 하지만 얼마 지나지 않아 거센 비난의 목소리가 뒤따랐다. 구글 도서검색은 두 영역에서 문제가 되었다. 저자와 출판사는 구글이 저작권을 침해했다고 비난했다. 사서와 학자는 이러한 대규모 디지털화가 어느 한 기업에 의해 좌지우지될 경우 나타날 수 있는 위험성을 지적하는 동시에 이 프로젝트 전체가 문화적 제국주의의 냄새를 풍긴다고 주장했다. 우리는 구글의 디지털화 시도가 앞으로 어떻게 될지 알 수 없다. 하지만 구글이 궁극적으로 옹호하고자 한 것은 진정으로 세계화된 도서관, 즉 디지털화/세계화 매트릭스의 궁극적인 유토피아에 대한 구상이었다는 점은 주목할 만한 가치가 있다. 그리고 우리는 이러한 비전, 그러니까 진정으로 세계화된 접근과 사용에 대한 비전을 곳곳에서 찾아볼 수 있다. 유로피아나Europeana와 미국 디지털 공공 도서관DPLA은 다양한 문화유산 단체들이 그들의 소장품을 디지털화하고 세계화하기 위해 작업한 수많은 사례 중 일부에 지나지 않는다. 앞으로 다가올 세계화의 물결에서 문화적 흐름의 규제, 새로운 기술의 도래, 작품의 수출국 및 수입국 사이의 긴장, 그리고 저자와 독자 같은 범주의 불안정성 등은 모두 책이 세계 곳곳에서 이동하고 사용되는 과정에서 책의 물질적 형태와 지적 영향력을 지속적으로 변형시킬 것이 분명하다.

14장

변형된 책들

제프리 T. 슈나프
Jeffrey T. Schnapp

여러분이 책이라는 말로 지칭하고 있는 것이 우리가 가진 저 수많은 종이 묶음, 그러니까 인쇄하고 제본하고 그 작품의 제목을 선언하는 표지와 함께 장정한 종이 묶음들인 것이 맞다면, 저는 솔직히 인정합니다. 저는 구텐베르크의 발명품이 우리 정신적 산물의 현대적인 해석 수단으로서 조만간 쇠락의 길을 걷는 것을 피할 수 있으리라고 믿지 않습니다. (또 전기와 현대 기계 장치의 발전상을 보아도 도저히 그렇게 믿을 수 없군요.) (옥타브 위잔느Octave Uzanne, 「책의 종말The End of Books」, 〈스크리브너스 매거진 Scribner's Magazine〉 16 [1894]: 223~4.)

책의 역사에서 책은 여러 가지 것이었기 때문에 책의 미래에 관한 질문은 이 역사의 변치 않는 특징으로 남아 있다.

인쇄는 단 한 번도 단일하거나 순일한 기술이나 산업이었던 적이 없다. 인쇄는 몇 주면 쓸모를 다하는 트럼프 카드나 포스터에서 수백 년을 버티는 두꺼운 참고 도서까지 모든 것에 활용될 수 있다. 그리고 변천하는 인쇄물의 세계에서, 책은 언제나 지나치게 구하기 쉽거나 어려운 것, 지나치게 통제됐거나 통제되지 않은 것, 지나치게 크거나 작은 것, 지나치게 싸거나 사치스러운 것으로 인식되었다. 미디어와 통신의 변화들이 빚은 이 우려스러운 진자振子의 움직임은 신문용지의 시대부터 종이를 재현한 디지털 디스플레이 기술인 전자잉크의 시대에 이르기까지, 책의 종언에 관한 온갖 시나리오를 우리에게 알려왔다. 책은 몇 번이고 죽었다. 그리고 그때마다 새로운 종류의 책들을 탄생시켰다.

애서가 옥타브 위잔느의 사례를 보자. 위잔느는 당대의 출판물을 통일된 예술작품으로 디자인한 천재적인 혁신가였다. 그가 책의 종말을 숙고하게 된 것은 뉴저지 오렌지파크에 위치한 토머스 에디슨Thomas Edison의 실험실을 방문하면서였다. 그곳에서 위잔느는 축음기용 실린더부터 키네토그래프에디슨과 딕슨Dickson, W. K. L.이 발명한 활동사진 촬영기—옮긴이까지 그가 "현대 기계 장치"라고 부른 것에 전기를 접목한 다양한 도구 및 기술과 마주했다. 이 방문을 계기로 위잔느는 "승강기가 생기고 계단을 힘들게 올라갈 필요가 없어졌"듯이 "아마도 축음술이 인쇄술의 쇠락을 가져올" 미래에 눈을 뜨게 되었다. 저자는 목소리를 녹음하는 예술가가 되고, 책은 "셀룰로이드로 만든 펜대처럼 가벼운" 원통형 기록 장치가 될 것이며, 서재는 "축음 스테레오테크 phonostereotek"가 되고, 독자는 청자가 되어 "주머니에도 들어가는 작은 축음-오페라 장치"를 소지하고 콜로라도 캐니언을 등반할 것이었다(「책의 종말」, p. 224). 잘 알려져 있듯이 위잔느는 서지학과 출판업을 주제로 다작을 남겼고, 1890년에 창간된 비평지 〈현대의 책, 문학계와 현대 애서가들의 비평Le Livre moderne; Revue du monde littéraire et des bibliophiles contemporains〉의 편집자이자 발행인이었으며, 당대 출판계의 트렌드 분석에 크게 이바지했다.

매체 예측이라는 쓸데없는 짓에 한마디를 보탠 대부분 사람이 그랬듯이 위잔느도 때로는 예지력이 넘쳤지만(라디오, 텔레비전, 이동식 미디어 기기의 등장을 예측했다) 때로는 근시안적이었다(원통형 기록 장치는 수십 년 내에 사라졌다). 하지만 "전기와 현대 기계 장치"의 파괴적 힘에 대한 위잔느의 고찰은 20세기와 21세기에 걸쳐 인쇄에 대한 인식에 변화가 일어났음을 시사한다. 이 시기에 지면의 페이지는 스크린의 페이지와 갈수록 더 뒤얽혔다(반대도 마찬가지였다).

20세기에 접어들 즈음 일간 신문과 정기간행물은 책을 퇴색시키고 오염시키고 있는 듯했다. 정기간행물은 검증된 정보의 안정적인 장기 보관 매체로서 도서관이나 서재처럼 평온하고 엄숙한 장소에서 열람되는 것으로 이해되지 않았다. 그보다 인쇄물은 공공장소에서 이동하며 어수선하게 소비되며 정보의 새로움과 즉각적인 영향력을 기준으로 가치가 매겨지는 '살아 있는' 매체에 가깝게 진화해가는 것 같았다. 새롭고 보폭이 빠른 인쇄물 문화의 징후는 많았다. 뉴스 기사의 확산에 전신電信이 폭넓게 활용되었고, 문해력이 높지 않은 독자를 대상으로 산업적으로 생산된 값싼 출판물 시리즈가 쏟아졌으며, 짧고 압축된 형태의 통신 수단이 증가했고, 광고와 함께 삽화와 만화가 발달했으며, 선정적인 스캔들, 범죄, 재난을 다루는 출판 장르가 등장했는데 이러한 출판물들은 제목을 신문의 머리기사처럼 굵게 강조했다. 보기에 따라서는 마치 코덱스 자체가 당장에라도 폭발해 경박하고 저속한 정보의 구름을 이룰 것만 같았다.

그렇다면 당대 비평가들은 이러한 산업 시대 책의 위기에 어떻게 대처했을까? 20세기로 접어들 즈음 두 가지 반응이 나타났고, 양자는 서로 뚜렷이 구별되는 한편 어지러이 뒤얽혀 있었다. 이 두 가지 반응이 이 장에서 '변형된 책들'이라고 일컫는 것의 이후 역사를 형성한다.

첫번째 반응은 프랑스 상징주의 시인 스테판 말라르메Stéphane Mallarmé의 1896년 에세이 「책, 정신의 도구Le livre, instrument spirituel」에 분명하게 표현되었다. 이 반응은 거의 한 세기에 걸쳐 나타난 예술가들의 실험적인 책의 계보에 영향을 주었다. 이러한 움직임은 근래 몇십 년간 나타난 스크린 문화의 우위에 맞서 움튼 반발과 디지털 환경에서 인쇄물에 새롭고 혁신적인 접근방식을 취할 수 있는 잠재력에 대한 흥분감에 힘입어 부쩍 활기를 띠고 있었다. 말라르메는 어느 '완전한total' 현대적인 책에 흘러들고 있는 온 우주의 혼령을 호출했다. 물질적이면서 형이상학적인 책, 시간의 안과 밖에 있는 책. 그것은 요하네스 구텐베르크가 개시한 혁명을 초월하는 책이었다. 위잔느가 만든 근대의 호화스러운 수제 서적처럼 말라르메의 사본학적 꿈은 산업적 책 생산과 인쇄물 포맷의 표준화에 대한 거부를 암시했다. 대신 말라르메는 책의 물질적 조건에서 가능한 표현의 깊이를 미래지향적으로 탐색했다. 그는 구두법·띄어쓰기·단어 배치의 유희, 그리고 의미들과 타이포그래피적 배열들의 이동으로 연출된 정교한 춤을 통해 페이지라는 극장에 생기를 불어넣었다. 아울러 고급 종이의 촉감과 접힌 흔적, 표지의 질감, 제본에 형이상학적 메타포뿐만 아니라 물리적 현전으로서의 특권적 지위를 부여했다. 이 '책'은 말라르메의 걸작 「주사위 던지기Un coup de dés」의 자필 원고에서 처음 구상되었다(하지만 그의 살아생전에는 구현되지 못했다). 이렇게 해서 나온 '책'은 진화 규모의 영속적이고 '정신적'인 극단에 자리할 것이었다. 그리고 그 반대쪽 극단에는 지난 세기의 너무도 쉬이 사라지는 덧없는 생산물, 일간지가 있었다.

말라르메의 눈에 비친 신문은 그로부터 한 세기가 지나 선보일 전자책만큼이나 모순적이었다. 원시적이면서 미래의 전령이었고, 손으로 만질 수 있지만 실체가 없었다.

인쇄가 '프레스Press'라는 주서朱書 아래 현재까지 발견한 모든 것은 신문에서 기초적인 형식을 취한다―거칠게 찍힌 용지 그 자체가 텍스트의 흐름을 가장 잘 보여준다. 의심의 여지 없이 그 실천은 생산물의 완성에 근접하거나 앞질러 작가에게 이점들을 제공한다. 끝과 끝이 연결된 포스터들, 교정쇄, 즉흥성으로의 초대. 그리하여 일간 신문이 눈앞에서―누구의 눈일까?―조금씩 정밀하게 펼쳐지고 하나의 의미가 대중 마술쇼처럼 매혹적으로 제시된다. (「책, 정신의 도구」, p.34)

여기서 말하는 대중 마술쇼란 다름 아닌 바로 '대중 요정극féerie populaire', 즉 환등 극phantasmagoria이었다. 환등극은 당시 최신 기술인 전기 기계로 만드는 빠르게 스쳐 가는 환영들로 이루어졌다. 책의 세기말 위기에 대한 두번째 반응은 바로 이러한 스 펙터클을 모델로 삼았다. 즉 전기 책, 또는 이른바 '현재의 책The Book of the Now'으로, 신문이 허락하는 '근近즉각성'의 약속을 실현하는 책이다.

전기 책 또는 '현재의 책'에 대한 민주적인 약속은 페이지에서 스크린으로, 그리 고 다시 스크린에서 페이지로 돌아가는 기나긴 이행의 과정에서 서서히 실현될 것이 었다. 이러한 측면에서 전기 책은 텔레비전 시대의 발명품도 인터넷 시대의 발명품도 아니었다. 전기 책의 계보는 오히려 과거 1910년대와 1920년대의 야심 차고 놀라운 전위파의 실험적인 책들에서 시작해 1960년대와 1970년대 전기 정보 시대의 문고본 을 지나, 컴퓨터 과학계의 선구자 앨런 케이Alan Kay의 '다이나북Dynabook'과 매사추세 츠 기술 연구소Massachusetts Institute of Technology의 아키텍처 기계 그룹Architecture Machine Group과 비주얼 언어 워크숍Visual Language Workshop이 수행한 새로운 스크린 기반 페이 지 아키텍처 실험들, 그리고 더 나아가 오늘날 급증하는 읽기 장치와 웹에서 영감을 얻은 형식과 포맷으로 확장된다. 이렇듯 한 세기에 걸치는 진화의 각 단계에는 책이 이해되고, 읽히고, 공연되고, 생산되고, 경험되고, 공유되고, 확산되는 방식에서 의미 심장한 변화가 있었다. 아울러 의미심장한 연속성도 있다.

제1차세계대전 직전, 시인(이자 말라르메 작품의 번역자) 필리포 톰마소 마리네티 Filippo Tommaso Marinetti가 주도한 '이탈리아 미래파' 운동은 코덱스를 일반 대중과 거의 실시간 상호작용이 가능한 전기 미디어로 재개념화한 중요한 사건이었다. 미래파의 책은 전기의 요정을 뮤즈로 삼고 유럽 일간지 1면을 시작詩作('자유로운 단어들', '전신 기적 상상력' '다중 선형 서정성', '타이포그래피 혁명')의 모델로 선택했다. 소재는 신문용 지였다. 미래파 책은 대규모 시위나 대중 집회 같은 장소에서의 현장 공연을 위한 원 고로 여겨졌다. 이 책들은 잠깐 쓰고 쉽게 버려지는 산업 시대 문고본의 형식을 취했

soucieux

      expiatoire et pubère

                          muet

La lucide et seigneuriale aigrette
au front invisible
scintille
puis ombrage
une stature mignonne ténébreuse
en sa torsion de sirène

par d'impatientes squames ultimes

1a. 스테판 말라르메의 작품 「주사위 던지기」(1914) 초판의 대표적인 연속 페이지(pp. 11–14).

que la rencontre ou l'effleure une toque de minuit
et immobilise
au velours chiffonné par un esclaffement sombre

cette blancheur rigide

dérisoire
en opposition au ciel
trop
pour ne pas marquer
exigûment
quiconque

prince amer de l'écueil

s'en coiffe comme de l'héroïque
irrésistible mais contenu
par sa petite raison virile
en foudre

1b. 이어짐.

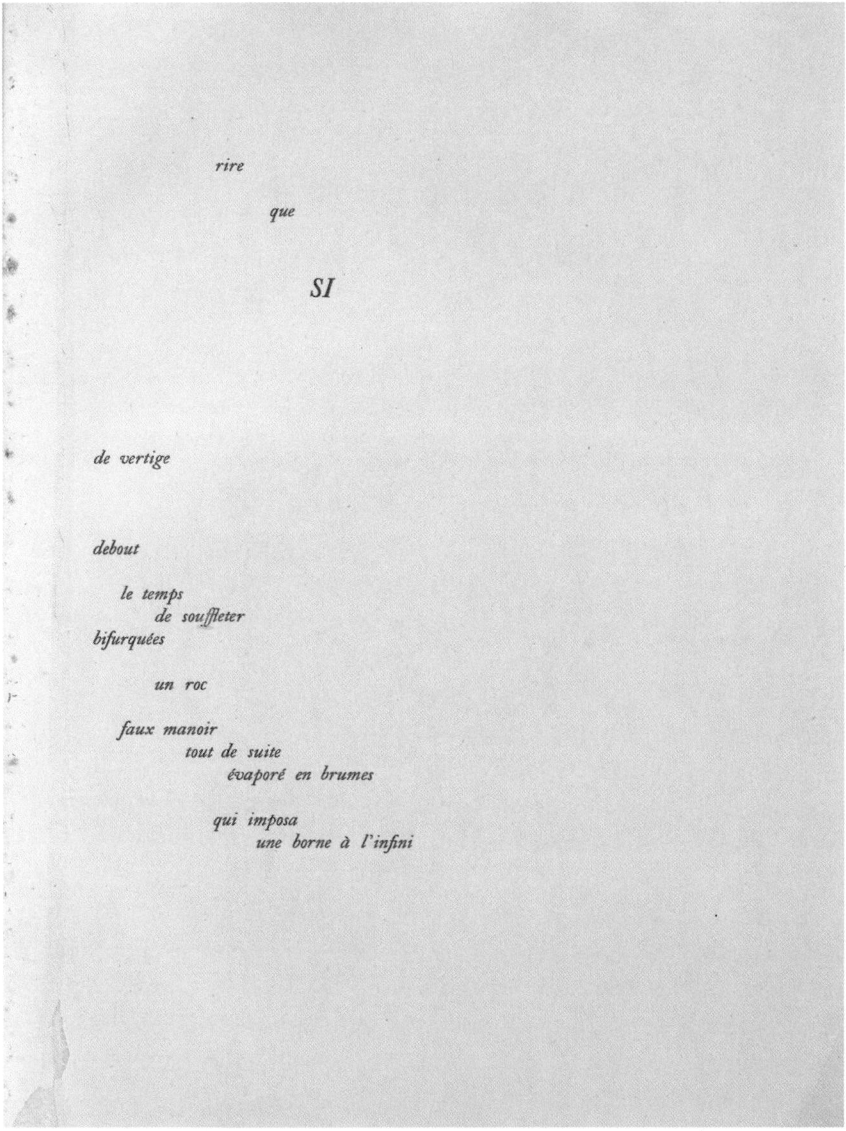

rire

que

SI

de vertige

debout

le temps
de souffleter
bifurquées

un roc

faux manoir
tout de suite
évaporé en brumes

qui imposa
une borne à l'infini

1c. 이어짐.

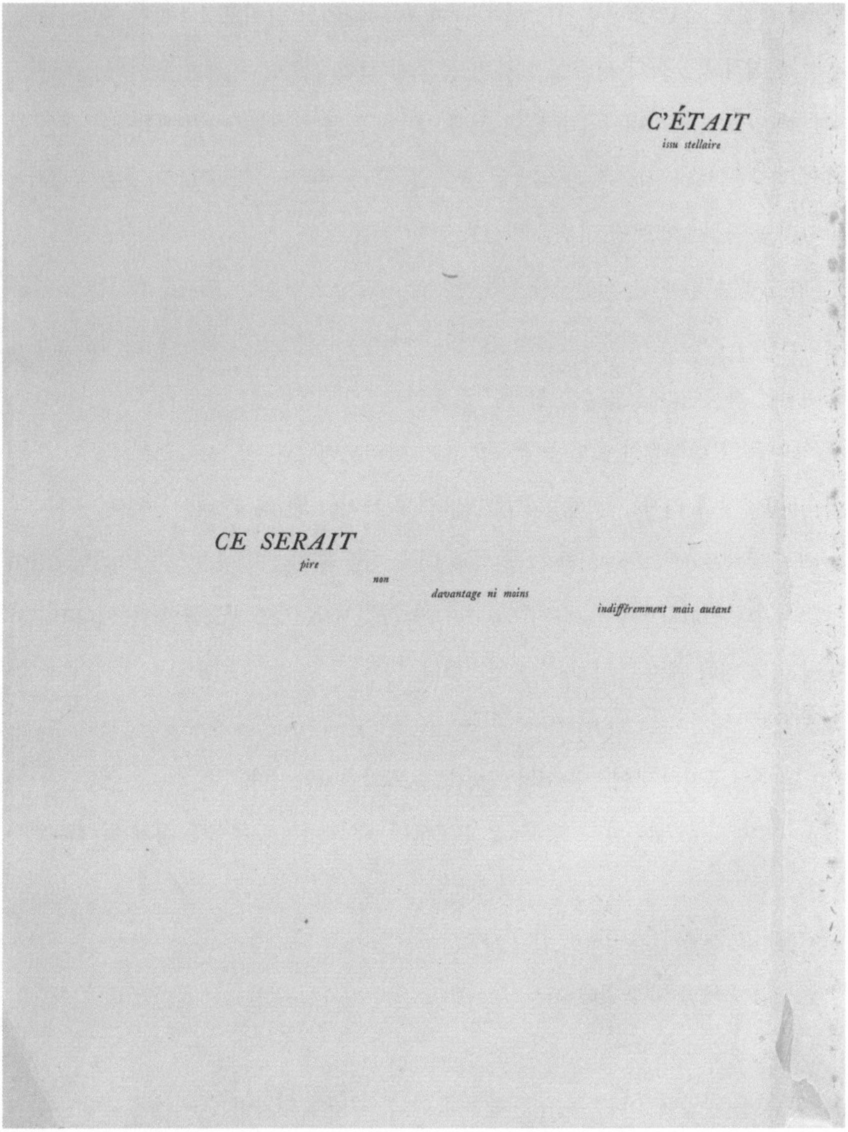

C'ÉTAIT

issu stellaire

CE SERAIT

pire

non

davantage ni moins

indifféremment mais autant

1d. 이어짐.

다. 책 같기도 하고 잡지 같기도 한 미래파 책은 활기찬 타이포그래피가 돋보이는 시각적·언어적 풍경화의 시퀀스, 미래파 운동에 관한 선언문, 미래파 인사의 명단으로 채워져 있었다. 마리네티의 1914년 전쟁 시 「찬그 툼브 투움Zang Tumb Tuuum」 같은 문학적 역작을 보자. 시인은 파리의 일간지 〈길 블라스Gil Blas〉의 종군 기자로 파견되어 발칸반도 전선에서 보낸 전보를 바탕으로 이 시를 썼다.

「찬그 툼브 투움」은 전선에서 실시간으로 전달한 격동의 르포르타주라는 포부와, 말라르메가 쓴 「주사위 던지기」의 갑절의 가치를 지니는 실험적인 시, 타이포그래피, 북디자인 작품이라는 포부를 결합한 작품이다.

'책다움'의 전통적인 모델을 극복하자는 마리오네티의 요구는 그로부터 채 10년이 지나지 않아 러시아 구성주의 미술가 겸 디자이너 옐 리시츠키El Lissitzky, 라자르 마르코비치 리시츠키Lazar Markovich Lissitzky에 의해 더욱 첨예해졌다. 리시츠키는 1923년 '타이포그라피의 지형학The topography of typography'이라는 제목으로 발표한 짧은 매니페스토에서 미래 책의 여덟 가지 속성을 열거했다.

1. 인쇄된 표면의 단어들은 귀가 아닌 눈으로 받아들여진다.
2. 단어들의 관례에 따라 의미들을 전달한다. 즉 의미는 문자들을 통해 형식을 획득한다.
3. 표현의 경제성: 음성학이 아닌 광학.
4. 인쇄 역학의 제약에 따라 설정된 책-공간의 디자인은 반드시 콘텐츠의 긴장과 압력에 호응해야 한다.
5. 새로운 광학에서 나온 사진판을 활용한 책-공간의 디자인. 완벽하게 숙달된 눈의 초자연적 현실.
6. 페이지의 연속적 시퀀스: 영사기 같은〔시네마틱〕 책.
7. 새로운 책은 새로운 작가를 요구한다. 잉크병과 깃털 펜은 죽었다.

8. 인쇄된 표면은 시간과 공간을 초월한다. 인쇄된 표면 — 책의 무한성 — 은 반드시 초월되어야 한다. 『전자도서관The Electro-Library』(Merz 4 (1923년 7월), p. 47)

엘 리시츠키는 스스로를 '책 디자이너'보다는 '책 건축가book builder'라고 묘사했고 책을 시각적 인공물로서 제작할 것을 강조했다. 하지만 같은 해 블라디미르 마야콥스키Vladimir Mayakovsky의 작품 「목소리를 위하여Dlya Golosa」의 디자인 작업에서도 그랬듯이 구성주의의 전자도서관은 앞서 이탈리아 미래파 마리네티의 작업처럼 혼종적인 공간으로 드러났다. '사진판process blocks'(또는 그래픽적인 건축 블록graphical building blocks)으로 지어진 아키텍처인 동시에 시인-웅변가의 목소리가 당장에라도 터져나올 듯한 악보였다.

엘 리시츠키의 페이지 레이아웃은 오로지 식자공의 활자 케이스에서 나온 재료로만 만들어졌다. 전면 2색 인쇄, 겹쳐 찍기(오버레이)의 잦은 활용, 직교直交 구성, 양쪽 페이지의 이음매를 가로질러 펼쳐지는 시각적 대화가 특징이다. 미니 아이콘(현대의 웹디자인에서 웹사이트 즐겨찾기를 등록할 때 사용하는 '파비콘favicon'과 비슷하다)이 그려진 반달 색인은 공연이나 선언 중에 필요한 시를 재빨리 찾을 수 있도록 해준다. 엘 리시츠키는 이렇게 설명했다. "내 페이지들과 시의 관계는 반주 피아노와 바이올린의 관계와 아주 흡사하다. 시인이 개념과 소리를 통합하듯 나는 시와 타이포그래피를 이용해 그에 상응하는 통합을 창출하고자 했다." 아울러 엘 리시츠키는 1923년에 발표한 중요한 에세이 「우리의 책Our Book」에서 "어쩌면 이 책 안의 작품은 전통적인 책-형식을 폭파할 정도의 단계에 아직 도달하지 않았는지 모른다. 하지만 이제 우리는 추세를 충분히 깨닫고도 남았다. (…) 책은 기념비적인 예술작품이 되고 있다. 이제 책은 소수의 애서가가 섬세한 손길로 쓰다듬는 물건이 아니다. 오히려 이미 수십만 명의 가난한 사람들이 그것을 움켜쥐고 있다." (엘 리시츠키, 「삶, 문자, 텍스트Life, Letters, Texts」, 조피 리시츠키-퀴페르스Sophie Lissitzky-Küppers, London 1980, pp. 359~60)

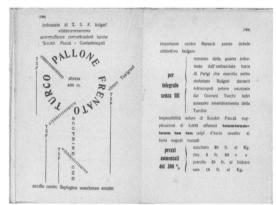
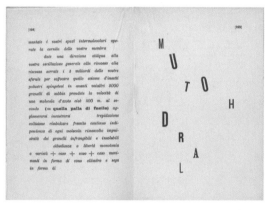

2. 필리포 톰마소 마리네티의 작품 「찬그 툼브 투움」(밀라노: 에디치오니 푸투리스테 디 '포에시아'[Edizioni Futuriste Di 'Poesia'], 1914)의 대표적인 연속 페이지.

　　미래주의-구성주의 전자도서관의 페이지에서 스크린으로의 이동은 바우하우스에서 활동한 헝가리 태생의 예술가 라슬로 모호이너지Laszlo Moholy-Nagy의 작품을 통해 더욱 두드러졌다. 이전의 미래주의와 구성주의 작품에 익숙했던 모호이너지는 텍스트적인 것과 시각적인 것, 정적인 것과 동적인 것의 교착交錯을 기반으로 종합 미디어 이론을 펼친 초창기 인물이다. 모호이너지는 영향력 있는 1925년 논문 「회화, 사진, 영화Malerei, Fotografie, Film」에서 이렇게 주장했다.

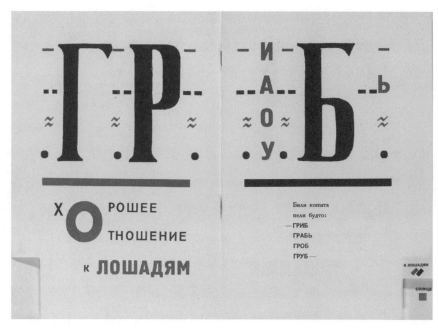

3. 옐 리시츠키가 디자인한 블라디미르 마야콥스키의 「목소리를 위하여」(베를린: 고시즈다트[Gosizdat], 1923)의 연속 페이지.

아주 최근에 이르러서야 타이포그래피 재료의 차이를 활용한 타이포그래피 작품이 (···) 근대적 삶과 호응을 이루려는 시도로 등장했다. 그러나 이러한 노력은 지금까지 타이포그래피 관행에 존재한 경직성을 완화하는 데는 좀처럼 성공하지 못했다. 실제 적 완화를 끌어낼 유일한 방법은 사진술, 징코그래피zincography, 석판 대신 아연판을 이용한 인쇄술―옮긴이, 전기판 등의 기법을 전면적으로 활용하는 데 있다. 이러한 기법들의 유 연성과 융통성은 경제성과 아름다움 모두를 얻게 해준다. 즉각적인 복제와 정확한 삽 화 생성을 가능하게 하는 사진-전송술photo-telegraphy의 발달과 함께 심지어 철학 저작 들도, 한층 더 높은 수준에서이겠지만, 오늘날 시대의 미국 잡지들과 동일한 수단을 사용하게 될 것이다. 물론 이러한 새로운 타이포그래피 작업물들은 타이포그래피 측면에서나 광학적으로나 총괄적으로 오늘날의 선형적 타이포그래피와 사뭇 다를 것이다. (재닛 셀리그먼Janet Seligman 번역: Cambridge, MA, 1969, p. 39)

거의 즉각적인 복제와 삽화 생성이 수행하는 역할에 대한 모호이너지의 강조는 엘 리시츠키의 주장을 더욱 강화했다. 엘 리시츠키의 주장은 그가 이상으로 삼은 '시네마틱 책'을 특징짓는 '페이지의 연속적 시퀀스'를 통해 이미 분명하게 드러났다. 제대로 책을 디자인하면 현대의 코덱스를 구성하는 페이지들은 영화를 구성하는 연속적 시각 프레임들의 정확한 등가물이 될 수 있다고 모호이너지는 단언했다.

이 등식은 모호이너지의 「대도시의 역동성Dynamik der Gross-stadt」에서 뚜렷하게 표현되었다. 이 레이아웃 실험은 "대도시의 역동성이 담긴 영화적 프레임", "영화 각본을 위한 개요", "타이포포토그래피typophotography이기도 한 어느 영화의 스케치" 등으로 다양하게 묘사되었다. 「대도시의 역동성」은 처음에 칼 코흐Carl Koch와의 협업으로 구현하려고 했던 영화의 각본으로 시작되었다. 영화로 제작하기에 비용이 지나치게 많이 들게되자 각본은 페이지에 구현된 영화로 진행되었다. 이 작업에서 모호이너지는 페이지에 글자를 써 내려가는 각본가라기보다는 프레임률을 설정하고 장면 배열, 병치, 교차 결합 등을 실행하는 감독 겸 디자이너로서 참여했다. 그 결과물은 영화의 녹화 테이프처럼 상영이 가능한, 멀티미디어 개념의 유동적인 코덱스였다.

"현대의 미국 잡지들"에 관한 모호이너지의 언급이 시사하듯 페이지의 매체적 윤곽선들을 "완화"하는 일은 전위파에만 국한되지 않는다. 이러한 "완화"는 여러 범주의 미디어와 수세대의 현업 종사자들이 함께 노력해야 하는 일이었다. 이 작업의 참여자 중 일부는 전문 디자이너나 미술가였고, 일부는 직인이었다. 다수가 상업 인쇄소에서 일했고, 다른 이들은 신문이나 비평지의 삽화가였다. 그런데 책의 새로운 개념을 위한 용어에는 좀처럼 합의가 이루어지지 않았다. 모호이너지는 "타이포포토그래피"라는 신조어를 만들었다. 이것은 유연하고, 타이포그래피적으로 혁신적이며, 사진 중심의 미래적인 책 제작 방식을 뜻했다. 1928년 얀 치홀트Jan Tschichold는 타이포포토그래피 대신 "신新 타이포그래피"라는 표현을 선택했다. "우리는 포토그래피(사진술)에서 우리의 타이포그래피를 예전의 모든 것으로부터 구분 짓는 바로 그 요소를 발견한다"는 생각에서였다(「신新 타이포그래피」, 루어리 매클레인Ruari McLean 번역, 1928; 재판 Berkeley, CA, 1998, p. 92).

20세기에 걸쳐 수많은 명칭이 나타났다가 사라졌지만, 오프셋 석판 인쇄, 사진술, 전신과 전화 기술, 라디오, 활동사진, 텔레비전, 영상, 디지털 미디어 등이 인쇄본을 붕괴시키고 통신 혁명을 위한 필요조건들을 창출했다는 믿음은 지속되었다. 19세기 인쇄본의 페이지(표준화된 타이포그래피의 기하학적 구조들, 텍스트에 종속된 이미지, 인지적 선형성)와 현대의 삶(동시성, 가속화된 리듬, 오락거리와 감각 자극의 과잉) 사이에는 넓은 간극이 생겼다. 해결책은 모호이너지가 "호응"이라고 일컬은 것을 다시 확립하는 것이었다. 책과 더욱 빠르고 자유롭고 조밀하고 주의를 끌어모으는 방식으로 의사소통함으로써 이 시대에 잘 들어맞는 식으로 문학과 삶의 간극에 다리를 놓아야 했다. 지금은 대중 주권의 시대, 대중이 역사의 주인인 시대였다. 요약하자면 목표는 시각과 언어를 한데 엮는 새로운 민중어vernacular에 맞는 책의 새로운 개념을 구축하는 일이었다.

시간의 흐름을 빠르게 해 1960년대 말로 가보자. 이 시기의 새로운 세대의 책들은 마셜 매클루언의 『미디어의 이해Understanding Media』(1964) 같은 주요 저작의 영향을 받아 "텔레비전 같은", "시네마틱한", "전기 정보 시대의" 등으로 다양하게 이해되었다. 가장 큰 찬사를 받은 책은 그래픽 디자이너 퀜틴 피오르Quentin Fiore가 디자인하고 제롬 에이절Jerome Agel이 기획한 현대 사상가 저작의 "종합적 축약본" 시리즈의 첫번째 책으로, 장난스러운 제목이 붙은 마셜 매클루언의 『미디어는 마사지다The Medium is the Massage』(1967)였다. 매클루언과 피오르가 서명하고 에이절이 "조율"했으며

4a. 『바우하우스뷔허 8Bauhausbücher 8』(1925)에 발표된 「회화, 사진, 영화」에 다시 인쇄되어 배치된 라슬로 모호이너 지의 〈대도시의 역동성〉 연속 페이지.

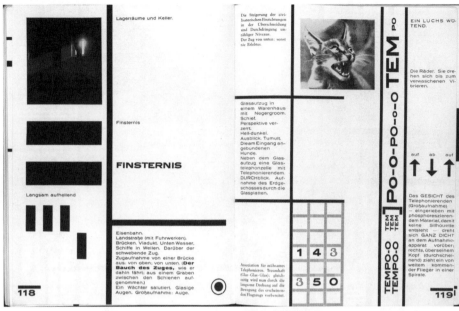

4b. 이어짐.

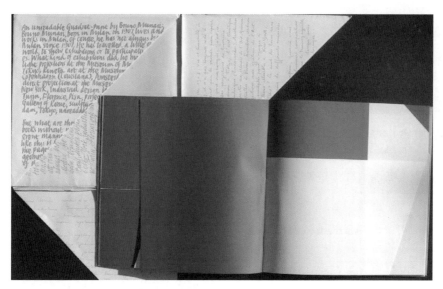

5. 조르조 마페이Giorgio Maffei의 책 『무나리―책들Munari―I libri』 86~7쪽에 실린 브루노 무나리의 『읽을 수 없는 공목-인쇄물』(힐베르쉼: 스테인드뤼케레이 더용Steendrukkerij de Jong, 1953).

"춤추며 들을 수 있는 최초의 구술 예술 음반" 「마셜 매클루언과 함께하는 미디어는 마사지다The Medium is the Massage with Marshall McLuhan」가 같이 제공된 이 책의 제목은 『미디어의 이해』의 핵심 아포리즘 "미디어가 메시지다"를 이용한 언어유희였다('메시지'가 '마사지'가 되었다). 이 글은 잡지 〈아스펜Aspen〉의 특별호로도 발표되었다. 낱장들이 해체된 버전으로 상자에 담겨 배포된 이 잡지는 자칭 "최초의 3차원 잡지", "상자에 담긴 미제본 잡지"였다. 〈광고 시대Advertising Age〉의 전 편집자 필리스 존슨Phyllis Johnson이 발행한 이 잡지는 1965년부터 1971년까지 발간되었다.

피오르가 조합한 시각 자료와 매클루언의 인용문을 팝아트풍으로 재치있게 혼합한 『미디어는 마사지다』는 최초의 사이버네틱 시대의 사회문화적 격변들과 관련해서 위안을 주는 서사를 창출한다. 이 책은 사람들이 겪는 불안과 당혹은 매클루언이 현대의 미디어 과포화와 관련해 "모든 것의 동시성allatoneceness"이라고 부른 것에 대한 지극히 당연한 반응이라고 주장한다. 모든 것이 이토록 빠른 보폭으로 움직이는 지금, 넓게 보면 의사소통 모델이자 인지 모델인 책은 모두 재디자인의 공정을 반드시 거쳐야 한다. 공저자 피오르는 1992년 인터뷰에서 이렇게 설명했다.

지금 일어나고 있는 엄청난 변화들을 보면서 나는 유머를 활용하는 것이 청중에게 다가갈 가장 효과적인 방법이라고 느꼈습니다. 이 책의 원래 제목은 "어리둥절한 당신을 위한 안내서A Guide for the Perplexed"였습니다. 이 책은 정신을, 이 시대 대중의 외침을 적절한 형식으로 전달해야 했습니다. 일반적인 책에서 보는 텍스트의 선형성으로는 할 수 없는 일이지요. 결국 미디어가 메시지였습니다. (퀜틴 피오르 인터뷰, https://www.inventorypress.com/product/the-electric-information-age-book-supplement)

광고 문구처럼 시선을 확 잡아끄는 매끈한 텔레비전 언어로 쓰인 『미디어는 마사지다』는 재미와 함께 인지적 재도구화retooling의 과정을 제공하고자 했다. 그러한 목적에서 이 책은 언어적·시각적 패턴 인식 형식에 기반을 둔 적극적, 참여적, 비선형적 접근방식으로 읽기를 독자들에게 요구한다. 매클루언은 이것이 전기 정보 시대의 생존과 성공에 필수적이라고 믿었다.

피오르가 그의 중요한 에세이 모음집 「책의 미래The Future of the Book」에서 시사했듯 그가 책의 역사에 보인 것은 단순한 관심 그 이상이었다. 피오르는 그래픽 디자인과 캘리그래피를 독학으로 익힌 다음 조지 그로스George Grosz, 한스 호프만Hans Hoffmann 과 함께 회화를 공부했고, 잠시 시카고 바우하우스에서 모호이너지와 함께 작업했으며, 나중에는 뉴욕으로 가서 레스터 벨Lester Beall 휘하에서 문자 도안 아티스트로 일했다. 이후 수년간 필사본, 타이포그래피, 제지의 역사에 빠져 있다가 비평지 〈산업디자인Industrial Design〉에 수제 종이에 관한 기술 보고서를 기고했다. 피오르는 이러한 역사적 관심을 전자통신 분야에 열렬히 참여하며 이어갔다. 벨 연구소Bell Labs의 산

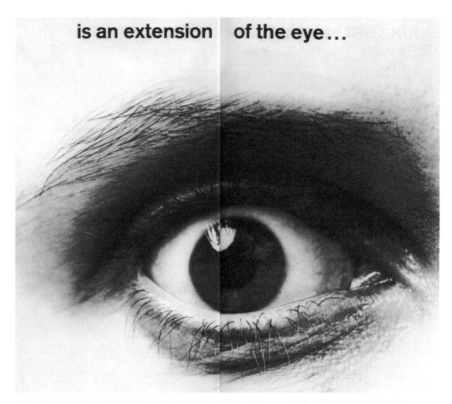

is an extension of the eye...

6. 마셜 매클루언과 퀜틴 피오르의 책 『미디어는 마사지다』(뉴욕: 밴텀, 1967)의 대표적인 두 페이지 레이아웃.

업 교육용 영화를 연출했고, 비디오텍스트를 예고하는 텔레비전 기반 팩시밀리 시스템의 개발 작업에 협력자로 참여하기도 했다. 결국 피오르는 전자유통되는 신문의 디자인 총괄을 맡게 되었다.

피오르가 1960년대와 1970년대에 과감히 뛰어든 전자통신의 세계에는 새로운 페이지 아키텍처뿐만 아니라 텍스트 및 시각 자료 전송의 새로운 방식도 등장했다. 여기에는 21세기에 등장하게 될 노트북컴퓨터, 태블릿, 전자 독서 장치 등의 초기 구상들도 있었는데, 앨런 케이의 예지력이 돋보이는 '다이나북'이 그 예다. 1968년 키디컴프KiddiComp의 '교육용 기기'로 탄생한 다이나북의 완전한 구현은 1972년 제록스 파크Xerox Parc에서 이루어졌다. 앨런 케이는 다이나북의 설계 취지를 이렇게 설명했다.

〔다이나북은〕더 좋은 '책', 수동적이 아닌 (어린이처럼) 능동적인 '책'을 우리에게 내놓는다. TV처럼 시선을 사로잡지만 방송사가 아닌 어린이가 내용을 제어한다. 다이나북은 피아노와 비슷해서 (그렇다. 이것은 기술의 산물이다) 도구가 될 수도 있고, 장난감이나 표현 매체가 될 수도 있고, 고갈되지 않는 즐거움과 기쁨의 원천이 될 수 있으며 (…) 계몽되지 않은 사람의 손에 쥐어진 대부분의 기기가 그렇듯 괴로운 두통거리가 될 수도 있다!! (「모든 연령층의 어린이를 위한 개인용 컴퓨터A Personal Computer for Children of All Ages」Aug. 1972. p. 1; http://mprove.de/diplom/gui/Kay72a.pdf. 383)

다이나북을 "더 좋은" 책이라고 말할 수 있는 이유는 이 책이 장 피아제Jean Piaget, 시모어 페퍼트Seymour Papert, 제롬 브루너Jerome Bruner 등의 연구와 관련해 인간의 인지, 심리, 학습에 대한 이해를 고려해 디자인되었기 때문이었다. 다이나북의 데스크톱은 오늘날 우리의 눈에 투박해 보일지 모르지만 당시 인쇄본과 동일한 수준의 타이포그래피, 시각적 명암비, 그래픽을 추구했다(케이가 다이나북에 탑재할 수 있는 실험적 문자 생성기의 실제 용례로 보여준 어빙 스톤Irving Stone의 각본 「고통과 환희The Agony and the Ecstasy」의 도입부는 보도니체, 타임스 로만체, 리디언 커시브체와 유사한 글자체로 되어 있었다). 다이나북은 속도, 유연성, 저장 용량 측면에서 인쇄본을 능가하고자 했다. 무엇보다도 다이나북이 약속하는 접근, 확산, 교환의 새로운 도구는 방 하나를 꽉 채우는 컴퓨터가 아니라 손으로 들 수 있는 개인용 기기였다. 1972년에 케이는 이렇게 썼다.

'책'은 이제 사거나 빌리는 것이 아닌 '인스턴스화instantiate. 추상적 개념을 실제로 구현함. 예시화라고도 한다ー옮긴이'하는 것이 될 수 있다. (백과사전부터 최근에 나온 자기주장이 강한 여성들의 모험담에 이르기까지) 정보의 정독精讀을 가능하게 해주는 자동판매기를 상상해보자. 하지만 이 자동판매기는 대금을 치르기 전에는 파일 추출이 이루어지지 않는다. 쉽게 사본을 만들어 그 정보를 '소유'하는 것은 기성 시장을 불안정하게 하지 않을 것이다. 이는 일부의 예측과 달리 간편한 제로그래피가 출판업에 해를 끼치기는 커녕 오히려 발전시켰고, 테이프가 LP판 레코드 사업에 피해를 주지 않고 다만 개인이 소유한 음반을 정리할 방법을 제공한 것과 같은 이치다. 대부분의 사람들은 밀수꾼처럼 구는 데 관심이 없다. 다만 자신이 소유한 것을 재배치하며 놀고 싶을 뿐이다. (「모든 연령층의 어린이를 위한 개인용 컴퓨터」, p. 6)

기기 간 파일 공유와 협력적 학습, 원거리 상호작용, 사회적 읽기의 실천들 등을 아우르는 것은 재배치와 놀이라는 것이 케이의 주장이었다. 비슷한 원칙이 스탠퍼드 연구소 산하 증강연구센터Augmentation Research Center 소속 더그 엥겔바트Doug Engelbart가 구축한 버추얼 협력 플랫폼 '온-라인 시스템NLS, oN-Line System'과 브라운대학의 안드리스 반 댐Andries van Dam이 개발한 '하이퍼텍스트 에디팅Hypertext Editing'과 '파일 검색 File Retrieval', '에디팅 시스템스Editing Systems'와 같은 선구적인 작업 영향을 주었다.

다이나북이 개인용 기기 정도의 규모로 구상하고 '온-라인 시스템'이 "초협력적 지식 환경 시스템"으로 구상한 것은 다른 사람들은 방 하나 크기의 환경으로 상상하던 것이었다. 어쨌든 손으로 들 수 있는 읽기 장치가 텍스트, 이미지, 사운드 등의 라이브러리 전체를 보관하고 전달할 잠재력을 갖고 있다면, 코덱스를 폭파시켜버리고 세계를 몰입형 정보 환경으로 바꾸지 않을 이유가 있을까? 아울러 기존의 경직된 페이지 구성 방식을 스크린 기반의 유연한 방식으로 대체하지 않을 이유가 있을까? 이 새로운 방식은 크기 조절이 가능한 '페이지', 유연한 데이터 청크chunk, '덩어리', 페이지의 확대·축소가 특징이었다. 이것이 바로 MIT의 아키텍처 기계 그룹이 개발한 공간 데이터 관리 시스템Spatial Data Management System, SDMS, 이른바 데이터랜드Dataland의 야망이었다. 데이터랜드의 개발을 주도한 니컬러스 네그로폰테Nicholas Negroponte는 나중에 MIT 미디어랩을 창설한다. 데이터랜드는 기계가 설치된 임스 라운지 체어와 그 주변에 놓인 기기들로 구성되어 있었다. 사람들은 이 기기들을 이용해 청각·시각·촉각적 인터페이스들을 둘러볼 수 있었다. 여기에 활용된 미디어 파일은 여덟 개 채널을 통해 들을 수 있는 녹음 파일들부터 위성 지도와 비디오디스크까지 다양했다. 하지만 데이터랜드는 단어 기반 색인보다 공간이 더 효과적이라는 원칙에 따라 가정의 서재를 모델로 삼았다. 사용자는 책을 찾을 때 눈으로 책의 제목을 읽기보다는 책장의 물리적 구조 안에서 그 책이 놓여 있을 만한 상대적인 위치를 훑는다.

데이터랜드를 구성하는 확장된 미디어 세계에서 책은 그저 하나의 데이터 유형에 지나지 않는다. 『미디어는 마사지다』에서처럼 여기서도 한 차례 전환이 일어난다. 책은 이제 데이터 왕국의 통치자가 아닌 메타포가 된다. 책에 접근하는 이들은 마치 외계의 풍경에 다가가듯 소원한 시선을 띤다. 네그로폰테는 1979년 「공간적 데이터 관리」에서 이렇게 설명했다.

우리에게 정독의 개념은 동작, 색채, 음향이 특히 풍부한 한 부류의 '데이터 유형들'을 포함한다. 그런데 이러한 새로운 데이터 유형 중 하나는 우리에게 오래되고 친숙한 '책'이다. 사용자는 멀리에서 보면 단순히 직사각형으로 보이는 것을 확대한다. 충분히 가까운 범위에 들어서면, 이 작은 색 조각은 인쇄본 도서를 암시하는 가로로 나열된 검은색 '문자들'의 형식으로 디테일을 획득한다. 여기서 더 확대하면 이 검은 형상들은 읽을 수 있는 텍스트로 바뀐다. 그것은 이 아이템의 제목이며, 이제 이 아이템은 또렷하게 '책 같은' 이미지를 띤다. 물론 사용자는 그 직사각형을 거기에 둘 때부터 그것이 '책'이라는 것을 알고 있었다. 하지만 만일 이 사용자가 컴퓨터 네트워크 기반의 '이달의 책' 서비스의 구독자이고 예전에 혹시 새 책을 요청했거나, 또는 자동 주문을 신청했다면 이것은 사용자가 처음 보는 책일 수도 있다. 즉, 데이터 평면의 어느 특정 구역에 '도서함'으로 기능하는 데이터랜드 화면이 있고 이 '도서함'에 이 책이 나타났을 수 있다. 수신 메시지 중 책 같은 것은 이 '도서함'에 담기는 것이다. (p. 28)

데이터랜드의 책은 가상의 책상에 마찰 없이frictionlessly 놓일 수 있고 여기에 영화, 만화로 된 도표, 사운드 파일을 활용한 삽화 따위가 담길 수 있다. 텍스트나 오디오 주석이 달릴 수도 있고 하이퍼링크를 통해 다른 미디어로 연결될 수도 있다. 이러한 행동 유도성affordance과는 별개로, 코덱스 포맷을 사용할 때 흔히 느끼는 '자료 안에서 나의 위치를 아는' 데서 오는 안정감을 그대로 유지하기 위해서 스크롤(두루마리) 포맷은 피했다. 데이터랜드의 책은 터치패드나 조이스틱을 써서 '페이지를 넘길' 수 있었다. 스큐어모피즘, 즉 친숙함이 기기를 더 쉽게 사용하게 해준다는 가정하에 더이상 필요하지 않은 원 디자인의 요소를 새 디자인에서도 그대로 유지한 인상적인 사례라고 할 수 있다(하지만 이러한 요소는 가끔 스크린 공간을 많이 차지하고 사용자가 새 인터페이스를 익히는 것을 방해한다는 단점이 있다).

데이터랜드가 발전을 거듭하는 동안, 네그로폰테는 또한 MIT 출판사에서 오랫동안 디자인 및 미디어 총괄을 역임한 뮤리얼 쿠퍼Murial Cooper, 1925~94와 함께 '페이지 없는 책' 프로젝트를 구상하기 시작했다. 네그로폰테와 쿠퍼는 1978년 7월 전기전자 학회IEEE 회의에 제출한 같은 제목의 논문 「페이지 없는 책」에서 "오래된 방식의 책은 여러 가지 측면에서 우리가 가진 정보 자원에 임의접근random access하는 최선의 방식임은 변함없는 사실"이지만 이제는 "개인화, 사운드 동기화, 공간적 데이터 접근 등을 포함한 새로운 기회들"을 탐색할 수 있는 시대가 도래했다고 주장했다. 이것은 뮤리얼 쿠퍼의 '보이는 언어 워크숍Visible Language Workshop'이 1973년과 1985년 사이에 탐색한 주제였다. 보이는 언어 워크숍은 원격 디지털 프린팅, 3D 인터페이스 디자인, 제작making과 디자인까지 포괄하는 저자권 개념, 시각적·언어적 혼합, 정적 매체와 동적 매체의 연결도 다루었다. 그러나 미래의 데이터랜드에 관한 질문들은 엄격히 아날로그 책의 인쇄와 (재)디자인에 집중한 작업에 근거를 두었다. 이로써 책에 관한 말라르메와 마리네티의 실험적 구상은 디지털 시대의 소통 욕구와 가능성에 부응할 수 있도록 갱신되었다.

뮤리얼 쿠퍼는 프로그래머가 아닌 북디자이너였다. 뮤리얼 쿠퍼는 로버트 벤투리Robert Venturi, 데니즈 스콧 브라운Denise Scott Brown, 스티븐 이즈너Steven Izenour가 공동 저술한 『라스베이거스에서 배우기Learning From Las Vegas』의 MIT 출판사 초판 작업에 관여했다. 글라신지紙 포장재와 시네마틱한 페이지 시퀀스, 그리고 이 책이 일으킨 논쟁으로 기억되는 책이다(지금은 수집가들 사이에서 높은 평가를 받지만 저자들은 "시류를 좇는" "부적절한" 디자인이라고 여겼다). 뮤리얼 쿠퍼가 북디자인에서 취한 생성적 접근방식을 더욱 잘 보여주는 작품은 1962년 독일에서 발간된 한스 마리아 빙글러Hans Maria Wingler의 『바우하우스: 바이마르, 데사우, 베를린, 시카고Bauhaus: Weimar, Dessau, Berlin, Chicago』의 미국 증보판이다. 어마어마한 크기의 판형(35.8×25.4×6.4cm)에 백과사전적인 범위를 다룬 『바우하우스』는 데이터랜드의 정보 환경을 아우르는 확장적이고, 유희적이며, 멀티미디어적인 정신을 통해 그 자체로 아카이브가 되겠다는 포부를 품은 책이었다. 『바우하우스』는 방대한 텍스트(1957년에 개발되었지만 1968년까지 미국 인쇄업계에 거의 알려지지 않은 헬베티카체가 사용되었다), 육필 편지, 인쇄된 문서, 소묘, 연속 촬영된 사진, 초상화 갤러리, 산업디자인 사물 및 공구의 카탈로그 등과 엮는다. 공간은 리드미컬하게, 활자는 전략적으로 사용된다. 자료 카테고리별로 각기 다른 활자가 사용되어 눈으로 따라가기 쉽다. 주제에 따라 줌인해 작은 디테일을 확인할 수 있고, 반대로 줌아웃해 바우하우스 전체에 대한 거시적 시각을 취할 수도 있다. 이렇게 독자는 들어가고 나오기를 반복하며 주된 줄기를 따라가거나, 때로는 내용을 건너뛰거나, 페이지 넘기는 속도를 높이거나 늦춘다.

뮤리얼 쿠퍼는 여기서 그치지 않았다. 1980년대와 1990년대 초 『바우하우스』의 내용을 다듬어 전시회를 열었다. 전시회는 포스터 한 벌과 700여 페이지의 레이아웃

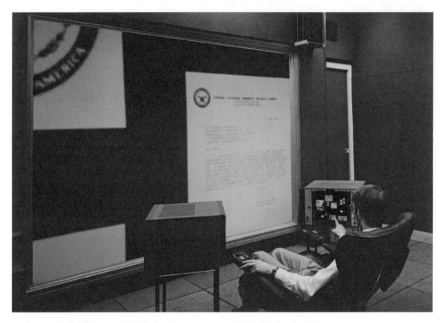

7. 니컬러스 네그로폰테(와 뮤리얼 쿠퍼)의 1979년 ARPA 보고서 "페이지 없는 책"의 삽화.

이 화면에서 춤을 추며 지나가는 1분짜리 영상—마주보는 페이지로 구성된 각 세트는 세 개의 프레임에 해당했다—으로 구성되었다. 이 영상은 1920년대 실험적 추상 영화의 기하학적 구조들을 연상시켰다. 페이지 시퀀스를 프레임 시퀀스로 보는 개념은 코덱스를 영화나 텔레비전처럼 이해하는 관점을 더욱 강화했다. 20세기와 21세기 초에 이 관점은 매우 폭넓은 해석을 끌어냈다. 이 스펙트럼의 한쪽 끝에 위치한 긴 대열의 아티스트 북 중에는 브루노 무나리Bruno Munari의 『읽을 수 없는 공목空木-인쇄물 An unreadable Quadrat-print』이 있었다. 브루노 무나리가 오랫동안 천착한 〈읽을 수 없는 책 libri illegibili〉 시리즈의 초기작인 이 책에는 페이지 시퀀스가 애니메이션처럼 펼쳐졌다. 마치 기하학적인 형태가 움직이는 듯한 접지, 절지, 찢은 종이, 투명 슬라이드, 직물 등의 유희로 구성되는 애니메이션이었다. 심지어 이따금 페이지의 표면을 뚫고 나온 물리적인 끈들은 다양한 가능성의 '읽기' 경로들을 물질적으로 구현했다. 스펙트럼의 다른 쪽 끝에도 역시 대열이 길게 늘어서 있었다. 주로 다큐멘터리 사진 위주의 책들이었다. 이 계열에는 어스킨 콜드웰Erskine Caldwell과 마거릿 버크화이트Margaret Bourke-White의 『당신은 그들의 얼굴을 보았다You Have Seen Their Faces』(1937)부터 더 최근작으로는 브랜던 스탠턴Brandon Stanton의 아날로그와 디지털을 혼합한 포토에세이『뉴욕의 사람들Humans of New York』(2010)이 있다. 이러한 책들은 텍스트와 이미지를 "동등하고 상호 독립적이며 전적으로 협력적인" 것으로 보는 접근방식을 취한다.

뮤리얼 쿠퍼가 당대의 장면에서 전환기적 인물이 된 이유는 그녀가 "책은 영화 필름"이라는 등식을 계승했기 때문이라기보다 페이지와 스크린 사이를 오가는 그녀의 창작 작업 때문이었다. 책의 형식 측면에서 아날로그와 디지털은 수위권이나 생존 싸움에 갇히기는커녕, 적어도 1970년대부터 생산적인 방식으로 서로를 수용하며 아날로그에서 디지털로 그리고 디지털에서 아날로그로 雙方向적인 영향을 끼쳤기 때문이다. 매체 혁명은 좀처럼 치환과 대체의 단순한 서사로 환원되지 않는다. 그보다는 오래된 것과 새로운 것의 역동적 재배치, 기존 위계들의 재개편, 매체를 가로지르는 모방적 유희를 유발한다. 이 과정에서 한때 지배적이었던 매체들은 전보다 좁고 특화된 역할을 맡는다. 이러한 발전 사례는 앞 장들에서 여러 차례 소개되었다. 두루마리는 법률 문서로 오랫동안 사용되었고, 채식 필사본은 16세기에도 호화 문고본으로 계속해서 제작되었다.

디지털 시대를 통과하는 책도 예외가 아니다. 20세기 말 종이책과 전자책의 대화가 격렬해지고 '책다움'과 그것의 문화에 관한 새로운 표현이 형성되고 만발하는 지금, 우리는 산업적 코덱스와 그것의 생산·유통·소비를 뒷받침하는 여러 산업에 대한 이해가 어느 때보다 절실하다. 이러한 책 문화의 새로운 표현들을 기록할 때 우리는 이러한 변화들이 역사적으로 디지털 혁신의 초창기에 이미 시작되었고 이후 아주 빠른 속도로 진행되었음에 주목하는 것이 중요하다. 가장 오래된 디지털 문서는

1960년대에 나왔다. 월드와이드웹World Wide Web은 2019년에 탄생 30주년을 맞았고 스마트폰은 15주년을 맞았다. 전자책 단말기는 대중시장에 겨우 2000년에야 등장했다. 주문형 도서와 자가 출판의 성장을 도운 저비용 인쇄 기술과 즉석 도서 제조기 instant book machine, 즉석 인쇄·제본 기계—옮긴이도 마찬가지다. 간단히 말해 현대의 출판을 뒤흔들 수많은 주요 요인은 여전히 요람기 단계에 있다.

현재의 '아날로그' 책 세계를 어떤 식으로든 조망하려면 반드시 두 가지 사실에 대한 고려를 출발점으로 삼아야 한다. 첫째, 책의 역사를 통틀어 그 어느 때보다도 많은 책이 지난 몇십 년 사이에 인쇄되었으며, 현재 출판업의 장기적 성장세가 멈춘 것처럼 보일지 모르지만, 이러한 판매량의 정체 앞에는 사실 전자책 판매량의 폭발적인(이제는 많이 잦아든) 증가세가 선행했다는 사실이다. 둘째, 책은 엄밀히 말해 이미 1960년대부터 아날로그 사물이 아니었다. 책의—대부분까지는 아니어도—수많은 디지털 대리모와 자손의 외양에 반영된 연속성들은 책이 지나온 디지털 변이의 과정을 감추었다. 디지털 도구, 미디어, 네트워크, 지식의 형태는 현대 사회의 거의 모든 측면에 변화를 일으켰지만, 네그로폰테와 쿠퍼가 1978년에 주창한 내용은 오늘날에도 여전히 타당하다. "오래된 방식의 책은 여러 가지 측면에서 우리가 가진 정보 자원에 임의접근하는 최선의 방식임은 변함없는 사실"이다.

그러나 표면 아래에서 책의 존재론은 바뀌었다. 1970년대 북미에서는 IBM 2680이나 리노트론 202Linotron 202 같은 기계 덕분에, 한 글자씩 찍는 컴퓨터 보조 사진 식자 기술이 진가를 인정받았고, 이어 1980년대에는 독립형 디지털 이미지 식자 시스템이 등장했다. 그다음에는 독자적 활용이 가능한 소형컴퓨터와 데스크톱 출판 솔루션이 등장했고, 이것들은 갈수록 더 정교해지는 소프트웨어로 완성되었다. 마크업(쿼크익스프레스QuarkXpress, 페이지메이커PageMaker)이나 그래픽 기능(포스트스크립트)을 비롯한 표준화된 프린터 제어 언어가 등장했고, 아날로그에서 파생되었거나 처음부터 디지털 태생인 활자체와 폰트 라이브러리가 확장되었다. 한때 활자체 전문 기업들은 도서 생산과 관련된 작업을 대량으로 맡았지만, 1990년대 무렵에는 사내 팀이나 심지어 저자들에게까지 밀려 전 세계적으로 사라질 위기에 놓였다. 한때는 뛰어난 전문 식자공이나 디자이너의 노동이었던 것이 텍스트 편집 패키지의 필수 구성요소로 대체되면서, 저자가 문서 작성가와 식자공이 된 것이다. 디지털카메라를 이용한 즉석 복사는 일반적인 것이 되었고, 이렇게 생성된 파일을 직접 공유해 출판과 유통에 곧바로 이용할 수 있었다. 물리적으로 인쇄된 책이든, 화면에서 읽을 수 있도록 디지털 형식으로 유통된 책이든, 집에서 또는 주문형 인쇄로 생산된 책이든, 모든 책은 책장에 꽂히기 전에 MARC^{Machine Readable Cataloging, '기계가독목록'}에 등재된다.

그럼에도 대다수 책은 디지털 시대 이전의 책과 생김새와 느낌이 여전히 비슷할지 모른다. 하지만 이것은 전자책도 마찬가지다. 앞서 지적되었듯, 전자책의 역사는 실험적인 것이든 전통적인 것이든 19세기 말까지 거슬러올라간다. 대중시장 상품으로서 전자책이 거둔 승리는 킨들(아마존, 2007)이나 누크(Nook, 반스앤노블, 2009) 같은 전자잉크 기기에 힘입은 것이었다. 애플 아이패드^{Apple iPad} 같은 태블릿과 이 기기들을 지원하는 유통 체계도 빼놓을 수 없다. 지금까지 전자책은 스스로가 궁극적인 스큐어모피즘 기기임을 증명해 보였고, 서재를 통째로 하나의 휴대용 기기에 압축해 넣겠다는 다이나북의 꿈을 실현했지만, 읽기·정보 검색·학습의 성격을 혁명적으로 변화시키려고 했던 다이나북의 포부까지는 아직 실현하지 못했다. 전자책 리더기들은 물리적인 책의 정확한 속성을 흉내 내기 위해 노력하며 그들 사이에서 전투를 벌여왔다. 종이처럼 흰 바탕화면, 빠른 페이지 넘기기 속도, 종이와 비슷한 명암비, 편리한 북마크·줄긋기·메모 기능, 그리고 "거의 아날로그 책을 읽듯 편리한" 넉넉한 충전 주기까지.

대다수 전자책의 레이아웃 규약은 전통적인 산업 시대 책의 그것과 여전히 같다. 이는 월드와이드웹 도서관의 방대한 전자 출판 문서 라이브러리에서도 마찬가지다.

1971년에 자원 활동가들의 주도 하에 "전자책의 창출과 유통을 장려"하기 위해 창설된 문화적 작업물의 디지털 아카이브 '프로젝트 구텐베르크Project Gutenberg'를 보아도 그렇다. 읽기는 페이지를 앞뒤로 연속적으로 넘기는 행위로 이루어지며, 화면에는 자리나 깊이의 물리적 지시를 대체하는 위치 표시자가 있다. 표준 정보 단위는 여전히 페이지이며, 디자인 관행은 여전히 인쇄본을 따른다. 1990년대의 일부 선구적인 하이퍼카드HyperCard와 시디롬 에디션에서 발견되는 사운드 파일과 쌍방향적 특징을 이용한 실험들은 예외로 남았다. 결과적으로 전자책은 휴가에 여러 권의 베스트셀러를 가져갈 완벽한 방법이지만 여행안내서처럼 그래픽과 사진이 많은 책에는 적절하지 않다. 네덜란드의 작가이자 발명가 하여 얀 캄프스Haje Jan Kamps가 2016년에 언급했듯 훨씬 더 많은 일을 해내는 기술들은 현재 충분히 접근 가능하다. "아이북스 오서iBooks Author나 아마존의 자체적인 출판 가이드 등의 플랫폼으로 출판사들은 아주 많은 기술과 기능을 사용할 수 있습니다. 하지만 대부분은 거의 사용하지 않지요. 그리고 신사 숙녀 여러분, 이것은 작은 비극입니다."

비극이든 아니든, 이렇게 코덱스에서 영감을 받은 디지털 가공품이 유포되고 읽히는 방식은 시간이 지나며 현저히 달라졌다. 독자들은 굿리즈닷컴Goodreads.com과 같은 방대한 가상 커뮤니티 사이트에 일상적으로 모여 의견을 나누고 읽을거리를 제안한다. 구매자 평점 체계는 한때 비평가와 베스트셀러 목록이 수행했던 역할을 상당 부분 잠식해가고 있다. 독자들은 화면으로 읽고 몰스킨 공책에 메모를 긁적이며 아날로그-디지털이 혼종된 독서와 주석 달기를 실천한다. 특정 텍스트 정보 장르를 특정 기기와 등식화하는 전략적 읽기를 시도하기도 한다. 이를테면 긴 글은 전자책으로, 뉴스나 메시지는 스마트폰으로, 잡지는 태블릿으로 읽는다. 책의 콘텐츠는 아날로그와 디지털의 구별을 넘나들고, 독자들은 책을 읽기 전에, 읽는 도중에, 읽은 후에 디지털 파라텍스트를 생성한다. 대중의 해석, 주석, 협업적 글쓰기가 활발하다. 위잔느의 시대에는 좀처럼 상상할 수 없었던 방식으로 디지털 저자들은 지역적으로나 전 세계적으로 적극적으로 활동하며 독자들은 이러한 저자들에게 쉽게 다가갈 수 있다. 이렇듯 독자와 작가의 웅성대는 활동으로 창출된 데이터 자국들은 책의 생애에서 중심적 특징이 되며 사회-정전기장socio-electrostatic field으로 묘사할 법한 것 안에서 배회한다.

사회적 읽기의 영역에서 일어난 이러한 변화의 옆자리에 책 디자인과 생산에서의 발전이 있었다. 책 디자인과 생산은 새로운 기술이 가져온 가능성을 적극 활용하거나, 아날로그와 디지털 출판 형식 사이에서 수렴 또는 발산의 잠재성을 탐색한다. 책은 (관습적 전자책 및 전자 출판의 방식에서) 익숙한 것의 복제를 추구하지 않았다. 그보다는 새로운 것, 논쟁적으로 또는 유희적으로 시대착오적인 것, 혼종인 것, 아날로그이든 디지털이든 그 매체에 특유한 것을 모색했다.

이 간극의 아날로그 쪽 끝에서 출판 산업은 아트 북 같은 상품에 물질적 형식을 더 많이 부여하려고 시도했다. 이를테면 파이돈Paidon에서 출간한 41.9×32cm 크기의 『앤디 워홀 '자이언트' 사이즈Andy Warhol 'Giant' Size』는 책의 광택 나는 물질성을 강조한다. 이 책은 무게가 6.8킬로그램이 넘고 흑백 삽화 600장과 컬러 삽화 1400점이 수록되어 있다. (소기의 목표는 매우 다르지만) 이와 비슷한 충동이 수작업으로 만든 "팬진fanzine, 동호인들이 만드는 잡지 —옮긴이"의 폭발적인 성장을 불러왔다. 이것은 스크린 문화의 편재성遍在性, ubiquity에 대한 대항의 플랫폼이자 세계화에 대한 저항의 지역화된 방벽 역할을 했다. 비슷하게, 아티스트 북 중심으로 개최되는 뉴욕, 베를린, 멜버른의 아트 북 박람회 같은 연례행사의 대중적 성공이나 활판 인쇄본의 틈새시장이 꾸준히 성장하고 있다는 사실은 어떤 더 큰 흐름을 보여준다. '호모 디지탈리스homo digitalis'는 휴대전화에 시선을 고정한 채 세계를 돌아다닐 때도 더욱 포괄적인 감각적 경험을 갈망한다는 것이다. 단순한 중립적 데이터 전달자로 그치지 않는 책, 국지적으로 위치 지어진 촉각적·후각적·시각적 경험을 전달하는 책, 너무 크거나 너무 작은 책, 너무 반질거리거나 너무 거친 책, 환원 불가능한 책이 디지털 시대에 번성하는 동시에

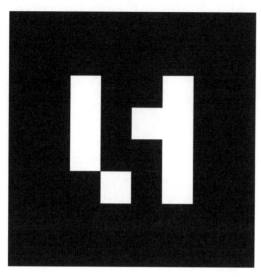

8. 애머런스 보서크와 브래드 바우스의 『페이지와 스크린 사이에서』(시글리오 프레스[Siglio Press], 2012)의 페이지. 이 텍스트를 읽고 싶다면 https://betweenpageandscreen. com/book을 방문하기 바란다.

전통적인 책이 다른 정보 및 오락 채널에 맞서 자신의 자리를 지키기 위해 고투한다.

이 간극의 디지털 쪽 끝에서는 도쿄를 기반으로 활동하는 크레이그 모드Craig Mod 같은 새로운 세대의 디자이너들이 디지털 태생의 텍스트 형식을 특징짓는 행동 유도성, 정보 아키텍처, 구성 형식을 기획하는 작업에 오래전부터 참여해왔다. 모드의 작업은 온라인 잡지 〈히토토키Hitotoki〉의 스핀오프로 출시된 스마트폰 기반 스토리텔링 플랫폼 하이닷코Hi.co로 시작되었다. 이후 이 작업은 2010년 사전/사후 우산형 출판 조직의 탄생으로 이어졌다. 이곳에서 모드는 "만들어져야 하는 책들"과 리더기의 그래픽 기능을 활용할 수 있도록 설계된 전자책 에디션 사이에 복잡하고 비선형적인 다리를 놓기 시작했다. 그다음에는 마침내 플립보드Flipboard 앱을 활용한 작업을 시도했다. 이 시기에 모드는 웹 타이포그래피, 맥락 의존적context-sensitive 적응형 읽기 장치, 매체로서의 태블릿, 페이지를 그래픽 및 정보의 단위로서 재고할 필요성, 디지털 책의 형식, 공동 저자권, "포스트-인공물적post-artefactual" 책의 호감도에 관한 글을 썼다. 한편 뉴욕 디자이너 데이비드 레인퍼트David Reinfurt 같은 이들은 출판 산업의 조

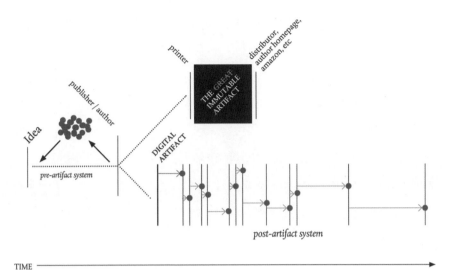

TIME ————————————————————————————————————→

9. 크레이그 모드가 설명하는 포스트-인공물적 책의 화면 캡처 사진.

립공정 방식을 비판하려고 노력했다. 그들은 출판 산업은 이제 저렴한 가격의 주문형 통합 모듈식 접근방식을 채택해야 한다고 주장한다. 이러한 접근방식이 구현된 사례로 '더 서빙 라이브러리The Serving Library'를 들 수 있다. 더 서빙 라이브러리는 "협동적으로 구축된 아카이브이며 출판을 통해 스스로 내용을 집적하고" 아날로그와 디지털의 경계를 넘나든다.

책 형식의 현대적 혁신과 실험은 결코 배타적인 범주로 묶을 수 없다. 범주들 사이에 속하는 책들이 있다. 그 예로 발데크 벵그진Waldek Węgrzyn의 『엘레츠트로비블리오테카Electrobiblioteka』를 보자. 이 책은 내장형 USB의 인터페이스를 활용해 물리적인 책의 페이지를 넘기는 행위가 이 책과 연동된 웹사이트에서 가상 페이지 넘김으로 번역되어, 엘 리시츠키가 품었던 전자도서관의 꿈을 현실에서 구현한다. 이 같은 결합은 애머런스 보서크Amaranth Borsuk와 브래드 바우스Brad Bouse의 편지로 이루어진 『페이지와 스크린 사이에서Between Page and Screen』 같은 실험적 시집의 특징이기도 하다. 이 시집에 인쇄된 추상적이고 기하학적인 기호들은 독자가 가진 웹캠의 다정한 응시를 통해서만 텍스트로 탈바꿈한다.

학술서적도 이 놀이에 동참하고 있다. 매튜 배틀스Matthew Battles와 내가 도서관들의 미래에 관해 쓴 디자인 중심 에세이 『책 너머의 도서관The Library Beyond the Book』이 그 예다. 이 책은 부록으로 제공된 카드 한 벌이 있어야만 비로소 완성되며, 마지막 장은 데이터베이스 문서의 형식을 취한다. 이 외에도 갈수록 더 많은 학술서적이 이러한 흐름에 발맞추고 있다. 멕시코의 국립 인류학 및 사학 연구소Instituto Nacional de Antropología e Historia에서 펴낸 인터랙티브판版 『코덱스 부투리니Codex Buturini』도 그렇다. 이 책은 '성지순례Tira de la Peregrinación'라는 제목으로도 잘 알려져 있다. 16세기 멕시코인의 손으로 그린 그림문자 코덱스를 파펠 아마테papel amate, 피쿠스나무 껍질로 만든 종이에 인쇄해 만든 『코덱스 부투리니』는 문헌학적으로 완벽한 복제품이다. 독자는 이 복제품과 연동된 앱을 이용해 원문서를 조금도 훼손하지 않고 그림문자의 내용을 해독할 수 있다.

'변형된 책들'의 새로운 물결이 미래의 해안에 밀려듦에 따라 "축음 스테레오테크"와 "주머니에도 들어가는 작은 축음-오페라 장치"가 그것들의 선조인 "인쇄하고 제본하고 그 작품의 제목을 선언하는 표지와 함께 장정한 종이 묶음들"과 점점 뒤엉켜 온 것처럼, 코덱스의 부호들은 앞으로도 유연하게 남아 변이를 거듭할 것이다.

약어 및 용어

가나 kana | 일본어의 모든 소리를 나타내는 음절 문자. 중국의 한자와 같이 쓰였다.

각자刻字 punch | 단단한 금속 바탕에 문자를 조각한 것. 동일한 모양의 활자들을 주형이나 어미자로 주조해 생산하기 위해 제작했다('어미자' 참조).

간기刊記 / 임프린트 imprint | 책이나 다른 출간물에서 인쇄업자나 출판사의 이름, 주소, 출간일 등의 정보를 적은 부분. 현대에는 해당 책을 출간한 브랜드명(대개 출판사의 이름이나 상표)을 의미한다. (한글판에서는 전자는 간기, 후자는 임프린트로 옮겼다 — 옮긴이).

간지 interleaving | 책의 낱장들 중간에 끼워진 낱장들. 대개 빈 종이다.

개경장/알 파티하 al-Fātiḥa | 쿠란의 첫번째 장章. 흔히 기도문으로 쓰인다.

건본建本 | 중국에서 서기 11세기부터 17세기 중반까지 출판의 중심지였던 푸젠성 북부에 자리한 젠양에서 나온 출간물.

경經 sutra | 전통적인 종교적·윤리적 교육 텍스트. 힌두교, 불교, 자이나교에서 특히 자주 쓰는 표현이다. 힌두교에서 경은 짧은 금언을 모은 특별한 선집이다. 불교에서 경은 장(藏, '수타sutta')으로도 알려져 있으며 정전正典으로서의 경전('삼장' 참조)을 일컫는다. 고타마 붓다가 말로 가르친 내용으로 여겨진다. 팔리어로 '수타'는 초기 팔리어 정전의 경전만을 일컫는다.

계량서지학 bibliometrics | 책 생산의 수량 및 통계적 설명.

고딕체 Gothic letter '흑자체'와 '프락투어체' 참조.

고증考證 kaozheng | "증거에 입각한 연구". 일반적으로 서기 18세기에 고대 중국의 문헌에 대한 정밀한 텍스트 분석을 진흥하기 위해 일어난 학문적 운동을 가리킨다.

국학國學 kokugaku | "국가의 학문" 서기 18세기 도쿠가와시대에 학문적 관심이 거의 중국 문헌에만 쏠린 현실에 대한 반발로서 일본 고전작품의 연구를 장려한 운동.

군텐訓点 kunten | 일본 독자들의 한문 읽기를 돕기 위해 찍은 '훈점'. 중국어의 주어-동사-목적어 구조를 일본어의 주어-목적어-주어 구조로 변환하는 방법을 알기 쉽게 했다.

그라운드 ground | 에칭 인쇄에서 판에 덮인 수지.

그림문자 pictogram/pictography | 어떤 단어나 생각에 대한 시각적 유사성을 통해 그 단어나 생각을 나타내는 문자.

금니서金泥書 chrysography | 글씨를 금으로 쓴 책. 난백卵白이나 수지樹脂로 쓴 글씨에 금 잎사귀를

장식으로 달거나 아라비아 검에 금가루를 섞어 글씨를 썼다.

금석학 | 단단하고 뻣뻣한 표면에 새겨진 오래된 글을 연구하고 해석하는 학문.

난학蘭學 Rangaku | 직역하면 '네덜란드 학문'이라는 뜻의 일본어. 서기 18세기 후반과 19세기에 일본 학자들이 네덜란드 상인과 텍스트를 접하며 개발한 지식의 총체, 그중에서도 특히 서양의 의학과 기술을 지칭한다.

다라니陀羅尼 dhāranī | 산스크리트어. 문자 그대로는 "지니는 것"을 뜻한다. 악한 기운을 막는 부적이나 호신물, 또는 집중을 돕는 보조물로 사용된 주문이다.

다언어 성서 polyglots/Polyglot Bibles | 동일한 텍스트에 대한 여러 다른 언어의 번역본을 나란히 제시한 책. 같은 텍스트가 히브리어, 그리스어, 라틴어 등의 여러 고대 언어로 제시된다.

다이묘大名 daimyô | 일본의 무사 계급 봉건 영주. 쇼군의 봉신으로서 대대로 물려받은 넓은 영지를 거느렸다. 서기 12세기에서 19세기까지 사실상 일본의 통치 세력이었다.

단명 자료 ephemera | 단기간의 유용성과 인기를 예상하고 제작한 짧은 분량의 저렴한 미제본 발행물. 흔히 수집품을 분류할 때 카테고리 명칭으로 사용된다.

단어문자 logogram | 하나의 음절이나 음소가 아니라 하나의 단어 전체를 표상하는 문자. 그림문자식 단어문자도 있지만 완전히 추상적인 단어문자도 있다.

대문자 majuscule | 캘리그래피에서 두문자나 큰 글씨체로 된 알파벳 글자. 소문자minuscule와 비교.

덧없음에 대한 애상物의 哀れ mono no aware | 무상한 것들의 비애에 대한 자각. 일본의 문학 및 예술 분석에서 서기 18세기부터 흔히 사용된 표현이다.

데클 deckleô | 종이를 수작업으로 만들 때 사용하는 착탈식 나무 뜸틀 또는 '펜스fence'. 데클 에지deckle edge 종이란 공장에서 생산한 후 가장자리를 도련하지 않은 종이를 말한다.

도관 자국 tranche files | 제지 과정에서 지형紙型의 구조물을 강화하기 위해 사용한 철사 때문에 생기는 사슬 선으로, 짧은 데클 에지 가까이에 평행하게 남는다('데클'도 참조).

도급 일감 jobbing | 책이 아닌 양식, 계약서, 판결문 등의 소규모 인쇄물 일감. 인쇄소에서는 이러한 인쇄물을 빠르게 생산·판매해 현금흐름을 만들 수 있었다.

도서체 book hand/book-hand/bookhand | 유럽에서 특히 필사에 사용된 서체로 주로 명료하고 규칙적이며 개성이 지워진 필체를 지향했다. 흔히 문서체documentary hand와 대비된다. 더 일반적으로는 가독성을 높이고자 의도적으로 양식화한 수서체를 일컫는다. 공식 문서 기록에 자주 사용되었다.

도편 ostrakon (복수형 ostraka) | 고고학이나 금석학에서 글이 새겨진 도자기 조각. 보통 항아리 같은 토기가 깨져서 생긴 조각이다.

독피지(벨럼) vellum | 흔히 새끼 양이나 송아지 같은 어린 동물의 가죽 중에서도 특히 부드럽고 얇은 부분으로 만든 고급 양피지를 일컫지만, 가끔은 필기 재료로서 양피지를 일반적으로 가리키는 말로도 사용된다.

동물 우화집 bestiary, bestiarum vocabulum | 다양한 종류의 동물에 대한 기술적descriptive 또는 일화적인 짧은 글이나 도덕적 논문. 주로 중세시대에 쓰였다. 앞서 고대 그리스에는 『피시올로고스

Physiologos』가 있었다.

동형이음 글자 homograph ｜ 기본 형태가 동일한 글자

마사본 Masha editions ｜ 중국의 소읍 마사에서 출간된 텍스트. 서기 11세기에서 13세기까지 낮은 인쇄 품질과 잦은 오류로 악명이 높았다.

마쉬크 mashq ｜ 문자 그대로 옮기면 '늘이기'. 아랍 문자에서 시각적 효과를 높이기 위해 글자를 가로로 길게 그어 쓰는 기법.

망가 manga ｜ 비연속적 만화를 엮은 일본 책. 서기 19세기에 처음으로 등장했다.

망판 또는 메조틴트 halftone or mezzotint ｜ 인그레이빙에서 각기 다른 도구들을 사용해 여러 가지 톤을 표현하는 기법. 인그레이빙의 밝은 부분은 잉크를 많이 머금지 않도록 판을 긁어내거나 광을 냈다. 두 가지 색만 사용해서 연속적인 톤 이미지를 흉내내는 리프로그래피reprography 기법도 있다.

메조틴트 mezzotint ｜ '망판' 참조.

면죄부 indulgence ｜ 망자가 생전에 저지른 죄에 대해 사후에 받을 벌을 줄이기 위한 수단으로 서구 중세 및 가톨릭교회에서 만들었다. 인쇄된 면벌부는 가동 활자로 제작된 초창기 아이템 중 하나였다.

면지 endpapers ｜ 책의 시작과 끝에 위치한 낱장. 특히 표지의 안쪽 면에 고정된 지면.

목판술 xylography ｜ 목판을 사용한 인쇄술로 서기 7세기나 8세기에 중국에서 개발되어 차차 동아시아 전역에서 활용되었다. 준비한 목판에 텍스트나 삽화를 돋을새김으로 조각하고, 목판에 먹을 칠한 다음, 그 위에 종이 시트를 올리고 부드럽게 누른다.

문예 공화국 Republic of Letters (또는 respublica literaria) ｜ 16세기 이후 서양에서 수기로 쓴 편지와 인쇄물로 의사소통한 지식인 공동체를 일컫는 일반적인 표현.

문자소 grapheme ｜ 문자 체계에서 가장 작은 의미 단위.

미사전서 missal ｜ 기독교 예배서. 한 해의 미사 의식을 위한 모든 안내와 문구가 담겨 있다.

레이드 페이퍼 laid paper ｜ 굴곡 구조가 비쳐보이는 종이. 대개 직각으로 교차하는 철사 선이나 사슬 선의 굴곡 구조가 있는 주형을 사용하여 한 번에 한 시트씩 제작했다. 19세기 이후에는 대부분 기계로 제작한 종이나 우브 페이퍼로 대체되었다.

바둑 weiqi ｜ '중국식 체스'. 2인용 전략 게임.

바이폴리움 bifolium ｜ 커다란 양피지나 종이 시트를 반으로 접어 두 장이 나오게 만든 것.

볼록판 인쇄 relief printing ｜ 활판 인쇄와 플렉소그래피에서 도드라지게 새겨진 이미지('오목판 인쇄'의 반대말이다. '오목판 인쇄' 참조).

부칸武鑑 bukan ｜ 일본어. 문자 그대로 '무관의 거울'. 도쿠가와시대(1600~1868년)에 상업 출판사들이 제작한 다이묘와 막부 관료의 명부.

북프레스 book press ｜ 별도의 버팀대가 필요 없는 유럽식 책장이나 책 보관함의 초기 형태. 흔히 책을 올려놓고 읽을 수 있도록 비스듬한 상판이 달려 있었다.

불라 bulla (복수형 bullae) ｜ 속이 빈 점토 덩어리. 원래 회계 물표를 보관하는 데 사용되었고 흔히 봉인되었다.

빈 용지 blanks │ 양식지. 대개 인쇄된 것으로 나중에 대개 수기로 내용을 기입하거나 추가할 수 있도록 공란이 마련되어 있다.

사가본嵯峨本 Sagabon │ 직역하면 '사가에서 제작된 책'이라는 뜻의 일본어. 서기 16세기 말과 17세기 사이에 교토 인근 사가 마을의 부유한 상인들이 출판한 화려한 색채의 삽화가 돋보이는 고급 서적을 일컫는다. 텍스트를 가나 문자로 표기하기 위해 목활자를 사용했다.

사슬 선 chain-lines │ 필사본과 인쇄본 모두에 사용된 레이드 페이퍼에서 볼 수 있는 넓은 간격의 수평선. 서기 2세기 무렵 중국에서는 얇고 기다랗게 자른 대나무 조각을 아마나 명주, 동물의 털로 나란히 엮은 발을 주형으로 사용했기 때문에 이 시기 중국제 종이에도 사슬 선과 비슷한 자국이 남았다. 근대에 오면 제지소에서 사용된 철망 자국을 의미한다. ('워터마크'와 '철사 선'도 참조.)

사슬 책/ 사슬 도서관 chained book/chained library │ 책장이나 북프레스에 사슬로 매어둔 책. 사슬은 책을 옮겨서 읽을 수 있을 만큼 충분히 길었다. 도서관에서 책을 갖고 나가는 행위를 방지하려는 조치였다.

사화집詞華集 florilegium (복수형 florilegia) │ 직역하면 "꽃다발". 문학작품의 발췌문 선집. (유럽에서 특히 중세시대에 유행했고 기독교 교부들의 글에서 발췌한 문구를 알파벳순으로 정리한 책이 많았다.)

삼장三藏 Tripitaka │ 직역하면 "세 개의 광주리"라는 뜻을 지닌 산스크리트어 '트리피카나'를 일컫는다. 불교 경전으로서 경(수트라)나 붓다의 가르침, 수도회 규칙, 불교의 가르침에 관한 철학적 담론 등이 담겨 있다.

상도하문上圖下文 shangtu xiawen │ 직역하면 "그림은 위에 글은 아래에"라는 뜻의 중국어. 지면을 위아래로 3등분 했을 때 맨 위쪽에는 삽화를 싣고 그 아래에 글을 싣는 페이지 포맷.

샤나메 Shāhnāma │ '왕서王書'. 페르시아 민족 서사시. 서기 11세기 초 피르다우시가 편찬했다. 이란의 건국부터 이슬람의 전래까지 신화적 역사를 담고 있다. 페르시아어권에서 가장 인기 있는 텍스트다.

서미書眉 book eyebrows │ '책의 눈썹'. 전근대 시기의 한문 서적에서 상단 여백에 인쇄된 주석.

서지/서지학 bibliography │ 책, 저자권, 생산, 인쇄, 출판, 판edition, 유통, 수용의 역사 또는 체계적 기술(참조한 출판물 목록으로서 참고문헌이라는 일반적인 의미와 구별된다).

석판 인쇄술 lithography │ 물과 기름은 혼합했을 때 잘 용해되지 않는다는 성질을 활용한 인쇄 기법으로 비교적 비용이 적게 든다. 평평한 표면─돌판이나 금속판─에 인쇄하려는 부분에만 잉크가 남도록 처리한다. 1796년 독일의 작가 겸 배우 알로이스 제네펠더가 발명했다.

선집選集 collectanea │ 글귀나 논평 등의 텍스트를 모아 출간한 책. 흔히 재판再版 텍스트로 구성되었다.

설형문자 cuneiform │ 문자 그대로는 '쐐기 모양'. 고대 중동에서 약 기원전 3200년부터 서기 100년까지 사용된 다양한 문자 체계들을 일컫는다. 사람들은 점토나 돌, 금속의 표면에 쐐기 모양 문자를 새겼다. 일부 설형문자 체계는 음절, 표의문자, 숫자, 구두점 등이 갖춰진 복잡한 체계였지만 일부는 단순한 알파벳이었다.

성무일과서 Book of Hours | 글귀, 기도문, 시편 등을 모은 기독교 신앙 서적. 흔히 장식과 이미지가 곁들여졌으며, 서기 13세기부터 16세기까지 큰 인기를 끌었다.

성서 용어 색인 biblical concordance | 성서에 등장하는 주요 어휘의 알파벳순 색인.

소문자체 minuscule | 캘리그래피에서 작은 글씨체로 된 알파벳 글자.

수라 sura | 쿠란의 한 장章.

숩스크립티오 subscriptio | 항상 필사본의 서두에 새겨진 문구. 책을 제작한 날짜 그리고/또는 장소 그리고/또는 필경사나 주문자의 이름을 적었다.

슈바바허체 Schwabacher | 고딕 텍스투라체에서 파생된 흑자체 활자체.

스콜라철학 scholasticism | 중세 유럽 대학에서 가르친 신학과 철학 체계. 아리스토텔레스의 논리학과 초기 교부들의 저작을 기본 토대로 삼았다.

스큐어모피즘 skeuomorphism | 실물 세계의 사물을 소프트웨어의 사물로 흉내 낸 것. 디지털 '페이지'가 한 예다. 스큐어모프는 장식적인 디자인 힌트들을 간직하고 있는 파생적 사물을 일컫는다.

스크립티오 콘티누아체 scriptio continua | 단어 띄어쓰기가 없는 서체. 고대에 그리스어와 라틴어로 쓰인 글에서 흔하다.

시편 psalter | 성서 「시편」의 사본. 특히 전례용으로 제작된 것을 말한다.

식자가植字架 composing stick | 개별 활자 조각을 단어와 행으로 조판할 때 사용된 도구. 이렇게 조판된 활자들을 갤리galley로 옮겨 활판에 고정하고 인쇄했다.

식자공 compositor | 식자가에 활자를 배열하거나 식자 기계에 주요 텍스트를 배열하는 사람.

신성문자 hieroglyphic script | 말 그대로 '신성한 문자'. 그림문자식 단어문자(의미상으로나 시각적으로 하나의 단어를 온전히 표상하는 기호)로 이루어진 문자 체계를 말한다. 가장 흔하게는 고대 이집트 문자를 가리키지만 아스테카문명과 마야문명을 비롯한 몇몇 고대 메소포타미아 문명의 문자를 일컫기도 한다.

쐐기(인쇄) quoin | 활판을 쇳쇠에 고정하기 위해 사용하는 쐐기 또는 확장 기계 장치.

아브자드 abjad | 자음문자. 각각의 상징 또는 기호가 하나의 자음을 나타내는 문자 체계. 독자가 모음을 적절히 채워서 읽는다.

알하미아도 aljamiado | 유럽 언어 중에서도 특히 스페인어, 모사라베어, 포르투갈어, 라디노어 등 로망어 계열의 언어를 전사할 때 사용된 아랍 문자.

암각화 petroglyph | 암면 미술의 한 형태. 전 세계의 여러 사람이 암석의 표면에 새기거나 떼어내거나 깎거나 문질러 창출한 이미지들.

어미자 matrix | 금속 활자(활판 인쇄에서 사용되는 '소트'로도 알려져 있다)를 주조할 때 사용하는 주형. 보통 동으로 만들었다. 인쇄에서 에칭이나 인그레이빙의 금속판이든 목판화의 목판이든 잉크와 함께 이미지를 붙잡는 데 사용되는 것을 지칭한다('각자'도 참조).

아자 ajza' (단수형 juz') | 쿠란을 흔히 다양한 길이로 30분할 한 것 중 한 권.

양쪽 정렬 justification | 텍스트의 양쪽 여백이 같도록 텍스트의 한 행에서 자간이나 문자 사이

공간을 조정한 것. 각 단락이나 문단에서 모든 행의 모든 단어의 간격을 조정해 첫 번째 단어는 왼쪽 여백에 가지런하게 맞추고 마지막 단어는 오른쪽 여백에 가지런하게 정렬한다.

양피지 parchment ｜ 특별히 준비된 무두질되지 않은 짐승 가죽으로 만든 필기 재료. 주로 양, 송아지, 염소 가죽이 쓰였다. ('독피지' 참조.)

어미魚尾 ｜ 중국 서책에서 페이지 가장자리 여백에 배치된 괄호 모양 표시.

에혼絵本 ehon ｜ 일본의 그림책.

에마키絵巻 emaki ｜ 일본의 두루마리식 그림책.

에칭 etching ｜ 전통적으로 금속 오목판에 도안을 창출하는(새기는) 공정. 밀랍을 바르지 않은 금속 표면에 강한 산이나 매염제를 흘려 넣는다.

연판 stereotyping ｜ 지형紙型에 활자 합금을 부어서 뜬 고형 판으로 인쇄하는 기법.

워터마크 watermarks ｜ 희미하게 찍힌 도안. 보통 이 도안을 통해 제조자와 대략적인 제조일을 확인할 수 있다. 제조 과정에서 일부 종이에 찍히는데 흔히 밝은 빛에 갖다대야만 보인다('사슬 선'과 '철사 선'도 참조).

오목판 인쇄 intaglio ｜ 이미지를 표면에 새기고 이 새겨진 선 또는 오목하게 파내어진 영역에 잉크가 고이게 하는 인쇄 기법. 음각 인쇄와 정반대의 결과물이 나온다.

우브 페이퍼 wove paper ｜ 골이나 워터마크 없이 표면이 균일한 종이. 지형의 철사들이 서로 평행하다. 1747년경에 최초 생산되었다.

우키요에浮世絵 ukiyoe ｜ "부유浮遊하는 세계의 그림"이라는 뜻의 일본어. 서기 17세기와 19세기 사이에 인기리에 생산된 목판화(및 회화) 장르. 유명한 관광지와 동식물뿐만 아니라 유흥가 생활, 아름다운 여성들, 가부키 배우 등을 묘사했다.

이프 ears ｜ 중국의 초기 서책의 페이지 상단 왼쪽이나 오른쪽에 자리한 작은 네모. 안에 제목이나 장의 숫자를 쓰기도 했다.

이슬람력 AH ｜ 라틴어로 '안노 헤기라이Anno Hegirae'. '헤자즈 해에'라는 뜻. 이슬람교의 역법.

이탤릭체 italic ｜ 인문주의 캘리그래피 글씨체를 양식화한 형태에 기초해 만들어진 필기체 폰트. 보통 오른쪽으로 기울어져 있다. 현대 인쇄에서는 정형화된 구분이나 강조가 필요한 경우에(가령 책 제목이나 본문에 사용된 언어와 다른 언어로 된 단어) 사용된다.

인문주의 humanism/humanist ｜ 서기 14세기에서 16세기까지 유럽에서 일어난 지성 운동. 고전기 고대의 문화적·문학적·예술적 유산과 도덕 철학의 부흥과 확장을 기초로 삼았다.

인쇄 부수 print run ｜ 책, 잡지 등의 간행물을 한 번에 찍어내는 부수.

인쇄업자 상징 도안 printer's device ｜ 서기 15세기부터 초창기 인쇄업자들이 상표로 사용한 마

인큐내뷸러 incunabula (단수형 incunabulum) ｜ 1501년 이전에 유럽에서 인쇄된 책이나 팸플릿 또는 한 장짜리 대형 인쇄물.

크, 상징, 휘장 등.

장식 면지 doublure ｜ 책표지의 안감 장식.

접장/접장 표시 signature/signature mark ｜ 접지('접지' 참조)나 결합된 낱장 모음을 다루는 제본공을 위한 알파벳과 숫자를 이용한 표시. 연속된 접지들 사이에서의 위치를 알려주었다. 또한 '접장'은 더 일반적으로는 인쇄된 또는 부분적으로 인쇄된 페이지들의 모음을 일컫는 말이기도 하다. 한 장의 시트를 페이지의 크기나 신문 용지의 크기에 따라 접고, 가장자리를 다듬고, 묶고, 자르면 특정한 수의 페이지들이 나왔는데 그 모음이 '접장'이다.

접지 gathering ｜ 일반적으로 시트 한 장이나 여러 장을 접거나(또는 자르거나), 두 장 이상의 시트를 다른 시트에 "얹어서" 여러 개의 낱장을 실로 엮거나 여타 방식으로 한데 묶은 것('접장'도 참조). 이슬람 지역과 아시아 지역에도 변형된 형태들이 있다('퀴니온'도 참조).

정기간행물 periodical ｜ 정기적으로 출간되는 잡지나 신문, 비평서, 요약집.

죔쇠 chase ｜ 활판 인쇄에서 활자를 고정할 때 사용한 나무나 강철 틀. 활자로 채워지지 않는 대부분의 공간은 공목空木이라고 부르는 나무 도막으로 채웠다. 공목은 활자와 마찬가지로 쐐기('쐐기' 참조)로 고정했다.

주서/주서가 rubrication/rubricator ｜ 문자 텍스트, 제목, 줄, 이니셜 문자 등을 첨가한 것. 보통 빨간색이 쓰였다. 주서가는 필사본이나 초기 인쇄본에 이러한 주서 장식을 입힌 전문가를 일컫는다.

챕북 chapbook ｜ 대략 24페이지 분량의 작은 팸플릿. 내용은 주로 소설과 발라드, 성서 이야기가 많았다. 흔히 도붓장수가 팔았다.

철사 선 wire-lines ｜ 수제 종이에 1밀리미터 이하의 간격으로 생기는 선. 지형의 더 긴 쪽 가장자리에 평행하게 생긴다('사슬 선'과 '워터마크'도 참조).

총서叢書 congshu ｜ 중국어로 '충수'. 문자 그대로는 '덤불 책'. 선집('선집' 참조)을 뜻한다. 흔히 하나의 주제를 다룬 다수의 연작 또는 어느 소장가의 장서 중 가장 좋은 글을 선별한 책.

축음술 phonography ｜ 소리를 기록하고 재생하는 기계 장치의 사용.

축음 스테레오테크 phonostereoteks ｜ 인간의 모든 지식을 소리로 담은 이상화된 원통형 기록 장치. 일부 사람들은 장차 이 장치들을 서재에 비치하게 되리라고 상상했다. 고대의 서재에 보관된 두루마리 문헌을 연상시킨다.

축음-오페라 장치 phono-operagraphs ｜ 20세기 초에 향후 개발되리라고 기대되었던 이동식 교육·오락용 녹음 자료 보관 장치.

춘화春画 shunga ｜ 직역하면 "봄의 그림"이라는 뜻의 일본어. 성적인 판화나 그림들.

첨필 stylus (복수형 styli, styluses) ｜ 양피지나 종이에 긁거나 진흙이나 밀랍 등에 새기기 위한 글쓰기 도구.

측량법 metrology ｜ 중량과 측정에 관한 체계 또는 연구.

카이로 게니자 Cairo Geniza/Genizah ｜ 이집트 푸스타트 또는 올드 카이로에 소재한 벤 에즈라 회당의 게니자(보관소)에서 발견된 유대교 필사본 문헌의 단편들 모음. 단편의 수가 대략 30만 조각에 달한다. 대부분 히브리어나 아랍어, 아람어로 양피지나 종이, 파피루스, 천에 쓰여 있다.

캘리그래피 calligraphy ｜ 붓이나 펜 같은 도구로 글씨를 도안하고 쓰는 것. 또는 탄력 있는 종이나 천에 아름답게 쓴 글씨.

케이스 case ㅣ '활자 케이스'를 참조.

책冊 ce ㅣ 서구의 책volume과 비슷한 중국의 서책. 흔히 개별 제본되었다.

코덱스 codex (복수형 codices) ㅣ 파피루스나 양피지, 종이를 접어 만든 책처럼 생긴 물건.

콜로폰 colophon ㅣ 출판물에 관한 정보를 담은 간략한 글. 일반적으로 앞쪽 페이지에 실리는 '숩스크립티오'와 달리 대개 책의 마지막 페이지에 실렸다.

타이포포토그래피 typophotography ㅣ 20세기 초 신조어. 유연하며 창의적인 인쇄 기법을 활용하는 사진 위주의 미래형 도서 제작 기법을 가리키는 표현이다.

토속어 vernacular ㅣ 제2외국어로 배우거나 사용을 강요받은 언어가 아닌 모어. 원래는 '모어'도 문맹자들이 자국의 환경에서 말하는 언어를 뜻한다.

틀 frame ㅣ '죔쇠' 참조.

파라텍스트 paratext ㅣ 출간물의 본문을 둘러싼 이미지와 텍스트 요소들. 본문을 보조하기도 한다. 표제지, 부제, 목차, 주석, 광고, 색인, 표지 등으로 저자와 편집자, 인쇄업자, 출판사가 제작한다.

파운싱 pouncing ㅣ 원본 그림의 가장자리를 따라 구멍을 뚫고 그림 아래에 빈 종이를 놓은 다음 구멍을 통해 빛나는 색깔의 고운 가루를 뿌려 넣어 윤곽선을 전사한 서양 중세의 이미지 복제 기법.

판본板本 edition ㅣ 특정한 형태나 버전의 인쇄 텍스트. 한 번에 간행된 책이나 신문, 기타 출판물의 사본 전체.

팰림프세스트 palimpsest ㅣ 재사용된 필사본이나 필기 재료의 조각. 흔히 양피지로, 원래 있던 글을 지워서 새 글을 쓰기 위한 공간을 만들었다. 원래의 글은 남아 있는 흔적을 통해, 또는 특수 조명을 써서 읽을 수 있다.

폰트 font/fount ㅣ "활자 한 폰트는 문자 및 다른 상징들 한 벌로, 각 소트는 사용 빈도에 근사하게 보충되었으며 몸체[또는 포인트] 크기와 디자인은 동일했다."(필립 개스켈Philip Gaskel, 『새로운 서지학 입문A New Introduction to Biliography』[Oxford, 1972], 33쪽). 미국 영어에서 '폰트'는 동일한 디자인으로 동일한 몸체에 동시에 주조한 활자 한 벌이라는 의미로도 사용되어왔다. 현대에 와서 '폰트'는 더 일반적—이고 언뜻 보편적—인 용법에서 동일한 디자인의 활자(또는 '소트') 한 벌을 디지털로 모방한 것을 의미한다.

폴리에이션 foliation ㅣ 각각의 낱장(폴리오)에 숫자 등의 표지로 번호를 매긴 방식.

표의문자 ideogram ㅣ 언어의 특정한 소리가 아닌 생각이나 관념을 표상하는 문자. 어떤 표의문자는 그림문자이나 어떤 것은 완전히 추상적이다.

프락투어체 Fraktur ㅣ 라틴어 알파벳의 캘리그래피 서체와 독일 관련 텍스트에서 특히 자주 사용된 흑자체에서 파생된 서체들의 활자체. 고대 로만체의 정사각형 대문자와 카롤링거 소문자체를 모델로 삼았으며 부드러운 안티콰 활자체에 비해 각진 모양을 띤다. 흑자체 활자체를 전부 '프락투어체'나 '고딕체'라고 부르기도 한다. ('꺾인 서체'를 뜻하는 '게브로헤네 슈리프텐Gebrochene Schriften'으로도 알려져 있다.)

플렉소그래피 flexography | 플라스틱 같은 불투수성 재료나 종이 또는 섬유에 고무판이나 플라스틱판, 그리고 유체 잉크나 염료를 사용해 인쇄하는 볼록판 방식 윤전 인쇄 기법.

필기체 cursive | 글자들을 서로 붙여서 쓰는 서법.

필사실 scriptorium (복수형 scriptoria, scriptoriums) | 공동체—대개 수도원—안에서 필사본과 기록물을 필사·작성·채식하는 공동의 관습 또는 물리적 공간.

콰이어 quire | 파피루스나 종이, 양피지 시트 4장을 접어 낱장 8장이 나오게 만든 것. 중세 필사본에서 자주 발견되는 형태. 하지만 일반적으로 코덱스에 별도로 삽입된 낱장들의 묶음을 지칭하는 말로 쓰인다. 또는 한 연彙.ream의 20분의 1을 구성하는 25장(초기에는 24장)의 종이 시트를 지칭하기도 한다.

쿠픽체 kufic | 문자 그대로 '쿠파에서'라는 의미. 초기 이슬람 시대 아랍 문자의 글쓰기 형태를 따르는 현대 글쓰기 스타일을 부르는 이름이다. 각 문자가 블록처럼 사각형이다.

쿼터니온 quaternion | 바이폴리움 4개로 구성된 콰이어. 그리스어와 라틴어 필사본의 표준이었다.

퀴니온 quinion | 바이폴리움 5개로 구성된 콰이어. 이슬람 지역 코덱스에서 가장 흔하게 발견되는 형태다.

키푸 kiphu/quipu | 안데스산맥 잉카문명에서 사용한 매듭 끈 기록물. 가장 오래된 키푸의 연대는 10세기로 추정된다.

키네토그래프 kinetograph | 초창기 활동사진 촬영기. 구멍이 뚫린 필름 띠에 순차적인 이미지들을 담은 뒤 이 필름 띠를 셔터 스피드를 빠르게 설정한 광원 위로 지나가게 해 가공의 움직임을 창출한다.

하이포텍스트 hypotext | 현 텍스트의 기원이 되는 원천 텍스트.

한글 hangeul | 한국 고유의 문자. 서기 15세기에 세종대왕이 일반 대중의 도덕 교육을 위한 수단으로서 창제했다.

합자 ligature | 손으로 쓰거나 인쇄한 글에서 둘 이상의 문자소나 낱글자를 합쳐서 만든 글자. (이를테면 'æ'. 하지만, 특히 인쇄물에서 'fl'처럼 관습적으로 합치는 글자들도 있었다.)

혼북 hornbook | 기초 학습을 돕기 위해 알파벳, 숫자, 주기도문 등을 적은 낱장이나 페이지. 뿔의 각질이나 운모 조각으로 만든 투명한 시트를 위에 덮었다. (흔히 함께) 읽거나 가르칠 때 사용하기 편리하도록 손잡이를 달았다.

활자 type | 활판 인쇄에서 사용하는 (대부분) 금속 재질의 조각. 윗면에 글자나 부호가 돋을새김으로 새겨져 있다. '소트'로도 알려져 있다('폰트'도 참조).

활자 케이스 type-case | 활판 인쇄에서 사용되는 다양한 가동 활자 조각을 분류하고 보관하기 위해 제작된 나무 상자로 여러 칸으로 나뉘어 있다.

활판 forme | 인쇄하기 위해 배열하고 죔쇠('죔쇠' 참조)로 고정한 활자 한 조.

활판술의 구체제 ancien régime typographique | 수동 인쇄기 시대의 활판술.

활판 인쇄 letterpress | 프레스를 이용한 볼록판 인쇄 기법. 반복해서 직접적으로 눌러 사본을 생

산했다.

흑구黑口 black mouths | 근대 이전 중국 서적에서 판심의 위나 아래에 자리한 검은색 세로 열.

흑자체(블랙레터체) black letter | (고딕체, 고딕 소문자체, 텍스투라체로도 알려져 있다.) (1150년경부터) 서유럽에서 사용한 서체. (1450년경부터) 활자체로도 사용되었고 17세기 들어서는 영어를 인쇄할 때 사용되었다. ('프락투어체'나 '슈바바허체'도 참조.)

히자즈 ḥijāzī | 문자 그대로 해석하자면, "헤자즈에서 왔다"는 뜻. 헤자즈는 쿠란이 계시된 아랍 서부의 성지 메카와 메디나가 있는 신성한 도시들을 일컫는다. 아울러 초기 아랍 문자의 특징적인 양식을 부르는 이름으로도 사용된다.

BCE | 서력기원 전. BC처럼 '기원전'이라는 의미다.

CE | 서력기원, AD와 동의어.(본서는 CE와 AD '서기'로 표기)

독서 안내

1장 _____

- Alexander Bevilacqua, *The Republic of Arabic Letters*: *Islam and the European Enlightenment*. Cambridge, MA, 2018.
- Cynthia Brokaw and Kai-wing Chow (eds), *Printing and Book Culture in Late Imperial China*. Berkeley, CA, 2005.
- Robert Darnton, 'What is the History of Books?' *Daedalus*, 111 (Summer, 1982): 65–83.
- Caroline Davis and David Johnson (eds), *The Book in Africa*: *Critical Debates*. Basingstoke and New York, 2015.
- Elizabeth Eisenstein, *The Printing Press as an Agent of Change*: *Communications and Cultural Transformations in Early-Modern Europe* 2 vols. Cambridge, 1979; and *The Printing Revolution in Early Modern Europe* 2nd edn, Cambridge, 2005[한국어판은 『근대 유럽의 인쇄 미디어 혁명』(전영표 옮김, 커뮤니케이션북스, 2008)].
- Elizabeth Eisenstein, *Divine Art, Infernal Machine*: *The Reception of Printing in the West from First Impressions to the Sense of an Ending*. Philadelphia, 2011.
- Lucien Febvre and Henri-Jean Martin, trans. D. Gerard *The Coming of the Book*: *The Impact of Printing 1450–1800*, London, 1976; originally published 1958.
- Gérard Genette, *Paratexts*: *Thresholds of Interpretation*, trans. Jane E. Lewin. Cambridge and New York, 1997.
- Jan Loop (ed.), special issue of the *Journal of Qur'anic Studies on The Qur'an in Europe*. Edinburgh, 2018.
- Joseph P. McDermott, *A Social History of the Chinese Book*: *Books and Literati Culture in Late Imperial China*. Hong Kong, 2006.
- D.F. McKenzie, *Bibliography and the Sociology of Texts*. London, 1985.
- Philip Gaskell, *New Introduction to Bibliography*. Oxford, 1972.
- James Raven, *What is the History of the Book*? Cambridge, 2018.

- Henry Woudhuysen and Michael Suarez (eds), *Oxford Companion to the History of the Book*, 2 vols. Oxford, 2010.

2장 _____

일반 및 주제별

- Peter D. Damerow, 'The Origins of Writing as a Problem of Historical Epistemology', *Cuneiform Digital Library Journal* 2006:1 http://cdli.ucla.edu/pubs/cdlj/2006/cdlj2006_001.html
- Joshua Engelhardt (ed.), *Agency in Ancient Writing*. Boulder, CO, 2012.
- Marcus Hilgert (ed.), *Understanding Material Text Cultures: A Multidisciplinary View*. Berlin, 2017. 온라인 공개 자료: http://degruyter.com/view/product/455268
- Kathryn E. Piquette and Ruth D. Whitehouse (eds), *Writing as Material Practice: Substance, Surface and Medium*. London, 2013. 온라인 공개 자료: http://ubiquitypress.com/site/books/detail/7/writing-as-material-practice/
- Christopher Woods (ed.), *Visible Language: Inventions of Writing in the Ancient Middle East and Beyond*. Chicago, 2010. 온라인 공개 자료: https://oi.uchicago.edu/sites/oi.uchicago.edu/files/uploads/shared/docs/oimp32.pdf

중국

- Paola Demattè, 'The Origins of Chinese Writing: the Neolithic Evidence', *Cambridge Archaeological Journal* 20 (2010): 211–28 doi:10.1017/S0959774310000247.
- Mark Edward Lewis, *Writing and Authority in Ancient China*. Albany, NY, 1999.
- Li Feng and David Prager Branner (eds), *Writing and Literacy in Early China*. Seattle and London, 2011.
- Edward L. Shaughnessy, *Rewriting Early Chinese Texts*. Albany, NY, 2006.
- Tsuen-hsuin Tsien, *Written on Bamboo & Silk: the Beginnings of Chinese Books & Inscriptions*, 2nd edn. Chicago, 2004.
- Tsuen-hsuin Tsien, *Collected Writings on Chinese Culture*. Hong Kong, 2011.
- Wang Haicheng, *Writing and the Ancient State: China in Comparative Perspective*. Cambridge, 2014.

중동 및 지중해

- Roger S. Bagnall (ed.), *The Oxford Handbook of Papyrology*. Oxford, 2009.
- Thomas E. Balke and Christina Tsouparopoulou (eds), *Materiality of Writing in Early Mesopotamia* (Berlin, 2016). 온라인 공개 자료: http://degruyter.com/view/product/467525
- Chris Eyre, *The Use of Documents in Pharaonic Egypt*. Oxford, 2013.
- Wouter F.M. Henkelmann, 'Administrative Realities: The Persepolis Archives and the Archaeology of the Achaemenid Heartland', in Daniel T. Potts (ed.), *The Oxford Handbook of Iranian Archaeology*. Oxford, 2013, pp. 528–46.
- George W. Houston, *Inside Roman Libraries: Book Collections and Their Management in Antiquity*. Chapel Hill, NC, 2014.
- Jason König, Katerina Oikonomopoulou, and Greg Woolf (eds), *Ancient Libraries*. Cambridge, 2013.
- André Lemaire, *Levantine Epigraphy and History in the Achaemenid Period* (539–332 bce). Oxford,

2015.

- Christopher Rollston, *Writing and Literacy in the World of Ancient Israel: Epigraphic Evidence from the Iron Age*. Atlanta, GA, 2010.
- Pierre Tallet and Gregory Marouard, 'The Harbor of Khufu on the Red Sea Coast at Wadi al-Jarf, Egypt', *Near Eastern Archaeology* 77 (2014): 4–14.

아메리카 대륙

- Elizabeth H. Boone and Walter D. Mignolo (eds), *Writing Without Words: Alternative Literacies in Mesoamerica and the Andes*. Durham, 1994.
- Elizabeth H. Boone and Gary Urton (eds), *Their Way of Writing: Scripts, Signs and Pictographies in Pre-Columbian America*. Washington, D.C., 2011.
- Candace S. Greene and Russell Thornton (eds), *The Year the Stars Fell: Lakota Winter Counts at the Smithsonian*. Lincoln, NB, 2007.
- Maarten Jansen and Laura Broekhoven (eds), *Mixtec Writing and Society: Escritura de Nuu Dauzi*, Amsterdam, 2009. 온라인 공개 자료: https://openaccess.leidenuniv.nl/handle/1887/14164
- Maarten Jansen and Gabina Aurora Pérez Jiménez, *The Mixtec Pictorial Manuscripts: Time, Agency and Memory in Ancient Mexico*. Leiden, 2010.
- Jeffrey Quilter and Gary Urton (eds), *Narrative Threads: Accounting and Recounting in Andean Khipu*. Austin, TX, 2002.
- Kathryn E. Sampeck (ed.), *Colonial Mesoamerican Literacy: Method, Form, and Consequence:* Special Issue of *Ethnohistory* 62:3 (2015).
- Gary Urton, *Signs of the Inka Khipu: Binary Coding in the Andean Knotted-String Records*. Austin, TX, 2003.
- Gabrielle Vail. 'The Maya Codices', *Annual Review of Anthropology* 35 (2006): 497–519.

3장 _____

- Charles Barber, *Figure and Likeness: On the Limits of Representation in Byzantine Iconoclasm*. Princeton, NJ, 2002.
- Michelle Brown (ed.), *In the Beginning. Bibles to the Year 1000*. Washington, D.C., 2006.
- Barbara Crostini and G. Peers (eds), *A Book of Psalms from Eleventh-Century Byzantium: the Complex of Texts and Images in Psalter Vat. gr. 752, Studi e Testi*. Vatican City, 2016.
- Casey Dué, *Recapturing a Homeric Legacy*. Washington, D.C., 2009.
- Eusebius, *Life of Constantine*, ed. and trans. A. Cameron and S.G. Hall, Oxford, 1999.
- Maria Evagelatou, 'Word and Image in the Sacra Parallela (MS Paris. gr. 923)', *Dumbarton Oaks Papers* 62 (2008): 113–97.
- Harry Y. Gamble, *Books and Readers in the Early Church: A History of Early Christian Texts*. New Haven, CT, 1995.
- George Houston, *Inside Roman Libraries. Book Collections and their Management in Antiquity*. Chapel Hill, NC, 2014.
- John Lowden, *The Octateuchs: a Study in Byzantine Manuscript Illustration*. University Park, PA, 1992.
- John Lowden, *The Jaharis Gospel Lectionary: the Story of a Byzantine Book*. New York, 2009.

- Hugo Lundhaug and Lance Jenott, *The Monastic Origins of the Nag Hammadi Codices*. Tübingen, 2015.
- Roy MacCleod (ed.), *The Library of Alexandria, Centre of Learning in the Ancient World*. London and New York, 2000, repr. 2005.
- M. McCormick, 'The Birth of the Codex and the Apostolic Life-Style', *Scriptorium* 39 (1985): 150–8.
- Reviel Netz, William Noel, Natali Tchernetska, and Nigel Wilson (eds), *The Archimedes Palimpsest*, 2 vols. Cambridge, 2011.
- Carl Nordenfalk, *Die spätantiken Kanontafeln: Kunstgeschichtliche Studien über die eusebianische Evangelien-Konkordanz in den vier ersten Jahrhunderten ihrer Geschichte*. Gothenburg, 1938.
- Eva Nyström, *Containing Multitudes: Codex Upsaliensis Graecus 8 in Perspective*. Uppsala, 2009.
- Lidia Perria, Γραφίς. *Per una storia della scrittura greca libraria* (secoli IV a.C.–XVI d.C.). Rome and Vatican City, 2011 (English trans. forthcoming).
- I. Pérez Martin and J. Signez Codoñer (eds), *Textual Transmission in Byzantium: Between Textual Criticism and Quellenforschung*. Turnhout, 2014.
- James Raven (ed.), *Lost Libraries: the Destruction of Great Book Collections since Antiquity*. Basingstoke, 2004.
- I.M. Resnick, 'The Codex in Early Jewish and Christian Communities', *Journal of Religious History* 17 (1992): 1–17.
- Colin H. Roberts and T.C. Skeat, *The Birth of the Codex*. Oxford, 1983.
- John L. Sharpe III and Kimberly Van Kampen (eds), *The Bible as Book. The Manuscript Tradition*. London, 1998.
- P.L. Tucci, 'Galen's Storeroom, Rome's Libraries, and the Fire of AD 192', *Journal of Roman Archaeology* 21 (2008): 133–49.
- Kurt Weitzmann and Massimo Bernabò, *The Byzantine Octateuchs*. Princeton, NJ, 1999.
- Kurt Weitzmann and George Galavaris, *The Monastery of Saint Catherine at Mount Sinai. The Illuminated Greek Manuscripts. I. From the Ninth to the Twelfth Century*. Princeton, NJ, 1990.

웹사이트

- http://sinaipalimpsests.org/technologies
- https://ancientlives.org
- http://pinakes.irht.cnrs.fr
- http://ngv.vic.gov.au/essay/illuminating-words/

4장

중국

- Cynthia Brokaw, *Commerce in Culture: The Sibao Book Trade in the Qing and Republican Periods*. Cambridge, MA, 2007.
- Lucille Chia, 'Of Three Mountains Street: The Commercial Publishers of Ming Nanjing', in Cynthia Brokaw and Kai-wing Chow (eds), *Printing and Book Culture in Late Imperial China*. Berkeley, CA, 2005, pp. 107–51.
- Lucille Chia, *Printing for Profit: The Commercial Publishers of Jianyang, Fujian (11th–17th Centuries)*. Cambridge, MA, 2002.

- Kai-wing Chow. *Publishing, Culture, and Power in Early Modern China*. Stanford, CA, 2004.
- Sören Edgren. 'Southern Song Printing at Hangzhou'. *Bulletin of the Museum of Far Eastern Antiquities* 61 (1989): 1–212.
- Ronald Egan, '"To Count Grains of Sand on the Ocean Floor": Changing Perceptions of Books and Learning in Song Dynasty China', in Lucille Chia and Hilde de Weerdt (eds), *Knowledge and Text Production in an Age of Print, 900–1400*. Leiden, 2011, pp. 33–62.
- Yuming He, *At Home and the World: Editing the 'Glorious Ming' in Woodblock-Printed Books of the Sixteenth and Seventeenth Centuries*. Cambridge, MA, 2013.
- Robert Hegel, *Reading Illustrated Fiction in Late Imperial China*. Stanford, CA, 1998.
- Philip K. Hu, *Visible Traces: Rare Books and Special Collections from the National Library of China*. New York and Beijing, 2000.
- Joseph P. McDermott, *A Social History of the Chinese Book: Books and Literati Culture in Late Imperial China*. Hong Kong, 2006.
- Tsuen-hsuin Tsien, *Paper and Printing*. Vol. 5, Part I of *Science and Civilisation in China*. ed. Joseph Needham. Cambridge, 1985.
- Jiang Wu and Lucille Chia (eds), *Spreading Buddha's Word in East Asia: The Formation and Transformation of the Chinese Buddhist Canon*. New York, 2016.

한국

- Peter H. Lee and Wm. Theodore de Bary (eds), *Sources of Korean Tradition*. Vol. 1: *From Early Times through the Sixteenth Century*. New York, 1997.
- Beth McKillop, 'The History of the Book in Korea', in Michael F. Suarez and H.R. Woudhuysen (eds), *The Oxford Companion to the Book*. 2 vols. Oxford, 2010, pp. 366–73.
- Young Kyun Oh. *Engraving Virtue: The Printing History of a Premodern Korean Moral Primer*. Leiden, 2013.
- Young Jung Ok, *Early Printings in Korea*. Seongnam, 2013.
- Pow-key Sohn, 'Early Korean Printing', *Journal of the American Oriental Society* 79.2 (April–June 1959): 96–103.
- Suyoung Sun, 'Transmitting Haoqiu zhuan in Eighteenth-Century Chosŏn Korea', *East Asian Publishing and Society* 3:1 (2013): 3–30.
- Boudewijn Walraven, 'Reader's Etiquette, and Other Aspects of Book Culture in Chosŏn Korea' in Wilt L. Idema (ed.), *Books in Numbers: Seventy-Fifth Anniversary of the Harvard-Yenching Library Conference Papers*. Cambridge, MA, 2007, pp. 237–65.

일본

- Mary Elizabeth Berry, *Japan in Print: Information and Nation in the Early Modern Period*. Berkeley, CA, 2006.
- Jack Hillier, *The Art of the Japanese Book*. 2 vols. London, 1987.
- Roger S. Keyes, *Ehon: The Artist and the Book in Japan*. New York, 2006.
- Peter Kornicki, *The Book in Japan. A Cultural History from the Beginnings to the Nineteenth Century*. Leiden, 1998.

5장 _____

- Bernhard Bischoff, *Manuscripts and Libraries in the Age of Charlemagne*. Cambridge, 1994.
- Michael Camille, *Images on the Edge: The Margins of Medieval Art*. Cambridge MA, 1992.
- Joyce Coleman, *Public Reading and the Reading Public in late medieval England and France*. Cambridge, 1996.
- Christopher De Hamel, *A History of Illuminated Manuscripts*, 2nd edn. London, 1994.
- Christopher De Hamel, *Scribes and Illuminators*. London, 1992 [reissued as Making Medieval Manuscripts. Oxford, 2017].
- Rosamond McKitterick, *The Carolingians and the Written Word*. Cambridge, 1989.
- M.B. Parkes, *Their Hands before Our Eyes. A Closer Look at Scribes*. Aldershot, 2008.
- Pamela Robinson and J. Roberts (ed.), *The History of the Book in the West: 400 AD –1455*. London, 2010.
- R.H. Rouse and M.A. Rouse, *Manuscripts and their Makers: Commercial Book Producers in Medieval Paris, 1200 –1500*. Turnhout, 2000.
- Kathryn Rudy, *Piety in Pieces: How Medieval Readers Customised their Manuscripts*. 2016: http://openbookpublishers.com/product/477/
- Don Skemer, *Binding Words: Textual Amulets in the Middle Ages*. University Park, PA, 2006.
- R.S. Wieck, *Time Sanctified: the Book of Hours in Medieval Art and Life*. Baltimore, MD, 1988.

6장 _____

- Barbara Bieńkowska and Halina Chamerska, *Books in Poland: Past and Present*. Wiesbaden, 1990.
- Guy Bechtel, *Gutenberg et l'invention de l'imprimerie. Une enquête*. Paris, 1992.
- Roger Chartier, trans. Lydia G. Cochrane, *The Order of Books: Readers, Authors and Libraries in Europe Between the 14th and 18th Centuries*. Stanford, CA, 1985.
- Roger Chartier, trans. Lydia G. Cochrane, *The Cultural Uses of Print in Early Modern France*. Princeton, NJ, 1987.
- Melissa Conway, *The Diario of the Printing Press of San Jacopo di Ripoli 1476 –1484*. Commentary and Transcription. Florence, 1999.
- Martine Delaveau and Yann Sordet (eds), *Édition et diffusion de l'Imitation de Jésus-Christ (1470 – 1800). Études et catalogue collectif*. Paris, 2011.
- Elizabeth Eisenstein, *The Printing Revolution in Early Modern Europe*, 2nd edn. Cambridge, 2005.
- Lucien Febvre and Henri-Jean Martin, trans. D. Gerard, *The Coming of the Book: The Impact of Printing 1450 –1800*. London, 1976; originally published 1958.
- Alexandra Gillespie, *Print Culture and the Medieval Author: Chaucer, Lydgate, and their Books 1473 –1557*. Oxford, 2006.
- Anthony Grafton, *Commerce with the Classics: Ancient Books and Renaissance Readers*. Ann Arbor, MI, 1997.
- Anthony Grafton, *The Culture of Correction in Renaissance Europe*. London, 2013.
- Antony Griffiths, *The Print Before Photography. An introduction to European Printmaking 1550 – 1820*. London, 2016.
- R.A. Houston, *Literacy in Early Modern Europe: Culture and Education 1500 –1800*, 2nd edn.

Harlow, 2002.

- Wytze Gerbens Hellinga, H. de la Fontaine-Verwey, and G.W. Ovink (eds), 2 vols. *Copy and Print in the Netherlands: an Atlas of Historical Bibliography*. Amsterdam, 1960-2.
- Rémi Jimenes, *Les caractères de civilité. Typographie & calligraphie sous l'Ancien Régime. France, XVIe-XIXe siècles*. Paris, 2011.
- Albert Kapr, trans., D. Martin, *Johann Gutenberg: The Man and his Invention*. Aldershot, 1996.
- Jeffrey Todd Knight, *Bound to Read: Compilations, Collections, and the Making of Renaissance Literature*. Philadelphia, 2013.
- David McKitterick, *Print, Manuscript and the Search for Order*, 1450-1830. Cambridge, 2003.
- Ian Maclean, *Scholarship, Commerce, Religion: The Learned Book in the Age of Confession, 1560-1630*. Cambridge, MA and London, 2012.
- Paul Needham, *The Printer and the Pardoner: An Unrecorded Indulgence Printed by William Caxton for the Hospital of St. Mary Rounceval, Charing Cross*. Washington, D.C., 1986.
- Angela Nuovo, *The Book Trade in the Italian Renaissance* (trans. Lydia G. Cochrane). Leiden and Boston, MA, 2013.
- Goran Proot, 'Converging Design Paradigms: Long-Term Evolutions in the Layout of Title Pages of Latin and Vernacular Editions Published in the Southern Netherlands, 1541-1660', *Papers of the Bibliographical Society of America*, 108:3 (Sept. 2014): 269-305.
- James Raven, Naomi Tadmor, and Helen Small (eds), *The Practice and Representation of Reading in England: Essays in History and Literature*. Cambridge, 1996.
- James Raven, *The Business of Books: Booksellers and the English Book Trade 1450-1850*. London and New Haven, CT, 2007.
- Brian Richardson, *Printing, Writers and Readers in Renaissance Italy*. Cambridge, 1999.
- Margaret M. Smith, *The Title-Page: Its Early Development, 1460-1510*. London and New Castle, DE, 2000.
- Hendrik D.L. Vervliet, *Sixteenth-Century Printing Types of the Low Counties*. Amsterdam, 1968.
- Hendrik D.L. Vervliet, *French Renaissance Printing Types: A Conspectus*. London and New Castle, DE, 2010.
- Hendrik D.L. Vervliet, *The Palaeotypography of the French Renaissance: Selected Papers on Sixteenth-Century Typefaces*, 2 vols. Leiden, 2008.
- Eric White, *Editio princeps: A History of the Gutenberg Bible*. Turnhout, 2017.

7장

- Luigi Balsamo, trans. A. Pettas, *Bibliography: History of a Tradition*. Berkeley, CA, 1990.
- Wolfgang Behringer, 'Communications Revolutions: A Historiographical Concept', trans. Richard Deveson, *German History* 24:3 (2006): 333-74.
- Ann Blair, *Too Much To Know: Managing Scholarly Information Before the Modern Age*. New Haven, CT, 2010.
- Peter Burke, *A Social History of Knowledge: From Gutenberg to Diderot*. Cambridge and Malden, MA, 2000[한국어판은 『지식―그 탄생과 유통에 대한 모든 지식』(박광식 옮김, 현실문화, 2006)].
- Liesbeth Corens, Kate Peters, and Alexandra Walsham, *The Social History of the Archive: Record-Keeping in Early Modern Europe. Past and Present Supplement* 11 (Oxford, 2016).

- James Delbourgo and Staffan Müller-Wille, 'Listmania. How lists can open up fresh possibilities for research in the history of science', Isis 103:4 (Dec. 2012): 710-52.
- George Hoffman. *Montaigne's Career*. Oxford, 1998.
- Sachiko Kusukawa. *Picturing the Book of Nature: Image, Text, and Argument in Sixteenth-Century Human Anatomy and Medical Botany*. Chicago, 2012.
- Hilde De Weerdt, *Information, Territory, and Networks: The Crisis and Maintenance of Empire in Song China*. Boston, MA, 2016.
- Juliet Fleming, William Sherman, and Adam Smyth (eds), a special edition of the *Journal of Medieval and Early Modern Studies* 45:3 (2015) on 'Renaissance Collage: Towards a New History of Reading'.
- John-Paul A. Ghobrial, *The Whispers of Cities: Information Flows in Istanbul, London, and Paris in the Age of William Trumbull*. New York and Oxford, 2013.
- Michael Lackner, 'Diagrams as an Architecture by means of Words: the Yanji tu' in Francesca Bray, Vera Dorofeeva-Lichtmann, and George Métailié (eds), *Graphics and Text in the Production of Technical Knowledge in China. The Warp and the Weft*. Leiden, 2007, pp. 341-77.
- David McKitterick, *Print, Manuscript and the Search for Order, 1450-1830*. Cambridge, 2003.
- Robin Myers, Michael Harris, and Giles Mandelbrote (eds), *Books For Sale: The Advertising and Promotion of Print since the Fifteenth Century*. New Castle, DE and London, 2009.
- Brian Ogilvie, *The Science of Describing: Natural History in Renaissance Europe*. Chicago, 2006.
- Andrew Pettegree, *The Book in the Renaissance*. New Haven, CT, 2010.
- Andrew Pettegree, *The Invention of News: How the World Came to Know about Itself*. New Haven, CT, 2014.
- Daniel Rosenberg and Anthony Grafton, *Cartographies of Time*. Princeton, NJ, 2012[한국어판은 『시간 지도의 탄생—고대에서 현대까지 연표의 진화와 역사』(김형규 옮김, 현실문화, 2013)].
- Chad Wellmon, *Organizing Enlightenment. Info Overload and the Invention of the Modern Research University*. Baltimore, MD, 2015.

8장 _____

일반

- George Atiyeh (ed.), *The Book in the Islamic World: The Written Word and Communication in the Middle East*. Albany, NY, 1995.
- Sheila Blair, *Islamic Calligraphy*. Edinburgh, 2006.
- Sheila Blair and Jonathan Bloom (eds), *By the Pen and What They Write: Writing in Islamic Art and Culture*. London, 2017.

초기의 쿠란 필사본

- François Déroche et al., *Islamic Codicology: An Introduction to the Study of Manuscripts in Arabic Script*. London, 2005.
- David James, *Qur'ans and Bindings from the Chester Beatty Library*. London, 1980.
- François Déroche, *The Abbasid Tradition: Qur'ans of the 8th to the 10th Centuries*. London, 1992.
- François Déroche, *La transmission écrite du Coran dans les débuts de l'islam: Le Codex Parisino-petropolitanus*. Leiden, 2009.

- Adam Gacek, *Arabic Manuscripts: A Vademecum for Readers*. Leiden, 2009.
- François Déroche, *Qur'ans of the Umayyads: A First Overview*. Leiden, 2014.
- Alain George, *The Rise of Islamic Calligraphy*. London, 2010.
- Gregor Schoeler, *The Oral and the Written in Early Islam*. London, 2006.
- Gregor Schoeler, *The Genesis of Literature in Islam: From the Aural to the Read*. Edinburgh, 2009.

종이로의 이행

- Jonathan Bloom, P*aper before Print: The History and Impact of Paper in the Islamic World*. New Haven, CT, 2001.
- Konrad Hirschler, *The Written Word in the Medieval Arabic Lands: A Social and Cultural History of Reading Practices*. Edinburgh, 2012.
- Ibn al-Nadim, trans. B. Dodge, *The Fihrist of al-Nadim*. New York, 1970.
- David James, *The Master Scribes: Qur'ans of the 10th to 14th centuries AD*. London, 1992.
- David Storm Rice, *The Unique Ibn al-Bawwāb Manuscript in the Chester Beatty Library*. Dublin, 1955.
- Houari Touati, *L'Armoire à sagesse: bibliothèques et collections en Islam*. Paris, 2003.

호화 삽화본

- Martin B. Dickson and Stuart Cary Welch, *The Houghton Shahname*h. Cambridge, MA, 1982.
- Oleg Grabar and Sheila Blair, *Epic Images and Contemporary History: The Illustrations of the Great Mongol Shahnama*. Chicago and London, 1980.
- Thomas W. Lentz and Glenn D. Lowry, *Timur and the Princely Vision: Persian Art and Culture in the Fifteenth Century*. Los Angeles, CA, 1989.
- Marianna S. Simpson, *Sultan Ibrahim Mirza's Haft Awrang: A Princely Manuscript from Sixteenth-Century Iran*. New Haven, CT, 1997.
- Eleanor Sims, *Peerless Images: Persian Painting and its Sources*. London, 2002.
- Wheeler M. Thackston, 'Treatise on Calligraphic Arts: A Disquisition on Paper, Colors, Inks, and Pens by Simi of Nishapur', in Michael M. Mazzaoui and Vera B. Moreen (eds), *Intellectual Studies on Islam: Essays Written in Honor of Martin B. Dickson*. Salt Lake City, UT, 1990, pp. 219–28.

다른 형식과 포맷

- Oleg Akimushkin, *The St. Petersburg Muraqqa: Album of Indian and Persian Miniatures from the 16th–18th Centuries and Specimens of Persian Calligraphy of Imad al-Hasani*. Lugano, 1996.
- M. Uğur Derman, *Letters in Gold: Ottoman Calligraphy from the Sakip Sabanci Collection, Istanbul*. New York, 1998.
- Eva-Maria Hanebutt-Benz, Dagmar Glass, and Geoffrey Roper (eds), *Middle Eastern Languages and the Print Revolution: A Cross-Cultural Encounter*. Westhofen, 2002.
- Shamil Jeppie and Souleymane Bachir Diagne (eds), *The Meanings of Timbuktu*. Cape Town, 2008.

9장 _____

- Norbert Bachleitner, *Die literarische Zensur in Österreich 1751–1848. Literaturgeschichte in Studien und Quellen*, vol. 28. Vienna, Cologne, and Weimar, 2017.
- Raymond Birn, *La censure royale des livres dans la France des Lumières*. Paris, 2007.

- T.C.W. Blanning, *The Culture of Power and the Power of Culture: Old Regime Europe 1660–1789.* Oxford, 2002.
- Simon Burrows, *The French Book Trade in Enlightenment Europe.* London, 2018.
- Pascale Casanova, 'The Invention of Literature', chap. 2 in *The World Republic of Letters*, trans. M.B. Debevoise. Cambridge, MA, 2004, pp. 45–81.
- Roger Chartier, 'Urban Reading Practices', in *The Cultural Uses of Print in Early-Modern France*, trans. Lydia G. Cochrane. Princeton, N.J., 1987, pp. 183–239.
- Roger Chartier, trans. Lydia C. Cochrane, *The Cultural Origins of the French Revolution*, Durham, NC and London, 1991[한국어판은 『프랑스혁명의 문화적 기원』(백인호 옮김, 지만지, 2015)].
- Roger Chartier and Henri-Jean Martin (eds), *Le livre triomphant 1660–1830*, vol. 2 of Histoire de l'édition française. Paris, 1984.
- Mark Curran, *The French Book Trade in Enlightenment Europe I: Selling Enlightenment.* London, 2018.
- Marcus Daniel, *Scandal and Civility: Journalism and the Birth of American Democracy.* Oxford, 2009.
- Robert Darnton, *The Business of Enlightenment: A Publishing History of the Encyclopédie 1775–1800.* Cambridge, MA, 1979.
- Robert Darnton, *The Literary Underground of the Old Regime.* Cambridge, MA, 1982.
- Robert Darnton, 'Bourbon France: Privilege and Repression', in *Censors at Work: How States Shaped Literature.* New York, 2014, 23–86[한국어판은 『검열관들』(박영록 옮김, 문학과지성사, 2021), '부르봉 왕조 프랑스: 특허와 억압'].
- Robert Darnton, *The Forbidden Best-Sellers of Pre-Revolutionary France and The Corpus of Clandestine Literature in France, 1769–1789*, 2 vols. New York, 1995[한국어판은 『책과 혁명─프랑스혁명 이전의 금서 베스트셀러』(주명철 옮김, 알마, 2014)].
- Robert Darnton, *The Devil in the Holy Water or the Art of Slander from Louis XIV to Napoleon.* Philadelphia, 2010.
- Elizabeth Eisenstein, *Grub Street Abroad: Aspects of the French Cosmopolitan Press from the Age of Louis XIV to the French Revolution.* Oxford, 1992.
- Markman Ellis, *The Coffee-House: A Cultural History.* London, 2004.
- Rolf Engelsing, 'Die neuen Leser', in *Der Bürger als Leser. Lesergeschichte in Deutschland 1500–1800.* Stuttgart, 1974, pp. 182–215.
- Marie-Claude Felton, *Maîtres de leurs ouvrages: l'édition à compte d'auteur à Paris au XVIIIe siècle.* Oxford, 2014.
- Jeffrey Freedman, *Books Without Borders in Enlightenment Europe: French Cosmopolitanism and German Literary Markets.* Philadelphia, 2012.
- Jeffrey Freedman, *A Poisoned Chalice.* Princeton, 2002.
- François Furet, 'La librarie du royaume de France au 18e siècle', in G. Bollème et al. (eds), *Livre et société dans la France du XVIIIe siècle.* Paris and The Hague, 1965, pp. 3–32.
- Dena Goodman, *Becoming a Woman in the Age of Letters.* Ithaca, N.Y., 2009.
- Brean S. Hammond, *Professional Imaginative Writing in England, 1670–1740. 'Hackney for Bread'.* Oxford, 1997.
- Christine Haug, Franziska Mayer, and Winfried Schröder (eds), *Geheimliteratur und Geheimbuchhandel in Europa im 18. Jahrhundert.* Wiesbaden, 2011.
- Carla Hesse, *Publishing and Cultural Politics in Revolutionary Paris.* Berkeley, CA, 1991.
- Carla Hesse, *The Other Enlightenment: How French Women Became Modern.* Princeton, 2001.

- Lynn Hunt, '"Torrents of Emotion": Reading Novels and Imagining Equality', in *Inventing Human Rights: A History*. New York, 2007, pp. 35-69[한국어판은 『인권의 발명』(전진성 옮김, 교유서가, 2022), '감정의 분출: 소설을 읽고 평등을 상상하다'].
- Adrian Johns, 'The Piratical Enlightenment' in Clifford Siskin and William Warner (eds), *This is Enlightenment*. Chicago and London, 2010, pp. 301-22.
- Helmuth Kiesel and Paul Münch, *Gesellschaft und Literatur im 18. Jahrhundert. Voraussetzungen und Entstehung des literarischen Markts in Deutschland*. Munich, 1977.
- James van Horn Melton, *The Rise of the Public in Enlightenment Europe*. Cambridge, 2001.
- François Moureau, *La plume et le plomb: espaces de l'imprimé et du manuscrit au siècle des Lumières*. Paris, 2006.
- Jeremy Popkin, *Revolutionary News. The Press in France*, 1789-1799. Durham, NC and London, 1990.
- James Raven, 'Historical Introduction: The Novel Comes of Age', in James Raven and Antonia Forster (eds), *The English Novel 1770-1829: A Bibliographical Survey of Prose Fiction Published in the British Isles*, vol. 1, 1770-1799. Oxford, 2000, pp. 15-121.
- James Raven, *The Business of Books: Booksellers and the English Book Trade*. New Haven, CT and London, 2007.
- Thierry Rigogne, *Between State and Market: Printing and Bookselling in Eighteenth-Century France*. Oxford, 2007.
- Thierry Rigogne, 'Readers and Reading in Cafés, 1660-1800', *French Historical Studies* 41:3 (August 2018): 473-94.
- Mark Rose, *Authors and Owners: The Invention of Copyright*. Cambridge, MA, 1993.
- Pamela Selwyn, *Everyday Life in the German Book Trade: Friedrich Nicolai as Bookseller and Publisher in the Age of Enlightenment, 1750-1810*. University Park, PA, 2000.
- Will Slauter, 'The Rise of the Newspaper', in Richard R. John and Jonathan Silberstein Loeb (eds), *Making News: The Political Economy of Journalism in Britain and America from the Glorious Revolution to the Internet*, Oxford, 2015, pp. 19-46.
- Geoffrey Turnovsky, *The Literary Market: Authorship and Modernity in the Old Regime*. Philadelphia, 2010.
- Reinhard Wittmann, 'Der gerechtfertigte Nachdrucker? Nachdruck and literarishes Leben im achtzehnten Jahrhundert', in *Buchmarkt und Lektüre im 18. und 19. Jahrhundert. Beiträge zum literarischen Leben 1750-1880*. Tübingen, 1982, pp. 69-92.
- Reinhard Wittman, *Geschichte des deutschen Buchhandels*. Ein Überblick. Munich, 1991.
- Martha Woodmansee, 'Genius and the Copyright' in *The Author, Art, and the Market: Rereading the History of Aesthetics*. New York, 1994, pp. 35-55.

웹사이트

- Norbert Bachleitner and Daniel Syrovy. Verpönt, Verdrängt—Vergessen? Eine Datenbank zur Erfassung der in Österreich zwischen 1750 und 1848 verbotenen Bücher. http://univie.ac.at/zensur/info.php
- Simon Burrows and Mark Curran, The French Book Trade in Enlightenment Europe Database, 1769-1794. http://fbtee.uws.edu.au/stn/interface/, 2014년 5월 6일.
- Robert Darnton, A Literary Tour de France. Publishing and the Book Trade in France and Francophone Europe 1769-1789. http://robertdarnton.org/

- Mapping the Republic of Letters. http://republicofletters.stanford.edu/index.html

10장 _____

- Christopher A. Bayly, *Empire and Information: Intelligence Gathering and Social Communication in India, 1780–1870*. Cambridge, 1996.
- Rimi Barnali Chatterjee, *Empires of the Mind: A History of the Oxford University Press in India under the Raj*. New Delhi, 2006.
- Robert Fraser and Mary Hammond (eds), *Books Without Borders···Volume 2: Perspectives from South Asia*. Basingstoke, 2008.
- Anindita Ghosh, *Power in Print: Popular Publishing and the Politics of Language and Culture in a Colonial Society*. New Delhi, 2006.
- B.N. Goswamy, *The Word is Sacred; Sacred is the Word: The Indian Manuscript Tradition*. New Delhi, 2006.
- Jan E.M. Houben and Saraju Rath, 'Manuscript culture and its impact in "India": contours and parameters', in Saraju Rath (ed.), *Aspects of Manuscript Culture in South India*. Leiden, 2012, pp. 1–53.
- Jinah Kim, *Receptacle of the Sacred: Illustrated Manuscripts and the Buddhist Book Cult in South Asia*. Berkeley, CA, 2013.
- Jeremiah Patrick Losty, *The Art of the Book in India*. London, 1982.
- Miles Ogborn, *Indian Ink: Script And Print in the Making of the English East India Company*. Chicago and London, 2007.
- Francesca Orsini (ed.), *The History of the Book in South Asia*. Farnham, 2013.
- Francesca Orsini and Katherine Butler Schofield (eds), *Tellings and Texts: Music, Literature and Performance in North India*. Cambridge, 2015.
- Sheldon Pollock, 'Literary culture and manuscript culture in precolonial India' in Simon Eliot, Andrew Nash, and Ian Willison (eds), *Literary Cultures and the Material Book*. London, 2007, pp. 77–94.
- Anant Kakba Priolkar, *The Printing Press in India: Its Beginnings and Early Development*. Bombay, 1958.
- Ulrike Stark, *An Empire of Books: The Naval Kishore Press and the Diffusion of the Printed Word in Colonial India*. Ranikhet, 2007.
- A.R. Venkatachalapathy, *The Province of the Book: Scholars, Scribes, and Scribblers in Colonial Tamilnadu*. Ranikhet, 2012.
- Dominik Wujastyk, 'Indian manuscripts', in Jörg B. Quenzer, Dmitry Donarev, and Jan-Ulrich Sobisch (eds), *Manuscript Cultures: Mapping the Field*. Berlin, 2014, pp. 159–81.

11장 _____

- Louis André, *Machines à papier: Innovation et transformations de l'industrie papetière en France, 1798–1860*. Paris, 1997.
- Frédéric Barbier, 'The Publishing Industry and Printed Output in 19th Century France' in Kenneth

E. Carpenter (ed.), *Books and Society in History*. New York and London, 1983.

- Laurel Brake, *Print in Transition 1850–1910. Studies in Media and Book History*. London, 2003.
- Annie Charon and Elisabeth Parinet, *Les Ventes de livres et leurs catalogues XVIIe–XXe siècles*. Paris, 2000.
- D.C. Coleman, *The British Paper Industry 1495–1860: A Study in Industrial Growth*. Oxford, 1958.
- H. Curwen, *A History of Booksellers, the Old and the New*. London, 1873.
- Simon Eliot, *Some Patterns and Trends in British Publishing 1800–1919*. London, 1994.
- Lee Erickson, *The Economy of the Literary Form: English Literature and the Industrialisation of Publishing 1800–1850*. Baltimore, MD, 1996.
- John Feather, *A History of British Publishing*. London and New York, 1988.
- James Hepburn, *The Author's Empty Purse and the Rise of the Literary Agent*. Oxford, 1968.
- Elizabeth James (ed.), *Macmillan: A Publishing Tradition*. London, 2002.
- Helmut Lehmann-Haupt, *The Book in America. A History of the Making and Selling of Books in the United States*. New York, 1952.
- David McKitterick (ed.), *The Cambridge History of the Book in Britain*, vol. 4, Cambridge, 2009.
- Martyn Lyons, Books: *A Living History*, London, 2011[한국어판은 『책, 그 살아 있는 역사—종이의 탄생부터 전자책까지』(서지원 옮김, 21세기북스, 2011)].
- Frank L. Mott, *A History of American Magazines*, vol. 2, Boston, MA, 1938.
- Isabelle Olivero, *L'invention de la collection*. Paris, 1999.
- Donald Sassoon, *The Culture of the Europeans from 1800 to the Present*. London, 2006.
- Catherine Seville, *Literary Copyright Reform in Early Victorian England: The Framing of the 1842 Copyright Act*. Cambridge, 1999.
- S.H. Steinberg, *Five Hundred Years of Printing*. Baltimore, MD, 1955.
- Michael Winship, 'The Rise of a National Booktrade System in the United States, 1865–1916', in Jean-Yves Mollier and Jacques Michon (eds), *Les mutations du livre et de l'édition dans le monde du XVIIIe siècle à l'an 2000*. Laval, 2001.

12장 _____

중국

- Cynthia Brokaw and Christopher A. Reed (eds), *From Woodblocks to the Internet: Chinese Publishing and Print Culture in Transition, circa 1800 to 2008*. Leiden, 2010.
- Alexander C. Cook (ed.), *Mao's Little Red Book: A Global History*. New York, 2014.
- Jean-Pierre Drege and Hua Chang-ming, *La Révolution du livre dans la Chine moderne: Wang Yunwu, éditeur*. Paris, 1979.
- Man-ying Ip, *The Life and Times of Zhang Yuanji, 1867–1959*. Beijing, 1985.
- Shuyu Kong, *Consuming Literature: Best Sellers and the Commercialization of Literary Production in Contemporary [1990s] China*. Stanford, CA, 1995.
- Leo Ou-fan Lee, *Shanghai Modern: The Flowering of a New Urban Culture in China 1930–1945*. Cambridge, MA, 1999.
- Daniel Leese, 'The Little Red Book', in Leese, *Mao Cult: Rhetoric and Ritual in China's Cultural Revolution*. New York, 2011, ch. 5.
- Perry Link, *The Uses of Literature: Life in the Socialist Literary System [1970s–1990]*. Princeton, NJ,

2000.

- Christopher A. Reed, *Gutenberg in Shanghai: Chinese Print Capitalism, 1876–1937.* Vancouver, Toronto, and Honolulu, 2004. Hong Kong, 2005.
- Christopher A. Reed, 'Modern Chinese Print and Publishing Culture: The State of the Discipline II', *Book History* 10 (2007): 291–316.
- Christopher A. Reed, 'Re/Collecting the Sources: Shanghai's Dianshizhai Pictorial and Its Place in Historical Memories, 1884–1949', *Modern Chinese Literature and Culture* 12:2 (Fall 2000): 44–71.
- Fei-Hsien Wang, *Pirates and Publishers: A Social History of Copyright in Modern China.* Princeton, NJ, 2019.
- Xiaoqing Ye, *The Dianshizhai Pictorial: Shanghai Urban Life, 1884–1898.* Ann Arbor, MI, 2003.
- Endymion Wilkinson, *Chinese History: A New Manual.* 4th edn. Cambridge, MA and London, 2015.
- Yuezhi Zhao, *Media, Market, and Democracy in China: Between the Party Line and the Bottom Line.* Urbana, IL, 1998.

일본과 한국

- Vipan Chandra, *Imperialism, Resistance, and Reform in Late Nineteenth-Century Korea: Enlightenment and the Independence Club.* Berkeley, CA, 1988.
- Anne M. Cooper-Chen, *Cartoon Cultures: The Globalization of Japanese Popular Media.* New York, 2010.
- David C. Earhart, *Certain Victory: Images of World War II in Japanese Media.* Armonk, NY, 2008.
- Man-nyun Han, 'Publishing in Korea, An Historical Survey', *Transactions Royal Asiatic Society Korea Branch* 45 (Seoul) (1969): 51–85.
- James L. Huffman, *Creating a Public: People and the Press in Meiji Japan.* Honolulu, 1997.
- Wilt L. Idema (ed.), *Book in Numbers: Seventy-Fifth Anniversary of the Harvard-Yenching Library.* Cambridge, MA, 2007.
- Insatsu Hakubutsukan (Printing Museum, Tokyo), *Insatsu toshi Tōkyō to kindai Nihon* (Tokyo—The Printing Capital and Its Role in Modern Japan). Tokyo, 2012.
- Insatsu Hakubutsukan (Printing Museum, Tokyo), *Mirion seraa tanjō-e: Meiji-Taishō no zasshi media* (The Birth of a Million Seller: Magazines as Media in the Meiji-Taishō Era). Tokyo, 2008.
- Andrew T. Kamei-Dyche, 'The History of Books and Print Culture in Japan: The State of the Discipline', *Book History* 14 (2011): 270–304.
- Kyung Hyun Kim (ed.), *The Korean Popular Culture Reader.* Durham, NC, 2014.
- Peter Kornicki, *The Book in Japan: A Cultural History from the Beginnings to the Nineteenth Century.* Leiden, 1998.
- Peter Kornicki, 'Japan, Korea, and Vietnam', in Simon Eliot and Jonathan Rose (eds), *A Companion to the History of the Book.* Oxford, 2007, pp. 111–25.
- Ann Sung-hi Lee, *Yi Kwang-su and Modern Korean Literature: Mujong.* Ithaca, NY, 2005.
- Edward Mack, *Manufacturing Modern Japanese Literature: Publishing, Prizes, and the Ascription of Literary Value.* Durham, NC, 2010.
- Young Kyun Oh, *Engraving Virtue: The Printing History of a Premodern Korean Moral Primer.* Leiden, 2013.
- Barbara Sato, *The New Japanese Woman: Modernity, Media, and Women in Interwar Japan.* Durham, NC, 2003.

13장 _____

- Sarah Brouillette, *Postcolonial Writers and the Global Literary Marketplace*. London, 2007.
- Sarah Brouillette, *Literature and the Creative Economy*. Stanford, CA, 2014.
- Robert Darnton, *The Case for Books: Past, Present, and Future*. New York, 2009[한국어판은 『책의 미래— 소멸과 진화의 갈림길에서 책의 운명을 말하다』(성동규, 김승완, 고은주 옮김, 교보문고, 2011)].
- Daniel Fuller and DeNel Rehberg Sedo, *Reading beyond the Book: The Social Practices of Contemporary Literary Culture*. London and New York, 2013.
- Eva Hemmungs Wirtén, *No Trespassing: Authorship, Intellectual Property Rights and the Boundaries of Globalization*. Toronto, 2004.
- Eva Hemmungs Wirtén, *Cosmopolitan Copyright: Law and Language in the Translation Zone*. Uppsala 2011. Available in full-text (pdf) from: http://urn.kb.se/resolve?urn=urn:nbn:se:uu:diva-161978
- Laura J. Miller, *Reluctant Capitalists: Bookselling and the Culture of Consumption*. Chicago, 2006.
- Simone Murray, *The Adaptation Industry. The Cultural Economy of Contemporary Literary Adaptation*. New York and London, 2011.
- Sydney Shep, *Books without Borders: The Cross-National Dimension in Print Culture*. Houndmills, 2008.
- Claire Squires and Ray Murray Padmini, 'The Digital Publishing Communications Circuit', *Book 2.0*, 3:1 (2013): 3-24. http://hdl.handle.net/1893/17181
- Ann Steiner, 'The Global Book: Micropublishing, Conglomerate Production, and Digital Market Structures', *Publishing Research Quarterly*, (2017, Nov.), 온라인. https://doi.org/10.1007/s12109-017-9558-8
- Ted Striphas, *Late Age of Print: Everyday Book Culture from Consumerism to Control*. New York, 2009.
- John B. Thompson, *Merchants of Culture. The Publishing Business in the Twenty-First Century*. Cambridge, 2010.

14장 _____

- Thierry Bardini, *Bootstrapping—Douglas Englebart, Coevolution, and the Origins of Personal Computing*. Stanford, CA, 2000.
- Elizabeth Eisenstein, 'The Newspaper Press: The End of Books?' in *Divine Art, Infernal Machine— The Reception of Printing in the West from First Impressions to the Sense of an Ending*. Philadelphia, 2011, pp. 198-214.
- Eileen Gardiner and Ronald G. Musto, 'The Electronic Book' in Michael Felix Suarez and H.R. Woudhuysen (eds), *The Oxford Companion to the Book*. Oxford, 2010, pp. 164-6.
- Paul Ginisty, *La Féerie*. Paris, 1901.
- Vivien Greene (ed.), *Italian Futurism, 1909-1944—Reconstructing the Universe*. Simon R. Guggenheim Museum. New York, 2014.
- Haje Jan Kamos, 'E-books are more than just digital facsimiles, and publishers need to realize that, pronto', *Techcrunch* (March 26, 2016); http://techcrunch.com/2016/03/26/will-nobody-think-of-the-trees/.

- Alan Kay, 'A Personal Computer for Children of All Ages' (Aug. 1972, 1). 원논문은 다음 사이트에서 볼 수 있다. http://mprove.de/diplom/gui/Kay72a.pdf.
- Giovanni Lista, *Le livre futuriste: de la libération du mot au poème tactile*. Modena, 1984.
- Stéphane Mallarmé, 'Le livre, instrument spirituel', *La Revue blanche* (July 1, 1895): 33–6.
- Hugh McGuire and Brian O'Leary (eds), *A Futurist's Manifesto*. Sebastopol, 2012.
- John McCormick, *Popular Theatres of Nineteenth-Century France*. London, 1993.
- Marshall McLuhan and Quentin Fiore. Coordinated by Jerome Agel. *The Medium is the Massage*. New York, 1967 [이 제목은 "미디어가 메시지다"를 이용한 언어유희다.][한국어판은 『미디어는 마사지다』(김진홍 옮김, 커뮤니케이션북스, 2001)].
- Marshall McLuhan, *Understanding Media: The Extensions of Man*. New York, 1964[한국어판은 『미디어의 이해: 인간의 확장』(박정규 옮김, 커뮤니케이션북스, 1999)].
- Craig Mod, http://craigmod.com/sputnik/, http://craigmod.com/journal/post_artifact/, http://craigmod.com/journal/ebooks/.
- Laszlo Moholy-Nagy, trans. Janet Seligman, *Painting Photography Film*. Cambridge, MA, 1969.
- Nicholas Negroponte, *Spatial Data Management*. Cambridge, MA, 1979.
- Geoffrey Nunberg (ed), *The Future of the Book*. Berkeley, CA, 1996.
- Andrew Piper, *Book Was Here—Reading in Electronic Times*. Chicago, 2012.
- Jan Tshichold, *The New Typography: A Handbook for Modern Designers*. Trans. Ruari McLean. 1st edition 1928; repr. Berkeley, CA, 1998.
- Claudia Salaris, *Marinetti editore*. Bologna, 1990.
- Jeffrey Schnapp with Adam Michaels, *The Electric Information Age Book* (McLuhan/Agel/Fiore and the Experimental Paperback). Princeton, NJ, 2012.
- Robert Venturi, Denise Scott Brown, and Steven Izenour, *Learning From Las Vegas*. Cambridge, MA and London, 1972[한국어판은 『라스베이거스의 교훈』(이상원 옮김, 청하, 2017)].
- Robert Wiesenberger, 'Muriel Cooper and the Book as Interface', in Nanni Baltzer (ed.), *Before Publication: Montage in Art, Architecture, and Book Design*. Zurich, 2016.

도판 출처

1장

1. World History Archive/Alamy Stock Photo
2. ©The Trustees of the British Museum and the. Centre for the Study of Ancient Documents
3. National Library of China Collection
4. Art of War Bamboo Book, date unknown. Book and Writing Artifacts collection MS 417). Special Collections & University Archives, University of California, Riverside. Photo by Vlasta Radan, 2007
5. PRISMA ARCHIVO/Alamy Stock Photo
6. National Museum of the American Indian, Catalog Number 01/0617-NMAI Photo Services
7. ART Collection/Alamy Stock Photo
8. The Schøyen Collection MS 1971. The Schøyen Collection, Oslo and London
9. National Library of Latvia
10. The Schøyen Collection MS 1692. The Schøyen Collection, Oslo and London
11. National Library of Australia, Canberra, Australia
12. Ref: A-275-002. Alexander Tumbull Library, Wellington, New Zealand
13. Sir George Grey Special Collections, Auckland Libraries, 7-C1922
14. Collection of The Massachusetts Historical Society
15. National Library of Australia, MFM 1651 reel 3267, no 6

2장

1. ©British Library Board. All Rights Reserved/Bridgeman Images
2. Or. 8210/p.2 Illustration from 'The Diamond Sutra', 868 (ink on paper), Chinese School, (9th century)/British Library, London, UK/Bridgeman Images
3. Image ©Ashmolean Museum, University of Oxford

4. Art Collection 2 / Alamy Stock Photo
5. ©Courtesy of Penn Museum/image #E2748
6. ©The Trustees of the British Museum
7. ©The Trustees of the British Museum
8. Rollout photograph Justin Kerr
9. Catalog number A365240. Department of Anthropology, Smithsonian Institution. Photo by Donald E. Hurlbert

3장 ─────────

1. Hanna Papyrus 1 (Mater Verbi), ©Vatican Library, 2019 / ©Biblioteca Apostolica Vaticana, 2019
2. Courtesy of Colleges Digital Library. Photo Jean Doresse
3. Florence, The Biblioteca Medicea Laurenziana, ms. Plut. 1.56, f. 3r. Reproduced with permission of MiBACT. Further reproductiom by any means is prohibited
4. Bibliothèque nationale de France
5. SPUTNIK/Alamy Stock Photo
6. Vat. gr. 1613, fol. 196r, ©Vatican Library, 2019 / ©Biblioteca Apostolica Vaticana, 2019
7. Biblioteca Nazionale Marciana. Further reproduction by any means is prohibited
8. SPUTNIK/Alamy Stock Photo
9. National Gallery of Victoria, Melbourne, Felton Bequest, 1960
10. ©Regione Siciliana, Assessorato Regionale dei Beni culturalie dell'I.S., Biblioteca Regionale Universitaria 'G. Longo' di Messina

4장 ─────────

1. National Library of China Collection
2. LOOK Die Bildagentur der Fotografen GmbH/Alamy Stock Photo
3. Wikimedia
4. Bibliothèque nationale de France
5. INTERFOTO/Alamy Stock Photo
6. Harvard-Yenching Library, Harvard University
7. Harvard-Yenching Library, Harvard University
8. ©The Trustees of the British Museum
9. Paris, musée Guimet - musée national des Arts asiatiques. Photo ©RMN-Grand Palais(MNAAG, Paris)/Thierry Ollivier
10. Rogers Fund, 1918, Metropolitan Museum of Art

5장 ─────────

1. Niday Picture Library/Alamy Stock Photo
2. DEA/A DAGLI ORTI/De Agostini Editore/AGE fotostock

3. Biblioteca Civica Queriniana. Codex Brixianus (Brescia, Biblioteca Civica Queriniana, s.n.)
4. National Museum of Ireland
5. Harley MS 3256 f.137r Gratian, Decretum (red & black ink on vellum), Italian School, (12th century)/ British Library, London, UK/© British Library Board. All Rights Reserved/Bridgeman Images
6. Governing Body of Christ Church, Oxford
7. Bibliothèque nationale de France
8. Gift of J. Pierpont Morgan, 1917, Metropolitan Museum of Art
9. Oxford University Archives, NEP/Supra/Reg A, fol. 9v
10. VPC Photo/Alamy Stock Photo

6장 _____

1. Bavarian State Library, Munich/Image archive
2. Staats- und Stadtbibliothek Augsburg, Cim 62, fol. 3r
3. Universitaets- und Landesbibliothek Duesseldorf, urn:nbn:de:hbz:061:1-96,335 (The manuscript is a permanent loan from the city of Dusseldorf)
4. Bavarian State Library, Munich/Image archive
5. Collectie Stad Antwerpen, Museum Plantin-Moretus
6. © San Lorenzo de el Escorial, Patrimonio nacionale
7. Courtesy of Folger Shakespeare Library
8. Collection Herman Mulder
9. Rijksmuseum, Amsterdam
10. Paris, musée du Louvre. Photo ©RMN-Grand Palais (musée du Louvre)/Gérard Blot

7장 _____

1. Countway Library (Harvard)
2. Countway Library (Harvard)
3. Courtesy of Department of Special Collections, Stanford University Libraries
4. Courtesy of Department of Special Collections, Stanford University Libraries
5. ML 36,04,15, Houghton Library, Harvard University
6. Bible. Mazarine MS 4138, Catalogus impressorum librorum bibliothecae Bodleianae in Academia Oxoniensi, par Hyde. Lettre A ©Bibliotheque Maza1ine
7. X 16,12,8, Houghton Library, Harvard University
8. B 1857 244*, Houghton Library, Harvard University
9. Mars 1686, *58-1395, Houghton Library Harvard University
10. Countway Library (Harvard)

8장 _____

1. The David Collection, Copenhagen, 86/2003 recto. Photograph: Pernille Klemp

2ab. © The Trustees of the Chester Beatty Library, Dublin, CBL Is 1421, fols. 16–ia

3.   © The Trustees of the Chester Beatty Library, Dublin, CBL Is 1431, fols. 9b–10a

4.   The Nasser D. Khalili Collection of Islamic Art, QUR 318, folios 106b–107a, with headings for surahs al Waqi'ah (56) and al-Hadid (57)

5.   Freer Gallery of Art and Arthur M. Sackler Gallery, Smithsonian Institution, Washington, D.C: Purchase—Smithsonian Unrestricted Trust Funds, Smithsonian Collections Acquisition Program, and Dr. Arthur M. Sackler, S1986.104

6.   Topkapi Palace Museum

7.   Freer Gallery of Art and Arthur M. Sackler Gallery, Smithsonian Institution, Washington, D.C.: Purchase—Charles Lang Freer Endowment, F1946.12.46

8.   Freer Gallery of Art and Arthur M. Sackler Gallery, Smithsonian Institution, Washington, D.C: Purchase—Charles Lang Freer Endowment, F1954.116 recto

9.   Sakip Sabanci Museum

10a. © The Trustees of the Chester Beatty Library, Dublin, CBL Is 1598, ff.1b–2a

10b. © The Trustees of the Chester Beatty Library, Dublin, CBL Is 1598, binding & satchel

9장 _____

1.   Paul Fearn/Alamy Stock Photo

2ab. Neuchâtel Public and University Library (Switzerland)

3.   Bibliothèque nationale de France

4.   Staatsarchiv des Kantons Zürich

5.   Bibliothèque nationale de France

6.   Paris, musée du Louvre. Photo © RMN-Grand Palais (musée du Louvre)/Tony Querrec

7.   Courtesy of National Gallery of Art, Washington, D.C.

8.   The Bodleian Library University of Oxford, Vet. A5 f. 3468, Title page

9.   Musee des Beaux-Arts, Quimper, France/Bridgeman Images

10. Bibliothèque nationale de France

10장 _____

1.   The Bodleian Library University of Oxford, MS. Sansk. a. 7 fol. 92a

2.   Abd al-Rahim and Dawlat, together (inscription on book). Another inscription to Jahangir is on the carpet. /British Library, London, UK/© British Library Board. All Rights Reserved/Bridgeman Images

3.   British Library, Or.16913

4.   BL Or. 12,380/3500 v Buddhist Heart Sutra (Prajnaparamitahridayasutra) found at the Tangut city of Karakhoto, Modern Inner Mongolia, c.1000–1368 (ink on paper), Mongolian School/British Library, London, UK/© British Library Board. All Rights Reserved/Bridgeman Images

5.   Title-page of 'Om Paratecyin Punyacaritramthe', the Tamil translation of Pilgrim's Progress published at the Vepery Mission Press, Madras, 1793 (litho), Indian School, (18th century)/British Library, London, UK/© British Library Board. All Rights Reserved/ Bridgeman Images

6. MS 14807 Rustam Slays the White Demon from an edition of the 'Shahnama' by Ferdowsi, c.977–1010, printed in Bombay in 1849 (ink & colour on paper), Indian School, (19th century)/British Library, London, UK/© British Library Board. All Rights Reserved/ Bridgeman Images

7a. Add. 15,297 (1) f.141v Battling the ten-headed Demon King Ravana, 'Ramayana', 1652 (ink & colour on paper), Sāhibdin (fl.1628-55)/British Library, London, UK/©British Library Board. All Rights Reserved/Bridgeman Images

7b. Add. 15,297 (1) f.142r Battling the ten-headed Demon King Ravana, 'Ramayana', 1652 (ink & colour on paper), Sahibdin (fl.162:8-55)/British Libraly, London, UK/©British Libraly Board. All Rights Reserved/Bridgeman Images

8. OMS OR 14915 f.5r Fragments of birch bark manuscript in Kharosi, 1–99 AD (ink on bark), Indian School, (1st century)/British Library, London, UK/© British Library Board. All Rights Reserved/ Bridgeman Images

9. Or. MS 2748 f.1v 'Living Sctipture: The opening page of the "Guru Granth Sahib"', c.1660—75 (ink and colour on paper), Indian School, (17th century)/British Library, London, UK/© British Library Board. All Rights Reserved/Blidgeman Images

11장 _____

1. Bibliothèque nationale de France
2. Limoges, musée national Adrien Dubouché. Photo ©RMN-Grand Palais (Limoges, Cité de la céramique)/Frédéric Magnoux
3. World History Archive/Alamy Stock Photo
4. Granger Historical Picture Archive/Alamy Stock Photo
5. Kharbine-Tapabor
6. Courtesy of Marie-Françoise Cachin
7. Beinecke Rare Book and Manuscript: Library, Yale University
8. Courtesy of Special Collections and Rare Books, University of Missouri Libraries
9. Bibliothèque nationale de France
10. Library of Congress

12장 _____

1ab.   4292.11 2135.21, Harvard-Yenching Library, Harvard University
2.   The Bodleian Library, University of Oxford, 306 w. 51 Part II Vol 1, p. 142
3abc. Courtesy of Chinese University of Hong Kong Library
4.   Courtesy of The Ohio State University Library; Photograph by Leah L. Wong
5abc. Rare Book T 5768 7248.6, Harvard-Yenching Library, Harvard University
6.   Courtesy of Christopher A. Reed
7ab.   Courtesy of University of California ; Photographs by Leah L. Wong
8.   Courtesy of James Raven
9abcd. Printing Museum, Tokyo
10.   Photo ©Iwanami Shoten, Publishers

11.　Courtesy of Japan Center for Asian Historical Records, National Archives of Japan

12ab.　Korea Press Foundation

13.　©Newsis

13장 _____

1. De Agostini Editore/AGE fotostock
2. Library of Congress LC-DIG-ppmsca-28,173/Restoration: Adam Cuerden/CC BY 3.0
3. www.penguinfirsteditions.com
4. Sergio Azenha/Alamy Stock Photo
5. Image Courtesy of The Advertising Archives
6. Guy Himber
7. Lou Linwei/Alamy Stock Photo

14장 _____

1abcd. Beinecke Rare Book and Manuscript: Library, Yale University

2.　Beinecke Rare Book and Manuscript: Library, Yale University

3.　Beinecke Rare Book and Manuscript: Library, Yale University

4ab.　Courtesy of Jeffrey T. Schnapp

5.　© 1953 Bruno Munari Steendrukkerij de Jong & Co. All rights reserved to Maurizio Corraini s.r.l.

6.　© Gingko Press, Inc.

7.　Courtesy of Nicholas Negroponte

8.　Courtesy of Amaranth Borsuk, Siglio 2012 and SpringGun Press 2016

9.　Courtesy of Craig Mod

역자 후기

언젠가부터 나는 만듦새가 돋보이는 책을 좋아한다는 것을 알게 되었다. 물론 책에서 가장 중요한 것은 그 안에 담긴 내용일 테지만 그와는 별도로 표지가 아름답고, 종이 질이 좋으며, 내용에 잘 집중할 수 있도록 페이지의 레이아웃이 편안하고 가독성이 높은 서체의 책이 좋다. 잘된 편집과 교정도 중요하다. 책을 번역할 때도 나의 성실함을 가장 채찍질하는 것은 독서 경험이란 무릇 이러해야 한다는 나의 기대이자 기준이 있기 때문인 듯싶다. 우리는 어떤 사물은 무릇 어떠해야 한다는 생각을 가지며 책에 대해서도 그렇다.

그런데 이 기준들은 어디에서 왔을까. '책이란 무릇 이러해야 한다'라는 우리의 관념은 어디에서 기원하며 어떻게 변천해왔을까.『옥스퍼드 책의 역사』는 이 질문에 대한 매우 성실한 답변이다. 이 책은 오늘날의 책과 출판업을 이루는 다양한 요소가 지금의 형식과 모습을 갖추기까지의 경위를 드러내 보여준다. 이른바 '최초의 책'에서는 오늘날 우리가 당연하게 책의 필수요소로 꼽는 거의 모든 것의 흔적은 찾아볼 수 없다. 이를테면 페이지 번호는 물론이고 페이지라는 관념 자체가 없다. 우리는 책에는 응당 저자가 있다고 생각하지만, '특정 텍스트에 대한 권리를 갖는 저자'라는 개념은 인기 있는 텍스트의 인쇄 원판을 소유한 출판사들이 그들의 이익을 지키기 위해 새롭게 고안한 개념이기도 하다.

이렇게 쓰면 이 책이 근대적인 개념의 책을 중심에 두고 그 과거를 파헤치는 접근 방식을 취한다고 짐작할 수 있을 텐데 그렇다면 오해다. 애초에 이 책에서 꼽는 '동아시아 최초의 책' 후보 중 하나가 중국의 거북 등딱지 즉 갑골 유물이니 말이다. 책은 문자를 매개로 정보를 전달한다, 휴대할 수 있어야 한다 등등이 우리가 책에 대해 갖는 흔한 상식이고 전제일 테지만, 저자들은 이러한 책에 대한 기존의 정의와 범위가 어디까지 확장될 수 있을지 깊이 고민한다. 가령 고대의 책을 탐색한 2장을 쓴 엘리너 롭슨은 잉카 문명이 활용한 매듭 끈 기록인 '키푸'나 북미의 라코타족이 공동체의 기억을 기록하기 위해 가죽에 그린 그림인 '겨울의 기록'을 책의 역사에 포함할 것을 제안한다. 우리가 무언가를 생각하는 방식과 그 기억을 전달하기 위한 매개체가 책이라고 본다면, '키푸'나 '겨울의 기록'이 하는 일은 오늘날 우리에게 익숙한 형식의 책이 하는 일과 별반 다르지 않다. 롭슨은 책은 "지식과 정보를 저장하고 전달하고 찾아볼 필요에 대한 창의적이고 실질적인 해결책들"이라면서 책의 역사를 그러한 "해결책들이 담긴 여러 다양한 카탈로그"로 볼 것을 제안한다.

이 책은 교유서가에서 앞서 출간한 『옥스퍼드 세계사』와 같은 시리즈(Oxford Illustrated History)에 속한다. 이 책도 각기 다른 시대와 지역의 전문 연구가들이 다양한 시각에서 서술했다. 이 책 한 권에 총 열여섯 명의 저자가 참여했다. 여러 명의 저자가 공동으로 저술한 책을 번역하는 것은 상당히 까다로운 일이었다. 장이 바뀔 때마다 관심의 초점이 바뀌었고 서술 방식도 각기 달랐기 때문이다. 그러나 번역을 진행하는 도중에 문득 깨달은 것이 있었다. 각 저자의 학문적 관심과 서술 방식이 다른 이유는 그저 개인차가 아니라, 시대와 지역에 따라 중요시하는 바가 각기 다르고 사태를 기술하는 방식 자체도 각기 다르기 때문인 듯했다. 가령 유럽의 중세는 성서 필사본이 왕성하게 제작된 시기이므로 이 시기를 다루는 연구가들은 주된 관심이 여러 필사본의 문헌학적 위상을 가늠하는 데 있고, 따라서 이들은 책을 만든 재료와 서체, 페이지 레이아웃 등등의 변화를 세세히 살핀다. 또한 같은 중세 유럽이더라도 동로마 중세의 역사 서술과 서유럽 중세의 역사 서술 사이에서도 미묘한 차이가 드러난다. 동로마의 중세를 다룬 3장 '비잔티움'의 문장들은 책이 신앙을 지원했던 시대의 경건함이 배경처럼 깔려 있다면 5장 '중세 서유럽'은 이성의 힘을 초월해 있는 책의 힘이라는 아이러니에 주목한다. 근대 이후로 가면 구텐베르크의 인쇄술이나 출판사의 전신으로서의 인쇄소의 등장 등 기술과 산업을 비중 있게 다루며 글 읽는 문화의 대중적 확산이나 이를 우려한 지배층의 검열과 금서 지정과 같은 사회문화적, 정치적 측면도 중요해진다. 말하자면 '책'은 종교의 시대를 어떻게 경험했고, 산업의 시대를 어떻게 경험했는지, 또는 이를테면 탈식민지화의 시대를 어떻게 경험했는지 등등이 모자이크처럼 제시된다. 마지막 장인 14장을 집필한 제프리 T. 슈나프의 표현대로 "책의 역사에서 책은 여러 가지 것"이었다.

앞서 고대를 다룬 2장에서 그동안 책의 역사에서 대체로 소외되었던 메소아메리카의 '키푸'와 '겨울의 기록'이 함께 다루어졌다는 사실에서 짐작할 수 있듯이, 이 책에서는 비서구권 그러니까 동아시아와 남아시아 그리고 이슬람 세계의 책의 역사도 동일한 주제 의식 아래에서 깊이 있게 소개한다(각각 4장, 12장, 10장, 8장). 특히 동아시아 서적사 전문 학자로서 4장을 집필한 신시아 브로코의 경우 중국뿐만 아니라 한국과 일본의 중세 및 근대 초 서적사를 한·중·일의 문화적 관계 및 차이와 더불어 균형 있게 다루고 있다. 브로코는 한국이 모든 동아시아 나라 중에 책을 가장 숭상했고 심지어 추앙했다고 본다. "한국에서 책은 가장 고귀한 가치와 불변하는 진리의 전달자로 받들어졌다." 그런데 이러한 태도가 오히려 중국과 일본에 비해 활발한 상업 출판의 발달을 지연시켰다는 것은 흥미로운 대목이다. 남아시아의 구술 전통을 상세히 다룬 10장을 읽을 때는 문자 문화가 지배하는 오늘날의 시대에는 상당 부분 유실되었지만, 지혜를 전달하기 위해 동원된 또다른 중요한 방식을 어렴풋이 경험하는 기분이 든다. 이슬람 문화에서 책과 캘리그래퍼가 차지한 위상에 대한 8장의 풍부하고 생생한 기술도 주목할 만하다. 이 책을 번역함으로써 이 모자이크화를 차근히 둘러보는 일을 드디어 마쳤을 때 나는 이 책을 읽기 전에 내가 갖고 있었던 책의 의미나 지식의 의미가 상당히 다른 것으로 바뀌었음을 깨달았다.

번역과 관련해 몇 가지 언급하자면, 동아시아의 책 제목과 지명 및 인명은 우리에게 익숙한 한자식 읽기 방식을 따르거나(예: 『역경』, 『수호전』, '강희제') 원어의 음차를 따랐다(예: 『고코로』, 〈쇼넨구라부〉, 상하이, 장위안지). 필요하다고 판단된다면 책 제목 옆에 우리말로 의미를 병기해주었다(예: 『고코로』['마음']). 이 과정에서, 원서의 영문 제목을 중국어나 일본어의 원어로 확인하고 이를 다시 한국어로 바꾸는 작업이 필요했는데, 서구의 연구가들이 주요 책 제목이나 지명 및 인명의 영문 표기를 많은 부분 이미 표준화한 덕분에 이 작업이 더 수월했다. 그들의 성실한 작업과 그에 따랐을 노고에 감사를 전한다. 덧붙여, 9장에서 중요하게 다루어지는 용어인 'authorship'의 경우, '특정 텍스트를 저술했다고 인정받는 사람'이라는 개념에서 파생되는 다양한 의미를 동시에 담아내는 하나의 한국어 단어가 없기 때문에 저자권, 저자성, 저자층 등 다양한 용어로 번역된다. 이 책에서 이 용어는 저자의 권리 확대와 관련해 가장 많이 쓰인 까닭에 주로 '저자권'으로 옮겼고, 맥락에 따라 한 차례 '저자층'으로 옮겼음을 밝힌다.

지은이

제임스 레이븐James Raven
영국 학술원 회원FBA. 영국 케임브리지의 매그덜린대학 펠로우이자 '케임브리지 도서 프로젝트 기금Cambridge Project for Book Trust' 총책임자. 에섹스대학 근대사 명예 교수. 저서로『책의 역사란 무엇인가?What is the History of the Book?』(2018),『책의 풍경: 1800년 이전 런던의 인쇄 및 출판 지형Bookscape: Geographies of Printing and Publishing in London before 1800』(2014),『도서 산업: 1450~1850년 서적상들과 영국 도서 무역The Business of Books: Booksellers and the English Book Trade 1450-1850』(2007, '책의 역사' 부문 들롱 상 수상),『잃어버린 도서관들: 고대 이래 책의 파괴Lost Libraries: The Destruction of Book since Antiquity』(2004),『런던 서적상과 미국 고객: 유럽과 미국의 문예 공동체와 찰스턴 도서관 협회, 1748~1811London Booksellers and American Customers: Transatlantic Literary Community and the Charleston Library Society, 1748-1811』(2002) 등이 있다.

엘리너 롭슨Eleanor Robson
유니버시티 칼리지 런던의 중동 고대사 교수. 영국 예술 인문 연구위원회AHRC와 글로벌 챌린지 연구기금GCRF으로부터 자금을 지원받아 나레인 네트워크Nahrein Network를 운영하면서 분쟁 이후 이라크 및 주변국에서의 고대 유물과 유산, 인문학의 지속 가능한 발전을 도모하고 있다. 설형문자를 사용하는 세계에서 지식인과 학자가 처해 있었던 사회적·정치적 맥락, 그리고 지난 두 세기 동안 고대 중동이 해석된 방식에 특히 관심이 많다. 이 주제에 관한 다수의 저서 중 근간으로는『옥스퍼드 핸드북: 설형문자 문화The Oxford Handbook of Cuneiform Culture』(2011, 캐런 래드너Karen Radner와 공동 편집)와『고대의 지식 네트워크: 기원전 제1천년기 설형문자 학문의 사회적 지형Ancient Knowledge Networks: A Social Geography of Cuneiform Scholarship in the First Millennium BC』(2019)이 있다.

바버라 크로스티니Barbara Crostini
스웨덴 웁살라대학 언어·문헌학부의 비잔틴 그리스어 부교수. 그리스어 필사본이 주요 연구 분야다. 보들리 도서관 카탈로그(2003)를 제작했고, 더블린의 트리니티 칼리지 도서관과 스웨덴의 그리스어 필사본 온라인 카탈로그(www.manuscripta.se)의 디지털 설명서 제작에 참여했다. 스웨덴은행이 후원한 스톡홀름대학의 아르스 에덴디Ars edendi 프로그램에 참여해 바티칸 도서관에 소장된 그리스어 시편의 카테나이 해설판 온라인 에디션을 제작했다.『18세기 비잔티움 시대 이후 시편 서적: 시편 Vat. gr. 752의 텍스트 및 이미지 집합체A Book of Psalms from Eleventh-Century Byzantium: The Complex of Texts and Images in Psalter Vat. gr. 752』(바티칸시티, 2016)를 G. 피어스(G. Peers)와 공동으로 큐레이팅하고,『스투디 에 테스티 504Studi e Testi 504』와『이탈리아 남부 그리스 수도원의 생활: 맥락 속에서 바라본 네일로스의 생애Greek Monasticism in Southern Italy: the Life of Neilos in Context』(런던, 2017)를 I. 머저쿠I. Murzaku와 공동으로 큐레이팅했다.

신시아 브로코Cynthia Brokaw
미국 로드아일랜드주 프로비던스의 브라운대학 역사학 교수. 청 제국 말기의 역사를 연구하며 근대 초 이전의 중국 서적사가 전문 분야다. 저서『문화 산업: 청조 및 공화국 시기의 쓰바오 도서 무역Commerce in Culture: The Sibao Book Trade in the Qing and Republican Periods』은 중국 남부 지역의 출판 산업과 유통망이 도서 문화에 미친 영향을 다룬 연구서다. 중국 서적사 논문집『청 제국 말기의 인쇄 및 도서 문화Printing and Book Culture in Late Imperial China』(2007)를 저우 지아롱周佳榮과 공동 편집했고『목판본에서 인터넷까지: 서기 1800~2008년 중국 전환기 출판 및 인쇄 문화From Woodblocks to the Internet: Chinese Publishing and Print Culture in Transition, circa 1800 to 2008』(2010)를 크리스토퍼 A. 리드와 공동 편집했다.

데이비드 런들David Rundle
켄트대학 중세 및 근대 초 연구 센터Center for Medieval and Early Modern Studies에서 라틴어 및 필사본 연구에 관해 가르치고 있다. 르네상스 시대 지성 및 문화사가 전문 분야이며 특히 15세기와 16세기 초 유럽에서 인문주의 사상의 전파를 시사하는 고문서학·사본학적 증거로서 필사본을 활용하는 데 관심이 많다. 도서관의 역사나 근대 초 유럽 중세 서적 수집 활동의 확산을 주제로도 글을 쓰고 있으며,『15세기 유럽의 인문주의Humanism in Fifteenth-Century Europe』(2012)를 편집했다.

고런 프루트Goran Proot
밀라노대학의 근대 초 서적사 전문 연구원. 앞서 미국 워싱턴 D.C. 소재 폴저 셰익스피어 도서관의 앤드루 W. 멜론 희귀서 큐레이터로 일했으며, 1801년 이전 플랑드르 지역 수동 인쇄본의 온라인 서지 목록인 '플랑드르 단축 제목 카탈로그(STCV)' 프로젝트의 총감독을 역임한 바 있다. 현재 서적사 저널〈더 휠던 파서르De Gulden Passer〉의 편집장이다. 1575년에서 1773년까지의 예수회 연극 공연, 그리고 서적사적 측면에서 바라본 연극 프로그램 인쇄물이 박사학위 논문 주제였다. 산업화 이전 도서 디자인 연구도 틈틈이 병행하고 있다.

앤 블레어Ann Blair
하버드대학의 칼 H. 포르츠하이머 유니버시티 교수. 근대 초 유럽의 문화·지성사와 서적사를 가르치고 있다. 특히 지성적 실천의 역사에 관심이 많다. 저서로『자연의 극장: 장 보댕과 르네상스 과학The Theater of Nature: Jean Bodin and Renaissance Science』(1997)과『너무나 많은 지식: 근대 이전의 학술 정보 관리Too Much To Know: Managing Scholarly Information Before the Modern Age』(2010) 등이 있다.

실라 S. 블레어Sheila S. Blair &
조너선 M. 블룸Jonathan M. Bloom
보스턴대학에서 이슬람·아시아 예술 부문 노르마 진 캘더우드 유니버시티 교수직을, 버지니아 코먼웰스 대학에서 하마드 빈 칼리파의 후원을 받는 이슬람 예술 의장직을 공동 역임했다. 이슬람 예술 및 건축을 다각도에서 다룬 다수의 저서 및 논문의 저자나 공저자 또는 편집자이다. 실라 블레어는 이슬람 지역 캘리그래피와 몽골제국의 서적 예술에 특히 관심이 많으며 저서『이슬람 캘리그래피Islamic Calligraphy』(2008)로 상을 받았다. 조너선 블룸은 이슬람 및 유럽 지역 종이의 역사에 특히 관심이 많으며 저서 『인쇄 이전의 종이Paper Before Print』(2001)로 상을 받은 바 있다.

제프리 프리드먼Jeffrey Freedman

뉴욕 예시바대학 유럽사 교수. 프린스턴대학에서 박사학위를 받았다. 계몽시대 유럽에서의 소통 및 사상의 유통이 전문 분야이며, 특히 프랑스어·독일어권에 관심이 많다. 저서로 18세기 후반의 프랑스어·독일어 도서 무역을 다룬 『계몽시대 유럽의 경계 없는 책들Books Without Borders in Enlightenment Europe』(2012), 18세기 후반 주요 뉴스의 탄생·변형·유통에 관한 미시사적 연구서 『독배A Poisoned Chalice』(2002) 등이 있다. 최근에는 구체제 및 혁명기 프랑스의 공포에 관한 연구 프로젝트에 참여했다.

그레이엄 쇼Graham Shaw

런던대학 고등대학원 영문학연구소 선임 연구원. 2010년 대영 도서관에서 퇴임하기 전까지 아시아·태평양·아프리카 전시관을 20년 넘게 총괄했다. 지난 40년간 16세기에서 20세기까지 남아시아의 인쇄 및 출판의 역사를 연구했다. 저서로 『1800년까지 콜카타의 인쇄술Printing in Calcutta to 1800』(1981)과 『남아시아와 미얀마의 연표식 서지: 제1단계 1556~1800년The South and Burma Retrospective Bibliography, SABREB: Stage 1 1556-1800』(1987) 등이 있다.

마리 프랑수아즈 카신Marie-Françoise Cachin

파리대학(디드로 파리 7대학) 명예 교수. 근대 출판의 역사와 국가 간 도서 유통이 전문 분야다. 영어권 국가에서의 출판을 연구하는 단체인 '영어권 도서 출판 모임Le livre et l'édition dans le monde anglophone'을 수년간 이끌었다. 19세기와 20세기의 출판 산업과 영국과 프랑스 간 문학 및 출판 관계를 주제로 다수의 연구서를 집필했고, 근간으로 『독서가들의 나라? 1815~1945년 영국의 독자Une nation de lecteurs? La lecture en Angleterre, 1815-1945』(2010)가 있다.

크리스토퍼 A. 리드Christopher A. Reed

미국 오하이오주 콜럼버스의 오하이오주립대 사학과 중국 근대사 부문 부교수. 청 제국 말기 및 근대의 중국사 전문가로, 2005년 국제 아시아학회International Convention of Asia Scholars, ICAS에서 상을 받은 『상하이의 구텐베르크: 1876~1937년 중국 인쇄 자본주의Gutenberg in Shanghai: Chinese Print Capitalism, 1876-1937』(2004)를 썼다. 『목판본에서 인터넷까지: 서기 1800~2008년 중국 전환기 출판 및 인쇄 문화From Woodblocks to the Internet: Chinese Publishing and Print Culture in Transition, circa 1800 to 2008』(2010)를 신시아 브로코와 공동 편집했다. 중국 인쇄 자본주의와 인쇄 공산주의에 관한 다수의 글을 발표했다. 아울러 『옥스퍼드 안내서: 책Oxford Companion to the Book』(2010)의 중국 출판사와 관련된 15개 항목을 집필했다.

M. 윌리엄 스틸M. William Steele

일본 도쿄 국제기독교대학 명예 교수. 일본 근대사가 전문 분야다. 하버드대학에서 역사 및 동아시아 언어 연구로 박사학위를 받았다. 일본에서 근대적 변화가 일어난 19세기 후반 사회·문화사에 특히 관심이 많다. 일본과 서양의 조우를 기록·해석하는 새로운 방법을 탐구한 저작 『일본 근대사의 대안 서사Alternative Narrative in Modern Japanese History』(2003)를 썼다. 목판 인쇄물과 신문 삽화, 사진 등 이미지의 역할에 특히 관심이 많으며, 이 주제를 다룬 『일본과 러시아: 공동의 이미지로 엮인 300년Japan and Russia: Three Centuries of Mutual Images』(2008)을 율리아 미하일로바Yulia Mikhailova와 공동 편집했다. 근간들은 1870년대와 1880년대 일본에 서양 문물과 사상이 소개될 때 일어난 반발과 저항을 주로 다룬다.

에바 헴뭉스 비르텐Eva Hemmungs Wirtén

스웨덴 린셰핑대학 문화사회학부의 중재 문화Mediated Culture 교수. 국제 저작권의 문화사와 퍼블릭 도메인에 관해 다수의 글을 썼으며 최근에는 특허권의 문서화에 집중하고 있다. 근간으로 『마리 퀴리 만들기: 정보 시대의 지적 재산권과 유명인 문화Making Marie Curie: Intellectual Property and Celebrity Culture in an Age of Information』(2015)가 있다. 2017년에 '과학 정보로서의 특허권' 프로젝트로 'ERC 우수 연구자 지원금'을 받았다.

제프리 T. 슈나프Jeffrey T. Schnapp

하버드대학 비교·로맨스 문학부의 칼 A. 페스코솔리도 의장 겸 디자인 대학원 건축부 교수. 버크맨 클라인 인터넷 및 소사이어티 센터의 공동 디렉터이자 메타랩앳하버드metaLAB@Harvard의 총책임자 겸 창립자다. 중세 사학자로서 학문적 훈련을 받았지만, 근간은 근현대사를 다루었으며 주로 미디어, 기술, 디자인, 서적사 등에 집중했다. 저서로 『전자 정보 시대의 책The Electric Information Age Book』(2012), 『모더니털리아Modernitalia』(2012), 『책 너머의 도서관The Library Beyond the Book』(2014), 『푸투르피아조: 이탈리아가 모빌리티와 근대의 삶에 관해 전하는 여섯 가지 교훈FuturPiaggio: Six Italia Lessons on Mobility and Modern Life』(2017) 등이 있다.

옮긴이

홍정인

연세대학교 심리학과와 이화여자대학교 통역번역대학원 한영번역학과를 졸업했다. 옮긴 책으로 『북스 포퓰리』 『메멘토 모리』 『고립의 시대』 『여성이 말한다』 『상실의 기쁨』 『생각의 역사』(근간)가 있고, 공역으로 〈마스터스 오브 로마〉 시리즈와 『제인 구달 평전』 등이 있다.

옥스퍼드 책의 역사

1판 1쇄 인쇄 2024년　9월 15일
1판 2쇄 인쇄 2024년 10월　9일

지은이 제임스 레이븐 외 15인
옮긴이 홍정인

편집 이고호 황도옥 이희연　|　**디자인** 백주영
마케팅 김선진 김다정　|　**저작권** 박지영 형소진 최은진 오서영
브랜딩 함유지 함근아 박민재 김희숙 이송이 박다솔 조다현 정승민 배진성
제작 강신은 김동욱 이순호　|　**모니터** 이원주　|　**제작처** 한영문화사

펴낸곳 (주)교유당　|　**펴낸이** 신정민
출판등록 2019년 5월 24일 제406-2019-000052호

주소 10881 경기도 파주시 회동길 210
전화 031.955.8891(마케팅)　|　031.955.2680(편집)　|　031.955.8855(팩스)
전자우편 gyoyudang@munhak.com

인스타그램 @gyoyu_books　|　**트위터** @gyoyu_books　|　**페이스북** @gyoyubooks

ISBN 979-11-93710-50-0 03900